当代中国学术思想史丛书

新中国甲骨学七十年

The 70-Year Study on Oracle Bone Inscription in Contemporary China

（1949-2019）

王宇信　著

中国社会科学出版社

图书在版编目(CIP)数据

新中国甲骨学七十年：1949—2019 / 王宇信著. —北京：
中国社会科学出版社，2019. 10
（当代中国学术思想史丛书）
ISBN 978 - 7 - 5203 - 4984 - 0

Ⅰ. ①新… Ⅱ. ①王… Ⅲ. ①甲骨学—研究—中国
Ⅳ. ①K877. 14

中国版本图书馆 CIP 数据核字（2019）第 200438 号

出 版 人 赵剑英
责任编辑 安 芳
责任校对 郝阳洋
责任印制 戴 宽

出 版 中国社会科学出版社
社 址 北京鼓楼西大街甲 158 号
邮 编 100720
网 址 http://www. csspw. cn
发 行 部 010 - 84083685
门 市 部 010 - 84029450
经 销 新华书店及其他书店

印刷装订 北京君升印刷有限公司
版 次 2019 年 10 月第 1 版
印 次 2019 年 10 月第 1 次印刷

开 本 710 × 1000 1/16
印 张 48.75
字 数 753 千字
定 价 268. 00 元

王宇信　1940 年 5 月生于北京平谷城关和平街，1956 年平谷初级中学毕业后考入北京良乡高级中学。作为该校第一届高中毕业生，1959 年考入北京大学历史系考古专业。1964 年大学毕业后考入中国科学院历史研究所胡厚宣教授甲骨学商史专业的研究生。现任中国社会科学院历史研究所研究员、博士生导师、北京师范大学历史文化学院“985 工程”特聘教授、安阳师范学院甲骨文研究院顾问，兼任中国文字博物馆顾问，曾任中国殷商文化学会会长。专攻甲骨学殷商史，并涉猎原始社会史、商周考古学及政治制度史等领域。参加的大型项目有郭沫若主编《甲骨文合集》并总审校《甲骨文合集释文》、于省吾主编《甲骨文字诂林》、白钢主编《中国政治制度通史》之第二卷《先秦卷》（与杨升南合著）、李学勤主编《中国古代文明与国家形成

研究》、宋镇豪主编《商代史》之第四卷《商代国家与社会》（与徐义华合著）等等；主编《甲骨学一百年》（1999 年版、2011 年韩文版 5 卷）、《甲骨文精粹释译》及夏商周文明研究论文集多部；合著有《商周甲骨文》（与徐义华合著）、《甲骨学导论》（与魏建震合著）等；个人专著有《建国以来甲骨文研究》《西周甲骨探论》《西周》《甲骨学通论》（1989 年版、1999 年增订本、2004 年韩文版）、《中国甲骨学》《新中国甲骨学六十年（1949—2009）》等，其中多部获得国家和省部级奖项。此外，尚有论文数十种。2003 年 7 月退休后，仍笔耕不辍。2011 年 7 月，被授予中国社会科学院荣誉学部委员终身荣誉称号。2013 年至 2019 年期间，又参加并完成了中国社会科学院学部工作局批准的“创新工程”科研项目——《甲骨学发展一百二十年》，作为向甲骨文发现一百二十周年纪念的献礼。而此书《新中国甲骨学七十年（1949—2019）》，是一个新中国培养的已届耄耋之年的甲骨文专家，献给伟大祖国母亲七十华诞的贺礼。

图版一　安阳殷墟博物苑大门

1.《国博藏甲》35（正）

2.《国博藏甲》35（反）

图版二　《国博藏甲》35（正、反）（《合集》6057正、反）

图版三　《国博藏甲》62（正）

图版四　《花东》53

1.《合集》137 正

2.《合集》137 反

图版五　《合集》137（正、反）

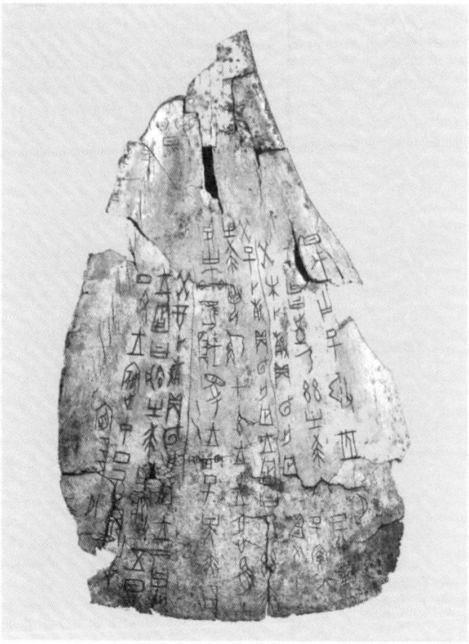

1.《合集》10405（正）

2.《合集》10405（反）

图版六　《合集》10405（正、反）

1. 大辛庄甲骨（正）

2. 大辛庄甲骨（反）

图版七　大辛庄甲骨（正、反）

图版八　周公庙西周甲骨文

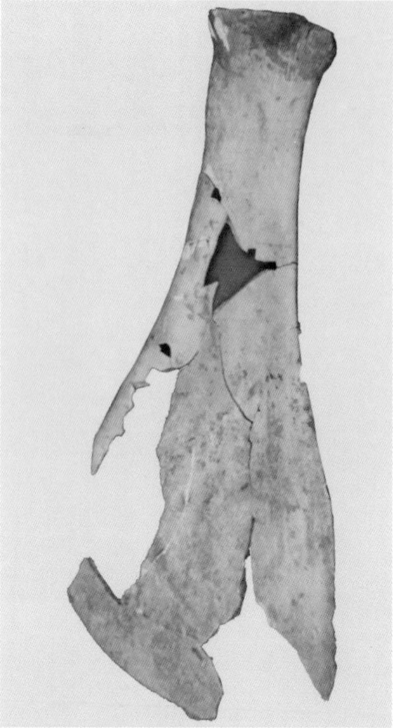

图版九　洛阳西周甲骨文（全骨）

图版十　洛阳西周甲骨文（局部有字处放大）

1. 甲骨文第一个发现者王懿荣
（1845—1900）

2. 第一部著录《铁云藏龟》的
编纂者刘鹗（1857—1909）

3. 第一部研究著作《契文举例》的
撰著者孙诒让（1848—1908）

4. 第一部字典《簠室殷契类纂》的
编纂者王襄（1876—1956）

图版十一　甲骨学四个第一人

1. 雪堂罗振玉（1866—1940）

2. 观堂王国维（1877—1927）

3. 鼎堂郭沫若（1892—1978）

4. 彦堂董作宾（1895—1963）

图版十二　甲骨四堂

图版十三　殷墟考古“十兄弟”（名牌上有编○号者为“十兄弟”长幼顺序编号）

老大李景聃（1906—1969）、老二石璋如（1902—2006）、老三李光宇（1905—1991）、老四刘燿（即尹达，1906—1983）、老五尹焕章（1909—1969）、老六祁延霈（1906—1983）、老七胡厚宣（1911—1995）、老八王湘（1912 年至今）、老九高去寻（1910—1991）、老十潘实君（即潘慤，1906—1969）。傅斯年、董作宾、梁思永、李济为师长。

（本图据“中研院”历史语言研究所印行之“殷墟发掘八十周年学术研讨会海报”制成。）

1. 容庚（1894—1983）

2. 于省吾（1896—1984）

3. 唐兰（1901—1979）

4. 商承祚（1902—1991）

5. 陈梦家（1911—1966）

6. 胡厚宣（1911—1995）

7. 严一萍（1912—1987）

8. 饶宗颐（1917 年出生）

图版十四
甲骨学八老前辈学者

1.［加拿大］明义士
（1885—1957）

2.［日］島邦男
（1908—1977）

3.［旅台法籍］雷焕章
（1922—2010）

4.［日］伊藤道治
（1925—2017）

5.［美］戴·凯特利
（1932—2017）

6.［日］松丸道雄
（1934 年出生）

图版十五　甲骨学六外国权威学者

1. 李学勤（1933 年出生）

2. 裘锡圭（1935 年出生）

3. 王宇信（1940 年出生）

4. 刘一曼（1940 年出生）

5. 许进雄（1941 年出生）

图版十六
甲骨学五资深学者

当代中国学术思想史丛书
编辑委员会

书写当代中国学术史，加快构建中国特色哲学社会科学

谢伏瞻[*]

在中华人民共和国成立70周年之际，中国社会科学出版社修订出版《当代中国学术思想史丛书》（以下简称《丛书》），对于推动我国当代学术史研究，加快构建中国特色哲学社会科学学科体系、学术体系、话语体系具有重要的意义。

党的十八大以来，以习近平同志为核心的党中央高度重视哲学社会科学。2016年5月17日，习近平总书记主持召开哲学社会科学工作座谈会并发表重要讲话，明确提出加快构建中国特色哲学社会科学学科体系、学术体系、话语体系的重大论断和战略任务。这是一个极为重要的战略考量，关系我国哲学社会科学的长远发展，关系中国特色社会主义事业发展全局，是重大的学术任务，更是重大的政治任务。广大哲学社会科学工作者要以高度的政治自觉和学术自觉，以强烈的责任感、紧迫感和担当精神，在加快构建中国特色哲学社会科学“三大体系”上有过硬的举

* 谢伏瞻：中国社会科学院院长、党组书记。

措、实质性进展和更大作为。《丛书》即为加快构建中国特色哲学社会科学“三大体系”的具体措施之一。

研究学术思想史是我国的优良传统之一。学术思想历来被视为探寻思想变革、社会走向的风向标。正如梁启超在《论中国学术思想变迁之大势》中所言，“学术思想与历史上之大势，其关系常密切。”“学术思想之在一国，犹人之有精神也；而政事、法律、风俗，及历史上种种之现象，则其形质也。故欲觇其国文野强弱之程度如何，必于学术思想焉求之。”我国古代研究学术思想史注重“融合”“会通”，对学术辨识与提炼能力有特殊要求，是专家之学，在这方面有大成就者如刘向、刘歆、朱熹、黄宗羲等皆为硕学通儒。近代以来，随着“西学东渐”，我国哲学社会科学各学科逐渐发展起来，学术思想史研究亦以梁启超的《中国近三百年学术史》为发轫，以章炳麟、钱穆等为代表的一批学者用现代学术视角“辨章学术、考镜源流”，开始将学术思想史研究与近现代哲学社会科学发展结合起来，形成了不少有影响的名品佳作。新中国成立以后，在马克思主义指导下，我国哲学社会科学不断发展，特别是改革开放以来，哲学社会科学的地位更加凸显，在研究工作的广度和深度上不断取得新突破。但是，我国当代学术思想史研究没有跟上哲学社会科学发展的步伐，呈现出“有数量缺质量、有专家缺大师”的状况，有分量的研究成果寥若晨星，公认的学术思想史大家屈指可数。新时代，我国哲学社会科学地位更加重要、任务更加繁重，有组织、有计划地开展学术思想史研究和出版工作，系统梳理我国当代哲学社会科学各学科学术思想的发展脉络，总结各学科积累的优秀成果，既是对学术研究传统的继承和发扬，弥补当代学术思想史研究的不足，也将在中国特色哲学社会科学“三大体系”建设中发挥独特而重要的作用。

中国社会科学院是党中央直接领导的哲学社会科学研究机构，在加快构建哲学社会科学“三大体系”建设中发挥着主力军作用。早在建院之初的1978年，胡乔木同志主持的《1978—1985年全国哲学社会科学发展规划纲要（初稿）》就提出了研究“中国经济思想史”“中国政治思想史”“中国教育思想史”“中国伦理思想史”等近10种“学术思想史”的规划。“当代中国学术思想史”丛书初版于2009年，在新中国成立70周年之际，予以修订再版，充分体现出我院作为“国家队”的担当。《丛书》以新中国成立以来学术思想史演进中的脉络梳理与关键问题分析为主要内容，集中展现在中国共产党坚强领导下，创建、发展和繁荣哲学社会科学各学科学术思想史的历程，突出反映70年来哲学社会科学各领域的成就与经验，资辅当代、存鉴后人，具有较强的学术示范意义。

学术思想史研究为哲学社会科学学科体系建设提供了有力的支撑。学科体系是加快构建中国特色哲学社会科学的根本依托。经过几十年的发展，我国哲学社会科学已拥有20多个一级学科、400多个二级学科，学科体系已基本确立，但还不健全、不系统、不完善，离习近平总书记提出的基础学科健全扎实、重点学科优势突出、新兴学科和交叉学科创新发展、冷门学科代有传承的要求还有相当大的差距。学科体系建设的前提是对各学科做出科学准确的评估，翔实的学术思想史研究天然具备这一功能。《丛书》以“反映学科最新动态，准确把握学科前沿，引领学科发展方向”为宗旨，系统总结文学、历史学、语言学、美学、宗教学、法学等学科70年的学术发展历程。其中既有对基础学科、重点学科学术思想史的系统梳理，如《当代中国美学研究》《当代中国文艺学研究》等；又有对新兴学科、交叉学科和冷门学科学术思想史的开拓性研究，如《当代中国近代思想史研究》《当代中国边疆研究》《当代中国简帛学研究》等。从学术思想史的角度，系统评价各学科的发展，对于健全学科体系、优化学科布局，加快构建中国特色哲学社会科学学科体系无疑是大有裨益的。

学术思想史研究为哲学社会科学学术创新提供了坚实的基础。学术体系是加快构建中国特色哲学社会科学的核心。主要包括两个方面：一是思想、理念、原理、观点、理论、学说、知识、学术等；二是研究方法、材料和工具等。习近平总书记指出，理论的生命力在于创新。只有不断推进知识创新、理论创新、方法创新，才能着力打造“原版”“新版”的哲学社会科学。学术创新是有前提的，正如总书记所深刻指出的，理论思维的起点决定着理论创新的结果，理论创新只能从问题开始。从某种意义上说，学术创新离不开学术思想史研究，只有通过坚实的学术思想史研究，把握学术演进的脉络、传统、流变，才能够提出新问题、新思想，形成新的学术方向，这是《丛书》为哲学社会科学学术创新作出的贡献之一。学术思想史的研究内容、研究方法、材料与工具自成体系，具有构建学术体系的各项特征。《丛书》通过对学术思想史研究的创新，为哲学社会科学学术创新提供了有益的尝试。

一是观点创新。中华人民共和国成立以来，随着马克思主义在哲学社会科学领域指导地位的确立，我国思想界发生了大规模、深层次的学术变革，70 年间中国学术已经形成了崭新格局。《丛书》紧扣"当代中国"这一主题，突破"当代人不写当代史"的思想束缚，独辟蹊径、勇于探索，聚焦中国特色哲学社会科学的发展道路、马克思主义指导下的中国学术发展、中国传统学术继承和外来学术思想借鉴，民族复兴在学术思想史上的反映等问题，从而产生一系列的观点创新。

二是研究范式创新。一个时代的主流思想和历史叙事，是由反映那个时代的精神的一系列概念和逻辑构成的。当代中国学术的源流、变化与当代中国政治、经济、文化、社会的变革密切相关。《丛书》把研究中国特色学术道路的起点、进程与方向作为自觉意识，贯穿于全丛书，注重学术思想史与中国学术道路的密切联系、学理化研究与中国现实问题的密切联系、个别问题研究与学术整体格局的密切联系、研究当代中国与启示中国未来的密切联系，开拓了学术诠释中国道路的新范式。

三是体例创新。《丛书》将专题形式和编年形式相互补充与融合，充分体现了学术创新的开放性，为开创学术思想史书写新范式探路。对于当代学术思想史研究，创新之路刚刚开始，随着《丛书》种类的增多，创新学术思想史研究的思路还会更多，更深入。

学术思想史研究为构建哲学社会科学话语体系提供了广阔的平台。话语体系是学术体系的反映、表达和传播方式，是有特定思想指向和价值取向的语言系统，是构成学科体系之网的纽结。习近平总书记指出，在解读中国实践、构建中国理论上，我们应该最有发言权。这就要求我们在构建话语体系时，要坚持中国立场、注重中国特色，用中国理论阐释中国实践，用中国实践升华中国理论，更加鲜明地展现中国思想，更加响亮地提出中国主张。要主动设置议题，勇于参与世界范围的“百家争鸣”。《丛书》定位于对当代中国学术思想的独家诠释，内容是原汁原味的中国学术，具有学术“走出去”、参与国际学术对话、扩大我国学术思想影响力、增强中华文化软实力的条件。《丛书》通过生动的叙述风格传播中国学术、中国文化，全面、集中、系统地反映我国当代学术的建构过程，让世界认识“学术中的中国”“理论中的中国”“哲学社会科学中的中国”。习近平总书记强调，把中国实践总结好，就有更强的能力为解决世界性问题提供思路和办法。《丛书》通过对当代中国学术思想史的描绘，让世界了解中国特色的学术发展之路，进而了解中国特色社会主义文化和中国特色社会主义道路。《丛书》中的《当代中国法学研究》《当代中国宗教学研究》《当代中国近代史研究》《当代中国近代社会史研究》等已经翻译成英文、德文等多种语言，分别在有关国家出版发行，为当代中国学术思想的国际化传播开拓了新路。

目前，《丛书》完成了出版计划的一部分，未来要继续作好《丛书》出版工作。关键是要坚持正确的政治方向、学术导向和价值取向。要提高政治站位，增强“四个意识”，坚定“四个自信”，做到“两个维护”，在思想上政治上行动上同以习近平同志为核心的党中央保持高度一致。要坚持马克思主义的指导地位，特别是用习近平新时代中国特色社会主义思想指导学术思想史研究和出版工作。要落实意识形态工作责任制，做到守土有责、守土负责、守土尽责。作好《丛书》出版工作必须坚持以质量为生命线。在任何时候都要坚持质量第一的方针，坚持“宁缺毋滥”的原则，多出精品力作。要把社会效益放在首位，实现社会效益和经济效益相统一。要严格遵守学术规范，秉承认真负责的治学态度，严肃对待学术研究，潜心研究，讲究学术诚信，拿出高质量的学术成果。

当今世界处于百年未有之大变局，中国特色社会主义进入新时代，这都对哲学社会科学提出了更高的要求，广大哲学社会科学工作者要积极响应习近平总书记和党中央号召，以习近平新时代中国特色社会主义思想为指导，努力提高政治站位，增强思想自觉，敢于担当，奋发有为，繁荣中国学术，发展中国理论，传播中国思想，加快构建中国特色哲学社会科学“三大体系”，为实现“两个一百年”奋斗目标，实现中华民族伟大复兴的中国梦作出应有的贡献。

是为序。

2019 年 10 月

目　次

自　序

王宇信

2019年，是哺育我们这一代学人成长的伟大祖国母亲——中华人民共和国七十华诞。参与、经历和感受、见证了祖国母亲七十多年来，在党的领导下拼搏奋斗，使历尽艰辛的中华民族，实现了由站起来，到富起来、强起来的慨而慷的奋斗历程，感受了中华民族自立于世界民族之林的自豪和担当。就在全国各行各业聚精汇力，把中国制造和中国经验充分总结、弘扬，作为向伟大母亲七十华诞献礼的时候，中国哲学社会科学界也在积极行动。中国社会科学出版社贯彻中国社会科学院领导的安排，决定出版一套"'当代中国学术思想史'大型丛书"，以便展示1949年新中国成立至今七十年来，中国哲学社会科学界在学科体系、学术体系、话语体系建设方面所取得的巨大成绩，把习近平新时代的中国智慧、中国思想、中华优秀传统文化展现给世界各国人民。承蒙中国社会科学出版社垂青，拙著《新中国甲骨学七十年（1949　2019）》，有幸参列这套"大型丛书"之中。有此殊荣，实是"具有重要文化价值和传承意义的绝学、冷门学科"的甲骨文等古文字传承的中华基因，在实现驱动性转化和创新性发展中，打造中华文化自信和丰富并夯实社会主义核心价值观重大价值的肯定。也是对新中国培养的几代学人守护、传承和弘扬冷门学科甲骨文化所做出成绩的表彰与充分肯定。

按出版社的要求，即在拙著《新中国甲骨学六十年（1949—2009）》的基础上，再增订、补充近十多年来的甲骨学研究成果，就以"新中国甲骨学七十年（1949—2019）"为书题出版。应该说，自《新中国甲骨六十年（1949—2009）》出版以来至今，甲骨学界发生了不少可圈可点的大事，即我们在1999年以《甲骨学一百年》《合集补编》等著作为甲骨学所经历的

“草创时期”（1899—1928）、“发展时期”（1928—1949）、“深入发展时期”（1949—1979）、“全面深入发展时期”（1979—1999）的百年辉煌作了总结，并开始了再创甲骨学研究新世纪再辉煌的新阶段。

甲骨学研究是在不断总结中发现，在发现中创新，在创新中发展，在发展中继承的。新世纪的甲骨文研究，国际学术交流有了进一步的加强，不仅中国学者以其真知灼见，在海内外召开的国际学术会议上，取得了话语权，讲好中国故事；而且让刻在甲骨上的文字“活”起来，表现在甲骨书法家把文字考释成果用于书法创作，使深奥的甲骨文走入寻常百姓家。为引领甲骨书法健康发展，甲骨学家与书法家互动，并在“回归甲骨，走出甲骨”的创作原则上达成了共识。不仅如此，常年被锁在库房“深闺”的甲骨真品，在博物馆的展厅中与广大人民群众见面，使其近距离地接触国之瑰宝，并在怡情养志中感受中华文化的博大精深。特别是甲骨文作为文化交流的使者走出国门，使不少外国朋友领略了甲骨文深厚的文化底蕴和从片片甲骨上，感知了汉字的源头和对推动人类文明所做出的巨大贡献。特别是 2018 年 10 月甲骨文入选“世界记忆文化遗产”名录，标志着甲骨文的保护、传承和弘扬，由国家层面上升为世界级层面，成为民心相通的媒介和连心桥。

就在甲骨文普及和推介方面取得新成就的同时，甲骨学家精细化整理甲骨，又“发掘”出了一些新字。文字学家利用新著录编纂字汇，将不识字等集中于“附录”，为集甲骨学界之力，破译未识文字指明了主攻方向。在把甲骨文蕴含的历史文化信息发挥到极致的《商代史》的写作过程，也时有不识文字而使甲骨材料遭到舍弃，因而影响了有关问题研究的更深入开展。正因为成就与不足同在，甲骨文字破译的困难，就成了障碍甲骨文更进一步向深层次、全方位发展的瓶颈。可以说，甲骨学家们目标明确，未雨绸缪，准备着向破译甲骨难字的高峰冲击。

为了落实习近平同志对“事关文化传承的问题”的甲骨文等古文字学科要“确保有人做，有传承”的讲话精神，国家社科基金办为了推动甲骨学研究的发展，顶层设计了“大数据、云平台支持下的甲骨文释读研究”的重大交办 10 个子课题，力图以破译文字为抓手，突破障碍甲骨文研究前进的文字瓶颈。以《光明日报》2016 年 10 月 28 日发表的关于征集甲骨文释读优秀成果《奖励公告》为标志，开启了“政府推动下的甲骨文研究全面深入发展与弘扬新阶段”。在这一“新阶段”，国家社科基金办的“重大委托项目”的10个子课题与教育部语信司“甲骨文等古文字研究与应用专项”25个课题互相补充，相得益彰，必将把新阶段的甲骨学研究推向更新的辉煌。如此等等。习近平新时代的甲骨文研究，把《新中国甲骨学六十年（1949—2009）》所能达到的水平，又继续推向了《新中国甲骨学研究七十年（1949—2019）》的发展新高度，从而为中华文化伟大复兴的中国梦做出更大的贡献。

由以上概要的叙述就可以看出，这部《新中国甲骨学七十年（1949—2019）》，就是在《新中国甲骨学六十年（1949—2009）》的基础上，融入新百年“新阶段”的时代特点打造成功的。而拙著《建国以来甲骨文研究》又是《新中国甲骨学六十年（1949—2009）》的起点和初级阶段。之所以如此，是在新中国的甲骨学深入发展阶段的1949—1979年，学者们努力接受并学习马克思主义，力图用历史唯物主义指导自己的甲骨文研究，难免有理论理解的片面和不准确之处，因而研究商代历史时有错误理解或误用史料的缺陷，研究也多限于经济基础和上层建筑、社会形态和阶级矛盾与斗争等；进入1979—2009年的“甲骨文全面深入发展阶段”以后，学者们对马克思主义的理解更加系统、准确、全面，用历史唯物主义史观点指导甲骨文研究，更加自觉和熟练，也就极大地扩大了前三十年，即《建国以来甲骨文研究》深入发展时期的甲骨学商史研究范围，涉及甲骨学商史的各个方面，因而《新中国甲骨学六十年（1949—2009）》的“全面深入发展时期”的甲骨学研究，较新中国的前三十年有了全方位、深层次、多角度的全景式发展。

千里之行，始于足下。我无限感激地说，本人是在共和国母亲哺育、培养下成长起来的。我在1959年考入北京大学历史系考古专业，即在甲骨文发现60周年之时，从此才知道并开始学习甲骨文知识。虽然我1964年大学毕业，即甲骨文发现65周年时考上了甲骨学商史专业研究生，但真正学习和研究甲骨文是1973年从河南信阳东岳的“五·七干校”“毕业”开始，即在恢复《合集》编纂工作后边干边学，那已是继甲骨文1899年被发现后经历的第74个年头了。因此，从我投身甲骨文学习研究到今年2019年的甲骨文发现120周年，我经历了其中的46个年头学习、研究，攻关、攀登甲骨文高峰的历练。因而我和我的不知老之将至的同道可以自豪地说，甲骨文

120年的发展历程，有我们46年（可能今后还要多若干年）的努力和贡献！这46年，我从《建国以来甲骨文研究》（1981年版）开始步入甲骨文堂奥，并步向《甲骨学一百年》（1999年版）辉煌的前台前进。“耳顺之年”退而不休，继续关注和追踪着《新中国甲骨学六十年（1949—2009）》的时代风云。天假我年，有幸在耄耋之年见证和参与了《新中国甲骨学七十年（1949—2019）》的发展历程，并能以本人对这一辉煌历程所取得成就的学习、理解和弘扬、彰显，迎接甲骨文发现120周年纪念。因此之故，十分幸运的我，是非常看重使我步入学术之门的《建国以来甲骨文研究》一书的。特别是甲骨学一代宗师胡厚宣教授和亦师亦友的李学勤教授，在我刚步入甲骨学研究之门的1979年，就为我的《建国以来甲骨文研究》作“序”并加以鼓励，而对我本人和对中国甲骨学的发展和研究人材的成长，寄予了无限期望。与此同时，他们在“序”中还对甲骨学的未来发展进行了展望，并给甲骨学研究的发展，提出了一系列前瞻性的课题，诸如甲骨分期、卜辞排谱、文字的考释、《商代史》的撰著等。如今，有的题课已经完成，有的课题仍在进行深入探索中，有的课题仍鲜有人问津……虽然统揽甲骨学发展全局，并追求对甲骨文“进行全面总括之彻底整理”的胡厚宣师在1995年4月驾鹤西归，而颇具挑战意识和前瞻精神的李学勤教授也在甲骨文发现120周年到来前夕的2018年12月永远离开了我们，但他们为《建国以来甲骨文研究》所写的“序”却永存于世！虽然二“序”至今已经历了40多个春秋的岁月沧桑，但其深邃的学术思想，至今仍对甲骨学的发展有启示意义。我将其置于《新中国甲骨学七十年（1949—2019）》书首，以示其对我本人，对我的同代学者，对我的学生和甲骨新秀们来说，依然是历久弥新的“鼓励与期望，起点和追求”！

谨志于安阳师范学院甲骨文研究院

2019年4月30日

《建国以来甲骨文研究》序*

胡厚宣

我们中国社会科学院历史研究所所编《甲骨文合集》一书的出版，是甲骨学史上的一件大事，这对于今后甲骨学和商史研究的进一步深入开展，无疑会起到很大的推动作用。

在我们编辑《甲骨文合集》过程中，我一向主张通过这一大型工程，要尽量多出一些成果和人才，要求研究室内参加工作的同志们边干边学，充分占有资料，深入研究问题，把史料的整理与科学研究紧密结合起来。20年来，虽然《甲骨文合集》一书的编纂工作由于种种原因屡有中断，但我们研究室的不少同志仍然锲而不舍，坚持钻研。现在，随着《甲骨文合集》一书的陆续出版，研究室同志们的一批科研成果也不断问世。敬爱的郭沫若同志离开我们已经一年多了，但他生前对我“要大力培养接班人”的嘱咐一直萦绕耳边。虽然编纂《甲骨文合集》和审阅同志们的文章、著作以及辅导甲骨文爱好者等项工作，占去了我不少精力和时间，但看到甲骨学界一片兴旺景象和一批有志于从事甲骨文研究的青年人正在茁壮成长，心中感到无限欣慰。

王宇信同志从我学习甲骨文以来，我就是先让他参加《甲骨文合集》的编纂工作，采取边干边学的培养方法，首先认识熟悉了甲骨文，以便充分占有甲骨资料。与此同时，为了使他能够较为全面地掌握甲骨学基础知识并为商史研究打好基础，要求他全面阅读和学习前人和近人的有关甲骨学和商史论著并作出详细笔记。他这本《建国以来甲骨文研究》，就是在

---

* 本序原载《新中国甲骨学六十年（1949—2009）》（中国社会科学出版社2013年版）。

学习甲骨文过程中，对中华人民共和国成立以来甲骨学发展的一个概述。在他动笔之前，曾就关于写作此书征求过我的意见。我觉得这是一件颇有意义的工作，要求他尽量把材料收集齐全，并要求对30年来甲骨文研究成果予以正确而科学的估计，以供学术界研究时的参考。

甲骨文自1899年被发现以后，到现在已经整整经历了80个年头。甲骨文是殷王室后期利用龟甲、兽骨进行占卜的记事文字，内容丰富，数量繁多，对“文献不足征”的商代历史研究，是极为珍贵的历史资料。80年来，共出土甲骨文材料15万片以上，著录甲骨材料的书刊，专书有70多种，论文有40多种，总计110多种。在此期间，甲骨文的研究工作也有了长足的进步。这80年的前50年是第一阶段，主要是从文字的认识、研究开始的，到基础的奠定和研究工作的进一步展开。发表研究论著的作者达300人，各种论著近900种；而中华人民共和国成立以来的30年，是甲骨文研究的第二阶段，除了继续对前一阶段提出的甲骨学上的一些重要问题作深入探讨外，还出现了一批以马克思列宁主义为指导，用甲骨文资料来研究商代社会的生产方式、阶级斗争和社会性质方面的论述。这一时期新出现的甲骨文论著作者近100人，而仅就国内发表的甲骨文论著而言，据不完全统计就有400种之多。由于甲骨文80年来研究的不断深入和资料的积累，写出一部以马克思列宁主义为指导的科学性强的《商代史》专著，已是为期不远的事情了。

甲骨文不仅是商代历史研究的珍贵史料，而且与考古学和古代科学技术、语言学研究等方面也有着密切的联系。正因为如此，甲骨学这门年轻的学科自从它一诞生起，就引起了国内外学术界的重视。不少外国学者出版了甲骨著录、专著和论文，使甲骨学成为蔚为大观的一门世界性的学问。仅以我们的近邻日本而言，就有专门研究甲骨文的学术组织——甲骨学会，不少很有创见的论文发表在专门的甲骨文刊物——《甲骨学》和其他史学杂志上。近年来，比较著名的著作有贝塚茂树教授的《京都大学人文科学研究所藏甲骨文字》及他主编的《古代殷帝国》；岛邦男教授的《殷墟卜辞研究》和《殷虚卜辞综类》；白川静教授的《甲骨文集》《甲骨金文学论丛》及《甲骨文之世界》；伊藤道治教授的《日本所见甲骨录》《古代殷王朝》《中国古代王朝之形成》，以及赤塚忠教授的《中国古代的宗教与文化》等。后起的学者还有立命馆大学的玉田继雄，编有《甲骨关系文献序跋辑成》共五辑，等等。贝塚茂树教授、岛邦男教授、伊藤道治教授、佐藤武敏教授、林巳奈夫教授、松丸道雄教授等人又写了很多颇有见地的甲骨论文；加拿大籍华裔学者许进雄博士编纂了《殷虚卜辞后编》《皇家安大略博物馆藏明义士旧藏甲骨文字》《皇家安大略博物馆藏怀特氏等旧藏甲骨文字》等书；美籍华裔学者周鸿翔教授编纂了《商殷帝王本纪》及《美国所藏甲骨录》等书。美国加州大学教授戴·凯特利博士（D. N. Keightley）也写了《商代史料》一书。这些专家还写了不少很有质量的论文。另外，港台的学术著作还不在其内。正因为甲骨文研究引起了国际学术界的重视，前不久周鸿翔教授在给我的来信中谈道，遍布世界各国的甲骨学者都在呼吁可否在甲骨文的故乡——安阳殷墟召开一次国际性的甲骨学术会议。这一切，就更促进和激励我们中国的甲骨学界奋发图强，向甲骨学这一学科的高峰攀登，作出更大成绩，为世界契林作出我们应有的贡献。

我们必须全面地继承前人研究的科学成果，并在前人研究的基础上不断有所发现，有所发明，有所创造，有所前进。随着《甲骨文合集》一书的出版和今后研究工作的进一步深入，我们就十分需要对新中国成立以来甲骨文研究做一全面的总结并对在哪些方面取得了科学的结论，哪些问题正在探索，哪些问题则刚刚提出等有所了解，“温故而知新”，从而通过艰苦劳动，取得更新的成果。王宇信同志的这本《建国以来甲骨文研究》，虽然不能说对30年来甲骨文研究成果面面俱到，但甲骨学界所取得的主要成果及提出的一些主要问题基本已概括于该书之中。将分散于几十种刊物、报纸上的几百篇甲骨论述中的菁华荟于一书，可以鸟瞰新中国成立以来甲骨学发展的全貌。且不说这种将甲骨文研究园地的点点香花汇合成一个立体的花坛是很有意义的工作，就从本书的内容方面来说，对研究甲骨学、古代史、考古学和科技史等方面的学人也有一定的参考价值。

这本书不仅材料丰富，概括性强，而且深入浅出，还反映了殷商考古的最新成果。对于学习甲骨文的研究生、大学生以及爱好甲骨文和商代史的中学教师、业余工作者也是一本有用且方便的入门工具书。特别是书后附有的“建国以来甲骨文论著简目”，不仅对专业研究者十分便利，而且还可方便初学甲骨者“按图索骥”，较为全面和顺利地查找30年来的甲骨文论著，为学习和研究打好基础。

“老骥伏枥，壮心未已。”我虽年近古稀，但在这科学的春天，我一定抓紧时间完成郭老让我具体负责主持编纂的《甲骨文合集》及释文等尚未完成的工作，并要日夜兼程，整理好我的《甲骨学商史论丛》等上百万字的旧作，还要努力争取写出一些科学论文并带好研究生，为祖国的“四个现代化”更多地贡献力量！

1979 年 12 月于北京

《建国以来甲骨文研究》序*

李学勤

殷墟甲骨是在1898年的下半年被发现的，至1899年为学者所鉴定，迄今已80年了。甲骨的发现和研究改变了中国古史的面貌，同时在中国古文字学内产生了一个新分支，即甲骨学。

甲骨学80年间的发展，经历了三个阶段。从1899年到1927年可以说是第一阶段，当时的甲骨都是偶然发现以至盗掘得来的，学者只能就流散材料分别研讨。从1928年到1949年是第二阶段，经过15次殷墟发掘，获得不少有出土记录的甲骨，但当时的发掘报告，由于种种原因，新中国成立前仅公布了一小部分，学者尚难利用。这两个阶段，合在一起恰好50年，胡厚宣同志等曾撰有专著，作了很好的总结。

新中国成立后，考古工作飞跃发展，殷墟又出土了很多甲骨。发掘资料的陆续发表，为甲骨学的进展提供了条件。30年来，甲骨研究的各个方面，从马克思主义理论指导下的商史研究，到文字的考释、断代的探索，都取得前所未有的成绩。经过20年的努力，总集甲骨资料的《甲骨文合集》出版，可谓甲骨学史上划时期的里程碑。在这继往开来的时刻，很需要对新中国成立以来这一阶段的甲骨学成果作出新的总结。王宇信同志这部书的重要意义，我以为正在于此。

甲骨学发展到现在，已经是比较成熟的学科，积累了大量的材料和文献，有自己的研究范围和课题。谁要研究中国的古代历史文化，就必须对甲骨学有一定的知识。对于有志涉猎甲骨学这一园地的人们，王宇信同志

---

* 本序原载《新中国甲骨学六十年（1949—2009）》（中国社会科学出版社2013年版）。

这部书是很好的导游图，值得竭诚推荐。该书不仅对甲骨学近30年的成果进行了概括，而且展望了甲骨研究未来的方向，所以即使是对这门学科已经相当熟悉的读者，从这部书中也可以得到很大的启发。

谈到甲骨学当前的课题，我想利用这个机会提一点想法，作为王宇信同志著作的补充。

过去陈梦家同志为《甲骨缀合编》撰序，他说："我向来认为要利用甲骨，必须先整理它。整理的工作，是琐碎繁重，利人不利己的。但若不经过这种技术的手续，则研究本身是无从下手的。"研究甲骨必先经过整理，《甲骨文合集》的刊行可以说完成了整理工作最关键的一步。下一步似应解决这样几个问题：

第一是甲骨的分期。分期的确定，对各种历史文物来说，都是研究的前提。董作宾的"五期"分法通行多年，由于新材料大批出现，已有改变的必要。特别是"第四期"究属何时，国内外已有很多争论。至于他的"新旧派"之说，更很少有人接受。现在看来，甲骨分期问题比过去想象的要复杂一些，一个王世不仅有一种卜辞，一种卜辞也未必限于一个王世。

"五期"分法之所以有其成就，是因为它是以发掘坑位关系为基础的。如今要建立更完善适用的分期法，也必须以考古材料为主要依据，综合分析，反复探讨，才能超过前人，以适应当前的需要。

第二是卜辞的排谱。前人研究甲骨，限于当时的条件，每每局限于一字一句的考察。实际上甲骨卜辞本来是互相关联，成组成套的，只是由于残碎离散，才呈现出断烂的面貌。有些学者曾根据卜辞的干支、内容，把分散的材料集中起来，就能反映更多的历史情况，有意外的收获。这种排谱的工作做得很少，很值得继续努力。

殷墟甲骨最丰富的发现，应推YH127一坑龟甲。这批卜甲在地下本来完整，而且显然是同时的，现在已经缀合了不少，但用排谱的方法进行整理，还没有人着手尝试。我相信，如果花费几年时间，把这一工作做好，必能对甲骨学以及商代史的研究有较大的贡献。

第三是继续考释卜辞文字。在我们看来，文字的辨识也是整理甲骨的一项基础工作。甲骨文的不同字数据说已逾五千，但必须承认，其中已经释定，为学者所公认的，数目并不很多。有些在卜辞中经常出现的字，到现在还不认识，不懂得怎么讲。至于词语的解释，文法的研究，更处于非常薄弱的阶段。

比如说有一个“彡”字，既常见于殷墟卜辞，又屡出于西周金文。它究竟是什么字，确切的意思是什么，并没有答案。目前多数人习惯把它写成“酒”字，其实这个字不从“水”而从“彡”。商至周初文字凡“飨酒”之“酒”都作“酉”，和“彡”字的区别是很清楚的。又例如卜辞中常见的“㞢”字，或写作“㞢”，旧释为“之”，于上下文义不合。后来发现它的用法和“又”相同，然而“㞢”何以读为“又”？“有祐”可以写成“㞢又”，也可以写成“又又”，为什么不能写作“㞢㞢”？却没有令人满意的说明。由此看来，卜辞很多字我们是不认识的，很多辞我们不能通解，应该作更深入的研究，使我们对商代历史文化的探索能有更坚实可靠的材料基础。

王宇信同志多年参加《甲骨文合集》的编纂工作，他的这本书确实是“利人不利己”的。书末附有30年来甲骨论著目录，极便检索，我们应当向作者表示感谢。

1979年12月

前　言

[原《新中国甲骨学六十年(1949—2009)》]

甲骨文的发现是我国近代学术史上的一件大事。殷墟甲骨文和流沙坠简、敦煌写经一样，是人类文化的瑰宝，在世界文明宝库中放射着绚丽的光辉。

甲骨文是商朝晚期（公元前14—前11世纪）遗留下来的珍贵历史资料。从1899年被发现以来，到2011年已经经历了110多个年头。由于甲骨文的重要学术价值和它本身所固有的规律逐步被人们所认识，已成为一门与历史学和考古学等学科有着十分密切关系的学科——甲骨学。甲骨学不仅在国内，在国外也引起许多知名学者的注意，出版了许多甲骨专著，印行了不少这方面的论述。有的国家，如我们一衣带水的邻邦日本，还成立了研究甲骨文的专门学术组织“甲骨学会”。甲骨学已成为一门国际性的学问。

在新中国成立初期的1949年，也正是甲骨文发现刚满50周年的时候，胡厚宣先生和其他一些著名甲骨文专家，回顾了50多年来甲骨文发现和研究的历史，写出了不少总结性的论著。这些著作，总结、概括了这些年来甲骨文发现和研究的成果，指出了甲骨学今后尚须努力的方向，对甲骨学的研究起了继往开来的作用。[①] 直到今天，这些著作对学习和研究甲骨

---

① 有关50年来甲骨文发现情况，详见胡厚宣《五十年甲骨文发现的总结》，商务印书馆1951年版；另见《殷墟发掘》，（上海）学习生活出版社1955年版。有关50年来甲骨文著述情况，详见胡厚宣《五十年甲骨学论著目》，中华书局1952年版。有关自甲骨文发现至1965年以前甲骨文研究成果的总结，详见陈梦家《殷虚卜辞综述》，科学出版社1956年版。

文的人，仍不失为重要的入门书和工具书；而对于学习和研究商代奴隶社会史的人，也是必备的重要参考资料。

1949年新中国刚刚成立的时候，由于历经十四年抗战，造成了百废待兴和甲骨学研究人员离散的局面，使研究工作也和共和国甫建的经济一样遇到了暂时的困难。前辈大师董作宾在《甲骨学六十年》（艺文印书馆1959年版）曾不无感伤地说，“甲骨学之极盛时代，不在今日，而在二十年前（王宇信按：即指1928—1937年的甲骨学研究‘发展时期’）”。“然而今日环顾宇内，则不幸此学颇形冷落。”（第51页）“展望世界，甲骨之前途至为暗淡。”① 尽管如此，一些外国学者仍把中国甲骨学的发展寄托在董作宾的学生胡厚宣的身上。日本大阪私立大学佐藤武敏教授曾说过，“董作宾氏去台湾之后，一时感到台湾成了中国甲骨文研究的中心。然而中共方面也可以胡厚宣氏为代表，可能今后他是中共方面甲骨文研究最有希望的人”②。日本立命馆大学白川静教授也说过，“如今罗、王已故，郭、董二氏的研究也碰到很多困难之际，胡氏在中共领导下，实处于斯学第一人者的地位”③。而生活在新中国的胡厚宣教授，则以“无比兴奋的情绪，来纪念这一伟大的年头”——甲骨文发现50周年，并表示在“旧的时代死去了，新的中国诞生了”的“新时代”，要“站在新的立场，应用新的观点方法，对甲骨文字另作一番新的研究”④。胡厚宣和郭沫若、于省吾、商承祚、唐兰、陈梦家等老一辈甲骨学家们，努力用唯物史观指导自己的甲骨学商史研究，取得了不少新成就；而新一代学者，也在老一辈学者的言传身教和悉心指导下逐渐成长和正在成长起来。可以说，1949—1978年，是我国用历史唯物主义为指导研究甲骨学的“深入发展时期”。而笔者当年撰写《建国以来甲骨文研究》，就是为了概要介绍这一新时期甲骨文的发现和研究的重要成就。

虽然在甲骨学研究“深入发展时期”（1949—1978年）取得了一定的成就，但在这“一段时间内出现了甲骨著录极难见到的窘境”。众所周

① 《中国现代学术经典·董作宾卷》，河北教育出版社1996年版，第281页。
② 佐藤武敏：《胡厚宣氏的近业》，《甲骨学》第1卷第1号1951年版，第23页。
③ 白川静：《胡厚宣氏的商史研究》（上篇），《立命馆文学》第103号1953年版，第51页。
④ 胡厚宣：《〈五十年甲骨学论著目〉序言（1949年12月17日）》，中华书局1983年版。

知，甲骨文资料是甲骨学研究的基础。“因此，甲骨学研究资料的匮乏，使甲骨学的发展和队伍的建设受到了很大局限。”胡厚宣先生为解决这一研究发展受到束缚的“瓶颈”，身体力行，做出了巨大努力。胡厚宣先生1951年出版的《宁沪》《南北》《京津》这三部甲骨著录，堪为“新中国甲骨学大规模集中材料、整理材料、公布材料的‘序幕’”。而他1955年在编纂《甲骨续存》的过程中，遍访“公私所藏”，“为他日后总编辑《甲骨文合集》打下了坚实的基础”。在主编郭沫若的全力支持和关心下，胡厚宣总编辑带领一群年轻人，终于在1979—1982年编讫出版了收入甲骨41956版的《甲骨文合集》十三巨册，此书“是对八十多年来殷墟出土甲骨文的一个总结。从此，改变了甲骨学研究资料匮乏的局面”。“可以说，《合集》一书继往开来，是甲骨学史上的里程碑式著作。”①

正是由于《甲骨文合集》的出版，“再加《东京》《天理》《怀特》《英藏》和《屯南》等书，为学术界提供了极为齐备的殷墟甲骨资料”，从而“极大地促进了甲骨学、殷商史、考古学的发展”②。因此之故，1978年以后“甲骨学研究课题向广度和深度拓展，即在甲骨文的发现和著录方面、分期断代研究方面、西周甲骨分支学科研究方面、甲骨学商史研究方面等，都有所拓展和深入”。与此同时，“甲骨学研究方法和手段愈益与当代科技发展同步”，诸如更加注意考古学成果及方法、对甲骨文进行“全方位”研究的加强、最新科技手段的利用，等等，推动了甲骨学研究的现代化进程。而这一时期“涌现出的大量著作，显示出甲骨学研究进入‘全面深入发展’的阶段”③。“而所谓‘全面深入发展阶段’开始的标志，就是1978年甲骨文的集大成著录《甲骨文合集》的问世。”④

新中国甲骨学研究经历的60多年“深入发展时期”（1949—1978年）和“全面深入发展时期”（1978年至今）所取得的辉煌成就，是在继承、弘扬1899年以来甲骨学研究“草创时期”（1899—1928年）和

① 参见王宇信《中国甲骨学》，上海人民出版社2009年版，第443—445页。

② 同上书，第96页。

③ 参见王宇信《中国甲骨学》第五章“论1978年以后的甲骨学研究进入了‘全面深入发展’的新阶段”，上海人民出版社2009年版，第92—112页。

④ 王宇信：《中国甲骨学》，上海人民出版社2009年版，第112页。

“发展时期”（1928—1949 年）所取得的成就基础上，并加以开拓和不断创新而取得的。因而我们在本书把“新中国建立前五十年甲骨文发现和研究的回顾”置于书首，是为本书的“小引”。新中国成立以后的“甲骨学深入发展时期”，即 1949—1978 年的前 30 年，是为本书的“上篇”。而自科学春天到来以后的 1978 年至今的“甲骨学全面深入发展时期”，是为本书的“下篇”。本书可与董作宾大师写于 20 世纪 50 年代的《甲骨学六十年》相呼应和接续，立体地把百多年甲骨学研究的发展进程展现给海内外学人。

十年树木，百年树人。自 1899 年伟大的爱国主义学者王懿荣发现甲骨文起，经过以“甲骨四堂”（即罗振玉、王国维、郭沫若、董作宾）、甲骨学“四个第一”人（王懿荣、刘鹗、孙诒让、王襄）和“甲骨八老”前辈学者（即容庚、于省吾、唐兰、商承祚、陈梦家、胡厚宣、严一萍、饶宗颐）、“甲骨六外”权威学者（即明义士［加］、岛邦男［日］、雷焕章［法］、伊藤道治［日］、松丸道雄［日］、戴·凯特利［美］）和“五资深”学者（李学勤、裘锡圭、王宇信、刘一曼、许进雄）、“七领军”学者（宋镇豪、朱凤翰、葛英会、蔡哲茂、黄天树、朱歧祥、吴振武）、“九新秀”学者（韩江苏、朱彦民、徐义华、赵鹏、孙亚冰、林宏明、魏慈德、河永三、铃木敦）等，几代海内外学者的探索、追求、开拓、创新，甲骨学已成为一门国际性学问，并像一棵根深叶茂的参天大树，屹立于世界文化之林。正像我们在《甲骨学一百年》成果“总序”中所说的：“甲骨学百年华章愈万篇，几代大师凝心力。新世纪十万殷契溯文明，辈出名家再辉煌。”

几代海内外学者殚精竭虑的充满创见的论著，也和甲骨文本身一样，历时常新，成为世界文化宝库中熠熠发光的瑰宝。他们的道德文章，对后学仍颇有启示意义，是值得认真继承的宝贵精神财富。百多年来，学者们不断在总结中前进，在发现中探索，在研究中创新，从而把甲骨学发展不断推向新的高峰。董作宾《甲骨学六十年》（1959 年）、陈梦家《殷虚卜辞综述》（1956 年）、王宇信《甲骨学通论》（1989 年）和王宇信、杨升南主编《甲骨学一百年》（1999 年）等，都对甲骨学发展不同时期的成就，先后进行过全面系统的阶段性总结。而我这部《新中国甲骨学六十年

(1949—2009 年)》，可视为上列著作的续篇并另有侧重，特别是对海内外甲骨著录进行全面梳理，对出版水平“日臻完善”、甲骨缀合发展及“团队式”局面的出现做了科学总结，这些是以往著作注意不够的。而殷墟新成果及“申遗”的成功，则是考古学的最新成就。西周甲骨新分支学科的论述、分期断代研究《三论》是敲向“两系说”的重槌和《商代史》突破性成果的面世，等等，都应是上举诸书的前进和深化。而着墨不少的所谓甲骨文“新发现”种种，则是力求正本清源，维护学术科学性的举措，也可以说是学术“打假”吧。而古文字学高层次研究人才的培养，也积累了宝贵的经验和获得了启示。如此等等。

本书全稿完成并交出版社，正是中国传统的辛卯（即“兔”年 2011 年 2 月 3 日至 2012 年 1 月 22 日）即将过去，壬辰（即龙年 2012 年 1 月 23 日）即将来临之际。“飞龙在天”。在我国社会主义文化事业大发展大繁荣的大好形势下，祝甲骨学也和其他文化事业一起，在新的一年里稳中求进，像中国龙一样，在中华大地上腾飞，在世界腾飞！

王宇信谨志

2012 年 1 月 8 日

于北京丰台区方庄芳古园“入帘青小庐”寓所

小　引

新中国成立前五十年甲骨学形成与发展的回顾(1899—1949年)

为了更好地了解新中国甲骨文研究是在怎样的基础上前进，又在哪些方面超过了前人，我们首先对新中国成立以前50年甲骨文的发现和研究做一简要回顾，是很有必要的。

第一节　甲骨文的发现及其出土地点的确定

1899年，著名的古文字学家王懿荣在一个偶然的机会，从中药的“龙骨”上发现了甲骨文。甲骨文是刻（或写）在龟甲和兽骨上的一种古代文字。甲是龟的腹甲，也有将龟的背甲从中间锯开，加以整治而使用的；骨主要是牛的肩胛骨，也有用牛的距骨、牛头骨或鹿头骨（附图一）等动物的遗骨，还有用人头骨和虎骨的。那么，这种刻在龟甲或兽骨上新发现的古代文字，究竟是我国历史上哪个朝代遗留下来的呢?

王懿荣不仅第一个发现了甲骨文，而且也是他第一个将其时代断为商代。他曾“细为考订，始知为商代卜骨，至其文字，则确在篆籀之前”[①]。另一个古文字学家刘鹗，也就是第一部甲骨文著录书《铁云藏龟》的作者，在1903年也认为甲骨文属于商代遗物，说它是“殷人刀笔文字”[②]。

---

① 王汉章:《古董录》，1933年10月10日、15日，《河北第一博物院画报》第50、51期。

② 刘鹗:《铁云藏龟·自序》。

当时，由于甲骨文这种古老的文字才被发现不久，而且也从未见诸经传的记载，所以对其时代，学者们之间意见很不相同。罗振玉 1903 年还将甲骨文称为“夏殷之龟”①，把其时代笼统地断为夏商二代；而第一部甲骨文研究著作《契文举例》的作者——著名学者孙诒让，在 1904 年说甲骨文应在“周以前”②。虽然他没把甲骨文看成周代的东西，但究竟是夏是商也很笼统。这样，我们从学者间的不同看法可以发现，这时候甲骨文的时代被认作包括了公元前 21 世纪—前 11 世纪的夏、商两代。

随着研究的深入和甲骨文出土地点小屯的被确定，对甲骨文时代的认识也就越来越清楚。1910 年，罗振玉说：“于刻辞中得殷帝王名谥十余，乃恍然悟此卜辞者，实为殷室王朝之遗物”③，也认为是商代的了。此后，1914 年他编印的甲骨著录书就以《殷虚书契》为名出版。虽然在 1911 年还有个别学者将甲骨文时代定为周朝，④ 但是由于初期学者们的深入研究和证据的充分，甲骨文为商代遗物便被多数学者所承认了。

虽然学者们认识了甲骨文是商代的遗物，但究竟它在哪里出土，开始时尚不能确切地知道。王懿荣曾说“言河南汤阴安阳，居民搰地得之，辇载衙粥，取价至廉，以其无用，鲜过问者，惟药肆买之云云”⑤，认为甲骨文出土于河南汤阴。刘鹗认为，甲骨文出土“在河南汤阴县属之古牖里城”⑥。罗振玉说：“光绪己亥予闻河南之汤阴发现古龟甲兽骨”⑦，一度也曾和王、刘一样认为甲骨文出自汤阴。一些早期研究甲骨文的外国学者，如日本的林泰辅 1909 年曾写过《清国河南汤阴发现之龟甲兽骨》，⑧ 1910 年富冈谦藏写过《古羑里城出土龟甲之说明》⑨ 这样篇名的著作，顾名思义，也是把汤阴作为甲骨文的出土地。罗振玉还相信过甲骨文出土于河南卫辉（今河南汲

① 罗振玉：《铁云藏龟·序》。

② 孙诒让：《契文举例·序》。

③ 罗振玉：《殷商贞卜文字考》，1910 年，玉简斋石印本。

④ 金璋：《最近发现之周朝文字》，《英国皇家亚洲文会杂志》1911 年 10 月号。

⑤ 汐翁：《龟甲文》，《华北日报》，《华北画刊》1931 年第 89 期。

⑥ 刘鹗：《铁云藏龟·自序》。

⑦ 罗振玉：《殷商贞卜文字考·序》。

⑧ 见《史学杂志》第 20 卷，1909 年第 8—10 期。

⑨ 见《史学研究会讲演集》第二集。

县），谓“估人讳言出卫辉”[①]。美国人方法敛1906年也曾说：“1899年卫辉府附近古朝歌城故址，有古物发现”[②]，说甲骨出于朝歌。

学者们之所以相信甲骨出土于汤阴或卫辉，是因为他们上了古董商人的当。一些古董商人看到甲骨文售价日涨，为了垄断甲骨转卖以牟取暴利，故意把甲骨文出土地河南安阳小屯说成是汤阴或卫辉。

罗振玉经过多年留意探寻，直到1908年才知道甲骨出土地应在小屯。他曾记述说：“光绪戊申予既访知贞卜文字出土之地为洹滨之小屯。”[③] 此后，罗振玉便进一步扩大了甲骨的搜求，不仅派古董商直接到小屯“瘁吾力以购之，一岁所获，殆愈万”，而且还“命家弟子敬振常，妇弟范恒斋兆昌，至洹阳采掘之，所得则又再倍焉”[④]。

甲骨文搜求的增多，扩大了罗振玉研究的眼界。1910年《殷商贞卜文字考》序中他认为小屯是“武乙之虚”。1914年他进一步认为小屯即“洹水故虚，旧称亶甲。今证之卜辞，则是徙于武乙去于帝乙”[⑤]。小屯村为商朝何时王都，对确定甲骨文的时代至关重要。虽然罗振玉前些年就把甲骨从“夏殷”缩短到殷代，但这时就更进一步限定于武乙至帝乙三世了；后来，王国维在《说殷》一文中考证“殷之为洹水南之殷虚”，“今龟甲兽骨出土，皆在此地，盖即盘庚以来之旧都”，并指出：“帝乙之世，尚宅殷虚”[⑥]，把甲骨文的时代限定在盘庚迁殷到帝乙时代。又经过不少学者的深入考证，[⑦] 小屯一带即是《史记·殷本纪》正义引《竹书纪年》所记载的“盘庚迁殷，至纣之灭，273年，更不徙都”的晚商都城便被确认下来。而小屯村出土的甲骨文，自然也就是殷代后期从盘庚迁殷到纣辛灭国八世十二王这一段时间的遗物了。

从上面的叙述中，我们可以看出：甲骨文的发现和时代的确定，对于

---

① 罗振玉：《集蓼集》，《贞松老人遗稿甲集》，1941年，第31页。

② 方法敛：《中国原始文字考》，《卡内基博物院报告》1906年第4期。

③ 罗振玉：《殷虚古器物图录·序》。

④ 罗振玉：《殷虚书契·序》。

⑤ 罗振玉：《殷虚书契考释·自序》。

⑥ 王国维：《观堂集林》第十二卷，中华书局1959年版，第523—525页。

⑦ 参见胡厚宣《殷墟发掘》，第4页注二。

殷墟遗址和甲骨文的具体时代为晚殷的确定，是有重要意义的。不仅如此，这还为后来的殷商考古学和甲骨文的进一步分期研究奠定了基础。因此，有的学者说，“把甲骨出土的地点考证出来”，是“罗振玉的主要成就”① 之一。(见图 1)

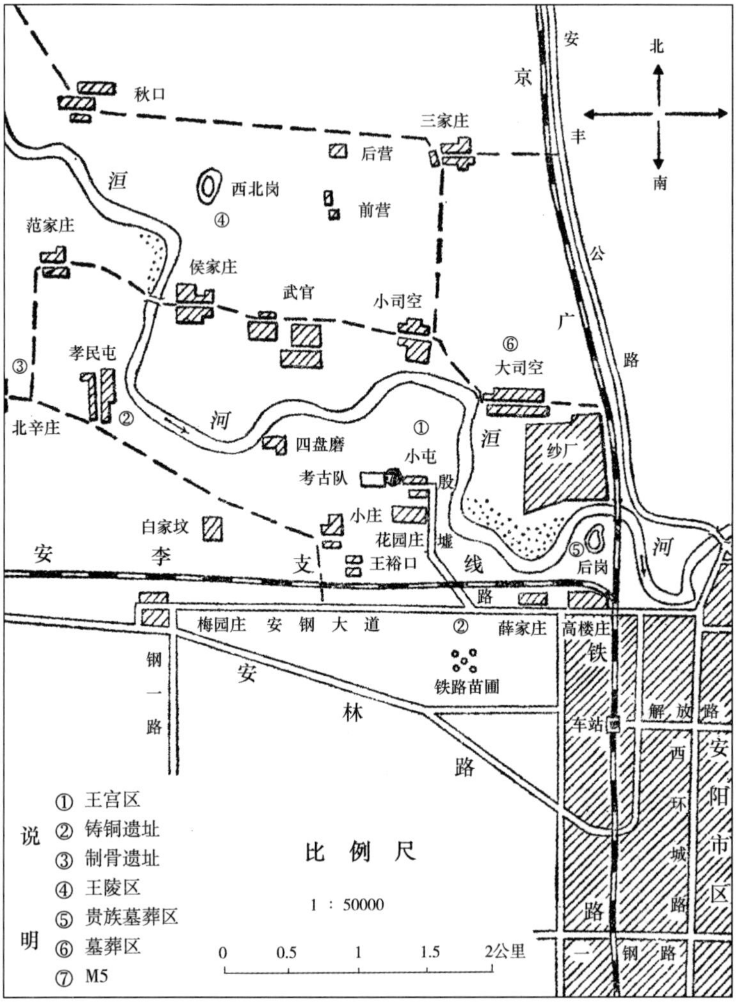

图 1 殷墟的位置及主要遗迹分布图

① 戴家祥:《甲骨文的发现及其学术意义》,《历史教学问题》(双月刊) 1957 年第 3 期。

第二节　甲骨文的搜集、著录及流散国外

自甲骨文被发现以后，一些学者便开始了积极的搜购。第一位大量搜集甲骨文的，就是它的发现者王懿荣，与他同时的孟定生、王襄等人也搜集了不少。王懿荣死后，所藏甲骨大部转到刘鹗之手，并且刘鹗自己也另外搜购了不少。罗振玉在甲骨文的搜集上，也花了很大力量，特别是在他考知甲骨文出自河南安阳小屯以后，不仅在北京，而且还派古董商和自己的亲属专程前往安阳收购。因此，他不仅所获数量超过了别人，而且还获得很多精品，如为中外学术界熟知的《殷虚书契菁华》一书中的几块大骨（附图二），就是罗振玉派人从安阳小屯购得的。[①] 从 1899 年到 1928 年这 30 年当中，各家搜集甲骨情形如下：

王懿荣所得	约 1500 片
孟定生、王襄所得	约 4500 片
刘鹗所得	约 5000 片
罗振玉所得	约 30000 片
其他各家所得	约 4000 片[②]

随着甲骨文搜集日广，一些甲骨著录也相继刊行。刘鹗于 1903 年出版了第一部甲骨著录书《铁云藏龟》，全书共六册，收录甲骨 1058 片，由“抱残守缺斋”石印。虽然此书印制不精，拓本漫漶不清，但在甲骨学史上还是占有重要地位的。此后，又有罗振玉、王襄、叶玉森等人编纂的一批甲骨著录出版。因此，自第一部甲骨著录出版后，使骨质轻脆而易折、易朽的珍藏甲骨文，由于拓本编印成书而离开了少数学者的书斋，从而能与更多的世人见面。这不仅扩大了甲骨文流传范围，而且也促进了对它的研究。

① 参见胡厚宣《五十年甲骨文发现的总结》，第 20—24、26—32 页。

② 参见胡厚宣《殷墟发掘》，第 13—36 页。

和努力搜购甲骨文一样，在流传方面罗振玉也做了不少工作。他把自藏甲骨墨拓（或摄影），先后于1912年编成《殷虚书契》八卷，收录甲骨2221片；1914年编成《殷虚书契菁华》，收录甲骨68片；1916年编成《殷虚书契后编》上、下两卷，收录甲骨1105片。后来罗振玉又搜集国内各家所藏甲骨文的拓本，于1933年编成《殷虚书契续编》六卷，收录甲骨拓本2018片。罗振玉编印的这几部书，不仅印刷工致，拓本清晰，而且选材精湛，内容丰富，至今还是研究甲骨文和商史的重要资料书。

就在国内学者们致力于搜求和研究甲骨文的同时，欧美和日本的学者也对这种珍贵的历史资料产生了兴趣。许多国家利用当时中国半殖民地的状况，通过各种手段，劫走了大量包括甲骨文在内的我国古代文化艺术珍品。

最早搜集我国甲骨文的外国人，是美国人方法敛和英国人库寿龄。他们先后在1903年、1904年、1906年收购了几批甲骨文，后来这批材料流散于美国卡内基博物院、英国苏格兰皇家博物院和大英博物馆等地。其后还有英国人金璋（1908年）和德国人威尔茨（1909年）、卫礼贤等人收购甲骨，威尔茨收购的甲骨流散到德国柏林民俗博物院，卫礼贤所得甲骨流散于瑞士巴塞尔民俗陈列馆等地。此外，加拿大人明义士以驻安阳长老会牧师的身份，从1914年起就开始收集甲骨文。他近水楼台，在外国人中所得甲骨最多，有一批甲骨文现藏加拿大多伦多博物院；除了欧、美一些人大肆搜求甲骨文外，日本人林泰辅、三井源右卫门、河井荃庐、堂野前种等人也得到不少。据统计，外国人所得甲骨的情形是：

库寿龄、方法敛等人所得	约5000片
明义士所得	约35000片
日本人所得	约15000片[①]

① 有关早年我国甲骨文流散世界各地和著录情况，详见胡厚宣《美日帝国主义怎样劫掠我们的甲骨文》，《大公报》1951年4月27日，又载同日《进步日报》；胡厚宣《五十年甲骨文发现的总结》，第24—25、32—35页；胡厚宣《殷墟发掘》，第26—35页；明生《我国甲骨的散失》，《文物参考资料》1956年第8期。

大量甲骨流散国外，是我国学术界的巨大损失。但这些材料中也有相当一部分已先后以墨拓、摄影或摹本用专著刊出，而且近年来，在日本、加拿大、美国等地又不断有甲骨著录出版。这些甲骨著录书的出版，弥补了早年材料流散国外所造成的研究材料不全的缺陷。

第三节　《甲编》《乙编》——科学发掘甲骨文的总集

1940 年编成的《殷虚文字甲编》（简称《甲编》或《甲》）和 1948 年陆续出版的《殷虚文字乙编》（简称《乙编》或《乙》），是殷墟科学发掘出来的甲骨文总集。

从 1928 年起，中央研究院开始在安阳殷墟以科学的方法发掘甲骨文。之所以如此，是因为殷墟甲骨“自清光绪二十五年出世，至宣统二年罗雪堂派人大举搜求之后，数年之间，出土者数万。自罗氏观之，盖已‘宝藏一空’矣”①。不仅罗振玉，就是其他收藏家、古董商、小屯村居民，也大多认为不会再有大宗甲骨出土了。探寻有否甲骨文，这是中央研究院科学发掘殷墟的目的之一；历年小屯村居民只是为了搜挖甲骨出售，却不管与甲骨同出的各种遗物及现象。而且由于外国人对我国甲骨文的染指，不少珍贵的资料流散国外，给甲骨文研究造成了巨大损失。因此，不让甲骨继续散失，用科学方法进行发掘，并注意与之同出的遗物、遗迹、地层关系，给商代史的研究提供更全面的资料。因为，“就殷商文化全体说，有好些问题都是文字中所不能解决而就土中情形可以察得出的”②，这就是要发掘殷墟的目的之二；此外，“就殷墟论，吾等已确知其年代，同时并知其地铜器石器兼出，年来国内发掘古代地方，每不能确定时代……如将此年代确知之墟中所出器物，为之审定，则其它陶片杂器，可以比较而得其

① 董作宾：《民国十七年十月试掘安阳小屯报告书》，《安阳发掘报告》1929 年第 1 期。

② 李济：《现代考古学与殷墟发掘》，《安阳发掘报告》1930 年第 2 期。

先后，是殷墟知识不啻为其他古墟知识作度量也”[①]。简言之，以殷墟作为考古学的标尺，这是科学发掘殷墟的目的之三。

从1928年至1937年，中央研究院在安阳殷墟先后进行了15次发掘。这些发掘不仅获得了大量的商代晚期遗迹、遗物，而且还获得了大量的甲骨文。[②]《甲编》就是从殷墟第1次至第9次科学发掘的6513片甲骨中，选出字甲2467片、字骨1399片编成的。该书拓本编号为3938号，再加上附录的牛、鹿头刻辞等，全书为3942号。这部书材料虽多，但不少精美之物在此书印行前已先后发表过，还有一些“特异罕见的材料”第一次发表。这部书是在《乙编》印行前“对于甲骨文字的一部前所未有最大的总集”[③]；《乙编》分上、中、下三集出版，是把第13、14、15次发掘的18405片甲骨墨拓编选而成，三集共编为9105号。此外，河南省博物馆也于1929年和1930年两次发掘殷墟，共得甲骨3656片，选拓其中800片编为《殷虚文字存真》，另930片编为《甲骨文录》。但此二书所收甲骨没有出土时编号，科学性不如《甲编》《乙编》。

《甲编》和《乙编》是科学发掘甲骨文时期的产物。它们和从前的甲骨著录不同的是，每一片龟甲或兽骨的拓本，不仅其著录号是“依照着他们出土的先后次序排列的”，而且每一龟甲或兽骨的拓本编号下又附有原出土的登记编号。出土登记号前面的数字代表发掘次数，后面用“0”时表示有字龟甲（用“2”时则表示为有字兽骨），再后的数字就是出土时的编号。“若研究出土情形，或与遗址遗物关系，则需查登记号。”这样，每一拓本是第几次发掘所得，是龟还是骨，出土的前后，就可一目了然。而且“单就文字学方面看去，自然和以前著录的许多甲骨文字书籍，有同样的价值，只是读者可以绝对地信任它没有一片伪刻罢了”。但是，“如果从考古学的眼光看法，就和以前的甲骨文字书籍大大的不相同了。它们每一片都有它们的出土小史，它们的环境和一切情形都是很清楚的”[④]。《甲编》和《乙编》是新时

① 傅斯年：《本所发掘安阳殷墟之经过》，《安阳发掘报告》1930年第2期。

② 有关新中国成立前殷墟历次的发掘和收获情形，详见胡厚宣《殷墟发掘》。

③ 高景成：《〈殷虚文字甲编〉略评》，《光明日报》1950年4月2日，《学术》第3期。

④ 董作宾：《殷虚文字甲编·自序》，《中国考古学报》1949年第4期。后文简称《甲编·自序》。《乙编》编辑处理与《甲编》同，见同期所载《乙编·序》。

期甲骨学和考古学相结合的标志，从而也进一步提高了甲骨文的学术价值。

就在科学所发掘，并为《甲编》《乙编》著录的这一批甲骨文的过程中，甲骨学的研究取得了新的突破。归纳起来，主要有以下几个方面：

第一，断代研究法的启示。已如前述，在科学地发掘殷墟以前，由于甲骨文出土地点的确定，学者们已经逐步认识甲骨文是商代晚期“盘庚迁殷”以后的 273 年之物。但对这 273 年的甲骨文，哪些较早，哪些稍晚，却是茫然无知的。但由于第 1 次科学发掘时观察到第一区（洹河南岸）四坑出土甲骨与第二区（村北）一坑、第三区（村中）一坑所出甲骨有所不同，便使一些学者受到启示：这是否因时代不同所致？用什么方法来判别这些甲骨的时代？到了第 3 次发掘时，发现四版大龟甲上刻有“贞人”，因而想到可以“因贞人以定时代”。又经过更缜密的研究，发明了甲骨文分期断代的十项标准（第五节将有详论，此处从略）。因此，“这断代分期的新研究法，追本溯源，不能说不是从发掘工作中得来的”①。

第二，由于这三区出土的甲骨文各有特点，包含时代不同，据此又可以将以前未经科学发掘时所得的、已著录于各书的甲骨材料出土地点推断出来。②

第三，弄清了甲骨文在地下的埋藏情形。第一类是“存储”，即有意保存储藏的甲骨文，这就是商王把在外地使用过的甲骨运回殷京保存。第二类是“埋藏”，如著名的YH127坑大量甲骨集中于一处，就属这种性质。第三类是“散佚”，当时所用甲骨很多，搬运存储时，可能会有遗落。在一些灰坑、版筑基址里或基址上偶然发现的一些甲骨，就是当时“散佚”的文字。第四类是“废弃”，发掘时发现的“习刻”文字，如一些干支表、仿刻卜辞就是废物利用。

第四，可以确定殷墟遗址遗物的年代。③ 我们可以根据伴出的甲骨文，

① 董作宾：《甲编·自序》，《中国考古学报》1949 年第 4 期。《乙编》编辑处理与《甲编》同，见同期所载《乙编·序》。

② 参见董作宾《甲骨文断代研究例》，“四、坑位”，《庆祝蔡元培先生六十五岁论文集》上册，（《中央研究院历史语言研究所集刊外编》第一种）1933 年；又，董作宾《甲编·自序》，《中国考古报告》1949 年第 4 期。陈梦家对此说略作辩难，见所著《殷虚卜辞综述》，第 144—145 页。

③ 以上参见董作宾《甲编·自序》。

用来较为可信地确定每一建筑遗迹或遗物相当于某一王的时代。甲骨文成为殷墟遗址分期的一个重要参据。

自此，甲骨文摆脱了传统金石学的局限性，与近代考古科学方法结合起来。因而1928年以后的科学发掘时期，比起前一段时间的不科学挖掘甲骨文时期来，在研究方面有了很大进步，取得了不少突破性的成就。

第四节　从《契文举例》到《殷卜辞中所见先公先王考》

自甲骨文发现到殷墟科学地发掘以前，由于甲骨文陆续出土和一些著录书的出版，扩大了流传范围。但因为甲骨上的文字“与古文或异，固汉以来小学家若张杜杨许诸儒所不得见”①，识读十分困难。因此，这一时期学者们研究的主要精力是放在释字上。

第一部考释甲骨文的研究著作是孙诒让的《契文举例》。此书是根据《铁云藏龟》这一部书的材料写成的。全书共分十章，篇名是：

月旦第一　贞卜第二　卜事第三　鬼神第四　卜人第五
官氏第六　方国第七　典礼第八　文字第九　杂例第十

我们从上列此书篇名就可以看出，在《铁云藏龟》出版才仅仅一年，孙诒让就能对甲骨内容进行这样的科学分类，这在当时是极为难能可贵的。

这部书考释的文字虽然不多，而且不少是错误的，但在甲骨学史上筚路蓝缕，其草创之功是不能抹杀的。

《契文举例》于1904年写成，但直到1916年原稿才在上海被王国维发现。虽然在10多年之后才与世人见面，但它对于研究者也还是很有启示的。特别是至今还在使用的考释古文字的一些方法，诸如以《说文》为证，以金文互证，等等，“在孙氏《契文举例》中，基本上都应用上了。

---

① 罗振玉：《殷虚书契·序》。

这就是《契文举例》可贵之所在!"①

《铁云藏龟》出版以后，又有一些著录书如《殷虚书契》等也出版了。罗振玉感到了"书既出，群苦其不可读也"这样的问题，于是"发愤为之考释"②。经过罗振玉、叶玉森、王国维等人的努力，可识之字日渐增多。在此基础上，一些甲骨文的字典也陆续编成。王襄的《簠室殷契类纂》，是第一部甲骨字典，于1920年出版，共收可识的字873个；其后，商承祚的《殷虚文字类编》，于1923年出版，共收可识字789个；到了更晚一些时候，朱芳圃1933年出版的《甲骨学文字编》，共收可识字956个；孙海波1934年出版的《甲骨文编》，可识的字就达到1006个了。这几部字典所收可识之字的不断增加，反映了学者们在释字方面所做的努力和所取得的成就。

在孙诒让写《契文举例》的时候，限于当时识字太少（或认错的字太多），一般卜辞的内容还十分费解，不能通读。但随着学者们释字方面不断取得进展，情况就改变了。到了罗振玉《殷虚书契考释》出版的1914年，大部分甲骨文可以通读，而其内容也基本可以了解了。

王国维在1917年所写的《殷卜辞中所见先公先王考》及《续考》，就是在文字考释的基础上，把甲骨文研究向前推进一步的重要代表作。王国维在这两篇著作中，考证了卜辞中的夋、相土、季、王亥、王恒、上甲、报乙、报丙、报丁、示壬、示癸、大乙、羊甲、祖、父、兄等先公先王之名，证明了"有商一代先公先王之名，不见于卜辞者殆鲜"。他还根据《后上》8·14与《戬》1·10拼合（附图十六之1），发现报乙、报丙、报丁的世次"与《史记·殷本纪》及《三代世表》不同"，认为"上甲以后诸先公之次，当为报乙、报丙、报丁、主壬、主癸"，指出"《史记》以报丁、报乙、报丙为次，乃违事实"；又据《后上》5·1片，考证出"祖乙自当为中丁子"，指出"惟据《殷本纪》则祖乙乃河亶甲子……《史记》盖误"，从而纠正了司马迁《史记·殷本纪》个别世次的错误。他还强调"《世本》《史记》之为实录，且得于今日证之"。

① 萧艾：《第一部考释甲骨文的专著——〈契文举例〉》，《社会科学战线》1978年第2期。
② 罗振玉：《殷虚书契后编·序》。

这里应该指出，罗振玉、王国维在甲骨学的形成和发展上是有重大贡献的人物。第一部甲骨著录书《铁云藏龟》的出版，与罗振玉也是不无关系的。他于1901年在刘鹗处见到甲骨文后，不仅极力怂恿刘鹗将其所藏拓印出版，而且这部书也是他亲自为之墨拓甲骨并为其撰写序言的；[①] 此后，罗振玉不仅致力于将自己搜求的甲骨编印成书，而且还努力从事文字的研究。他于1914年“发愤键户者四十余日，遂成考释六万余言”[②]，出版了《殷虚书契考释》一书，共考释并加以解说485字。到了1927年《增订殷虚书契考释》出版时，考释之字增至571个。不仅《考释》中不少成果为后人所接受，就是他考释文字“由许书以上溯古金文，由古金文以上窥卜辞”[③] 的研究方法，也给后来的学者以很大启发。王国维继罗振玉之后，在甲骨文字考释方面也发明颇多，而且还进一步考证历史，将甲骨文与商史研究结合起来，大大提高了甲骨文在学术界的地位。王国维在撰述《先公先王考》时，曾就“王亥”问题的研究心得与罗振玉互相切磋。[④] 由于罗振玉和王国维在学术上的亲密关系，以及他们与其学生在甲骨文流传和研究方面所作的贡献，有人将甲骨学称之为“罗王之学”[⑤]。

第五节　凿破鸿蒙——“大龟四版”的启示和《断代例》的发表

已如前面第一节所述，学者们考定了小屯村为“盘庚迁殷，至纣之灭”晚商时期的都城，明确了这里出土的甲骨文，正是这273年八世十二王的遗物。虽然前此把甲骨文的时代定为“殷商”要比将甲骨文的时代定为“夏殷”或“周”精确得多了；而现在又比整个“殷商”前进了一步，

① 罗振玉：《铁云藏龟·序》(1903年)。

② 罗振玉：《殷虚书契考释·自序》。

③ 罗振玉：《殷虚书契考释》，第74页。

④ 王国维：《殷卜辞中所见先公先王考·序》，《观堂集林》第九卷，中华书局1959年版，第409页。

⑤ 参见陈梦家《殷虚卜辞综述》，第50—51页。

因为毕竟区分出甲骨文是晚殷之物了。但这些卜辞究竟是属于晚殷八世十二王中的哪一王，学者们还是茫然无知的。因此甲骨文的时代还是晚殷273 年的一团“混沌”。

1928 年殷墟第 1 次科学发掘以后，才有学者从三处不同地方发掘出来的甲骨文看到了有“字形之演变，契刻方法与材料之更易”的不同，便开始了“把每一时代的卜辞，还他个原有的时代”的探索。到了 1929 年第 3 次发掘时，在著名的“大连坑”南段的长方形坑内，发现了四版大龟甲，因为它们“是同时同地出土，又比较的完全，所以同时来研究它们”，称它们为“大龟四版”（附图三）。董作宾就是由于受到“大龟四版”的启示，第一个提出“贞人”说的。[①]

在此以前，研究甲骨文的学者把卜辞“贞”上的字，有的怀疑为职官名，有的怀疑为地名，也有的怀疑为贞卜的事类。董作宾在《大龟四版考释》一文中，根据第四块龟甲上出现的争贞、允贞、宾贞、𡆥贞、罟贞、𠮷贞，确定贞上一字应为“贞人”名，并加以论证说：“贞上一字如为地名则必有在字，如‘在向贞’，‘在潢贞’，只言‘某某卜某贞’者，决非地名。又四版全为卜旬之辞，若为卜贞事类，或职官之名，应全版一致，今卜旬之版，贞上一字不同者六，则非事与官可知。又可知其决为卜问命龟之人，有时此人名甚似官名，则因古人多有以官为名者。又卜辞多‘某某卜王贞’及‘王卜贞’之例，可知贞卜命龟之辞，有时王亲为之，有时使史臣为之，其为书贞卜的人名，则无足疑。”

“大龟四版”上的贞人，第一版上有宾、𡆥，第二版上有宾，第三版上没有贞人名，第四版如上面所列六名。从第四版的内容看，全都是这六个人轮流卜旬的记录。因此发现“在九个月中，他们轮流着去贞旬，他们的年龄无论如何，必须在九个月内是生存着的，最老的和最少的，相差也不能过五十年。因此，可由贞人以定时代”。

董作宾发现“贞人”以后，据他自己在《大龟四版考释》一文中追述说，曾将《铁云藏龟》《殷虚书契菁华》等书所列的同版贞人与“大龟四版”进行比较，又用这些版上出现的王名、字体、人名与之互相证明后，

---

① 董作宾：《大龟四版考释》，《安阳发掘报告》1931 年第 3 期。

“已可略知四版的贞人，大概是在武丁祖庚之世”。这样，董作宾从“大龟四版”中发现了“贞人”，卜辞分期断代研究的解决始露端倪。

到了1933年董作宾《甲骨文断代研究例》① 一文发表时，就将他在《大龟四版考释》一文中所设想的“一、坑层，二、同出器物，三、贞卜事类，四、所祀帝王，五、贞人，六、文体，七、用字，八、书法”，这八个断代标准，进一步确定为“一、世系，二、称谓，三、贞人，四、坑位，五、方国，六、人物，七、事类，八、文法，九、字形，十、书体”这十项标准了。他还将甲骨文划分为五个不同时期：第一期盘庚、小辛、小乙、武丁（二世四王），第二期祖庚、祖甲（一世二王），第三期廪辛、康丁（一世二王），第四期武乙、文丁（二世二王），第五期帝乙、帝辛（二世二王）。有了以上十项断代标准，大量商代后期的甲骨文基本上可以划分为五个时期。

在这断代分期的十项标准中，最重要的是世系、称谓和贞人，而这三项的核心又是世系。这是因为甲骨文中的称谓，是时王（即占卜时的王）对其祖、父、兄、妣、母、子的称呼；而贞人，是代时王进行卜问的史官。因此，只有将甲骨文中的世系（世次）排定，才能根据对祖、父、兄、妣、母、子的不同称谓判明卜辞应属于哪一王；而根据对世次的不同称谓判明属于哪一王的卜辞以后，上面代王卜问的贞人也就属于这个时期。因此说世系、称谓、贞人三位一体，是断代的基础。一些贞人的时代确定以后，还可以从同版关系中找出其他同时的贞人。这些贞人就成了能准确地区分卜辞时代的“标准”。因甲骨文从第一期到第五期（特别是第一、二、三期出现贞人卜辞很多）都有贞人，所以一看到哪期贞人出现，便可以把卜辞确定为哪一时期。贞人是进行分期断代的一个较为常用和方便的标准；“坑位”有一定局限性，因为只有先后15次科学发掘的甲骨文才有坑位关系，从前不科学发掘的甲骨文用这个标准断代就很困难。至于“方国”“事类”“人物”“文法”“字形”“书体”，都是由确定了时代的卜辞中归纳出来的，只能做分期断代的间接标准。但是，“字形”对没有

① 《庆祝蔡元培先生六十五岁论文集》上册，《中央研究院历史语言研究所集刊外编》第一种。

称谓、贞人的残缺卜辞，或没有贞人的“卜旬”“卜夕”甲骨的断代有重要意义。各期不同特点字形的熟练掌握，对断代分期是有效而经常使用的标准。

应该指出的是，正当董作宾作甲骨文分期断代研究的时候，旅居日本的郭沫若在这方面也颇有创获。郭沫若在《卜辞通纂·后记》中说：“本书录就，已先后付印，承董氏彦堂，以所作《甲骨文断代研究例》三校稿本相示……尤私自庆幸者，在所见多相暗合，亦有余期其然而苦无实证者，已由董氏由坑位贞人等证实之。”《卜辞通纂·考释》还对董作宾的第二期贞人有所补充，“此中旅即行三名与余所见同，其他就余所能覆核者，均确无可易。别有名尹者，董氏未能考定，今据其例，知亦祖庚祖甲时贞人……”真是殊途而同归！这说明了郭沫若研究甲骨文所用辩证方法的科学性和认识问题的深刻性。

由贞人的发现到断代研究十项标准的建立，是董作宾对甲骨文研究的重大贡献。虽然还有一部分所谓“文武丁”卜辞的时代以及如何把所有卜辞分在每一王下，还需要深入研究，但毕竟使罗振玉、王国维以来的将273年甲骨文作为混沌一团的殷代史料，可以划分为五个不同时期了。从此凿破鸿蒙，有可能探索甲骨文所记载的史实、礼制、祭祀、文例的发展变化，把对晚商各朝的历史研究建立在科学的基础上。所以“断代例”的发明，是甲骨学研究中的一件划时代大事。

第六节　YH127坑甲骨发现的重大学术意义

1936年6月12日，出现了科学发掘甲骨文以来的奇迹：在一个编号为YH127号的灰坑内，发现了大批甲骨。清理完毕后，共发现甲骨17096片，其中完整的龟甲就有300多版，这是殷墟历次发掘以来的最大收获。

YH127坑附近的地层很复杂。最上二层是墓葬（M156），墓葬下压灰坑H117。在灰坑H117的底部，又发现了灰坑H121的坑口。而灰坑H117又打破了YH127坑东边的一部分。从考古地层学看来，YH127坑在这一带应为最早的遗迹。YH127坑上口距地面1.7米，坑底距地面约6米。口径

1.8米，底径1.4米。坑内的堆积可分三层：上层黄土，下层灰绿土，中间一层堆积灰土与龟甲。从坑口以下0.5米到2.1米约1.6米的厚度，就是甲骨储存层；我们从底层灰绿土及其包含的少数陶片、兽骨看，此坑在存放甲骨前就已使用。因灰绿土呈北高南低的斜坡，甲骨层也就呈现出北高南低的斜坡状。北壁上贴着不少整龟甲或残碎甲片。龟甲的排列，有的正面向下，有的向上，布满坑底。在甲骨的堆积中，有一具拳曲的人骨架紧靠北壁，大部分压在龟甲之上，头及上躯在龟甲层以外，似乎是在倾入龟甲后，此人才入坑内。①

YH127坑的发现，为甲骨文研究提供了大量新资料和重要现象，在甲骨学研究发展史上，是有着重要意义的。值得我们注意的主要有：

第一，此坑甲骨文时代单纯。从断代研究的标准判断，其时代都是武丁时期的。也有一些可能更早至盘庚、阳甲、小辛、小乙之世。

第二，发现了刻划龟甲卜兆的现象。过去发现的甲骨文，一般都避开卜兆，为的是保存显示结果的卜兆“圣迹”。但这次发现卜兆上面，又有用刀加以刻划的痕迹，这是以前所不知道的武丁一代的特殊风气。可能因为有损于卜兆的神秘意味，因此在武丁时代行用不久后就不复使用了。

第三，发现了毛笔书写的字迹。虽然过去已有发现（《甲编》870、2636、2940），但通过这次对发掘出来甲骨文的观察，可对毛笔书写的情形了解得更为清楚，而且在这里书写的字迹较为常见。

第四，涂朱或涂墨。此坑的发现，可以看到殷人常用朱墨。不仅书写时用朱墨，就是刻字以后，因朱墨不显，有时再涂以朱（或墨）。但武丁时大部分甲骨不涂朱、墨，而涂者可能是史官们为了装潢美观。

第五，改制背甲的使用。各期甲骨都有使用背甲的，但YH127坑中发现的改制背甲的使用却是新例。这是将一种长而两端不甚规整的较小背甲，由中间锯开，削掉近脊甲处的不平部分，并将两端削成近圆形，中间有孔用以贯穿。使用时与普通背甲相同，如《乙编》5271等就是改制背甲，但出土数量不多。

第六，武丁大龟的发现。在YH127坑发现了一版大龟（《乙编》4330）

① 详见石璋如《小屯后五次发掘的重要发现》，《六同别录》上册，1945年1月。

(附图四)，这是所有龟甲中最大的一版。据鉴定此龟不是安阳所产，而是产自马来半岛，这是值得加以注意的。

第七，甲桥刻辞。虽然这类刻辞以前著录不少，但因龟甲残断，不易看出这种刻辞在腹甲上的位置，没有引起研究者注意。因有YH127坑大批完整龟甲出土，才见到甲桥所处位置，这类刻辞的秘密终被胡厚宣识破：是记述占卜用的“宝龟”从哪儿进贡而来或记征取数量的记事刻辞。[①]

第八，殷人甲、骨分埋的启示。YH127坑只有牛骨8块，其余几乎全是龟甲。再结合以前出土“大龟四版”“大龟七版”以及其他几坑出土情形考察，或可推知殷人甲、骨是分处埋放的。

第九，这么多的甲骨存放一起，又有一个管理甲骨人的骨架发现，可能YH127坑甲骨就应是有意识的储藏。[②]

YH127坑如此丰富的材料和现象，促进了甲骨学研究的深入。此后，董作宾提出了所谓“拆穿了文武丁时代卜辞的谜”[③]。胡厚宣参加过YH127坑甲骨的整理，也多有发现。他除了揭开了“甲桥刻辞”的秘密以外，还根据YH127坑的材料，写了许多为中外学者熟知的甲骨名篇。例如，《殷代焚田说》推翻了过去引用卜辞“焚”字“谓殷人为使用烧田耕作法”的成说，得出了“焚”字是“殷人常烧草以田猎”的结论，就是以这次出土的龟甲（《乙编》2507）为铁证的[④]（附图五）。又根据此坑龟甲上的四方风名（《乙编》4548 +4794 +4876 +5161），论证了刘体智善斋所藏记四方风名的大骨不伪（附图六），并论证了“自来多数学者所视为荒诞不雅训之言”的《山海经》以及《夏小正》《尧典》等不少人认为晚出的古籍，“其中有不少地

① 参见胡厚宣《武丁时五种记事刻辞考》，《甲骨学商史论丛》初集，第一册。

② 关于YH127坑的详细情况，参见董作宾《殷虚文字乙编·序》，《中国考古学报》1950年第4期（以下简称《乙编·序》）；又参见胡厚宣《殷墟发掘》，学习生活出版社1955年版，第99—101页。

③ 详见董作宾《乙编·序》。

④ 《甲骨学商史论丛》初集，第一册。

方，亦确有远古史料之根据”①。这篇和他在新中国成立后发表的论述四方风的论文，② 被人誉为对解决《尚书》等古文献中“迄今未能解决的疑难问题（如四方风名及鸣雉之说，等等）亦有创见”之作，③ 如此等等。

新问题的提出和以董作宾、胡厚宣等学者为代表的研究殷墟科学发掘甲骨的一批论著，与郭沫若自1930年撰写的《卜辞中之古代社会》等论著为代表的历史唯物主义甲骨文研究一起，④ 把发展阶段的甲骨学研究推向了一个新时期——研究的深入发展阶段。⑤

附记：

关于YH127坑甲骨的重大发现及整体运往南京史语所情况，《石璋如先生访问纪录》（口述历史丛书80），“中研院”近代史研究所2002年版叙述颇详。但真正的整理发掘是胡厚宣先生等在南京史语所的室内进行的。石书只说是进行了三个月，但具体起止时间不详。为此，笔者遍查胡师《甲骨年表》《殷墟发掘》《五十年甲骨文发现的总结》等均未查到。而近著《董作宾传》（2010年）等书，包括《纪念殷墟YH127甲骨坑南京室内发掘70周年论文集》（2006年）等，也未查到。2013年3月7日胡振宇先生见告：胡厚宣先生等“室内发掘”YH127坑，自1936年7月12日开始，至10月15日结束，历时3个月。此后，在昆明等地，又继续进行甲骨的整理工作。在此对振宇先生应表感谢！

---

① 胡厚宣：《甲骨文四方风名考证》，《甲骨学商史论丛》初集，第二册。

② 胡厚宣：《释殷代求年于四方和四方风的祭祀》，《复旦学报》（人文科学版）1956年第1期。

③ 刘起釪：《关于〈尚书〉的整理研究》，《中国史研究动态》1978年试刊号。

④ 郭沫若在甲骨文研究方面的巨大贡献，本书第六章有专门论述，此处从略。

⑤ 关于1936年6月YH127坑甲骨1.7万多版的空前发现，是中国甲骨史的特大事件，对甲骨学的发展阶段和深入发展阶段起了重要推动作用。但对YH127坑所出甲骨，作为个案进行全方位、多角度的深入系统研究不够。在甲骨学全面深入发展阶段，有学者提出对YH127坑甲骨进行再研究的问题，参见王宇信《中国甲骨学》，上海人民出版社2009年版，第72—81页。

上　篇

甲骨学深入发展阶段
（1949—1978 年）

第一章

甲骨文发现和著录

第一节　甲骨文的新发现

1949 年 10 月 1 日中华人民共和国成立以后，由于党和国家对文化事业的重视，自 1950 年春天起，就在百业待举的情况下，拨出专门经费，开始对殷墟进行大规模的科学发掘。安阳殷墟这个举世闻名的“地下博物馆”，被列为全国重点文物保护单位。中国科学院考古研究所（现属中国社会科学院）还在安阳殷墟设立了工作站，建立了“殷墟陈列室”。新中国成立以来历次发掘所获颇多，不少精品就在这里陈列，供广大群众参观和中外学者研究之用。由于殷墟科学发掘工作的不断开展，在甲骨文方面也有不少新发现。

新中国成立以前，不仅在安阳小屯发现了甲骨，而且在小屯以外的侯家庄和后岗等地都有所收获。① 这使人们的视野扩大到小屯殷王室的宗庙、宫殿的中心区以外。

新中国成立以后，1950 年春第一次大规模发掘殷墟的过程中，又在四盘磨西地 SP4 探坑南端 3 米处的一个小探坑SP11内，发现一块卜骨横刻三行由数字组成的小字，文句与卜辞通例不合。② 这是小屯村以外的第三个

---

① 胡厚宣：《殷墟发掘》，第 72 页。

② 郭宝钧：《1950 年春殷墟发掘报告》，《中国考古学报》1951 年第 5 期，并参见该文后图版肆拾壹。

殷代甲骨文发现的地方。

1958—1959年，又在大司空村发现了两片带字卜骨。一骨发现在灰坑H114之内，未切臼角，整治粗糙，正面刻有“辛贞在衣”4字。另一骨刻有“文贞”2字，字体纤细。二骨都是习刻之作。“辛贞在衣”卜骨，从字体看，应为武丁时期。“衣”字应为地名，甲骨文研究者一般都认为此地在沁阳田猎区，但发掘者根据此骨在殷墟发现，因而“怀疑‘衣’这个地点就在安阳附近，而与王都有着密切联系”①。这是小屯以外的第四个殷代甲骨出土地。

侯家庄、后岗、四盘磨、大司空村虽然与小屯村有一定的距离，但毕竟还是属于殷墟范围以内；而在殷墟以外有没有可能发现甲骨呢？这是前人所没有想到的问题。因为初期发现甲骨文时所谓产于汤阴或卫辉的传说，只不过是古董商人的造谣。而在安阳殷墟以外，几十年来从没有一片商代甲骨文出土。新中国成立以后，考古发掘为我们回答了这一问题。

1953年4月，在著名的郑州二里岗商代遗址发现了一片有字牛骨，上刻“又土羊，乙丑贞，从受……七月”。从字体上看，相当于武乙、文丁时期，是一片第四期习刻卜骨。此外，同年8—9月，郑州市文物工作组又在此处发掘出一片有凿痕的龟甲，上刻一“㞢”（又）字，② 其时代也可能为武乙、文丁时的第四期。③

此外，1952年于洛阳泰山庙遗址LTT53探沟发现了带字龟腹甲，甲上的方形钻与长方凿联成低洼的正方形，凿更深一些，近甲的顶端处还钻一圆孔，未透过。④ 正面有兆，右中部有一“五”字。据学者考订，其时代可能是殷人，也可能是周初被迁到洛邑的殷人之物。⑤

① 中国科学院考古研究所安阳发掘队：《1958—1959年殷墟发掘简报》，《考古》1961年第2期。

② 安金槐：《一年来郑州市的文物调查发掘工作》，《文物参考资料》1954年第4期；《河南郑州二里岗又发掘出“俯身葬”人骨两具和有凿龟甲一片》，《文物参考资料》1953年第10期。

③ 郑州甲骨的释文及时代，均从李学勤先生说。参见李学勤《谈安阳小屯以外出土的有字甲骨》，《文物参考资料》1956年第11期。

④ 陈梦家：《解放后甲骨的新资料和整理研究》，《文物参考资料》1954年第5期。

⑤ 郑州甲骨的释文及时代，均从李学勤先生说。参见李学勤《谈安阳小屯以外出土的有字甲骨》，《文物参考资料》1956年第11期。

安阳小屯以外新发现的甲骨出土地，除新中国成立前的侯家庄、后岗以外，又在四盘磨、大司空村等殷墟范围内其他地点有所发现；而且在殷墟以外的郑州、洛阳地区也发现了商代甲骨。这些事实告诉我们，甲骨文是商朝较为经常使用的一种文字，不只在殷墟，也不只是殷王室，而且外地的商贵族也可能在使用甲骨文。我们相信将来会有更多的商王朝方国遗址发现甲骨文。

不仅在小屯村以外的殷墟范围和殷墟以外的郑州、洛阳发现了商代的甲骨，而且在小屯也继续有甲骨的新发现。1955 年秋，在小屯灰坑（H1）内出土一块胛骨，上刻“丁卯。癸亥卜王其入商，叀乙丑王弗每。弘吉”字样，是一块第三期卜骨。[①] 1971 年 12 月，小屯西地第一号探沟内发现 21 片卜骨，其中刻有文字的 10 片（附图七）。卜骨有凿、有灼，无钻。反面有凿痕和灼痕，正面也有凿痕和灼痕。值得注意的是，有的骨上将刻辞的“豕”“豚”“牛”“羊”“犬”等字的头部削去一、二笔，呈现出明显的斑痕，其中以第 12 号卜骨削痕最为清楚；也有的卜骨刻好辞后又复刮去。第 18 号卜骨在“兹用”的左侧，残留原刻字的残痕。第 8 号卜骨“贞”字下也是如此。第 5 号、第 7 号、第 9 号卜骨只存一“吉”字，其左侧刻辞全被刮掉。其他如第 11 号、第 13 号、第 20 号卜骨的刻辞被全部刮掉。[②]

1973 年，考古研究所又在小屯南地有重大发现，这是新中国成立以来出土甲骨最多的一次。这次共发现卜骨、卜甲 7150 片，其中卜甲 110 片（有刻辞的 60 片），卜骨 7040 片（有刻辞的 4761 片），还有未加工的牛胛骨 106 片（其中有刻辞的 4 片），刻字的牛肋条骨 4 片。它们的出土情形是：

第一，在近代扰乱层、扰乱坑、井和隋墓填土中，发现小片卜甲、卜骨共 2096 片（其中有刻辞的 1820 片），约占出土总数的 29.3%。

第二，在殷文化层和房基夯土中，也发现卜甲、卜骨 259 片（其中有刻辞的 105 片）。

第三，在殷代 64 个窖穴中，共出土卜甲、卜骨 4795 片（其中有刻辞

---

① 河南省文化局文物工作队第一队：《1955 年秋安阳小屯殷墟的发掘》，《考古学报》1958 年第 3 期。

② 郭沫若：《安阳新出土的牛胛骨及其刻辞》，《考古》1972 年第 2 期。又收入《出土文物二、三事》，人民出版社 1972 年版。

的2836片)。每个窖穴出土甲骨一至数百片不等。

根据发掘现象判断，我们可以推知这批甲骨的埋藏情形。有的可能和新中国成立前发现的著名YH127坑一样，是有意的埋藏，如H62坑内埋藏20片经过整治、凿、灼的卜骨，但没有一片有刻辞。还发现一个主要用于放置骨料用的窖穴H99，坑内出土未经加工的牛胛骨31片，牛肋条骨1片和卜骨10片，其中有刻辞的8片，习刻的6片；另一种可能是废弃。残碎的甲骨片常和废弃陶器残片一起被倾入坑内，有的是把数量较多的甲骨与杂物一起倾入坑中，如H2就有卜甲、卜骨795片之多；也有的是多次把零星甲骨弃入坑内，如H38从坑口至潜水面6.5米的空间，断续零星出土甲骨20片。

小屯南地新发现的甲骨文，其时代相当于甲骨文第一期、第三期、第四期、第五期。其中以第四期武乙时代为多，康丁、文丁卜辞次之，而第一期和第五期卜辞数量最少，各有20片左右。

这批甲骨文不仅数量较多，内容也很丰富，包括祭祀、天象、田猎、旬夕、农业、征伐、王事等，为商代历史的研究提供了宝贵资料。更为珍贵的是，这批甲骨文绝大多数都有可靠的地层关系，并常与陶器共存。这对甲骨文的进一步分期研究，是很有科学价值的。①

总之，新中国成立以来小屯以外商代甲骨的发现，扩大了我们对甲骨文出土地认识的广度。而小屯村甲骨的又一次大发现，促进了我们对甲骨文研究的深度，从而使前人一些争论不休的问题，诸如“自组卜辞”的时代等问题，得到了科学发掘地层的新证据（对此问题将在第三章第六节详述，此处从略)。

第二节　周代甲骨文的发现及其学术意义

1911年，英国人金璋曾写过一篇题名为“最近发现之周朝文字”的

① 参见肖纯《安阳殷墟又出土一批甲骨文》，《光明日报》1974年12月6日（《文物与考古》第29期)；又参见中国科学院考古研究所安阳工作队《1973年安阳小屯南地发掘简报》，《考古》1975年第1期。这批甲骨，已由中国社会科学院考古研究所编辑成《小屯南地甲骨》一书，上册于1980年、下册于1983年由中华书局出版。

文章，说甲骨文是“周朝遗物”。这是在多数学者都承认甲骨文为“殷人刀笔文字”以后，他还把殷墟所出甲骨的时代错误地划到周朝。而真正可以确定为周朝的甲骨文，几十年来却一直没有发现。但是，“周因于殷礼”，代殷而起的周朝有没有甲骨文呢？是否商朝灭亡，“失国霾卜”，甲骨文也就绝灭了呢？事实并非如此。

1954 年山西洪赵坊堆村发现了占卜用的左、右两块牛胛骨。有一骨的两面及周围都经过打磨，骨臼背面削去约 1/3，近臼处有不规则排成三行至四行的十六个钻痕，中下部靠左又有钻痕五个排成一行。卜骨正面相当钻痕的部位呈现许多小兆。在骨右侧近边缘 1 厘米处有笔画纤细的文字 8 个：“化宫鼎三止（趾）有疾贞。”这是山西境内发现的唯一有字卜骨。

有的学者根据“卜骨的钻窝与凿痕和安阳出土的殷代卜骨不同”，骨上的字体“也和安阳出土的殷代甲骨刻辞的字体不同”，以及与此骨同出的新月形骨饰，“看来是仿晚周玉器中冲牙形式做的，而与殷代盛行的形制不同”等，认为这块卜骨“可能是属于周代春秋或较晚期的东西”。并进一步根据洪赵在春秋时的地理位置，将卜骨定为晋或赵的遗物；[①] 有的学者根据字体判定其时代，认为“它应当是西周的”遗物。[②] 我们根据与之同出的铜器、陶器判断，[③] 认为将此骨定为西周是有道理的。

1956 年，陕西长安张家坡西周遗址一个探方（T4）的第五层中，发现了一片刻有两行文字的卜骨。此骨为牛胛骨，大部分已残，现仅剩肩胛之柄部。骨长 13 厘米，宽 6.5 厘米左右。骨的背面靠一边施圆形钻三个（其一已残），钻窝直径约 1.5 厘米，深 0.9 厘米。孔壁垂直、平底，靠一边有极细凿痕一道，与骨的长度为相同方向，长 0.1 厘米左右。灼痕不太显著。骨的正面有卜兆，卜兆附近刻划极细的文字两行，一行与骨的长度方向相同，一行与骨的宽度方向相同。文字用数字组成，并有用以指示兆

---

① 畅文斋、顾铁符：《山西洪赵坊堆村出土的卜骨》，《文物参考资料》1956 年第 7 期。

② 李学勤：《谈安阳小屯以外出土的有字甲骨》，《文物参考资料》1956 年第 11 期。

③ 山西省文物管理委员会：《山西洪赵县坊堆村古遗址墓葬群清理简报》，《文物参考资料》1955 年第 4 期。铜器参见该文图 1—图 5。

位的符号。[①] 这是新中国成立以后第二次发现的西周甲骨文。

西周甲骨的不断发现，引起了学者们的注意。有的学者曾预言："在将来必能发现更多的非殷代的有字甲骨。"[②] 近年的考古发现进一步证明了这一推断是正确的。

1975 年北京昌平白浮村西周墓中，有带字甲骨发现。墓葬（M2）内人骨的左上方发现数十片残碎卜甲（有腹甲和背甲），其中刻文字的有两片，分刻"贞""不止"字样。甲片经过修磨，凿为方形，与商代的圆凿不同；另一墓（M3）的椁室右侧中部出龟背甲及腹甲百片以上。卜甲背面都经整治，凿成方形平底的浅槽，凿孔排列十分整齐，有灼痕。契刻文字较小，一片刻有"其祀"，另一片刻有"其上下韦驭"字样（附图八之1、2、3）。此墓椁室左侧中部还出大量卜骨，主要为牛、羊之肩胛骨，背面施钻及灼，但骨上没有发现文字。这些有字卜甲在周初燕国墓葬里发现，不仅扩大了甲骨文的研究领域，而且对于 3000 多年前北京一带作为中原文化与北方文化交流枢纽的研究，也是很有意义的。[③]

最近，在著名的陕西周原遗址，又有大批周代甲骨发现。凤雏西周甲组宫殿基址的西厢 2 号房内的第 11 窖穴，出土了珍贵的西周甲骨 17000 多片。经过考古学家们的初步整理，已清洗出有字卜甲 190 多片。每片卜甲上字数不等，少者 1 字，多者 30 余字，单字共 600 多个。甲是龟腹甲，正、反面都经过修整。卜骨是牛胛骨，也经过修整。这批甲骨文的时代可分两个时期，前期为克商以前的文王时期，后期为武王和武王克商以后时期。陕西周原新发现的甲骨文，不仅数量多，而且有不少重要内容（附图八之4、5、6）。有的记述了祭祀成汤、太甲、"文武帝乙"（商纣王之父）、商王曾田猎于帛地等内容，可以看到武王伐纣前周族与商王国保持着臣属关系；还有一些卜辞反映了克商前周人的历史和周人在黄河流域的活动，记述了周文王时就已臣服了西北、西南、南方的一些小国，史籍记

① 陕西省文物管理委员会：《长安张家坡村西周遗址的重要发现》，《文物参考资料》1956 年第 3 期。

② 李学勤：《谈安阳小屯以外出土的有字甲骨》，《文物参考资料》1956 年第 11 期。

③ 北京市文物管理处：《北京地区的又一重要考古收获——昌平白浮西周木椁墓的新启示》，《考古》1956 年第 4 期。

载的“三分天下有其二”是有史实根据的；有关“亡年”“丰唯足”等记载，反映了周人对农业的重视；而甲骨文上有关“众”“庶”的记载，是研究周初奴隶制度的珍贵资料。已如上述，这批甲骨文中提到不少殷、周王名，如成汤、太甲、文武帝乙、周方伯等。也有不少官名，如太保、毕公、师氏、史、宰等。甲骨中出现的人名有毕公高、郕叔等，而地名有黄河、洛水、镐京、亶等。这些都是研究商末周初历史、地理和官制的重要史料。值得注意的是，这批甲骨记时与商代甲骨用干支不同，而是用“初吉”“既生霸”“既望”“既死霸”，把一个月分成四个阶段的“月象记时法”。这说明周人对天体运行规律的观察有自己独特的认识，反映了周文化自己的特点。①

众所周知，古公亶父因避戎狄“乃与其私属遂去豳，度漆、沮，踰梁山，止于岐下”。《集解》引徐广曰：“山在扶风美阳西北，其南有周原。”裴骃案：“皇甫谧云：‘邑于周地，故始改国曰周。’”② 周原是周人早期建都之地，直到文王末年才将都城迁到今陕西长安沣河以西。虽然迁都，但作为周王朝“发祥地”的周原地位仍很重要，在这里发现大批西周甲骨文绝不是偶然的。

西周早期封国和都城不断发现的甲骨，对西周历史的研究有着重大的学术意义。这说明周初至少在文王时，已进入“有文字可考”的“文明时期”。我们认为，那种把周文王看作“秉鞭作牧”的父系大家长，说周初还处在“野蛮时代高级阶段”的观点，对周初历史发展估计得偏低了一些。

周代甲骨文的发现，是新中国成立以来考古工作的重大收获，也是甲骨学史上的一项重大成就。它的发现，扩大了我们对甲骨文的研究范围，使我们摒弃了只有殷代才有甲骨文的传统看法。此外，周原出土的甲骨文字体纤细，需用五倍放大镜才能辨识清楚，在我国微雕史上也是一个奇

---

① 参见新华社《陕西周原地区发现一万多片西周甲骨》，《光明日报》1977 年 10 月 17 日；《陕西周原地区发现西周早期甲骨》，《人民日报》1977 年 10 月 19 日；罗哲文《周初甲骨文的发现》，《人民画报》1979 年第 8 期；陈全方《陕西周原考古的新收获》，《光明日报》1979 年 7 月 25 日（《文物与考古》第 107 期）。

② 《史记·周本纪》。

迹。我们相信，随着周代遗址的不断发掘，今后还会有更多的周代甲骨出土。西周甲骨的研究，在1978年以后的甲骨学全面深入发展阶段取得了突破性成就，我们将在本书第十二章进行全面论述。

第三节　胡厚宣在甲骨文流传方面的新贡献

著名的甲骨学家胡厚宣，新中国成立前曾参加过殷墟发掘工作，并亲手整理过殷墟科学发掘出来的甲骨文。他不仅为《甲编》作了释文，[①] 还力图把殷墟科学发掘的甲骨、传世所出甲骨结合商代遗迹、遗物进行全面整理研究，解决了诸如商代卜龟的来源、记事文字、四方风名、农业生产、宗法制度、高媒求生、宗法封建、传长立嫡、重男轻女等有关甲骨学和商代史上的不少重要问题。据统计，直到新中国成立前夕，胡厚宣的甲骨论著有54种之多，[②] 其中不少名篇收在《甲骨学商史论丛》这部在中外学术界久享盛誉的文集之中。

新中国成立以后，胡厚宣先生一面努力“站在新的立场，应用新的观点方法，对甲骨文字另作一番新的研究”[③]，取得了新成就；[④] 一面积极从事甲骨文材料的搜集和出版工作，在甲骨文的流传方面做出了新贡献，这就是胡厚宣自1951年起陆续出版的《战后宁沪新获甲骨集》《战后南北所见甲骨录》（上、下）、《战后京津新获甲骨集》和《甲骨续存》（上、下）四部甲骨著录。

《战后宁沪新获甲骨集》（简称《宁》）　全书收录甲骨摹本1143片，1951年由来熏阁书店出版。抗日战争爆发以后，中央研究院的发掘殷墟工作暂停，安阳小屯又有几批甲骨出土。小屯村中1940年出土一坑甲骨，主要是廪辛、康丁、武乙、文丁四王之物，后被胡厚宣于上海访得，其中

① 董作宾:《甲编·自序》。

② 胡厚宣:《五十年甲骨学论著目·序言》，第10页。

③ 胡厚宣:《五十年甲骨学论著目》，第22页。

④ 参见拙著《建国以来甲骨文研究》（中国社会科学出版社1981年版）附录三《建国以来甲骨文作者论著简目》第九画，胡厚宣。

700 多片收入该书第一卷中。此外，胡厚宣在上海购得的 160—170 片武乙及帝乙、帝辛时甲骨（可能出自小屯村北），以及南京、上海收购的 200—300 片甲骨，收入本书的卷二、卷三之中。[①] 虽然此书是以摹本著录，但有不少重要内容。例如在甲骨学方面，一卷 197 与《双剑誃殷契骈枝三编》附图为同文，一卷 597 与《殷契摭佚续编》201 为同文。二卷 24、26 与《菁华》第 3 版为同文，二卷 25、27 与《菁华》第 4 版为同文，这些都是殷卜辞中一事多卜所谓“卜辞同文例”的绝好证明。[②] 此外，还有刻划卜兆、朱书、刻字涂朱、涂墨以及同版刻字朱、墨兼施的作风。颇有兴味的是，二卷 145 片左边有一帝乙、帝辛时习刻者所作的“文字画”。上画一高房像京室状，下画一弓矢对准京室内之麋鹿，弓矢右旁还划一兕牛，这是三千年前遗留下来的宝贵艺术杰作。本书第一卷 100 及 101 是一块牛胛骨的正、反面，这块牛胛骨是全部 10 多万片甲骨中最大和最全的一版（附图九）。本书还为商代历史的研究提供了很多重要资料，如王亥的亥字头上加一鸟形（《宁》1. 141），是论述商族鸟图腾的最好证据。[③] 而第四期所见不多的有关妇好的记载（共 5—6 条），本书就收录了 4 条，为著名的殷墟五号墓研究提供了重要资料。[④] 还有研究商代阶级关系的𨚕、方白等珍贵资料，特别重要的是，《宁》2. 29 记载了奴隶焚廪暴动（亦〔夜〕焚廪三），[⑤] 这是研究商代奴隶社会史较为罕见的材料（附图十三）。

胡厚宣的这部甲骨著录，不仅将不少新材料予以发表，满足了学者研究的需要，而且还在甲骨著录的编辑体例方面创造了新形式。以前出版的著录书，有的分类编排，有的不予分类，还没有一部书将甲骨进行分期分类编纂的。《战后宁沪新获甲骨集》，将所收甲骨摹本“以时代为序，一曰盘庚、小辛、小乙、武丁时期；二曰祖庚、祖甲时期；三曰廪辛、康丁、

---

① 参见胡厚宣《五十年甲骨文发现的总结》，第 52—53 页；《战后宁沪新获甲骨集·序言》。

② 胡厚宣：《卜辞同文例》，《中央研究院历史语言研究所集刊》第九本，1947 年。

③ 胡厚宣：《甲骨文商族鸟图腾的遗迹》，《历史论丛》第一辑；胡厚宣：《甲骨文所见商族鸟图腾的新证据》，《文物》1977 年第 2 期。

④ 参见《殷墟五号墓座谈纪要》发言摘要，《考古》1977 年第 5 期。

⑤ 参见胡厚宣《甲骨文所见殷代奴隶的反压迫斗争》，《考古学报》1976 年第 1 期。

武乙、文丁时期；四曰帝乙、帝辛时期”①，分为四个时期，每期甲骨再按其性质分为若干类。这样的编排，纲目清晰，科学性强。胡厚宣以后的《战后南北所见甲骨录》《战后京津新获甲骨集》及《甲骨续存》等书，就是按甲骨先分期再分类的体例编纂的。自此以后，一些大型甲骨著录，如日本学者贝塚茂树编印的《京都大学人文科学研究所藏甲骨文字》等，就是以胡厚宣开创的编纂甲骨著录的新体例为楷模的。直到最近出版的我国第一部大型甲骨文资料汇编《甲骨文合集》，也是将甲骨文先分期、再分类编辑而成的。因此，以胡厚宣《战后宁沪新获甲骨集》等书为代表开创的编纂体例，对甲骨著录的编纂工作有着巨大的影响。

《战后南北所见甲骨录》（简称《南北》） 分为上、下两集，主要收入了辅仁大学、诚明文学院、上海文管会、南京博物院、无想山房（溧水王伯沅藏）、明义士旧藏、南北师友所藏、南北坊间等公私藏家的甲骨摹本 3276 片。其中除有一部分甲骨与《邺三》《摭佚》《外》《佚》《京》《铁》《后》《诚》《七》《掇》（一、二）等书略有重复外，大部分为第一次著录的新材料。

《战后京津新获甲骨集》（简称《京》） 全书四册，共收拓本 5642 片，1954 年由上海群联出版社出版。该书收入了有刻卜兆的 4 个完整龟板、罕见的牛肋骨刻辞、人头骨刻辞等。有的甲骨上记有“用词”和“某占某占”的占辞，可“知殷人贞卜，其视兆而问之占，亦不仅是殷王之所为”②。此外，书中还有“贞王大令众人曰劦田”（《京》580）等反映奴隶劳动及四方风名（《京》520）（附图六）的珍贵资料。本书材料除有一部分与《通》《粹》《前》《后》《佚》《天》《外》《双图》《宁》《掇》《续存》《摭佚》《摭续》《邺》（初、二、三）等书重出外，大部分为新发表的材料。

《甲骨续存》（简称《续存》） 分上、下两编。上编两册为拓本，下编一册为摹本。全书共收入甲骨拓本、摹本 3753 片，1955 年由上海群联出版社出版。本书较为重要的内容有：刻过卜兆的序辞，命辞在正面，占辞在反面的整龟和人头刻辞。还有关于殷代农作施肥的记载，帝乙、帝辛

① 胡厚宣：《战后宁沪新获甲骨集》“述例”。

② 胡厚宣：《战后京津新获甲骨集》“序要”，第 5 页。

时关于殷末战争记载文字最长的一条史料（《续存下》915）等（附图十之1）。而《续存下》149关于月食的记载，是胡厚宣《卜辞中之殷代农业》一文统计的商代5次月食记录以及《契》63的一次月食记录以后的第7条材料。还有关于商代重男轻女（《续存上》1043），以生子为嘉的材料，应是商朝父权家长制奴隶社会的反映。此书除与《通》《铁》《龟》《珠》《后》《佚》《天》《甲零》《京》《掇》（一、二）有个别重复外，大部分为第一次新发表的材料。

总计胡厚宣《宁》《南北》《京》《续存》四书共著录甲骨13814片，占殷墟所出全部十多万片甲骨的十分之一强，这是胡厚宣先生心血的结晶。[①] 不仅使甲骨用拓本（或摹本）出版，扩大流传，而且还开创了甲骨著录编纂的新体例，为以后科学的编辑甲骨文著录作出了范例。有人在谈到对甲骨文研究作出贡献的人物时，曾举出“四堂”，即罗雪堂（振玉）、王观堂（国维）、董彦堂（作宾）、郭鼎堂（沫若）为代表，说“堂堂堂堂，郭董罗王”，并高度评价了胡厚宣先生在研究、流传甲骨文方面的贡献，指出：“君不见，胡君崛起四君后，丹甲青文弥复光。”[②]

此外，还有一些甲骨学家与胡厚宣同时或先后出版了一批甲骨著录。主要有李亚农的《殷契摭佚续编》（附考释）、郭若愚的《殷契拾掇》（第一、二编）、陈邦怀的《甲骨文零拾》（附考释）等书。1965年，科学出版社又将郭沫若的《殷契粹编》一书经过换片加工、重编索引，并将释文上加于省吾所做眉批重新出版。毫无疑问，新中国成立后出版的这批甲骨著录，与其他国内外出版的重要甲骨著录一样，是甲骨文和商史研究很有价值的参考资料。

第四节　甲骨文的辨伪和缀合

在甲骨文的整理过程中，辨伪和缀合是必须做好的两项基础工作。新

① 有关胡厚宣先生寻访甲骨文的详细情况，参见所著《五十年甲骨文发现的总结》第七节。

② 陈子展：《题战后南北所见甲骨录》，并参见王宇信《中国甲骨学》，上海人民出版社2009年版，第436—454页。

中国成立以后，在这两个方面也取得了显著的成绩。

甲骨文被发现以后，由于价格日昂，便发生了刻造假片以牟取厚利的问题。如果对甲骨文不认真加以鉴别而以假当真，或以真当假，都会给研究工作的科学性造成损害。比如在论述我国古代有关蚕桑业的著作中，不少论者都以刻在甲骨上的所谓“蚕桑图形”作为养蚕业的论据。但是“刻有这种蚕桑图形的甲骨共有两片。经甲骨学家胡厚宣对实物鉴定，发现都是假的”①。但是，也还有人认为这两片是真的。

正由于辨伪工作的重要，所以许多学者对此颇为重视。虽然《库方二氏所藏甲骨卜辞》（简称《库》）一书在1949年前就曾由郭沫若、胡光炜、董作宾、陈梦家、容庚等对其伪刻部分有所辨正，认为书中有的摹本为全部伪刻，有的真假相参，各家意见大致相同；在1949年以后，又经过陈梦家进一步研究，认为此书中全部伪刻摹本70片，部分伪刻44片，可疑的4片。②特别是陈梦家鉴定《库》1506记有“家谱”的大骨刻辞不伪，他说：“最近我们得到此骨的旧拓本，更可证明它不是伪作。”③ 李学勤先生也认为此片不伪，他在1957年《文史哲》第11期发表的《论殷代亲族制度》一文，曾指出此片与《契》209“两版都是武丁时契刻的家系”。前不久，于省吾先生也认为此片是“商代的世系谱牒”，并认为“这是一个从商代初年开始，以男子为世系的专记私名的谱牒”，并由此论证了“商王室和其他贵族谱牒世系的上限，都应在夏末或商初之际”④ 这一商史上的重要问题（附图十之2）。但胡厚宣先生仍认为此片为伪刻，并撰有论文发表。

至于《金璋氏所藏甲骨》（简称《金》）和《甲骨卜辞七集》（简称《七集》）两书中的伪刻，学者们也早有辨正。特别是《七集》一书所收临淄孙文澜氏所藏31片甲骨，学者们之间意见很不一致。直到1956年，陈梦家还认为《七集》第六部分孙氏所藏31片全为仿刻。⑤ 但胡厚宣认为

---

① 孟世凯：《谈谈甲骨文中有关蚕桑的真伪资料》，《地理知识》1978年第5期。

② 各家辨伪情况及陈梦家先生考辨具体号数，见陈梦家《殷虚卜辞综述》，第652页。

③ 同上。

④ 于省吾：《略论甲骨文“自上甲六示”的庙号以及我国成文历史的开始》，《社会科学战线》1978年创刊号。

⑤ 陈梦家：《殷虚卜辞综述》，第672页。

这批甲骨“乃全部为真，没有一片是假的，也没有一片是仿刻的伪品。理由很简单，只要我们找出所能得见的原甲骨实物，那就可以得到确凿可靠的证明”①。胡厚宣访得这31片甲骨中6片现藏山东省博物馆，8片现藏中国社会科学院历史研究所。这14片没有一片伪刻，并“由此可以推知不特《孙氏所藏甲骨卜辞》不见实物之十五片不伪”，而“孙氏所藏全部一百片亦当全为真物”。他为这14片甲骨做了“考辨”工作，不仅指出方氏的误摹之处，还指出“这些甲骨，不但不是伪品，而且内容较精”②。

《库》《金》《七集》之所以成为学者们辨伪的“众矢之的”，主要是因为这三书的材料乃是甲骨文发现初期所得。在本书小引第二节“甲骨文的搜集、著录及流散国外”部分，我们曾谈到“最早搜集我国甲骨文的外国人，是美国人方法敛和英国人库寿龄”。他们从1903年开始搜购，几年之内共收得甲骨3000片左右。特别是“方氏凡购得甲骨一批，必先画其图形，摹其文字。后来见到别人收藏的甲骨，也都设法摹写下来。十年之间，以所摹甲骨，编为《甲骨卜辞》一书。书中包括摹本甲骨文字423页及其他附件数种。1914年方氏死，遗稿后归美国纽约大学教授白瑞华保存”③。上述三部书就是从这部分遗稿中选编而成的。由于摹写有误或对假片辨识不精，以致三书出版后，不少学者为其考辨。经过剔除伪片，使这三部书的科学价值更为提高。而将记有商代“世系谱牒”和“临淄孙氏所藏甲骨”的真伪考辨清楚，是新中国成立以来辨伪工作的重大收获。

整理甲骨文，不仅要做好文字真伪的考辨，还要做好断片的缀合工作。甲骨文在地下埋藏了几千年，再加上甲骨背面密布钻、凿、灼痕，因此骨质松脆易折。此外，在挖掘或转运过程中，往往一骨又破为数片，再几经转卖，一版完整的龟甲或兽骨身首异处，分属不同藏家。这些支离破碎的甲骨文，使原来一版上相互关联的卜辞成了“断烂朝报”，研究工作受到了很大局限。因此，把散见各书的同版甲骨缀合起来，也是一件很重要的基础工作。

---

① 胡厚宣：《临淄孙氏旧藏甲骨文字考辨》，《文物》1973年第9期。

② 同上。

③ 同上。

学者们早就开始注意了断片的缀合。王国维在1917年因注意到《戬》1·10与《后上》8·14为一片之折，发现了上甲至示癸的世次与《史记》不合，从而纠正了《史记》的错误。又经过郭沫若1937年《粹编》113片缀合3片甲骨，得知“上甲之次为报乙、报丙、报丁、示壬、示癸，又为王说得一佳证”①，发现了上甲以来的周祭顺序，为研究殷人的祀谱奠定了基础（附图十六之1、2）；而早在此以前，1933年郭沫若在《卜辞通纂》一书中就已缀合了30多片，后来在《古代铭刻汇考》一书中，他又补刊了断片缀合8例。董作宾撰写《殷历谱》时，也曾对甲骨断片多有缀合。由于学者们的留意缀合，不少分离于各书的甲骨文复得“重聚一堂”，为甲骨文和商代史的研究提供了更为完整的资料。

新中国成立后，不少学者致力于缀合工作，取得了新的成绩。1950年，曾毅公将他多年潜心于缀合工作的成果汇集成册，出版了《甲骨缀合编》。全书共缀合396版，各版略按一定的事类编次。每一缀合版下又注明所合诸片出自某书的卷、页号数，书前还有附图，共有拓本缀合的72版甲骨。本书取材于《铁》《前》《菁》《余》《戬》《龟》《簠》《通》《甲》等32种甲骨著录，有不少重要材料，较他新中国成立前出版的《甲骨叕存》要充实得多了。

《甲编》和《乙编》二书收录的甲骨，虽然是科学的发掘所得，但经过多次辗转搬运和其他各种原因，不少已破碎成残片，给研究工作带来很多困难。郭若愚将《甲编》和《乙编》材料悉心拼缀，共缀合324版(其中《甲编》缀合76版)。曾毅公、李学勤又继续将郭若愚未缀合各片复加缀合，共得158版（其中《甲编》46版)。1955年科学出版社将郭若愚、曾毅公、李学勤缀合的482版合为《殷虚文字缀合》一书出版。

我们应该特别提出的是，在甲骨文缀合方面作出贡献的还有中国社会科学院历史研究所已故的桂琼英先生。她多年从事甲骨文研究，特别是1959年历史研究所承担编辑《甲骨文合集》以后，她在《甲骨文合集》一书的缀合版工作中，翻遍了几十种甲骨著录和收集到的国内所有各家未著录过的甲骨拓本，细心追索，精心拼对，为《甲骨文合集》的

① 郭沫若：《殷契萃编考释》，第21—22页。

缀合工作作出了重要贡献。因此，对缀合工作相当重视的《甲骨文合集》一书，“在前人已经作过的基础上尽量继续加以拼合，所以所得就较前人为多”[①]，其成就所以能超过《甲骨叕存》《甲骨缀合编》《殷虚文字缀合》《殷虚文字丙编》《甲骨缀合新编》《甲骨缀合新补编》等著作，是与桂琼英先生十五六年来兢兢业业、勤勤恳恳的创造性劳动分不开的。

甲骨文断片的缀合，主要依靠个人较强的记忆力和对甲骨文广博的知识，熟练的整理经验和敏锐的眼光。因此，缀合工作往往是“上穷碧落下黄泉”，耗费了学者们不少宝贵的时间和精力。由于现代科学的发展，甲骨文缀合工作也出现了新途径。1973 年，国外有人开始用电子计算机作缀合甲骨的尝试。1974 年，我国也有人使用电子计算机在甲骨断片缀合方面进行了探索。

关于用电子计算机缀合甲骨，目前主要进行了龟板缀合的试验。缀合时先分为四种情况：同一骨版之内的碎片缀合；相邻骨版之间的碎片缀合；整片骨版与相邻的碎片的缀合；相邻完整骨版的缀合。这四种情况的缀合规则是有区别的。为了便于使用电子计算机缀合，将甲骨文残片再按时代、字迹、骨版、碎片、卜辞、边缘六项拟定若干限制条件，并使之数字化，然后再根据以上条件，为电子计算机缀合拟定了缀合规则。试验者曾用以上方法，将第 3 次发掘的大连坑卜甲选出的 263 片和第 4 次E16坑选出的 154 片编成数据，进行缀合实验。其结果是前一组中缀合 20 对，正确的 8 对。后一组缀合 61 对，正确的 25 对。缀合率在 40% 左右。[②] 虽然目前在使用电子计算机缀合甲骨时，还存在着用人工录制标本信息工作量较大、缀合的准确率不甚高等缺陷，但毕竟是现代化技术在甲骨文研究中开始使用的一个先声。在 1978 年以后，甲骨缀合又取得了巨大成就，并显示出甲骨缀合史上的继承性和阶段性。关于此，我们将在本书下篇第十一章“甲骨文断片缀合不断取得新成果”进行全面论述。

---

① 胡厚宣：《郭沫若同志在甲骨学上的巨大贡献》，《考古学报》1978 年第 4 期。

② 童恩正、张升楷、陈景春：《关于使用电子计算机缀合商代卜甲碎片的初步报告》，《考古》1977 年第 3 期。

第五节　集大成的著录——《甲骨文合集》

1979 年 6 月，我国第一部大型甲骨文资料汇编——《甲骨文合集》（简称《合集》）的第二集作为向“全国科学大会”的献礼，率先面世了。自 1978 年陆续交稿至 1982 年《甲骨文合集》全书共 13 册出齐，这部我国古籍整理的浩大工程终于告一段落，全书共收入 41956 版甲骨，是一部集大成的甲骨著录。

自 1899 年到《合集》的出版前，80 年来先后出土甲骨 10 多万片，出版了 70 多种甲骨著录。但是，这 10 多万片甲骨中，还有不少分散于国内外尚未收在著录书内；就是已经出版的 70 多种甲骨著录书，有的因出版时间较早，而且当时印数很少，现分藏于世界各大图书馆，国内藏书很少；也有的甲骨著录，限于当时印刷条件，拓本漫漶不清，亟待更换；或限于当时的水平，有的著录收入了一些伪片。如此等等，不一而足。这就给全面彻底地整理甲骨和更全面地占有材料研究甲骨文和商代史带来种种不便。

鉴于此，郭沫若主编了《甲骨文合集》一书，以满足研究者的急需。《甲骨文合集》是周恩来领导制订的科学研究十二年远景规划中的大型项目之一，这一国家重点科研项目 1959 年交由中国科学院历史研究所承担。历史研究所曾邀集全国有关单位的负责人和甲骨文专家，组成了以郭沫若为主任委员的编辑委员会，并在历史研究所成立了《甲骨文合集》编辑工作组，由胡厚宣任总编辑并总其成。有关郭老对《合集》编辑工作的热情关注和谆谆教诲，我们将在本书第六章第一节详细叙述。

《甲骨文合集》一书，与过去的甲骨著录不同，收集材料的范围相当广泛和全面，包括了 80 年来国内外出版的著录书和分散在国内外甲骨实物的拓本（也有部分照相和摹本）。但它所收入的甲骨，既不像《甲编》《乙编》那样，把所有出土甲骨几乎无一遗漏地收入书中，也不像《卜辞通纂》《殷契萃编》那样只选精品。而是根据甲骨文和商史研究的需要，拟定出若干选片标准，从 10 多万片甲骨中选出 4 万多片收入书中。这样，既不致使该书因“有骨必录”而显得庞芜，也不致因只选“精萃”而舍弃了有参考价值的资料。因此，《甲骨文合集》从几十种著录书和搜集到的未著录拓本中选出 4 万片合为一编，这对于研究使用是十分方便和必要的。

这 4 万多片甲骨，不仅取材范围较广，内容较精，而且都经过了科学处理，其一是校出重片。自 1903 年第一部甲骨著录书《铁云藏龟》出版后，因不少甲骨数易其主，一片甲骨反复椎拓，往往重复出现于几种著录书中。历史研究所《甲骨文合集》编辑工作组，将几十种甲骨著录详加校勘，共校出重片 14000 余片次之多。① 这一全面校对重片工作的成果，反映在《合集》的附件一——“资料来源表”中。这样大规模的校重工作，是前人所不能做到的。

其二，是《合集》编纂过程中的辨伪和缀合工作。已如前述，辨伪和缀合是全面整理甲骨文首先应做好的基础工作。为了提高《合集》的质量，尽量吸收了前人辨伪和缀合断片的成果，使《合集》缀合的成绩超过了前人，共有缀合版 1600 多版；而且在《合集》中，“凡是同文的卜辞，都按照卜序，编排在一起”，从而使“残辞互足的例子，就更加多多了”②。

其三，《合集》所收已著录的甲骨文，凡现藏在国内的，均尽量换用较清楚、完整的拓本，并补拓了不少原著录所缺的有字反面和骨臼部分，照相、摹本也尽量换用拓本（参见前图版二）。原骨不在国内的，则尽量选用著录中较清楚、完整的拓片。与此同时，还将分见不同著录书（或一书中）分开的一骨正、反、骨臼集中在一起，编为一号处理；此外，国内各文物机关、博物馆、图书馆、大学等几十个单位收藏的甲骨不少尚未著录，在编辑《合集》过程中，也都予以墨拓，凡符合收录标准的材料，都收在《合集》中。

其四，《合集》所收 4 万多片甲骨，分为五个不同时期处理：第一期

---

① 参见王贵民《一部大型的甲骨文资料汇编——〈甲骨文合集〉》，《中国史研究动态》1979 年第 9 期。

② 胡厚宣：《郭沫若同志在甲骨学上的巨大贡献》，《考古学报》1978 年第 4 期。

为武丁时期；第二期为祖庚、祖甲时期；第三期为廪辛、康丁时期；第四期为武乙、文丁时期；第五期为帝乙、帝辛时期。特别值得提出的是，《合集》将全部所谓“子组”“午组”“自组”这批字体纤细、柔弱或扁宽、称谓特殊的卜辞集中在一起，附于《合集》武丁期卜辞之后出版，这是很有意义的。众所周知，关于这批卜辞的时代问题，学术界分歧很大。《合集》将这批材料集中在一起，无疑会促进这一问题的早日解决。

其五，《合集》一书中每一时期的甲骨，又按其内容分为：一、阶级和国家；二、社会生产；三、思想文化；四、其他四大项和二十一个小类。这种科学的甲骨分类编排法，是批判地继承、借鉴了以前的甲骨著录分类，并用历史唯物主义观点，对甲骨文内容进行科学分析之后归纳出来的。且不说比前人一些著录分类的科学性要强，就是与郭老自己早年编纂的《卜辞通纂》的分类相较，也要严密科学得多了。

《甲骨文合集》不仅是80年来发现甲骨文的一部集大成的著录，而且还吸收了前人研究的不少成果，也是80年来甲骨文发现和研究的总结。因此，《合集》的出版，为以后的研究工作提供了全面而科学的资料，是甲骨学史上里程碑式的一部著录。

随着《合集》的出版，其后还有释文、重要项目索引、有关图表和选本①等专册出版。这些，都是自甲骨文发现以来空前繁重而艰巨的工作。在党的领导和关怀之下，在具体负责《合集》编辑工作组领导的著名甲骨文专家胡厚宣教授的指导之下，中国社会科学院历史研究所《甲骨文合集》编辑工作组全体同志正再接再厉，为繁荣我国的甲骨文研究事业，加速全书各项工作的早日完成。

---

①　参见《甲骨文合集》（介绍），《人民画报》1979年第8期；参见该刊注①。

第二章

甲骨文研究

新中国成立以来，甲骨学研究也取得了很大成绩。这主要是在文字的考释、分期、卜法等有关甲骨本身所固有规律的研究方面，取得了新的进展。

第一节　甲骨文中一种“异形文字”的发现及研究

本书第一章曾详细地介绍了新中国成立以来安阳及安阳以外地区发现甲骨的情形。这批甲骨，不仅有商代、周代的，而且在商代、周代甲骨中还有一种不能认识的“特殊文字”。本书第一章第一节谈到1950年春在安阳四盘磨一个小探坑SP11内，“发现一块卜骨横刻三行由数字组成的小字，文字与卜辞通例不合”；在第一章第二节又谈到陕西长安张家坡周代遗址一个探方（T4）的第五文化层中，又发现了有字卜骨，其“文字用数字组成，并有用以指示兆位的符号”；此外，在陕西周原遗址发现的17000多片甲骨中，有的卜甲（如84号）上面的“异形文字”（附图八之5、之6），“曾见于安阳四盘磨出土的商代卜骨、沣西的西周卜骨和一些青铜器铭文”①。

---

① 参见《陕西出土一万余片周初甲骨》，《文物特刊》第43期，1978年3月15日，正文及图十。

这几个不同地区发现的“异形文字”，其字形如下：

安阳四盘磨遗址：“曰隗”“曰魁”“”。

陕西长安张家坡遗址：一骨上字为“、”，另一骨上字为“”“”。

陕西周原遗址：“”“”。

可以看到，上述三处遗址发现的甲骨上的文字与一般商、周甲骨文字的结构不同，而是由近似一、二、五、六、七、八等刻划构成的一种“异形文字”。这种文字，铜器铭文中也曾见到。如《中齋》铭文有“臣尚中，臣”（《宣和博古图》2·1），《效父簋》“用作厥宝尊彝”下有（《三代》6·46·3），《中游父鼎》“中游父作宝尊鼎”下有（《三代》3·18·4），《堇伯簋》“堇伯作旅尊彝”下有（《三代》6·39·5）等。我们从它们在甲骨和金文中的位置看，其字可能为人名，也可能为代表族名的一种符号。

甲骨文上这种新发现的“异形文字”，引起了学者们的重视。唐兰认为：“（1）这都是文字，而且是有特殊形式的文字；（2）周代这些文字已经仅用于氏族名称，由于氏族徽号最能保留古老的形式，所以即使这种文字当时已经不使用，也还可以在某些铭刻中保留着；（3）在丰镐遗址里找到了两块有这种文字的卜骨，但事实上在殷墟或在西周铭刻里，一般不用这种文字，周国从文王以后才到丰镐，所以说这既不是殷文字，也不是周部族先世的文字，但可能是曾经住过现丰、镐地域的一个民族（例如古丰国之类）的文字；（4）从四盘磨卜骨把殷文字和这种文字对照……来看，至少殷代还有人熟悉这种文字。”①

唐兰根据这种“异形文字”由近似一至八的直线构成，而数字中却没有近于图画的“九”字，认为它和商、周数目字从一到八契刻直线的数目字为一个系统。由于数字最先发展并易传播，所以商、周民族在创造图画文字时，接受了这种从一到八数字的原有形式，并推断创造这种“异形文字”的民族，可能商时还在西安居住。其根据就是张家坡和四盘磨有这种

① 唐兰：《在甲骨金文中所见的一种已经遗失的中国古代文字》，《考古学报》1957 年第 2 期。

文字与商代甲骨文相对照的甲骨发现。唐兰认为，“由于西周初年铜器铭刻里还保留这种氏族徽号，而不见于殷墟铜器，我们也可以推测这个民族是西北方面的，跟周部族也许还有一些关系”①。

郭沫若不赞成唐兰关于“异形文字”是由数字组成的看法。说：“据我看来，是难以成立的。原始人数目概念很有限，三以上就是‘众’，现存民族中也还只有数到七的”，而认为这只不过是“刻划文字”。并说，“这些刻划文字，很明显地，和彩陶上的刻划符号是一个系统”②。郭沫若认为这种“异形文字”仍符合汉字发展系统，属于汉字起源的指事系统。“这一系统应该在图形系统（即象形）之前，因为任何民族的幼年时期要走上象形的道路，即描画客观物象而要想象，那还需要有一段发展的过程。随意刻划却是比较容易的。”简言之，就是“指事先于象形也就是随意刻划先于图画”。因此，郭沫若认为这种“异形文字”产生得很早，“在仰韶文化的彩陶上已见其萌芽”③。它们在殷代甲骨和周代铜器上出现，只不过是其“遗留”而已。

也有人综合了郭、唐二先生对这种“异形文字”的看法，认为“用记号来记数和用来作某种标记，这两种职能并不是互相排斥的。一个记号完全有可能既用来记数，又用作族或个人的标记。很可能有的记号还有其它表意作用”。并用民俗学材料进一步进行解释：云南傈僳族曾用“X”表示会面或“碰头”。推测在原始社会晚期，X形记号也可能用来表示相似的意思。还指出，“某些记号为汉字所吸收，并不能证明它们本来就是文字”④。认为这种新发现的“异形文字”，是“由数字组成的记号”，但“可能产生得比较晚”⑤。

唐兰1957年论述这种《在甲骨金文中所见的一种已经遗失的中国古

① 唐兰：《在甲骨金文中所见的一种已经遗失的中国古代文字》，《考古学报》1957年第2期。

② 郭沫若：《古代文字之辩证的发展》，《考古学报》1972年第1期；收入《奴隶制时代》，人民出版社1973年版。

③ 同上。

④ 裘锡圭：《汉字形成问题的初步探索》，《中国语文》1978年第3期。

⑤ 同上，裘锡圭文注⑱。

代文字》时，因当时还没有“周原”发现大批甲骨的新证据，所以曾推测说：“周国从文王以后才到丰镐，所以说这既不是殷文字，也不是周部族先世的文字，但可能是曾经住过现丰、镐地域的一个民族（例如古丰国之类）的文字。”20年后“周原”出土大批甲骨和其中“异形文字”的发现，表明唐先生关于这种“失传了的文字”可能为古丰国文字的推测是缺乏根据的。

我们曾认为，这种“异形文字”在长安、周原等地几次发现，而且也在周人铜器上屡见，应与周人有着密切的关系。特别是这种“异形文字”与西安半坡陶器刻划符号为一个系统，更值得我们加以注意。可能周人先世是仰韶文化的直接继承者，这种表示特定意义的古老“刻划符号”，又经过“陕西龙山文化”的发展阶段，不断完善又不断淘汰，最后只剩下了“遗迹”和甲骨、金文一起使周族进入了“文明社会”。当时的周人，可能还理解这些“异形文字”所表示的意义。至于殷人，则对此较为陌生。我们从四盘磨发现甲骨上刻写的“某曰某”这类把“异形文字”翻译成商代文字的记载，既可以看到殷人与周人文化的不同，也可以看到他们之间文化的交流。

近年来，对这种“异形文字”的研究又有了新进展。著名的古文字学家张政烺曾于1978年11月在长春召开的“古文字学术讨论会”上，做了《文王演周易》的演说。他根据多年对这种“异形文字”的研究，认为商、周甲骨和金文中这种由数字构成的符号就是“八卦”，还对“周原”新发现的“异形文字”进行了深入分析。[①] 随着周原遗址和其他不少遗址这种符号出土的增多和研究的深入，作为“筮数”，即数字卦为周易的前身，学界基本取得了共识。

虽然关于这种“异形文字”的讨论一度众说纷纭，但这一探索对我国古代文字的产生和发展的研究，是大有好处的。

---

① 当时张先生此文尚未发表，这里据李学勤先生的报道。参见李学勤《古文字学术讨论会与古文字学的发展》，《中国史研究动态》1979年第3期。后不久此文公开发表，参见张政烺《试释周初青铜器铭文中的易卦》，《考古学报》1980年第3期。

第二节　甲骨文字的考释和于省吾考释文字的新贡献

新中国成立以来，甲骨文字的考释方面也取得了不少的成绩。这首先是出版（或再版）了一批有关甲骨文字考释的专著，主要有：郭沫若的《甲骨文字研究》，于 1952 年由人民出版社再版；杨树达的《积微居甲文说·卜辞琐记》《耐林庼甲文说·卜辞求义》，1954 年由科学出版社出版；收录闻一多有关甲骨文字考证文章的《古典新义》（闻一多全集选刊二）一书，1956 年由古籍出版社用开明书店纸型重印出版；朱芳圃将十余年来有关甲骨文字考释成果收入《殷周文字释丛》一书，1966 年由中华书局影印出版；孙海波 1934 年编印的《甲骨文编》，经过对内容和体例进行修订以后，于 1965 年仍以《甲骨文编》为名由中华书局出版。此外，唐兰的《古文字学导论》（1935 年北京大学讲义）、《殷虚文字记》（1934 年石印本）二书，也分别于 1957 年和 1968 年由中国社会科学院历史研究所邀请书法家韩树绩先生刻蜡纸油印出版。

上述有关考释甲骨文字的专著出版或重印，满足了学习和研究甲骨文的亟须。其中不少著作，诸如《甲骨文字研究》《古文字学导论》等，立论坚实，方法正确，对甲骨文和商史的研究很有启发；而《甲骨文编》，共收 4672 个单字，材料比较齐备。在考证方面也吸收了最新研究成果，是一本甲骨文和商史研究的十分重要的工具书。

与此同时，不少学者为了充分发挥甲骨文珍贵的史料价值，以便更深刻地认识卜辞内容，也在文字考释方面做了艰苦的、创造性的探索。到这时候，甲骨文“根据不完全统计，只有三千五百字光景。其中有一半以上是可以认识的；不认识的字大多是专名，如地名、人名、族名之类，其义可知，其音不能得其读”[①]。所易识的字大多已被前人释出，所不识的字因

① 郭沫若：《古代文字之辩证的发展》，《考古学报》1972 年第 1 期；收入《奴隶制时代》，人民出版社 1973 年版。

不少在商代以后的文字中就已不再使用，不容易找出它们字形演化的线索，在后世的字书里也很难得到印证，因此再有新的发现难度很大。但是，古文字学家“运用辩证法，对文字的点划或偏旁以及它和音义的关系”进行科学的分析，并“在清代汉学家用考据学所取得的某些优秀成果的基础上”[1]，对不识的一些甲骨文字进行创造性的研究，取得了可喜的成果。

这一时期，发表了不少有关考释文字的论述。主要有于省吾的《释奴婢》[2]《释尼》[3]等，胡厚宣的《释殷代求年于四方和四方风的祭祀》[4]《释余一人》[5]《殷代的刖刑》[6]等，张政烺的《释甲骨文中俄、隶、蕴三字》[7]《卜辞裒田及其相关诸问题》[8]等，杨向奎的《释“不玄冥”》[9]和齐文心的《殷代的奴隶监狱和奴隶暴动——兼甲骨文“圉”、“戎”二字用法的分析》,[10]等等。其中不少文章发前人之所未发，或在前人的基础上有所前进。

特别应该指出的是，于省吾先生在甲骨文字考释方面又做出了新贡献。他在新中国成立前有关甲骨文考释的精辟论述，收在1940—1944年先后出版的《双剑誃殷契骈枝》《续编》及《三编》之中。《骈枝》三编，以它简练的文字、精到的考释、严谨的方法闻名于中外学术界。直到今天，还是甲骨文和商史研究的重要参考书。新中国成立以后，于先生继续致力于甲骨、金文的研究工作，又有新的收获。正如他自己所说：“我这

---

① 于省吾：《关于古文字研究的若干问题》，《文物》1973年第2期。

② 于省吾：《释奴婢》，《考古》1962年第9期。

③ 于省吾：《释尼》，《吉林大学社会科学学报》1963年第3期。

④ 胡厚宣：《释殷代求年于四方和四方风的祭祀》，《复旦学报》（人文科学版）1956年第1期。

⑤ 胡厚宣：《释余一人》，《历史研究》1957年第1期。

⑥ 胡厚宣：《殷代的刖刑》，《考古》1973年第2期。

⑦ 张政烺：《释甲骨文中俄、隶、蕴三字》，《中国语文》1965年第4期。

⑧ 张政烺：《卜辞裒田及其相关诸问题》，《考古学报》1973年第1期。

⑨ 杨向奎：《释“不玄冥”》，《历史研究》1955年第1期。

⑩ 齐文心：《殷代的奴隶监狱和奴隶暴动——兼甲骨文“圉”、“戎”二字用法的分析》，《中国史研究》1979年第1期。

几年来，对于甲骨文、金文中旧所不解的字，自以为又多认识出几十个”①，这是毫不夸大的。

于省吾的不少论著，曾发表在《吉林大学社会科学学报》《考古》《文物》《历史研究》《社会科学战线》② 等杂志上。他的这些论著不仅广泛涉及了商代社会的政治、经济、军事、宗教信仰等方面和社会性质的讨论，而且在文字的考释方面，又为我们开辟了新的途径。这就是：“在我们已经看到和掌握到大量古文字的今天，不应局限地或孤立地来看问题，需要从事研究世界古代史和少数民族志所保存的原始社会人类的生产和生活的实际情况，以追溯古文字的起源。”③ 他还在《释羌、苟、敬、美》等著名论文中，④ 为我们做了这种考释文字新途径探索的示范。我们就以该文所揭示的羌字的发生、发展和变化为例，对这一探索略作介绍。

于省吾指出，《说文》以羌字为“从人从羊，羊亦声”，把羌字作为会意兼形声字是不正确的。因为甲骨文“”字上从羊角，不从羊。追溯其形的来源，是因为羌族有戴羊角的习俗，反映在甲骨文中便是人头上戴羊角的（羌）字形。为了证明羌族这种戴羊角的古老习俗，他搜集了十二条散见于古籍和中外期刊里有关世界各原始民族习见的戴羊角、牛角、鹿角为饰物的证据。其中，第一、二条，说明最早头上戴角，身披兽皮是为狩猎时诱惑野兽的需要；第三至六条，氏族节庆日，参加舞蹈的人都要头上戴双角或戴有角的假面，说明戴角的风俗渐渐普及到人们生活中；第七、八条说明原始社会末期，随着阶级分化，只有部落酋长和显贵才可以戴双角冠以显示其权力和尊荣；第九条说明氏族巫师礼神作法时也戴羊角帽，表示他的尊贵；第十至十二条说明戴角既然已表示权力和尊贵，因此被氏族崇拜的神也就戴角了。⑤ 因此，当时羌族有戴羊角的习俗就不是偶然的了。这种习俗反映在文字上，便是（人）上戴M（角）的（羌）

① 于省吾：《关于古文字研究的若干问题》，《文物》1973 年第 2 期。

② 于省吾先生新中国成立以来的甲骨文论著，参见拙著《建国以来甲骨文研究》附录三：《建国以来甲骨文作者论著简目》三画于省吾。

③ 于省吾：《释羌、苟、敬、美》，《吉林大学社会科学学报》1963 年第 1 期。

④ 同上。

⑤ 有关中外少数民族原始戴角习俗的十二条引证，详见于文注⑭文中所列。

字。又因为羌人是商人俘虏的主要来源，常用绳索套在脖子上以防逃跑，反映在后期甲骨文中便是字。再到了后来，甲骨、金文中的羊角就错写为羊字了。小篆又将其错沿袭下来，这就是到《说文》成书时误将从人头戴羊角的羌字说成“从人从羊，羊亦声”的由来。

于省吾先生对这一考释文字的新途径的探索是很有意义的。随着世界史知识的不断增加和中、外大量民族学材料的公布，为我们提供了不少研究的新证据。只有对甲骨文进行多方面的探索，才能取得更多的成绩。不少人就是受了这一启示，有所发明的。如汪宁生在《释臣》一文中，根据云南一些少数民族的材料，对甲骨文竖目之形的臣字作为一种奴隶的名称，又作了进一步的论证。他认为竖目之形的“臣”字，乃是充当监工的奴隶头目，终日在田野中张目四望，监视其他奴隶的活动，充当奴隶主的耳目，故假用其义为瞋目望视的臣字以为其名。文中用新中国成立前西双版纳的傣族“督耕制”中得名于眼睛的“达陇”职能，来印证臣也是与之相似的监工和奴隶头目。“由于他们的特点是动眼不动手，以监视别人行动为职业，遂以具有瞋目望视之意的臣字来作为他们的称谓。”①

此外，于省吾关于“独体形声字”的发明，也是前人所没有做过的。他认为“早期古文字中的独体象形字的某一部分带有声符是形声字的萌芽，但它与两个或两个以上的偏旁所构成的合体形声字是截然不同的”②。并举出甲骨文的“乘”字是为禾省形，下为来声的独体字，后来便以从禾来声的形声字“秾”字代替。又例如甲骨文（麋）字，原为上从（眉）声的独体形声字，后被从鹿米声的麋字代替。如此等等，于省吾先生的这一发明，对我们分析文字的结构颇有启示。

中华书局出版于省吾的《甲骨文字释林》中，一方面将《骈枝》三编作了增订、修改并补充了新材料；另一方面又将近年发表和未发表的许多研究心得收入书中，两项共释 300 多字。与此同时，于省吾先生还主编了《甲骨文考释类编》（原定名，出版时定名《甲骨文字诂林》）一书，“汇集各家考释分类编纂，约达三百万字，正在加紧进行”。于省吾主编的将

① 参见汪宁生《释臣》，《考古》1979 年第 3 期。

② 于省吾：《释羌、苟、敬、美》，《吉林大学社会科学学报》1963 年第 1 期。

各家考释分类编纂并加按语的《甲骨文字诂林》一书，是集80年来甲骨文考释大成之作，也和《甲骨文合集》的出版一样，是甲骨学史上一件空前的大事。[①]

因此，我们可以看到，于省吾先生在甲骨文考释的深度和广度方面，都超过了前人。他的《甲骨文字释林》一书及其主持编纂的集大成著作《甲骨文字诂林》，对甲骨文字考释的发展作出了新贡献。

第三节　对"文武丁时代卜辞的谜"的探讨

学术界有所谓"文武丁"卜辞、[②]武乙时代的"非王卜辞"[③]和所谓的"多子族卜辞""王族卜辞"[④]等，名称虽然不一，但其实说的都是一回事，这就是陈梦家在《殷虚卜辞综述》一书中所概括的"子组""午组""自组"三组卜辞。[⑤]这三组卜辞因其称谓、世系、贞人、事类、字体等方面与正统的"王卜辞"不尽相同，在时代上很难划分。

1933年董作宾《甲骨文断代研究例》发表时，由于当时这种卜辞所见不多，所以并没有引起学者们的注意。殷墟科学发掘以后，这类甲骨文所见日多，特别是第13次发掘的YH119和HY127坑有不少这类卜辞出土，从而引起了学者们对这类卜辞的重视。这种在称谓、世系、贞人、事类、字体等方面与常见的王卜辞不尽相同的甲骨文，究竟是什么时代的？它们与王究竟是什么关系？

董作宾在1945年写作《殷历谱》以前，是把当时较为少见的这种卜辞一部分放在第一期，一部分放在第四期处理的。这是因为没有认出这类卜辞"卜"字之下还记有贞人名，或有时将"贞"字省略。此外，有的贞

---

① 于省吾：《忆郭老》，《理论学习》《吉林大学学报》（哲学社会科学版）1978年第4期；参见王宇信《中国甲骨学》，上海人民出版社2009年版，第327—334页。

② 董作宾：《殷虚文字乙编·序》。

③ 李学勤：《帝乙时代的非王卜辞》，《考古学报》1958年第1期。

④ 贝塚茂树：《京都大学人文科学研究所藏甲骨文字》（本文篇）序论，第二章。

⑤ 陈梦家：《殷虚卜辞综述》第四章第四节、第七节、第八节。

人如扶的卜辞，由于贞卜祭祀父乙、母庚（《甲》2907），自然应认为是武丁时期。但这类卜辞的书体、字形、文法、事类、方国、人物等方面与武丁时期卜辞多不相同，这就使他产生了不可解释的“谜”。在撰写《殷历谱》时，发现了所谓“新”“旧”派祀典的不同，认为文武丁时代在纪日法、月名、祀典各方面都恢复了武丁时的旧制度，因而把划入武丁时代的一部分这类卜辞后移八九十年，确定为第四期文武丁时代。这样，武丁时代卜辞有各种不同的书体、字形、文法、事类、方国、人物的矛盾就可解决了。

董作宾在深入研究了这类卜辞以后，认为，第一，文武丁在文字、历法、祀典等方面属于旧派，复武丁之古；第二，文武丁时代有一批贞人（十七名），虽然有许多贞人前已见于著录，但因为这种卜辞大多不书“贞”字，所以从前没能认识卜下一字就是贞人的名字；第三，文武丁时代卜辞词例很复杂；第四，文武丁时卜贞的事类也大体上恢复了武丁时代的各种旧制；第五，文武丁时代卜辞的称谓与商代传统的大、小宗称谓不合，如此等等，从而他认为这类卜辞全为第四期文武丁时之物，就避免了这类卜辞既出现在第一期，也出现在第四期这一不可解释的矛盾现象。这就是他所谓的“揭穿了文武丁时代卜辞的谜”①。

李学勤认为这种卜辞是“非王卜辞”。他认为新中国成立前殷墟第15次发掘所出的YH251和YH330坑“字体统一而特殊”的卜辞是妇女卜辞。这类卜辞的主要内容多是有关妇女之事，屡见多女、多妇，有时还贞卜妇子的祸疾，表明贞问者应是一名女性。此外，这类卜辞的祀典简略，所祭有关亲属也多为女性，系统也与商王系统多有不合，所以推知这名卜问的妇女不是商王的后妃或直系亲属，这类卜辞当是“非王卜辞”。著名的YH127坑除绝大部分是武丁期卜辞外，李学勤认为还有五种“非王卜辞”存在。一种是以子为中心，包括与其同时的余、我、𢓊、𦺇五位贞人的“子卜辞”。这种卜辞也多卜问妇女的事情，所祭对象也多是女性。从所祭对象看，贞卜者应是与YH251、YH330坑卜辞贞卜的妇女辈分相同并有亲属关系的一位妇女。这种卜辞中“子”是卜问者的私名，“余”是子的代名词，“我”代表这个集体，

① 董作宾：《殷虚文字乙编·序》。

“子”是这个集体的首领。𢓊可能是妇𢓊，𢓊和其他贞人可能是代替“子”进行卜问，李学勤称之为“子卜辞”。另外还有三种“非王卜辞”是：与“子卜辞”有关，并出现不见于商王系统卜辞的妣的私名的亚、刀卜辞。一种字体多用圆笔，“贞”字写成圆腹的卜辞，多刻在背甲上。另一种是字体紊弱，也专用背甲的卜辞。这后两种与子卜辞同时，称谓系统也一致，因此她们的问疑者当为一人：“子。”YH127坑中的第五种“非王卜辞”就是以“允”为贞人，字体多锐折，贞字作方耳或斜耳的卜辞。这种卜辞常常左右对贞，以左辞为正卜。辞中出现的称谓石甲（《乙》5327），曾见于YH127与子卜辞有关系的“非王卜辞”（《乙》5268），说明允与子有一定亲属关系。这种卜辞称谓也自成一套，并可以看出是一名率有军队（《乙》4692）、地位较高（《乙》5394）的男人。

李学勤在对五种“非王卜辞”进行全面分析后，得出了“非王卜辞”的特征：“（一）问疑者不是商王；（二）没有工卜，辞中也不提工；（三）没有商先王名号，而另有一套先祖名号；（四）没有符合于商王系的亲属称谓系统，而有另一套亲属称谓系统。”由“非王卜辞”中推断出的卜问者有：“（一）某甲，女性：YH251、YH300坑卜辞。（二）子，女性：YH127坑子卜辞、‘贞’字作[illegible]的卜辞、专用背甲的卜辞，E16坑两种卜辞。（三）某乙，男性：YH127坑允卜辞。”[①] 这三个人时代相同，某甲是一个有封地的贵妇，不预政治、军事活动。她和子有共同的妣、母、子，可能是一对姐妹。而子地位较高，也率领师旅并参与政治活动。某乙和子有共同的先祖，是一个率有军队的高级贵族。根据九件殷末铜器上出现的“子”与“非王卜辞”中的“子”为同一人，并与殷末征人方的战役有关，因而“推定子等是帝乙朝生存的人”，从而论定这批卜辞是“帝乙时代的非王卜辞”[②]。

胡厚宣和陈梦家对这种卜辞时代的看法与董作宾、李学勤不同。胡厚宣认为这些“笔划或纤细，或扁宽，或劲挺”字体的卜辞，“因见这期卜辞有

① 李学勤：《帝乙时代的非王卜辞》，《考古学报》1958 年第 1 期。

② 同上。李学勤先生近告，他已改变了此种卜辞为帝乙时代的看法，但“非王卜辞”之说，自认仍是正确的。

父丁、子庚的称谓，父丁即祖丁，子庚即盘庚，疑皆当属于武丁以前，即盘庚、小辛、小乙时之物”①；陈梦家《殷虚卜辞综述》第四章“断代上”将这批卜辞分为三组，即“自组”（包括贞人自、扶、勺）、“子组”（包括贞人子、余、我、彶、㱿、史）、“午组”（包括贞人午、㞢），认为他们都和“宾组”卜辞同为武丁时代，“自、子两组大约较晚”，“宾组似乎是王室正统的卜辞；自组卜人也常和时王并卜，所以也是王室的，而其内容稍异。午组所祭的人物很特别，子组所记的内容也与它组不同。子组卜人㱿和彶（或与妇彶是一人）很像是妇人，该组的字体也是纤细的”②。

关于所谓“文武丁时代卜辞的谜”的探索，是多年来甲骨学界争论不休的一个问题。虽然对这批卜辞的时代学者们看法极不相同，但近年来对与殷墟王室卜辞同时，还存在着另一种“非王卜辞”的看法，已为不少学者所接受。应该指出的是，李学勤《帝乙时代的非王卜辞》一文，通过对“非王卜辞”的性质和内容进行全面的整理和精辟的论证，对学术界有关“文武丁时代卜辞的谜”的探索还是有所启示的。

对“文武丁时代卜辞的谜”的探索也有了新的进展。吉林大学所藏甲骨有一片曾著录于《前》3·14·2，著录时剪裁了骨上端有贞人“争”的残辞部分。这片“干支表”是典型的“子组卜辞”的字体，剪去的部分残辞应为：“□□卜，争□（贞），□（旬）□（亡）祸”，字体完全是武丁时贞人“争”的标准字体。因此，根据贞人争与“子组卜辞”共版，这就增加了子组卜辞应为武丁时期的新证据。③ 此外，1973 年小屯南地发现的“自组”卜甲，根据T534A 层的分析，也是与宾组卜辞时代（即武丁期）接近，并又起了承上（武丁）启下（祖庚）的作用。因此，“从这些迹象来看，‘自组卜辞’的时代似属武丁晚期”④。

随着 1973 年小屯南地甲骨的成批出土和为这一讨论提供了科学的地层证据，“文武丁时代卜辞的谜”的研究有了新的突破。新证据的增多和

① 胡厚宣：《甲骨续存·序》。

② 参见陈梦家《殷虚卜辞综述》第四章第四节、第七节、第八节及第 166—167 页。

③ 姚孝遂：《吉林大学所藏甲骨选释》，《吉林大学社会科学学报》1963 年第 4 期。

④ 肖楠：《安阳小屯南地发现的“自组卜甲”——兼论“自组卜辞”的时代及其相关问题》，《考古》1976 年第 4 期。

讨论的深入，“学术界对这批甲骨分期的意见已渐趋一致”，即“其时代不是第四期武乙文丁时代，而应提前到第一期武丁时代。可以说，现在才真正地‘揭穿了文武丁时代卜辞的谜’”①。

第四节 古代占卜的再现

据《礼记·表记》记载，“殷人尊神，率民以事神，先鬼而后礼”。殷人十分迷信，商王的一切事情都要借助占卜祈求上帝和祖先的护佑。为了维护自己的统治和对广大奴隶进行欺骗，几乎事事卜，天天卜。大量甲骨文的发现，就是商奴隶主统治阶级十分迷信和愚昧的见证。

甲骨文主要是商王朝奴隶主统治阶级刻（或写）在龟甲或兽骨上的占卜记录，因此又称为“卜辞”。有关古代占卜的情况，除了《周礼》等先秦古籍和《史记·龟策列传》里有一些龟卜记载外，还有一些古籍也涉及了少数民族使用羊骨卜、牛骨卜、鹿骨卜、猪骨卜的一些材料。② 但这些记载多较片断和零碎，必须再结合甲骨实物以及民族学材料，进行综合研究，才能对认识商代占卜的过程有所补苴。

学者们根据《周礼》掌管龟卜的官吏诸如龟人、華氏、卜师、大卜、占人等所司之职事记载，推断出古时卜事的分工和卜事的程序，并认为这与甲骨文中所反映的殷人实际卜事程序大体相近。③ 但有关古代骨卜的情形，则限于材料而语焉不详，只能笼统地说与龟卜相同。根据调查材料，云南一些少数民族直到新中国成立前还保留着使用动物肩胛骨进行占卜的习俗，为我们研究商代骨卜的习俗和骨占卜提供了新鲜资料。

在新中国成立前的彝、羌、纳西等少数民族中，使用羊骨进行占卜，曾一度是他们日常生活中一项重要的迷信活动。他们占卜时所涉及的范围很广，包括日常生产和生活的各个方面。在某种意义上说，占卜决定着他

---

① 参见王宇信、杨升南主编《甲骨学一百年》，社会科学文献出版社 1999 年版，第 149—158 页。

② 陈梦家：《殷虚卜辞综述》，第 5—6 页。

③ 同上书，第 17—18 页。

们的一切行动。因此，与殷人一样，也每事必卜，每天必卜，甚至一天数卜。在这些少数民族中，掌管“羊骨卜”活动的人，是本民族的“巫师”。这些人与商代专司贞卜的贞人不同之点，只是还没有脱离生产，占卜也还没有成为他们的一种专门固定的职业。占卜所用之骨，主要是以羊肩胛骨为主，个别的如彝族也用少量的牛、猪肩胛骨，这些都是巫师平时贮存的。但他们认为祭祀鬼神时杀死的“祭牲”肩胛骨最灵验。这种贮存卜用胛骨的做法，与殷人存贮龟甲或兽骨的做法是基本相同的。最近小屯发现的H99坑，就是一个放置骨料用的窖穴，内有未经加工的牛胛骨，这是存贮于此以备卜用的。①

在占卜方法方面，彝、羌、纳西等族基本相同，特别是以云南永胜县彝族（他鲁人）最为典型。他们主要的占卜程序是：

第一，祷祝。祷祝词主要是由巫师赞扬羊骨的“灵验”和问卜者说出所要占问的事情。这与《史记·龟策列传》记载的对龟甲祷告贞问之词基本意义相近。在祷告时，有的少数民族（如羌族）还要举行手持青稞，燃烧柏枝的仪式。也有的少数民族不举行仪式。

第二，祭祀。他鲁人用羊骨占卜时，还要请羊骨“吃”米。而羌族要烧青稞，纳西人则在骨上撒小麦。其意不外是通过祭祀以求得保佑，除去不祥。

第三，灼骨。祷告、祭祀完毕，将艾叶或艾草搓成的颗粒放于骨上并点燃，直到将骨烧出裂纹为止。纳西族和羌族卜一事灼一处即可，而羌族却要烧灼多处。

第四，释兆。由巫师观察骨面上的裂纹（兆）情况，根据各族对兆的解释方法，判断此卜的吉凶。

第五，处理。解释兆象以后，有的民族，如纳西族把占卜用过的羊骨看成是神圣的东西，集中起来埋藏或烧掉。②

---

① 中国科学院考古研究所安阳工作队：《1973年安阳小屯南地发掘简报》，《考古》1975年第1期。

② 有关云南几个少数民族使用羊骨卜的详细材料，请参见林声《记彝、羌、纳西族的“羊骨卜”》，《考古》1963年第3期；林声《云南永胜县彝族（他鲁人）“羊骨卜”的调查和研究》，《考古》1964年第2期。

我们可以看到，上述几项占卜程序，与殷墟甲骨的占卜程序基本相同。第一项祷祝，实际就是甲骨上的命辞；第三项灼骨，与甲骨上施灼以呈卜兆的作用是一样的；第四项释兆，与甲骨文的占辞性质相近；第五项处理，与殷人将用毕的甲骨有意储存起来基本相同。

根据对云南几个少数民族调查材料的分析，这种“羊骨卜”的占卜方法与从安阳出土甲骨上所反映的殷人占卜方法有不少相同之处。关于龟卜的方法，在《周礼》《史记》等书中还有一些记载，但古代骨卜方面早已失传。云南几个少数民族保留的骨卜使用方法，为我们研究商代骨卜提供了有益的启示。

此外，有关殷人如何在坚硬的龟甲和兽骨上契刻文字，也是人们多年在思考的问题。不少学者认为用所谓“小铜刀”或是“碧玉刻刀”①，能刻出像第五期帝乙、帝辛时代细如芝麻大小的卜辞，简直是不可思议的。但是，郭沫若“联想到象牙工艺的工序，因而悟到甲骨在契刻文字或其它削治手续之前，必然是经过酸性溶液的泡制，使之软化的。这样便使几十年来的怀疑涣然冰释了”②。但模拟实验表明，此法应是该行业人员将其“故意神化”的传说而已。③

“礼失求诸野。”久已失传的我国古代神秘庄严的骨卜和在神龟灵骨上契刻文字等繁文缛节，在云南少数民族的习俗和模拟刻字实验工艺的现实生活里得到了再现。

第五节　甲骨文研究的总结性著作——《殷虚卜辞综述》

经过学者们几十年的努力，甲骨文和商史的研究取得了很大进展。三

① 郭宝钧：《1950 年春殷墟发掘报告》，《中国考古学报》（1951 年）第五册。刀形参见该文图版玖·4。

② 郭沫若：《古代文字之辩证的发展》，《考古学报》1972 年第 1 期；收入《奴隶制时代》，人民出版社 1973 年版。

③ 参见赵铨等《甲骨文契刻初探》，《考古》1982 年第 1 期。

百多名甲骨学者在他们所写的近900种论著中,[①] 提出和解决了不少重大问题。将散见于900多种论著中的甲骨学和商史研究的科学成果加以去粗取精的全面整理和提高,以供后人借鉴、参考,是将这门新兴学科大大推向前进的需要。

1956年由科学出版社出版的陈梦家的《殷虚卜辞综述》一书,就是全面、系统地总结自甲骨文发现(1899年)至1956年以前近65年来科学研究成果的一部巨著。该书分为总论、文字、文法、断代上、断代下、年代、历法天象、方国地理、政治区域、先公旧臣、先王先妣、庙号上、庙号下、亲属、百官、农业及其他、宗教、身份、总结、附录等二十章。陈梦家先生在充分总结、利用前人研究成果的基础上,结合自己研究甲骨学的精深造诣,对殷墟出土甲骨文研究的经过、方法和内容进行了全面科学的叙述。《综述》这部75万字的巨著,自出版以来直到现在还在国内外学术界有着巨大影响并几度再版。这是因为此书有以下几个特色(附图四十三):

其一,《殷虚卜辞综述》是一部集65年来甲骨文发现和研究之大成的综合之作。该书第一章绪论部分,全面叙述了甲骨文发现和研究的历史,是65年来"甲骨文发现的总结";第二章文字和第三章文法部分,对甲骨文字的考释、考释文字的方法及甲骨文的文法作了全面叙述;而第四章、第五章断代(上、下),对董作宾《甲骨文断代研究例》中提出的"十项标准"和"五期分法",又有所补充、发展和纠正。特别是"午组""自组""子组"卜辞的提出和时代的考订,对"揭穿文武丁时代卜辞的谜"这一学术界探索多年的问题颇有贡献。这三组卜辞的区分及其时代的确定,由于甲骨文中一些新材料的不断发现和考古发掘的地层证明,已越来越为多数研究甲骨文的学者所接受。因此,第二、三、四、五章,实际上是对65年来关于文字考释、文法、分期等甲骨本身规律的研究——甲骨学的全面总结,而且在不少地方提出了新问题和超过了前人。第六章以后直到第十九章,对甲骨文所反映的殷代社会历史情况从各个不同方面作了考证,是65年来用甲骨文研究商史的总结。

其二,搜集了大量商代文献史料。《殷虚卜辞综述》一书,在论述有

---

① 胡厚宣:《五十年甲骨学论著目》序言,第21页。

关甲骨文和商史的各个问题时，将甲骨文材料尽量与搜集到的大量文献材料相印证。因此，该书显得立论坚实，科学性强。不仅各有关章节在字里行间引用了不少文献资料，而且特别是在第六章“年代”论述西周、殷盘庚迁殷至殷亡、商积年、关于汉世的殷历、关于夏年等问题时，更是广征博引，集中了大量有关这一历史时期的古代文献资料。这不仅为学习和研究甲骨文、商史的人提供了很多方便，而且就如何搜集史料及研究方法上，也使后人受到很大教益。

其三，大量考古资料的使用。陈梦家的《殷虚卜辞综述》一书，在论述有关甲骨文的发现、甲骨学研究和商代社会历史的情况时，还将大量殷商考古资料与甲骨文、文献资料相印证，从这一意义上说，《综述》又是殷商考古的总结。就以书中篇幅较短的第十六章“第九节车”为例，集中了安阳、洛阳、辉县、浚县等地发现的大量殷、周时代有关车的材料，用以对商代车制进行论证。由此可见一斑，更不用说诸如第四章、第五章断代（上、下）这些大量引用殷墟历次发掘材料较多的章节了。这不仅丰富了我们对商代历史文化的认识，也加深了我们对殷商考古学在甲骨文和商史研究中重要意义的认识。

其四，有意义的“附录”。《殷虚卜辞综述》第二十章，是作为全书的“附录”附于书后的，但“附录”并不显得“附”，对于全书是必要的、有意义的一个组成部分。这章的第一部分“有关甲骨材料的记载”一节里，介绍了王懿荣、孟定生、王襄、刘鹗、罗振玉、端方等人发现或搜购甲骨及其流传情况；同时，还将《库方二氏所藏甲骨卜辞》的伪刻部分进行了重新辨伪和介绍了《前》《后》二书的材料来源，还对几十年发现的甲骨及其著录情况作了统计。这些内容与“甲骨大事简表”一起，是研究甲骨学史的重要参考资料。第二部分“甲骨论著目”，列举了65年来出版的50种甲骨著录书和将甲骨论述分类编目，这对学习和研究甲骨文是很有帮助的。

凡此种种，《综述》一书对研究商代历史、地理、语言、文字和考古学的人，既是一部十分重要的参考书，也是一部十分方便的工具书。而对于初学甲骨文的人，也是一部入门必读之书。

《殷虚卜辞综述》一书，不仅全面总结了前人65年来甲骨文和商史研究的成果，而且在不少地方还在前人研究的基础上有所前进。例如关于甲骨文的分期断代，除了前述“自、子、午”三组卜辞及确定为武丁时代外，还对董作宾断代分期的十项标准多有修正。他不赞成胡厚宣的四期分法（即第一期：盘庚、小辛、小乙、武丁时期；第二期：祖庚、祖甲时期；第三期：廪辛、康丁、武乙、文丁时期；第四期：帝乙、帝辛时期），认为“他（按：指胡厚宣）所分的第三期包容了三世四王，究竟太长，而且我们在断代的实践上是可以分开的。因此，他将董氏的三、四期两期合并为一，是不妥当的”[①]；《综述》还进一步将董作宾的“五期”分法分为九期：

一、武丁卜辞		1	一世	早期
二、庚、甲卜辞	祖庚卜辞	2	二世	
	祖甲卜辞	3		
三、廪、康卜辞	廪辛卜辞	4	三世	
	康丁卜辞	5		中期
四、武、文卜辞	武乙卜辞	6	四世	
	文丁卜辞	7	五世	
五、乙、辛卜辞	帝乙卜辞	8	六世	晚期
	帝辛卜辞	9	七世	

陈梦家说：“在可以细分时，我们尽量的用九期分法；在不容易细分别时，则用五期甚至于三期的分法（笔者按：即上表之早、中、晚）。”[②] 与此同时，陈梦家对“贞人”也多有发现。他将“武丁以迄帝辛的卜人，分别加以断代。其可以成组的，特别将各组汇合而成的称谓，详加援引”，并“对某一代或某一组卜人，试分别其早晚”。如此等等，共发现贞人120人，比董作宾《甲骨文断代研究例》所录贞人增加了四倍。[③] 陈梦家在书中还将董作宾所定贞人与他相合的，抄在表的首行，次行而标出王朝的是

① 陈梦家：《殷虚卜辞综述》，第139页。

② 同上书，第138页。

③ 陈梦家：《殷虚卜辞综述》，并参见第五章断代下，第202页。

他所改定的，列为“附录表四《卜人断代总表》”附于本章之末。[1] 此外，《综述》一书对殷的先公先王和诸母诸兄的研究也在前人研究的基础上有所发现，等等，不胜枚举。陈梦家这些发现和发明，直到今天还是很有意义的。

当然，这部书也有一些不足。正如有人正确指出的：“最主要的缺点是作者对殷代社会性质及其发展途径没有明确的认识，因而书中只罗列了庞杂的现象，没有提高到理论的阶段，同时对若干现象也不能有满意的解释。这和马列主义的历史科学相距是很远的。但本书既要综述卜辞的各种内容，就不得不涉及有关殷代社会经济的问题，如第十八章身份和第十六章农业及其它。”此外，《综述》对殷代社会制度方面也没做进一步深入研究，“而且也未综述前人、近人在这方面的研究成果。只是第十九章总结中设有一节，简单抄录了郭沫若先生著作中关于殷代社会的各种论断。这和本书体例也是不合的”[2]，等等。

虽然《殷虚卜辞综述》一书在某些方面还有些不足，但瑕不掩瑜。这样一部全面总结65年来甲骨文研究百科全书式巨作，把我国甲骨文研究水平提到一个新高度。它继往开来，在甲骨学史上占有重要的地位。

---

① 陈梦家：《殷虚卜辞综述》，表四《卜人断代总表》，第205页。

② 李学勤：《评陈梦家〈殷虚卜辞综述〉》，《考古学报》1957年第3期。

第三章

甲骨文研究和考古学

甲骨文研究和考古学有着十分密切的关系。由于甲骨文的发现，逐渐确定了殷墟遗址（参见本书小引第一节“甲骨文的发现及其出土地点的确定”）。甲骨学深入研究的需要，又开始了中央研究院对殷墟的先后15次发掘；而殷墟大规模科学发掘工作的进行，不仅又有大批甲骨文出土，还使学者们注意到不同区域发现的甲骨文有所区别，从而由“大龟四版”发现贞人可以断定时代，进一步推断出甲骨文分期断代的十项标准。从此凿破鸿蒙，把273年一团混沌的商代晚期甲骨文划分为八世十二王的“五个时期”，使甲骨学研究进入了一个新阶段。正因为甲骨文分期断代研究的不断深入，我们“才可以根据伴出的甲骨文，来较为可信地确定每一建筑遗迹或遗物相当于某一王的时代。甲骨文成为遗址分期的一个重要参据”①。因此，甲骨学的研究，促进了殷墟考古的开展。而殷墟考古学的深入研究，也使甲骨学研究进入了一个新时期。

第一节　甲骨文研究与殷墟文化分期

自1928年至1937年，中央研究院在殷墟曾先后进行了15次大规模的发掘工作。殷墟发掘工作完全是由我国学者自主进行的，特别是近代考

① 参见本书小引第三节“《甲编》《乙编》——科学发掘甲骨文的总集”。

古学方法的使用，在我国考古学史上有着重大意义。中央研究院在 15 次发掘过程中，先后在“安阳洹河两岸发掘了十一个地方”，发现了大型王陵、宫殿、房墓、窖穴、中小型墓葬等重要遗迹和大批的陶器、铜器、玉石器、骨牙器、甲骨等珍贵遗物，[①] 为商代的历史研究提供了大批宝贵的资料。

如此丰富的遗迹和遗物，给我们将殷墟文化进行科学分期提供了可能。虽然这一问题前人已从不同角度有所尝试，但都较为零碎和片断；新中国成立以后，邹衡先生“在前人研究的基础上，试图通过对陶器和铜器的研究，以探讨殷墟遗址和墓葬的分期和年代，并进一步探索殷墟文化分期问题”[②]，取得了超过前人的丰硕成果，这就是在殷商考古学上占有重要地位并为国内外学术界所熟知的《试论殷墟文化分期》一文的发表。

《试论殷墟文化分期》这篇在考古学史上占有重要地位的杰作，在一定意义上说，与董作宾的《甲骨文断代研究例》有着同样重要的意义。它把殷墟几十年来发现的商代大量遗迹、遗物分为四个不同时期，为我们对晚商文化和历史的发展、变化的研究起了划时代的作用。而这篇名作对晚商四个时期绝对年代的推断，就是参照了每个不同时期发现所属不同王世的甲骨确定的。

《试论殷墟文化分期》所依据的材料主要是新中国成立前后殷墟范围内发现的探沟、探方、房基、窖穴和墓葬等典型单位的材料。文章从分析有显著变化的陶器和铜器的形制入手，再结合一部分单位的典型地层和器物的共存关系，确定遗址和墓葬的分期。进而再综合殷墟各期遗物和遗迹的特征，并对各期文化内容的不同进行了全面分析。

文中对殷墟遗址的典型层位关系作了全面分析。首先分析的是殷代王都中心小屯的地层，找出了宫殿区的水沟作为比较可靠的层位标准。因为在水沟之下或被水沟破坏的单位，必然要比水沟早。而在水沟之上或破坏水沟的单位，必然比水沟晚。它们的早晚顺序应为：沟下单位→

① 参见胡厚宣《殷墟发掘》，第 43—111 页。

② 邹衡：《试论殷墟文化分期》，《北京大学学报》（人文科学版）1964 年第 4、5 期。

水沟→沟上单位。同时，又对版筑基址进行了分析，根据在基址下或被基址破坏的单位，要比基址早，而基址上或被破坏基址的单位要比基址晚，得出了它们的早晚顺序：基址下单位→基址（及包含的葬坑）→基址上单位。而基址之间、窖穴之间、墓葬之间的互相打破或叠压，也表明了它们之间的早晚之别。这样，把小屯村遗址各典型单位的相互叠压和打破关系的情况在进行分析以后，就得出了小屯遗址能代表早晚不同时期的典型层位顺序。其次，又分析了侯家庄西北岗的地层关系。新中国成立前发掘的10座著名的殷王大墓中，有两组存在打破关系的现象。其中一组HPKM1001、HPKM 1004、HPKM1550、HPKM1002的早晚层位关系可以排出；不仅新中国成立前的发掘材料中可以找出典型的层位关系，新中国成立后大司空村遗址的上、下两层也有早晚的不同。以上3处的典型单位由于层位不同，所出的陶器和铜器也不尽相同。通过对殷墟较为常见并形成先后序列的典型器物的分析，可将殷墟39个单位分成有着必然联系的七组。这七组典型单位，由于小屯、侯家庄、大司空村典型地层关系的确定，所以就决定了它们早晚的顺序是从一至七组排列。因为各组的陶器组合关系不同，形制、花纹又各有不同的时代特征，所以可把这七组共39个单位分作四期："第一组4个单位为第一期；第二、三组合并，共15个单位，为第二期；第四、五组合并，共8个单位，为第三期；第六、七组合并，共11个单位，为第四期。"这样一来，由于文化分期的确定，就可把殷墟遗址分为早晚不同的四个时期了。

虽然殷墟文化被区分为先后不同的四个时期，但其相对年代的早晚顺序是否正确？而每一期的绝对年代又相当于晚殷的哪一个王？这些问题的解决，就需要用甲骨文分期断代研究的成果来加以验证。

殷墟科学发掘的甲骨文，有一部分出土坑位可依上述文化分期纳入各期之中。属于殷墟文化第一期的甲骨文尚未发现。属于殷墟文化第二期出土甲骨和其他铭刻的单位有YE16、YH006、YH005、YH006、YH265、YB125、YH370、YM331、HPKM1001、YM388共10个。根据邹衡对上举10个单位所出甲骨和其他刻辞的分析，除个别属于祖庚、祖甲时代外，大部分属于武丁时期。其中一些坑出"非王卜辞"，根据层位和同出器物看，也应“相当于武丁时代，或稍有前后”。属于殷墟文化第三期出土甲骨和其他铭刻的单位有YNH1、Y35等，出土甲骨属康丁、武乙时代的甲骨文第三、四期。属于殷墟文化第四期出土甲骨和其他铭刻的典型单位有YH006南井、YE181方坑、YC64、HPKM1003、后岗杀殉坑、SPM6：8等，其所出甲骨为帝乙、帝辛时的甲骨文第五期。

因此，殷墟文化分期的四个不同阶段的相对年代顺序，与各期典型坑位中包含的甲骨文时代顺序是一致的。具体地说，它们的绝对年代是：第一期“约相当于甲骨第一期以前”，即“盘庚、小辛、小乙时代”。第二期“约相当于甲骨第一、二期，即武丁、祖庚、祖甲时代”。第三期“约相当于甲骨第三、四期，即廪辛、康丁、武乙、文丁时代”。第四期“约相当于甲骨第五期，即帝乙、帝辛时代”①。邹衡对殷墟文化分期绝对年代的考订，与胡厚宣对甲骨文的四期分法基本相同。②

中国社会科学院考古研究所安阳工作队根据新中国成立以来安阳殷墟发掘的科学资料，也进行了殷墟文化分期的探索并取得了可喜的成绩。他们结合殷墟发掘的典型地层出土陶器与甲骨的共存关系进行研究，将殷墟分为四期。“第一期约相当于武丁时期，第二期约相当于祖庚祖甲廪辛时期，第三期约相当于康丁武乙文丁时期，第四期约相当于帝乙帝辛时期。”③ 虽然与邹衡对殷墟文化的分期略有不同，但陶器的演变和时代序列基本上并无出入（见表3-1）。

由于将殷墟文化进行了分期，所以我们才能对殷墟发现的大量遗迹遗物进行深入的研究。经过学者们对殷墟不同时期的遗物、遗迹进行全面的分析后，可以认识商代在武丁以前，殷人在安阳的活动范围较小，建筑、手工业及各种器物，多与商代文化中期的郑州二里岗相同。到了武丁时代，殷墟范围扩大，大规模的建筑基址、青铜器、玉、石、牙、骨和刻纹

① 邹衡：《试论殷墟文化分期》，《北京大学学报》（人文科学版）1964年第4、5期。

② 参见胡厚宣《宁》自序、《南北》序、《京》序、《续存》序。

③ 杨锡璋、杨宝成：《从商代祭祀坑看商代奴隶社会的人牲》，《考古》1977年第1期。并参见《1962年安阳大司空村发掘简报》，《考古》1964年第8期；《1973年安阳小屯南地发掘简报》，《考古》1975年第1期。

表 3－1　**殷墟文化分期与甲骨文分期对照**

<table>
<tr><th rowspan="2">项目 / 代表者 / 分期 / 王名</th><th colspan="2">殷墟文化分期</th><th colspan="2">甲骨文分期</th></tr>
<tr><th>邹衡</th><th>考古所</th><th>胡厚宣</th><th>董作宾</th></tr>
<tr><td>盘庚</td><td rowspan="3">第一期</td><td rowspan="4">第一期</td><td rowspan="4">第一期</td><td rowspan="4">第一期</td></tr>
<tr><td>小辛</td></tr>
<tr><td>小乙</td></tr>
<tr><td>武丁</td><td rowspan="3">第二期</td></tr>
<tr><td>祖庚</td><td rowspan="3">第二期</td><td rowspan="2">第二期</td><td rowspan="2">第二期</td></tr>
<tr><td>祖甲</td></tr>
<tr><td>廪辛</td><td rowspan="4">第三期</td><td rowspan="4">第三、四期</td><td rowspan="2">第三期</td></tr>
<tr><td>康丁</td><td rowspan="3">第三期</td></tr>
<tr><td>武乙</td><td rowspan="2">第四期</td></tr>
<tr><td>文丁</td></tr>
<tr><td>帝乙</td><td rowspan="2">第四期</td><td rowspan="2">第四期</td><td rowspan="2">第五期</td><td rowspan="2">第五期</td></tr>
<tr><td>帝辛</td></tr>
</table>

白陶的发现，说明了商代手工业的高度发展和生产力的提高。殷墟遗址所反映的这一时期奴隶制经济发展情况与武丁期甲骨文记载的情况是一致的；祖甲以后，商王朝奴隶制经济有了进一步的发展，这就是殷墟范围的扩大和地面建筑物的增多。特别是属于第四期的YH181方窖曾出土444把属于贵族所有的布满使用痕迹的石镰，说明直到商朝末期王室贵族仍在继续使用大批奴隶进行生产……①因此，殷墟文化分期对商代考古和历史研究是十分重要的工作。

综上所述，我们可以看到甲骨文分期断代研究的成果，对确定殷墟文化分期的绝对年代起了重大作用。因此，甲骨学研究和殷商考古学的发展，有着密不可分的关系。

① 邹衡：《试论殷墟文化分期》，《北京大学学报》（人文科学版）1964年第4、5期。

第二节 商代社祀遗址的第一次发现

江苏徐州以北17公里的铜山县丘湾遗址，经过1959年、1960年和1965年的三次发掘，基本上将遗址的中心区清理完毕。在这一遗址的商文化层中，发现了较为特殊的葬地，这就是我国第一次发现的商代社祀遗址。

葬地主要分布在丘ⅢT1的南半部和丘ⅢT2的全部及西、南的边缘，所占面积约75平方米。在丘ⅢT2的中部偏西，发现了四块未经人工制作的不规则自然石块，下端呈楔形，紧紧插入土中。中间一块石块最大，略呈方柱形，南、北、西三面各一石块以此方形大石为中心。在葬地内共清理出人骨20具、人头2个和狗架12具。遗址的发掘者根据人骨、狗架的分布及人头骨的面向观察，当时的埋葬都是以四块大石为中心。并据人骨和狗架从四面围绕等现象推测："这四块大石是有意识放置的，而不是一种自然现象。"他们还结合殷墟卜辞设想："在商代晚期，奴隶主阶级曾经在这里举行过祭祀……祭祀的场面相当大，中间用石头砌成祭坛，把被绑的奴隶和狗布置在祭坛的四周，祭祀仪式举行过后，这些奴隶和狗均被处死，然后就地加以掩埋。"①

根据考证，这种用四块石头做成的"祭坛"，就是商代的"社"②（附图十一之1）。关于商代的社，在古文献和甲骨文里常见，特别是甲骨文里记载祭社的卜辞更是非常之多。商代的社，一般用木，《论语·八佾》就有"殷人以柏"为社的记载，但商代也有用石为社的。这就是古文献中如《淮南子·齐俗训》所说"殷人之礼，其社用石"。《周礼·春官·小宗伯》："帅有司而立军社"，郑注："社之主盖用石为之。"贾疏："案许慎云'今山阳俗祠有石主'。"《周礼·夏官·量人》贾疏："在军不用命戮于社，故将社之石主而行。"根据《吕氏春秋·贵直论》的记载，直到春秋时代还有"石社"。除此以外，闻一多考订"社神即媒神"，"古之高媒以石为主"。③

① 南京博物院：《江苏铜山丘湾古遗址的发掘》，《考古》1973年第2期。

② 参见俞伟超《铜山丘湾商代社祀遗迹的推定》，《考古》1973年第5期；王宇信、陈绍棣《关于江苏铜山丘湾商代祭祀遗址》，《文物》1973年第12期。

③ 闻一多：《高唐神女传说之分析》正文及注30，《清华学报》拾卷四期，1935年1月。

陈梦家也考订“主以石为之，社主亦以石为之”。“以石为主，最初或系自然石之原始崇拜，盖古于石室为始祖神灵所居，故于其中置石主以表之。”①姜亮夫举现在四川、辽宁等省还有一种古代遗存为例，“其制在地上立一块（或几块）大石，上面盖一块大石，其基本式样如‘’”。“这就是《礼记》所谓‘天子建国，左庙右社，以石为主’之主。”②

丘湾商代社祀遗址中的人骨和狗架，就是祭社时使用的“牺牲”。这种人头骨面向和人骨、狗架的分布都以“石社”为中心，与安阳殷墟著名的HPKM 1001大墓东、西、南、北四个墓道发现的排列成行的人头骨，都是头顶向上，面向墓坑为原则的制度是相同的。丘湾社祀遗址的人、狗“牺牲”头都是朝着石社，当是供社神享用、驱使之意。

根据甲骨文和古文献的记载，江苏铜山丘湾一带古属“大彭国”。而根据铜山丘湾遗址出土的遗物判断，古大彭国与商王朝政治上、文化上有着密切的联系。③ 因此，商王国祭社的礼制为属于东夷系统的大彭接受，在铜山发现社祀遗址也就不是偶然的了。

商奴隶主阶级由于不同的政治需要和目的，祭社时也有各种不同仪式。有人认为丘湾社祀遗址举行的是“血祭”④；但丘湾的地理位置与《左传·僖公十九年》记载的“次睢之社”地理位置相近，这一带自古以来就有“食人社”⑤ 的传说。杜预注说：“此水次有妖神，东夷皆社祀之，盖杀人而用祭。”而丘湾的石社北有小河，南距睢水也不甚远，有人认为御除睢水妖神之害的信仰应早在商代就已存在了。甲骨文有“御祭”，御祭在甲骨文中有御除灾殃的意思。大彭奴隶主统治阶级为了御除睢水的妖神之害，曾在此石社前举行像甲骨文记载的“御祭”仪式，并在祭祀时杀死不少狗和奴隶，这是很有可能的。根据丘湾石社前举行御祭等祭祀仪式时杀死的“牺牲”的叠压关系，还可以推知在一段时间内，由于不同的政

① 陈梦家：《祖庙与神主之起源》，《文学年报》1937 年第 3 期。

② 姜亮夫：《汉字结构的基本精神》，《浙江学刊》1963 年第 1 期。

③ 王宇信、陈绍棣：《关于江苏铜山丘湾商代祭祀遗址》，《文物》1973 年第 12 期。

④ 俞伟超：《铜山丘湾商代社祀遗迹的推定》，《考古》1973 年第 5 期。

⑤ 《后汉书·郡国志三》刘昭注引《博物记》。

治需要，可能在石社前举行过多次的祭社仪式。①

因此，江苏铜山丘湾发掘出来的重要商代“石祭坛”，与甲骨文和古文献的记载相印证，被确定为商代的社祭遗址，而“石祭坛”就是商代的石社。围绕石社的人骨、狗架和人头骨，就是举行御除灾殃的“御祭”时的牺牲品。正如有的学者指出的：“几十年以来发掘的商代遗址，规模虽然很大，可是却没有任何遗迹可判明是和社的活动有关。现在，南京博物院的同志们终于把一处社祀遗迹发掘出来，这是很值得高兴的。”②

第三节　人肉的筵宴——殷墟祭祀场的推定及其意义

“国之大事，在祀与戎。”商奴隶主阶级十分迷信和凶残。他们不仅生前驱使大批奴隶和战俘（当他们进入生产领域也就成了奴隶）供奴役和压榨，就是死后还用大批奴隶和俘虏做祭祀或殉葬用的“牺牲”，供他们在地下驱使或讨好祖先、神明。这真是令人发指、惨绝人寰的“人肉的筵宴”。

学者们为了揭露商代奴隶社会的阶级本质和奴隶主阶级的残暴罪行，对安阳殷墟以及殷墟以外商代遗址历年发掘出来的大量奴隶制度的“牺牲品”进行了全面的统计。据有的学者统计，殷墟“十四座大墓的殉人数，总计3900人左右。连同中、小墓的人殉以及基址、祭祀遗迹中发现的人牲，估计总数在5000人以上”，再加上殷墟以外的殷王直接统治区和东方淮夷、东夷等方国遗址，还要超过此数。③ 也有的学者统计略少于此数，“商代人殉人祭有确数的共3684人，若再加上几个复原和不能确定的一些数字，那就将近4000人了”④。考古发掘出的累累白骨，可以和甲骨文的记载相印证。据胡厚

---

① 王宇信、陈绍棣：《关于江苏铜山丘湾商代祭祀遗址》，《文物》1973年第12期。

② 俞伟超：《铜山丘湾商代社祀遗迹的推定》，《考古》1973年第5期。

③ 黄展岳对考古发掘材料中，自原始社会末期至战国及以后的以人为“牺牲”的统计较为详备，其中尤以商代为详，并列表一、表二对殷墟用“牲”情况进行了统计。参见所著《我国古代的人殉和人牲》，《考古》1974年第3期。

④ 胡厚宣亦对我国进入阶级社会以后（夏代至春秋）的古代遗址中发现的用人为“牺牲”的数字进行了全面统计。详见所著《中国奴隶社会的人殉和人祭》（上篇），《文物》1974年第7期。

宣统计，甲骨文里记载了“从盘庚迁殷到帝辛亡国，在这八世、十二王、二百七十三年（公元前1395—前1123年）的奴隶社会昌盛期间，共用人祭13052人，另外还有1145条卜辞未记人数，即都以一人计算，全部杀人祭祀，至少亦当用14197人”①。浸满奴隶鲜血的甲骨文字里行间，是商奴隶主阶级残害广大被压迫阶级的罪证。

经过学者们对这些被迫害致死的“牺牲”的深入研究，发现他们在祭祀时做“人牲”和殉葬时做“人殉”使用时，身份和目的有着本质的区别。追本溯源，“人祭”和“人殉”都产生于原始社会末期，是当时生产力水平较为低下的反映。由于生产力的水平还不能提供维持一个人生活以外的剩余产品，所以人们对战俘开始时是把他们杀掉或吃掉，后来有一部分用于祭祀时的“牺牲”。到了奴隶社会，奴隶主阶级用“人牲”作为祭祀祖先、神明的“祭品”，是为了通过“人祭”祈求祖先和鬼神对他们的护佑。而其所用的人，大多为战俘；“人殉”产生于原始社会末期对享有崇高威望家长的“从死”义务的习俗，进入阶级社会以后，用人殉葬是为了使奴隶主死后，继续驱使其生前的妻妾、亲信、奴仆等为其服役，梦想死后仍保持其骄奢淫逸的生活。因此，有人指出：将“‘人殉’和‘人牲’这两种完全不同的制度混淆起来，又把用作‘人牲’的身份误以为奴隶，以之作为殷代有大量奴隶存在的根据，从而推断殷代是极其发展的奴隶制社会，这是不够恰当的”②。

值得注意的是，新中国成立前在殷王陵墓葬东区，曾发现1228座小墓（笔者按：即祭祀坑）中，有2000多个“牺牲”的个体，这些“成丛的小墓，都埋在大墓的附近，又往往成排，或单埋人头，或仅葬肢体，人头肢体又常是多具，此外又有车马鸟兽器物葬坑，知其必为大墓的附属无疑”③。新中国成立后，这一带又有不少重要遗迹发现。特别是1976年发

---

① 胡厚宣曾就90多种甲骨著录及一些尚未发表的甲骨材料进行了有关人祭卜辞的全面整理。据统计有关人祭甲骨共1350片，卜辞1992条。每一期甲骨有关人祭记载的片数、辞数、人数，以及被用于祭祀者的身份、祭法等情况，详见所著《中国奴隶社会的人殉和人祭》（下篇），《文物》1974年第8期。

② 参见姚孝遂《“人牲”和“人殉”》，《史学月刊》1960年第9期。

③ 参见胡厚宣《殷墟发掘》，第93—96页。

现了 250 座商代祭祀坑，其中的 191 座埋葬被杀害者的骨架 1178 具。[1] 据研究，这里就是具有重大学术意义的殷代王室祭祀场遗址。[2]

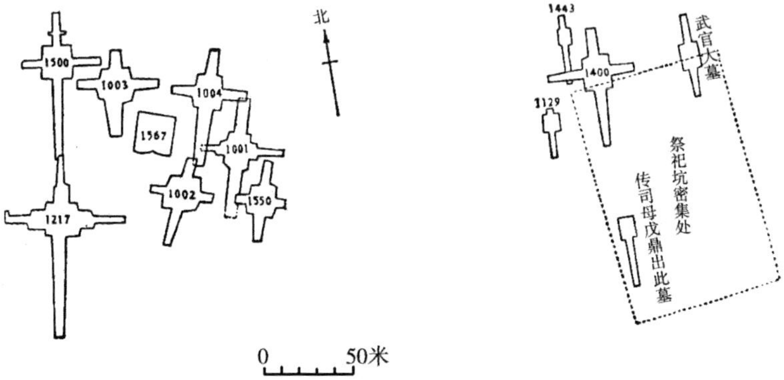

图 3－1　殷墟祭祀场所位置图

安阳殷墟王陵区内发现的 250 座祭祀坑，南距武官村约 1000 米，东距小营村约 300 米，东北角距 1950 年发掘的武官大墓墓道 5 米左右，西北角与新中国成立前发掘的 HPKM 1400大墓相距不远，西南部距 1959 年钻探出的一座商代大墓（据调查，“司母戊”大鼎于此出土）不远。这 250 座商代祭祀坑，大部分呈南北向，少部分呈东西向，分布集中并排列规则，可分为 22 组。根据坑位叠压关系，在 22 组祭祀坑中，以南北方向的各组坑时间为早，约相当于殷墟文化的第一期（武丁时）。东西向的各组祭祀坑时间较晚，约相当于殷墟文化第二期（祖庚、祖甲、廪辛时期）。每一组祭祀坑就是进行一次祭祀活动后所遗留下来的遗迹。这一批 250 座祭祀坑连同东南部 13 米处 1950 年发掘的 17 个“排葬坑”、新中国成立前发掘的HPKM 1400大墓附近的近千座小墓，分布在这一带数万平方米的范围内。[3]

杨锡璋、杨宝成在《从商代祭祀坑看商代奴隶社会的人牲》一文中，根据他们发掘祭祀坑的观察并结合甲骨文研究，推断这数万平方米范围应

---

① 《安阳殷墟奴隶祭祀坑的发掘》，《考古》1977 年第 1 期。

② 参见杨锡璋、杨宝成《从商代祭祀坑看商代奴隶社会的人牲》，《考古》1977 年第 1 期。

③ 同上。

是商王室的公共“祭祀场”。他们在做这一研究时，考察了如下的卜辞：

(一) 贞御自唐、大甲、大丁、祖乙百羌百宰。(《佚》873、《续》1.10.7)

(二) 贞ㄐ□用自咸、大丁、［大］甲、大庚、下乙。(《粹》173、《京》628)

发现了以上两次祭祀都是用羌奴为“牺牲”祭祀四个先王，而所祭的先王都是盘庚迁殷以前的祖先。又发现：

(三) 甲午，贞乙未酒高祖亥〔羌〕□〔牛〕□，大乙羌五牛三，祖乙羌□〔牛〕□，小乙羌三牛二，父丁羌五牛三，亡它。兹用。(《南明》477+《安明》2452)

记载了商王在祭祀时，从先公先王一直祭及他们的祖、父。所以《从商代祭祀坑看商代奴隶社会的人牲》一文，根据上述卜辞中所祭的王亥、汤、大丁、大甲、大庚、祖乙等都是盘庚以前的先王，他们的墓葬并不在安阳殷墟范围之内，因此推断说：“殷代贵族奴隶主祭祀他们的祖先时，并不一定要在其祖先大墓附近进行，而是在一个特定的专门用于祭祀的场所进行。在举行祭祀活动时，每一次祭祀可以祭一个祖先，亦可同祭几个祖先，可祭盘庚以后的各先王，亦可祭盘庚以前其墓葬不在殷墟的历代先公先王。”这次发现的250座祭祀坑及其附近数万平方米范围的祭祀遗迹，“可能就是当日商王室专门用于祭祀祖先的一个公共祭祀场所”①。

根据对商王室祭祀场的考察，在250座祭祀坑中，早期坑18组用人达1000人。一次最多用人339人，一般10—100人不等。较晚的北面两排东西向坑一组，共用100人左右。最晚的中部一行东西向坑2组，每组用人仅10—20人（附图十一之2）。考古发掘所反映的这种时代愈晚，用人为牲便愈益减少的现象，与胡厚宣根据甲骨文统计的商代人祭以武丁时期为

① 参见杨锡璋、杨宝成《从商代祭祀坑看商代奴隶社会的人牲》，《考古》1977年第1期。

多，祖庚、祖甲时代次之，帝乙、帝辛时代最少[①]的情况是相合的。这反映了商代奴隶社会正在逐渐发生着深刻的变化。

因此，我们说从考古发掘和甲骨文的用人为“牺牲”的材料中，区分出“人祭”与“人殉”的本质不同，对商代社会阶级结构的研究是很有意义的；而殷墟祭祀场的推定和反映的晚商前、后期用人祭祀数字消长的变化，又为商代奴隶社会发展阶段的研究，提出了发人深省的问题。

第四节　殷墟五号墓的发现及其时代的考定

1976年冬，安阳殷墟小屯村西北约100米处发现了一座中型贵族墓葬，这就是闻名中外的殷墟五号墓。[②] 因随葬铜器上多铭有墓主之名“妇好”二字，又称为“妇好墓”。这座墓葬的规模虽然不算很大，但随葬物极其丰富、精美，在殷墟发掘史上是仅见的；而且此墓从未遭到破坏，保存极为完整，对殷商考古学和商代历史研究当有着十分重要的学术意义。五号墓的墓主妇好在历史上的活动[③]以及墓葬年代的确定，就是根据甲骨文和殷商考古材料考证出来的。[④]

“妇好墓”建于房基（F1）之下，房基面上有排列较规整的柱洞6个，洞底埋有卵石柱础。另外还有3个卵石柱础，卵石因被扰动而落入灰坑之中。房基外侧东、西、北三面都有成行的夯土柱基，北面3个，东、西两

① 胡厚宣曾就90多种甲骨著录及一些尚未发表的甲骨材料进行了有关人祭卜辞的全面整理。据统计有关人祭甲骨共1350片，卜辞1992条。每一期甲骨有关人祭记载的片数、辞数、人数，以及被用于祭祀者的身份、祭法等情况，详见所著《中国奴隶社会的人殉和人祭》（下篇），《文物》1974年第8期。

② 中国社会科学院考古研究所安阳工作队：《安阳殷墟五号墓的发掘》，《考古学报》1977年第2期。

③ 王宇信、张永山、杨升南：《试论殷墟五号墓的妇好》，《考古学报》1977年第2期。

④ 参见《殷墟五号墓座谈纪要》，《考古》1977年第5期。（1）李学勤：《论“妇好”墓的年代及有关问题》，《文物》1977年第11期；（2）王宇信：《试论殷墟五号墓的年代》，《郑州大学学报》（哲学社会科学版）1979年第2期；（3）李伯谦：《安阳殷墟五号墓的年代问题》，《考古》1979年第2期。

边各2个，南边已被破坏，可能为挑檐柱的柱基。据发掘者研究，“这座房基，应是有意识地建筑在墓上的”，“可能就是为祭祀墓主而建的”。

妇好墓为长方形竖穴，墓口距地表深0.5米，长5.6米，宽4米。墓壁平整光滑。由墓口向下5.7米处，南壁略为收缩，宽3.85米；墓底距墓口深7.5米，已潜入水面之下1.3米，并发现较厚的漆皮。墓葬的方向为10°。在距墓口深6.2米的东、西两壁各挖一长条形壁龛，两龛内都埋有殉人。墓底四壁有熟土二层台，墓底近南部发现了有殉人、狗各1具的腰坑。在棺木范围内，没有发现人骨，因此墓主人的骨架已无法确认。此墓椁室上层埋4人，壁龛中3人，腰坑1人，连同水中捞出的8个人架，共计殉葬16人之多。

妇好墓随葬器物达1600余件。其中铜器440多件，玉器590多件，骨器560多件。此外，还有石器70多件，象牙雕刻品和陶器各数件，以及蚌器、海螺、大海贝等。值得注意的是，还出土海贝7000多个。这样多的随葬器物，分布情形是：墓室填土中出陶爵、玉臼、石铲、鸱鸮刻纹石磬、铜戈、弓形器、骨镞、玉戈、玉圭、骨笄、象牙器皿、石豆、玉盘、玉壶、石蝉、石熊、石锤、铜镜、骨刻刀、玛瑙珠、大海贝、海螺等；在椁顶上层部位出土铜尊、铜斝、硬陶罐、小石磬、石牛、玉尊、陶埙、铜镞等；椁顶上面出土白玉簋、青玉簋；椁内棺外东西北面出土大型青铜器。北面有大方鼎、大石磬、三联甗、甗、大甗、盂、大圆鼎。东面出土大方尊、方罍、兕觥、鸮尊、扁圆形铜壶、中型方尊、石鸬鹚。西面出土大方鼎、方尊、方斝、偶方彝、圆尊、圆斝等；棺内部位主要出土玉器和海贝。

殷墟妇好墓琳琅满目的珍贵遗物中，诸如三联甗、偶方彝、铜镜等不少遗物都是前所未见或少见的。特别是440多件青铜器中，不少都铭有“妇好”或其他有关铭文，这是第一次使殷墟发掘的墓葬能与甲骨文、古代文献相印证的科学材料，从而使我们可以确定该墓的墓主就是甲骨文常见的武丁之妻妇好，并确定了该墓的下葬年代应为武丁晚叶的前期。①

甲骨文第一期和第四期都有“妇好”。第一期有关妇好的卜辞有二百四

① 王宇信：《试论殷墟五号墓的年代》，《郑州大学学报》（哲学社会科学版）1979年第2期。

五十条，而第四期有关妇好的记载只有五六条。殷墟五号墓的研究者根据该墓出土的陶爵和铜器具有晚商前期的特征，并根据五号墓还出土不少妇女使用的骨、石制作的笄、梳以及武器、礼器等反映了墓主应为地位较高的一名女性等现象判断，只有甲骨文第一期记载的与武丁关系密切、地位重要的王妃妇好才能与之相匹。而第四期所记载的妇好，身份与地位是不能与五号墓的墓主相当的。因此，五号墓的墓主应为甲骨文第一期的妇好。

甲骨文第一期有关妇好活动的记载是多方面的。她不仅为王前驱，经常在外征集兵员，而且曾统率大军，或与商王武丁相配合，对北方的土方、西方的羌方、东方的夷方和西南的巴方进行征讨。武丁时不少著名的将领，诸如侯告、沚戓等曾在她的麾下。她曾率领13000多人的队伍征伐某方，这是目前我们所知甲骨文中商朝动员人数最多的一次战争。有一次征伐巴方时，她预先埋伏于一个地方，配合商王武丁将敌人歼灭，打了一场漂亮的伏击战（《乙》2498、《乙》2590）。

妇好还为商王武丁主持过不少重要祭典，主要有侑祭、燎祭、御祭、宾祭等，所祭对象有父、妣和神泉。“国之大事，在祀与戎。”妇好能参与奴隶主国家的大事——征伐与祭祀，说明她是武丁一朝奴隶主统治阶级的重要成员之一。

武丁时期，为了加强对奴隶的镇压和对各方国的控制，经常把诸妇、诸子、功臣等派往外地。这些人不仅要率部为商王服役、贡纳，也要从征、戍边，而且还要定时回到都城觐见商王，不少商王卜问妇好来归与否的卜辞以及关心妇好奴隶逃亡的记载就说明妇好曾被封在外地。此外，妇好还将压榨来的奴隶膏血向商王进贡。“殷人货贝而宝龟”，她一次就向商王贡入50只龟（《乙》7782），另一次贡入5只（《合集》），以备商王占卜之用。这些，只不过是妇好从奴隶身上剥夺来的大量财富的九牛之一毛。

甲骨文不仅反映了妇好经常参与商王朝祀、戎等重大政治活动，而且也反映了她与商王武丁的特殊关系。据郭沫若考证，甲骨文“妇”下一字为女字，乃殷王武丁之妃嫔。① 商王武丁多妻，据胡厚宣统计达64人之

① 郭沫若：《骨臼刻辞之一考察》，《古代铭刻汇考续编》1934年。

多,[①] 妇好就是其中之一。商王武丁关心着妇好的生育能力、怀孕有子等事，一旦怀孕以后，还关心着她的预产期及是否有某先妣作祟于胎儿。《丙》247、《乙》4729 等片不仅记载了商王以生男为嘉，希望妇好为他生一个能继承权力和财富的男孩，也反映了我国商代就能将预产期计算得十分准确，在世界医学史上也是一个奇迹。除此以外，商王武丁还对妇好日常生活中的吉凶祸福与健康状况不时进行卜问，并为她举行各种祭祀以祛除不祥，祈求福佑。这一切，不仅说明妇好是商王武丁的妻子，而且她在武丁诸妻中，与武丁有着远较其他诸妇更为密切的关系。因此，殷墟五号墓有大批珍贵遗物发现，就绝不是偶然的了。[②]

根据甲骨文记载，妇好死于武丁时期。这主要因为：第一，一期甲骨文里有不少卜问关于妇好死葬的材料；第二，武丁时代就已把妇好列入祖先岳、河、王女、上甲、报乙、示壬、唐、大丁、大甲的行列，举行祈求之祭；第三，有一次武丁曾向死去的妇好行匄求之祭，冀求妇好的灵魂能震慑来犯的𢀛方；第四，武丁常常专门祭祀妇好，祭名较常见的有哭祭、侑祭、𡧊祭、酒祭、嫔祭等。

商王武丁，“享国五十九年”[③]，相当于“盘庚徙殷至纣之灭，二百七十三年更不徙都”[④] 的晚商时期近四分之一的时间。因此，弄清妇好究竟死于武丁五十九年的哪一个时期，从而确定五号墓的下葬年代，这对殷商考古学是很有意义的工作。

大量为妇好卜问生育以及妇好主持祭祀、参加征伐的卜辞，说明妇好不会死于武丁早期。妇好生前曾参加征伐羌方、巴方、土方、夷方的战斗，值得注意的是在商王朝与𢀛方这场激烈而时间较长的战争却没有妇好参加。而就在商王朝与𢀛方的战争中，妇好却受到了如同祖先一样的匄求之祭(《续》3，1，2)，说明在𢀛方平定以前，妇好就已经死去。根据甲骨文材料研究，𢀛方被灭于武丁的最晚叶(《录》637、《真》8.9)，妇好自应死在此前，即武丁晚叶前期。殷墟五号墓的下葬时间，也就在这个时候。

---

① 胡厚宣：《殷代婚姻家族宗法生育制度考》,《甲骨学商史论丛》初集，第一册。

② 王宇信、张永山、杨升南：《试论殷墟五号墓的妇好》,《考古学报》1977 年第 2 期。

③ 《尚书·无逸》。

④ 《史记·殷本纪》“正义”引《竹书纪年》。

此外，殷墟五号墓与妇好铜器同出的其他有关铭文，诸如后辛、后母辛等，也与妇好有着一定的关系（附图十二）。甲骨文里有“后妇好”（《考·文》37），可能就是甲骨文和文献记载的小王孝己之母。因其子小王被立为太子，所以妇好与其他诸妇不同而称为“后”。“后辛”“后母辛”在身份上与“后妇好”相同，都为武丁之“后”，所以当是一个人的称谓。“后辛”是武丁对其亡妻妇好的称谓，甲骨文里也有武丁祭祀后辛的记载（《前》5.9.6）。后母辛是妇好之子小王对她的称谓，五号墓中主要祭器都铭有“后母辛”，当为小王孝己为其母所作。而“辛”，可能为妇好死后的庙号。进入商代后世严格的“周祭”祀谱的武丁三个法定配偶妣辛、妣癸、妣戊，以妣辛死去的时间为最早，因其子小王曾被预立为太子，虽然小王早死未及王位，但按殷制其母也和及位的王后一样，受到后世子孙隆重的“周祭”。这样，武丁有二子（祖庚、祖甲）继承王位，却有三个法定配偶进入后世严密的周祭祀谱的矛盾也就得到了解决。

我们从甲骨文中推断出妇好死于武丁晚叶前期，与《庄子·外物》“孝己忧而曾参悲”，《释文》引李云：“孝己，殷高宗之太子。”成云：“孝己，殷高宗之子，遭后母之难，忧苦而死。”“高宗有贤子孝己，其母早死。高宗惑后妻之言，放之而死”① 等文献记载的情况是相合的。不仅如此，从墓葬出土的青铜器总的特征考察，殷墟五号墓的年代“大致在祖庚、祖甲时期”②，与武丁晚期也是接近的。

虽然关于殷墟五号墓的年代还有不同的看法，③ 但我们认为应为武丁晚叶前期。殷墟五号墓保存较为完整，地层关系明确。不仅出土遗物十分丰富，而且不少铜器成组成套，相当此前殷墟考古出土铜器的总和。这就为我们确立了武丁晚期文化分期的标尺，从而有可能进一步订正殷墟大墓

① 徐宗元：《帝王世纪辑存》，中华书局1964年版，第72页。

② 参见《殷墟五号墓座谈纪要》，《考古》1977年第5期；张长寿《殷商时代的青铜容器》，《考古学报》1979年第3期。前不久，由于国家博物馆将“司母戊鼎”改名为“后母戊鼎”，引起了一场热议。笔者认为，称“司母戊鼎”已多年，约定俗成，一仍其旧，不改也可以，以免造成新发现一件“后母戊鼎”之误！

③ 参见《殷墟五号墓座谈纪要》（《考古》1977年第5期）之邹衡、裘锡圭发言摘要；李伯谦《安阳殷墟五号墓的年代问题》，《考古》1979年第2期。

的年代和殷墟出土青铜器的年代序列，并为研究武丁时期奴隶制的礼制和殷墟布局，深入认识商殷文化展现了新的境界。因此，殷墟五号墓的发现和时代的确定，对考古学和历史学研究，有着十分重大的学术意义。

第五节 甲骨文分期断代的又一个“疑团”

甲骨文有一种字体较大，书法峻峭，贞人只有一位名“历”的卜辞，有的学者称之为“历组”卜辞。虽然董作宾1933年在《甲骨文断代研究例》一文里，把它定为第四期武乙、文丁时代，并为多数学者所接受。但是，近年来国内外一些学者对于“历组卜辞”为武乙、文丁时代的说法，也有所怀疑。国内对“历组卜辞”时代的“疑团”，就是以著名的“妇好墓”的发现和研究为契机，在中国历史博物馆与考古研究所联合召开的“殷墟五号墓座谈会”上，第一个由李学勤提出的。①

正如本章上节所述，对殷墟五号墓的时代存在着两种不同的意见。这除了因对五号墓出土遗物有早晚不同的估计外，还有对五号墓的墓主究竟是甲骨文第一期还是第四期的妇好，也存在着截然不同的两种看法。我们认为五号墓的墓主妇好就是甲骨文第一期的武丁之妻妇好，她死于武丁晚叶前期，与第四期的妇好相隔一百二三十年，“所以我们认为第一期的妇好与第四期的妇好不是一人”②。胡厚宣也主此说。③ 但也有人认为，该墓出土铜器有晚期特征，五号墓的墓主应为第四期武乙、文丁时的妇好。④ 李学勤根据五号墓出土铜器、陶器的分析，认为其时代应为武丁时期，并认为传统的第一期武丁卜辞的妇好应与第四期“历组卜辞”中的妇好为同一人，是国内第一个提出“从种种迹象来看，‘历组’卜辞很可能是武丁晚期到祖庚时期的东西”⑤ 这种看法的学者。

---

① 见《殷墟五号墓座谈纪要》，《考古》1977年第5期。李学勤发言摘要。

② 同上文。王宇信发言摘要。

③ 同上文。胡厚宣发言摘要。

④ 同上文。裘锡圭、邹衡发言摘要。

⑤ 同上文。李学勤发言摘要。

李学勤对“历组卜辞”的时代进行了有益的探索，他是从以下几个方面“拆开”历组卜辞的“谜团”的：

其一，他认为历组卜辞的文字具有早期特征。诸如王字、干支字、贞字等常见字的写法，历组卜辞与早期武丁时代的典型字体相近。

其二，历组卜辞的文例，也与早期武丁时卜辞文例接近。历组卜辞上的署辞、兆辞（二告、弜玄）（《宁》1.349）等，也与第一期武丁时的署辞以及二告、不玄冥等兆辞作风相同，而与晚期卜辞常用的吉、大吉、弘吉、习一卜等辞例却大相径庭。因此，历组卜辞在文例方面，与晚期廪辛、康丁以后卜辞相去甚远，而较为接近早期武丁时代。

其三，历组卜辞出现的许多重要人物，诸如妇好、子渔、子画、子戠、妇井、妇女、望乘、沚或等，多见于武丁时期卜辞。而历组卜辞中的𠂤、𡗗，并、由、自般、犬征等也见于属武丁晚期至祖庚时期的“出组卜辞”中。因此在时代上，“历组卜辞”也应与武丁时期接近。

其四，历组卜辞贞卜事类方面与武丁时期“宾组卜辞”或稍晚的“出组卜辞”多有相同之处。

其五，历组卜辞的两套称谓系统明确地表明了它应为武丁时期。一套是以父乙为中心的称谓系统。《南明》613 父乙与母庚共版，《佚》194、《甲》611 父乙与兄丁、子戠共版。子戠见于《续》4.12.5 和《乙》4856，是武丁时的称谓。而父乙当指武丁之父小乙，母庚即小乙之配；另一套称谓系统是以父丁为中心。这个父丁，李学勤根据《缀合》15 和《南明》477 两片历组卜辞的研究，发现父丁“排在小乙之后，显然是武丁”。因此，“如把‘父丁’理解为康丁，那么在祀典中竟略去了称为高宗的武丁及祖甲两位名王，那就很难想象了”。此外，历组卜辞记载的“二母：妏、象甲母庚”（《京人》2297）及“母妏”（《萃》8+276）的称谓，与武丁卜辞称谓中的“母妣”（《乙》3363）相同。《京人》2297 所祭祀的二母，“就是母妣和阳甲（武丁的父辈）之妃庚，她们合称‘二母’，也显然是武丁卜辞”。

根据上述五个方面的理由，李学勤把历组卜辞的时代从第四期上提到第一期武丁时代。这样一来，宾组卜辞中的妇好与历组卜辞中的妇好，实际就成了同时代的一个人了。李学勤先生认为，这就可以解决“如果把墓的时代后移到武乙、文丁，又是和所出陶器、青铜器的早期特征无法相容”的矛盾。①

李学勤关于“历组卜辞”时代的探索，在学术界引起了热烈的反响。笔者的朋友谢济曾与笔者就李学勤提出的五个方面的论证交换过意见。他遍查了所有甲骨著录及所收集的未著录过的材料，对李学勤的论点多有辩难。他认为“历组卜辞”的字体、文例、人名、事类、称谓等方面更接近晚期，而且坑位等其他旁证材料也说明历组卜辞应是第四期武乙、文丁时物。谢济关于历组卜辞的精到见解，撰成《试论历组卜辞的分期》一文，发表在中国社会科学院历史研究所先秦史研究室编辑的《甲骨探史录》上（生活·读书·新知三联书店 1982 年版）。

李学勤在国内最早提出历组卜辞时代的疑团及所进行的探索性研究，对考古学和甲骨文分期断代研究的进一步深入是很有意义的。虽然目前学术界对此意见很不相同，但我们相信，随着今后继续深入地探索和更多考古材料的发现，有关历组卜辞时代等探索性的问题，一定会有新的突破。

第六节　考古发掘对“自组卜辞”和“卜用三骨”研究的新启示

本书小引第三节“《甲编》《乙编》——科学发掘甲骨文的总集”里，论述了考古学对甲骨学研究所起的重大作用，指出由于 1928 年殷墟先后进行了 15 次大规模的科学发掘，才使“甲骨文摆脱了传统金石学的局限性，与近代科学研究方法结合起来”。新中国成立以后，殷墟继续不断的大规模发掘工作，又使甲骨学上一些争论不休的问题，诸如“自组卜辞”的年代和“卜用三骨”等问题的研究，得到了新的启示。

1973 年殷墟的发掘工作，不仅发现了大量的商代遗迹和遗物，还发现了 7000 多片甲骨，其中有文字的达 4800 多片。有关这一批甲骨发现的情

① 关于李学勤对历组卜辞时代的详细论述，请参见所著《论“妇好”墓的年代及有关问题》，《文物》1977 年第 11 期。

形及意义，本书第一章第一节“甲骨文的新发现”已做过介绍。更为宝贵的是，这批卜甲、卜骨大多数有可靠的地层关系，而且常常与陶器共存。遗址中的T 53（4A）层中自组卜辞与殷墟早期陶器共出，在H 103、H 23、H 24、H 50、H 57等坑中第三期、第四期（康丁、武乙、文丁）卜辞和殷代中期陶器共出，在H 17、H 48、H 86等坑中第五期（或字体近于五期）的卜辞和晚期陶器共出。上述各单位不同时期的甲骨和相应时期的陶器共存，又一次“证明陶器分期与卜骨、卜甲的时代是一致的”①。特别是T 53（4A）层出土的“自组卜甲”，由于有了科学的地层证据，引起了学术界的重视。

T 53（4A）层共发现8片整齐叠压在一起的卜甲，其中7片刻有文字。这7片有字卜甲中，有1片T 53（4A）：146记有属于自组卜辞名“扶”的贞人名字。其他6片卜甲虽然没录贞人之名，但从其较特殊的字体、文法来看，也有自组卜辞的特征。7片卜甲的钻、凿、灼的作风也大率相同。因此，T 53（4A）层出土的这7块卜甲都为自组卜辞。

关于自组卜辞的时代，学术界还没有取得一致的意见。② 但肖楠对这7片卜甲进行全面研究后，认为“自组卜辞”的时代“似属武丁时期”③。他的主要根据就是这批卜辞本身的称谓、人物、字体和凿钻形式等方面，与典型的武丁时期“宾组”卜辞有许多相同的地方。而且更有说服力的证据，就是对出土7片卜甲典型地层T 53（4A）的分析。

T 53（4A）层在遗址里与其他地层、遗迹的关系是：T 53（3B）叠压T 53（4），T 53（4）又叠压T 53（4A），T 53（4A）被灰坑H 91、H 110打破，其下并叠压灰坑H 111、H 112，而灰坑H 111又打破灰坑H 112。

根据以上各单位出土陶片早晚的不同，可将各单位进行分期：H 91、T 53（3B）、T 53（4）为小屯南地中期（康丁、武乙、文丁时代）；H 111、H 112为小屯南地早期（武丁时期）；T 53（4A）层出土的鬲、簋、

① 中国科学院考古研究所安阳工作队：《1973年安阳小屯南地发掘简报》，《考古》1975年第1期。

② 参见本书第二章第三节“对‘文武丁时代卜辞的谜’的探讨”。

③ 详见肖楠《安阳小屯南地发现的“自组卜甲”——兼论“自组卜辞”的时代及其相关问题》，《考古》1976年第4期。

罐等陶器与小屯早期（武丁时期）接近；由于H 102打破H 110，而H 110又打破T 53（4A），所以H 102比H 110、T 53（4A）要晚。但从H 102出土的鬲、盆、簋、罐等陶器看，稍早于小屯南地中期，但又略晚于小屯南地早期。这样也就规定了T 53（4A）最晚不会到小屯南地中期，应相当于小屯南地早期稍晚，即武丁时代的晚期。我们可将小屯南地文化分期与T 53（4A）层各有关单位的时代列成下表以资对照（见表3－2）：

表3－2　　**小屯南地文化分期与T53（4A）各有关单位时代对照**

王　名	文化分期	典型层位（单位）关系
文丁 武乙 康丁	小屯南地 中　期	T53（3B） ↓ T53（4）　　H91
		H102 ↓ H110
武　丁	小屯南地 早　期	T53（4A） ↓ H111 ↓ H112

肖楠就是根据T 53（4A）层的层位关系分析，得出“‘自组卜辞’的时代绝不可能是在第三期以后（即廪辛、康丁以后）和在武丁以前，而是属于武丁时代”。再根据T 53（4A）层下叠压着早期灰坑H 111、H 112和其他迹象判断，自组卜辞的具体时代“似属武丁晚期”①。

安阳殷墟的一些新发现，不仅使我们离“真正‘揭穿文武丁时代卜辞

① 详见肖楠《安阳小屯南地发现的“自组卜甲”——兼论“自组卜辞”的时代及其相关问题》，《考古》1976年第4期。

的谜’已经为期不远了”[①]，而且对甲骨文卜法的研究也有新的启示。

1971 年 12 月，小屯西地发现了 21 片完整的牛胛骨卜骨，其中刻有卜辞的 10 片。据报道，“这二十一枚卜骨重叠着堆放在一起，井然有序，骨臼大多向东，只有三枚向北。叠压的情况大致分为三组：西南一组三枚，东南一组六枚，北面一组十二枚”[②]（见图 3－2）。

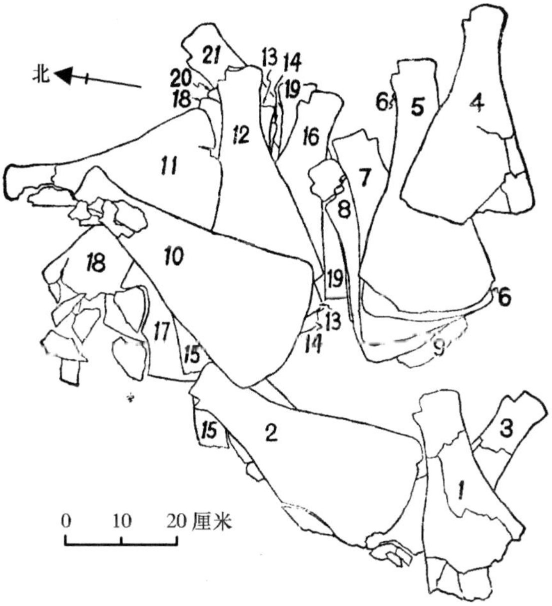

图 3－2　1971 年小屯西地卜骨出土时的叠压情形

郭沫若根据这批甲骨出土时只有三枚骨臼向北，而大多数骨臼朝东，认为方向不同的三枚卜骨可能是因受到上层堆积的压力而移动了方向，估计当初埋藏时二十一骨的方向当一致朝东。这批卜骨，三组都以三为公约数（西南一组三枚，东南一组六枚，北面一组十二枚），引起了郭沫若的注意。认为这证明了他 1933 年论证的“《书·金滕》‘乃卜三龟，一习

① 参见本书第二章第三节“对‘文武丁时代卜辞的谜’的探讨”。

② 郭沫若：《安阳新出土的牛胛骨及其刻辞》，《考古》1972 年第 2 期；收入《出土文物二三事》，人民出版社 1972 年版。

吉’……《论衡·知实篇》及《死伪篇》皆云‘乃卜三龟，三龟皆吉’。疑古人以三龟为一习，每卜用三龟。（《洪范》言‘三人占’亦一证据）一卜不吉，则再用三龟。其用骨者当亦同然。言‘习一卜’‘习二卜’者疑前后共卜六骨也”①。

郭沫若旧说由新出土实物而得到证实，并进一步论证了“卜骨或卜龟甲是以三枚为一组，一次卜用三龟或三骨，卜毕后贮存……年代既久，帛朽、绳烂、箧毁，化为灰土，便仅剩下甲与骨”。并说，“这次出土的卜骨，尽管是三组，每组都是以三为公约数，但也可能是出于偶然。因此，我还得把希望寄托于今后的出土情况上，尤其是关于龟甲的出土情况上”②。

对郭沫若的这些意见，裘锡圭持有异议，说：“卜辞所见‘习一卜’、‘习二卜’之‘习’，我以为当与《周礼·曲礼上》‘卜筮不相袭’之‘袭’同义。袭、习古通。《周礼·地官·胥》‘袭其不正者’，郑注‘故书袭为习’……郑玄注‘卜筮不相袭’曰：‘卜不吉则又筮，筮不吉则又卜，是渎龟筴也。’可知用不同的方法同卜一事可以叫‘袭’。”他根据《虚》715的“习龟卜”和《粹》1550的“习黿一卜”的记载，认为“卜辞所谓习卜当指骨卜和龟卜的相袭。‘习一卜’就是说卜问一件事时骨和龟各卜一次，‘习二卜’就是骨和龟各卜二次”③。他用三、四期甲骨文里的“习三卜”“习四卜”（《宁》1.518）记载为例，指出以三骨为一习，四卜就应卜用十二骨，而认为这是不可能的。

胡厚宣曾为郭沫若的说法提供了一些佐证。主要有：其一，甲骨文中所谓“义京刻辞”九例，按七个日期每日左中右一组，共七组二十一例。其二，从甲骨同文例的卜兆序数看来，也以一组三卜者为多，三卜以上也有不少三的倍数的例子。其三，殷墟发现的石磬、铜铙也以三个为一组。

① 郭沫若：《卜辞通纂考释》，别录一·何十二片。

② 郭沫若：《安阳新出土的牛胛骨及其刻辞》，《考古》1972年第2期；收入《出土文物二三事》，人民出版社1972年版。

③ 裘锡圭：《读〈安阳新出土的牛胛骨及其刻辞〉》，《考古》1972年第5期。

其四，侯家庄出土的三个大方盉鋬内分刻左、中、右三字，原应为一组[①]等。

我们是倾向于郭沫若关于“习卜”的解释的。因为根据安阳发掘的整坑甲骨文看，如著名的YH127坑，基本都是龟甲，而胛骨很少。在发掘所得的晚期卜辞中，又大多为牛胛骨，龟板很少。如果龟、骨卜相袭，势必每期发现的龟、骨数量大致相等，但事实上却相差悬殊。此外，同文卜辞的龟板，正如胡厚宣所统计的，多以一组三卜为多；再有，商王朝军队也有“王作三师右、中、左”（《粹》597）、“左从〔我〕，中从舆，右从曾”（《掇二》62）、“戎马左右中人三百”（《前》3.31.2）等以三为编制单位，反映了“三”在商王朝政治生活中的特殊意义。这也可以为神秘的“每卜三龟，一习吉”的以三为一“习”作为一个旁证。

考古学家不仅在小屯西地为我们发现了“卜用三骨”的证据，而且还在远离商都的藁城台西村也发现了新证据。据报道，藁城台西商代遗址发现卜骨，在“M 14、M 56、M 103三座墓中，每墓三片”，“出土位置都在二层台上，而且骨臼都朝一个方向，当初可能是用绳捆扎在一起的”。因此，“这些发现证实了郭沫若同志关于‘卜用三骨’的论述，也反映了商代奴隶主贵族使用卜骨的一般情况”[②]。

因此我们说，考古发掘对甲骨文的研究起了重大作用，它使甲骨学上一些争论不休的问题得到了新启示。毫无疑问，随着地下发掘出来的新证据不断增多，甲骨学上一些聚讼莫是问题的解决，是不会再费很多的笔墨官司了。

---

① 胡厚宣关于“卜用三骨”的佐证，见郭沫若《安阳新出土的牛胛骨及其刻辞》（《考古》1972年第2期）文中“追记”部分。

② 河北省文物管理处台西考古队：《河北藁城台西村商代遗址发掘简报》，《文物》1979年第6期。

第四章

甲骨文研究和历史学

在我国古代文献里，记载商代历史的材料很少。较早的文献材料只有《书经·商书》和《诗经·商颂》。据研究，《诗经·商颂》是春秋时宋人祭祀祖先所做。至于《书经·商书》中的五篇文字，《汤誓》成书时代较晚，《高宗肜日》《西伯戡黎》和《微子》等篇文字又很简短，只有《盘庚》三篇篇幅较长，“是周人为安抚和绥靖被迁的殷人而写的”，“应是周初统治者制作的一篇历史文献……虽然其中不可避免地夹杂着一些周人的语言，反映出某些周人的思想意识，但其主要方面仍能透露出不少有关商代的政治、经济和文化状况，不失为一篇中国古代的最早、最长的历史文献”①。尽管如此，记载的也只不过是盘庚迁殷这一历史片断。

比较全面记述商代历史的文献，要算《史记》一书的《殷本纪》和《宋微子世家》等。不过，这些文献时代都较晚，属西汉时代的作品。正由于史料的缺乏，给商代历史研究带来了很大困难，连距今两千五百多年以前的孔子，对商代历史都感到茫然。其原因正如他自己所说，是因为“文献不足故也”②。

1899 年甲骨文的发现，给我们提供了大量研究古代史，特别是商代历史的第一手资料。随着甲骨文研究的不断深入，可识之字的逐步增多和分期断代说的建立，甲骨文在商史研究中的科学价值大大提高了。

---

① 李民：《〈尚书·盘庚篇〉的制作时代》，《郑州大学学报》（哲学社会科学版）1979 年第 1 期。

② 《论语·八佾》。

虽然甲骨文是研究商代历史可靠的科学资料，但甲骨文并不等于是商代信史。而对甲骨文字的考释和甲骨文的整理，也绝不就等于商史研究。我们还必须在历史唯物史观指导下，对大量甲骨、金文、考古学、民族学、古代文献材料进行去伪存真，去粗取精，由此及彼，由表及里的分析和整理工作，从中引出科学的结论，才能认识和恢复商殷奴隶社会的面貌。

自 1928 年起，郭沫若把甲骨文研究和商代史紧密结合起来，开创了我国马克思主义历史研究的新天地。[①] 新中国成立以来，一些著名的甲骨学家在历史唯物主义指导下，用甲骨文资料研究商代史，取得了很大成绩，促进了我国历史学研究工作的不断深入。

第一节　对商代社会性质的探讨

新中国成立后不久，郭沫若就发表了《读了〈记殷周殉人之史实〉》。“这篇文章产生了重大的反响，引起了‘史学界的旧话重提’，报刊上就殷周社会的性质问题展开了热烈讨论。”特别是郭沫若又连续发表了《奴隶制时代》等著名论文后，“在郭老和其他老一辈马克思主义史学家的倡导和推动下，到五十年代中期，我国史学界出现了讨论中国古代史分期的新热潮”[②]。在这场关于商周社会性质和古史分期问题的讨论中，不少学者利用甲骨文研究成果，对商代社会性质做了有益的探索。

郭沫若提出的“商代是奴隶社会”这种看法，在这场讨论中越来越得到学者们的赞同。但对商代奴隶社会所处的发展阶段，学者间又有以下两种不同意见。

一　“低级阶段”说

甲骨学家孙海波从商代生产力发展水平、土地所有制关系和工商业等

---

① 详见本书第六章第三节“郭沫若的历史唯物主义商史研究”。

② 尹达：《郭老与中国古代社会研究——纪念郭沫若同志逝世一周年》，《中国史研究》1979 年第 2 期。

几个方面进行考察后，发现“第一，殷商时代，以血缘为联系的氏族组织并未解体，在各氏族中，生产组织是村公社，但在商国内部及其周围，还残存着母系氏族残余，这些残余到武丁以后才逐渐消亡。第二，商代农具是很原始的，生产技术也很落后，那时，主要生产工作者是公社的成员，其中也有奴隶在内……只有商王御用工场里，才全部使用奴隶生产。第三，商代商品货币关系极为微弱，没有金属货币，也没有真正的商品……商代土地仍为公社所有，除了为种族或国家占有之外，尚不可能有私人自由买卖事情的发生。第四，具有复杂官吏机构的商代专制王朝，是作为高居于一切氏族小集团之上的结合的统一体而出现的，商王正是这个最高统一体的代表人，他通过公社所有的方式而将全国土地占为己有，因此，他以最高所有者的身份来管理全国土地并向全国征收剩余生产品”……孙海波认为，商代社会“还是停滞于奴隶制的早期阶段”[①]。徐喜辰认为，商殷奴隶制国家，是在公社制度的废墟上产生的，“这一社会的固有特色，是原始的、还不发达的奴隶制度”。他还通过对殷商时代井田制的分析，认为商代还保存着“农村公社的残余”。“邑大概即是农村公社，而田是农村公社的所有地”，商殷国家“可能就是从某一或某些农村公社之邑发展而来的”。各个农村公社都有自己的疆界，并有画着自己氏族图腾徽号的旗帜。公社成员则共同负担公社的耕、战任务，他们还有自己氏族的共同宗教节日——社祭。甲骨文还反映了“土地必为商殷国王为首的专制国家所有”的事实。商王是国家的代表，他拥有政治上、军事上、宗教上的无上权威，不仅可以任意屠杀奴隶，而且对贵族、自由民也具有特殊的强制权力。商王朝已建立了庞大的官僚机构，拥有强大的军队并制定了残酷的刑罚。殷商王朝这个“奠基在土地名义上王有，而实际上公社所有的基础”上的“东方专制主义的国家”的产生，与它处在黄河流域“这种具有优越自然条件的黄土平原上”和与此同时而发生的与河流斗争和治水的需要密切相关的；[②] 王玉哲也认为，“甲骨卜辞中的‘邑’，实是公社的遗制”。

---

① 参见孙海波《从卜辞试论商代社会性质》，《开封师院学报》1956年创刊号。

② 参见徐喜辰《商殷奴隶制特征的探讨》，《东北师范大学科学集刊》（历史）1956年第1期。

商代不仅全部耕地都是国家所有，并且“所有最高的权力都集中在国王之手”。“王田”是王命令奴隶去进行耕种，而另一部分田地则由较自由的农村公社成员耕种。由于商代农业生产力水平还不很高，当时社会基本上还处在交换不发达的自然经济阶段。特别是因为农村公社的存在，土地还不能实行自由买卖，“因而奴隶主不能毫无止境地扩大其土地面积，当然也就没有收容大量农业奴隶的余地”。因此，“商代的奴隶制正像古代东方其他的国家一样，其发展是很缓慢的，有商一代始终停滞在低级阶段”①；此外，束世澂也认为殷代是“早期奴隶制社会”，是古代东方类型的“尽人皆是的奴隶制”，但在商代晚期出现了租地制、采邑制、授田制等向封建制过渡的倾向。②

二　“高级阶段”说

认为商代社会是“高级阶段的奴隶制”，主要以著名的历史学家和甲骨学家唐兰、李亚农等为代表。李亚农认为，商族在示壬之前的王亥时期已进入了家长奴役制，“在殷代社会这一发展阶段上，奴隶刚刚出现而且是偶然的”。但在灭夏以后，商代生产力有了迅速发展，农业与手工业已经分离，而且手工业内部也有了进一步细致的分工。这一切，为大规模使用奴隶劳动开辟了广阔的途径。商汤灭夏以后，夏部族沦为殷人的种族奴隶。特别是武丁以后的商代晚期，在不断对各方国进行的战争中，获得了大批俘虏，成为殷代奴隶的重要来源。与此同时，自人类发明商品以后，自身也变成了商品。商部落内的自由民，不少由于负债或“犯罪”，他们的子女或自己本身沦为奴隶。李亚农说，虽然“殷人买卖奴隶的证据，这也是我们在经籍和卜辞中找不到的，但我们在周代彝器的铭文中，跟买卖土地同样找得到旁证”。这就是著名的周代孝王时的《曶鼎》铭文。他指出：“周族继承了殷人的奴隶制之后，既然买卖人口，不难想象，殷代的情况也是如此的。”考古发掘的材料和甲骨文的记载表明，殷代奴隶主阶级可以任意处死和屠杀大批奴隶。在“殷人已经了解人的劳动力的价值，但他们还要如此白糟蹋奴隶的生

① 参见王玉哲《试述殷代的奴隶制度和国家的形成》，《历史教学》1958年第9期。

② 束世澂：《夏代和商代的奴隶制》，《历史研究》1956年第1期。

命，到底是什么原因呢？只可能有一个解释：就是他们的奴隶已经多到一次就糟蹋两三千人而不足惜的程度”。正因为殷代存在着大量的奴隶，所以李亚农得出结论说：“殷代的社会是高级阶段的奴隶制社会。”“殷人除了把奴隶大量地使用在农业部门而外，毫无疑问，在手工业部门中也同样使用成千累万的奴隶。在铸千斤鼎的贵族的青铜器作坊中使用的是奴隶，在烧陶器的自由民的作坊中使用的还是奴隶，多者数百人，少者三五人。殷代的奴隶生产就这样在社会经济中占了主要成分，而奴隶制也就这样变成了社会体系中一个主要构成部分”①；我国著名的古文字学家、历史学家唐兰，不仅认为商朝处在奴隶制的“高级阶段”，而且进一步认为商朝应进入了“奴隶制社会后期”。唐兰先生在逝世前，曾在《中国有六千多年的文明史——论大汶口文化是少昊文化》② 这篇论文里，不仅探讨了大汶口文化的社会性质，还对我国阶级和国家的产生作了创造性的研究。他认为，“从我国的情况来看，阶级的起源，约在一万年前；到了六七千年前，大汶口文化等古老文化的时代，早已是文明时代，已经有了初期的比较强大的奴隶制国家了”。据唐兰研究，从大汶口文化的分布范围看，“这里是少昊时代的文化，也就是少昊国家的文化”，并认为“大汶口陶器文字可能正是经过黄帝时代整理和统一的文字”。与此同时，唐兰提出了他对中国奴隶社会分期的全面看法。他把传说中的太昊、少昊和炎帝、黄帝的所谓“两昊两帝时期，定为我国古代奴隶制国家的前期，从颛顼时期就进入中期”，而“虞舜时代已到了这个奴隶制国家的极盛时代，奴隶制国家中期也就到此为止”。至于“儒家所谓三代盛世，实际上已经是奴隶制社会的后期了”。这时的商代社会，“生产力发展，经济高涨，奴隶主统治者已是穷奢极欲的败家子，用大批粮食来做酒，贵族们天天酗酒，用青铜来做彝器，甚至埋入地下作为随葬品，宰杀大批牲畜来供祭祀，如一次祭王亥就杀牛三百头。当时奴隶的价值比牲畜还贱，在卜辞里，排列次序，人牲在牛羊犬之后，那么，大量杀戮奴隶是符合当时实际情况的了”。如此等等，可见商奴隶社会后期面貌之一斑。在此以前，

① 参见李亚农《殷代社会生活》“第五章高级阶段的奴隶制”，上海人民出版社 1955 年版。

② 参见唐兰《中国有六千多年的文明史——论大汶口文化是少昊文化》，《〈大公报〉在港复刊三十周年论文集》，第 23—58 页。

1958年唐兰就根据甲骨、文献和考古材料对商代“已经是奴隶社会的极盛时期”作过论述。他在《关于商代社会性质的讨论》一文中，曾从下述几个方面进行论证：

其一，他认为包括现在的陕西、山西、河南、河北、江苏等省疆域辽阔的商王朝，是“从虞夏之际到商周之际，将近千年”的时间，“逐渐发展和扩张起来的”；其二，考古发掘、甲骨文和古代文献的记载里反映了商代“奴隶数目之多是惊人的”；其三，商代也已有了脱离生产的特殊商人阶级和货币，认为“殷代的商贾们是十分活跃的”；其四，“商代的社会生产力已经发展得很高，是奴隶社会的极盛时期”。这时“奴隶们从事生产，但备受压迫，甚至于被屠杀，当然要起来反抗；另一方面贵族奢侈淫乐成为习惯，丝毫不爱惜社会财富，消耗了大量的生产资料，例如铜。破坏了生产力，杀戮生产奴隶”，必然要导致奴隶社会走向衰落和灭亡。此外，卜辞的发现说明商代已“不是始制文字的时代，也不是开始有历史的时代”，而且经过了“从武王伐纣上溯到虞夏之际，将近一千年，都应该认为有历史的时期”的长期发展，这也说明商族早已进入了文明时代。[①]

目前，虽然商代社会奴隶制度论已为史学界多数学者所接受，但也有学者根据甲骨文并结合考古、文献材料的综合研究，得出了“商代系原始氏族社会的后期，即父权制的发展期，也即军事民主主义时期”的结论。[②]

于省吾在《从甲骨文看商代社会性质》一文中，对商代历史作了14项考证以后，得出当时军事民主主义时期的社会情景是：“由于农业的发展与冶铜手工业的特别发达，生产水平已超过以往任何时期。商代的统治者就凭借这样的物质基础，与许多部落组成军事联盟，向外部进行武力掠夺，所掠获的战俘与财物，仅为少数有权势者扩张私有，以为不必专注意生产，就可以得到外来的大量收获。演到商代末叶，频年远征，外强中干……贵族们与平民间的阶级矛盾以及贫富分化日益加深，群众的生活，日益悲惨，纪纲废弛，上下紊乱……左宣十一年传说：‘纣之百克而卒无

① 参见唐兰《关于商代社会性质的讨论》，《历史研究》1958年第1期。

② 于省吾：《从甲骨文看商代社会性质》，《东北人民大学人文科学学报》1957年第2、3期合刊。

后’，又昭十一年传说：‘纣克东夷而陨其身’，可见纣在临灭亡的前夕，还保有相当威力，这就是军事民主主义发展到后期的一种回光返照”[①]；也有人认为商代“是由原始公社制到东方奴隶制社会与专制国家的过渡时期”[②]；还有人将商代由成汤灭夏到盘庚迁殷划为商代前期，这一阶段“作为专制君主的王的权力，正在逐步扩大”。而自盘庚迁殷以后，经武丁到祖甲，共三代，约一个半世纪，是中国的“英雄时代”，是商代社会急剧变化的时期。武丁时期，“商王从父权制的家族长向奴隶制国家的专制君主地位的转变，迈出了决定意义的一步”。而“从廪辛以后，到商纣灭国，中间经过五个世代。随着社会生产力的进一步发展，奴隶制也得到进一步巩固”。在商朝后期，“存在着最残暴的东方专制君主统治”[③]。如此等等。

我们认为，商朝处在奴隶社会的发展时期。由契至主癸为先公时期，大体相当于我国历史上的夏代。由大乙至帝辛的先王时期，即历史上的殷商奴隶制王朝。根据甲骨文和其他史料的研究，商族的历史在王亥至上甲微这一时期发生了重大变化。商汤灭夏以后，奴隶制有了进一步发展。商代早期都城偃师二里头遗址为我们再现了早商奴隶制国家的社会情景。二里头一万多平方米的早期宫殿遗址及附近的冶铜、制骨、烧陶作坊的遗迹，说明它已是一座有相当规模的城市了。古老城堡的布局和规模宏大的宫殿，象征着奴隶主统治阶级的地位和权力。自由民墓葬随葬物多寡的不同，反映了商族内部自由民的分化，不少人破产，成了奴隶的后备军。商汤灭夏前后的一系列战争，俘获了大量奴隶和财富，奴隶的使用更加经常而普遍。二里头遗址那些没有任何随葬品而被捆绑埋入灰坑、灰层中，或被砍杀抛掷在乱坑中的累累白骨，就是广大被虐杀奴隶的遗骸。[④] 商代中期以后，特别是到了盘庚迁殷

① 于省吾：《从甲骨文看商代社会性质》，《东北人民大学人文科学学报》1957 年第 2、3 期合刊。

② 参见朱本源《论殷代生产资料的所有制形式》，《历史研究》1956 年第 6 期。

③ 参见赵锡元《试论中国奴隶制形成和消亡的具体途径》，《吉林大学学报》（社会科学版）1979 年第 1 期。

④ 由于考古学的发现和研究的深入，特别是 1983 年偃师商城的发现，现主张二里头遗址应是夏代晚期都城，而偃师商城应是成汤灭夏后所建的“西亳”的学者日渐增多。参见《中国考古学》（夏商卷），中国社会科学出版社 2003 年版，第 27 页。文中所述，反映的是偃师商城发现前，学者对早商都城的探索和追踪。

以后的晚商时期，商王朝奴隶制有了很大发展。连年的对外战争，进一步增加了奴隶主阶级的财富和奴隶的数目。商品货币关系的发展和奴隶主阶级的盘剥，加速了自由民的破产和分化。通过对考古发掘晚商自由民墓葬的分析，表明“货币已广泛深入到平民的生活中”。有的墓葬反映了“墓主可能是由最低层平民（从墓葬结构看）上升为较富有的阶层，所以随葬物较多，地位在逐步上升”①。自由民的破产和分化，壮大了奴隶的队伍。

新中国成立以来，许多古文字学家对商代社会性质各种不同看法的发表，促进了史学界对这一问题的深入探索和研究，这对我国唯物主义历史科学的发展和繁荣有着重大的意义，并为以后大型的《商代史》的构筑奠定了基础。

第二节　“众”和“众人”社会身份的“面面观”

甲骨文里有不少关于“众”或“众人”的记载，弄清他们的社会身份和地位，对商代社会性质的研究很有意义。因此，在关于商代社会性质的讨论中，“众”和“众人”成了举足轻重的“人物”，引起不少学者的关注。

由于学者们对商代社会性质的不同看法，以及对材料的不同诠释，因而在“众”和“众人”社会身份的看法上，产生了尖锐的分歧。主要有以下几方面。

一　“奴隶”说

众和众人是商代的农业奴隶，他们没有任何人身自由，必须在王或王的代理人“小臣”的监督和强迫之下，从事繁重的大规模农业生产劳动。甲骨文里“王大令众人曰：劦田，其受年，十一月”（《前》7.30.2、《续》2.28.5、《萃》866）、“贞叀小臣令众黍”（《前》4.30.2）等记载，就反映了这一事实。众和众人在奴隶主阶级的超经济强制之下，在“井田”上进行着大规模的原始协作。“劦”字的本义就是使用三把木耒合力而耕。众和众

① 参见贾谷文（即王宇信等化名）《商品货币与殷商奴隶制》，《考古》1976年第1期。

人没有任何生产资料，小屯宫殿区曾发现上千把石镰，[①] 另一次一坑就出土444 把[②]有使用痕迹的石镰堆放在一起，这说明连最简单粗笨的原始石镰都是属于奴隶主贵族所有。此外，众人还要被迫从事商王的狩猎活动（《甲》3538）。在战争时，众和众人还要被征发从征或在族长率领下戍守边疆。在农业生产和战争、戍守活动中，“众”常有大量逃亡或死伤，这就是甲骨文里的“□□卜，贞众作藉，不丧?”（旅顺博物馆藏片，即《合集》8）以及征伐卜辞里常见的“丧众”“不丧众”的记载。这些卜辞，一方面反映了商奴隶主阶级在关心着自己的财富——奴隶的损失和逃亡的情况，另一方面也反映了众或众人以逃亡作为反抗奴隶主阶级的手段。

商代众和众人作为农业奴隶的社会身份，在周代的史料中也可找到旁证。据研究，在“周初耕田的人也叫作‘众人’”。《周颂 · 臣工》“命我众人，庤乃钱镈，奄观铚艾”的诗句便是证明。周代众人的身份，《曶鼎》铭文里可以很清楚地看出是奴隶。郭沫若全面研究了《曶鼎》铭文后，指出第三段铭文中的“‘稽首’在这儿是赔罪的意思。匡季抢劫了曶的十秭禾，甘愿用五个田，一个所谓‘众’，三个所谓‘臣’的人来赔偿。‘臣’向来是奴隶的称谓，在此与‘臣’同其身份的‘众’可见也是奴隶了”。又进一步考证说，“‘众’或‘众人’既然是耕田的人，从字形上也就可以得到一个了解。卜辞众字作‘日下三人形’如或，像多数的人在太阳底下从事工作。再从发音上来说，童（僮）、种、众、农、奴、辱等字是声相转而义相袭的。又因为用来耕田的这样的人很多，故‘众’字被引申为多数的意思，而原义便完全失掉了”。“了解了‘众’或‘众人’的本义，读《商书 · 盘庚中篇》便可以增加领会。那是盘庚将要迁于殷的时候向民众的告诫，里面说着‘奉畜汝众’，‘汝共作我畜民’，可见这些人的身份是和牲畜一样的。这些人假使听话，那就可以好好活下去；假使不听话，那就要‘劓殄灭之，无遗育，无俾易种于兹新邑’（杀尽斩绝，绝子绝孙，不使坏种流传）。这就是所谓‘当作牲畜来屠杀’了。”[③]

① 李济：《十八年秋工作之经过及其重要发现》，《安阳发掘报告》1930 年第 2 期。

② 石璋如：《第七次殷墟发掘：E 区工作报告》，《安阳发掘报告》1933 年第 4 期。

③ 郭沫若：《奴隶制时代》，人民出版社 1973 年版，第 22—23 页。

持有上述看法的学者，主要以郭沫若[1]为代表，其他的学者还有李亚农[2]、王承祒[3]、王玉哲[4]等。

二　“自由民”说

也有的意见认为“众就是众人的简称。他们应该是自由农民，而不是奴隶”，是商殷国家的主要成员。在古代东方类型的早期奴隶制社会里，作为自由民的众或众人，不仅事实上他已被剥夺了财产，而且他本人事实上也是公社统一体的体现者——王的奴隶，实际的社会地位并不比奴隶高出许多。他们是商代社会主要的直接生产者。在家内奴隶数量不多的情况下，公共田地上的耕作和沉重的徭役、兵役都落到了众或众人的头上。而在“氏族制兵制的时代，奴隶是决不用来当兵的，就是在奴隶社会，奴隶当兵也是变例，而不是定制”，因此“有人认为殷代的奴隶当兵，是不正确的”[5]。持有上述看法的主要有斯维至、徐喜辰[6]等人。

三　“家长制家庭公社成员”说

这主要以《试论殷代的主要生产者“众”和“众人”的社会身份》[7]

---

① 郭沫若在新中国成立后对“众”和“众人”身份的看法，主要见于《奴隶制时代》一书有关论述及最近出版的《中国史稿》一书。

② 李亚农对“众”和“众人”身份的看法，见所著《殷代社会生活》一书的第五章。

③ 王承祒认为“众”和“众人”与“羌”的身份一样，是殷代的直接生产者——奴隶。参见王承祒《试论殷代的直接生产者——释羌释众》，《文史哲》1954 年第 6 期；王承祒《对于〈试论殷代的直接生产者——释羌释众〉的几点补充意见》，《文史哲》1955 年第 9 期。多年来，我只知王承祒氏其文，但一直不知先生何许人也。2012 年 3 月 18 日我在老师郑振香处谈起这位 50 年代初就写出几篇重要甲骨论文，但后来再不见有论作的这位学者哪里去了？郑先生说，是她北京大学历史系同班同学，年纪比她大些。当时一年级同学中郑先生较小，学校批判老师资产阶级思想，她不会批判，没事干。王承祒问她：“你想学甲骨文么？我教你！”郑先生说：“我哥哥喜欢书法，教我识过几个篆字。”郑先生就跟他学起甲骨文了。因为王承祒参加过国民党，1955 年肃反肃到他的头上，自杀了……郑先生谈到此，不免带有惋惜之意……

④ 王玉哲：《试述殷代的奴隶制度和国家的形成》，《历史教学》1958 年第 9 期。

⑤ 参见斯维至《关于殷周土地所有制问题》，《历史研究》1956 年第 4 期。

⑥ 参见徐喜辰《商殷奴隶制特征的探讨》，《东北师范大学科学集刊》（历史）1956 年第 1 期。

⑦ 详见赵锡元《试论殷代的主要生产者“众”和“众人”的社会身份》，《东北人民大学人文科学学报》1956 年第 4 期。

的作者赵锡元为代表。他研究了甲骨文和古代文献中有关众和众人的材料以后，不同意上述“奴隶说”和“自由民说”。他在反驳众与羌身份相同应是奴隶的说法时，指出：“甲骨文中以及所有被确认为殷代的文献材料中，并没有一处记载着由羌转化为‘众’的例子，我们所看到的，却是‘众’与羌根本不同。”“羌在被用之于狩猎方面劳动的时候，也仍然没有被称作‘众’”，“甲骨卜辞中有用羌作为人牲者，而且记载次数之多，几不胜数。但甲骨卜辞中却绝对没有用‘众’作为人牲者”。我们在甲骨文里常常看到殷王杀戮羌奴的血淋淋的事实，而“殷王对于‘众’却是非常爱护与关心”。甲骨文里这方面的记载“与尚书盘庚篇所记，盘庚召开氏族全体大会，与‘众’共同商量迁殷之事的内容相符，由于‘众’安于故土不愿迁徙，费了很多说服动员的工夫，最后才达到目的”。从《尚书·盘庚》殷王对众说话的口气来看，不仅说明“众”的社会地位不是奴隶，而且说明他们与商王出自同一祖先；在反驳众为“自由民”的说法时，指出“阶级社会中的自由民的特点，是个体小生产者，他们在自己的一小块土地上面进行独立的分散的耕种。而殷代‘众’的生产，却是‘协田’的方式，是大规模的集体耕种……这一事实就与自由民的特点根本不符。其次，个体的自由民的生产是不会有人去组织的，而殷代‘众’的生产，却有王及‘小臣’去组织，殷代‘众’所进行的生产，是有组织、有领导的集体劳动……这是‘众’的身份与自由民不同的第二点”。

因此，殷代的“众”既不是奴隶，也不是自由民，“只能是家长制家庭公社的成员”。这就是《试论殷代的主要生产者“众”和“众人”的社会身份》一文得出的结论，这是与当时作者认为“殷代尚处于阶级社会的边缘，还没有正式跨进阶级社会的门阈”[①] 的认识相适应的。

四　“众”为“奴隶主”说

束世澂认为“甲骨文上的‘众’和‘众人’有别……‘众人’是自由的公社成员，是殷代基本生产工作者，而‘众’则是前文所说的‘多

① 赵锡元近年对商代社会性质的研究，又有了新的进展，参见《试论中国奴隶制形成和消亡的具体途径》，《吉林大学学报》（社会科学版）1979 年第 1 期。

工’（士）以上的阶层，是属于统治阶级的”。他的主要依据在于：其一，《盘庚》上篇召集“众”来训话以前标出“由乃在位”，而最后又警告他们“齐乃位，度（杜）乃口”等材料中，“可见‘众’是‘在位’的”，而且“在位的人不太多，所以能做到‘王命众，悉至于庭’”；其二，《盘庚》篇“世选尔劳，予不掩尔善，兹予大享于先王，尔祖其从与享之”这些字句说明众“有世袭的位置和从享先王”的权利，这是一般直接生产者所不能享受的特权。甲骨文也和《盘庚》篇一样，反映了“众”包括士（多工）以上各阶层。这一阶层是由地方上选拔出来的，叫作“王众”或“王臣”，他们既是军队中的基干力量，又是国王剥削压迫自由民和奴隶的统治机构中的依靠力量。因此，商王对“众”的情况十分关心，生怕“王众”在战争中有所损失。可以看出，“‘众’是属于统治阶级的”①。

五　“众”和“众人”“同属奴隶主阶级”说

1979 年《社会科学战线》第 3 期发表了陈福林的《试论殷代的众、众人与羌的社会地位》一文。在这篇文章中，作者对上述几种看法都进行了辩难，并提出殷代的众和众人“同属奴隶主阶级”的新认识。作者不同意“众为奴隶”的看法，指出所谓“众”字下作“三人形或二人形相继出现，并无严格区别，只是一般‘随体诘曲’的写法，怎能看出有‘从事耕作’而且还是‘赤身露体’的意义呢？”并指出“‘日下’也不能专指‘田野’，如在金文中所见‘日下二人’的‘昆’字就全然与‘田野’无关”。提出了“日下三人”形的众字造字原意与太阳的形象有关，而甲骨文里的太阳“有的则附之以神圣，权威等概念”。甲骨文里给太阳以宾、御、衩、又（侑）等祭祀，就说明了太阳“受到殷代的奴隶主阶级的尊崇敬畏的程度。这种作为神圣权威的标志，自然就是王权神化的反映”。因此众字所从的日，应该是“神圣权威的标志，也就是王权至高无上的标志，而不是取真自然的图象”，“‘众’的原意应是指王廷所结集统驭的人群，即《尚书·盘庚篇》的‘王命众悉至于庭’的众”。根据作者对《盘

① 束世澂关于众是奴隶主阶级的看法，详见所著《夏代和商代的奴隶制》，《历史研究》1956 年第 1 期。

庚》以及其他先秦古籍有关众的记载的全面分析，“众”的社会地位很高，在国家大事中所起的作用也很大，因此“众”不是奴隶。与此同时，这篇文章对众是“家长制公社成员”“自由民”这两种看法也进行了辩难。指出虽然当时已进入奴隶社会，但“实际上正是由于当时生产水平低，奴隶主一方面进行残酷的剥削，另一方面又须参加一定的生产活动”，“众作为奴隶主贵族参加生产以至于艰苦的生产劳动，是很自然的”。因而他认为“卜辞中有不少关于‘众’从事农业和狩猎等生产劳动，参加战争等活动的记载，觉得不应视为奴隶主，而形成了属于家庭公社成员或自由民的见解”是不正确的。因为“自由民则在奴隶制晚期的生产力发展达到一定高度才能形成‘独立’阶级，在殷代奴隶制尚无这种可能”。

《试论殷代的众、众人与羌的社会地位》一文，根据甲骨文的记载研究，认为“众”是以奴隶主贵族身份充任“军事行动中的先锋战士”，而“众人”也同“众”一样，参加了殷王朝的对外战争。众和众人也都参加了当时社会的农业、狩猎等生产劳动。但是，“‘众’参加农业生产劳动不是经常的，应是在某种特殊情况下才由殷王或派近臣召集他们并带领下进行。尤其‘众人’，‘王大令众人曰劦田，其受年’，众人劦田，受年，和《尚书·盘庚篇》的众‘永建乃家’，这与‘连带自己的劳动一次就完全卖给’奴隶主的奴隶有着木质的区别”。在分析了众和众人在卜辞中的几点区别后，得出了下述结论：“‘众’和‘众人’有所不同，‘众’的地位高于‘众人’的地位，‘众人’是殷王朝这个奴隶制帝国中奴隶主阶级的基层全体成员，‘众’则是奴隶主阶级中上层基本力量，因而对之要‘关心爱护’，并重视有无伤亡，卜辞中不少贞问‘丧众’、‘雉众’正是表示这种关切的意思。”

上述五种大相径庭的意见，把殷代的众和众人从社会最底层的奴隶劳动者，一直放到了社会中上层的奴隶主阶级的不同地位进行了“面面观”。虽然“众”说纷纭，但它启发我们从不同角度对众和众人的社会身份进行研究和思考。但是，众与众人社会身份问题的解决，还有待于我们今后继续准确、全面地学习和理解历史唯物主义。同时，还必须对有关甲骨、金文、考古、民族学和古文献资料进行全面整理和深入研究。在我们今后的研究工作中，不仅应当继续注意深入探讨奴隶主阶级和奴隶阶级在社会生产中的不同地位、他们之间的关系，还必须对当时社会生产资料所有制形式的研究给以足够注意。

第三节　殷代的王权和王权的神化

商殷奴隶制的继续发展，使商王朝的国家机器和商王的权力得到了极大的加强。商奴隶主统治阶级建立了强大的国家机器，这包括庞大的官僚机构以及军队和监狱等。

据研究，商殷王朝的官吏，按其职司的不同，可以分为臣正（即事务官）、武官、史官等三大类。臣正主要有：某臣、某正、某臣正、某元臣、某藉臣、某小藉臣、某匕臣、王臣、小王臣；臣、小臣、少臣、旧臣、旧老臣、臣某、小臣某、小丘臣；多臣、我多臣、多辟臣等。武官主要有：马、多马；亚、多亚、亚某；多箙；射、多射、三百射、射㞢；卫；犬、多犬、犬某；戍、五族戍、戍某等。史官主要有：尹、多尹、又尹、某尹；乍册；卜某、多卜；工、多工、我工；史、北史、卿事、御史、朕御史、我御史、北御史、某御史；吏、大吏、我吏、上吏、东吏、西吏等。

以上各种官名，不少是属于商王朝官僚机构的官吏，但也有属于各邦族的官吏。[①] 商王国辽阔的疆域划分为由商王直接统治的内服和间接统治的外服，与《尚书·酒诰》商殷“越在外服，侯甸男卫邦伯。越在内服，百僚庶尹惟亚惟服宗工越百姓里居”的记载是一致的。

商王就是通过这个庞大的官僚机构对全国广大奴隶和平民进行奴役和压榨的。一些被商王朝征服的方国部落的首领，以及被封到外地的一些商王的功臣、妇、子，还要按时率部担负向商王的贡纳、服役、从征、戍边等义务，这就是甲骨文中常见的“叶王事”。以商王为首的奴隶主阶级与广大奴隶和平民以及被征服的方国部落存在着尖锐的矛盾。为了镇压奴隶和平民的反抗，并通过对外战争进一步掠夺奴隶和财富，商王朝还建立了庞大的军队。

---

① 参见陈梦家《殷虚卜辞综述》，科学出版社 1956 年版，第 521、503—522 页。

甲骨文里就有不少关于商代军队和军事行动的记载。商朝的军队数量很大，甲骨文有关征集兵员的数量常常是3000人、5000人，最多一次曾达13000人之多。到了商代后期，可能已经有了三军，每军1万人。商代车兵是作战的主力部队。甲骨文记载，有一次在对少数民族的战斗中，曾俘获了战车两辆（《续存下》915，参见附图十之1）。既然连生产水平较低的少数民族都已使用战车，生产水平较为先进的商王朝当更为普遍使用战车。考古发掘为我们提供了商代车兵编制的材料。一般一车驾两马（两服），或左、右各再加1马（两骖）。车上3人，在前驾驭马匹的为御者，左部持弓、矢者为主将，右部持戈者为护卫。① 有时五车横列一组，25车为一大组。随车的兵士三人为一小组，曾发现10组30人。乘车作战者当是贵族，而车后随从则是徒兵。这样的军队，用当时最先进的青铜武器装备起来，有“王族”“多子族”作为军队的核心，再加上“马”“射”等特种部队，战斗力是相当强大的。商王朝的军队，成为商王对内镇压、对外扩张的重要工具。

与此同时，商王朝还专门设有监狱及所制定的各种残酷刑罚。《史记·殷本纪》所载“纣囚西伯羑里”的羑里，就是商代最著名的大监狱。虽然过去有关商史的论著中，通过对甲骨文圉字字形的分析，也证明了商代设有奴隶监狱，但这些监狱都设在哪里，奴隶主阶级又如何利用监狱迫害奴隶并没有人深入研究。齐文心对此问题有深入全面的阐述。② 商代最高统治者商王对于建造奴隶监狱十分重视，经常为此事求神问卜（《龟》2·25·10、《通》589、《珠》326）。商王朝在东对、敦、冰、攵、旁方等很多地方都设有监狱，其中不少就在边塞地区。这些监狱，“既是监禁奴隶的集中营，又是输送奴隶的转运站，起着镇压奴隶反抗的巨大作用”；商代的刑罚也很残酷。《左传》宣公六年“商有乱政，而作汤刑”。《孟子·万章（上）》“太甲颠覆汤之典刑”及《荀子·正名》“刑名从商”等古代文献记载、甲骨文里的“叀王有作辟”（《粹》487）等卜辞，就说明

① 石璋如：《殷墟最近之重要发现，附论小屯地层》，《中国考古学报》1947年第2册。

② 参见齐文心《殷代的奴隶监狱和奴隶暴动——兼甲骨文“圉”、“戎”二字用法的分析》，《中国史研究》1979年第1期。

了商代奴隶主阶级已经制定了刑法。商奴隶主阶级对奴隶和平民用刑是十分残酷和野蛮的，《史记·殷本纪》记载有“醢”“脯”和“炮格”等。甲骨文里也有后世所谓的“五刑”——墨、劓、宫、刵、大辟的反映。[①]特别是对殷代的刖刑，胡厚宣等学者曾进行了专门研究。[②]“从仅有的材料里，施行刖刑的对象明确为奴隶身份和动辄百人、八十人之众亦可推知为奴隶身份者，占了绝大部分，充分证实了商代奴隶制社会刑法的阶级本质”。地下考古发掘材料也完全证明了这一点。1971 年安阳殷墟后岗墓葬（M 16）西侧二层台上有一个殉葬人，骨架保存较好，但少一下肢骨。其身份，可能就是生时受刖刑残害的奴隶。[③] 在远离安阳的藁城台西商代遗址，也发现了多具被刖奴隶的遗骸。台西商代遗址第十三号探方的文化层内，发现一具成年男子的遗骨，左腿自股骨以下被锯去，右腿自髌骨以下被锯去。还有一具成年男子的遗骨，双臂双腿被捆，双手双脚被锯去。[④]在墓葬（M 103）的二层台上，有一具双腿自膝盖以下被砍掉的少年的遗骨，胫骨的断面上还可以看到明显的刀砍痕迹。[⑤]

我们从甲骨文里，可以看到商奴隶主阶级利用庞大的国家机器（包括军队、监狱和刑罚等），对广大奴隶和平民进行残酷压榨和迫害。而商代庞大的官僚机构和军队，都在奴隶主阶级的头子商王的牢牢控制和指挥之下。据胡厚宣考证，商王自称“余一人”，这在商代自盘庚、武丁时代以后最为突出。文献记载，最早可能自商汤时就已开始称“余一人”了。商王把全国土地宣布为“王土”，而把广大土地上的人民都作为自己的“王臣”，利用国家机器对内镇压对外扩张。商王自称“余一人”，“以天下之大，四海之内，惟天子一人为至高无上，惟我独尊。这便充分代表了这种专制暴君的独裁口吻”。[⑥]

---

① 参见赵佩馨《甲骨文中所见的商代五刑》，《考古》1962 年第 2 期。

② 参见胡厚宣《殷代的刖刑》，《考古》1973 年第 2 期；塞峰《“[illegible]”字賸义——有关刖足几个文字的解释》，《南京大学学报》（哲学社会科学版）1979 年第 2 期。

③ 中国科学院考古研究所安阳发掘队：《1971 年安阳后岗发掘简报》，《考古》1972 年第 3 期。

④ 《藁城台西商代遗址》，文物出版社 1977 年版，第 38 页。

⑤ 同上书，第 21 页。

⑥ 胡厚宣：《释“余一人”》，《历史研究》1957 年第 1 期。

商代奴隶主统治阶级王权的加强，在意识形态上的反映便是对上帝的信仰并通过种种手段将王权神化。恩格斯指出，“一切宗教都不过是支配着人们日常生活的外部力量在人们头脑中的幻想的反映，在这种反映中，人间的力量采取了超人间的力量的形式。在历史的初期，首先是自然力量获得了这样的反映，而在进一步的发展中，在不同的民族那里又经历了极为不同和极为复杂的人格化”①。虽然商代的信仰是多神的，祭祀对象很广，包括天神的上帝、日、东母、西母、云、风、雨、雷；地示的社、四方、四戈、四巫、山川；人鬼的先公、先王、先妣、诸子、诸母、旧臣等，但已经有了至上神的观念，这就是甲骨文中的“上帝”。

据学者研究，甲骨文中的上帝有很大权威，是具有人格和意志的至上神，主宰着自然与人世间的一切事情。其一，帝能主宰大自然的风云雷雨和气象的变化。帝能令风（《乙》2452），又能令云（《续》2. 4. 11），还能令雷（《南辅》15）。此外，殷人以为天上下雨也是上帝所命，所以甲骨文里有不少“帝令雨”的记载。其二，风云雷雨都是上帝的意志，因此帝决定着农业收成的有无。帝能令雨水调匀，获得好年成（《前》1. 50. 1）。但帝也能降下旱灾，影响庄稼的收成（《前》3. 24. 4、《通》371）。不仅如此，禾苗的生长（《乙》4867 正反），农业的丰收（《天》24、《南师》1. 16）等都是上帝赐予的。其三，帝与人间的城邑建筑也有很大的关系。上帝能下降人间，进入邑落和宫室。可能会给邑造成灾害，有时竟然给商都带来灾祸（《续》6. 7. 2）。“兹邑”是商都的别名，所以殷王对它特别关心。此外，对上帝是否给西部重镇唐邑带来灾祸也常牵挂于怀。正因为殷人认为上帝能下降人间，给城邑宫室带来灾难，因而每建城邑，首先要贞问上帝是否允许。其四，上帝与殷王朝的对外战争也有着密切的联系。殷人以为外族入侵，是上帝命令所致。而与外族打仗，也希望能得到上帝的保佑。因此，每有军事行动，必先贞问上帝授佑与否，因为上帝主宰着对外征伐的胜败。其五，帝能保佑与作祟于殷王，掌握着殷王的吉凶福祸。其六，帝可以发号施令，指挥人间的一切，还可以传呼命令，干涉人间的一切。如此等等。

---

① 恩格斯：《反杜林论》，《马克思恩格斯选集》第三卷，人民出版社 1972 年版，第 354 页。

我们从甲骨文可以看出，这个至上神“上帝”具有至高无上的权力。这正是现实生活中自称“余一人”殷王形象在“天国”里的反映。不仅如此，天上的上帝并不仅仅是一个人，而且还有朝廷，有史、臣之类供其役使。甲骨文里有帝史、帝臣、帝五臣、帝五工臣等。据学者考证，帝史为风（《通》398、《珠》935），日月星辰和风雨一类的神灵为“帝五臣”，卜辞中常见的“土”便是殷代中央商都的专神。这个所谓的天上的“帝廷”，正是殷代现实生活中庞大的官僚机构在人们头脑里——天国中虚幻的反映。

殷代奴隶主统治阶级之所以要制造出一个全能的上帝，是为神化奴隶主阶级的王权服务的。甲骨文的记载说明，只有殷代的一些著名先王——大乙、大甲、祖乙等才可以宾于帝，其德可以配天。殷王在祭祀祖先时，也常常将其生父冠以“帝”的称号。这样一来，死去的帝工便被加上了与上帝一样神圣的灵光圈。为了与天上至高无上的上帝相区别，将表示人王的帝上加一“王”字称为王帝。作为王帝的殷人先祖和上帝有着同样的权能，既能降下福祸，也能授佑作孽于人间，他们与上帝共同支配着人间的一切。但两者也略有不同，这就是关于雨水、年成和方国来侵等，必须向先祖祷告，祈求先祖在帝左右为之转请，不能直接向上帝请求，更增加了先祖的神秘色彩。就是这样，殷奴隶主阶级的先王成了人王与上帝之间的沟通者，人王成了代天行命的执行者，实际上是将殷奴隶主阶级的王权加以神化，借以维持其对被统治阶级的欺骗和镇压。①

《礼记·表记》说，“殷人尊神，率民而事神，先鬼而后礼”。商王不仅是国家的最高统治者，也是商代宗教的最高首领。《吕氏春秋·顺民篇》载，汤时七年大旱，史官卜知“当以人祷”，商汤曾假惺惺地剪发断爪，以己为牺牲，祷于桑林之地说：“余一人有罪，无及万夫；万夫有罪，在余一人。”著名的学者郑振铎，对商代历史也有很深的造诣。他 1932 年写的《汤祷篇》等论文，1957 年由古典文学出版社编成《汤祷篇》一书出版。商王通过各种祭祀来欺骗人民，在甲骨文中有关的卜辞俯拾皆是。此

① 参见陈梦家《殷虚卜辞综述》第十七章宗教，科学出版社 1956 年版；胡厚宣《殷卜辞中的上帝和王帝》上、下，《历史研究》1959 年第 9、10 期。

外，商王还把不断的对外侵略战争，说成是执行上帝的意志，这就是《尚书·汤誓》“夏氏有罪，予畏上帝，不敢不正”等记载。商王不仅用上帝欺骗人民，还通过占卜把自己打扮成沟通天人之间的使者。大量的甲骨文，就是殷奴隶主统治阶级把自己的一切行动都打扮成执行神的意志，借以欺骗和麻醉人民的记录。

因此我们说，几千年来封建统治阶级加在中国人民头上的政权、神权、夫权、族权这四条精神枷锁，源远流长，不过是从奴隶主阶级那里继承来的衣钵。特别是王权和把王权神化这一奴隶主阶级镇压和欺骗人民的政治工具，到了封建社会就更加理论化和神秘化。因此，揭露奴隶主阶级王权和王权神化的实质及其由来，对于深入批判封建主义，是有着一定意义的。

第四节　殷代的阶级和阶级斗争

我国自夏代开始进入奴隶社会，到了商代以后，奴隶制度又有了进一步的发展。商朝奴隶社会基本的两大对立阶级，就是奴隶主统治阶级和广大被统治的奴隶阶级。

如上节所述，商王是奴隶主阶级的总代表，他自称“余一人”，掌握着庞大的官僚机构和强大的军队，把一切大权（包括神权）都牢牢地控制在自己手上。商王以下的各级官吏，都由大大小小的奴隶主阶级担任，他们是商王朝维持其反动统治的社会基础，甲骨文里出现的各种官吏名称，我们已做了详细介绍，这里就不再重复了。在商奴隶制社会里，只有奴隶主阶级才有姓，称为“百姓”，见于史籍记载的有“殷民六族：条氏、徐氏、萧氏、索氏、长勺氏、尾勺氏”。“殷民七族：陶氏、施氏、繁氏、锜氏、樊氏、饥氏、终葵氏”和“怀姓九宗”等。[①] 就是这样，以商王为首的各级官吏和妇、子、王族、多子族等王室贵族，和“外服”的侯、甸、男、卫、邦伯等组成了商代最凶狠最残暴的奴隶主统治阶级。

---

① 《左传·定公四年》。

广大被压迫的奴隶阶级处在商代社会的最底层。近年来关于商代奴隶身份的研究取得了很大进展，这首先就是纠正了前人一些关于奴隶身份的错误说法[①]。其次，提出了“不能抛开其他条件不要，尤其是不能脱离开生产过程中所处的地位，而只‘可屠杀’就当作区别奴隶的唯一标准”的问题，强调在划定殷代奴隶的“阶级成分”时，“要把军事俘虏与奴隶分别开来”，即“在俘虏与奴隶之间，还不能画一个等号，而是有着一个距离”[②]。“只有当俘虏被活着保存下来，驱使其从事家内劳动或生产劳动的时候，才能取得奴隶的身份。”[③] 再次，对一些奴隶的身份继续进行了探讨[④]，并发现和继续论证了甲骨文中不少奴隶身份的人。如奴、婢[⑤]、艮[⑥]、奚[⑦]、执和馘[⑧]，以及女、妾、小女、小母等女奴和一种较为特殊的种族奴隶屯等[⑨]。甲骨学家有关商代各种奴隶身份的研究，为我们深入探讨商代社会的阶级关系打下了坚实的基础。

商代社会的主要生产，都是由广大奴隶承担的。“众”和“众人”以及羌是商代农业的主要生产者。甲骨文里有关“王大令众人曰劦田”（《粹》868）、“小臣令众黍”（《前》4.30.2）、“令多羌裒田”（《粹》1222）、“令众人口入羊方裒田”（甲3510）等记载就是证明。所谓“裒田”，据研究就是开垦荒地。张政烺考证出裒田就是“造新田”。而“入某方裒田”，就是“商代的寄田”。“殷王向方国裒田始终未停，从武丁以来，或者说得更早，从商汤以来，一直到武乙都这样做。所以，卜辞有关

① 如前人误释童、奴、仆等。参见胡厚宣《古代研究的史料问题》第八节，上海商务印书馆1950年版；杨绍萱《论对于殷代史料的研究态度》，《新建设》第三卷，1951年第5期；赵锡元《关于殷代的“奴隶”》，《史学集刊》1957年第2期。

② 赵锡元：《关于殷代的“奴隶”》，《史学集刊》1957年第2期。

③ 姚孝遂：《“人牲”和“人殉”》，《史学月刊》1960年第9期。

④ 关于“众”和“众人”社会身份的讨论，参见本章第二节。

⑤ 于省吾：《释奴、婢》，《考古》1962年第9期。

⑥ 参见王承祒《试论殷代的“奚”“妾”“艮”的社会身份》，《北京大学学报》（人文科学版）1955年第1期；沈文倬《艮与耤》，《考古》1977年第5期。

⑦ 王承祒：《试论殷代的“奚”“妾”“艮”的社会身份》，《北京大学学报》（人文科学版）1955年第1期；于省吾：《殷代的奚奴》，《东北人民大学人文科学学报》1956年第1期。

⑧ 参见胡厚宣《中国奴隶社会的人殉和人祭》（下），《文物》1974年第8期。

⑨ 同上。

裒田的记载，无疑就是耕地面积扩大的记载，到某方裒田，也就包含着殷王疆土的扩大。”① 众人和羌除了要担负最繁重的农业生产劳动外，“众人出麋”（《甲》3452+3538）、“多羌逐麋”（《续》4.29.4）等记载，说明奴隶还要为奴隶主统治阶级去从事狩猎活动。与生产奴隶一起，还有不少家庭奴隶，如奴、婢、妾、奚、仆等供奴隶主阶级日常生活中役使和淫乐。而且在战争时，奴隶还要充当兵士。“氏众伐𢀛”（《粹》1082）、“乎多仆伐𢀛方”（《簠征》4、《续》3.2.3）、“我奚不征”（《前》6.19.2）等刻辞，就是征用奴隶当兵的证据。

奴隶主统治阶级无情地压榨广大奴隶，吸干了奴隶们的膏血，聚集了大量“货宝”和“狗马奇珍”，过着“酒池肉林”的“靡明靡晦，式号式呼，俾昼作夜”② 的奢侈生活。不仅他们生前极尽耳目声色之乐，就是在死后，仍然幻想在“阴间”继续保持其骄奢淫逸的生活。这就是将大批无辜奴隶杀死，作为埋葬奴隶主时的殉葬品或祭祀祖先、神明时的“牺牲”。殷墟宫殿、宗庙遗址区、殷王陵大墓及其附近，中、小奴隶主墓葬以及一些方国遗址如藁城、苏埠屯、铜山丘湾、盘龙城等地发现的累累白骨，就是广大奴隶惨遭迫害的历史见证。不仅如此，甲骨文里也有很多有关奴隶主统治阶级大量残害奴隶的罪恶记录（有关商代奴隶主阶级迫害广大奴隶的详细情形，见本书第三章第三节“人肉的筵宴——殷墟祭祀场的推定及其意义”的叙述）。奴隶主阶级和奴隶阶级就是处在这样的尖锐对立之中。

商奴隶主阶级无情的盘剥和残酷的迫害，引起了广大奴隶的反抗和斗争。近年来关于殷代奴隶的反压迫斗争的研究取得了很大进展，这方面的主要代表作就是胡厚宣的《甲骨文所见殷代奴隶的反压迫斗争》③ 和齐文心的《殷代的奴隶监狱和奴隶暴动——兼甲骨文“圉”、“戎”二字用法的分析》④。商代奴隶通过不断的逃亡来反抗奴隶主阶级的统治，而奴隶主

① 张政烺：《卜辞裒田及其相关诸问题》，《考古学报》1973年第1期。

② 《诗经·大雅·荡》。

③ 参见胡厚宣《甲骨文所见殷代奴隶的反压迫斗争》，《考古学报》1976年第1期。

④ 参见齐文心《殷代的奴隶监狱和奴隶暴动——兼甲骨文“圉”、“戎”二字用法的分析》，《中国史研究》1979年创刊号。

阶级则千方百计对逃亡奴隶予以追捕和镇压，阶级矛盾十分尖锐，并导致发生大规模的奴隶暴动。奴隶的逃亡与平民的斗争一起，沉重地打击了商奴隶主阶级的统治基础。

在甲骨文里，有大量奴隶逃亡的记载。这是奴隶反抗奴隶主阶级统治的一种主要斗争形式。逃亡的奴隶，甲骨文中记载的主要有："一种畜牧奴隶"刍和羌，以及"耕作的奴隶"州臣，此外还有午臣、夹臣、𠬝、仆等。有一次逃亡了12个刍奴，如：

癸丑卜，争，贞旬亡祸。王占曰：有祟有梦。甲寅，允有来艰。左告曰，有𡉚刍自益，十人有二。（《菁》5，《通》430）

这条辞是说，癸丑日贞人争问："这10天之内没有灾祸吧？"王看了卜兆以后，判断说："恐怕要有灾祸。"卜问的第2天（甲寅），事情就应验了，果然发生了不吉利的事情。有一个名叫左的人来报告殷王说，12个畜牧奴隶从益这个地方逃跑了。奴隶的逃亡，引起了殷王的关切，所以他经常占卜奴隶的逃亡情况，以便派人追捕和镇压。

对逃亡的羌奴，则命令著名大将𠂤等去追捕，可见殷王武丁对这一问题的重视。还有不少贞问呼追羌及、呼追羌幸、呼追羌获、踵羌及等记载，对逃亡的家内奴隶仆也有"追仆及""踵仆幸"的记载。此外，追捕逃跑的𠬝奴、臣奴等刻辞也很多。奴隶主阶级为了追捕逃亡的奴隶，真是费尽了心机。如：

癸酉卜，亘，贞臣得。王占曰：其得唯甲乙。甲戌臣涉舟延陷弗告。旬有五日丁亥幸，十二月。

癸酉卜，亘，贞〔臣〕不其得。（《乙》819 + 1222 + 1307 + 1394 + 1447 + 1445 + 1721 + 1732 + 1736 + 5773 + 5902）

这一辞是说，贞人亘在癸酉日卜问，逃跑的臣奴能抓到吧？王亲自看了卜兆以后判断说，要抓到逃臣也当是遇到逢甲或乙的"黄道吉日"。结果是，刚好第2天甲戌日臣奴的船陷在河里，可是没人报告，还是让他逃跑了。直到15天以后，即12月丁亥这一天，才把他们抓住。

逃亡的奴隶一旦被抓回，已经是奄奄一息，濒于死亡了。但是，他们还要受到更为残酷的迫害。有的立刻被用乱箭射死（《乙》1715），有的被处以刖刑（《前》6.20.1），有的被用来祭祀祖先（《续》1.36.3）。如此等等，残酷至极。奴隶主阶级的血腥镇压，只能引起奴隶们更大规模的反抗。甲骨文里就有同文的两条奴隶们"焚廪"反抗的记录，因为材料的重要和珍贵，我们将各辞抄录于下：

一、"〔癸巳卜，□，贞旬亡祸。一〕"（《续》4.33.1+《簠地》31+《续》3.40.2）（正）

"〔王〕占曰，有祟，其有来艰。迄至六〔日戊戌，允有来艰。有〕仆在㞢，宰在〔□，其□薅〕，亦（夜）焚廪三"。（《龟》1.21.1+《续》5.3.1+《续》5.5.1+《簠杂》60）（反）

二、"〔癸巳卜〕，争，〔贞〕旬〔亡〕祸。二"（《宁》2.28+30、《合集》583）（正）

"王占曰：有祟，㞢光其有来艰。迄至六日戊戌，允有〔来艰〕。有仆在㞢，宰在□，其□薅，亦（夜）焚廪三"。（《宁》2.29+31、《合集》583）（反）（附图十三）

这两辞的大意是说，癸巳日贞人争卜问，在10天之内不会有什么灾祸吧？殷王看了卜兆以后判断说，在㞢、光两个地方，可能会有灾祸发生。到了第6天戊戌日，果然有重大事情发生了。仆奴在㞢地、宰奴在某地薅草时，夜里他们起来焚烧了3个"神廪"①。不仅如此，甲骨文还有奴隶发生监狱暴动的珍贵史料，这就是《殷虚文字缀合》36片之反。其辞是：

〔王占曰：有祟〕……乙卯有酘……𠂤。庚申亦有酘，有鸣雉，疛圉羌戎。

① 参见胡厚宣《甲骨文所见殷代奴隶的反压迫斗争》，《考古学报》1976年第1期。

据齐文心系统研究考证，辞中的“疛圉”是设在疛地囚禁羌奴的监狱。这条卜辞的“戎作暴动解”。在“疛圉羌戎”四字前，排列着“𧆞”“有酘”“亦有酘”“有鸣雉”四组灾害字，把殷王武丁恐惧怖虑的心情跃然于甲骨之上。这四组灾害字，更衬托出疛地发生羌奴监狱暴动事件，震动了整个殷商奴隶主统治阶层①。

商代广大奴隶阶级的反抗，与那些破了产的自由民阶级对奴隶主阶级“草窃奸宄”“相为敌雠”的反抗相呼应，此起彼伏，动摇着殷商奴隶主贵族阶级的统治基础。就在商王朝末年，“亦有离德”的“亿兆夷人”奴隶与其他奴隶和平民一起，在商郊牧野的一场决定性战斗中，在周族的进攻面前，纷纷倒戈，一个早上就埋葬了殷商王朝，从而把我国奴隶社会推进到鼎盛时期——西周，这是发生在公元前 11 世纪的事情。

第五节　商族图腾与氏族遗迹的研究

在原始氏族公社制时期，由于生产力水平很低，人们的生存经常受到各种自然力的威胁，使他们感到自然力是某种异己的、神秘的、超越一切的东西。因此，原始人类崇拜大自然，特别是相信自己的氏族产生于某种动物或植物，并把它们作为自己氏族的共同祖先和保护者的标志——图腾而加以崇拜。

商奴隶制国家去古未远，甲骨文里保存了不少关于他们的祖先活动的历史遗迹。近年来，不少学者对甲骨文里保存的商代图腾和氏族制度的遗迹结合铜器、古代文献和民族学的材料进行了综合研究，为恢复商族原始社会的历史做出了贡献。

根据文献记载，商族历史上也经历过“民知其母，不知其父”的母系氏族社会阶段。《诗经·商颂·玄鸟》“天命玄鸟，降而生商”。《郑笺》“天使鳦下而生商者，谓鳦遗卵，娀氏之女简狄吞之而生契，为尧司徒，有

① 参见齐文心《殷代的奴隶监狱和奴隶暴动——兼甲骨文“圉”、“戎”二字用法的分析》，《中国史研究》1979 年创刊号。

功封商”等有关的记载说明，契以前殷人的共同祖先是“玄鸟”，还没有形成明确的世系系统。这时的社会是以母权为中心，妇女在社会生产中占有重要地位并受到特别的尊重。商族母权时代的残余，也反映在商代后期的甲骨、金文中。商代青铜器中有著名的《玄鸟妇壶》（《三代》12·2·1）。据考证，“玄鸟妇三字合文，宛然是一幅具体的图绘文字，它象征着作壶的贵妇人系玄鸟图腾的后裔是很显明的”，其祖先当是契母简狄所出的有娀氏。[①] 第五期甲骨文（《前》2.11.3）里记载的商王娶戎女为妇，正是“商代从先世契母简狄一直到乙辛时期还与有娀氏保持着婚媾关系”[②]的证据。因此，《玄鸟妇壶》把商族女祖先有娀氏和鸟图腾的崇拜结合起来，正是商族历史上曾经历过母系氏族社会阶段的反映。

契与大禹约略同时，因他“佐禹治水有功”，被舜命为司徒，“封于商，赐姓子氏”[③]。根据文献记载，自契以后，商人才有了明确的世系，说明契时基本实现了由母系氏族社会向父系氏族社会这一激烈的转变。父系氏族社会的建立，是与生产力的进一步发展相适应的。“相土作乘马”“王胲（亥）作服牛”[④]，商族畜牧业有了很大的发展。为了发展畜牧业而寻找牧场，“自契至汤八迁”[⑤]，商人过着游牧的生活。虽然如此，农业也有了一定的发展。《国语·鲁语上》记载相土的三世孙“冥勤其官而水死”，他为了发展农业，与水害作斗争而死，对商族发展做出了贡献，受到后世子孙的尊敬。

由于生产力的进一步提高，农业从畜牧业中分离出来，畜群和奴隶成了商族首领的财富，他们把持了部落首领的职位并垄断了与邻近部落进行交换的权力。邻人的财富，促进了野蛮人的贪欲。王亥被有易部落杀死及上甲微发动的对有易部落的战争，是商族早期历史上的重要事件。可能就在这一时期，商族历史发生了重大变化。甲骨文里有关王亥和上甲的记载，就反映了商人对他们完成这一历史转化功绩的尊崇。

① 《史记·殷本纪》。
② 参见于省吾《略论图腾与宗教起源和夏商图腾》，《历史研究》1959 年第 11 期。
③ 《史记·殷本纪》。
④ 《世本·作篇》。
⑤ 《史记·殷本纪》。

王亥是商族早期历史上一个特殊人物。在甲骨文里，商族鸟图腾的标志就加在他的头上。据统计，这方面的材料共有“甲骨八片，卜辞十条”[①]。王亥是甲骨卜辞中所称三个高祖之一（即高祖夒、高祖王亥、高祖乙〔大乙汤〕），他是殷人极为重视的一个高祖。在殷人心目之中，王亥能作祟于时王（《京》1144），也关系着农业生产的收成以及对外战争的胜利。正由于他具有极大的神威，所以对他的祭祀很是隆重，祭祀王亥时用𡕝祭、伐祭或报祭，用牲最多的有30牛、40牛、50牛。或用羌奴，最多时达9人。此外，在合祭先公先王时，在大乙、上甲以前的各位先公只祭王亥。可以看出，卜辞中的王亥，“乃祭礼之最隆者”[②]。

王亥之所以受到后世隆重的祭祀，因为他是“上甲父王𡆥”（《虚》738）。上甲在甲骨文里，也占有特殊的地位。卜辞中凡是合祭先公先王的，常常是从上甲开始，或自上甲祭，或祭自上甲，或祭自上甲几示。还有祭自上甲至于多后，或祭自上甲至于后。也有祭自上甲至于某王的，特别是在合祭先公先王时，都是从上甲开始，包括帝乙、帝辛时代的严格周祭也是这样。上甲微在与有易的战争中，“假师于河伯，以伐有易，克之，遂杀其君緜臣”[③]。今本《竹书纪年》“殷侯子亥，宾于有易，有易杀而放之。十六年（即帝泄），殷侯微以河伯之师伐有易，杀其君緜臣”。上甲微打败了有易，获得大量财富和奴隶。不仅进一步扩大了他作为商族首领的权力和巩固了他的地位，而且这场战争加速了商族历史的发展。因此《国语·鲁语》说：“上甲微能帅契者也，商人报焉。”“禘郊祖宗报，此五者，国之祀典也”，上甲微成为商人历史上德能帅契的重要人物。契是商族完成由母系氏族社会向父系氏族社会转化后的第一个祖先，而上甲微与契相提并论，说明他在商族历史上，也应是一个与契一样的“划时代”的人物。他发动的对有易的战争，增强了商族的声威，促进了商族向阶级社会的过渡，为后来汤灭夏和商王朝的建立奠定了初步的基础。此外，“上甲是商代先公先王中第一个以日为名的人”，天有十日，以甲为首。殷人

---

① 参见胡厚宣《甲骨文商族鸟图腾的遗迹》，《历史论丛》第一辑，中华书局1964年版；胡厚宣《甲骨文所见商族鸟图腾的新证据》，《文物》1977年第2期。

② 王国维：《殷卜辞中所见先公先王考》，《观堂集林》卷九，第4—5页。

③ 《山海经·大荒东经》郭璞注引《竹书纪年》。

统治者以日为名的先公先王系谱从上甲开始，也说明商族历史上存在着前后两个不同的时期。在此以前，殷人的祖先尚处于氏族首领的地位，而自上甲以后的先公先王自成以日为名的一系，说明自上甲以后，商部落首领已成为世袭的“王”，部落组织逐步蜕变为早期奴隶制国家。甲骨文里把上甲之父亥的名字上加一“王”字，是值得我们注意的。

正因为上甲是商族历史上的一个“划时代”人物，所以他的父亲王亥才受到了殷人特别的尊崇。和先祖契是“玄鸟”所生的故事一样，商人把上甲的生父王亥的头上也加鸟图腾的标记，表明商人认为上甲以后的诸王不仅是王亥的子孙，而且还是“受天之命”的商人始祖玄鸟的直系子孙。之所以如此，我们认为是在于上甲为商汤灭夏前的早期商部族奴隶制方国的建立做出了贡献。①

因此我们认为，商族历史自此进入了一个新阶段。特别是商汤即位以后，虽然表面上臣服于夏王朝，但实际上商族早已成为一个与夏王朝分庭抗礼的奴隶制方国。鸣条（今河南封丘东）一战，夏桀失败，夏王朝被商族灭掉。在商汤灭夏前后的一系列战争和掠夺中，殷商王朝奴隶制又有了进一步的发展，统治区域也远远超过了夏王朝。

在甲骨文里，不仅保存了鸟图腾这一氏族社会的遗迹，还有不少亲属称谓，也可以供我们研究殷族历史上（或现行）的亲族制度。② 据研究，武丁卜辞中对诸父不加区别的称呼，绝不是偶然的现象。在奴隶社会的商代，现实的家庭关系早已超越了亚血族婚制时期，殷王直系与旁系的严格区分和先妣特祭等现象，都是殷代已经确立了父权制的最好证明。而“武丁对诸父不加区别的称谓，正是旧日母系氏族社会的遗迹”。此外，殷王继统法中传子制与传弟制并行，这是因为“在母系氏族社会中，子女是不得继承父亲的；在奴隶社会中，传弟制必然要让位于传子制。殷王的传子制正是殷代已形成了以父系为中心的奴隶社会的说明，传弟制正是昔日母

① 参见王宇信《中国甲骨学》“谈上甲至汤灭夏前商族早期国家的形成”，上海人民出版社2009年版，第599—612页。

② 参见王玉哲《试论商代兄终弟及的继统法与殷商前期的社会性质》，《南开大学学报》（人文科学版）1956年第1期；刘启益《略谈卜辞中武丁诸父之称谓及殷代王位继承法》，《历史研究》1956年第4期。

系氏族社会的孑遗”[1]。

也有的学者对殷代的亲族制度作了进一步的研究[2]，认为亲族称谓最复杂的形式可包括区别字（一种以数量形容字表示，如大、小、高、后、上、下等；一种是以近似私名的“庙号”来区别，如盘、雍、文、武等）、亲称和日名三种成分。亲称主要有高祖、祖、妣、父、母、兄、子、妇等。而日名，李学勤不赞成传统的所谓生日、死日、祭名、次序等说法，他将一组卜辞按顺序加以排定〔版号为：（1）《明》1983，（2）《掇一》210，（3）《前》7.28.1，（4）《前》2.32.6，《林》1.26.6，（5）《南坊》4.16.1，（6）《后下》9.3、《后下》10.1，《簠人》4，（7）《缀》17，《掇二》151〕并加以分析，认为“次序说以及前人种种异说都是不对的”，提出了“日名有些像谥法，是在死后选定的，和生日死日无关。祭祀日依日名而定，并不是日名依祭祀日而定”这一与前人不同的新看法，引起了学术界的重视。他还不赞成殷代王位“弟及为主”的说法和“传子、传弟制并行”的观点，而“认为在殷代子继为常，弟及为变。其所以有弟及的现象，或因政治的需要，或因有争位的变乱，如所谓‘九世之乱’”[3]，等等。他指出，必须区分由殷人亲属称谓字而推出的称谓制度与当时实际存在的亲族制度的不同。

学者们对殷代亲族制度的研究，使我们对商族氏族结构有了进一步的认识。特别应该指出，张政烺《古代中国的十进制氏族组织》一文[4]，虽然是从“中国的铜器时代和铁器时代初期，即野蛮时代的中级阶段和最高阶段，约略相当于历史上的夏商周和春秋时代”这样的社会分期看法出发，但他对古代的氏族结构进行的全面考察和近年发表的《卜辞裒田及其相关诸问题》[5]一文中有关“族”的论述，仍是我们研究商代氏族制度及

---

① 刘启益：《略谈卜辞中武丁诸父之称谓及殷代王位继承法》，《历史研究》1956年第4期。

② 参见李学勤《论殷代亲族制度》，《文史哲》1957年第11期。

③ 同上。

④ 张政烺：《古代中国的十进制氏族组织》，《历史教学》第2卷第3期（1951年9月）；《古代中国的十进制氏族组织》，《历史教学》第2卷第4期（1951年10月）；《古代中国的十进制氏族组织》，《历史教学》第2卷第6期（1951年12月）。

⑤ 张政烺：《卜辞裒田及其相关诸问题》，《考古学报》1973年第1期。

其结构的重要参考著作。张政烺认为，“中国古代氏族组织和军队编制”中，“有一种百人团体和千人团体存在”。他全面整理了战争卜辞（特别是有人数可考的征伐卜辞）以后，认为“从这些材料里我们可以看出殷代军队编制中有百人团体和千人团体”。在农业生产中，张先生认为甲骨文里有一段很重要的材料（《粹》1299），记载了“三个千人团体同时进行耕作，场面很有可观”① 的事实，从而论定了我国古代氏族的十进制。他指出，“古代中国从氏族的组织到政治的组织中间曾经过不少的演变。在这一演变过程中，百家为族的氏族始终是一个很顽强的组织，所以十进制打破了而它还存在，这在《周礼》的许多处，如大司徒、小司徒、遂人等职，看得很清楚……”“改十进制为五进制，是生产力发展，氏族衰微，家的地位逐渐提高的表现。但是在这新的编制中，却仍安插四进的一级维持百家为族的旧办法。”② 所谓“百家为族”的族，张先生最近又进行缜密的考证，“可以断言殷代的族是一百人，这是一百个男子”③。

尽管张先生从商代是原始社会末期的估计为出发点，来研究当时氏族制度和“族”的结构，但他不少精到的见解，对“商代奴隶社会论”者研究商代氏族制度和族的结构仍有很大的启发和教益。1969—1977 年，殷墟西区约 30 万平方米的钻探、发掘面积中，共发现了 1003 座殷墓。墓葬有规律地分片集中，可分 8 个墓区。墓区之间有明显的界限，墓向、葬式和陶器组合，都存在一定差别，它反映各个墓区在生活与埋葬习俗方面的差异，而且不同墓区的墓主人所处的政治、经济地位也不相同。因此，考古学家认为这批墓葬“具有一个特定范围的墓地，保持着特定的生活习俗和埋葬习俗的各个墓区的死者，生前应属不同集团的成员，这个不同集团的组织形式可暂称为‘族’。这八个不同墓区就是八个不同‘族’的墓地”④。

我们从本节的叙述中可以看到，通过对殷人鸟图腾和商人早年历史的研究，发现自王亥、上甲以后商族历史发生了重大变化。而有关甲骨文亲

---

① 张政烺：《古代中国的十进制氏族组织》，《历史教学》第 2 卷第 3 期（1951 年 9 月）。

② 张政烺：《古代中国的十进制氏族组织》，《历史教学》第 2 卷第 4 期（1951 年 10 月）。

③ 张政烺：《卜辞裒田及其相关诸问题》，《考古学报》1973 年第 1 期。

④ 中国社会科学院考古研究所安阳工作队：《1969—1977 年殷墟西区墓葬发掘报告》，《考古学报》1979 年第 1 期。

族称谓的探索，发现了母系氏族社会的残余和再现了商代社会的亲族制度。“十进制”氏族和“族”等学术问题的提出，对商代社会基层组织的研究有着重要的学术意义，而殷墟西区“族”墓地的新发现，将进一步促进这一问题研究的深入。

第六节　殷王朝疆域的研究

商王朝自建立以后，奴隶制国家比灭夏以前有了很大发展。《诗经·商颂·殷武》追述说：“昔有成汤，自彼氐羌，莫敢不来享，莫敢不来王，曰商是常。”这说明，商汤时不仅牢牢地控制了黄河中下游地区，连西方的氐羌等少数民族也被征服了。又经过了一系列的战争，特别是武丁时期大规模的对外用兵，商王朝的疆域有了进一步的扩大。

根据甲骨文记载，自殷王武丁起直到文丁时期，商王朝的主要敌人多在北方和西北。武丁时期，与商王国交战的主要方国有：方，据研究方的地望在现在的晋南[①]；土方，土方据研究即是“唐杜之杜而杜为豖韦之后”[②]；舌方，“舌方都是在太行山西北的地区”[③]；鬼方，“殷代鬼方似当在晋南”[④]；亘方，“卜辞的亘，即《汉书·地理志》之垣，今垣曲县西廿里”[⑤]；羌方，据研究，“羌为与夏同族之人”，根据甲骨文的记载，“殷末之时羌所居一部分已为殷所有。又今陕西大荔县西十五里有羌白镇，地名‘羌白’与卜辞的‘羌方白’恐非偶然的相合，此地或是羌伯所曾居住之地，在河东之西。其地有东西八十里、南北三十里的沙苑（海、泽、阜），宜畜牧”[⑥]；龙方，“可能与匈奴有关，《匈奴传》‘五月大会龙城，祭其先天地鬼神’。《索隐》云‘崔浩云西方胡皆事龙神，故名大会处为龙城’”

① 陈梦家：《殷虚卜辞综述》，科学出版社1956年版，第270页。
② 同上书，第272页。
③ 同上书，第274页。
④ 同上书，第275页。
⑤ 同上书，第276页。
⑥ 同上书，第282页。

"龙方与羌方似或合或叛，两者当相近"[①]；御方，"御方是猃狁族之一支"，而猃狁就是戎族[②]；马方，"马方与羌方当在相近之处"[③]；印方，印方地望与而白相近。因"而近于羌和雀"，所以可以推知印方"大约还在晋南地区"[④]；尸，此尸方与卜辞中之人方（夷方）不同，尸方在西[⑤]；黎方，甲骨文里"黎与羌方相提并伐，则两方当为相邻"[⑥]；基方，"基方或者是冀方，《禹贡》冀州所从来"，地在"今山西河津县境"[⑦]；井方，"河津之耿国，非祖乙所迁之邢，然'邢，耿'古通，则耿可能是卜辞的井方"[⑧]；祭方，即管城之祭国，据研究"至少在殷代晚期似属殷国范围以内"[⑨]；雷方，"似在今商丘以南淮水一带"[⑩]；大方，大方与敦、亯为邻，敦在沁阳附近[⑪]；其他还有虎方、兴方、旁方等。此外，甲骨文还记载了武丁时晋南一带还有周、缶、犬、串、郭、蜀、旨等，豫西一带还有沚、雀等[⑫]。武丁以后，商王朝的军事行动大为减少。这时的主要交战方国有：𢦏方，"它与羌方当相邻近"[⑬]；𢇛方，与𢦏方地望接近；𢆶方，"疑即蛮方"[⑭]；北方，"可能指北地的方国，犹如后世的朔方。也可能是北方，与西周初的北国（即邶）有关"[⑮]；危方，据考证，"在今永城、宿县之间，约当今皖、苏交界之处"[⑯]。到了商王朝的末年帝乙、帝辛时代，曾大规模地征伐了人方（即夷方）。据研究，"所经过之处都是平原，即黄河南的东

① 陈梦家：《殷虚卜辞综述》，科学出版社 1956 年版，第 283 页。
② 同上。
③ 同上书，第 284 页。
④ 同上。
⑤ 同上书，第 285 页。
⑥ 同上书，第 287 页。
⑦ 同上书，第 288 页。
⑧ 同上。
⑨ 同上。
⑩ 同上书，第 289 页。
⑪ 同上书，第 290 页。
⑫ 同上书，第 291—298 页。
⑬ 同上书，第 298 页。
⑭ 同上书，第 299—300 页。
⑮ 同上书，第 300 页。
⑯ 同上书，第 301 页。

南的豫境与淮河北的皖境，属于春秋时代郑、周、宋和楚之北境"[①]。在伐人方的途中，商王还灭掉了今河南睢县附近的盂方。

商奴隶主统治阶级，就是通过对周围方国部族的连年征战，扩大了疆域，使商王国得到进一步巩固和加强。这些被征服的方国或部族，较近的被分封给商王的诸妇、诸子或功臣，较远的除了分封，主要还是由原来方国部族的首领接受商王的封号，承认其"共主"的地位。这些接受商王封地的奴隶主阶级或接受封号的方国、部族首领，还必须负担为商王的防边、征伐、进贡、纳税、服役五项义务。[②] 奴隶制的商王朝，成为一个"邦畿千里，维民所止，肇域彼四海"[③] 的大国。这样一个幅员辽阔，力量强大的奴隶制国家，在当时世界上也是为数不多的。

不仅如此，近年的考古发现也为我们认识商代的疆域和影响提供了大量的科学资料。商文化分布所及，北到辽宁喀左[④]和内蒙古的克什克腾[⑤]，西到陕西直至甘肃[⑥]，西南到四川[⑦]，南到湖南石门[⑧]、宁乡[⑨]，东南到江西清江[⑩]，东到大海边的山东海阳[⑪]。在这样广袤的土地上，发现大量与中原商文化风格十分相近的铜器或其他遗物，说明商王朝政治、经济和文化的巨大影响。这些远离商都的遥远地区，当包括在甲骨文所记载的商代四土——东土、南土、西土、北土的范围之内。

一些商代方国的遗迹、遗物被发掘出来了。北方的辽宁喀左，发现了

---

① 陈梦家：《殷虚卜辞综述》，科学出版社1956年版，第301—309页。

② 参见胡厚宣《殷代封建制度考》，《甲骨学商史论丛》初集，第一册。

③ 《诗经·商颂·殷武》。

④ 辽宁省博物馆：《辽宁喀左县北洞村发现殷代青铜器》，《考古》1973年第4期。

⑤ 希今（即王世民）：《文化大革命以来考古工作的新收获》（上），《天津师范学院学报》1975年第6期；克什克腾旗文化馆：《辽宁克什克腾旗天宝同发现商代铜甗》，《考古》1977年第5期。

⑥ 许俊臣：《甘肃庆阳发现商代玉戈》，《文物》1979年第2期。

⑦ 徐中舒：《四川彭县濛阳镇出土的殷代二觯》，《文物》1962年第6期。

⑧ 周世荣：《湖南石门县皂市发现殷商遗址》，《考古》1962年第3期。

⑨ 高至喜：《湖南宁乡黄材发现商代铜器和遗址》，《考古》1963年第12期。

⑩ 《江西清江吴城商代遗址发掘简报》，《文物》1975年第7期。

⑪ 《山东文物选集（普查部分）》，文物出版社1959年版。

属于商代孤竹国的铜器。[①] 而孤竹国，是商朝所封同姓诸侯，都城在今河北卢龙一带，而其疆域包括北方和东北广大的地区[②]；河北藁城商代遗址，不仅发现大量商代中、晚期的遗迹和遗物，而且还发现了陶文。特别重要的是，承蒙友人邢润川同志见告，最近又在此发现了商代酿酒作坊和酵母，这对商代农业发展水平和古代化学史的研究具有十分重大的意义（附图十四）。据研究，“邢台以北一直到涿县、易县一带商文化的分布是相当密集的。从藁城、正定、满城、赵县等地所出土的一些青铜器看，造型古朴，花纹疏朗，与殷墟遗物作风显然有所不同，而台西遗址中发现的镶嵌绿松石的漆器又为殷墟所不及，凡此种种，均可说明这一带有可能是在殷墟以外的商人活动的地区之一”，提出了“台西也许就是当时这里的政治、经济和文化的中心”这一重要问题[③]；山东益都苏埠屯一号墓，有四个墓道和殉 48 个奴隶及有“亚醜”字样的大铜钺出土。“据目前知道的资料，除了河南安阳商代‘王陵’之外，这还是属于最大的商代墓葬。”[④] 据研究，“在殷末周初这一带乃是薄姑氏所居，而‘亚醜’族文化应该就是薄姑氏的文化遗存”。根据苏埠屯一号墓的形制、规模推测，“表明它很可能是薄姑氏国君的陵寝”[⑤]，这为今后在苏埠屯附近把薄姑城址发掘出来，提供了重要的线索；在江西清江吴城发现的商代遗址，发现了从商代中期到商代晚期的遗迹和遗物。特别重要的是，“吴城遗址出土了不少刻划在陶器和石范上的文字与符号。这些文字的发现，对于研究商代社会历史以及祖国文字发展史都是极为珍贵的资料。初步整理，文字和符号共有六十六个，它们分别刻划在三十八件器物之上，有单字的，也有几个字组合在一起的。这种多字组成的文字，在其它地方同时期遗存中是少见的”[⑥]。据考证，“清江这地方，在商代，可能是越族的居住地”。“此次吴城遗址中所

---

① 晏琬（即李学勤）：《北京、辽宁出土铜器与周初的燕》，《考古》1975 年第 5 期。

② 参见唐兰《从河南郑州出土的商代前期青铜器谈起》，《文物》1973 年第 7 期。

③ 台西发掘小组：《河北藁城县台西村商代遗址 1973 年的重要发现》，《文物》1974 年第 8 期。

④ 山东省博物馆：《山东益都苏埠屯第一号奴隶殉葬墓》，《文物》1972 年第 8 期。

⑤ 殷之彝（即张长寿）：《山东益都苏埠屯墓地和“亚醜”铜器》，《考古学报》1977 年第 2 期。

⑥ 《江西清江吴城商代遗址发掘简报》，《文物》1975 年第 7 期。

出的文字材料，其中又有一些跟商文字截然不同，尤其是一期遗物中，灰陶钵的七个字和黄陶盂的五个字，更为突出，很可能是另一种已经遗失的古文字，到二期、三期受殷文化的影响比较深后，这种文字就不多见了。”①

特别重要的是，在湖北省武汉市北5公里处发现的商代中期盘龙城遗址，现存城垣南北约290米，东西约260米。我们从城址规模很小，城内东北部有大型宫殿建筑群，而城周围是大片的同时期遗址判断，这应是一个属于宫城性质的城堡。城内东北部距北城垣10米处发现了南北长100米左右，东西60米以上的夯土台基。已发现属于上层文化宫殿基址三座，其中F1是建筑在高约0.1米的夯土台基上，中为四室，外有回廊，四周有台阶的四坡重檐茅顶大殿。此外，还发现了一座长江中游迄今为止的最大奴隶殉葬墓。墓（M2）西边内外椁间，殉一成年人和一儿童，在北边的内椁与棺间，也发现人骨骼一具。因此，这里发现的商代中期城址和大型宫殿遗址说明，这绝不是一个普通的商代居址。特别是盘龙F1宫殿遗址，在时代和规模上介于早商二里头和晚商殷墟的宫殿之间，“无疑是二里岗时期长江中游一个强盛方国的重要宫殿”② 遗址。

考古发掘材料表明，商王朝的政治势力和文化的影响曾达到了长江中游一带，这也是有文献记载可证的。《诗经·商颂·殷武》“挞彼殷武，奋伐荆楚，罙入其阻，裒荆之旅”的诗句表明，武丁时兵力曾及于荆楚地区。而同诗“维女荆楚，居国南乡，昔有成汤，自彼氐羌，莫敢不来享，莫敢不来王，曰商是常”的诗句表明，荆楚和氐羌一样，应早在商初就和商王朝发生了政治上的联系。甲骨文也为我们提供了殷商王朝与长江中游一带的虎、举、曾等方国发生关系的材料。虎方，据李学勤在《殷代地理简论》一书中考证，其地“应近于汉水流域”。而“与（举）应在汉东举水流域”，曾应在“湖北枣阳、随县、京山到河南西南角的新野”③ 一带。因此，在长江中游发现大型的商代宫殿遗址绝不是偶然的。

---

① 唐兰：《关于江西吴城文化遗址与文字的初步探索》，《文物》1975年第7期。
② 盘龙城发掘队：《盘龙城1974年度田野考古纪要》，《文物》1976年第2期。
③ 江鸿（即李学勤）：《盘龙城与商朝的南土》，《文物》1976年第2期。

应该指出的是，新中国成立以来有关殷代地理方面的研究著作很少。除了陈梦家在《殷虚卜辞综述》第八章方国地理部分论述较详外，其他比较专门的著作就是李学勤的《殷代地理简论》一书了。这本书有它自己的特点：其一，该书首先找出相邻近或所经过地名的内在联系，然后对地名再加以考释和排比，这是一种比较科学的考释地名的方法。从前许多人在研究殷代地理时，往往单纯地、孤立地就甲骨文地名的意义和现在的地名相比附；或者根据古代文献所记载的三代都邑来研究甲骨文里的地名。这样的方法，由于忽视甲骨文地名的内在联系，因此所得结果往往与实际地望南辕北辙。只有郭沫若在《卜辞通纂》一书中，开创了运用联系若干地名而系统地加以考订的科学方法，这就是他对殷王田猎区“衣”地在河南沁阳附近及对噩、衣、盂、雍等相邻四地考证所做的范例。《殷代地理简论》一书，就是受了郭沫若这一科学方法的启示。正如作者在《简论》一书序言中所说，“在本书中，我们试以安阳即殷这一肯定的事实为基点，联系论述殷代的历史地理及有关历史事件”。因此，有人在评介《简论》一书时说：“从学术研究的路线方向来讲，本书努力的方向还是对的。”其二，该书对大邑商西南部和西部狩猎区域及一些有关地名，分为凡区、敦区、盂区、邵区四区进行联系论述是较为详备的，确定了“这些猎区是东起今河南辉县，西至山西南隅及其以西，太行山以南，黄河以北”的范围之内。因此，该书“第一章中关于凡、敦、盂、邵狩猎区域的联系论述，是在前人研究的基础上，又为引申了一步”[①]。其三，本书对一些问题进行了新的探索。如提出了商代末期“十祀征人方”者应是殷王帝乙，与一般认为帝辛者不同。还提出了狩猎区逐渐转为农田的变化，说：“盂是此区中最重要的地方，有卜受年的卜辞，所以也是一个农业区域……”古文字学家张政烺对此说十分赞同，他说：“关于这个问题，我完全同意李学勤同志的意见。”[②] 此外，书中还把武丁时期的重要敌国与商王朝的战争分为早晚不同的时期。如此等等。虽然作者在书中提出了一些新的问题，但有的过于简略，有的并没有进行较为深入的论述。虽然如此，《殷代地理简

① 参见许艺《〈殷代地理简论〉评介》，《考古》1959年第5期。

② 张政烺：《卜辞裒田及其相关诸问题》，《考古学报》1973年第1期。

论》一书和陈梦家《殷虚卜辞综述》一书中的有关章节，是研究殷代地理的两本较为重要的参考书，也是直到目前国内出版的为数不多的有关殷代历史地理的研究著作。[①]

总而言之，通过近年对甲骨文、金文、古文献和考古材料的研究，使过去学术界对殷人活动区域只限于黄河中下游地区的所谓“卜辞所载地名，大抵在大河南北数百里内”[②] 的传统看法，作了很大修正，从而对殷代疆域和殷文化影响范围的认识，比过去扩大了很多。我们可以看到，奴隶制的商王朝已包括了现在的河南、山东、河北、辽宁、山西、陕西、安徽、湖北等省的一部或大部分地区，而且商王朝在政治、经济、文化等方面的影响，还要更远地超出它统治区之外。商王朝奴隶制国家的发展和巩固，为我国统一的多民族国家的形成，打下了初步的基础。

① 1978 年以后，商代地理研究有所加强，如钟柏生出版了《殷商卜辞地理论丛》（艺文印书馆 1989 年版）、郑杰祥出版了《商代地理概论》（中州古籍出版社 1994 年版）、李雪山出版了《商代分封制度研究》（中国社会科学出版社 2004 年版）。2011 年出版的孙亚冰、林欢《商代地理与方国》，在前人研究基础上，研究又有所开拓、深化和前进，参见本书第十四章第二节所列该书提要。

② 王国维：《说亳》，《观堂集林》卷十二。

第 五 章

甲骨文研究和古代科学技术

"在中华民族的开化史上，有素称发达的农业和手工业，有许多伟大的思想家、科学家、发明家、政治家、军事家、文学家和艺术家，有丰富的文化典籍。""中国是世界文明发达最早的国家之一，中国已有了将近四千年的有文字可考的历史。"① 我国古代劳动人民通过辛勤劳动和在实践中不断总结经验，在古代科学技术方面也有很多的创造发明，为人类的科学技术发展做出了杰出的贡献。商代的甲骨文里，就保存了不少有关古代科学技术方面的珍贵史料。

第一节　近年来对商代农业科学技术的研究

农业是整个古代世界的决定性生产部门。大量有关农业生产的甲骨卜辞，说明商代的农业在社会生产中占有重要地位。近年来由于学者们的深入研究，我们认识到商代在农作栽培学②和植物水分生理学③方面的知识取得了不少进步。

商代主要种植的谷类作物有黍、稷、麦、秫、稻等，还栽培了经济作物如桑、麻等。由于栽培农作物的需要，商代出现了各种用途不同的农业

---

① 毛泽东：《中国革命和中国共产党》。

② 参见游修龄《殷代的农作物栽培》，《浙江农学院学报》第2卷第2期，1957年12月。

③ 参见朱培仁《甲骨文所反映的上古植物水分生理学知识》，《南京农学院学报》1957年第2期。

生产工具。这主要有：整地和翻土用的工具耒和耜。耒是一根尖木棒，下端附加横木。耜可能是固定在耒上的一种农具，因为古代耒耜连称，可知耜不能脱离耒而单独使用。甲骨文的藉字，写作“”形，就是表示人用足踏耒上的横木翻地起土状。除草和中耕用的农具，主要是考古发掘时出土的石锄、石镰和凸刃蚌刀及蚌镰。辱、薅、蓐等字字义都是表示手持蚌壳或经过磨制的蜃器除草。甲骨文农字写作形，从辰从草（或从木），说明用辰（蚌壳）去除草、砍树、整地，就是最早的“农”字本义。收获和加工用的农具有石（或蚌）制的铚和镰。安阳殷墟宫殿区曾一次发现上千把石镰[①]，还有一坑曾集中出土石镰 444 把[②]。这样多的石镰集中在一起，说明殷王收获谷物之多和收获时需用劳动人数之众。此外，当时可能还有用于脱粒用的加工工具杵和臼。甲骨文有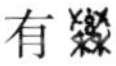（《甲》571、794 等）字，像双手持杵（）舂禾之形。再根据殷墟五号墓发现研磨朱砂用的杵、臼推测[③]，当时殷人使用杵、臼加工谷物应是不无可能的。商代劳动人民就是用颇具匠心并较为适用的生产工具，去从事食用的谷类作物和手工业原料用的桑麻等经济作物的栽培。

根据甲骨文记载和考古、文献材料的印证，我们可以了解殷代从整地开始直到收获贮藏的整个农作物栽培过程，这就是：在播种以前，首先，要对需要耕种的土地进行规划。甲骨文田字写作、、、等形状，表示土地被分成四块、六块、八块、九块……每一块既代表一定的土地面积，也代表考绩奴隶劳动的单位，是我国古代“井田制”的遗迹；据研究，殷代的农田里已有一定的灌溉系统[④]，并根据土地肥力情况采用了轮作制；其次，还需要进行整地工作。这在卜辞里的反映，就是殷王命令大批奴隶去井田上“作藉”（《合集》1，旅顺博物馆藏片）或“协田”（《粹》868）。虽然商代已经发明了牛耕，但商奴隶主阶级在大量奴隶存在的情况下，是舍不得将这些“宗庙之牺”去用于“畎亩之勤”的；就是

① 李济：《十八年秋工作之经过及其重要发现》，《安阳发掘报告》1930 年第 2 期。

② 石璋如：《第七次殷墟发掘：E 区工作报告》，《安阳发掘报告》1933 年第 4 期。

③ 中国社会科学院考古研究所安阳工作队：《殷墟五号墓的发掘》，《考古学报》1977 年第 2 期。

④ 参见张政烺《卜辞裒田及其相关诸问题》，《考古学报》1973 年第 1 期。

在广大奴隶使用简陋的生产工具，依靠超经济强制的原始协作，开辟了大面积可供播种的土地，在这些经过整治土地上种植的农作物，主要都是一年一熟的。除小麦外，一般农作物为春播，主要为黍、大豆等生长期较短、成熟早的作物及水稻、大麻等生长期长、成熟较晚的作物。至于播种的方法，专家们推断当时是撒播；禾苗出土以后，就要对禾苗进行管理，主要有除草、培土、施肥、灌溉等几项工作。殷人可能使用石锄、石铲等工具“贵田”，既可使土“崩溃松散”，又可除草，并“壅附苗根”[1]，起到培土固本的作用；为了促使禾苗成长茁壮，“不但知道肥田，而且知道以圂厕储粪”，并已掌握了“近代肥料学上的所谓‘翻肥法’”[2]；由于商代遗址发现了井的遗迹[3]和甲骨文中有关农田灌溉系统的记载[4]，我们认为殷人已知引水灌溉农田了；卜辞中大量“卜年”“它禾”“省黍”的记载，反映了奴隶主阶级关心着禾稼的长势，这与命令对禾稼及时管理是不无关系的；禾稼成熟以后，便开始了收获。根据殷墟及其他遗址发现的大量收割工具和甲骨文“勿乎妌往采黍”（《南坊》3.17）等材料研究，殷人收获时是割取禾稼的谷穗；搬回的禾穗围成高堆，反映在甲骨文里便是（《缀合》739＋《库》1844）、（《拾遗》12.2）等廪字之形。其义是把禾穗堆放储存；然后，再用杵、臼等工具进行脱粒，以供食用。这样，就完成了从播种前的准备，到禾稼的管理和收获的整个农作物栽培过程。

与商代农业生产有着密切关系，对当时作物栽培的自然环境和这样环境下所产生的农业技术，即当时的植物水分生理学知识，也有专门的论著发表[5]，使我们对商代的农业科学有了进一步的认识。

植物的生长与雨量有着密切的关系。关于殷代黄河流域的降水量问

---

① 胡厚宣：《说贵田》，《历史研究》1957 年第 7 期。

② 参见胡厚宣《殷代农作施肥说》，《历史研究》1955 年第 1 期；《殷代农作施肥说补证》，《文物》1963 年第 5 期。

③ 河北藁城遗址发现商代水井二眼。见河北省文物管理处台西村考古队《河北藁城台西村商代遗址发掘简报》，《文物》1979 年第 6 期。

④ 参见张政烺《卜辞裒田及其相关诸问题》，《考古学报》1973 年第 1 期。

⑤ 参见朱培仁《甲骨文所反映的上古植物水分生理学知识》，《南京农学院学报》1957 年第 2 期。

题，学者们意见不一。有的学者认为殷代四时多雨①，也有的学者认为商代冬春干旱，夏季多雨②，与现代华北平原差不多③。有的学者对甲骨文里卜雨的各辞作了全面研究，认为“在冬春两季有明显的盼雨卜辞，贞旱的卜辞，求雨的卜辞，以及缺雨的记载。所以我们可以断言：殷墟当日在冬春两季常苦抗旱”，“殷代安阳的农业环境基本上可以用今日的情况加以分析。那就是：年雨量变化颇大，常苦抗旱，尤以冬春两季为最”④。

就是基于上述商代降水量的看法，农学家朱培仁对商代甲骨文所反映的上古植物水分生理学知识进行了很有意义的探索。

由于殷代年雨量变化较大，所以当时人们已认识了栽培作物必须有充分而及时的雨水才能获得好收成。《前》3. 29. 3 记载“庚午卜，贞禾有及雨，三月”，说明殷人已知道栽培禾本科作物在常发生干旱灾害的春季有需水迫切的“临近期”，所以卜辞中盼雨、求雨、侑雨、求年的记载多在1—4 月和 9—10 月这个时期之内。从当时经常发生干旱的自然条件和生产过程中，殷人已经认识了春、秋两季的雨水是获得农作物丰收的主要因素，有关“黍年有足雨”（《前》4. 40. 1）等卜辞，就表明殷人已知黍子丰收，必须有足够的雨量。但在经常发生干旱的严重情况下，也使人们认识到“不雨，帝受我年，二月”（《续存上》72），作物还具有对不同时期耐旱性的一面，即使缺少雨水，仍有时会获得好收成。殷人有关对植物耐旱生理学的认识，是在长期不断抗旱条件下认识的。与此相反，殷人在长期生产实践中，也从涝害中总结了不少知识。甲骨文里有不少“水弗它禾”（《库》47）的记载，这就是已经认识到雨水过多，会使禾稼减产。但也有的禾稼具有耐涝的特性，不致因水多而减产。

商代劳动人民不仅认识到植物需水怕旱，也认识到植物还具有一定的耐涝性。不仅如此，甲骨文的记载还反映了商人认识到不同的植物品种具有不同的耐旱抗涝能力。证据就是甲骨文里有选择种植作物的卜辞。“贞

① 胡厚宣：《气候变迁与殷代气候之检讨》，《甲骨学商史论丛》第二集，下册。

② 董作宾：《再谈殷代气候》，《华西大学中国文化研究所集刊》第五卷，1946 年。

③ 陈梦家：《殷虚卜辞综述》，第 524 页。

④ 参见朱培仁《甲骨文所反映的上古植物水分生理学知识》，《南京农学院学报》1957 年第 2 期。

弗其受黍年，二月”（《后上》31.11，《通》443）说明不宜种黍，那就必须及时选种别种作物，不然就会影响收成；而有关“贞不其受稻年，贞受黍年”（《龟》2.11.2）等同版并贞卜辞，据研究常在12月至次年3月冬末早春之际，其他时间还未发现这类卜辞。[①] 这正是选择春种作物的反映，说明殷人已认识了黍、稻的不同特质。这就是在雨水充足但不发生水灾的情况下，黍、稻会获得好收成。黍怕涝，且因根较稻入土浅，因此雨水较多的年份，遇水和风就较稻易倒伏，就只受稻年而不受黍年；但黍的耐旱能力比稻强，在较干燥的地区或遇“帝降旱”的年份，就要受黍年而不受稻年。因此，这种“受黍年、受稻年”同版并卜的材料，反映了殷人已掌握了农作物耐旱、抗涝能力因植物品种不同而有差异的知识。正因为殷人认识了雨水是植物生长必不可少的条件，并进一步认识水分过少或过多都对植物生长不利，所以甲骨文里才出现了井田上有沟渠这类既可抗旱又可排涝的灌溉措施的记载。

从上面的叙述，可以看到，商代农业生产取得了很大进步，在农作物栽培方面积累了丰富经验。他们不仅掌握了从播种前的准备工作直到作物田间管理、收获、贮存等一整套全面的农作栽培技术，而且在长期与大自然的干旱或多雨的恶劣气候作斗争的实践中，对植物的水分生理学知识，即干旱或久涝的不正常水分条件会影响植物的生长和收成，但不同植物也具有一定的适应干旱和涝害的不同特性。甲骨文商人对植物水分生理学知识的记载，要早于希腊有关这方面记载一千多年。因此，“水利是农业的命脉”，这是我国农业自古以来就重视水利的科学而深刻的总结。

第二节　畜牧业和养马技术方面的新成就

根据《世本·作篇》等古代文献的记载，殷人先公“相土作乘马”“胲（亥）作服牛”，殷商民族很早就以发达的畜牧业著称于世。到了商

① 参见朱培仁《甲骨文所反映的上古植物水分生理学知识》，《南京农学院学报》1957年第2期。

王朝后期，虽然农业在社会生产中占主要地位，但畜牧业仍很繁盛。甲骨文和考古发掘材料证明，早已被我国古代劳动人民驯养的马、牛、羊、鸡、犬、豕六畜中，马、牛、羊、豕等大型役畜和家畜的饲养更为发达。殷王祭祀祖先时，大量以马、牛、羊、豕等为“牺牲”就证明了这一点。殷王每次祭祀祖先，要用掉几头、十几头，甚至几十、几百头牲畜。甲骨文里就有用“千牛”（《乙》5085 + 5157 + 5227 + 5393），用羊 158 只（《乙》5405），用马 5 匹（《甲》696 + 697）等记录。一次祭祀就动用成百上千头牲畜，没有更多的牲畜贮备和发达的畜牧业是不能想象的。

与此同时，殷代的养蚕业也有了相当发展。据统计，“武丁时呼人省察蚕事，占卜至少有九次之多”。不仅商王干预养蚕业，而且“殷代蚕有蚕神”，“祭蚕示或用三牛，或用三宰，或用羌，典礼十分隆重”[①]，这说明商代对养蚕业的重视。古文献、古文字材料中有关我国古代养蚕业的记载，得到了考古材料的证明。[②] 这说明我国是最早发明蚕桑丝织的国家，早在奴隶社会的商王朝，就已经有了相当高度的发展。

由于商代畜牧业的发展，在养马技术方面取得了新成就。这主要表现在以下几个方面：

第一，发明了“相马术”。所谓“相马”，即今天养马学的“马匹外形学”，这对马匹的鉴定和优良品种的选择是很有意义的。据《列子・说符》记载，春秋时代与秦穆公同时的伯乐是著名的相马家。有关伯乐相马的故事，今天已成为我国广大人民家喻户晓的美谈。但甲骨文的材料表明，我国最早的“相马”记录当自商代起。甲骨文记载表明，商代的马有按毛色分的，如铜色、白色、赤色、深黑色、黄色、杂色等，也有概括马的外形或特性的专字，如有的“马”字旁边加一“鹿”字，有的加一“豕”字等，也有不少表示马的特征或殷王所喜爱好马的专名。殷人之所以按马的毛色、特性、外形等方面对马加以区别，可能是认识了在祭祀、戎事、田猎等重大活动时，各种马有其不同的性能与用途。甲骨文里有关商王反复卜问使用哪一匹马合适，就充分证明了这一点。因此，这些关于马的毛色、特征和根据用

① 参见胡厚宣《殷代的蚕桑和丝织》，《文物》1972 年第 11 期。

② 夏鼐：《我国古代蚕、桑、丝、绸的历史》，《考古》1972 年第 2 期。

途选择马匹的文字，应就是我国有关“相马”知识的最早文字记录。

第二，马匹“去势术”的发明。为了马匹的繁殖，每年春季母马受孕以后，便将前一年所生之小马抓走，使它“离之去母”（《大戴礼记·夏小正·四月》），以免伤害孕马，不利繁殖。这就是《周礼》校人、廋人职中所说的“执驹”。在商代，甲骨文中也有这方面的记载，如“□酉卜，角隻〔[illegible]〕。角不其隻〔[illegible]〕”（《龟》2.12.5+2.12.6）。这里记载的将马子（即驹）抓获，可能就是《周礼》一书中记载的“执驹”。商王关心着“执驹”，和周代青铜器《驹尊》铭文所记载的“王初执驹于欣”一样，表明了商、周奴隶主阶级头子对养马业及其发展的重视。随着养马业的发展，为了增强马匹的任载力和淘汰掉不良品种，最早的马匹“去势术”也发明出来了。《周礼》校人中的“攻特”，就是我国较早的马匹“去势术”的记载。但甲骨文材料表明，我国马匹“去势术”的发明应早于周朝，可能在商代就已经开始了。甲骨文有“□酉[illegible]”（《合集》11051，历史研究所拓本5475）的卜辞。辞中的[illegible]字，马腹下有一索形，可能是表示用植物纤维（麻类）或动物筋腱风干后做成的细皮条将马势绞掉。此种方法直到近代我国农村还在沿用。这一字应是我国最早马匹去势术的反映。我国商代就掌握了马匹去势术，这在世界养马史上也是名列前茅的。

第三，原始的“马医”。周代的巫马，据《周礼·夏官》记载，其职是“掌养疾马而乘治之，相医而药攻马疾”，是调治病马使之恢复健康的“马医”。虽然现在尚未发现对马疾施以治疗的材料，但不少贞问马死与否的卜辞，可能是商王借助卜筮，冀求神明、祖先对其珍爱的马匹加以护佑，这是用“巫术”为马治病的反映。当然，与“巫术”同时，可能也会为病马施以某种治疗。“周因于殷礼”，既然周代出现了“巫马”，商代出现与之职能相近的巫医不分的原始马医也是很有可能的。

商代养马技术之所以取得突出的成就，这和马匹在战争和狩猎时作为骑驾的主要畜力这一重要用途是分不开的。因此，养马业受到商王的特殊重视，还设置了“马小臣”等官吏掌握商王室马匹的饲养和管理。商王还为他的马群建立了专门的马厩，不少从各地贡献而来的名马，就饲养在这些与周代“天子十有二闲”制度相近的牢闲里。每有祭祀、戎事或狩猎活动，商王便驱车逐马，厮役相从。正由于养马业在奴隶制国家所处的特殊地位和广大养马奴隶在长期实践中充分发挥了聪明才智，因此商代的养马技术取得突出成就就不是偶然的了。①

第三节　甲骨文“金”字的发现和殷人对金属的认识

我国商周奴隶制社会，是以高度发达的青铜冶铸业闻名于世的。还是在三千多年前的商代，广大奴隶们就在长期实践和不断总结经验的基础上，铸造了诸如“司母戊”大鼎（又称“后母戊”大鼎）那样重达832.84公斤的重器。“司母戊”大鼎庄严、雄浑，花纹富丽、神秘，标志着商代青铜冶铸业的高度发展水平。历年发现的大量商周青铜器，不仅种类繁多，而且造型精美，花纹瑰丽多变，是人类文化宝库中的珍品。因此，商周奴隶制社会又称为“青铜时代”。

商代的甲骨文和周代的金文，是商周奴隶社会生活的反映。作为青铜时代的标志——铜的冶铸也必然会在当时的文字中看到它的信息。据学者们考证，在我国，“古人称铜为金”②。这个“金”字，周代金文（包括从金的字）中，有50个以上；但在商代，自甲骨文1899年被发现以来，直到今天以前还没有发现一个金（或从金）的字。因此有人说：“在甲骨文里看不见‘金’字，及从‘金’之字”，从而得出了“这是说明殷代金属使用不够多”③ 的结论。

我们且不说历代传世及殷墟发掘以来出土的各种商代青铜器，就拿1976年安阳小屯发现的殷王室“妇好墓”来说，一次就出土了四百四十多件青铜器。④ 如果没有非常发达的青铜冶铸业，是不可能将如此之多的

① 有关商代养马业和养马技术新成就的详细论述，参见拙作《商代的马和养马业》，《中国史研究》1980年第1期。

② 郭沫若：《奴隶制时代》，人民出版社1973年版，第22页。

③ 姜亮夫：《汉字结构的基本精神》，《浙江学刊》1963年第1期。

④ 参见中国社会科学院考古研究所安阳工作队《安阳殷墟五号墓的发掘》，《考古学报》1977年第2期。

青铜器埋入地下的。因此，我们不能根据甲骨文“金”（及从金的字）暂时还没有发现，就得出商代金属使用不够多的结论。郭沫若在1973年曾指出：“殷代已是青铜器时代，然而数万片卜辞中竟不见‘金’字，我们不能说殷代还没有铜。”① 我们认为这一论断是十分正确的。

虽然甲骨文中的“金”字早已引起学者们的注意搜求，但由于刊出材料的局限，迄今未曾有人述及。这是由于殷墟出土的数万片甲骨，虽已大部著录，但仍有一些至今还未发表出来。在编辑《甲骨文合集》一书时，胡厚宣先生最早在甲骨文中发现了一个做偏旁使用的“金”字（也是直到目前，在甲骨文中唯一见到的“金”字），现将这条卜辞揭之于次：

辛卯卜，在　贞……王其步，叀〔〕。(《合集》36984)

《合集》36984是一块第五期帝乙、帝辛时卜骨。拓本现藏中国社会科学院历史研究所，编为7001号。原骨现藏山东省博物馆，此前未著录。此辞“在”与“贞”中间空缺一字，按卜辞常例，此为有意留下的“空白”，待填地名。贞字以下残。“”字虽然下部残去，但我们可将字形复原。右旁的字当是马，左旁的“”形下部虽然略残，但上部之“△”形与甲骨文今字同，在此当为声符。甲骨文中“余”字与此字不同。我们可以根据金文来恢复这个残字的原形。

金文中与此残“”形相近而发“今”音的字为“金”字。金文中“金”字有下列诸形：

其一，有加二小点者。二小点有在“全”形的下一横以上的：（《令彝》，成王）；二小点有在“全”形的下二横以上的：（《函皇父簋》，厉王）；二小点有在“全”形旁边的∷全（《竈鼎》，穆王）；有在“全”形的下第一横和第二横之一侧的：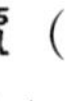（《录伯𢦏簋》，穆王），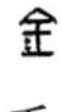（《吴彝》，恭王）；有的在“全”形的三横中间上下各加一点者：（《毛公鼎》，厉王）。

其二，有加三点者。三小点加在“全”形的三横中间：（《史颂

① 郭沫若：《奴隶制时代》，人民出版社1973年版，第21—22页。

簋》，恭王)，金(《徐王义楚鍴》)。

其三，有加四点者。四小点加在“全”形三横的中间：金(《吴王夫差剑》)。

甲骨文中的残“仐”形，与上述一、二、三类金字相比，看不出有二小点、三小点或四小点的任何痕迹。所以，甲骨文“仐”字所残缺部分，不会是二个、三个或四个小点；但金文中还有另一类型的“金”字。

其四，金字径作“全”形而不加小点：全(《禽簋》，成王)，钕(钕，即镈。《楚公逆镈》)。

甲骨文里的残字偏旁，虽然其下一画残去，但笔者于2011年8月参观新落成的山东省博物馆时，见到有关甲骨陈列和挂在壁上的重要甲骨放大照片。其中《合集》36984的“鎷”字，原拓本上下部不显的一笔，照片上显出残笔，应是弧画的两上端残笔。因此，此“金”字应近于上列《禽簋》与第四型的“金”字结构相同。因此，我们可以得知，“仐”形下残者当为一横画，全形应作“全”，即金字，与金文中不加小点的全字形同。这种类型的“金”字不仅使用于西周、春秋，而且战国时魏币“梁正尚金”的币文“金”字，也写作这样的形状。

第四型的“金”字虽然写法与小篆和现在通行的“全”字相同，但与全并不是一个字。全字不见于甲骨和金文。《说文解字》卷五(下)仝字，“完也。从人从工。全，篆文。仝，从玉。纯玉曰全”。仝是形容玉的，意与完通，全为后起字，全行而仝字废。因此，甲骨文作为偏旁用的“全”字，就是发今声的“金”字，不是小篆“全”或今日通行的“全”字。已如前述，古人称铜为金，甲骨文“金”字，在商代就表示铜。以此字做偏旁再加上“马”字，当隶定为“鎷”形，应发金声。

甲骨文的“鎷”字，既是马的专名，又是马的颜色，即用铜形容马色，这和《诗经·秦风》秦襄公时代的诗句“驷驖孔阜”的驖字作用是相同的。此驖字，郭沫若说：“注家谓马色如铁故名驖，也有径作‘铁’的，这怕是铁字的第一次使用。”① 准于此例，甲骨文的“鎷”字，当是此马其色如铜。因此，金字最早应出现在甲骨文中。

① 郭沫若：《奴隶制时代》，人民出版社1973年版，第32页。

我们将甲骨文的“金”字考订清楚，就可再回过头来读上列那条卜辞。“步”字在辞中当为祭名。郭沫若假为酺。[1] 这一辞是说：“辛卯日那一天卜，在某地（其地名尚待填补）问：殷王要举行祭酺，唯这匹铜色的马……（做祭牲）么?”

用铜的颜色来表示马色，必须是铜在人们的生活中使用得较为广泛，对铜颜色的观察，以及铜的性能十分熟悉以后，致使他们一看见这匹钨，便马上联想到铜的颜色；不宁唯是，既然表示铜色的金字在文字中已经出现，那么铜的冶铸历史必然会比金字的出现更早些。这也进一步说明达到青铜时代高峰的商代冶铸业已有了很长的历史发展。

甲骨文不仅为我们保存了这个难能可贵的“金”字，还为我们保存了一些不可多得的冶铸史料。

丁亥卜，大，〔贞〕……其铸黄〔吕〕……作盘……利叀。(《甲》1647)

王其铸黄吕，奠血，叀今日乙未利。(《金》511)

以上两辞，前一条是第三期物，后一条是第五期物。据燕耘研究，“黄吕”“有很大可能像唐兰所推测的那样，是由矿石冶炼而成的铜料块”。“奠血”即“用牲血祭新造铜器的习俗”[2]。前一辞是问，“丁亥日卜，贞人大问：冶铸铜料，铸造个铜盘……吉利么?”后一辞是：“王冶铸铜料铸器，用牲血祭奠，今日乙未这一天吉利么。”直接用炼好了的铜料铸器，而不是用铜矿石，说明了商代炼铜和铸造铜器的场地有的已经分开，反映了商代青铜冶铸业内部有了较细的分工。考古发掘完全证明了这一点。河南安阳殷墟苗圃北地的铸铜遗址，在一万平方米的范围内，只出土了坩埚、陶范和陶模等，却不见铜矿石[3]，表明这个遗址所用的原料当是甲骨文称之为“黄吕”的铜料块，即将在别处用铜矿石炼好的铜料块运

① 郭沫若:《殷契粹编考释》，第26页。

② 燕耘（即林沄）:《商代卜辞中的冶铸史料》,《考古》1973年第5期。

③《1958—1959年殷墟发掘简报》,《考古》1961年第2期。

来，在这里专门熔铸后造器。

由于商代青铜冶铸业的高度发展和广大奴隶们的智慧和创造才能，除了铜以外，其他一些金属也被认识和使用了。商代真金已被人们用作装饰品，在河南郑州①、安阳殷墟大墓②和大司空村③、山西保德④、河北藁城台西村⑤、北京平谷⑥都有发现；铅制品发现在安阳大司空村的平民墓中⑦；铁在商代发现极少，仅在藁城台西⑧、北京平谷⑨各出土一件形制相近的铁刃铜钺。据光谱分析，尚处在陨铁阶段。

在商代，除了银制品尚未发现外，后世所谓的“五金”中的金、铜、铁、锡都已经被应用到人们的生活中。但是，由于自然界金较为稀有，而且熔点很高；铅硬度低，不实用；铁在自然界藏量虽然较大，但熔点很高，当时达到那样的温度还很困难。因此，作为铜、锡合金的青铜，远较其他各种金属优越性大，成为生活中使用较为广泛的金属。直到春秋时，人们还以“美金”称呼青铜，这就是《国语·齐语》所说：“美金以铸剑戟，试诸狗马。”这说明，经过商、周，直到春秋时期，青铜还是人们生活中主要使用的金属。

第四节　商代的医学

我国医学自古以来就有着优良的传统和丰富的遗产，是古代劳动人民在长期与各种危害人体的疾病作斗争实践中经验的总结。甲骨文里有不少

---

① 河南省文化局文物工作队第一队：《郑州商代遗址的发掘》，《考古学报》1957年第1期。

② 参见胡厚宣《殷墟发掘》，学习生活出版社1955年版，第84页。

③ 马得志等：《1953年安阳大司空村发掘报告》，《考古学报》第九册，1955年。

④ 《保德县新发现的殷代青铜器》，《文物》1972年第4期。

⑤ 台西发掘小组：《河北藁城县台西村商代遗址1973年的重要发现》，《文物》1974年第8期。

⑥ 北京市文物管理处：《北京市平谷县发现商代墓葬》，《文物》1977年第11期。

⑦ 马得志等：《1953年安阳大司空村发掘报告》，《考古学报》第九册，1955年。

⑧ 河北省博物馆、文物管理处：《河北藁城台西村的商代遗址》，《考古》1973年第5期。

⑨ 北京市文物管理处：《北京市平谷县发现商代墓葬》，《文物》1977年第11期。

关于人体各种疾病的记载。

据专家研究，“殷人之病，凡有头、眼、耳、口、牙、舌、喉、鼻、腹、足、趾、尿、产、妇、小儿、传染等十六种，具备今日之内、外、脑、眼、耳鼻喉、牙、泌尿、产妇、小儿、传染诸科”[①]。这说明早在殷代，我国医学就有了很大发展。

随着甲骨文研究的深入，对殷人所患的疾病又有了新的发现。据研究，甲骨文里有“心疾”（《乙》738），而《左传》襄公三年、昭公元年记载，我国古代所说的“心”，其功能与现代所说的大脑功能相当。有人认为甲骨文里的“心疾”，应是我国古代关于脑神经系统病症的最早记载。还发现了“疾肘”（《乙》5587）的记载，这是关于臂部疾患的记录。此外，甲骨文里还在卜问人体某一部位的疾病时，在表示人体部位的字上加一小方形（或圆圈形）符号。如肘部“有疾”（《乙》7488），小腿部“疾”（《乙》1187），脚部“有疾”（《乙》2910），躯体上“疾”（《乙》5839），等等。这些表示人体疾病所在部位及患病状态的字，据研究，就是应表示生长在人体某一部位的疖肿一类的病症。[②]

甲骨文卜问疾病的记录，在某种意义上说，应是我国最早的医案。它不仅使我们在研究古代医学时，可以了解殷人所具有的各种有关疾病的知识，而且还可以使我们了解殷人对某些疾病已有的细致、深入的划分。且以口腔科为例，据研究，殷人已经将有关口腔科的各种疾病分门别类，划分得相当细微。这主要有“疾口”，表明殷人认识了口腔疾病；而不少有关“疾齿”的卜辞，说明殷人常为属于口腔科的齿疾所苦。不仅有一般关于齿病的记载，还有关于“龋齿”（《前》6.54.4）的材料，这是我国最古老的有关龋齿的记录。此外，在甲骨文有关口腔科疾病的记载里，还有“疾舌”，说明当时的人已对舌疾有了认识。舌疾常致使咽旁间隙受到感染，或因扁桃体周围脓肿、急性冠周炎、脓性颔下炎等疾病，引起人说话困难或语言嘶哑的症状，这就是殷人所说的“疾言”。甲骨文有不少关于“疾言”的卜辞，就是商人对口腔疾病引起咽喉病患

① 参见胡厚宣《殷人疾病考》，《甲骨学商史论丛》初集，第三册。

② 参见陈世辉《殷人疾病补考》，《中华文史论丛》第四辑，1963年10月。

的记录。

特别应该指出的是，殷人的“龋齿”记录，是我国医学史上很有意义的发现。据医学史专家研究，这比我国最早在《史记·扁鹊仓公列传》记载的龋齿发现于汉初，提前了一千多年。而在外国医学史上，古埃及发现龋齿是在公元前400—前300年，古印度最早关于龋齿的记载是公元前600年，而古希腊最早关于龋齿的记载是在与印度大体同时的希波克拉底斯的著作中。而我国，早在公元前13世纪的武丁时期卜辞里就发现了龋齿的记载，比上述几个国家要早700—1000年，这是殷人对世界医学宝库所做的重大贡献。①

虽然我们在甲骨文里看到殷人对各种疾病有了较全面的认识，而且有的门类还划分得很细，但目前在甲骨文里还没有发现（或有关的字暂时还没有被识读出来）反映殷人使用药物治疗疾病的材料。但是可以推测，殷人对各种疾病除了向祖先、神明举行祈求保佑，御除疾病的祭祀以外，也一定能用药物对疾病加以治疗。

1973年河北藁城台西村商代遗址发现了作为药物使用的桃仁、杏仁和郁李仁。② 据医学史家研究，“桃仁和郁李仁为两味不同的药物，但在疗效上却有一定相似之处，均能润燥通便和破血。从化学分析得知，它们的种仁均含有苦杏仁甙等药效成分”。遗址中出土的这类蔷薇科植物种子表明，商代已经认识到它们的果实可食用，而种仁可做药物的不同用途，“而且已有将大量坚硬外壳剥去，取其种子储存备用的药物加工措施”③。因此这些药物的发现，补充了甲骨文里还没有被我们认出来的记录有关商代用药物与各种疾病作斗争的文字。

通过甲骨文的研究，我们可以看到商代医学有了相当的发展。特别是龋齿的记载和考古发掘中药物的发现，为丰富人类医学宝库作出了有意义的贡献。

---

① 参见周宗岐《殷墟甲骨文中所见口腔疾病考》，《中华口腔科杂志》1956年第3号。

② 河北省博物馆、河北省文管处台西发掘小组：《河北藁城县台西村商代遗址1973年的重要发现》，《文物》1974年第8期。

③ 耿鉴庭、刘亮：《藁城商代遗址中出土的桃仁和郁李仁》，《文物》1974年第8期。

第五节　商代的天文历法和数学

“首先是天文学——游牧民族和农业民族为了定季节，就已经绝对需要它。”① 我国古代劳动人民由于农业和畜牧业生产发展的需要，很早就注意了对天象的观察。在距今五千年左右的原始社会后期遗址郑州大河村，就发现了我国最早的天象记录。生活在大河村遗址的古代居民，把对太阳、月亮、恒星等的观察，用生动的图案描绘在陶器上②，这是研究我国天文学史的珍贵资料。到了距今三千多年前的商朝，劳动人民在生产实践中，不断总结和积累经验，天文历法方面取得了很大进步。而天文观测和计算的需要，又促进了商代数学的发展。这些，在甲骨文里都有所反映。

殷代的历法是阴阳合历。每年一般分为春、秋两季（目前尚未发现有关夏、冬两季的记载）。正因为是阴阳合历，所以武丁时期年终置闰，把闰年的最末一个月称为“十三月”；一个月 30 天，称为“大月”。有时 29 天，称为“小月”。有时也将两个大月相连接，称为“频大月”。祖庚、祖甲以后，有时出现两个“七月”或“八月”，说明与年终置闰一起，开始有了“年中置闰”法。也有时一年十四个月，学者们认为这是“再闰”，直到西周还在沿用，春秋以后则不见了。③ 商代的月名除用一至十二等数字表示外，还有专名，如一月叫“食麦”，二月叫“父秾”（《后下》1.5，《通》6）等。一个月又分为三旬，每旬十日，日以干支数字表示。平年一般 353—354 日，闰年 383—385 日，年称为年、岁或祀。殷人历写的顺序与今人年、月、日的写法不同，顺序是日、月、年。

殷人已经把一昼夜划分为不同的时间阶段。从“日出”至“日入”的

① 恩格斯：《自然辩证法》，《马克思恩格斯选集》第三卷，人民出版社 1972 年版，第 523 页。

② 郑州市博物馆发掘组：《谈谈郑州大河村遗址出土的彩陶上的天文图象》，《河南文博通讯》1978 年第 1 期；郑州市博物馆：《郑州大河村遗址发掘报告》，《考古学报》1979 年第 3 期。

③ 据徐宗元《甲骨文所见的殷历》，此文未发表，内容提要见吴绵吉《徐宗元作有关甲骨、金文研究的报告》，《厦门大学学报》（社会科学版）1963 年第 2 期。

一个白天称为“日”。从“日入”至第二天“日出”的一个晚上称为“夕”。一个白天，又分为上午的明、旦、朝、大采、大食等，中午为中日，下午分为昃、小食、小夕、暮、昏等几个不同的时段观念。此外，表示已经过去的时间用“昔”，较近的未来时间用“翌”，较远的未来时间用“来”。甲骨中有记两个月日子的“历书”（《后下》1.5、《通》6），说明殷人的历法是相当严密的。

历法的发达是以对天象观察的进步为基础的。甲骨文里不但发现了很多关于风、云、雷、雨、雹等方面的记载，还有我国最早对大火（即心宿二。《后下》37.4；《甲》3083）、新星、鸟星（即南方七宿。《乙》6664）（附图十五）、大岁（岁星即今木星。《库》1022）等星宿的观察记录。此外，还有关于“日食”“月食”的记载。陈梦家认为董作宾在《殷历谱》一书中所推定的殷代“日月食的绝对年代，因无年代学的基础”是不可靠的。[①] 但也有人对《殷历谱》中所列据以推定殷代定朔的六次月食（包括《逸周书·小开篇》所记一次月食）和一次日食的研究又作了进一步分析，并根据奥泊尔则氏的《交食图表》和凡登的《公元前两千年的交食图表》及德效骞的《安阳可见的月食表》等书，验证了这些日、月食是否当时在安阳（或我国其他地方）能够见到。研究的结果是，除了董作宾所推算的在安阳能见到的小辛十年八月十五日壬子月全食的“月食一”正“发生在我国安阳时正午左右，我国能够看见的可能性不大”以外，其余几次月食和日食在安阳（或在我国其他地方）都能见到，从而得出结论说：“董作宾根据这几个日、月食所推定的殷代历法的定朔，即他所谓的‘点’是具有天文学上的可靠性的。”[②]

也有的学者对殷人的“纪旬”问题进行了探索，认为用甲乙丙丁戊己庚辛壬癸表示十天顺序的癸日是一旬的第一天，第十天应是壬日。殷人卜旬，“照例在每旬的第一天癸日举行，卜贞从癸日起算的这十天的吉凶事

① 陈梦家：《殷虚卜辞综述》，第223页。

② 参见赵却民《甲骨文中的日、月食》，《南京大学学报》（天文学）1963年第1期；20世纪末，“夏商周断代工程”对甲骨文中几次日、月食记载的研究取得了新的进展，参见《夏商周断代工程1996—2000年阶段成果报告》（简本），世界图书出版公司2000年版，第55—57页。

变”①。也有的学者根据新发现的材料并剔除误收各片，对董作宾所排定的帝乙（或帝辛）十祀至十一祀的征人方表谱重新排定。② 张政烺则通过对一条武丁晚期卜辞“㞢，五百四旬七日至，丁亥，从。在六月”（《乙》17）的研究，对决定殷代“岁首”的冬至、夏至作了进一步的阐述。他认为这条卜辞“是一条卜辞的占辞”，省去了常见的“王占曰”三字。他论证说：“这类字体的卜辞的纪日法是从卜之明日起算，五百四旬七日是547个整日，加上卜日的半日（不足一日）共547.5日，这是回归年一年半的日数。这条卜辞是在六月即‘夏至月’占卜的，等着过了五百四十七日半，到明年十二月的日至（即冬至）丁亥这天，照卜兆行事，开始裒田。这条卜辞的卜日（干支）虽然缺失，推测当在庚辰，即夏至日。”③ 还有的学者对甲骨文里有没有彗星，也进行了一定的探索。④ 总之，这些新的探索和研究，对殷代历法的深入认识和殷周年代学的研究是很有意义的工作。

天文学只有借助数学才能得到进一步发展。殷代数学方面也积累了丰富的知识。甲骨文里最小的数字为一，最大的数字为三万，反映了殷人已有个、十、百、千、万的数字概念。有关商代历史的古文献里，还有万以上的数字概念“亿”“兆”等。商代已能进行一般的数学运算和使用倍数。⑤ 根据铜器和陶器上描绘的几何图案和测量土地的需要，还可以推知殷人已有了一定的几何学知识。

特别应该指出的是，郭沫若在《古代铭刻汇考》一书的《释五十》一文中，曾指出殷人“十之倍数，古文多合书……骨文金文都如是”，并又在《古代铭刻汇考续编》一书的《释七十》中，进一步论证了“卜辞十之倍数……均十在上，而倍之之数在下”的规律。甲骨文里二十、三十、

① 马汉麟：《关于甲骨卜旬的问题》，《南开大学学报》（人文科学版）1956年第1期。

② 参见陈梦家《殷虚卜辞综述》，第301—312页；李学勤《征人方新谱》，《历史学习》1956年第5期（油印本）。

③ 参见张政烺《卜辞裒田及其相关诸问题》，《考古学报》1973年第1期。

④ 平心先生关于商代发现彗星之说虽不可从，但他在这方面的探索是有益的，见其著《商代的彗星》，《文汇报》1962年8月7日。

⑤ 参见严敦杰《中国古代自然科学的发展及其成就》，《科学史集刊》第3期，科学出版社1960年版；李俨《中国古代数学史料》，上海科学技术出版社1962年版。

四十、五十、六十、七十、八十的倍数合文，都被他发现了。但“九十之例迄今未见”，指出“其于殷文意必亦十上而九下”[①]。根据郭沫若的这一提示，王宇信发现《乙》764 记载的“鹿百又九十又九”的九十合文和吉林省博物馆藏片 121（正为《前》6. 11. 5）之反的“三百九十四鹿”的九十合文，其字形不仅与“九”字有所区别，而且从其所处的十位数的位置看，正是符合“十在上，而倍之之数在下”的卜辞十之倍数合书的规律，应为郭沫若四十多年前所预示的“将来终必有出现之一日”的“九十”合文。[②] 自此，甲骨文从二十至九十的十的倍数，就再也不缺哪一个环节了。（附图十七）

殷代天文历法和数学的发展，是殷人长期生产和生活实践的总结。它反映了我国古代劳动人民无穷的智慧和创造力，并成为人类科学宝库的珍品。

---

① 郭沫若：《释七十》，《古代铭刻汇考续编》。

② 王宇信：《释九十》，《文物》1977 年第 12 期。

第六章

郭沫若对甲骨文研究的卓越贡献

甲骨文从1899年发现到现在，已经有一百多年的历史。郭沫若从1928年开始研究甲骨文直到逝世，经历了甲骨学史上的整整50个年头。在半个多世纪的岁月里，郭沫若无论在早年紧张而艰难环境里，还是在新中国成立后繁忙的国务活动中，一直没有间断过甲骨学和古史研究，并屡创新说。

第一节　郭沫若与甲骨文的搜集和著录

1927年以后，郭沫若旅居日本。当时，为了宣传历史唯物论的社会发展规律学说，他潜心研究中国古代史，“向搞旧学问的人挑战”[①]，搜集并研究了大量甲骨、金文资料。他在日本编辑并加以考释的《卜辞通纂》《殷契粹编》等书，以及在逝世前主编《甲骨文合集》一书过程中，对甲骨文的搜集和流传做出了巨大贡献。

《卜辞通纂》一书是郭沫若在1933年编辑出版的。在编纂此书前，郭沫若看到殷墟所出流入日本的大批甲骨中，除一小部分在《龟甲兽骨文字》一书中有著录外，其他大多尚未著录。为了给学者提供较全面的研究资料，郭沫若原打算“以寄寓此邦之便，颇欲征集诸家所藏以为一书”，因此他在日本千方百计探访各家所藏甲骨的情况。根据他留意探寻

① 郭沫若：《金文丛考》重印弁言。

的结果，了解到日本各家所藏甲骨的情形是：东大考古学教室收藏约百片，上野博物馆收藏廿余片，东洋文库收林泰辅旧藏百余片，中村不折约收藏千片，中岛蠔山收藏二百片，田中子祥收藏四百多片，京都大学考古学教室收藏四五十片，内藤虎男收藏二十余片，富岗君捣收藏七八百片……以上各家共计收藏三千片左右。但还有不少收藏家的藏品，“因种种关系，未得寓目；又因此间无拓工，余亦不长于此，所见未能拓存”的缘故，使郭沫若收集日本各家所藏甲骨编成一部书的打算“稍稍改变”。而“改变后之成果则本书是也”[①]，这就是《卜辞通纂》一书的出版。

虽然如此，郭沫若搜集甲骨的贡献也反映在《卜辞通纂》一书中。该书的“别录”，将他在日本“所得公私家藏品之拓墨或照片，均选尤择异而著录之”。《卜辞通纂》一书除“别录”选录甲骨 129 片外，正编共“选辑传世卜辞之菁粹者”800 片，按干支、数字、世系、天象、食货、征伐、田游、杂纂等八项加以排比并作有考释。每一项后，又分别做有小结。这既可使读者全面系统地认识每一类甲骨文的内容，还可以从每项卜辞的内容里了解殷代社会各方面的情况。

郭沫若另一部重要甲骨著录是 1937 年出版的《殷契粹编》。这部书与《卜辞通纂》选辑传世各家“卜辞之菁粹者”略有不同，而是仅就上海大收藏家刘体智所藏 2.8 万多片甲骨中，选出 1955 片精品编纂而成。《粹编》一书在内容的分类上，大致与《卜辞通纂》相同，也对书中每一片甲骨做了考释。

《卜辞通纂》和《殷契粹编》二书，因所收甲骨主要都是 1928 年殷墟科学发掘前各家所藏的珍品，而且郭沫若对各片的考释多有创见，不少是“罗、王诸家所未知或遗误者”[②]，“足以矜耀于契林”[③]。所以两书出版后，引起了国内外学术界的极大重视。直到今天，仍不失在甲骨文和商史研究中的重要参考价值。为适应研究的急需，《殷契粹编》经过换片和必要的

① 郭沫若：《卜辞通纂・序》。
② 同上。
③ 郭沫若：《殷契粹编・序》。

加工，于1965年由科学出版社重印。《卜辞通纂》一书，“目前科学出版社正在加工整理准备再版中”[1]，并于1983年6月再版，适应了学术界研究的需要。

新中国成立以后，郭沫若前辈在学术上仍然孜孜不倦地进行着新的探索，特别是由他主编的我国第一部大型甲骨文资料汇编——《甲骨文合集》一书的出版，又对甲骨文的搜集和流传做出了新的贡献。

根据郭沫若主编“尽可能把材料搜集齐全”[2]的要求，历史研究所《甲骨文合集》编辑组的全体同志，在总编辑胡厚宣先生指导下，从60年代初，就开始全面收集几十种国内外出版的甲骨著录和分散在国内不同藏家尚未著录的甲骨。因此，《甲骨文合集》收入了一批新资料，如明义士所藏甲骨数万片，除他在《殷虚卜辞》一书曾著录两千多片和选拓过一千多片分赠友人外，还有不少未经著录。这次将遗留在山东省博物馆明义士旧藏甲骨墨拓，与1972年许进雄所编《加拿大皇家安大略博物馆藏甲骨文字》(所收甲骨也是明义士旧藏)一起收入了《甲骨文合集》书中。此外，罗振玉所藏甲骨中不少流散于山东省博物馆、辽宁省博物馆、吉林省博物馆、吉林大学、旅顺博物馆等地，其中不少未在《前》《后》《续》《菁》等书著录过的甲骨，这次也予以墨拓，收入《合集》之中。其他如十多年前上海博物馆新收藏的甲骨三百多片、已故民族学院徐宗元教授所藏甲骨三百多片和柏林民俗博物馆藏甲骨照片等，也都收入了《合集》。[3]可以说，《甲骨文合集》是1973年以前安阳所出甲骨文的一部全面总结性的著录。

20多年来，《甲骨文合集》的编辑工作，曾因不断的政治运动的干扰、破坏，几度处于停顿状态，直到1972年年底，工作才再度恢复。年近八旬高龄的郭沫若对《合集》的进展情况十分关切。1973年5月，《合集》编辑工作组总编辑胡厚宣写信把恢复工作后的进展情况报告给他时，他非常高兴，写道：“《甲骨文合集》的工作大有进展，颇为欣慰”，并要

---

① 参见胡厚宣《郭沫若在甲骨学上的巨大贡献》，《考古学报》1978年第4期。

② 同上。

③ 参见王贵民《一部大型的甲骨文资料汇编——〈甲骨文合集〉》，《中国史研究动态》1979年第9期。

求参加编辑《合集》工作的同人："工作既在进行，就积极推进，把稿子编好，是目前第一要紧事。"① 郭沫若还把胡厚宣写给他的信加上批语，送交当时的国务院科教组，1973 年《合集》被列为国家重点研究项目之一，解决了出版问题。

1975 年，郭沫若应《合集》编辑工作组的请求，为《合集》一书写了"甲骨文合集"这几个苍劲有力的封面题字。读者们又哪里会知道，郭沫若不顾高龄和刚刚病愈的虚弱身体，一次就写了几份题字让同志们选择呢！他为了提高《合集》的编辑质量，一丝不苟、严肃认真的精神，深深地教育了编辑工作组的全体同人。

1976 年冬，郭沫若在家里接见了胡厚宣等几位《合集》编辑工作组的核心成员，他听取了关于《合集》工作进展情况的汇报后，高兴地答应要亲自动手为《合集》撰写前言；接见时，有的学者谈到不同意郭沫若将 1971 年安阳新出的几块甲骨定为武丁时期②的看法，郭沫若笑着说：在《合集》一书对这几块甲骨时代的处理时，"我从众"。他还关心着编辑工作组的其他同人们，说：想念着他们，并盛情邀请《合集》编辑工作组的全体同人在春暖花开的时候去他家里做客。现在，《甲骨文合集》已经分册出版并于 1982 年出齐（后又经再版），这与郭沫若对《合集》编辑工作的热情关注和支持是分不开的。

郭沫若以他编纂的《卜辞通纂》《殷契粹编》和主编的《甲骨文合集》，为甲骨文的搜集和流传做出了巨大贡献。特别是他主编的《甲骨文合集》这样一部集大成的甲骨著录，不仅是 80 多年来发现甲骨文的总结，而且对今后甲骨科学的进一步全面深入发展有着不可估量的意义。

第二节 郭沫若的甲骨文研究

郭沫若为了研究古代史，在搜集甲骨文的同时，"对于殷代的甲骨文

---

① 胡厚宣：《郭老对于甲骨学的重大贡献》，《光明日报》1978 年 6 月 28 日。

② 郭沫若的看法见所著《安阳新出土的牛胛骨及其刻辞》，《考古》1972 年第 2 期。

字和殷周两代的青铜器铭文也就不得不进行研究”①。他对于甲骨文本身的一些规律——甲骨学，诸如文字的考释、分期断代、断片缀合、残辞互补、卜法文例等方面的研究，都有很多超过前人的创见。他在甲骨学方面的渊博知识和才华，横溢在《甲骨文字研究》《卜辞通纂考释》《殷契粹编考释》《文史论集》《古代铭刻汇考》及《续编》等专著和许多甲骨论文的字里行间。

在文字考释方面，郭沫若屡创新说。他论定了“祖妣为牝牡之初字，则祖宗崇祀及一切神道设教之古习亦可洞见其本源”②。“臣民均古之奴隶”，宰亦犹臣。③ 他还论定甲骨文中“藉之初字，像人持耒耜而操作之形”，考证出甲骨文勹、勿“二者各不相干”，“殷代已有犁有笏”④。他在研究了古代记数后，说：“数生于手。古文一、二、三、四作一二三亖，此手指之象形也”，认为“表数之文字自三、四以上将不免发生变例”。我国“数字系统大抵即以四为界，由四之异体以至于九，则别为一系”。而“十之倍数，古文则合书”，“百与千之倍数亦合书”，“不足十百千之数，于文每加‘又’”，发现了从二十至八十的十的倍数“合文”，并指出“九十之例迄今未见，其于殷文意必亦十上而九下，将来终必有出现之一日”⑤。郭沫若还对十二支的起源问题进行了研究，“把它解释为起源自巴比仑的十二宫”⑥。还考证了岁戊古为一字，殷代已知岁星，“以戉为之符征以表示其灵威”，“岁星之岁始孳乳为年岁字”等。⑦

特别是郭沫若在《卜辞通纂》和《殷契粹编》二书的考释中，在文字考释方面也多有创见。《卜辞通纂》一书中，郭老发现了甲为沃甲，为阳羊，解决了罗振玉、王国维等人所没有能解决的问题，对殷代先王世系的研究做出了贡献。此外，破罗振玉“王宾”为名词，“称所祭之祖曰

① 郭沫若：《金文丛考·重印弁言》(1952年)。
② 郭沫若：《释祖妣》，《甲骨文字研究》。
③ 郭沫若：《释臣宰》，《甲骨文字研究》。
④ 郭沫若：《释藉》，《甲骨文字研究》。
⑤ 郭沫若：《释五十》，《甲骨文字研究》及《释七十》，《古代铭刻汇考续编》。
⑥ 郭沫若：《甲骨文字研究》重印弁言。
⑦ 郭沫若：《释岁》，《甲骨文字研究》。

王宾”的旧说（《通》161 考释），考订“宾”为动词。发明“衣为殷城”，“其国号本自称商，而周人称之为衣，后又转变为殷”，以表示对商人的敌忾。其他还有凤为帝史、云霓卜雨、殷王车驾之制、帝乙迁沫之说等。[①] 论定了殷先公上甲之后，世次当为报乙、报丙、报丁以及“日之出入有祭，足证尧典‘寅宾出日’及‘寅饯入日’之为殷礼。凤为伊奭，步有方位，是征殷人神话之残痕。曦假兮字为之，昏实不从民作。雩或作霾，霾旱之意甚明。厩本作宭，畜马之闲如睹。方伯午胥之官，南单三门之地，又史又宗，五山五臣，或制启后来，或名属仅见。又如以已字为语助，假火字以代咼，八千八百，三万十朋诸合文，大今二月，大今三月之异语”[②]，等等，不胜枚举。

在甲骨文分期断代研究方面，郭沫若也取得了不少成绩。虽然他没有亲身参加过殷墟发掘，但已如本书小引的第五节“凿破鸿蒙——‘大龟四版’的启示和《断代例》的发表”一节所述，郭沫若在日本，与董作宾不谋而合地发现了二百七十三年的甲骨文应有时代早晚之别。在他编纂《卜辞通纂》一书时，“初有意于书后附以‘卜辞断代表’，凡编中所列，就其世代可知者一一表出之”。但他在与董作宾的通信中，得知其《甲骨文断代研究例》正在撰写和十项标准，“文虽尚未见，知必大有可观，故兹亦不复论列”[③]。《卜辞通纂》付印后，董作宾将《甲骨文断代研究例》的三校稿本寄给郭沫若后，他还为之补充了第二期的贞人尹，并对董文中的羌甲、虎甲有所辩难。所以郭沫若和董作宾一样，是最早进行甲骨文分期断代研究的学者。直到前几年，郭沫若还根据 1971 年安阳新出土的卜骨上的称谓，进行了与一般认为刻辞是廪辛、康丁时代的不同探索。[④]

在甲骨文的断片缀合和残辞互补方面，郭沫若也发凡起例，做出了很大贡献。他在《卜辞通纂》一书“序”中曾谈道“由二以上之断片经余所复合，亦在三十事以上。中有合四而成整简（《通》596）、合三而成整

---

① 郭沫若前辈《卜辞通纂》一书的各种新说，概述于该书的序及后记中。

② 郭沫若前辈《殷契粹编》一书的各种新说，概述于该书的序中。

③ 郭沫若：《卜辞通纂·序》。

④ 郭沫若：《安阳新出土的牛胛骨及其刻辞》，《考古》1972 年第 2 期，收入《出土文物二三事》一书。

简（《通》259）、合二而成整简者（《通》730），均为本书所独有”。而《殷契粹编》一书，也将断片尽量拼合，特别是《粹》112 和《粹》113 这两个拼合版（附图十六），是殷代先公上甲后世次为报乙、报丙、报丁的铁证，为王国维《先公先王考》及《续考》增加了新证据，证明“史记之误为绝对无疑”①。他还把平时留意于缀合所得写成《断片缀合八例》，收入《古代铭刻汇考》一书中；郭沫若还发现“卜辞纪卜或纪卜之应，每一事数书，因之骨片各有坏损时，而残辞每互相补足”，将同文的残缺卜辞互相补充，写成《残辞互足二例》。② 在后来《甲骨文合集》一书的编纂中，也是根据郭沫若的启示，尽量将残碎甲骨缀合，并将同文卜辞按卜序集中在一起处理的。

在甲骨文的卜法、文例等方面的研究，郭沫若也远见卓识。他正确指出了“卜辞契例，凡于长骨分契成段者，左行右行率一律。然亦有参错互行者”，并以《殷契佚存》第二片的四段刻辞为例，指出“一、二左行，三、四右行。左行者辞次由下而上，右行者辞次由上而下。两者所卜之时期不同”③；他较早地发现了甲骨文“百又七旬又九日”（《通》788）的“验词”和“记用刻辞”。说“‘兹御’，卜辞恒语，盖犹它辞言‘兹用’也”④；也较早地注意到卜兆序数，说此“乃纪卜之数字”；至于郭沫若在《卜辞通纂考释》中所提出的“卜用三骨”的著名论断，已如第三章第六节所述，为安阳殷墟和藁城的考古发掘和其他材料所证实；郭沫若还对“骨臼刻辞”做了研究，“由其所刻之地位以觇之，其性质实如后人之署书头或标牙签耳”，论证了骨臼刻辞是“武丁时物，其前其后均所未见，盖一代之典礼习尚如是也”⑤；他还从《粹》1160 发现“三目字均著于辞末，当是虚辞，即典籍中所常见之已若矣”，并发现殷代已在进行文字简化⑥；

① 郭沫若：《殷契萃编·序》。

② 郭沫若：《古代铭刻汇考》。

③ 郭沫若：《殷契萃编考释》，第 87 页。

④ 郭沫若：《卜辞通纂考释》，第 9 页及《殷契粹编考释》第 95 页。

⑤ 郭沫若：《骨臼刻辞之一考察》，《古代铭刻汇考续编》。

⑥ 郭沫若：《由周初四德器的考释谈到殷代已在进行文字简化》，《文物参考资料》1959 年第 7 期，收入《文史论集》，人民出版社 1961 年版。

有关甲骨文字的书写，他提出了“习刻卜辞”、缺刻横画、缺刻竖画[1]等问题。直到年近八旬的时候，还对甲骨文字的起源、用途、事类、格式、规律等方面进行全面总结，并从象牙工艺的工序，悟到古代整治甲骨和刻写文字时要用某种酸性溶液浸泡。[2]

郭沫若同志在甲骨文研究方面之所以取得重大成就，除了他学识渊博，继承并弘扬了汉学传统，精通古代典籍和各种古文字外，更重要的是他使用了历史唯物主义方法，因此才能高屋建瓴，不少地方超过了前人。就以《释祖妣》一文为例，他从人类历史发展变化的观点出发，发现“祖妣为牡牝之初字”。“盖上古之人本知母而不知父，则无论其父之母与父之父。然此有物焉可知其为人世之初祖者，则牝牡二器是也。故生殖神之崇拜，其事几与人类而俱来。”这使那些“视此事为不雅驯而讳莫如深”的“缙绅先生”们所不能（也不想）发现的史迹得到了认识；他对古籍记载的“燕之驰祖”“齐之社稷”“宋之桑林”“楚之云梦”的精辟考证，就是把有关原始社会人类历史的各种记载，做了历史唯物论的科学分析而得出的。虽然这些博大精深的见解当时曾使不少腐儒为之“瞠目”，但其为恢复古代婚姻制度和母权时代历史遗迹所作的巨大功绩，却被进步史学家和古文字学家所接受和称道。

郭沫若对甲骨文自身规律——甲骨学的研究，取得了很大成绩。他的许多发现和论述，不少是“发其辞例”的，得到了不少甲骨学家的进一步阐述和论证，对我国历史唯物主义甲骨学的研究和发展，做出了重大的贡献。

第三节　郭沫若的历史唯物主义商史研究

1928 年，郭沫若开始在历史唯物论指导下，搜集和研究甲骨文，目的

---

① 郭沫若：《缺刻横划二例》，《古代铭刻汇考》。

② 郭沫若：《古代文字之辩证的发展》，《考古》1972 年第 3 期；收入《奴隶制时代》，人民出版社 1973 年版。

是“想通过一些已识未识的甲骨文字的阐述，来了解殷代的生产方式、生产关系和意识形态”[1]，探讨商代社会的历史。他发现：“（一）中国的古物属于有史时期的只出到商代，是石器、骨器、铜器、青铜器，在商代的末年可以说还是金石并用的时期。（二）商代已有文字（三十年前在河南安阳县有龟甲骨版上锲刻着的贞卜文字出现），但那文字80%以上的是象形图画，而且写法不一定，于字的构成上或倒书或横书，或左或右，或正或反，或数字合书，或一字析书。而文的构成上亦或横行或直行，横行亦或左读或右读，简直是五花八门。可以知道那时的文字还在形成的途中。（三）商代的末年还是以牧畜为主要的生产手段/方式，卜辞中用牲之数每每多至三四百，即其证据。农业虽已发明，但所有的耕器还显然在用蜃器或石器，所以农业在当时尚未十分发达。”得出了“中国的历史是在商代才开幕，商代的产业是以牧畜为本位，商代和商代以前都是原始公社社会”[2] 的论断。

郭沫若基于对商代社会性质的这一估计，对商代社会的经济基础和上层建筑进行了全面论述。他考察了商代的渔猎、牧畜、农业、工艺、贸易等各方面的情形，指出“商代的产业是由牧畜进展到农业的时期”。甲骨文反映渔猎在当时“确已不视为主要的生产手段了”，进入畜牧业最繁盛的阶段，而农业还不十分发达。甲骨文里许多关于食器、土木、纺织、武器等有关“宫室器用的文字”，可以与殷墟大量出土铜器相印证，反映“当时的青铜器已很发达”。与此同时，“石器骨器尚盛见使用”，而且“尤可注意者则殷墟中无铁器出现”，所以“殷墟时代还是考古学上所说的‘金石并用时代’”。畜牧业、农业和手工业发展，促使“有商行为的存在，然其事尚在实物交易与货币交易之推移中”。

商代社会经济基础处在“由牧畜进展到农业的时期”的变化，反映在社会的上层建筑方面必然“也呈出一种过渡时代的现象”。甲骨文里许多有关“多母”“多父”的记载，是商代末年“实显然犹有亚血族群婚制存在”的反映。正因为如此，甲骨文里有不少以母权为中心的痕迹。这就是“殷之先妣皆特祭”，“帝王称‘毓’”和“兄终弟及”等制度。甲骨文里

① 郭沫若:《甲骨文字研究·重印弁言》。

② 参见郭沫若《中国古代社会研究》一书的“导论：中国社会之历史的发展阶段”。

今王称王，仅于先王称“毓”，反映了女性酋长曾一度活跃于历史舞台上。虽然如此，商代原始社会已逐步瓦解，私有财产已经产生，奴隶已经为私人所有。①

郭沫若于1931年出版的《甲骨文字研究》，是《中国古代社会研究》的续篇。书中的《释藉》《释勿勿》《释朋》等篇，继续对商代经济基础作了探索。在《释祖妣》一文，阐述了甲骨文里母权制时代的残余和宗教起源于生殖崇拜的问题；《释臣宰》一文论述了“臣民均古之奴隶，宰亦犹臣”，并且“臣宰视民为贵”。这是因为民是被征服民族中的较为强悍者，而“臣”“宰”是较为顺从并帮助征服者统治本民族的人，“故虽同是罪隶而贵贱有分”，到了后世“则凡治人者称臣宰，被治者称庶民”；在《释和言》一文里，研究了商代的艺术。商代祭祀时已使用舞、乐，乐器有鼓、磬、龠，有大箫之言和小笙之和；在《释岁》《释支干》这两篇论文里，对商代的天文历法做了研究。商代已识岁星，“十二辰文字本黄道上十二恒星之符号，与巴比伦古十二宫颇相一致”，天文历法达到很高水平。郭沫若关于十二支起源问题的探索，直到今天还有不少学者仍在继续深入探讨和研究。

郭沫若的《中国古代社会研究》和《甲骨文字研究》二书，“辅车唇齿”，是他早年用历史唯物主义研究甲骨文里所反映的商代从经济基础到上层建筑，包括意识形态等各方面社会历史的代表作。此外，《卜辞通纂》《殷契粹编》二书的序言和考释，对商代社会的政治、经济、军事、文化和对外关系等方面的史迹也多有阐发。②

郭沫若早年对商代社会历史的研究，到了1944年又有了新的发展。这是因为文献材料、青铜器铭文的整理研究又有了新的进展，特别是随着时代的前进，甲骨文“以前不认识的事物后来认识了，以前认错了的后来改正了。我们要根据它作为社会史料，就应该采取‘迎头赶上’的办法，把它最前进的一线作为基点而再出发”。因此他认为要对自己“十几年前

---

① 参见郭沫若《中国古代社会研究》一书“第三篇卜辞中的古代社会”。

② 郭沫若大师《通》《粹》二书中对商代历史的论述，在陈梦家《殷虚卜辞综述》一书中有概括整理，见该书第631—632页。

认为殷代是原始公社制末期的那种看法，当然要修正才行”[①]，从而对商代社会性质加以重新认识，论定商代是奴隶社会。其大概情形是：

虽然甲骨文记载反映了商代的畜牧业还相当发达，但农业已经成为社会生产的主要部门。甲骨文里田畴农耤、禾黍来麦穑稟等有关农业的字经常见到，殷人祭祀时经常使用酒、鬯等农产的再制品，也反映了殷代农业的高度发展。

殷代农业的发达，是与大规模使用农业奴隶劳动分不开的。虽然殷代耕具还是使用蚌制和石制的原始工具，但甲骨文里耕田的人称为“众”或“众人”，众字写成“日下三人形”，“耕种的规模就原辞的气势上看来也是相当宏大的”。这些众或众人，“在周穆王以后都还是奴隶，在殷代的情形便可以由这儿逆推了”。商代奴隶主利用超经济强制手段，迫使大批奴隶在使用极其简单原始工具的条件下，产生了巨大的合力，从而使农业生产得到发展。甲骨文中犁牛的犁字，反映了商代可能在使用牛耕，这也说明商代农业生产力有了提高。

与农业有着密切关系的历法，也取得不小进步。甲骨文有关各种工艺品的记载和大量遗物的出土，反映了殷代手工业和蚕桑业已很发达。而手工业的发展，是以农业的高度发展为前提的。

此后，郭沫若的“殷代是奴隶社会”的看法，被越来越多的考古材料所证实。正如他 1950 年在《十批判书》的“再版书后”满怀信心地说：“在今天看来，殷周是奴隶社会的说法，就我所已曾接触过的资料看来，的确是铁案难移。”

特别是郭沫若在《读了〈记殷周殉人之史实〉》《申述一下关于殷代殉人的问题》《奴隶制时代》等论文里，对商代是奴隶社会的看法进一步做了全面深入的阐述。他对大量甲骨文资料和新发现的考古材料进行了科学分析，说：“殷人的王家奴隶是很多的，私家奴隶也不在少数。‘当作牲畜来买卖’的例子虽然还找不到，但‘当作牲畜来屠杀’的例子是多到不可胜数了。主要的生产是农业，而从事农耕的众人是‘畜民’中的最下

① 郭沫若：《十批判书》中的《古代研究的自我批判》。

等”。如此等等，进一步论证了“殷代是奴隶社会是不成问题的”[①]。

1976年出版的郭沫若主编的《中国史稿》一书，体现了他近年对商代史的系统看法。《中国史稿》一书中，郭沫若全面研究了有关商代历史的古代文献、考古和甲骨文资料，特别是近年大量发现的考古资料，论述了商朝奴隶制国家的建立发展，尤其是盘庚迁殷以后，达到了奴隶制的兴盛时期。以商王为代表的奴隶主阶级和臣、众、仆、妾等广大奴隶和平民是商代社会尖锐对立的两大阶级。正是被投入各个社会生产领域的广大奴隶的辛勤劳动，才促使商代社会生产发展，剩余产品增多，文化和科学技术也相应发展起来。在商王朝末期，奴隶、平民与奴隶主贵族的矛盾，被压迫、奴役的方国部落与商王朝之间的矛盾，达到了空前尖锐的程度。长达六百多年的商王朝，就是在奴隶、平民和受压迫方国部落的打击下，被彻底推翻的。

50多年来，郭沫若对商代社会性质等古史问题孜孜不倦的探讨和研究，代表了我国马克思主义历史科学的发生、发展和成熟的历程。虽然早年郭沫若由于“殷墟的科学发掘还没有开始，所根据的殷墟资料，主要是很不完全的由刘铁云、罗振玉诸人所收购得来的一些东西”[②]，得出了殷代尚处在金石并用时代的原始公社制末期的不成熟论断，在1944年以后就有了很大修正，但他用历史唯物主义研究我国古代社会历史的开创之功是不能抹杀的。在郭沫若早年的著作中，不仅对于甲骨文的搜集、著录和文字考释方面做出了巨大贡献，而且对古代社会很多史迹的发现和发明，直到今天仍很有科学价值。也正是因为他勇于探索，敢于自我批判，在否定了自己早年关于商代原始社会的不成熟看法后，才为他后期深入进行商代奴隶社会史的研究和对古代史分期等问题提出全面系统的看法打下了坚实的基础。

因此，郭沫若大师结合甲骨文和古代文献、考古资料对商代社会性质进行的探索，开创了我国用历史唯物主义学说为指导研究历史的新局面。[③]

---

① 参见郭沫若《奴隶制时代》，1973年5月第2版，第25页及此书所收有关商史论述。

② 郭沫若：《奴隶制时代》，1973年5月第2版，第91页。

③ 参见谢宝成《郭沫若评传》，百花洲文艺出版社1996年版；王宇信《中国甲骨学》，上海人民出版社2009年版，第403—435页。

第四节 老一辈甲骨学者的“益友”和初学甲骨者的“良师”

郭沫若在长期的甲骨文、金文和古代史的科研实践中，虚怀若谷，坚持自我批判，严格要求自己，取得了巨大成就。他在学术上，平等待人，经常与有真知灼见的老一辈学者互相切磋。他从善如流，深得老一辈甲骨学者的爱戴；与此同时，郭沫若为了发展我国的甲骨文研究事业，热情关怀青年，是初学甲骨、金文和古代史年轻人的“良师”。

郭沫若很早就与一批著名的甲骨、金文专家和收藏家结下了深厚的友谊。在编纂《卜辞通纂》一书时，董作宾就从国内与他通信并将《甲骨文断代研究例》三校稿本寄到日本，就甲骨文的分期断代问题与他进行探讨。郭沫若“既感纫其高谊，复惊佩其卓识”[①]。著名的甲骨收藏家刘体智，将所收藏的甲骨墨拓成《书契丛编》20册，供郭沫若选取其中精华部分编成《殷契粹编》一书。他与郭沫若的“如此高谊，世所罕遘”[②]。其他一些著名学者如唐兰、容庚、于省吾、商承祚、胡厚宣等人，也与郭沫若结下了深厚的友谊。唐兰虽然在1939年以前还未曾与郭沫若见过面，但正如他自己在《天壤阁甲骨文存考释》第20页所说，与郭沫若“于文字颇有深契。余固常采用其新说，而余每出一说，人或怀疑而氏（按指郭沫若）辄信用。氏之从善如流，固异夫世之一字不合，视若仇雠者”。容庚也在未与郭沫若见过面前，就应他来信寄赠所缺资料。于省吾则常为郭老提供珍贵拓本，并与郭老通过书信对学术问题进行探索。[③] 商承祚在抗日战争时期，与郭老住处相离不远，“因此过从较密。每周至少见一次面，闲谈及讨论学术等问题，各抒己见，滔滔不绝，至为欢畅”[④]。胡厚宣当时

① 郭沫若：《卜辞通纂》序及后记。

② 郭沫若：《殷契萃编·序》。

③ 于省吾：《忆郭老》，《理论学习》，《吉林大学学报》（哲学社会科学版）1978年第4期。

④ 商承祚：《缅怀郭沫若同志》，《中华文史论丛》第八辑，1978年10月。

在成都，也将自己的新作寄交郭老，“并承赐函商讨”[①]。

新中国成立以后，郭沫若虽然公务繁忙，但仍在关心着老一辈的学者。1949 年，他在于省吾举行的家宴上，与马衡、唐兰、陈梦家、于省吾等古文字学家共聚一堂，欢庆胜利并为发展新中国的古文字研究事业共谋大计。1956 年，容庚、唐兰、商承祚、于省吾等又到郭老家里聚会，畅谈新中国考古事业的成就。[②] 他经常在政治上关心老一辈的学者，嘱咐他们“对于马克思列宁主义应该更坚决地大胆深入”[③]，并语重心长地规劝了个别学者的“非学者的态度”[④]。在学术上，郭沫若就殷代殉人问题、古史分期等问题与老一辈的史学家和青年史学工作者互相切磋，促进了我国马克思主义历史学的发展和繁荣。他把于省吾为《殷契粹编考释》所作的眉批收在 1965 年再版的书中，表示对于省吾意见的重视。他还把自己的《安阳新出土的牛胛骨及其刻辞》一文，在发表前送给胡厚宣征求意见。1972 年在《考古》发表时，将胡厚宣的一些意见作为文章的“追记”部分一并刊出，表示对胡厚宣看法的尊重；郭沫若还经常关心着老一辈学者的科研工作。1973 年，他要胡厚宣趁着还年富力强，赶快抓紧时间整理自己的著作。在给胡厚宣的信上，谈了自己的体会，说：“目力差，现在看甲骨文很吃力了。深感在年富力强时，必须抓紧工作。”[⑤] 胡厚宣深受鼓舞，订下了自己的科研计划，表示不仅要保质保量地完成由他具体负责主持的《合集》一书的编纂工作和写出更多的甲骨研究新作，还要抓紧时间整理、修改好《甲骨学商史论丛》《殷墟发掘》等早已蜚声中外的旧作。

多年来，郭沫若不仅与老一辈的甲骨学者保持着亲密的友谊，还对初学甲骨文的青年人谆谆教诲，是他们循循善诱的良师。1930 年，郭老的《中国古代社会研究》出版后，当时“革命处于低潮，在蒋介石白色恐怖统治之下”的很多“感到彷徨和苦闷”的青年学生和知识分子对郭老的这

---

① 胡厚宣：《甲骨学商史论丛·自序》（1944 年）。

② 于省吾：《忆郭老》，《理论学习》，《吉林大学学报》（哲学社会科学版）1978 年第 4 期。

③ 郭沫若：《读了〈记殷周殉人之史实〉》，《奴隶制时代》，人民出版社 1973 年版，第 88 页。

④ 同上书，第 82 页。

⑤ 胡厚宣：《郭老对于甲骨学的重大贡献》，《光明日报》1978 年 6 月 26 日。

一史学名著“争相传阅，从中吸取着马克思主义的理论滋养和精神力量”。“许多青年学生夹着由联合书店出版的《中国古代社会研究》奔走相告，欣喜雀跃，仿佛从迷雾中看到了一丝光明”，并为“革命的、进步的史学工作者树立了一个榜样，使他们感奋而起，拿起史学这一武器，向一切反动势力作不懈的斗争”。[①] 郭沫若许多有关甲骨、金文著作，如《卜辞通纂》《殷契粹编》《两周金文辞大系图录考释》等重要专著和论文，不仅学术价值较高，而且编排体系严密，考释简明易懂，直到今天还是初学甲骨、金文的青年人最好的入门书。因此，郭沫若一系列著作本身就是青年人在政治上和学术上最好的老师。

“四人帮”的倒行逆施，给我国人民带来了空前的灾难。特别是在文化科学领域，更是遭受了一场空前的浩劫。郭沫若因受到“四人帮”一伙的迫害，身体健康迅速恶化。他自己在处境十分困难的情况下，还念念不忘祖国古文字研究事业的未来和对青年人的培养，表现了他对发展祖国科学文化事业的赤胆忠心。

他一再叮嘱老一辈的甲骨学家注意“要大力培养接班人”[②] 的工作。1976 年冬，他在接见《合集》编辑工作组核心成员时，关切地要编辑者把资料的整理与研究工作结合起来。在谈到才发现不久的著名殷墟五号墓时，他兴奋地说：“甲骨文里有妇好。妇好很了不起，她曾带领一万三千人的队伍打仗。”还关切地问起《合集》工作组的同人们是否有人研究妇好及有关五号墓的问题……

就是在这次接见以后，《合集》编辑组有王宇信、张永山、杨升南等三位青年人，怀着忐忑不安的心情，贸然把他们研究妇好的第一篇习作寄给了郭老。在不到一周的时间，就收到了郭沫若前辈热情洋溢和充满鼓励的回信。信上说：

大作《试论妇好》草草读了一遍。字太小，看起来很吃力，但吸引着我，一口气读完了。关于妇好的卜辞收集的不少，很好。在解说

---

① 尹达：《郭老与中国古代社会研究》，《中国史研究》1979 年第 2 期。

② 胡厚宣：《郭老对于甲骨学的重大贡献》，《光明日报》1978 年 6 月 26 日。

上，可能有人有些不同的意见，但通过百家争鸣，大有益处。妇好墓中多母辛之器，妇好与母辛的关系似宜追究。我倾向于妇好即母辛的说法。武丁之配有妣辛，在祖庚、祖甲则为母。妇好殆死于武丁后。姑且提出这一问题，望你们继续研究。敬礼。郭沫若。1977 年 2 月 18 日

这几个青年同志，看到郭老对他们的鼓励，心里十分激动。他们继续遵照郭老的提示，对有关妇好的卜辞进行了深入研究后，发现第一期甲骨文里有关于妇好死葬的材料，认为妇好不应死在武丁以后的祖庚、祖甲时代。在王宇信寄给郭老另一篇考释甲骨文纪数文章的附信里，向郭老报告了对妇好死去时间的不同看法，并寄去有关妇好死于武丁时代的材料。郭老在他的附信上用毛笔写道：

你发现的“九十”是对的，将来在金文中也可能发现。郭沫若。七七，三，三十一。

郭老又一次发表了自己对妇好墓的看法，他写道：

妇好与母辛，很可能是一个人，但如果死在武丁时，武丁不得称之为母。我看墓是祖庚、祖甲时物。妇好在武丁死后似乎都在掌握大权。又及。

或者如后世的习惯，有意降在儿女的立场，尊称其亡妻为母。三及。

郭老对这些不知名的初学甲骨者的亲切关怀和热情鼓励，使他们在严冬中感到春天般的温暖。郭老对这几个从未见过面的青年人的不同意见，充分尊重，平等协商，打消了他们因冒昧与郭老争论而产生的惴惴不安的心情。他们遵照郭老“妇好与母辛的关系似宜追究”等提示，又先后写出了两篇研究殷墟五号墓时代及其他有关问题的论文。其中一篇王宇信在1978 年 5 月底寄给郭老审阅。郭老在附信上用铅笔写道：

三星期前摔了一跤，引起了脑震荡。大稿读了一遍。字太小，又不能深入思考，只匆匆看了一遍，送还乞谅。郭沫若。六·六。

郭老这次回信，字体显得模糊不清，需要由秘书同志抄写在中国科学院的便笺上。可以看出，这时的郭老因高龄和病后身体的虚弱，写字时手已颤抖得十分厉害。尽管如此，他还在那篇文章行文中写错的“武丁武（晚）期”的“武”字和小注中一处文字不畅的地方用铅笔画上记号，表现了他一丝不苟和对青年的严格要求精神。1978 年敬爱的郭老逝世后，当这位青年学子读到于立群悼念郭老的文章，得知“四、五月间，沫若的病情几次恶化……沫若仍然在顽强地同疾病斗争，他的生命力是那样旺盛，在医务人员和同志们的护理下，他竟然度过了这次垂危。六月初，他又时而谈笑风生了……”[①] 感动得热泪盈眶。郭老就是在这次与重病搏斗，度过垂危不久的六月六日，还在关心着青年一代人的成长，真是为实践“大力培养接班人”的愿望鞠躬尽瘁，死而后已！每想到郭老对青年一代的关怀，我们又怎么能不刻苦钻研，努力攀登甲骨科学的高峰呢！又怎么能辜负郭老对我们青年一代寄予的殷切希望呢！（附图十七）

凡此种种，我们可以充分看到郭老平易近人，奖掖后进，注意培养青年，是老一辈甲骨学者的“益友”和初学甲骨青年人的“良师”。因此，有的学者深情地说：“全国的科学、文化战线的同志们，都景仰郭老如泰山北斗！”[②] 这是对郭老五十多年呕心沥血，为发展我国科学事业和研究队伍所作巨大贡献的科学评价！

① 于立群:《化悲痛为力量》,《人民日报》1978 年 7 月 4 日。

② 夏鼐:《郭沫若同志对于中国考古学的卓越贡献——悼念郭沫若同志（1893—1978）》,《考古》1978 年第 4 期。

第七章

30年来甲骨学的进展与我国甲骨文研究的展望

在我们充满胜利的喜悦，隆重欢庆了中华人民共和国成立30周年以后，伟大的80年代已经到来。我国人民在党中央的领导下，实现了全党工作重心的转移，正在新长征的道路上阔步前进。我们甲骨学界也和其他科学研究领域一样，正在为伟大祖国的四个现代化发挥它应有的作用。

中国人民有一句俗话叫作“三十而立”。虽然30多年来甲骨文研究取得了很大成绩，但是，新时期对我们甲骨文研究也提出了更高的要求。我们每一个甲骨文研究工作者，回顾过去，豪情满怀；放眼世界，见贤思齐；展望未来，充满了无限的希望和信心。

第一节　30年来我国甲骨文研究的主要成绩

通过以上各章的叙述，我们可以看到新中国成立以后的30多年来，甲骨学研究的各个方面都取得了一定的成绩。这主要是：

殷墟甲骨的不断发现和著录出版，为今后的甲骨学研究提供了大量新资料，特别是胡厚宣先生在搜集和著录甲骨文方面又作出了新贡献。他开创的分期、分类的甲骨著录编纂体例，为科学著录甲骨文开辟了新途径。集大成的著录《甲骨文合集》一书的陆续出版和1973年新发现最大一批甲骨的著录集《小屯南地甲骨》一书的出版发行，是甲骨学史上的划时代大事，将为今后甲骨学的全面深入发展注入新活力。殷墟以外甲骨的发现，特别是陕西周原等地大批周代甲骨的发现，进一步扩大了甲骨文的研究范围，并逐步形成甲骨学研究领域的新分支学科——西周甲骨学。

于省吾在甲骨文字考释方面取得了新成绩。他撰著完成的《甲骨文字释林》和这一时期启动中的《甲骨文考释类编》，在研究的深度和广度方面将超过前人。应该说，于省吾之所以主持编纂集文字考释之大成的《甲骨文考释类编》(原定名。出版时名为《甲骨文字诂林》)，无疑将会对以后甲骨文资料的释读和使用作出巨大贡献。此外，学者们对甲骨文中一种“异形文字”的探讨和所谓“文武丁时代卜辞的谜”的研究，也都有了可喜的进展。还应该特别提到的是，陈梦家《殷虚卜辞综述》一书，全面总结了自甲骨发现以来近65年的研究成果，是一部总结性的巨著。此书不仅对甲骨学家，而且对历史学家、考古学家和语言学家等都是在研究时不离座右的重要参考书。这部书篇幅巨大，内容宏富，不仅在国内，而且在国外也享有极高的声誉。

甲骨学研究与考古学研究密切配合，互相促进，取得了一批新成果。利用甲骨文研究成果，不仅得以确定殷墟文化分期的绝对年代，还对不少重要的商代遗迹研究，诸如商代社祀遗址、王陵区祭祀场的推定，特别是对殷墟妇好墓时代的研究和考证，起了很大的作用。而考古发掘和研究，不但经常有新的甲骨出土，还对解决甲骨学上一些重大问题，如“自组卜辞”的时代和“卜用三骨”等多年聚讼莫决的问题提供了新证据。而且，甲骨学上的一些新问题，如所谓“历组卜辟”的时代问题的重新提出，也与考古学的研究有着密切的关系。

新中国成立以来，不少甲骨学家在历史唯物主义指导下，充分占有资料，积极、认真地开展了商代历史的研究工作。关于商代社会性质的讨论和“众”“众人”社会身份的研究，是近年商史研究中讨论最多的问题。虽然我国史学界多数人都倾向于郭沫若关于商代是奴隶社会的看法，但也还有不少具体问题有待深入研讨。近年关于商代社会阶级构成和阶级斗争的研究，也取得了新成果。考古发掘出来的大量商代遗址，特别是一些重要的方国遗址的发现，为我们认识商文化的影响和研究商王朝的疆域提供了珍贵的资料。我国古商族和国内各民族一起，创造了灿烂的殷商奴隶社会文明，为统一的多民族国家的形成奠定了初步的基础。

商代的广大奴隶和平民，是商王朝奴隶制社会生产活动的主要承担者。商代的农业有了很大的发展，栽培了各种谷类作物并大量用谷物酿酒。藁城台西村商代酿酒作坊和酵母的发现，对古代化学史的研究有着重大意义。商代已经掌握了农作物栽培的全过程和具有了初步的植物水分生理学知识。与此同时，畜牧业和手工业也得到了很大发展，特别是养马业取得了突出成就。商代冶铸业达到了高度发展的水平，商人对各种金属已经认识并在日常生活中使用，青铜冶铸业达到了空前繁荣。而“钨”字的偏旁“金”字，是目前十多万片甲骨中的唯一发现。商人在与大自然的长期斗争过程中，发展了天文、历法、数学的研究，也认识了危害人体的各种疾病，特别是甲骨文中有关龋齿的记载，在世界医学史上也是名列前茅的。

新中国成立以来的甲骨文研究取得了巨大的成绩，而这些成绩的取得，是花费了很大代价的。是热爱祖国、热爱中国传统文化，热爱甲骨学研究事业的老一辈甲骨学家和中、青年甲骨学者锲而不舍，含辛茹苦，辛勤劳动的结晶。这些成绩的取得和取得这些成绩的宝贵精神，是值得我们在新时期更应珍视和发扬的！

台湾是我们伟大祖国神圣领土的一部分，台湾人民是我们的骨肉同胞。由于众所周知的原因，台湾暂时还没有回归祖国。但是，30 多年来，一批居住在台湾的甲骨学家，通过他们辛勤的劳动和刻苦钻研，也为祖国的甲骨学研究的发展做出了可贵的贡献。新中国成立前 15 次发掘殷墟所得的大批甲骨资料，除已在《殷虚文字甲编》和《殷虚文字乙编》上辑和中辑著录者外，董作宾又在 1954 年出版了《殷虚文字乙编》下辑，该辑共收录甲骨 2831 片。与此同时，张秉权还将《乙编》的残碎龟甲进行了精心的拼缀，这就是自 1957 年陆续出版的《殷虚文字丙编》，全书分上、中、下三辑六册出版，编号共 632 号，并对每一缀合版都作了考释。《乙编》的一些残碎甲骨得到缀合复原并作有考释，对甲骨学和商史研究是很有意义的工作。此外，1956 年董作宾又出版了《殷虚文字外编》。1975 年严一萍出版了《甲骨缀合新编》，全书共 10 册。第 1 册至第 9 册共收 684

个缀合版，每版拓本在前，摹本在后，每一版的编号之下注明过去曾为某家所缀，其缀合甲骨之出处，分别在所缀部位上注明 A、B、C、D 等字样。过去各家缀合有误者，收入“甲骨缀合订讹”一册之中。这一年，严一萍还出版了《铁云藏龟新编》《甲骨集成》（第一集）等书。《铁云藏龟新编》与旧版《铁云藏龟》不同之处，正如著者在《新编》的“序”中所谈的共有六项，“一曰选换拓本，二曰断代分类，三曰缀合，四曰补背，五曰去复，六曰去伪”。书中拓本较旧版清晰，每片还附有摹本。片号仍标《铁云藏龟》原号并注明重片号数。《甲骨集成》一书共 2401 页，将甲骨按原藏家，诸如罗振玉、易均室、罗伯昭、杨天锡、王懿荣等顺序排定。本书之所以这样编纂，据作者在“序”中说，“今欲整理甲骨，使无重复之患，惟有采取名归主人之办法，一一寻其最早之藏家，沿流溯源，必可还其真相……待全书完成之日，当为甲骨整理就绪之时”，这也是一种编纂甲骨著录的新体例。

台湾不少甲骨学者，还对甲骨文字的考释和商代历史的研究做了不少的工作，取得很多研究成果，不少论文发表在《历史语言研究所集刊》《大陆杂志》《中国文字》等刊物上。甲骨文考释专著除了上面谈及的《丙编》考释外，还有 1961 年屈万里《殷虚文字甲编考释》一书的出版。本书的考释，是作者参考了胡厚宣过去所作的《甲编》释文而重新写成的。屈万里对《甲编》各片详加考证，在文字方面也有所发现，正如作者自己所介绍的：“对于旧所未识或旧释未妥的字，本编中妄逞臆说的，共计有 70 多个，其中较敢自信的，约有 40 个字左右。至于字义的解释，不同于旧说的也所在多有。”[①] 在《甲编考释》一书中，根据作者对分期断代的研究，将董作宾认为是四期的甲骨——所谓“文武丁时代卜辞的谜”的一批甲骨，都定为甲骨文第一期武丁时代。在进行考释时，还对甲骨做了缀合的工作，所缀合的甲骨拓本 211 版附于该书之后。其中除一些曾为《殷虚文字缀合》等书所著录，或在此书的基础上又有所增补者外，实际新缀合的甲骨共 106 版。作者还在“自序”里指出了《殷虚文字缀合》一书拼缀错误的 11 版和可能缀错 1 版的号数。

① 屈万里：《殷虚文字甲编考释·自序》。

作者在根据实物进行拼缀时，发现拼错的一些甲骨多是“骨（包括甲）版厚薄不同，或骨质坚朽各异，或部位不合。而最重要的条件，则是骨缝不能密接”。并指出“这对于以拓片或影摹本互相拼合的甲骨学者，实在是一个严重的警告”。在甲骨文研究的工具书方面，金祥恒于1959年出版了甲骨文字典《续甲骨文编》。特别应该提到的是，李孝定在1965年出版了卷帙浩繁的《甲骨文字集释》。此书将自甲骨文发现以来各家对甲骨文字的考释广为搜集，按《说文》部首排列，是集几十年来甲骨文考释大成之作。但该书对一些文字考释的各家说法搜集不全，而且引摘的各家说法又校核不严，致使书中有不少错字、丢句或出处不明之处。此外，书中对每一文字考释所列的各家说法，不分良莠，一律收入，显得有些庞芜。还有，按语也欠精到。尽管如此，在搜集资料和编纂成书时还是花费了大量劳动和心血的。因此，《甲骨文字集释》是一部对甲骨文研究十分需要并很有用处的大型工具书。

严一萍于1978年由艺文印书馆出版了上、下两集的《甲骨学》。该书篇幅宏大，达1430页之巨。全书共分九章，分别是：

第一章　认识甲骨与殷商的疆域
第二章　甲骨的出土传拓与著录
第三章　辨伪与缀合
第四章　钻凿与占卜
第五章　释字与识字
第六章　通句读与识文例
第七章　断代
第八章　甲骨文字的艺术
第九章　甲骨学前途之展望

《甲骨学》是一部总结近80年来关于甲骨本身规律的研究——甲骨学的全面综述之作，虽然严承师说，对近年来国内外甲骨学研究所取得的最新成果反映不够，但也有它的特色。正如严一萍在该书的“序言”中所说：“甲骨学的书，前人已经写了不少，但都是一般的叙述，没有一个人谈到应该怎样研究的。我这一本《甲骨学》，主要的就是要告诉读者，甲骨是这样研究的。”因此,《甲骨学》一书，对学习和研究甲骨学的人，还是很有参考价值的。

香港的一些学者也对祖国的甲骨文研究贡献了力量，其中尤以李棪和饶宗颐教授用力最勤。李棪于1970年出版了《北美所见甲骨选粹》等著录，饶宗颐继1956年出版了《日本所见甲骨录》和《巴黎所见甲骨录》之后，又于1959年出版了《海外甲骨录遗》，1970年出版了《欧美亚所见甲骨录存》等甲骨著录；与此同时，他还出版了大部头的《殷代贞卜人物通考》专著。《殷代贞卜人物通考》，是一部全面整理甲骨之作。该书的特点是，将记载每一贞人及其有关活动的卜辞都分类排定并加以研究。这是因为作者对甲骨文“研讨有年，窥测所得，窃以断代根柢，在于卜人，分人研究，当务尤急。惟有比次其贞卜之文辞，钩稽相关之人物，则时代序次，庸有脉络之可寻，融会旁通，庶免枘凿之难入”[1]。“贞人”是甲骨文分期断代研究的重要标准之一。殷墟出土的十万余片甲骨中，有的记有贞人名，有的不记贞人名，有的记王亲自卜贞。有贞人名字出现的甲骨卜辞，约占全部甲骨文的三分之一。《殷代贞卜人物通考》一书，“专从卜人记名之刻辞加以研究，如武丁时卜人㱿，本书所采辑即有三千余条，几与《殷虚书契》一书相埒”[2]。《殷代贞卜人物通考》一书共20卷，后有附记，索引（包括人名、地名、成语、祭名各项）等。本书的卷3至卷17是“贞卜人物事辑”，甲骨文中所见之贞人以及与贞人有关的卜辞，基本上分类编排于此。这部书的独到之处，是提出了甲骨文研究的“分人研究法”，从而“使有卜人记名之刻辞，得一综合之整理”[3]，对我们甲骨文的分期研究以及全面整理甲骨文，有相当的参考价值和启发。

30年来，台湾和香港的学者对祖国甲骨学的发展做出了不小的贡献。现在国内不少知名的甲骨文专家和学者，就曾和现在居住在台湾的一些学

① 饶宗颐:《殷代贞卜人物通考》自序。

② 饶宗颐:《殷代贞卜人物通考》例言。

③ 同上。

者共同发掘过殷墟的宫殿、王陵。想当年，或同执锄铲，踯躅于洹滨；或在历史语言研究所的研究室里朝夕相处，切磋砥砺，共同摹挲甲骨。一水难割同胞情。同为炎黄子孙，希望台湾的甲骨学者能早日回到大陆，现在大陆的当年史语所的师友也期待着与亲人早日团聚，殷墟故地期待着同胞重返，而殷墟的地下“档案馆”——一座座甲骨文宝库，也期待着同胞早日与大陆亲人共同把它们打开，一道为发展祖国的甲骨学研究事业作出新贡献！

第二节 近年来世界各国甲骨文研究概述

甲骨文不仅是研究我国古代社会历史和古代文化的珍贵史料，而且还以它丰富的内容和精美的文字著称于全世界，甲骨文成为世界文化宝库中熠熠发光的瑰宝。自甲骨文发现以后，就引起了世界各国学者的极大兴趣，甲骨已成为世界各国博物馆的珍贵藏品。不少外国学者，或从事搜集、著录，或从事研究、撰述，花费了毕生的精力，出版了不少甲骨著录书、专门研究著作和学术论文。不少外国学者对我们的甲骨学研究有着很深的造诣，他们的创造性劳动为甲骨学的发展作出了贡献。[①]

近年来，国外甲骨学界也很活跃，不仅有大量的甲骨论著问世，而且还出版了一批大型甲骨著录和专著。[②]

在甲骨文的著录和资料整理方面，日本、美国、加拿大等国的学者做了大量工作并取得了相当可观的成绩。日本的贝塚茂树教授于 1959 年出版了两大册《京都大学人文科学研究所藏甲骨文字》，共著录甲骨 3246 片。此书编纂时，对原来的甲骨进行了缀合，并仿照胡厚宣先生编纂《宁沪》等书所开创的编纂体例，先将卜辞进行分期处理，再将每期卜辞按内容进行分类。因此，该书不仅收录甲骨较多（并有许多精品），

---

① 自甲骨文发现到新中国成立以前的 50 年，外国学者著录和研究甲骨文的成果请参阅胡厚宣《五十年甲骨学论著目》一书。

② 近 30 年有关外国学者研究我国甲骨文的成果请参见肖纯《甲骨学论著目录》，《古文字研究》，中华书局 1979 年版。

科学性强，具有重要的史料价值，而且印刷精美，装潢考究，使用十分方便。此书所著录的甲骨，主要是贝塚茂树从日本三家所藏的甲骨中选辑而成。包括：第一，黑川幸七翁的旧藏。这批甲骨可能与刘鹗、罗振玉等人早期搜集到的甲骨为同时出土物。原为黑川氏通过内藤虎次郎从罗振玉处购得，后辗转到了京都大学人文科学研究所。第二，上野精一的旧藏。原骨可能在1926年从罗振玉手中购得，后转到上野氏手中，现归京都大学人文科学研究所。这批甲骨中，除一部分原为刘鹗旧藏，后来又转到罗振玉手中者外，大部分以牛肩胛骨为主。据研究，这批甲骨的大部分可能为甲骨学史上有名的1925年、1926年在小屯村中及张学献菜园出土的两批。第三，贝塚茂树旧藏。这批甲骨是贝塚氏于京都购得，可能为王国维旧物。《京都大学人文科学研究所藏甲骨文字》出版后，作者又于1961年出版了该书的考释，即《京都大学人文科学研究所藏甲骨文字本文篇》一大巨册。《本文篇》在考释每一片甲骨时，还注明了该片是甲还是骨，所属期别等，颇为详尽。特别是贝塚茂树在“序言”中，还对甲骨文断代分期的基础——贞人进行了详尽的考察与研究。他对董作宾、郭沫若、陈梦家、岛邦男、饶宗颐诸家有关分期的说法进行了全面的检讨并根据本书的材料进行了补充。特别是对学术界争论不休的所谓“文武丁时代卜辞的谜”的一批卜辞，贝塚氏称为“王族卜辞”“多子族卜辞”进行了系统的研究与论证，他得出了这两种卜辞应是甲骨文第一期武丁时代的遗物的结论，并较早地注意了钻凿问题。他指出，“从其钻凿的技术来看，王族卜辞在小屯卜骨中包含着更原始阶段的东西”。贝塚茂树不仅以他的《京都大学人文科学研究所藏甲骨文字》一书为甲骨文的流传做出了贡献，而且该书《本文篇》的序言，又对贞人分期，特别是对所谓“王族卜辞”和“多子族卜辞”的研究颇有见地，是学术界研究甲骨文分期断代的重要参考文献。1972年，加拿大籍华裔学者许进雄出版了《加拿大皇家安大略博物馆藏明义士旧藏甲骨文字》（简称《安明》），共著录甲骨3175片，乃明义士旧藏，本书并作有考释一册。此书有一个与一般甲骨著录不同的特点，那就是作者对书中的甲骨分期除了依据传统的甲骨文分期断代标准，诸如称谓、贞人、字体等项标准外，还特别从甲骨背面的钻凿形态的变化来研究甲骨文的时代区别。根据作者的研究，不同时代、不同的人都有其各自的风格，因而凿刻甲骨的人各有自己的独特作风。特别是契刻文字和对甲骨施以钻凿都需要特别的技术，各期从事这些工作的人远比从事贞问的人要少，因此各期的字体与钻凿形态的变化就较易识别。在此书出版前后，作者就发表了《钻凿对卜辞断代的重要性》(《中国文字》1970年9月第37期)、《卜骨上的钻凿形态——断代分期的重要标准》(台北艺文印书馆1973年版)等论著。这些论著与《安明》考释一起，为甲骨文分期断代研究开辟了新途径。1976年，美籍华裔学者周鸿翔出版了《美国所藏甲骨录》，全书共收甲骨700片，原骨现藏于卡内基博物院、哥伦比亚大学、弗利尔美术馆、哈佛大学、国会图书馆、大都会博物馆、历史技术博物馆、飞尔德博物院、普林斯顿大学、纳尔逊美术馆、旧金山亚洲艺术博物馆11个单位。除去一部分原为《库方二氏所藏甲骨卜辞》(摹本)和《殷契佚存》著录过外，大部分材料都是第一次与世人见面。前不久，许进雄又出版了《皇家安大略博物馆藏怀特氏等收藏甲骨文集》一书(所谓怀特，即怀履光氏)，共著录甲骨1915片。其中B 1915片是迄今所见唯一的虎骨刻辞，骨上镶嵌绿松石并刻有“辛酉王田于鸡录，隻大䨺虎，在丨月，隹王三祀劦日”等文字，是第五期帝辛时猎获老虎的珍贵纪念物(图7－1)。此骨照片曾刊布于《骨的文化》一书中，国内出版的《殷墟发掘》图版柒亦曾刊载过此骨照片。此外，S 0142一片龟甲刻有“其五朋，其七朋，其八朋，其三十朋，其五十朋，其七十朋”等文字。直到目前为止，“七十朋”是10多万片甲骨中计朋最大的数字(图7－2)。这片甲骨是第一次刊布，对研究商代奴隶社会的商品货币关系是不可多得的珍品。如此等等，国外新出版的一批甲骨著录书，为甲骨学研究提供了不少新资料。

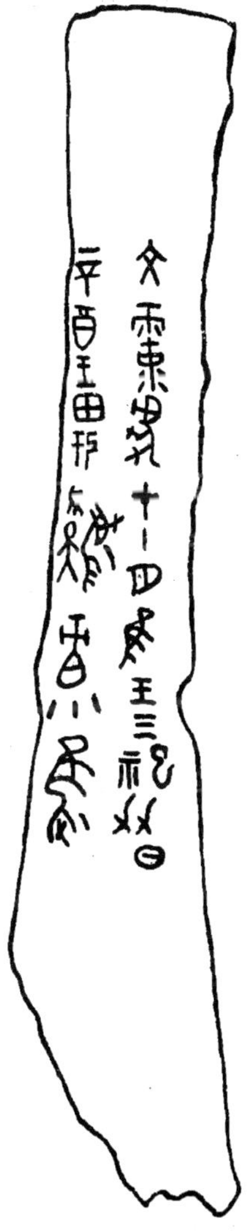

图7－1

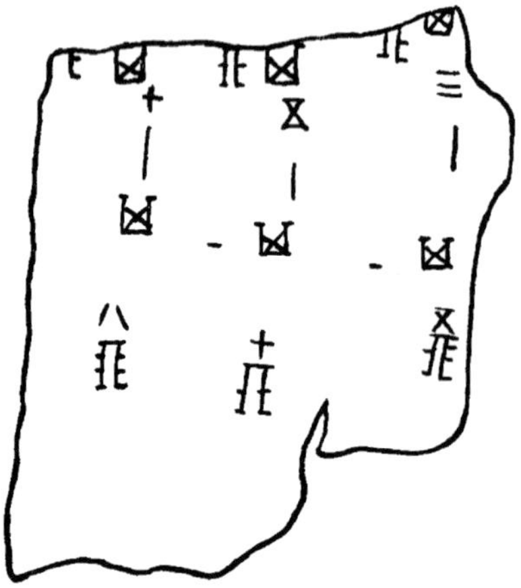

图 7－2

国外学术界，特别是日本的学者，在重印（或翻印）《殷虚卜辞综述》和《墟契粹编》等一批甲骨著作的同时，还在甲骨文资料的全面整理和研究方面取得了新成绩。日本的甲骨学者不仅撰写了大量甲骨学论文，还出版了一批大型专著。其中较为重要者如岛邦男在1958 年出版了《殷虚卜辞研究》一书（该书的中译本 1975 年 12 月由台湾鼎文书局出版，译者温天河、李寿林；最近国内出版的《古文字研究》，也发表了赵诚的节译），由不同内容的两个独立篇章构成。第一篇是对甲骨文中所见各种祭祀的全面整理和研究，特别是对甲骨文中的“周祭”详细发表了自己的独特见解，第二篇则根据甲骨文中出现的地名及内在的联系，对殷代的地理进行全面的论证，并附有地图在地名之间注明关系和日程，可资研究参考。《殷虚卜辞研究》一书与陈梦家的《殷虚卜辞综述》一样，也是一部集甲骨文研究之大成的总结性著作。但两书又各有特点，正如《殷虚卜辞研究》中译本屈万里的“序言”中所指出的：“大抵以涉及范围言，则陈书为广博；以祭祀与舆地言，则岛氏之书最为详赡。”岛邦男还在 1967 年出版了《殷虚卜辞综类》，将他当时所能见到的甲骨著录中的甲骨卜辞，分条按一定的部首排定，是一部非常方便于甲骨文和商史研究的大型工具书。一批外国学者，还在甲骨文字的考释方面做了很大努力。虽然语言、文字的不同给他们考释甲骨文字带来了很大的困难，但他们渊博的汉学知识，使他们克服了各种困难，且取得了不小的成绩。这主要就是上面所提及的《京都大学人文科学研究所藏甲骨文字本文篇》等以及池田末利 1964 年《殷虚书契后编释文稿》等著作的出版。为了克服语言上的障碍，有的学者将几条同义卜辞互相比勘，以便能较为准确地掌握甲骨文的字（或辞）义①，这对我们在考释文

① 岛邦男：《甲骨文同义举例》，前《历史语言研究所集刊》第三十六本（上册），1965 年。

字时全面考察甲骨文，做到文从字顺很有启发。

国外学者还利用甲骨文资料研究商代社会的历史。美籍学者周鸿翔在赴美前所著《商殷帝王本纪》一书，“以经传为主，而甄采甲骨资料及诸家新说，则取其戛然可信，犁然有当于人心者，以补旧乘所不及”①。本书的“前论”，论证了“商人不以‘殷’自号”，还论证了甲骨文所见商代先公上甲以上无征、王亥非振、商殷男女地位平等以及诸王系年等问题。《商殷帝王本纪》一书的“本纪”部分写得简明扼要，但注解颇为详备，古代典籍中有关商代诸帝王的记载，基本囊括于此，对商代历史研究很有参考价值。此外，日本 1957 年出版了贝塚茂树的《古代殷帝国》并又几经再版，1967 年出版了伊藤道治的《古代殷王朝之谜》，1979 年贝塚茂树教授又由岩波书店出版了《中国古代文明之再发现》等历史专著。这说明我国古代劳动人民为创造世界文明所做的巨大贡献和辛勤劳动，受到了世界各国学者的高度重视与肯定。

总之，世界各国的学者在甲骨文的搜集和著录以及整理和研究方面取得了很大进展。在他们的甲骨文研究工作中，有以下几个特点：

第一，积极刊布甲骨资料和全面整理甲骨文。近年来国外新出版的甲骨著录不仅品种多，而且编纂快、出版周期短，使不少珍贵资料得以及早提供世人研究。在甲骨文的全面整理方面，国外学者也付出了很多劳动，日本岛邦男出版了《殷虚卜辞综类》等著作，这对甲骨文和商史的研究是很有意义的。此外，为了适应甲骨学发展的需要，一些出版较早的甲骨著录书，不少又重新翻印。

第二，向甲骨学研究的深度进军。甲骨学，是指对有关甲骨文本身所具有的一些规律的研究。国外学者在全面整理甲骨资料的基础上，不拘泥于成说，勇于探索，向甲骨学研究的深度进军。岛邦男对殷代祭祀、地理方面的研究超过了前人。许进雄关于甲骨钻凿形态的研究，为甲骨文分期断代研究开辟了新途径。而有关使用电子计算机缀合甲骨的实验，又为现代科学技术在甲骨文研究领域的应用开辟了广阔的前景。

第三，充分吸收最新科学成果。国外的甲骨学者，对我国殷墟的考古

① 《商殷帝王本纪》饶宗颐序。

资料和新发现的甲骨文一直怀有浓厚的兴趣，他们对我国学者发表的有关甲骨论著也极为重视。殷墟考古的每一项最新成果都能非常及时地在国外出版的刊物或论著中有所反映。如著名的殷墟五号墓以及历次发现的甲骨文，直到最近出土的周原甲骨，国外学者很快就进行了研究并在有关的论著中有所论述。而国内一些学者发表的甲骨研究论文，也很快就被国外学者在他们的论著中所参考和引用。

山川异域，同研甲骨。国外学者的研究对甲骨学的发展作出了很大贡献，甲骨学已成为当今蔚为大观的一门世界性学问。国外学者们研究甲骨学的一些优点和长处，值得我们认真学习和借鉴。我们相信，今后通过我国学者和外国学者的共同努力，三千多年前我国商代的甲骨文，一定更会历年长新，放射出绚丽的光彩！

第三节　我国甲骨学研究的展望

虽然新中国成立以来的甲骨学研究取得了很大成绩，但在某种意义上说，我们甲骨学研究的许多领域还仅仅是开始，有不少重大学术问题，尚在开始解决或需要做进一步深入探讨之中，我们今后的任务是艰巨的。

在甲骨文的发现和著录方面，集传世甲骨之大成的《甲骨文合集》一书在1978年以前虽已编讫，但尚未全部完成。此书出齐之后，还需要出版一系列的附件，诸如“材料来源表”“索引”等。特别是《甲骨文合集》一书的释文，更是卷帙浩繁、非常艰巨而细致的工作。而这些，有的已经开始，有的还没有着手进行。为了方便学术界查考和使用此书，这些工作必须抓紧进行，争取早日完成。近年来安阳不断发现甲骨，特别是小屯南地发现的成批甲骨更具有重大的学术价值，但迄今这些新发现的甲骨还没有全部与世人见面，《小屯南地甲骨》一书的出版指日可待。为了能早日解决甲骨学上的一些重大学术问题，今后还应该在安阳殷墟有目的地进行一些发掘甲骨文的工作，把所出甲骨及出土坑位、伴随遗物等一整套科学资料及时公布出来，以便国内外的甲骨学者和考古学者集思广益，促进甲骨学的发展。

这一阶段，周代甲骨的研究则刚刚开始。周代甲骨的不断发现，使对周代甲骨研究将成为甲骨学的一个新分支。陕西周原发现成批甲骨后，向我们提出了不少新问题。周代甲骨与商代甲骨的区别与联系究竟是什么？周原甲骨中的“王”究竟是商王还是周王？周原甲骨的上限和下限究竟是什么时候？周原甲骨中的异形符号是不是文字？如此等等。这些问题在学术界还没有得出一致的意见，但及早把出土甲骨的坑位及甲骨材料全部公布，对这些问题的深入研究是非常必要的。

随着《甲骨文合集》一书出版的完成和《小屯南地甲骨》等书的出版，我们所能见到的甲骨文材料将大大超过以前的 80 年。所以我们就必须在此基础上，对甲骨文资料进行一次全面、彻底的整理工作，这就是需要编纂一部新的大型甲骨文字典，所收字数将会远远超过《甲骨文编》。还需要对卜辞进行通盘整理，出版一部由我国学者完成的《殷虚卜辞综类》式的大型工具书和有关某一专题的类典式著作。这不仅可以避免像岛邦男《殷虚卜辞综类》那样，将一些卜辞摹写失真或存有错讹的种种缺陷，而且在内容方面也会比《殷虚卜辞综类》更加丰富和充实。这些都是有利于研究、有利于子孙、有利于甲骨学发展的基本建设项目。早日完成这些非常繁重而必需的工作，是时代赋予我国甲骨学界的任务。

在甲骨学研究方面，随着《甲骨文考释类编》（即《甲骨文字诂林》）一书的即将完成，将对 80 年甲骨文字的考释工作进行一次全面总结。这部甲骨学史上又一部里程碑式的著作出版以后，将使我国甲骨文字的考释工作进入一个新阶段。但是，目前所见甲骨文 4500 多个单字中，可识者仅 1000 多个，其余大量不识的甲骨文字还有待于今后用更缜密的科学方法加以考证。在这方面，虽然我们走在世界甲骨学界的前面，但还应再接再厉，继续发挥我们的长处，做出更多的成绩。此外，甲骨文分期断代问题，诸如已经提出的“非王卜辞”“历组卜辞”等，也需要做进一步的探讨。而且，就第一期武丁时代长达 59 年中的大量甲骨文能否进一步进行分期以及对武丁期大量的战争卜辞进行分期有否可能，也是今后值得深入研究的。在以贞人为分期断代重要标准的传统看法之外，有没有可能找出更为科学的断代研究法，这方面有的学者正在进行着积极的探索。有没有帝辛时代的甲骨，帝辛时是否迁都，等等，也是学者们早已提出但还没有得到最后解决的问题。在对甲骨文分期断代进行全面深入研究的基础上，写出一部大型的甲骨断代学著作，是甲骨文研究发展的需要。对甲骨文中的各种祭祀，特别是所谓“周祭”——五种祭祀规律的研究，国外学者有不少专著出版，而我们近年来在这方面的系统研究著作几乎没有，今后这方面的研究工作也是应该迎头赶上的。

甲骨文分期断代研究的解决，除了全面对甲骨资料进行一次总清算以外，还与殷墟考古发掘有着密切的关系。新中国成立以来殷墟进行了多次发掘，也陆续有简报发表，但材料零碎并过于简略，还没有较为详备的殷墟发掘报告出版。我们希望，能将殷墟历年发掘成果整理成正式发掘报告早日出版，这不仅对考古学研究和历史学研究很有必要，而且对甲骨文分期断代问题的早日解决，也会起很大的促进作用。

甲骨文是研究商代历史和古代科学技术史的重要资料，充分利用甲骨文资料和研究成果，并结合考古、文献等材料，在历史唯物主义指导下，写出一部有质量的大型商史专著，也是甲骨学家和史学家今后研究工作的重要课题。而写好这样一部具有高水平的商史专著，就需要在全面整理甲骨文资料的基础上，对商代社会的一系列重大问题，如商代社会性质、阶级关系、国家的形成和国家机构、土地关系等重大理论问题和学术问题分门别类，做深入细致的研究和探讨。我国不少甲骨学家和史学家在这些方面做了很多工作，不少看法得到了国外学术界的重视，但今后的研究还应继续深化。商代的军事制度和对外战争史，对研究商奴隶制国家的形成和发展很有意义，也应给予足够的重视。与此有关的商代疆域和地理方面的研究也很不够，今后应该在全面占有甲骨材料的基础上，写出超过《殷墟卜辞研究》一书那样的有关殷代地理研究的专著。

我们的甲骨文研究，有一个时期（特别是 60 年代中期以后），在某些方面曾存在着一定的不足。这就是：

第一，甲骨文资料书出版较少。我国出版的一些甲骨著录书，主要是在新中国成立初期和 70 年代末，而且出版的种类很少。不少未经著录的甲骨，分藏在国内各博物馆、图书馆、大学和文物考古单位、科研机关，长期不能公布，给甲骨文和商史的研究带来很多不便。不仅如此，不少出版较早的甲骨著录现在已成“珍本”，很不容易找到。甚至一些大学或研究单位，甲骨书也残缺不全，很难购置齐备。但在 30 多年来，对教学和科学研究所急需的一些有价值的甲骨著录书，极少有重印的机会，这给甲骨文研究事业的发展和甲骨文研究队伍的建设带来了很不利的影响。

第二，系统、全面、深入的整理和研究甲骨文的工具书和专著出版不多。近年来，虽然我们的甲骨学家主要精力都放在资料的整理工作上，但主要的资料工作还多是局限于甲骨拓本的刊布方面，而有关甲骨文内容的系统、全面整理以及甲骨学一些问题的深入研究还做得很不够。不少的研究成果，主要目的是解决殷商考古学上提出的新问题和对一些现象的解释，而甲骨学本身的一些问题，却缺乏长远的规划和深入的综合研究。因此多年来，除了修订出版的工具书《甲骨文编》和总结性研究著作《殷虚卜辞综述》之外，“自从1956年以后，我们还没有写出什么有分量的大部头研究著作来”①。这与我们作为甲骨之乡的九亿人口的泱泱大国的地位是十分不相称的。我们甲骨文研究工作者，应立志迅速改变这种状况，通过艰苦的劳动，分门别类地整理和研究甲骨文，编出一批高质量的工具书和大部头研究著作来。

第三，对国外甲骨学界的动态知之很少，缺少专门发表甲骨文等古文字研究成果的园地。正如上节所述，近年来国外甲骨学界有了很大进展，出版了不少大型工具书和大部头研究著作。但是，国内对海外学者的著作进口很少，而且在刊物上也从未发表过海外学者有关甲骨论著的译文，这就使我们不少甲骨文研究工作者失去了向海外同行学习和借鉴的机会。目前，国内除了由中华书局出版的《古文字研究》，为甲骨文、金文等古文字研究的专门园地以外，其他不少刊物（除《文物》《考古》《考古学报》外）因甲骨文字的排印困难，这方面的论文基本不予刊载。缺乏必要的园地，对甲骨文研究事业的发展和人才的发现也是十分不利的。

虽然如此，新中国成立以来的甲骨文研究所取得的成绩还是很大的。特别是在甲骨文字的考释和商代历史的研究方面，我们在世界上还是居于遥遥领先地位的。我们相信，在向四个现代化进军的新长征道路上，在科学春天来临以后的年代里，随着《甲骨文合集》和《甲骨文考释类编》（即《甲骨文字诂林》原立项名）等大型著作的出版完成，我国的甲骨学

① 胡厚宣：《编好〈甲骨文合集〉，向建国三十周年献礼》，《中国史研究》1979年第3期。

研究一定会提高到一个新的水平。通过我国甲骨学家的艰苦劳动，一定会以一批大型的工具书和卓有见地的专著贡献给世界甲骨学界。

第四节　一支坚强的甲骨学研究队伍正在茁壮成长

目前，我国的甲骨学研究队伍与甲骨学研究工作的发展也是不相适应的。建设一支坚强的甲骨学研究队伍，也是我们今后的一项重要任务。之所以如此，主要是因为在“四人帮”实行法西斯文化专制时期，甲骨学研究领域也和其他科学文化领域一样遭到了空前的浩劫。甲骨学研究队伍也备受摧残，虽然不少有造诣的老一辈甲骨学专家渡过了这一困难的时刻，他们和中、青年甲骨学研究工作者一道顶住了种种压力，为发展甲骨学研究事业做出了贡献，但甲骨学研究队伍青黄不接，后继乏人的现象依然存在。

粉碎了“四人帮”后，迎来了祖国科学事业的春天，甲骨学研究领域也出现了欣欣向荣的大好局面。但是，甲骨学研究队伍人数少，而且主要力量都投入到资料的整理工作上，全面系统地深入研究甲骨学很难进行，这与祖国社会主义科学文化事业发展的需要远远不能适应。为了甲骨学研究事业的发展，必须改变青黄不接的状况。通过努力，甲骨文等古文字研究队伍的建设加强了，不少科学研究机关和大学设立了“古文字研究室”，许多大学历史系和考古专业也开设了古文字学课。不少老一辈的甲骨学专家，在抓紧时间撰述和整理自己著作的同时，还大力培养接班人，招收了一批肯于钻研、有培养前途的研究生。不少中、青年甲骨学研究工作者，也在潜心钻研，正在攀登甲骨科学的一座座高峰。

特别可喜的是，一批有志于献身祖国社会主义四个现代化事业的青年人，以“辩证唯物主义和历史唯物主义为指导，发扬中华民族的固有文化，学习并继承老一辈古文字学家的已有成就，争取成为古文字学的接班人”① 为宗旨，在业余时间努力学习和研究甲骨文等古代文字，他们组织

① 《上海青年古文字学社社章（草案）》，《古文字》1979 年第 1 期。

并成立了“上海青年古文字学社”，而且还出版了自己的油印刊物《古文字》，定期开展学术讨论活动，交流并刊登他们的学习经验和研究习作，扩大古文字学爱好者的队伍。不仅在上海，全国各地也有一批不怕困难，努力学习和钻研甲骨学的青年人。广大有志于甲骨学研究的青年人，是我国甲骨文研究的未来与希望。

为了使广大爱好甲骨文等古文字的青年人能更快地成长，不少老一辈专家和知名学者对他们进行了热情的鼓励和指导，提出“古文字学当前也有‘现代化’问题”，积极建议“组织一些古文字学者编著古文字学各个分支的概论，如《甲骨概论》《青铜器概论》《战国文字概论》《简牍概论》之类”，以便“培养较多的古文字人材，才能使这一学科迅速发展”。[①] 这方面的工作有的正在着手进行，有的已经完成。孟世凯同志编著的《殷墟甲骨文简述》一书已由文物出版社出版。此书深入浅出，文图并茂，以通俗易懂的语言普及甲骨文知识，将成为爱好甲骨文的广大青年所欢迎的一本入门书。

1978 年 11 月底，“中国古文字学术研究会”在长春成立并召开了第一次年会。这是我国古文字学界一次空前的盛会，老、中、青古文字学者欢聚一堂，就我国古文字学的发展交换意见并切磋研究成果，对我国古文字学（包括甲骨文）研究队伍的建设与发展，无疑会起到深远的影响。

因此我们说，在未来的甲骨学研究工作中，以老一辈甲骨学家为后盾，中年甲骨文研究工作者为骨干，广大有志于甲骨文研究的青年为后备力量的我国甲骨文研究队伍正在茁壮成长。这支坚强的队伍将会攻克甲骨文研究道路上的一道道难关！

应该说，30 年来的甲骨学研究有了很大的进展，这是我国（包括台湾、香港在内）的甲骨学者和世界各国甲骨学者不畏艰难、刻苦钻研的成果。

我国的甲骨学研究，虽然在某些方面与世界各国存有一定差距，但在甲骨文字的考释和商史研究方面还是处于领先地位的。因此，我们既不能妄自尊大，也不要妄自菲薄，要充分发挥我们的长处，尽快弥补我们与世

---

① 李学勤：《古文字学术讨论会与古文字学的发展》，《中国史研究动态》1979 年第 3 期。

界各国在某些方面存在的差距和不足。

虽然甲骨学研究已有 80 多年的历史，成为一门举世瞩目的国际性学问，但还是一门很年轻的学科，这就是说今后还有许多事情有待于我们去完成。主要有：

第一，加快《甲骨文合集》一书的附录、释文等项工作的完成和出版，并及时出版新发现的甲骨材料。

第二，全面、系统地整理甲骨文资料，编出大型的甲骨文字典、辞典以及有关专题的类典等一批工具书和资料书。

第三，在全面整理甲骨文资料的基础上，进行深入系统的分门别类的综合研究，就甲骨学和商史研究中存在的一系列问题写出大型的甲骨学和商史专著。

第四，积极发现人才，培养人才，扩大甲骨学研究队伍，这是能使今后我国甲骨学研究事业人才辈出，群星灿烂的根本保证。

甲骨学今后继续全面深入发展的任务是艰巨的，但发展的前途是无限的。我们中国的甲骨学家，将与世界各国的甲骨学家团结一道，再接再厉，为把甲骨学研究提高到一个更新的水平而共同努力！

下　篇

甲骨学全面深入发展阶段
（1978 年至今）

第八章

甲骨文新资料的不断出土及所谓的“新发现”种种

1978 年以后，继 1973 年河南安阳殷墟小屯南地甲骨的成批出土，在安阳殷墟又不断有新的甲骨文发现。在河南安阳殷墟以外的商代遗址，诸如河南郑州、山东济南大辛庄等地，也有商代有文字甲骨的发现。此外，各地还不断有西周甲骨出土。这些甲骨新资料的出土和陆续公布，为甲骨学殷商史研究注入了新的活力，促进了甲骨学研究的全面深入发展。

第一节　殷墟甲骨文的不断出土

自 1978 年至今，安阳殷墟又不断有甲骨的新发现，主要有：

第一，1986 年，小屯村中发现有字卜骨 8 片。此后，在小屯村中进行了多次考古发掘并屡有甲骨发现。1986—1989 年期间，共出土有字甲骨 305 片。

第二，1991 年殷墟花园庄东地窖穴 H3 甲骨坑，又有刻辞甲骨 689 片的重大发现。

1991 年秋，中国社会科学院考古研究所安阳工作队在殷墟花园庄遗址发现殷墓 62 座、房基 3 座、灰坑 2 个（其中一个是甲骨坑，位于花园庄东）。在花园庄南地清理殷墓时，在一座墓葬墓口之上的灰层中发现 3 片刻辞卜骨。为了研究出土甲骨的地层关系以及周围遗迹的情况，考古学家对出土甲骨的花园庄东地、南地进行了考古发掘工作。

花园庄东地发掘面积46平方米，探方T4的地层堆积与分期的关系是这样的：

第1层为耕土层，出土现代瓷片。第2层黄褐土中亦出土近代瓷片、砖瓦片，并混有殷代陶片。第3层土色浅黄褐，为殷代文化层，出土殷代陶片、兽骨、木炭等物。第4层为黄土，不出陶片。其下即为生土层。学者根据地层叠压关系、灰坑打破关系和出土陶片的特征，可把花园东地的遗迹分为三期，即早期（第三层及其下的灰坑H2、H3、H4、H5）、中期（H8、H11、H12）、晚期（H5、H6、H7、H10）。花园庄东地早期的四个灰坑，其时代与殷墟第一期相当。而第3层的时代，由于出土陶片甚少且碎小，不太容易据以断代，大概应为殷墟文化第一、二期。花园庄东地中期，相当于殷墟文化第三期。花园庄东地晚期，相当于殷墟文化第四期前段。

H3甲骨窖藏坑发现于探方T4中部偏北第3层下，其北部被灰坑H2打破。当清理完H2灰坑后（距地表1.8米深处），H3灰坑的坑口便全部显露出来。又接着发掘H3灰坑，当挖至坑口以下1.7米时（已距地表深2.9米），发现了甲骨堆积层，绝大多数为龟卜甲。由于卜甲埋藏年已久远，极易破碎，故出土时一块完整的龟甲往往断裂成数十片或上百片之多，这就给甲骨的清理工作带来很大的困难。此外，当时还由于修路工程工期很紧，如果继续在田野清理颇费时日，与工程进度产生极大矛盾。因此，考古学家中止了在工地上清理甲骨的工作，仿效1936年殷墟YH127坑甲骨窖藏发掘的方式，即将H3甲骨坑套进一个特制的大木箱内，用起重吊车，将其运回考古研究所安阳工作站院内。想当年，即1936年秋颇费周折地用木板围做成的6吨多重的YH127坑甲骨灰土柱运到安阳火车站，再装上火车，费尽九牛二虎之力才运到南京中央研究院历史语言研究所。[①] 真是时代不同，考古装备不同，工作效率不同！从这里，我们也看到考古事业的突飞猛进！考古研究所的甲骨学家，自10月31日起至11月26日对工作站院内的甲骨柱进行了细心清理，共取出甲骨856片。后因天冷工作暂停，再于1992年5月3日至6月1日继续清理了一段时间，又出

① 参见石璋如《YH127的甲骨灰土柱出土》，《石璋如先生访问记录》，“中研院”近代史所2002年版，第131—137页；扬善清《中国殷墟》，上海大学出版社2006年版，第91—95页。

土了一批甲骨。前后共费时两个多月，此中甘苦寸心知！

H3 灰坑共出土甲骨 1583 片，其中卜甲 1558 片，上有刻辞者 574 片（刻辞腹甲 557 片，刻辞背甲 17 片）。卜骨 25 片，上有刻辞者 5 片。以上龟骨有刻辞者共 579 片。甲骨集中在 H3 灰坑第 3 层中部至第 4 层底部出土，厚达 0.8 米。在甲骨堆积层的上部（距坑口 1.7—1.9 米）的甲骨，呈四周较高中部较低的情况，而且甲骨小片数量较多，当为受上部填土的压力所致；自坑口 1.9 米以下，则以大块或完整的龟甲为主，甲骨出土时有的竖立，有的平躺，有的斜置。竖放的卜骨较少，全为卜甲，主要发现于坑边，特别是坑之东北角和西北角尤为明显，几块竖立的大龟紧贴坑边。平放的甲骨数量最多，且多数是反面向上，露出钻、凿、灼的痕迹（少数为正面朝上）。卜骨的甲首或卜骨的骨臼无一定方向。卜甲与卜骨、龟腹甲与龟背甲、大块与小块、有字与无字的甲骨相杂处，但叠压得十分紧密，甲骨堆中几无空隙之处。在卜甲中，近百版上面发现有圆孔，并可据圆孔大小及所在位置分为两类：一类是圆孔位于甲桥上，左、右甲桥各一孔，孔径 0.6—0.8 毫米。这一类占有孔卜甲的大多数；另一类是圆孔所在位置不定，一版卜甲可有数孔，但孔径小于前类。其用途，前一类孔是用于穿绳将数版卜甲系在一起。而后一类孔，则是用于将同版断折的卜甲用细绳穿系相缀连。

H3 灰坑所出甲骨，以大版卜甲为多，其中完整卜甲 755 版，而其上有刻辞的整甲近 300 版，占此坑有字甲骨总数的 50% 以上。除整甲外，半甲、大半甲数量也很可观。据统计，半版以上的大块卜甲，占此坑甲骨总数的 80% 左右。刻辞甲骨每版字数的多少不同，少者一两字，多者达两百多字，一般为数十字。大多数甲骨刻辞，字体较为细小、工整、秀丽。此外，还常见字中涂朱、填墨和刻划卜兆的现象。此坑甲骨刻辞内容较为集中，主要涉及祭祀、田猎、天气、疾病等方面的内容，特别是祭祀祖先的卜辞数量最多。① H3 窖藏甲骨的整理者刘一曼、曹定云教授在初步整理的基础上，“认为 H3 卜辞的占卜主体是‘子’，该坑卜辞的占卜活动都是围绕着‘子’而展开的。但是，这个‘子’同 YH127 坑‘子组’卜辞之‘子’是不同的两个人，不仅卜辞字体风格不同，而且卜辞的内容也不相

① 参见《1991 年安阳花园庄东地、南地发掘简报》，《考古》1993 年第 6 期。

同”。随着刘、曹二教授关于花东 H3 占卜主体“子”的身份“与殷王同源于祖乙，可能是沃甲之后”① 看法的提出和对花园庄东地 H3 出土甲骨选择 23 版的先行公布②，引起了学术界的极大关注和热烈讨论。而 2003 年《殷墟花园庄东地甲骨》出版以后，形成了研究和争论的高潮。关于此事，我们将在后面详述。

花园庄南地虽然也出土甲骨，但数量不多。出土刻辞卜骨的 M99 墓葬，其墓上叠压的地层出土陶片均具早期特征（即殷墟文化第一期）。花园庄东地共出土卜骨 35 片，卜甲 22 片，且多为小片，其上有刻辞者仅 5 片卜骨。有一片字体近“午组”卜辞的卜骨，其所出层位与伴出陶片为殷墟文化一期，是此类卜辞时代较早的新证据③，值得特别加以注意。

第三，1999 年 7—9 月，安阳西郊白家坟东地发现刻辞甲骨 3 片。当年冬，洹北商城发现有字（按：即“戈亚”）骨匕。④

第四，2002 年小屯南地东甲骨的再发现。在殷墟申报世界文化遗产期间，整治扩建小屯南路时，为辅设地下管道，在相关地段进行了抢救性考古发掘。本次共清理殷代房基 17 座、墓葬 20 座、灰坑 60 个、灰沟 3 个、祭祀坑 2 个、奠祭坑 1 个。此外，还清理唐宋时期墓葬 3 座等。而本次发掘出土甲骨的地段，主要是在 1973 年小屯南地甲骨出土地段的东部，基本与之相连。除少数甲骨出土于近代扰坑或商代地层堆积中外，多数甲骨出土于灰坑（窖穴）之中。出土甲骨较多的灰坑有 H4、H6、H9、H60、H57 号共五座。从灰坑结构和出土遗物判断，其中 H4、H6、H9、H60 号灰坑属垃圾坑，坑内所出甲骨当是作为废弃物随意抛入坑中的。而其中的 H57 号灰坑是甲骨窖藏坑，坑中所出甲骨当是有意识地储藏。出土甲骨灰坑的情形如下：

H6 号灰坑。该坑堆积可分上、下两层。上层填土为结构灰黄花土，较为紧密，甲骨多在本层出土，多为卜骨，间有卜龟，有的甲骨上刻有文

---

① 参见刘一曼、曹定云《殷墟花园庄东地甲骨卜辞选择与初步研究》，《考古学报》1999 年第 3 期。

② 《考古学报》1999 年第 3 期。

③ 参见《1991 年安阳花园庄东地、南地发掘简报》，《考古》1993 年第 6 期。

④ 刘一曼、冯时主编：《商周甲骨文》（中国书法全集 · 2），荣宝斋出版社 2009 年版，第 301 页。

字。与甲骨同时出土的还有其他遗物，诸如陶片、兽骨、木炭等。该坑下层填较为疏松的浅绿色灰土，本层坑壁不仅较上层坑壁规整，而且在壁上发现脚窝。本层出土甲骨较上层为少，以龟甲为多，部分刻有文字。下层出土陶片较多，并伴出兽骨、木炭等物。H6 号坑出土的部分陶器，诸如鬲、簋、罐、将军盔等虽残破，但可考古复原。从 H6 号灰坑四壁有火烤痕迹和挖有脚窝判断，此坑开始使用时为储物，但废弃后用于盛放生活垃圾并抛入甲骨。据 H6 号坑内出土陶器残片特征判断，此坑废弃年代不晚于殷墟Ⅱ期早段。而坑内所出甲骨的时代，也与该坑所处时代一致。

H57 号灰坑。此坑堆积亦为上、下两层，上层填土为结构紧密的花夯土，甲骨都出于本层。甲骨于本层出土时，上部多为大块整版卜骨，保存相当完整，下部所出卜骨较为破碎，伴有少量卜甲。本层甲骨埋积时层层叠压，彼此交错，骨臼无一定方向，表明卜骨放置时并无一定规律，其中数块卜骨中间有一略呈长方形的穿孔，少量兽骨和碎陶片与甲骨伴出；本坑下层为垫土层，土色灰绿，结构疏松。下层只出土陶片数块和碎骨若干，没有甲骨出土。据此可知，这些遗物在当时放置甲骨时，为有意预先铺垫的。以上迹象表明，H57 号灰坑当非垃圾坑，而是商代人有意识挖掘的一个存放甲骨的处所。因该坑出土陶片较少，不足据以判定其时代。但与此坑有打破关系的 H60 号灰坑，据出土陶片判断应为殷墟Ⅲ期，被其打破的 H57 号灰坑必不会早于此时，因而坑中所出甲骨的年代自应不晚于殷墟Ⅲ期。

经考古学家对 2002 年小屯南地再次发掘所出甲骨的初步整理，共出土甲骨 600 余片（其中无字者 400 片），有刻辞者近 228 片（其中卜骨 122 片、卜甲 106 片）。这些有字甲骨，有部分卜骨未切臼角，甚至极个别的没有进行整治。有的甲骨正反面都有卜兆并有刻辞，少数刻辞内还涂有朱砂。也有个别卜骨下面刻辞，反面有朱书文字。有一块卜甲，其上刻辞间有罕见的刻划分区线。安阳殷墟小屯南地这批新出土的甲骨文，就其内容看，涉及祭祀、征伐、天象等，其中一部分甲骨属“历组”卜辞，为学术争论的“历组”卜辞时代的判定提供了新证据。①

---

① 参见岳占伟《安阳殷墟新出土甲骨 600 余片》，《中国文物报》2002 年 10 月 25 日。

第五，2004 年安阳殷墟大司空村窖穴内发现刻辞甲骨一块，为较为完整的干支表。[①] 此表现存 111 字，文风工整劲峭，字体近甲骨文第一、二期。

第六，2005 年，殷墟西区（安阳钢铁公司）一座两条墓道的殷墓（M11）中发现镶嵌绿松石有字骨柶，文字刻写风格与著名的牛头刻辞、鹿头刻辞、虎骨刻辞和人头刻辞相近，当为第五期之物。此骨柶上的文字为“壬午王迖于召𡨦（塞），祉田于麦录，隻兕，亚易……”[②] 此骨柶在发表前，承蒙发掘者刘忠伏教授概允，笔者曾有幸于 2009 年、2010 年两次在安阳工作站摩挲、观察此珍物，特在此对刘教授致意！

第七，2010 年 11 月在安阳举办的“中国文字博物馆成立一周年纪念暨古文字学研讨会”期间，承蒙考古研究所何毓灵教授概允，得以随刘一曼教授、冯实教授、唐际根教授之后，在安阳工作站见到他新发现之刻辞甲骨，并仔细过手摩挲把玩。此骨为牛胛骨骨扇部分，棕黄色且透油光，宽 10 厘米，长 8 厘米，使用时骨扇朝上，与一般殷墟甲骨骨扇朝下不同。虽然经整治、刮磨，但背面未施钻凿。正面有贯通上下的界格 13 条，界格间刻满文字，共 14 行。文字雄健纯熟，刀法果断干净。虽文字多数可识，但无辞例、文句可寻，其中有 5—6 个为新见不识文字。字骨背面左部亦有上下贯通界格 3 道，上刻有文字 4 行。此版正、反面共有 98 字左右。从字体风格看，当为第一期武丁时代物。毓灵教授说，此刻字骨出土在大司空村一座被殷墟三期墓打破的灰坑之中。我和刘一曼、冯时教授议论，骨扇上置之例虽周人甲骨已见多则，但殷墟甲骨实为罕见。刻划如此多条竖界格，殷墟甲骨亦所见不多，仅见《契》209 之“家谱”刻辞，且此骨片形过小，上有三竖界划，其间残留一行二字，另一行残三字。但均为“子曰……”文辞可读，文意清楚。而此版新出于灰坑中的甲骨，虽多数文字常见，但文意不明，是为有意契刻一批卜辞文字，抑或为教徒之法书字帖欤？此外，又因此骨光鲜如新，无钻凿灼

① 参见岳洪彬《河南安阳殷墟大司空村遗址发掘获重要发现》，《中国文物报》2005 年 4 月 25 日。

② 参见刘一曼、冯时主编《商周甲骨文》（中国书法全集·1），荣宝斋 2009 年版，“原色作品选页”，第 6 页。

痕及文章不成辞例，如果不说明是出自被殷墓打破并无扰动的灰坑之中，蓦然拿此骨请我等鉴定，一定费一番斟酌后，当会怀疑为仿刻高手的新作也！我们建议毓灵教授早日公布此百多年来出土甲骨中唯一一例的刻字甲骨珍片！[①] 我辈能得睹此世间珍稀，实为此次赴安阳参会期间的最大收获！感谢考古学家何毓灵教授、刘忠伏教授的美意，也祝愿他们今后不断有新的更大的收获！

我们可以看到，“安阳小屯以外新发现的甲骨出土地，除新中国成立前的侯家庄、后冈以外，又在四盘磨、大司空等殷墟范围内其他地点有所发现”[②]。此外，还有薛家庄南地[③]等。1978 年以后，除在小屯南地、大司空村等遗址继续出土甲骨以外，又在殷墟小屯以外的新地点，诸如白家坟、花园庄东地和南地、殷墟西区等遗址发现了甲骨，扩大了殷墟甲骨文的分布范围。而洹北商城有字骨柶上刻“戈亚”二字的新发现[④]，预示着这里一定会有有文字的甲骨出土。

第二节　殷墟以外商代有字甲骨的发现

已如上述，不仅在安阳殷墟，而且于 1978 年以后在原有的甲骨出土地小屯（村北、村南、村中）、侯家庄、后冈、四盘磨、大司空村、薛家庄南地等遗址出土了甲骨，又在殷墟白家坟、花园东地和南地、殷墟西区等遗址发现了有字甲骨，扩大了殷墟甲骨文的分布范围。虽然如此，上述各出土甲骨地点仍属殷墟 30 平方公里的范围以内。

1978 年以后，由于我国殷商考古学研究的发展，在殷墟以外的殷商文

---

① 2010 年 10 月 13 日安阳考古工作站访问记录，同行者有刘一曼教授、冯时教授、唐际根教授等。

② 参见王宇信《建国以来甲骨文研究》，中国社会科学出版社 1981 年版，第 26—27 页。

③ 出土一小片刻辞龟片，仅一字。参见周到等《1957 年秋安阳高楼庄殷代遗址的发掘》，《考古》1963 年第 4 期。

④ 参见《1998—1999 年安阳洹北商城花园庄东地发掘报告》，《考古学集刊》第十五集，2004 年版。

化遗址，也不断有商代有字甲骨出土。

一　山东济南大辛庄遗址出土的商代甲骨文

2003 年 3 月 18 日，大辛庄遗址出土了有字商代卜甲，这是在殷墟以外的晚商遗址第一次发现有字卜甲，在学术界引起对卜甲的热议和对大辛庄遗址在商王朝所处地位深入研究的热潮。

（一）始作俑者其有后

山东济南大辛庄遗址自 1939 年英国学者林仰山用英文撰写的专题报告发表后，引起了海内外考古学界的注意。在 20 世纪三四十年代英国人林仰山在齐鲁大学任教授期间，曾对胶济铁路的济南至周村沿线进行过考古调查。他在大辛庄附近的“蝎子沟”南部向东折的北坡，见到了 1935 年春村民挖掘过的土坑。据说当年坑内出了几件青铜器和不少的骨镞，较为完整的铜器被卖掉，并从此不知所往。就在 1936 年冬林仰山到大辛庄调查了解时，村民手里只剩下一些古董商看不上眼的物件了。可林仰山见到剩下的一些骨镞、骨料和一件铜觚的口部和几件残断的铜戈、铜刀等，如获至宝，这些坑内之余竟被他悉数购回。根据这些东西，就是林仰山写出的第一篇关于大辛庄的调查报告并在国外刊物上发表的。1937 年抗日战争全面爆发以后，林仰山回英国休假一年。在此期间，发掘该坑的村民又鬼使神差地再挖此地，坑底部又挖出一些物件。此村民尝过上次卖宝的甜头，便把这次所得珍藏起来。1939 年此村民过世以后，其子整理所继承遗物时，无意中发现了这批珍藏的“宝贝”，并在当年 5 月又悉数恰被林仰山收走。出乎林仰山意料之外，这批东西竟与他第一次所收为同坑出土之物，有些铜器残片竟可以与第一批收得残铜器相拼合。这可真是“始作俑者其有后”了！这一神奇发现，见于他所写的第二篇专题报告中。从此，大辛庄遗址为学术界所知晓，英国学者林仰山教授是有功的！

（二）众里寻他千百度

英国人林仰山的两篇专题报告，使学术界知道了大辛庄遗址曾出土青铜觚、青铜戈、青铜矛、铜镞、骨镞、陶鬲、卜骨等商代遗物。这批考古资料成为 20 世纪四五十年代研究山东地区商代考古所见不多的重要资料和其后研究的重要线索。

1949年新中国成立以后，考古学者围绕大辛庄遗址的性质和分布面积、范围及文化内涵，进行了多次考古调查、勘探和试掘工作。

1952年和1953年，考古学者调查大辛庄遗址，发现了少量无字甲骨，其中有龟背甲，这是安阳殷墟小屯遗址以外的第一例。

1955年冬，考古学者又对大辛庄遗址进行勘探，发现遗址以“蝎子沟”南北中线为中心，东西两坡分布着文化堆积，并在10万平方米的保护范围中心“蝎子沟”开两条探沟试掘，认识了遗址的汉代层——东周层——商代层的堆积序列，出土了铜锯、白陶和85片无字甲骨等遗物。

1958年冬，考古学者再次对大辛庄遗址进行考古钻探和试掘，进一步确定了遗址范围为30万平方米，并在遗址中心试掘，从而认识到商文化可分两层，为以后遗址的进一步分期研究提供了启示，发现的遗迹透露了可能有大型建筑基址和晚商墓葬存在的信息。出土遗物有釉陶、白陶，并出土甲骨（无字）10片。

1955—1963年间，考古学者在多次对大辛庄遗址的调查中，采集到陶器、玉石器等和甲骨（无字）等大量遗物。调查资料表明，殷代遗物应包含早商直至殷末的遗留。

1970年12月，大辛庄遗址出土青铜器6件，计有觚1件、斝1件、盉1件、刀1件、戈2件。铜器特点与殷墟M331所出铜器为殷墟早期物相近。

1984年秋，为进一步认识大辛庄遗址文化内涵及商文化性质，考古学者在此进行了大规模考古发掘，在880平方米发掘区内出土陶器、蚌器、青铜器等文物。此外，考古学者还征集到儿件商代铜兵器。

如此等等，可谓众里寻他千百度！考古学者对大辛庄遗址多次的调查、勘探、试掘，出土了不少重要遗迹和大批文物。特别是甲骨（无字），累计出土达600多版，说明占卜应也是大辛庄商文化的重要内容。经学者研究，大辛庄占卜用材、整治及钻凿制作等工艺基本与中原殷墟占卜文化属同一系统，惜上面皆无文字，学者们在追索中期待着，在期待中追索着……①

① 参见方辉《大辛庄遗址的考古发现与研究》，《山东大学学报》2004年第1期；《“大辛庄甲骨文与商代考古”笔谈》，《山东大学学报》2004年第1期。

（三）得来全不费工夫

2003 年 3 月 17 日，又一次对大辛庄遗址的考古发掘工作开始了。就在这次发掘的第二天，18 日，学者们追索并期待多年的商代甲骨文终于破土而出。真是踏破铁鞋无觅处，得来全不费工夫！本次发掘所得商代甲骨文集中出土在 T2302、T2402［5］B 层活动面、T2401 第［2］层及所属扰坑、T2101 H539 中。以上各文化堆积中，共出有字卜骨 4 块：

其一，T2302［5］B：1 为龟腹甲，由 4 片甲片缀合而成，虽残断，但仍保留右甲桥、前右甲、后右甲、尾右甲和尾左甲及前左甲、后左甲之大部分。龟腹甲经整治、刮磨，厚薄均匀，正、反两面较光滑，钻、凿、灼兼具，右甲桥中偏下有一半圆形穿孔，现存 27 字，各部位上的文字是：

前左甲：不徒，允徒。□酉，温。
前右甲：不［徒］，允［徒］。弜温。
后左甲：□□［不徒］。允［徒］。四
　　　　御母彘豕 豭，毋一。
后右甲：不徒。允徒
　　　　弜御。御疒。
其二，T2101 H539：1 片仅一字“疒”。
其三，T2301［5］B：1 片上有二字。
其四，T2302［5］A：2 片上有三字，一字残。

大辛庄遗址出土的甲骨文是殷墟以外的商代遗址首次发现的晚商甲骨文，引起了国内外学术界的注意。大辛庄遗址出土甲骨文表明，此地当是商王朝东部地区的一处中心性聚落，很可能是一处方国都邑遗址，对认识商王朝与东方方国的关系提供了重要的资料。①

2010 年 3—7 月大辛庄遗址的发掘又有重大收获，其中最重要的是发现商代夯土建筑基址一座和出土商代青铜礼器的墓葬。商代前期的墓葬

① 参见方辉《济南大辛庄遗址出土商代甲骨文》，《中国历史文物》2003 年第 3 期；《“大辛庄甲骨文与商代考古”笔谈》，《山东大学学报》2003 年第 4 期。

M39 出土青铜器 18 件，其中有鼎 2 件、盉 2 件、爵 1 件、斝 1 件、卣 1 件、罍 1 件、斗 1 件、钺 1 件、钁 1 件、矛 2 件，另出土大型石磬 1 件、玉器 2 件，等等。规格如此之高和随葬青铜器较多的墓葬，在商代前期的我国东部地区是仅见的。此外，商代后期的中型墓葬在大辛庄发现多座，随葬青铜器组合多为觚、爵，兵器组合为戈、矛、钺等。诸如 M163、M127 就出土了不少青铜礼器和兵器等遗物。[①] 虽然这次发掘没有出土甲骨，但这些重要遗迹和丰富遗物的不断发现，增强了考古学家追索和期待的信心，将来这里一定还会有更多的刻字甲骨文再发现。

二　桓台史家遗址的骨刻文

1896 年，山东桓台史家遗址岳石文化的木构祭祀坑内出土有字甲骨两片。一为羊肩胛骨，未经任何整治，但留有灼痕，上面文字作“六卜”形，刻划较深，刀痕明显，当为占卜之后所记。[②]

三　河南郑州商代有字甲骨的再发现

随着殷墟甲骨文研究的发展和甲骨学的成熟，学者们就一直在思考和追索着晚商都城以外的方国遗址有没有甲骨文？众所周知，殷墟是盘庚迁殷至纣之灭，273 年不复徒都的晚商都城遗址，殷墟甲骨文是晚商王室大量使用的占卜记事文字。那么在商王朝的前期的建都之地，是否也应有与殷墟甲骨文为一个系统的早期甲骨文出土呢？

殷墟以外的方国遗址出土甲骨文，我们在本节之一已做介绍，就是山东济南大辛庄遗址经过多年的探索，终于在 2003 年 3 月有与殷墟甲骨同属一个系统的占卜文字发现。

而作为商王朝早期城址之一的河南郑州商城，经长期发掘、研究、争论，“现在不少学者认为郑州商城应与偃师商城同为商代早期的都城遗址，郑州商城规模庞大的内外城墙，先后数十座夯土建筑基址构成的宫殿建筑群，长期使用的铸铜遗址以及窖藏坑出土的青铜重器，在目前已知的同时

① 《济南大辛庄遗址考古发掘再获重要发现》，《中国文物报》2010 年 9 月 24 日。

② 《桓台史家遗址发掘获重大成果》，《中国文物报》1979 年 5 月 18 日。

期遗址中其重要地位是显而易见的，充分说明它应为商王朝都城遗址”①。郑州商城最新研究成果表明，不会晚于二里岗下层二期，也不会早于二里岗下层一期。其始建年代约在二里岗下层一期晚段。② 而“到早商二期之时，郑州商城开始进入兴盛时期”，诸如大批宫殿的兴建、铭功路制陶作坊及紫荆山北的制骨作坊、南关外铸铜遗址的扩建等均为此时遗迹。直到“早商三期，郑州商城在原有的基础上继续繁荣”，诸如新增的紫荆山北铸铜作坊、基址的新建、改进，郑州电校新建的较大基址 F1 等就为此时的遗迹；再后到了“中商一期即白家庄期时，郑州商城大批的宫殿建筑被中商一期遗迹所叠压或打破”。上述两处铸铜遗址渐被废弃，但在白家庄、铭功路、北二七路等地发现了较多铜器墓。张寨南街、食品厂、顺城街等三处铜器窖藏均为这一时期的重要发现。这一时期，“即通常所说的白家庄期”，“在年代上相当于郑州二里岗上层二期”。③ 到中商二期时，郑州商城全面荒废了。④ 此后，商人都城文化就迁移至安阳“洹北商城”和其后的小屯殷墟了。我们之所以在这里把早商都城遗址郑州商城在殷商考古学上的考古序列作一介绍，是为了便于读者对郑州商城遗址发现的甲骨文进行考古学的年代考察。

第一，我们在谈前 30 年甲骨学研究的发展时，曾介绍学者对 1953 年 4 月在郑州二里岗商代遗址发现的两片有字甲骨的认识，推测其时代应为甲骨文武乙、文丁的第四期。⑤ 随着郑州商城重大考古发现的增多和研究的深入，被人们一度忽略的这两片新发现有字甲骨，越来越引起学者的关注。

解铃还须系铃人。关于这两片早已不知所踪的甲骨当年出土情形，曾参加过早年郑州二里岗发掘工作的考古学家裴明相教授，于 1985 年发表了《略谈郑州商代前期的骨刻文字》（《全国商史学术讨论会论文集》，

① 《中国考古学》夏商卷，中国社会科学出版社 2003 年版，第 230、230—278 页；《夏商周断代工程 1996—2000 年阶段性成果报告》（简本），世界图书出版公司 2000 年版，第 63 页。

② 参见《中国考古学》夏商卷，中国社会科学出版社 2003 年版，第 228 页。

③ 参见《夏商周断代工程 1996—2000 年阶段性成果报告》简本，第 70 页。

④ 参见《中国考古学》夏商卷，中国社会科学出版社 2003 年版，第 228—229 页。

⑤ 参见李学勤《谈安阳小屯以外出土的有字甲骨》，《文物参考资料》1956 年第 11 期。

《殷都学刊》1985 年增刊，第 251—253 页）一文，有较为详细的追述：

> 1953 年 4 月，在配合二里岗黄河水利委员会的建设工程中，被推土机翻动起来的土层中，捡拾到一片牛肋骨。被翻动的土层深约 0.5 米，土内含有较多的商代二里岗期陶器碎片和唐宋瓷片。在推土机铲平的地面上，暴露出许多边沿清楚的二里岗期灰坑、灰层等，以及那块上有“……又土羊。乙丑贞，从受……七月”文字的牛肋骨。

同年 9 月，又在此工地开挖的深沟 T30 东端深 50 厘米的商代二里岗期的灰层内发现了有“㞢”字的第二块字骨。该灰层曾被宋代墓葬扰动。应该说，这块甲骨当是发掘所得。郑州甲骨文就是这样面世的。虽此前学者考订此二骨时代应为甲骨文武乙、文丁时之物，但裴明相教授在全面研究了当时甲骨出土的层位和环境后，明确得出了此二骨“应属于郑州二里岗期”。他的依据是，其一，第一块字骨出自推土机翻动的灰层内，虽然此灰层出土二里岗和汉、唐以后遗物，但绝无郑州商代人民公园期（笔者按：比商代二里岗期时代要晚，接近殷墟）及安阳殷墟晚期遗存。此外，推土机铲平的地面遗留的仅有商代二里岗期的灰坑和灰层，而有字牛肋骨，出土在探方 T30 的灰层内，出土层位清楚。其二，两块有字甲骨骨料皆为牛骨，一块是未经整治的牛肋骨，另一块是从牛关节锯下的骨片。骨料的整治与殷墟甲骨相比，具有较多的原始性。其三，文字刻画纤细，字形稚拙，行款散乱，与殷墟甲骨判然有别，反映出书者的技艺拙劣，如此等等。

综上所述，裴明相教授认为，“郑州字骨是目前甲骨文中最早的文字”。而“用骨刻字”“以干支记日”和“骨文格式”，诸如日、事、月等记事格式等，“基本上为晚商甲骨文字所沿用”①。

第二，1989 年秋，在郑州市河南省水利第一工程局发掘工地的商代灰坑 H1 中，发现一块上有刻划符号两个的甲骨，灰坑时代为二里岗上层时

① 参见裴明相《略谈郑州商代前期的骨刻文字》，《全国商史学术讨论会文集》（《殷都学刊》1985 年增刊），第 252—253 页。

期，即相当于郑州中商一期的“白家庄期”。骨料为动物肢骨，两端锯痕明显，中间骨髓部分为空洞，转折处无棱角。刻字位于骨料下方。文字刻痕较浅，刀锋不显。承蒙杨育彬教授美意，我曾有幸目验此骨。经我仔细辨识，当为“邾弜”二字。

第三，1990 年夏，郑州电力学校基建工地窖穴 H10 内又发现一件动物骨骼加工的骨料，上有刻划符号两个，亦刀锋不显，波折圆缓。笔者承杨育彬教授美意，亦得以目验此骨，辨识其上刻划当为“弜邾”二字。此 H10 灰坑，其年代亦为二里岗时期。这两处出土甲骨地点相距仅数百米，而且两片甲骨上的两字当中，竟有一字相同，“说明这种骨刻文字的发现不是偶然的，而在一定程度上带有普遍性”①。我们相信，这一带今后还会有文字材料出土。

此外，在郑州的考古发掘工作中，在一些其他质料的器物上，也为我们提供了一些有关文字使用的线索。诸如 1982 年在一个商代窖穴中，发现的大口尊口沿上，刻一“臣”（或释“目”）字。② 此外，在郑州小双桥遗址出土陶器上还发现了朱书文字若干。③

如此等等。郑州中商遗址出土的甲骨文，为探索殷墟甲骨文的起源提供了重要线索和启示。

第三节　关于早于甲骨文的新材料及甲骨文的“新发现”种种

目前所知，甲骨文是我国最早有系统的文字，而不是最早的文字（即处在形成进程中）。甲骨文在我国文字形成和发展的长河中，应是流而不是源。为了探索世界上最古老的文字——古埃及纸草、古巴比伦楔形文

① 参见《郑州商城考古新发现与研究（1985—1992 年）》，中州古籍出版社 1999 年版，第 56 页。

② 河南文物研究所郑州工作站：《近年来郑州商代遗址发掘收获》，《中原文物》1984 年第 1 期。

③ 宋国定：《郑州小双桥遗址出土陶器上的朱书》，《文物》2003 年第 5 期。

字、中国甲骨文等，其中唯一没有绝灭并与今天的汉字传承有续的中国甲骨文的源头，不少学者进行了多种材料的搜集和研究，并展开想象的翅膀。应该说，这些从不同途径和角度的探索是科学研究，而不是凭个人的主观意志并借助舆论（其实，报刊专以猎奇吸引眼球，并不懂其所以然），或凭个人的奇思妙想，哗众取宠，别出心裁地乱说一通就能解决的。此外，近年时有甲骨文“新发现”的报道，并引起社会的广泛关注。但认真分析、观察这些所谓的“新发现”，不难看出不少应是“鱼目混珠”的假货。假的就是假的，伪装应该剥去。我们在这里，不妨对种种所谓的“新发现”和一些天方夜谭，郑重地发表一些看法，以正视听，并维护甲骨学作为一门学科的科学性和严谨性。

一　关于“早于甲骨文”的昌乐骨刻文

2008 年 10 月 28 日，《光明日报》第 5 版“观察与探索”发表了题为《考古专家：昌乐骨刻文早于甲骨文》的报道。据报道，山东昌乐一位收藏家桌上有很多块“刻字”骨片，“这些骨头大多是牛的肩胛骨、肋骨和肢骨，还有一部分是鹿骨和象骨”。“这批刻字的骨片应为山东龙山文化中晚期的遗物，距今 4000—4500 年，应属东夷文字，是中国早期的图画象形文字。而且它和安阳殷墟出土的用于占卜的甲骨文不同，骨片上没有发现占卜痕迹，推断为一批记事文字。”不仅如此，在山东邹平、桓台和寿光等地，也出土过类似的骨刻文字。有关专家认为，确定这批骨刻文的确切年代是当务之急，“可以考虑使用碳十四测定其使用的年代，同时应对刻文骨片的出土地点进行适当发掘，以辅助对‘昌乐骨刻文’使用年代的确认”。但在上述两项工作并没有进行的情况下，有的专家就整理出版了《昌乐骨刻文》一书，将这批材料公布了。

在此以前，关于《神秘东夷甲骨文惊现潍坊》，“形似鸟篆刻画纤细，或比殷墟甲骨文早千年”的报道，在 2008 年 7 月 13 日《齐鲁晚报》上刊登时更为详细。据报载，这批“几千年前的骨头保留着神秘”文字，“其形似鸟篆，已出土上百块”云云……

报道绘声绘色地介绍，这些文字都属于阴刻线，有的在每片（块）上刻有一文字，有的刻几个或多个文字。多为弧笔或曲笔，呈现出螃蟹纹、草虫纹和鸟状等各种形态，刻写者手法纯熟，行笔果断，整个字体结构层次分明，完全符合早期文字结构的体势和规律……这些报道发表后，在互联网上也广为流传并展开了热议，力图引起学术界重视。

2009 年 8 月 15—20 日在山东烟台召开的“纪念王懿荣发现甲骨文 110 周年国际学术研讨会”上，昌乐骨刻文的发现者向大会提交了有关论文，并将由山东画报出版社出版的《昌乐骨刻文》一书赠送给全体出席会议的海内外学者。《昌乐骨刻文》的目录是“昌乐骨刻文发现与研究”“图版”(共 226 版，实为 73 版甲骨的整版及局部放大彩色照片)、“后记”及“附录”。附录为几篇论文，即《解码昌乐骨刻文》《山东神秘骨刻文料改写文字史》《考古专家：昌乐骨刻文早于甲骨文》等。此书的作者认为，该书图二九、图三七、图四一等，“都是典型的指事组合象征性文字。图二九由三个象形字组成，一个是鸟，一个是植物，另一个不甚清楚，可能是记载了一段与某种自然环境或某些物质关系的内容。图三七看起来像一个字，实际上是一个以鸟为主，下部附衬其他物像的指事组合象征字”。“图三〇组合非常复杂内容最丰富的一幅字”，“它是一幅由众多符号组成的有内在联系的线描画”。作者还对图四一进行了分析，即中间为惊恐万状野牛类大动物，旁有鹿类在逃窜，周围数人作围追状……并从“龙凤文化与凤字多样性”出发，论证了图二、图四七“应是中国第一龙字”。而该书图四、图四五、图六四、图七一、图七三、图七五、图七七、图七九、图八一、图八三、图九〇、图一三五等“都应是凤字”(该书第 12—13 页)，如此等等。得出了“东夷文化的龙凤艺术发展到很高的水平，经过新石器时代晚期的文化交流，东夷文化和西部中原内地的文化艺术相结合，以东夷龙凤文化为主，融会成中华民族的龙凤文化艺术”的论断(该书第 14 页)。

此书印制精美，不仅每版都是清楚的彩色照片，而且还有局部放大照片，使参加会议的学者得以观察文字的细部痕迹。发现者之一在会议上做完学术演讲后，海内外学者纷纷提出质疑。来自台湾史语所并多年整理殷墟 1928—1937 年科学发掘所得甲骨的著名甲骨学家蔡哲茂指出：根据他多年整理甲骨文的经验，《昌乐骨刻文》多数纹线都是骨花，而不是刀刻加工痕迹；搜集、鉴定安阳殷墟民间个人所藏甲骨多年并出版有《殷墟甲骨辑佚》（文物出版社2008年版）的甲骨学家焦智勤也认为，书中所收骨片上的痕迹不是刻文，而是长期埋藏地下形成的骨花（蚀痕）；中国社会科学院甲骨学家王宇信、宋镇豪也持此意见。既然多不是刀刻文字，关于龙、凤文化的考证也就失去了意义。长期从事考古发掘工作的考古研究所甲骨学家曹定云认为，这些都是采集品，且没有考古发掘同类出土骨片证据，谈其是早于殷墟甲骨文字的东夷文字为时尚早，应在遗址进行考古发掘工作，采集品要得到考古发掘证明。王宇信曾见过这批骨片实物，认为其中有少量是人工所刻，但多是骨花而不是文字。得知他们要出书公布这批材料时，曾表示支持，但要求他们把对骨片的年代检测报告同时公布才有意义。与此同时，还建议他们在采集骨片的遗址进行考古发掘，既可使采集品得到考古证明，又可知应属何种文化遗物。可惜的是，此书在出版前既没有做考古发掘工作，也没有把年代检测报告公布。须知，这是决定这批骨片价值和是否为东夷文化的关键！

据报告的编写者说，年代检测报告没来得及作出。但据我所知，北京大学考古系对骨片的检测报告已做完，时代为汉代。这样一来，在隶书颇为广泛使用，大量出土汉简、木牍的汉代，骨片上有一两个简单的刀刻痕迹又有何价值?！而东夷族早已在春秋战国时期就已融入华夏民族。到汉代，作为中华民族主体的汉民族已经形成，再大谈东夷族云云，其实早已成为历史记忆了。但编写者以骨片“受污染”为由，称检测年代不准确，封锁消息而不发，继续对这批“早于殷墟甲骨文”的“东夷文字”进行宣传、报道。这种有违科学精神的炒作，直至引起了中央高层领导的关注，并向有关部门询问。

2010年2月中旬，国家文物局邀请在京考古学家、古文字学家严文明、李学勤、李伯谦、王宇信、刘一曼、李零、冯实等教授专就昌乐骨刻文进行了论证，并一致认为骨片上的痕迹是骨花而不是人工刻痕。还强调时代不明的采集品，应经年代检测和考古发掘证明才能得出科学结论。科学就是科学。对当前的一些非科学的炒作之风，一定要严肃认真对待！

2010年5月，“昌乐宝石文化节”期间，昌乐有关部门还打算邀请中央、省、市三级电视台联合摄制有关“骨刻文”的电视片。此前，在

2009年中央电视台已制作过节目，并已播放。当我把国家文物局专此论题召开的专家论证会的意见电话告诉他们后，三级电视台联合拍片，加大宣传昌乐“骨刻文”力度的计划才告停止。这也可能是曾喧嚣一时的昌乐“骨刻文”的尘埃落定吧！

科学就是科学，实事求是才是科学研究。炒作力度再大，也只是昙花一现，妙作终究代替不了科学研究。

二　中国文字起源探索的新资料——大麦地岩画

宁夏西北部有座卫宁北山，就在这片山地的群山深处，有处名叫大麦地的地方发现了很多岩画。大麦地岩画的内容丰富，多是实物的象征图形，也有少量的表意图形与符号，反映了古代先民的生产、生活、经济状况、心理活动和生存环境等方面的内容。岩画多为凿刻和敲击而成，制作精良，形象拙朴。据报道，这些岩画通过丽石黄衣测定，距今已1万—1.6万年之久。

大麦地位于宁夏灵武水洞沟旧石器时代遗址西北部，水洞沟旧石器时代遗址距今1.5万年至4万年，属第四纪更新世晚期。据学者研究，水洞沟原始先民的活动，通过贺兰山与卫宁北山，一直可达到贝加尔湖地区和叶尼塞河上游地区。这已为20世纪30年代初的考古发现所证明。贺兰山与卫宁北山，是古代先民北上的重要通道之一。而大麦地处于这一通道的重要位置之上，成为过往先民在此憩息、休整、准备远行之地。与此同时，他们也在此制作许多岩画，记录并反映了他们的生活和生产诸情形。

岩画在世界各地多有发现。欧洲著名的岩画洞窟所存岩画多少不等，少则上百幅，多则达300多幅，尚无一处超过千幅的；而澳大利亚和非洲发现岩画较多，但分布零散。宁夏大麦地岩画集中分布在15平方公里范围内，数量达上万幅之多。大麦地岩画以其分布密度之高，堪称世界各地岩画发现地之最。

学术界探索中国文字的起源，已经从最早有系统的文字上溯至龙山时代的丁公陶文、良渚文化的余杭南湖陶罐刻符、吴县澄湖陶文，等等；再上溯至山东大汶口文化的19例10种陶文，等等；直至仰韶文化遗址中的陶器符号，诸如半坡类型的半坡、长安五楼、合阳莘野、宝鸡北首领、铜川李家沟、临潼姜寨、零口、垣头和甘肃秦安大地湾（仰韶层）等地的陶符以及虽年代稍晚，但出土陶符与半坡类型遗址陶符相近的分布在甘青地区马家窑文化的半山、马厂类型遗址所出大批陶符；而长江中游地区的大溪文化中，也多有陶符发现。学者的研究表明，“用符号表现某些思维和概念并不限于陶器的刻划”，也还应有其他材料，诸如龟壳等。学者们进一步指出：“随着时间的推移，考古发现的积累，当在其史前文化中可以解读的符号达到一定数量，称之为文字大概就不会有什么疑问了。”[①]

如此等等，学者们对文字产生历史的探索，已由3000多年前的甲骨文，一直上溯至新石器时代早于半坡类型的河南舞阳贾湖裴李冈类型。贾湖遗址年代碳十四测定在今7500—8500年[②]，经过学者们的探索，可以说文字产生的历史已由3000多年向上推溯至七八千年前了。

而在大麦地的3172组、8453个个体岩画图形、符号1500多个中，不仅有类似文字的图画符号，而且还发现有图画文字符号与符号相混合使用的“古文字”，即图画文字向符号文字过渡的文字，因而学者们认为这些岩画文字是古代汉字的前身。这些岩画文字距今1万—1.6万年，早于前一阶段学者的探索，即上溯至七八千年的仰韶文化陶符，当是更为古老的文字的前身。[③]

大麦地岩画的发现和整理，对中国文字起源的深入探索是有一定意义的。这就是使学者的研究目前不仅限于陶器、龟壳和兽骨，而且还涉及先民在山岩上留下的痕迹，从而扩大了有关文字起源材料的研究范围。不仅如此，大麦地岩画文字的提出，使学者的探索从距今七八千年前的新石器时代考古资料再前溯至距今1万—1.6万年前的旧石器时代晚期，从而使探索中国文字起源的时间范围扩大了许多。

---

① 《中国古代文明与国家形成研究》，中国社会科学出版社2007年版，第108页；参见《中国古代文明与国家形成研究》，第92—133页。

② 《中国古代文明与国家形成研究》，中国社会科学出版社2007年版，第106页。

③ 参见李祥才《大麦地岩画》，《北京晚报》2006年5月10日；《文明》2006年第5期。又参见《宁夏发现早于甲骨文几千年古文字》，《北京晚报》2005年10月6日。

三　关于福建霞浦发现“甲骨文”

1999 年是殷墟甲骨文发现 100 周年。伟大的爱国主义学者王懿荣 1899 年发现甲骨文，是中国近代学术史上的大事。甲骨文的发现和研究，推动了中国传统学术向现代学术的转型[①]，从而形成了一门新兴的学科——甲骨学。之后经过几代海内外学者不懈的追求、探索和开拓，取得了辉煌的成就并成为一门国际性的学问，真可谓“甲骨学百年华章逾万篇，几代大师凝心力。新世纪十万殷契溯文明，辈出名家再辉煌”[②]。

为了总结研究成就，展望未来的发展和推出新的研究成果，在全国各地先后召开了纪念甲骨文发现一百周年的学术盛会及各种活动，诸如王懿荣的故乡山东烟台、甲骨文出土地河南安阳、国内收藏甲骨文最多的单位中国国家图书馆，以及江苏南京、陕西西安、宝岛台湾台北等地，都先后举办了不同规模的学术研讨会或不同形式的有关展览。与此同时，不少报刊、电视台等媒体也积极配合甲骨文发现一百年的纪念活动。一时间神州大地出现了一股“甲骨热”，表达了广大人民群众对祖国优秀文明的热爱和为我们的先民无限创造力而倍感自豪。

就在我应邀为一些报刊写稿和筹备 1999 年 8 月将于河南安阳召开一次高规格纪念甲骨文发现百周年的国际学术会议期间，有朋友告诉我说：“福建发现了甲骨文”云云。如果真是如此，当然是给百年纪念活动锦上添花，应是震动甲骨学界的大事。但耳听为虚，不禁想起当年海内外媒体曾盛传徐州一位“天才”，破译了“全部甲骨文”之事。其人所用的方法非常时髦，诸如控制论、信息论、生物工程等。为此，我对采访我的记者笑言：中国文字考据之学，如果离开了传统的形、音、义和音韵、训诂等行之有效的方法，肯定是吹起的泡沫。媒体炒作是因为他们不懂，只不过是为了吸引受众而已。但炒作并不是科学结论，吹得再大，泡沫总会破裂。事实确是如此。当时被海内外炒得沸沸扬扬的“全部破译甲骨文”的

① 参见王宇信、杨升南主编《甲骨学一百年》，社会科学文献出版社 1999 年版，第 1—3 页。

② 王宇信、杨升南：《甲骨学一百年成果总序》，社会科学文献出版社 1999 年版，第 2 页。

神话，早已烟消云散。而不惜重金出版的奇“书”，却从来无人问津，在学界毫无影响和价值，成了学风不正的笑料……我正打算想办法弄清楚福建霞浦甲骨缘由的时候，在1999年7月收到了《中国文物报》的朋友张自成编审的电话，说“福建一位朋友寄来了一篇关于霞浦发现甲骨的稿子和一张照片，您看看，是不是那么回事，可不可以在报上发?”真是得来全不费工夫！我喜出望外，回答他：“我正在想办法了解此事呢！待我看过稿子和照片再回答你吧!”稿子是一位文物界老朋友写的，文稿的标题上面空处，写着“请斟酌并经古文字专家讨论后发，谢谢!”现将文章抄录如下：

福建霞浦发现甲骨文

一个偶然的机会，我（按：即此文作者）看到1998年7月17日《福建日报》旧报纸，其中有黄亦剑摄影报道的消息《霞浦发现古文奇字浮石》。我立刻赶到霞浦县，看到了这块古文奇字浮石。该浮石应是灰绿色珊瑚石，长30厘米、宽16厘米、厚12厘米，石体为蜂窝状，重1.36公斤，十分轻巧。只有刻字的一面经人工磨平，其余各面均为自然层面，还残余钙化层。

该石出土霞浦县下浒镇外浒村沙滩，是村民王家木偶然捡到。该石人工磨平的面上刻有两行十一字：戊寅贞，来越，召众受禾平分。观察其字体、文例，确是商周时期的甲骨文，却刻在珊瑚石上，人们必然想到是后世仿刻。但是，仿甲骨书法从1921年罗振玉算起，不到八十年，在东南沿海偏僻的霞浦县农村出现的精深的仿甲骨刻文，有点不可思议。

若联系这篇完整的甲骨文刻辞，是否跟中原商周移民有关，值得我们高度重视并开展实地考古调查或试掘。即使是后期仿刻的甲骨书法，也有其一定的参考价值。

当我读罢此文，并认真观察过此浮石的彩色照片上面的文字后，就把我的初步看法打电话告诉了张自成先生：此石上的文字是仿刻甲骨卜辞，且文字刀法拙劣，错字亦较多。因而此文没有在《中国文物报》上发表的价值。这则“福建发现甲骨文”的“重大新闻”，才没有在《中国文物报》上再被“制造”出来。之所以如此，是因为：

第一，就从文章对“古文奇字浮石”的描述，是作者按考古报告对出土文物描写的术语，诸如颜色、长宽、高厚、重及形制等，是十分到位的。但对“该石人工磨平的面上刻有两行十一字”的释文却与照片上显示的字迹不一：释文的“戊寅贞”与照片上的文字一致。而“来越”，释读有误。照片上是“来Ⴕ”，即应为“来岁”方是。甲骨第四期以“岁”为“年”。释文的“召众受禾平分”，若按照片上的文字应释为“大（稍残）邑受禾”才是。而释文“平分”字样，照片上的文字应释作“在六月卜（字残）”方为正确。因此，该浮石上的文字，据照片上字迹，我们应该释作“戊寅，贞来岁大邑受禾。在六月卜”。

第二，文章说，“观察其字体、文例，确是商周时期的甲骨文，却刻在珊瑚石上，人们必然想到是后世的仿刻”。文章联想到“后世的仿刻”是对的。《邺》三·39·5有“戊寅，贞来岁大邑受禾。在六月卜”的辞条。此为第四期甲骨。受禾、求禾，即早期的求年、受年，文字流畅、秀丽，刀法纯熟、浑然。而此“珊瑚石”上的文字，当确有所本，即录自《邺》三·39·5版上的上述一段文字。但文字刀法呆滞，字形失真，尤以“邑”字走形为甚。而“在六月卜”的“在”字错刻“┼”（在）为“ψ”形。从“珊瑚石”上所刻卜辞的文例来说，原辞当整段从甲骨上仿来，自然是符合殷墟卜辞文例。但当全文移刻在石上时，不仅文字刻错，而且文字失去了甲骨文第四期的韵味。可以说，此石上的仿错文字是水平不高的刻手所为，无甚艺术欣赏价值。

第三，文章的标题为“发现甲骨文”云云。众所周知，所谓甲骨文，指商代刻（或写）在龟甲或兽骨上的占卜记事文字。不仅在商朝，而且新中国成立以后，一些西周遗址中也有出土。福建霞浦出土的刻在浮石上的文字，显然不应称为“甲骨文”。此外，浮石上所刻的文字为卜辞——包括叙辞和贞辞在内的较完整的卜以问疑的文句。殷人占卜，先要灼龟（或灼骨）于背面的钻、凿处，由于龟甲（或兽骨）受灼烧处厚薄不同，故炸裂后在正面呈现卜兆（即兆干、兆枝）。殷代贞人问卜视兆以判断吉凶，再由卜官将所卜之事刻（或写）在龟甲（或胛骨）的有关卜兆附近，这才是真正意义的甲骨文。商朝的石刻文字也是有的，诸如殷墟妇好墓的石牛上的“后辛”和石磬上的“任竹入石”[①] 字样及 1935 年殷墟第 11 次发掘侯家庄西北冈 1003 号大墓出土的石簋断耳上的刻文“辛丑，小臣兹入擒，宜在䡞，目（以）簋”[②] 等，但这都是记事文字而不是卜辞，因而有学者径直称之为“铭文”。因此。珊瑚浮石上刻有卜辞，肯定是伪刻，但还不够在龟甲、兽骨上的仿刻甲骨的“规格”，将之称为仿刻甲骨文！

第四，文章的作者进一步“想到是否是后世的仿刻”，是有道理的。虽然这是录自《邺》三的一条完整卜辞，但刻写笔意呆拙、无神、生涩，文字字形失真，且有错字等，故谈不上有什么书法艺术的欣赏价值。虽然如此，“在东南沿海偏僻的霞浦县农村出现如此精深的仿甲骨刻文，有点不可思议”。可能有位隐居某处的高人，而且还能接触到 1942 年北京通古斋影印不多的《邺中片羽三集》！确实是有些不可思议。但假的就是假的，终究不能成为霞浦“发现甲骨文”的证据和线索。但本文的作者据此仿刻卜辞所作不正确的释文“戊寅，贞，来越，召众受禾平分”云云，进而推断“是否跟中原商周移民有关，值得我们高度重视并开展实地考古调查或试掘”就未免小题大做了！一块浮石上的仿刻卜辞，连叫作“假甲骨文”都不够格，如再根据释“岁”为“越”的启示，联想到“来越”，即来到古越之地，再由此地出现商代甲骨文进一步推论中原商周移民于此……当然，这全是根据不可靠材料发挥的进一步推论和想象。虽然早年学者认为商人活动主要在黄河中游地区而不过淮河，由于近年考古学的发展，对商代地域的认识有所扩大，即北到内蒙古的克什克腾，西到陕西城固，西南到四川广汉三星堆，东南到江西新干大洋洲，东到山东半岛。但无论如何，也还没有殷人到达福建一带的线索。真是一字之差，千里之谬！好在作者建议《中国文物报》的编者们“请斟酌并经古文学专家论证后发”，显示出一位学者的科学态度和对学术负责的精神和严谨的学风。我感谢张自成编审将稿件寄我，并让我留下此稿以备方便时写出自己的读后感。但

① 《安阳殷墟五号墓的发掘》，《考古学报》1977 年第 2 期，第 89 页“图一九，玉石器刻文拓片”。

② 胡厚宣：《殷墟发掘》，学习生活出版社 1955 年版，第 81 页及图 28。

由于忙于他事，所以一直也未把自己的意见写成文章。现在在撰写新中国的甲骨文发现时将上述一段文字写出，就是为了提醒广大读者：在科学发掘甲骨不断有新发现的同时，社会上也时有新甲骨发现的消息曝出，甚至有的还产生了轰动效应。我们对这些新发现，首先要认真对待，既不可不信，也不可全信，更不要轻信媒体的轮番炒作。而应该亲自观察实物并鉴定其真伪。对其上的文字，更应运用文字学的方法，确定究为何字。而不是在真伪还不明，或时代尚不定的情况下就匆忙从这个文化、那个文化上加以分析或从古巴比伦、古埃及等天南海北地追求其联系，天马行空，夸夸其谈为何种文字，具有多么重大的历史价值和了不起的意义，等等。古文字古文化的研究，首先是材料要真，其次是释文要正确，这是研究的基础和出发点。如果以假当真，乱释文字，并据此演绎出长篇宏论，虽风光一时，但终究仍是立在沙滩之上，很快就会倒塌并被人们所遗忘！这样的例子我们在近年见到的还少么?!

四　谈韩国学者“发现的”红陶罐上“商帝辛固陶文”

2008 年 10 月，收到了一本从韩国寄来的书，书名是《关于商帝辛固陶文的研究——以商帝辛在红陶罐上遗留的占星刻辞为重点》（以下简称《固陶》）。此书著者为韩国朴大钟，指导者为陈炜湛，大钟语言研究所 2008 年 7 月增订版，并附光碟一张。我在这里，应首先对赠书的朴大钟先生表示感谢!

《固陶》全书用中文撰写。书的第一页为“目前在韩国所藏的刻有商代帝辛星占记录之红陶罐”（器物规格：瓶口径 11. 8 厘米，高 17. 2 厘米，腹径 22 厘米，底径 8. 5 厘米）的全形照片。全形的下左方，为“红陶罐的侧面”，并注有“肩部有铭文 60 字（拆合文就 66 字）”字样。其右边“红陶罐外底部”，并注有“底部有铭文 1 字”。此陶罐从其底部刻字的刻痕中不见羼砂看，其陶质系为细泥。从器表光平并有轮痕看，当为轮制而成。此罐烧制火候均匀并较高，内外均呈砖红色。器尖唇，侈平沿、束颈、溜肩略广，鼓腹，腹壁斜内收为小平底。口径略大于底径，最大径在腹部。从此罐的整体来讲，腹径大于罐高，因而呈扁圆形。该书的内容如下：

陈炜湛序、作者简言

Ⅰ. 序说

1. 研究经过与器物所藏概况；2. 研究目的及方向；3. 器物的用途及名称。

Ⅱ. 本论

1. 文字的隶定及考释，附：陈炜湛先生的考释（2006 年 7 月）；（1）固陶文隶定及对照表；（2）与甲骨文、商周金文对比结果；（3）字形的特点及字体风格；（4）刻法的特点；（5）合文的方式；2. 文章解释，（1）合文隶定及解释；（2）与后代星占文章的比较；（3）有关合文情况的说明；（4）固陶文的断代；（5）伪刻、仿刻、后刻与否的判断；（6）考释固陶肩部以单圆横行方式刻上 60 字的理由；3. 固陶（文）的特点及用语，（1）与甲骨卜辞的差异及固陶（文）的特点确定；（2）与固陶文相关的用语整理；4. 热释光检测前专家们对固陶（文）的意见，（1）A 先生的意见（2006 年 5 月）和作者的答辩；（2）曹定云先生的私见（2006 年 5 月）和作者的答辩；（3）陈炜湛先生的意见（2006 年 7 月）；（4）成家彻郎先生的意见（2006 年 8 月）和作者的答辩；5. 热释光检测（2008 年 4 月），（1）热释光（TL）检测的优缺点；（2）检测过程；（3）检测结果；6. 固陶（文）的价值，（1）语言文字学上的价值；（2）天文占星学上的价值；（3）历史考古学上的价值。

Ⅳ. 结论；参考文献；附加资料（固陶文照片。笔者按：原书目录序号即缺Ⅲ）。

（一）“打破以往常识和观念”的刻有殷代文红陶罐的“研究——《固陶》的发现与研究”

由于《固陶》一书在韩国出版，国内所见不多，故我们按目录逐项略加介绍，以使读者知道此书基本内容。

《固陶》序为中山大学中文系陈炜湛教授所作。陈氏作为此书的“指导者”，于 2006 年 7 月 15 日用毛笔为该书作序，其原迹也刊在该书第 6 页上，以示作者对陈序的重视。第 7 页为作者所译陈序的印刷体正楷，可能该书作者担心陈氏的行书有时带草，怕被人误识或不识之故。陈氏在序中对该书作者朴大钟先生研究固陶鼓励有加，推崇他“用力至勤，想象力点（作者误识草书‘亦’为‘点’了，应予正之）甚丰富，其精神令人钦佩”云云。接着指出：“唯红陶罐之出土，收藏及源（作者误认草书‘流’为‘源’，应予正之）传情况极须深入调查，以求准确无误，连（作者误以草书‘这’字为‘连’，应予正之）于判断其真伪时代至关重要。”此外，还进一步要求作者“还应作热释光检测”。陈教授高度评价此一研究的意义：“设義（作者误认草书‘若’字为‘義’，应予以正之）红陶及刻文确为殷人遗物，则此发现足以震动全中国乃至世界。”又说：“大钟先生此文乃其首功，自当名垂学术史也。”

《固陶》的“作者简言”开头就说明“本书增订版的发行是基于陈炜湛先生的建议以及两年前发行初版时因时间仓促所存在不足之处的修订”。故“此次对于部分古文字的考释部分更加地具体化，纠正了固陶文通读过程中的失误”，“并且在断代部分收录了可作为判断红陶罐真伪依据的由专业机构进行检测的热释光（TL）结果”。不仅如此，还“收录了ＴＬ检测前对于固陶文的各学者的意见和笔者的答辩内容，以及固陶文的后刻与否的判断内容”。此外，作者还“提出了，固陶文中记录的商帝辛时期‘金见’天文观象是武王克商年代相关的又一个重要依据资料。而且附加了以现有关甲骨文里无法看出的独特书写方式在固陶肩部契刻60 个字的理由和对其 意义的考察的等内容”。“同时尊重固陶文中所记载的商王的名号‘辛’，把论文题目由之前的《 关于商纣王时期固陶文的研究》改为《关于商帝辛固陶文的研究》”，等等。

《固陶》的“Ⅰ·序说”，在其“1. 研究经过与器物的所藏概况”部分，介绍了《中部日报》社一记者赵庸国请本书作者朴大钟鉴定红陶罐上刻满“酷似变形的甲骨文和金文”文字。由于朴氏多年从事古代语言文字研究，从赵某为其发来的电子邮件图片资料判断，就“初步鉴定刻在红陶罐上的古代文字在字形上贴近商周时代的金文”。2005 年 12 月 25 日，本书作者见到赵氏送来的红陶罐实物，又看到了此罐底部所刻之“固”字。此外，从红陶罐刻文中“出现了具有特殊称谓的‘祖丁’字等考虑”，“固”字“就是体现‘观察卜兆来判断吉凶’的殷代（商代）卜辞专门用语——‘固’字，于是笔者初步断定该红陶罐就是占器，即殷代时期用来记载占卜内容的器物”（第10页）。这件“本应该在中国大陆殷墟地区的非常珍贵的遗物为什么由韩国人收藏”呢？情形是这样的：

韩国一位古董收藏家安先生，经常来往于中国辽宁沈阳和内蒙古赤峰等地。此红陶罐于1992年（或1993年）于辽宁阜新市郊出土，并购于当地古董商。此后，安氏一直把此红陶罐保存在沈阳市满融村的住处。2005年7月，另一位韩国业余收藏家石氏在安先生住所见到此红陶罐后，在当年7月20日，与安氏的其他器物，一并收购。红陶罐的新所有者石氏在2005年8月18日回韩国时，将红陶罐与其他生活品一并放入旅行箱内，通过北京国际机场的X－Ray机查后出行。2005年8月底，现藏者金元和先生又从石氏手中将其购得，是“因为红陶上的花纹秀丽购买的”。收藏者金氏当时“完全没有想象到红陶罐上会刻有殷代文字”，也没有想到此红陶罐“具有鉴别其真实价值”的意义。直到被“对历史有造诣”的《中部日报》记着赵氏见到，“觉察到这件红陶罐并非普通的工艺品”后，才开始了“古物鉴定和古文字”探询工作。

在《固陶》“Ⅰ·2研究目的及方向”部分，作者由罐底“固”字断定了“红陶罐中阴刻的内容确实与甲骨文同样的卜辞，这是打破以往常识和观念的极为重要的发现”（第11页）。该书研究的主要目的“在于针对以上提出的红陶罐表面刻有的上古时代文字进行隶定、考释，在此基础上，正确翻译成现代文，公开新发现，进一步明确本红陶罐制作来历以及探索红陶罐内在的各种价值等”（第11页）。为此，从“文字隶定及考释”“文章解读”“固陶（文）的特点及用语”“热释光检测前专家们对固陶（文）的意见”“热释光（TL）检测”“固陶的价值”六个方面展开研究。“为了保证古文字考释的正确性”，作者以百年来的甲骨学研究成果和一些甲骨、金文字典等工具书，“作为比较分析工具”。在对固陶进行“文字隶定及考释”时，加以“充分利用”。与此同时，作者认为“在殷代古文字的考释上不能只凭文字进行辩论”，还应将“有关历史事实和文物制度结合起来深入了解当时的社会情况尤显重要且绝对必要”（第12页），因而作者搜集了大量有关史料，以便“在找到明确的证据的基础上客观地进行归纳作为本研究的基本方向”（第12页）。此外，作者认为红陶罐底部的“固”字及肩部的刻辞完全证明了“它与现存的甲骨卜辞同样是用来占卜的卜辞”，因而把它纳入“固定的卜辞体系中”，即叙辞—命辞—占辞—验辞的格式。“该体系恰好为解释本红陶罐刻文提供了明确标准”，且可“作为判断伪造或仿文与否的重要标准”。

《固陶》作者在“I·3. 器物的用途及名称”部分，论定此红陶罐是商朝帝辛时期，“根据卜兆对于某种事件或问题作出吉凶判断并加以记录其内容”之用的器物，因而称该书研究对象为“帝辛固陶”“殷固陶”，或简称为“固陶”。而红陶罐肩部的刻文，“为了便于与殷代的甲骨文及金文进行区别”，称为“殷固陶文”“固陶文”（第13页）。

（二）妙文共欣赏

《固陶》一书的第二部分是“本论”（第14—101页），为该书的主体部分。作者在“文字隶定及考释”（第14—63页）中，依据《甲骨文字典》《新编甲骨文字典》《甲骨文字诂林》《金文大字典》等工具书，逐一对“固陶”肩部的文字进行释读和隶定。“文字的隶定（释文）以及考释均按照固陶文的顺序进行排列。”在这里得出了“在陶罐肩部无间隙地用反映五行和六十甲子思想的六十个文字转一圈来表达‘眉走（走至终）——胜利’愿望的本固陶文”。我们不妨在这里对陈炜湛教授“拜读一过深感震惊”（第101页）的这篇“妙文”欣赏一番——释“固陶文”的关键文字及得出的结论简要（因限于篇幅）做一介绍，并加以点评：

“固”字（陶罐底部），“固与表示‘占卜’的‘占’属于同一字”。表明“现在记载‘占’内容的载体除了‘兽骨’以外多了‘龟甲’及‘陶器’”。并“根据表示‘王观察征兆判定吉凶说的占卜用语‘王固曰’，可确定该红陶罐表面刻有的殷代文章为殷代卜辞”（第15页）。

王按：此固字书体与甲骨文第一期基本相同。“固”为“视兆问也”，乃卜辞恒语。陶罐上何以得兆，又如何得以视兆判断吉否？此外，甲骨固辞作为完整卜辞，常在叙命占验的全辞当中，即使省略其他成分，也应是“王占曰……”云云，整个固词相连。此孤立一“固”字，怎么能证明可与肩部刻辞相连？占者为谁（据本书作者考订为“辛”，即“帝辛”）？再者，此“固”字与红陶罐肩上其他“文字”风格完全不同，时代不一，这也说明是不能硬将一周“文字”（60个）凑在一起与“固”连读的！

“金”，陶罐肩部第一字。作者认为金“作为殷代的独立文字是首次发现”。但此字应为商代乙、辛时期唯一见的“�”字的偏旁“下部被切掉一部分”（《合集》36984）的“全”字的全形的“恢复”。作者认为此“金”字“为太白星或者明星的‘五星之一金星’”，并进一步认为“‘金’和紧跟在其后的‘见’字表示古代天文术语中的‘太白昼见’”，并论定“本固陶文中记录为‘金见’，这是‘金昼见’中省略了‘昼’字”。在列举了《文献通考》（卷293）、《金史》（卷20）、《魏书》（志第4）等有关“太白昼见”“金昼见”后，从而论定红陶罐上之“金见”之金为“表示星座名的最早记录”。本陶罐之第一段文字，“‘金见’明确表示底部的殷代文字固就是殷代星占”。再“与之后出现的字相联”，“证明‘亯井’的‘井’和‘角明’的‘角’也是星座名”（第15—16页）。据此进一步推断“古代人认为金星昼见并经天的现象是天下革命更换王的皇权变更预兆，也是表示天下之纲纪乱（乱纪）的天文现象”。“这种中国二十五史等书中太白昼见观念在商代所记录的本固陶文中同样出现，正如‘金见’后面所出现的‘亡周侯元西伯行右（佑）师田自西邑’、‘有明纪罿任’文章。”（第16—17页）

王按：此“金”字与第一字“固”风格不一，当非同一时期字体。此字与甲骨文第五期的“鈅”（《合集》36984）之偏旁“全”字亦不类。诚如该书作者所述，甲骨文中目前尚未见“金”字，红陶罐上之“金”字，出现在铜器铭文中。金文中“金”字多做贵金属——“青铜”用，如“吉金”“赐金”“金十均”等，或形容铜色之物，如“金膺”“金豙（軶）”“金车”等。金亦有“赤金”“白金”等。不仅甲骨文中不见“金”作“金星”解，就是大量铜器铭文中，也不见金有“金星”之意者。之所以如此，诚如日本学者成家彻郎先生所指出的，中国在“汉以前的文献中还没发现‘金’指行星的用例”。在“《史记·天官书》和《马王堆帛书·五星占》中用‘太白’表示金星。‘金’字指行星最老（按即最早）用例的文字记录是《天官书》，在这里‘金’确是指五行星之一金星”。而“五行星各贴‘水、金、土、火、木’五字中的一字是受五行思想的影响，可认为战国时代后期”（第88页）。成家彻郎的认识是有道理的，不能把后人的认识，硬要提前到殷商时代。

"辛"，本书作者考订为商王名号，"即指姓为'子'，名为'辛'的商代末代帝王'帝辛'"（第18页）。据作者研究，"本固陶文中的辛分明是商纣王的生称，因为活着的王帝辛亲自称呼自己的名字"。"帝辛向先王求助的迫切情况下使用自己的名号而非通常的'王'字，是出于对先王的礼节，这样的谦逊的表现在后面'曰（王固曰的省略）'也是有联系的。"（第19页）

王按：作者据甲骨文、金文字典比较陶罐上字形，定此划为"辛"字。实此字风格与甲骨文有差距，而作者却将此近金文为"辛"字。由此作者又进一步考证为文献中的"子受辛"，"'子'是姓，'受辛'是名。'受辛'简称为'受'或'辛'"（第19页），并在注23中说："《史记》跟上注释一样，是'子辛'。并且现在中国的很多网页也把殷纣王记载为'姓子名辛'。因此'辛'是纣王的生称，也是谥号"云云。我们不妨先列出《史记·殷本纪》有关文字：

> 帝乙长子曰微子启，启毋贱，不得嗣。少子辛，辛母正后，辛为嗣。帝乙崩，子辛立，是为帝辛，天下谓之纣。

这里的"帝乙崩，子辛立，是为帝辛，天下谓之纣"，是说商王帝乙死后，其儿子名辛者登上王位，而不是帝乙王的长子微子启。"子辛立"并不是姓子名辛的"子辛"，即网页上所谓的"姓子名辛"的纣王。此外，"天下谓之纣"，《史记·殷本纪》集解引《谥法》"残贼损善曰纣"，此当为帝辛的"谥号"。此外，"殷契"，《史记·殷本纪》索隐说。"契始封商，其后裔盘庚迁殷，殷在邺南遂为天下号。契是殷家始祖，故言殷契。""契长而佐禹治水有功"，被帝舜"封于商，赐姓子氏"。"太史公曰：余以《颂》次契之事，自成汤以来，采于书诗。契为子姓，其后分封，以国为姓，有殷氏、来氏、宋氏、空桐氏、稚氏、殷氏、目夷氏"，等等。契的子姓后代，在家族的发展中，别姓立宗，以国为姓或以地为姓，由子姓分化出上列的诸氏，到殷王朝盘庚迁殷以后，最后末王帝辛时，别姓商或殷，史称为"商纣王"或"殷纣王"了。这也说明"子辛立"，并不像作者考订的"姓子名辛"。在十五万片甲骨文中，进行占卜的时王，没有径称自己的名字，以表示在"向先王求助的情况下""对先王的礼节”。众所周知，就是在周原出土的商人庙祭甲骨，在帝乙时周文王犯殷时，“在向先王求助的”情况下进行占卜，如 H11：112 有“彝文武丁升，贞王翌日乙酉其求……”H11：84 有“贞王其求又大甲，酉周方伯……”H11：82 有“……文武……王其邵禘……”H11：174“贞王其曰：用胃……”而帝辛时，面对周武工的大举来犯，有的 H11：1“癸巳，彝文武帝乙宗贞，王其邵吼成唐，鼐……”① 如此等等，无论是商王帝乙，还是商王帝辛，在紧急情况下的占卜，都是自称“王”，而不是谦称自己的名号。虽然金文里周王可以生称名号，但在甲骨文里，占卜的时王（或代王卜问的贞人），都称占卜的时王为“王”或用代名词“余”“我”“朕”等，而没有一例占卜主体自称名号的。因此仅据红陶罐底部一个与肩部字体风格不一致的“固”字，就怎么能与肩部的“帝辛”（就算如作者考订的，是商王帝辛的名号）发生联系呢？是谁在固？固后的占辞又是什么？

“元”字，对比结果与甲骨文相去甚远而近金文（第 23 页）。“本固陶的元被记录在‘周侯’的后部分。”“本固陶文里的‘周侯元’的元表示‘元首’或者‘君王’的意思。”

王按：释“元”为“元首”或“君王”无据。作者据《春秋》宣公之“齐侯元卒”、哀公篇之“卫侯元卒”之郑熙国译《四书五经·春秋》（韩国教育出版公社 1984 年版）译文“齐惠公猝死了”“卫国君王元驾崩”，把名元的齐侯（惠公）和其后同名为元的卫侯（灵公）之私名，错误地理解为君王、元首之意了。果如作者所考，“周侯元”为周侯元首或周侯君王之意的话，那么在“溥天之下，莫非王土，率土之滨，莫非王臣”的商王朝，自称“余一人”的商王帝辛，在占卜时怎么会称自己的叛乱诸侯国的首领周武王为“周侯元首”，或“周侯君王”？

“”字，释为西伯合文。根据是“周侯元”用语与“西伯”“自然联往在一起”。此外，固陶文中“西伯”的合文“”再次出现。出现在“字其后的两个“”（明）和“”（明）的字形中，前者“是‘目’

① 参见王宇信《西周甲骨探论》，中国社会科学出版社 1984 年版，第 239 页“表三，岐山凤雏甲骨文所见诸王时代表”。

的一部分被‘月’遮住”。而“后者的情况是‘月’的一部分被‘目’遮住”。据说，这是“由于陈先生（炜湛）的指点，需要重新订立对合文的新理论”，即（西伯）是“并存方式的一般合文”。而（西伯）“是在并存基础上更进一步”，“是把‘西’和‘白’的一部分重叠的复存方式的特殊合文”（第 24 页）。

王按：所释“西”字纯属臆想，甲骨文、金文决无如此之“西”。所谓“周侯元”，应为名“元”的西伯，文献中西伯为周文王姬昌，名“元”无据。此外，“合文的方式”所释二“西伯”，亦为作者臆造，于文字学上无据。《史记·周本纪》说姬昌立，“是为西伯，西伯曰文王”。但《史记·周本纪》讲，“西伯崩，太子发立，是为武王”。《固陶 》作者说“西伯指殷代帝辛时周侯之周国西伯昌或者其儿子西伯发”（第 25 页），周武王在文献中从未见称“西伯”者，作者的推测无史料依据。

“田”字圆笔，不类甲骨，而与金文“田”字比较相近。此“田”字根据作者己意，“在‘耕田（畋、耕）的基础上”，更进一步表示“畋—耕—推翻、革命—革命—兴起革命”。“继金星的白昼出现，同时出现了代表着推翻商王朝而更换天命的‘田（革）’字”（第 27 页）。

王按：田在甲骨文中有农田、田猎、田等意，金文中亦是如此。发展到今天的现代汉语，语义进一步丰富的情况下，“田”字也从未见有推翻、革命之意。作者在这里曲解“田”字，并发挥得无据，不过是为了适应自己的假说而已。

“丁乙”（），作者释为丁、乙，“并同前面所提及的‘祖’字刻组成‘祖丁乙’，若按现代式记载，将‘祖丁’和‘乙’区分并分开以后，可标记成‘祖丁、乙’”。作者举商代陶文“”为证，说“李孝定于 1956 年解释为‘乙丁’合文”。因而“以本固陶文内的（丁乙）为基准再考虑，这个字也是解释为‘丁乙’是正确的”（第 30 页）。这样一来，作者再根据吴浩坤《中国甲骨学史》的“商代王室世系图”，进一步推断出“第三十一代帝辛也将自己的祖父‘文丁（第二十九代）’和父王‘帝乙’（第三十代）统称‘祖丁、乙’”，即“本固陶卜辞所提及的帝辛时的人物‘祖丁、乙’称谓，可理解为当时在位的帝辛王称呼诸多先王的庙号，其中‘祖丁’表示帝辛的祖父‘文丁’，‘乙’则表示帝辛的父王‘帝乙’”（第 31—32 页）。

王按：首先字不识，但不是作者所谓的“丁乙”合文。若真如作者所说的是“祖丁、乙”合文，将此解释为商王帝辛并称其祖丁、父乙，那也是毫无根据的。甲骨文商王名字有写作合文者，如高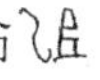（高祖乙，《综类》[1] 525页例可参考）、三咀（三祖丁）、☰咀（四祖丁，《综类》531页）、（后祖丁，《综类》531页）、（小祖乙，《综类》533页）、（后祖乙，《综类》第534页）、三（三祖庚，《综类》第535页）、（康祖丁，《综类》第535页）、（武乙）、（武祖乙，《综类》第536页）、（祖丙，《综类》第537页），等等。作者为了把自己假设出来的“合文”“丁乙”说成帝辛之祖和父辈，便硬把自己“释出”的“丁乙”，人为地分为丁、乙，再与“祖”连续，解释成祖乙（即文丁）、父乙（即帝乙），是不合上举甲骨文中殷人先祖名合文规律的，因而纯属个人的文字游戏，不足为训。

“”，作者认为是“‘目’的一部分被‘月’遮住所写成”的“朗”字。“而在后面出现的另一个（明）字刚好与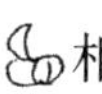相反，是‘月’的一部分被‘目’遮住”（第34页），并认为“朗”和“明”同属一个字。

王按：此纯为望文生义。月遮住目或目遮住月，何以会意为明字？毫无文字学考释依据。

“”，作者释为“西伯”合文。并说：“在商代表示人名时习惯刻成看似一个字的合文形式。”（第39页）

王按：此字绝非“西伯”合文，实不可识。因此作者也不得不说“合文时又需压缩‘西’与‘白’字，所以字形看似有所变形”（第39页）。只有作者自己能从“有所变形”的字形上认出为“西伯”，而殷人先祖名合文上已列出，与本书作者所理解的有异，实为想当然耳！

“”，“可以说是由‘丁’和‘乙’的部分线重叠而合成的复存方式的特殊合文。即便是同一个字，在第二次刻的时候尽量用另一种形式表现”（第40页）。又说，“殷文大部分采用从上而下的刻法，所以明显地，

① 岛邦男：《殷虚卜辞综类》，汲古书院1977年版。

字是（丁）在先，（乙）在后”（第40页）。

王按：释丁、乙无据。所谓的“殷文大部采用从上而下的刻法”，所以释为丁在前乙在后的“丁乙”，还是为了达到与作者的“先入之见”，即丁乙为商王帝辛先祖（祖丁）、父（帝乙）之需而随意作的解释。众所周知，前一个丁乙（）是乙在上，丁在下，又为何释为丁（原本在下）乙（原本在上）呢？这恰恰说明了作者释字的主观、随意性。而所谓的“复存方式的特殊合文”，完全是随意妄说。

“井”，此字字形基本与甲骨文“井”字字形相近，作者释为“井”字。但作者释“本固陶文中是指‘井宿’即二十八宿之一，南方七宿第一宿”。作者进一步说，“本固陶文内的‘亯（享）井’是把前面的‘夕祀（晚上献祭）重复为祭祀对象，因此可以解释为晚上祭井星，那就……’”“笔者认为商王帝辛出兵之前祭祀于井宿是反映希望井宿照亮自己的军队能够免灾顺利退敌封新诸侯的愿望”（第47页）。

王按：说井为南方七宿之第一宿井星无据。井星作为二十八宿之一，出现在春秋中期以后，商代甲骨文中有井字，但并无“井星”之名。甲骨文中有星，字写作、等形，有乌星“𢼄卯鸟星”（《合集》11497）。又𫛞星（《前》7·26·4）、有新大星和火［㞢（侑祭）新大星竝火《后下》9·1］、有大星（《簠杂》120），又有大星之本称大岁［又（侑）于大星（《库》1022）］等。因此前辈大师胡厚宣指出，商代“又能观验若干星象，如武丁时卜辞中有鸟星、鸟𫛞、火及大星、武乙文丁时卜辞中有大岁”[①]。以上诸星之专名皆与星字相连。商代也祭祀天上的星（如上举专称之星），但遍查卜辞，凡井字无一例（《综类》第412页）作为星之专名，并举行祭祀者（参见《综类》第163页）。

“曰”，作者认为“通常由王直接主持的第五期占辞大都以‘王固曰’开头”，“是为了把第2组卜辞算成30个字”（第49页）。“在本固陶文中的‘曰’就是商代占卜术语‘王固曰’的简语。”

---

① 参见胡厚宣《卜辞中所见之殷代农业》，《甲骨学商史论丛》（初集二册），河北教育出版社2002年版，第633—637、806页。

“角（）”作者释为角，作为星宿，“被使用为28宿中东方第七宿的第一星‘角宿’”，“因而观察可根据亮度预见社稷安宁的角星之后判断殷代将来的吉凶”，并据《天文类抄》第2页角星“主造化万物，布君之威信。角星明则太平，芒动则国不宁”，推断“本固陶文中‘角’字后面是‘明’，就是说帝辛观察角星结果是光亮的吉兆，这是现存文献中关于角星的世界上的最早的记录”（第50页）。

王按：甲骨文、金文“角”字象形，下部不封口作“”状，而陶罐上“”下部封口，与甲骨、金文角字不类。如果硬要望文生义，当与现代连笔“自”相类（甲骨“自”作“”形，亦下部不封口）。甲骨文、金文中有“角”字，但遍检卜辞，目前也尚未见一例与星有关的记载（参见《综类》第251页）。很显然，作者是为证明自己的先入之见“帝辛观察角星结果是光亮的吉兆”（第50页），而硬是人为造出一个“角”字来，并把春秋以后出现的“角星”星象提前至商末，并指派为春秋以后星象学家在“规定天上二十七星宿时，天上大星座‘龙’被分成几个小星座，其中之一就是‘龙的角’”的角星。其实，“在商代和西周时代‘角’字并没有用来指天体”①。因此，甲骨文的记载和天文学发展——角宿的出现，都说明《固陶》作者的考证是无本之木，无源之水，全属个人的臆说。而所谓陶罐上的“角星的世界上的最早的记录”，也就纯为无稽之谈了。如此等等。

《固陶》作者把红陶罐肩上“文字”一一派上自己的随意“考释”后，在第64—65页“全文隶定及解释”中分为两组，现录之于后：

第一组：

前辞：金见［解释：不祥之兆，白昼出现了金星（太白星）］；

命辞：率辛师？（解释：是否要出动我军队？）亡周侯元西伯行又（右、佑）师田自州西邑？［解释：是否会有周侯元西伯的行伍和他的右（佑）军队从州西邑起革命（推翻商朝）？］且（祖）丁、乙爪？（解释：祖王文丁和父王帝乙的在天之灵会保佑我们吗？）有明已

① 成家彻郎说，参见《固陶》，第88—89页。

（纪）斁任？（解释：严正的纲纪会不会崩摧、被放任呢？）

验辞：允自西伯侯（解释：果然，自西伯侯，发生过这种事情）。

第二组：

前辞：祖丁、乙！（这个呼格语可看作是命辞的前面部分）（解释：祖王文丁和父王帝乙！）

命辞：正（征）文夕子（祀），辛丁乙师眉走［解释：为了征伐文而晚上献祭，那么我们（辛丁乙）军队能否走至终（胜利）］？亯（享）井，朕御血（蠱）？（解释：祭井宿，那就朕能否抵御天殃？）

占辞：（王固）曰：角明（解释：王观察星兆判断吉凶说，角宿在发亮），有余正（征）道（导）舟䲨幺（玄），［解释：我会征伐文王，把船（国家）平安稳静地引导］，田封［（封），（解释：西邑征伐后将会分封）］，它肎（肯）御（解释：灾殃可以被抵御）。

如此等等，《固陶》作者花费了好大力气，对红陶罐肩部的“文字”进行说解，就是为了得出上面的二组“文字”，以证明他所“发现”的“固陶中的刻文为星占卜辞，共由二组构成：第一组以‘金星出现’为开头的‘前辞’及‘命辞’，以及省略了的‘占辞’而以‘允’字开头的‘验辞’所组成。第二组由呼唤祖宗之神灵的话语‘前辞’和‘命辞’，以及‘占辞’所构成，而‘验辞’则看不见”（第64页）。关于作者的“文字”考证，我们在上面只把立论的几个支撑点作了介绍，并随文加了按语。且不说作者对“文字”的认识牵强附会，不少纯为个人的臆想并力图强加于人，这当然是学术界不能接受的。退一步说，即使是作者所得二组固陶“释文”，按作者理解的“为星占卜辞”，若真是如作者所说的和甲骨卜辞一样具有前辞、贞辞、占辞（第一组无，第二组有）、验辞（第一组有，第二组无），那么此陶罐上文字也应该作星占卜辞，而不能径称为“固陶文”。因为作者排出的两组“文字”中，只有第二组才有“固辞”，是完整卜辞叙、命、占、验各部分中的一部分。而就是作者所“认定”的第二组中的占辞部分，按作者自己对“字面”的理解，为“王观察星兆判断吉凶说，‘角宿在发亮，我会征伐文王，把船平安稳静地引导，西邑征伐将会分封，灾殃可以被抵御’”，又哪里有一点点判断吉凶的疑问呢？此固辞的语气，与第一组的“验辞”（本组缺固辞）“果然，自西伯侯，发生过这种事情”的口气又何其相似乃尔！因此，从作者自己排定的两组“文字”看，在完整卜辞叙、命、占、验的结构中，所谓“固辞”也不占主体部分。因此，仅从定名为“固陶”来说，也是以偏概全，因而是不确切的。

再有，只要有一些甲骨学常识并读过甲骨卜辞的人，把所谓上列二组“占陶卜辞”的“文字”的叙、命、占、验辞进行对比，就很容易地发现与甲骨卜辞的叙命占验毫无相近之处，全篇当是作者杜撰的“占辞”了！

（三）疑义相与析

我们在上面之所以不惜文字，将《固陶》的主要研究对象及目的，以及该书的主体部分，即对主要“文字”所作的“文字的隶定”进行介绍，就是为了使读者对《固陶》的“研究”有一个基本了解。当然，在《固陶》关于“文字”的“考释”部分，我们也以按语的方式，发表了意见。可以说，这一部分是跟着作者的思路，作为“妙文”——商代“本固陶卜辞的发现对于已有一百年历史的甲骨学具有轰动效应，将进一步开拓其视野的契机”，“提供对商周代合文的更多信息，并包括了现有甲骨文中未发现的文字，使得增添商代文字目录”（第101页）——是跟着作者的思路进行了一番“共欣赏”的。下面，我们将离开作者的思路，对《固陶》展开讨论并提出自己的不同看法，以便和作者一起作一番“疑义相与析”。

首先应明确的是，所谓卜辞，有它的特定含义，即是“商王朝晚期遗留下来的占卜记事文字”。而商代占卜记事所使用的材料，主要是甲骨，所谓甲，就是龟甲，以腹甲为主也间或用背甲。所谓骨，主要是牛肩胛，也有一些记事文字间或用牛头骨、鹿头骨、人头骨或虎骨等。[1] 而《固陶》作者认为“本红陶罐就是商代帝辛时期‘根据卜兆对于某种事情或问题作出吉凶判断加以记录其内容’作为用途的器物”（第13页）是毫无根据的。在商代，只有卜辞才刻在龟甲兽骨上，而且是经过整治后的龟甲和卜骨，因其经削锯、刮磨和制作好的钻和凿又称为卜材。而贞人占卜以前，

---

① 参见王宇信《甲骨学通论》（增订版），中国社会科学出版社1999年版，第103—104页。

还要灼龟（或骨）。在龟甲（或卜骨）的正面呈“兆”以后，才能判断吉凶，并在卜材上刻有关文字的，而且刻辞“守兆”，即刻在有关的卜兆附近。[①]《固陶》作者把陶罐肩上的一圈“文字”认定为“卜辞”，那么“兆”在哪里，又怎么能“根据卜兆”以“作出吉凶判断”呢？因此，仅从《固陶》作者把陶罐肩上的文字称为“固陶文”或“卜辞”，其本身就已偏离了甲骨学的基本原理并造成了概念混乱。

商代刻在陶器上的文字是有的，诸如《固陶》作者所举殷墟出土陶片上的“丁乙”（第30页）以及“祀”字[②]等，但是，商代陶器上出现的文字多属记事文字而不是卜辞。《固陶》所谓“证实了商代的占卜材料除了甲骨以外还利用了‘陶器’”云云，是完全没有根据的。而第76页注119所引用的《中国甲骨学史》所说“祀”字陶片，初步认定为“唯王某祀王某年”云云，经常见于骨柶或铜器上的记事文字之末，诸如“在十月唯王三祀劦日”（《怀特》1915）、“唯王四祀翌日”（四祀邲其卣），是表示所记之事的时间，而不是卜问之辞。

《固陶》的作者也不得不说，“甲骨占是利用甲骨进行占卜之后，能够在甲骨上刻出其内容的，而星占显然是不能刻在星星上或天上的。当然不是甲骨占也可以把甲骨作为记载材料在其上刻星占”（第76页）。这里首先要说明的是，作者在书中千方百计地论证“本固陶以及固陶文则是进行星占的证据”，特别是“作为进星占（金星占、角星占）的证据唯有本固陶一个”（第76页）的重要性。

商代天文学有了很大发展，人们已注意到对月食的观察与记录，诸如“壬申夕月食”（《合集》11482）、“乙酉夕月食”（《合集》11486、《契》632）、“已未夕皿（向）庚申月食”（《英藏》886正反、《库》1595正反；又见《英藏》885正反、《金璋》594正反）等；也有对日食的观察与记录，诸如“癸酉日食”（《合集》33695；又见《簠天》；再见《佚》374）；还有关于星的观察与记录，诸如大星（《合集》11506正反）、鸟星（《合集》

① 参见王宇信《甲骨学通论》（增订版），中国社会科学出版社1999年版，第107—125页。

② 参见胡厚宣《殷墟发掘》，学习生活出版社1955年版，图十七，1932年第七次发掘殷墟所得的墨书陶片。

11497 正反；又见《合集》11498 正反）等。学者们对甲骨文中记录的商代日食，月食和星名进行了多角度、全方位的研究，但从未有金星、井星、角星记录的发现并从“星占”的角度对商代的星象进行研究者。①

之所以如此，是因为商代对天文的观察，总和吉、凶，即迷信观念混在一起的。这种观念经过西周和春秋的发展，到了战国时代逐渐把天上的星象与地上的人事相比。而天人感应，又把地上的人事比附天上的星象。所以天象的任何变化，就成为地上人事变化的先兆，这就是《易·系辞》所说的“天垂象，见吉凶”。著名甲骨学家郑慧生教授指出：“在这种观念影响之下，我国古代天文学的研究又向着非科学的方面发展，从而诞生了一门新的‘学问’——以星象变化来占测人事的星占学。”汉代以后，星占学有了很大发展，就连著名的历史学家司马迁也相信天象先现，人事必应的“星占学”。郑慧生先生阐述说，“《易·系辞》‘古者包牺氏之王天下也，仰则观象于天，俯则观法于地’。但到了司马迁的《史记·天官书》里，这句话却成了‘仰则观象于天，俯则法类于地’了。他要把天上的星变从地上找出‘法类’来，所以推古天变，从春秋推到他生活的当世，二百四十二年，每一天变，他都找出了一次灾异与之相应”②。到了东汉以后，随着谶纬神学的盛行，占星术有了进一步发展，并成为我国历代统治阶级崇信的加强其封建王朝统治的不二法门。就在“占星术”逐渐发展的同时，用龟甲和兽骨进行占卜的骨卜之法逐渐衰落并失传了。直到 1899 年殷墟甲骨文发现以后，经过甲骨学家的研究，特别是甲骨学大师董作宾的创造性研究，才逐渐把失传的甲骨占卜之法加以复原。③ 由此可见，《固陶》发明的所谓的“星占”，且不说甲骨文中不见“金星”“井星”“角星”的蛛丝马迹，就是占星之术在商代也是不存在的。作者硬把后世的占星之术提前至商代，是缺乏科学依据，学界也是不能接受的。

---

① 参见王宇信、杨升南《甲骨学一百年》，社会科学文献出版社 1999 年版，第 636—658 页。

② 参见郑慧生《认识星历——古代天文历法初步》，河南大学出版社 2006 年版，第 56—57 页。

③ 参见董作宾《商代龟卜之推测》，《安阳发掘报告》1929 年第一期；《骨文例》，《史语所集刊》七本一分，1936 年。

此外，《固陶》作者说，“本固陶的发现给我们提供了一种有力的证据，即使在商代王室中当发生紧急情况或记录星占内容时曾经使用过陶器”，认为，“青铜器的主要用途就是‘留作纪念’，而制作青铜器要耗费大量的精力和时间，因此当发生紧急情况或记录星占时不适合即时使用。在没有纸的古代，当发生紧急情况时，能够提前大量储备并且易于立即记录的材料数陶器最为合适”了（第77页）。在这里，作者也是想当然耳！须知，在商周奴隶社会，“国之大事，在祀与我”（《左传》成公十三年）。每有大事，都要举行向天神地祇或祖先举行祭祀并有繁缛的祭仪，绝不会“立即记录”的。假设如就作者所理解的商末有“金”“井”“角”星的出现，商纣王占星把占星记录刻在“提前大量储备”的“最为合适”的“陶器”上，那么细泥红陶罐的烧成，也要经过精细选料、和泥、制坯（再刻字）、阴干、装窑、烧制成功等工序，当比在整治好的卜材上（龟、胛骨）刻字要费时费力得多。卜材是有所储备的，如在小屯村北“朱家地”“曾发现一个储备龟料之所，大小数百只，皆为腹背完整之龟甲”[①]。在殷墟第1次发掘时，也曾发现“未经切错削治之大兽骨也，吾人得此等骨料至多，可数百斤”[②]。1973年小屯南地窖穴H99也是放置骨料之坑，曾出土未经加工牛肋骨31片之多。[③] 置殷墟俯拾皆是的龟甲、兽骨卜材而不用，帝辛在周人犯境的紧急关头，却要另行去烧制陶器，人们难以理解“闻见甚敏”（《史记·殷本记》）的帝辛何以愚蠢至此?！此外，迄今为止，殷墟也没有发现过成批的红陶罐坯的储藏！

“闻古五帝、三王发动举事，必先决蓍龟。”“王者决定诸疑，参以卜筮，断以蓍龟。”古代人进行占卜，诸如卜龟和卜筮在选材方面是很有讲究的。占卜用灵龟，占蓍用蓍草。“闻蓍生满百茎者，甚下必有灵龟守之，其上常有青云覆之。”“能得百茎蓍，并得其下龟以卜蓍，百言百当，是以决吉凶。”[④] 借助其灵气，传达神、鬼和上帝的意旨，以决定人世的吉凶。而关于陶器可作卜材云云，实在缺乏文献和考古发掘方面的证据。

① 董作宾：《新获卜辞写本后记》，《安阳发掘报告》1929年第一期。

② 同上。

③ 《1973年安阳小屯南地发掘简报》，《考古》1975年第1期。

④ 《史记·龟策列传》。

陶器与人们日常生活密切相关，其变化也最快，因而考古学家往往把遗址中的陶器作为考古遗址分期断代的“指示器”。中国考古学八十多年来的发展，基本已建立起从原始社会到明清陶器发展、演变的考古学序列。《固陶》一书研究的所谓“文字”的载体红陶罐，色泽纯净，火候较高，且器形稍扁并突出肩部以便刻字。如此造型的陶器，在商代（包括西周和更其后的汉唐），都不见有同类陶色、陶质和类型相同的器物出土。此外，在殷墟以外的基本与晚商同时的辽宁阜新地区的夏家店下层文化时期遗址，也从未有此类型。因此我们根据考古类型学判断，此红陶罐不是商代晚期之物。香港城市大学的热释光检测报告已表明，此器年代“更早距今 1465 年前烧制的”，应是我国历史上的南北朝时期而不是商代。尽管作者辩解说“红陶罐上的铭文鉴定年代优先于热释光测试年代”[①] 云云，但如前述，所谓“铭文”——“固陶”文，完全是作者的想当然和臆造。据笔者判断，此红陶罐也不是南北朝时期之物，而是当代的工艺品无疑！

红陶罐肩部的一周文字和底部的文字，只有底部的“占”字近于甲骨文第一期，且刻于底部圆心处。而肩部的一周“文字”，走笔圆润，刻划流利，且错落有致，基本上可以看出是一“字”高些，另一“字”低些，大致又可分成上、下两行，鳞次栉比，颇具艺术匠心。此外，这些所谓“文字”，与商甲骨的劲峭、西周甲骨刻锋和金文早期（商末周初）的略带波磔、西周中后期的工整等风格完全不同，但在依稀中也透出某些甲骨、金文的笔意。有的字，或在甲骨、金文中找出原型，但有变化。有的字，纯属己意的涂鸦。因而这些刻划，看似“文字”，但因一般人不识，似颇有“古”意，且勾连曲折，错落有致，使人感到一种美感。实际上，这种“文字”，是非驴非马的变态——骡的四不像，不过是近年流行的装饰艺术的一种形式。不弄清载体——红陶罐的年代，一见其上的刻划，就孜孜矻矻地“考证”，其结果必然是白白浪费了许多精力和时间。

这种形似古文字又非古文字，并作为艺术创作的作品，艺术家的想象力和艺术夸张发挥到极致的“古文字”艺术作品，近年也时有面世。在 2007 年，天津百花文艺出版社出版了一部名曰《天书》的画册。作者是著名艺术

① 参见《固陶》，第 94 页。

家、北京奥运会申奥标志和北京奥运会吉祥物的设计者韩美林。这部662页的精美大书，封面题签是国学大师季羡林，序言为著名学者李学勤和著名作家冯骥才所写。此外，还有著名画家黄苗子的诗作。既然是“天书”，自然人们对其书中的文字不可识。但天上的东西，都是人世间的反映。我们从这些充满夸张的线条和艺术张力的一个个“天书”中，依稀能体会带原始刻划、甲骨文、金文、简帛文，以至岩画和少数东巴文的韵味，并在其中找出了原型。只不过是加以变形、改造，融入了艺术家的理解、激情和个性而已。正因为是“天书”，人们不识而感到神秘。也正因为把文字的原始粗犷大加夸张、渲染和再创造，人们才为其艺术美所震撼。读者如不把“天书”作为艺术作品欣赏，而是作为“文字”的重大发现，却要对其硬加“考释”，恐怕连在世的作者本人，也读不出自己写的究竟是什么!

因此我们认为，红陶罐上的一周“文字”，应属于装饰艺术。应该说，其文字刻划流畅、自然，其刻画者，还是有一定的艺术功力的。

应该说，书中所附专家对朴大钟先生“固陶文”的鉴定意见，基本上对“固陶文”有持否定态度者，诸如A先生的意见（2006年6月）指出：

> 其一，“固”是典型的殷王武丁时期的书体，但肩部的文字则为西周晚期金文风格，书体风格时代不一；其二，肩部文字具有西周散氏盘风格，显系伪刻；其三，肩部文字不成章句；其四，作者的解释，缺乏根据（第80—85页）。

再如曹定云先生意见（2006年6月）指出，

> 1. 该文中的红陶罐出土时间、地点及出土情况不明；2. 红陶罐肩部有一周文字，无空隙，底部外面有一“固”字，以上文字均是陶罐成器后所刻；3. 刻文语法结构和文辞语气均与甲骨、金文不合。字体风格也与殷代甲骨、金文有距离。有的字如“周”“金”“行”“有”等，明显具有战国风格。刻字中个别字，不伦不类，似为契刻者自创；4. 所有字之刻道底部均干净、发白，无尘迹，亦无土锈。据此可以判断，其上之字不是古人所刻，而是今人所为（第84—86页）。

也有学者对“固陶文”肯定中亦有存疑者，如：陈炜湛先生的意见（2006年7月）：

认为以上似属答辩文字，颇为雄辩有力。以我观之，陶罐底部之“固”与甲骨文全同，不应是伪刻……此陶罐应视为殷代遗物，其底部契以“固”字，实属首见……陶罐肩部文字确难通读，是否殷人遗墨（作者在此加一注，说“陈先生……把数码相机的过程中红陶罐肩部文字刻到底部里的尘土或土锈所显得白色误认为是一种‘墨’”云云，是作者把陈先生所说“殷人遗墨”——殷人遗留的文字，错误地理解为白色的痕迹——墨色了！笑话也！），点（陈先生此字应为行草“实”字，作者误识为“点”字，不通！）难确指。真伪莫辨，不妨存疑，以俟后证……并建议1. 先将陶罐作热释光检测，定其年代。2. 尽量修订论文，设（按，此字应为“改”，作者误识行草改为“设”，“设正”无解！）正明显欠妥者以求内部一陂（按：“一陂”无解，作者误识陈氏行草“致”字为“陂”将“内部一致”误为“一陂”，陈教授要作者修订论文，以求“内部不平坦”作何？莫名其妙！），而后正式刊布之（第86页）。

再如成家彻郎先生意见（2006年8月）：

我的意见与陈炜湛教授基本相同。这里另外增加了陈教授没有叙述的几个内容。1. 陶器铭文的笔画……但看这种铭文，有不可思议的部分。本铭文中巧妙地刻有甲骨文中所用的文字，但也混有甲骨文中没有看过的文字。因认为在其上刻字的人对甲骨文有充分的知识，无法理解非要混加甲骨文中没有文字的理由……2. “金”字指行星是战国时代后期；3. 二十七宿（二十八宿）之一的“角”宿在春秋时代出现（第87—88页）。

从上面四家的鉴定意见，我们不难看出，专家们早已指出了“固陶文”的要害之处，即，（1）文字载体陶罐时代不明。A先生、曹先生均认为红陶罐时代不明，甚至连肯定陶罐“应视为殷代遗物”的陈先生，也建议作者“作热释光检测，定其年代”。（2）所谓“固陶文”实为伪刻。对红陶罐肩部的一周“文字”，A 先生指出，“书体风格不一，有武丁时书体，亦有西周散氏盘风格，显系伪刻”。曹先生认为刻文语法结构、文辞语气均与甲骨、金文不合。字体风格也与甲骨、金文有距离。个别字不伦不类，“似为契刻者自刻”。而与陈炜湛先生持同样意见的成家彻郎也不得不指出，“看这种铭文，有不可思议的部分”。“巧妙地刻有甲骨文中所用的文字，但也混有甲骨文中没有的文字”，故他“无法理解非要混加甲骨文中没有文字的理由”。（3）《固陶》立论的占星之名商代不存。成家彻郎说，“因我专门研究古代天文学，在此指出朴先生的失误”，即《固陶》所谓“金星”之名应出自战国后期，而“角”宿在春秋时代出现。“在商代和西周时代‘角’字并没有用来指天体”（第 80 页）。如此等等。

科学就是科学，科学研究就是实事求是的过程和归宿。学者们对《固陶》的“文字”载体及“文字”和所谓的商代“星占”及“金”“角”等鉴定意见是实事求是、科学负责的。但《固陶》的作者硬是坚持自己构筑的一篇“占陶”星占“奇文”，对学者们的正确意见逐条进行以错攻对的“答辩”，实际成了无理的狡辩。这种主观的、非科学的态度是不可取的！

虽然作者对与《固陶》稍有不同的意见，都逐条加以反驳，但唯有对陈炜湛先生的意见未予置评（参见第 86 页）。可能是因陈炜湛教授是本《固陶》书名赫然所列的“指导者”吧！其实，陈先生也说陶罐肩部文字“确难通读，是否殷人遗墨，点（实）难确指”的。又说“真伪莫辨，不妨存疑”云云。在“序”中所说“设义（作者错读行草‘若’为义）红陶刻文确为殷人遗物，则此发现足以震动全中国乃至世界，大钟先生此文乃其首功，自当名垂学术史也”（第 7 页）。“设若”——假设可不是事实！“设若红陶刻文确为殷人遗物”，并没肯定红陶刻文就是殷人遗物。我们可以负责任地说，此红陶“刻文”连同“文字”载体红陶罐都不是殷人遗物，因此陈先生“设若”的“震动全中国乃至世界”的“发现”是不存在的！设若就是假设，假设并不是事实！

从《固陶》一书的内容看，作者朴大钟先生的中文水平和表达能力还是比较高的，因而此书文字流畅可读。此外，朴大钟先生对甲骨文、金文的一些基本工具书以及中国古文献也是比较熟悉的。不仅如此，他对中国商末周初的历史事件、历史人物也有相当的了解。对中国古代文化，诸如星象和星占术也积累了一定的知识。因而他一发现红陶罐及其上的装饰“文字”，马上就联想到中国古代的占星以及商末周初武王伐纣的重大历史事件中，金星、井星、角星的出现，对商纣王意味着什么？有了这一大胆的假设，就开始大胆求证“帝辛占辞”上的“文字”了。他只用“文字”图形对比，就简单地考释出通篇“文字”。众所周知，古文字新见字的考证，形、音、义三者的分析研究是首要的工作，再根据不同辞例的验证，做到文从字顺，这才是被历史考验过的行之有效的方法。但朴先生考证疑难文字，还停留在“看图识字”的表面，因此他分“派”的“字”是不可信的。任何新发现材料的研究，首先要确定其真伪。国内外时有造假材料以欺世盗名的现象，中国也不例外。

在商周考古出土陶器中，从不见同类型式的红陶罐，肯定此器是伪品。伪品上的装饰性“文字”，亦肯定是伪刻。把伪器上的伪刻“文字”按照自己的“星占”的观点考释出“奇文”，再用这篇“星占”奇文反证红陶罐为商代固陶，再进一步把秦汉以后盛行的占星术提前到商末周初，因而就完成了这部《固陶》专著。为达到“指导者”给作者指引的“名垂学术史”的方向，自然就听不进其他学者鉴定的正确意见，固执己见并逐条辩驳也就是自然了！

一个外国学者，研究和理解中国古文字和古文化，毕竟有着语言和传统思维的差异，因而进行对一般中国学者来说也较为困难的古文字研究，对外国学者就更为困难了。朴大钟先生研究“固陶文字”，虽然如陈炜湛教授在“序”中所说的“用力至勤，想象力点（‘点’字无解，朴氏识错陈氏行草‘亦’字）甚丰富，其精神令人钦佩”云云，但对一般的中国行草，都有些识读困难。诸如陈炜湛“序”中的“亦”识成“点”，“流传”之“流”识成“源”，“这于判断”之“这”识成“连”，“设若”之“若”识成“义”，等等，以及陈氏“意见”中的“实难确指”之“实”字识成“点”字，“改正”之“改”识为“设”，等等。而把“殷人遗墨”，即殷人遗留下的文字理解成“白色的痕迹”——墨色，等等。试想，一般常识性可识的“行草”，作者都可以这样的错误识读，我们又怎么能相信作者释出的成篇“固陶文”可信呢?!

《固陶》一书，是作者朴大钟先生于2008年8月16日寄赠，因而使我得以认真研读并写出上述文字。本来，在2006年春节后，韩国著名甲骨学家、首尔淑明女子大学大学院长梁东淑教授寄给我一份朴大钟先生的文稿《商纣王固陶文研究——以帝辛在红陶罐上遗留的占星刻辞为重点》。文稿为韩文，共69页，我是看不懂韩文的。但第70页为一张“陶文”的彩色图版，上面共十幅彩照，每张照片上文字清晰可辨。有一些文字可识，但有一些纯属臆造。“文字”蜿蜒虬曲，上下错落有致，很显然为装饰性的艺术纹饰。梁教授信中说，“朴曰，此为商帝辛时有关天问占卜的内容”。梁教授又说：“看陶罐上文字的排列，正如装饰文，卜辞何必在商代写于陶上?”我细看照片上的陶“文”，既无甲骨刀法，又无金文篆意，且不成辞例，当为今人杜撰的装饰纹样。后来梁东淑教授打国际电话来，问我关于此固陶文的看法，我如实禀告：是今人伪刻，绝不是商代文字！当时文稿中没有陶罐的照片。接到朴先生《固陶》一书，见到肩部刻字的红陶罐照片，可判知商周时代无此类型之物，应为当代赝品。今有《固陶》一书在手，而且是中文版，使我得以认真研读并写出以上文字。

朴先生热爱中国古代文化、钻研中国古代文化的精神值得敬佩！但研究方法有误，以致使他钻入牛角尖而不能自拔。因而做学问，和做任何事情一样，努力是成功的条件，而正确方法则是成功的保障。愿与朴大钟先生共勉!

五 关于《韩国知名学者称韩国人祖先发明汉字》的新闻

2011年4月21日，《环球时报》第3版上发表的特约记者辛司可写的上述标题的新闻报道，吸引了不少读者的眼球并引起很多读者的兴趣，兹将该报道的一些话摘要如下：

> “韩国语言学泰斗、仁济大学硕座教授陈泰夏近日在韩国保守媒体上发表文章，称‘汉字并非中国文字。而是我们祖先东夷族创造的、我们的文字。中国学界也承认这个事实，只有韩国不知道’。这番话引起热烈争议”……

又报道说，“韩国网络媒体 newdaly17 日发表成篇报道，援引陈泰夏的话称，‘汉字’这个说法并非因为是中国汉族创造的文字，汉族没有创造文字，汉朝也没有‘汉字’这个名称，汉字是韩国人的祖先东夷族在甲骨文基础上发展起来的文字。他还称，中国文史学家林语堂、王玉哲等都研究考证了汉字渊源，认为它是东夷族的文化遗产，中国的文字都是东夷人创造的”……

陈泰夏还批评说，韩国人“将汉字当成外国语的做法实在是无知的自暴行为”，极力推崇“汉字与最科学的韩语是一心同体，是韩国语言的两个翅膀，拥有如此理想的语言结构的国家只有韩国一个”……

但报道说，“陈泰夏‘韩国创造汉字’的主体在韩国网上引起一阵兴奋，但韩国各大主流媒体均对此保持沉默”云云。

首先，在这里我要说明的是，这位辛司可记者笔下的“韩国知名学者”“73 岁”的“韩国语言学泰斗、仁济大学硕座教授陈泰夏”先生，我在多次出席的韩国语言学学术会议上，诸如 1995 年首尔淑明女子大学 90 周年校庆举办的“甲骨学国际学术会议”、2000 年在汉阳大学举办的“中语中文学学术研讨会”、2001 年在延世大学举办的“中语中文学术国际研讨会”，以及 2010 年在釜山庆星大学举办的“汉语与汉字国际学术研讨会”上，都有来自韩国各大学的知名学者出席学术会议，在会上我见过不少资深学者，诸如许成道、梁东淑、孙睿徹等专家，但从没有见过这位陈“泰斗”出席。此外，在我几次访问韩国期间，自北部春川郡的翰林大学，到中部的鲜文大学、全北大学等和南部的釜山大学、木浦大学等，直至最南部济州岛的济州大学等多所大学访问时，也没有见到过这位“语言学泰斗”的身影或有朋友提起过这位“仁济大学硕座教授”陈先生。因此，辛记者奉送给陈泰夏教授的种种桂冠，可谓慷慨有加！

其次，我们先不谈作为韩国人的陈教授关于“汉字”是否像他所说的是“我们的文字”，即韩国人的文字。而从上面所引述他批评韩国人对汉字的态度，特别是他认为“汉字与最科学的韩语是一心同体，是韩国语言的两个翅膀”云云，却表现了他对汉字的莫大热爱！确实应该如此，中韩两国一衣带水，自古就有着密切的文化交流和友好往来。汉字不仅在历史上，就是在今天，也是韩国朋友们认识当代中国、了解当代中国人民最好的语言交流工具。韩国有很多大学开设了中文系和孔子学院，不少年轻人为了适应中韩经济文化交流的进一步加强，正在努力学习汉语和汉字。也有不少中国的青年人以空前的热情在韩国留学，努力学习韩语和韩国的先进科学、文化知识。但是，古代的韩国，虽然很早就与中国有着密切的文化交流和友好往来，但直至高丽时代（918—1392 年），韩民族普通民众还无自己专门使用的文字。而此前，只是一些知识分子在使用从中国引进的文字。据韩国朋友向我介绍说，直到新罗智证王四年（504），才首次使用中国文字定其国号为“新罗”，并参考中国的政治体制，开始称其国君为“王”。在新罗王朝时代，向中国（唐朝）派遣了大批留学生，学习中国的先进文化。诸如新罗王朝末期的孤云崔志远，12 岁就去当时的唐朝留学，17 岁在中国写下著名的《讨黄巢檄文》，曾引起很大反响并成为千古绝唱；在其后的高丽时代（918—1392 年），为把从中国输入的汉字更适合朝鲜民族语言的使用，以“吏读”“乡札”“口诀”的方式逐步加以改造，即使用汉字声或汉字字意表示朝鲜字的方法。所谓“吏读”，就是把汉字用朝鲜语序加以安排，再进一步把某些汉字开始部分按朝鲜语法表达句子，这种文字系统就是“吏读”；而所谓“乡札”的发明，是在“吏读”之后，而且较之更为复杂。“乡札”有用同种意思的汉字来表达朝鲜名词，并随意把语言合适的汉字用于写动词的词干和音变以及其他的语法成分；而所谓“口诀”，是为用于阅读中国汉字原文之用的体系，即用汉字固定形式写成，并将朝鲜语法成分适当插入。“口诀”的发明，已是在高丽王朝末至李朝（1392—1910 年）初之事了。虽然如此这般地将汉字加以改进，但汉字与属于阿尔泰语系的韩国民族支系表示法仍无法统一。到了朝鲜李氏王朝的第四王世宗大王（1418—1450 年）时，认识到汉字难读，而且与朝鲜实际言语不同，他统治下的民众必须有适合表达日常口头语言的文字系统，因而意识到必须为民族创制一种容易学会和使用的表音文字。正如世宗大王在《训民正音》“序”中说：“国之语音，异乎中国，与文字不相流通。故愚民有所语言而终不得申其情者多矣。予为此悯然，新制二十八字，欲使人人易习，便于使用焉。”这就是在世宗二十八年（1446），颁布了他创制的《训民正音》28 个字，从此韩国走上了表音文字的道路。很显然，陈泰夏教授所说的“最科学的韩文”的发明和使用，已是在李氏王朝世宗大王的 1446 年以后的事情了。因此，韩国人“将汉字当成外国语的做法”是历史事实，并不是像陈泰夏教授所批评的是“无知的自暴行为”，而是历史上韩国人引入汉字并加以改造的时间，和韩国世宗大王时创造《训民正音》——“最科学的韩文”在 1446 年以后诞生，其间有着很长的一段间隔。汉字与韩文的使用是时间先后的差别，而绝不是陈教授所说的是“韩国语的两个翅膀”，在同时展翅飞翔！

再次，陈泰夏教授说“汉字是韩国人的祖先东夷族在甲骨文基础上发展起来的”“中国的文字都是东夷人创造的”云云，也是不符合中国历史常识的。众所周知，所谓“东夷人”，是一个历史的概念，即在中国上古时期——传说时代的“五帝”时期前后，我们祖国广袤的大地上分布着一些古老的部族，即居住在华夏西部的以炎帝、黄帝部族为核心的炎黄族群，居住在我国东方的各夷人部落，即东夷族群和居住我国南方地区的苗蛮族群。这些古老的族群，在发展中为争夺生存空间发生了矛盾和冲突，战争和联合，融合和交流，不断形成跨地域超血缘的更大联盟，终于在春秋战国的时期，融入了以炎黄部族为核心的华夏族群，并在秦汉以后，进一步和中国境内的其他民族逐渐混血而成汉族——中国的主体民族。而古老的东夷部族，见于古籍记载，诸如《逸周书·尝麦解》《尚书·尧典》《禹贡》《孟子》《韩非子》《后汉书·东夷列传》等。据《史记·五帝本纪》，东夷族群最早就与炎黄部落联盟发生冲突并逐步融入华夏族群之中。虽然传说时代的东夷族群，经济文化比较发达，诸如东夷族群伏牺氏“于是造书契以代结绳之政”（《御览》卷七百二十一引《帝王世纪》等），但在相当于传说时代东夷族群的考古学文化中，即黄河下游的北辛文化、大汶口文化、山东龙山文化、岳石文化等，虽然在大汶口文化莒县凌阳河、大朱村等遗址陆续发现有多个陶器符号，有学者认为是文字（唐兰：《中国有六千年的文明史——论大汶口文化是少昊文化》，《〈大公报〉复刊 30 周年纪念文集》，1978 年），但也有学者认为不是文字，而是一些“孤立的图形”。此外，在学者认为是东夷族文化继大汶口文化之后的山东龙山文化的邹平丁公遗址，也曾发现一块刻写在陶片上的5行11字，学者认为是汉字发展的一个重要阶段，但也有学者认为其与汉字不是一个系统。[①] 虽然如此，这些不多的有关文字发明的考古材料，都不是甲骨文。甲骨文是在继上述山东龙山文化两千多年后，商王朝人使用的比较成熟的文字。慎终追远，虽然商族人祖先曾属于东夷族群，但使用甲骨文的商族人，早自“五帝”黄帝时期开始，就已逐步融入了华夏族群，已不是其祖先东夷人在血缘上、地域上与华夏族群判然有别的早期意义东夷族群人了。此时的商王朝，已是华夏族群进入阶级社会以后，建立的当时第二个统治中国的全国性华夏族群了。此外，商朝晚期的人，是甲骨文的使用者而不是发明者。虽然甲骨文是一种较早有系统的文字，但它只是中国文字发展中的流而不是源。甲骨文以前的文字及文字的源头，学者们还在探索中。因此，陈泰夏教授所说的“汉字是韩国人的祖先东夷族在甲骨文的基础上发展起来的文字”云云，是不正确的。陈教授在这里硬要说传说时代的东夷人（公元前6000—前4000年），在晚于其后4000—5000年商朝人（公元前1300—前1100年）使用甲骨文的基础上发展起汉字，不仅在时间上错位，而且考古学材料也表明，古老的东夷部族还没有创造出系统文字。此外，陈氏自认东夷人为“韩国人的祖先”的意见，恐怕也只能在“韩国保守媒体上发表文章”，因而“韩国各大主流媒体上均对此保持沉默”就很自然的了。这是因为，虽然《后汉书·东夷列传》“夷有九种，曰畎夷、于夷、方夷、黄夷、白夷、赤夷、玄夷、风夷、阳夷”等。此外，还有把夫余、挹娄、高句丽、句骊、东沃沮、涉、韩（马、辰、弁）、倭等作为“东北夷”列入传中的记载。但中、韩两国学者对这些珍贵、客观存在的较早史料，存在着重视程度和理解认识的很大不同，这是尽人皆知的。

陈泰夏教授还说：“‘汉字’这个说法并非因为是中国汉族创造的文字。”须知：中国汉字的使用者，也从未说过这样的话。上海辞书出版社1979年缩印本《辞海》第886页“汉字”条说：“记录汉语”的文字。世界上最古老的文字之一，已经有六千年的历史。现存最古可识的是三

① 《中国古代文明与国家形成与研究》，云南人民出版社1997年版，第149—156、174—184页。

千多年前殷商甲骨文和稍后的金文。现用汉字是从甲骨文、金文演变而来的。汉字是"记录汉语的文字"已是常识。至于陈秦夏教授说："汉族没有创造字"云云，就缺乏历史常识了。《辞海》第886页"汉族"条说，"是中国的主体民族，由古代华夏族和其他民族长期逐渐混血而成"。记录汉语的文字，是古代华夏族从结绳而治，到黄帝史官仓颉造字，再到商朝的甲骨文和周朝金文，直到东周的古籀和秦始皇"书同文"小篆的传承与发展，华夏族在秦汉统一中国以后，又进一步与其他民族融合。汉民族形成以后，使用的文字发展成隶书、楷书等。因此，汉族是汉字的使用者，是在其祖先华夏族发明创造文字的基础上，加以继承和发展，并在五千多年的使用过程中不断加以完善和创新，虽然点画和字形有所变异，但从甲骨文到今天的汉字，蝉递之迹可寻。我国最早有系统的甲骨文，成为世界上唯一能传承至今而没有失传的古文字，因而汉族的祖先华夏族是汉字的发明者。作为古代华夏族的组成部分东夷族，和炎黄部族、苗蛮部族一起，都为中国文字的形成作出了贡献。但不能因此说："汉字并非中国文字，而是我们的祖先（按：即陈氏所指的韩国人的祖先）东夷族创造的。"

六　甲骨文在红海的"疯狂猜想"①

据报载的《甲骨文在红海?》一文透露，坊间出现一本叫《历史也疯狂》的书，报载此文的作者推荐此书的价值在于"提出大胆推论与猜想：甲骨文在红海?"

历史是过去发生过的事情。人类社会的历史，看来纷繁复杂，人与人、人与自然的种种关系千头万绪，但总是在向前发展，而且由低级阶段向高级阶段逐渐前进。在唯物史观看来，人类由原始无阶级、无私有财产的社会，逐步向社会阶级的分化与分层，到私有财产产生并进入阶级社会，由最初的奴隶社会演进为封建社会，再进一步演化为资本主义社会和当前中国的社会主义初级阶段。应该说，历史是在不以人的意志为转移，在生产斗争和阶级矛盾与斗争中遵循着人类历史发展的共同规律前进的。

① 此为《北京晚报》2005年6月7日赵秀红《甲骨文在红海?》一文的副标题。

因此，历史是不会疯狂的。只有研究历史的人，在对历史一知半解和没有掌握什么史料的情况下，为了达到一鸣惊人的目的而进行“疯狂猜想”，凭空臆想出许多的毫无根据的奇谈怪论，以追求轰动效益并满足一些读者猎奇的心理是写书的人在“疯狂”。但读者读过之后，只不过觉得新奇刺激和好玩而已，而不会获得些许正确的历史知识。历史学家对这样充满“疯狂猜想”的“历史的疯狂”是不屑一顾的，因为这种书不是学术研究著作，无助于历史问题研究的深入与解决。历史学家是不会跟着去“疯狂”一把的！

《北京晚报》2005 年 6 月 17 日《甲骨文在红海?》一文的作者某氏，为了吸引读者的眼球，特意在标题前加上“疯狂猜想”几个字。文章的作者为了强调此书的价值，大谈这些“猜想与假设”，给那些正在进行“甲骨文起源研究”的专家们以强烈的震动，“引起了各方的大讨论”云云。前面已经谈过，古文字学家对这样的“历史的疯狂”是不屑一顾的，不知该文作者见到过哪一位专家参与讨论的文章并发表于何处！需要指出的是，学术界当前讨论的热门话题是“中国文字和文明的起源”，而不是该文所说的“甲骨文起源”。因此，受到“强烈的震动”的人，恐怕不是“专家们”，而是该文作者自己的夫子自道而已！

君不见，时下常有人受到作者的不情之请，或受出版社的委托而对一些作品发表“评介”，进行包装以利营销吗?！本文作者以受到“强烈的震动”的专家口吻说话，就显出其权威性。看吧，“两派学者各执一词，毁誉参半”，争论得多么激烈！而所谓“两派学者”，是谁呢? 哪怕能列出一位真正古文字学研究的学者也行！所谓的“两派学者”，实际上就是作者某人自己一身而二任。你看他一人双面所说的“两派学者”的话：一面即“文明研究者”，认为是“敢于打破史学垄断的视角”，并“引发了新的疑古风潮”；而另一面即“传统的历史学和考古学界”，却认为是“把一些相似的现象无端的假设和猜想，没有发现真正的相似性”，“是在胡说八道”。说穿了，前者是对《历史也疯狂》不负责任的吹捧，即此文作者也不免跟着“疯狂”了；而后者倒是说出了此书的要害，这才是此文作者对该书的真正评价！

我们说此文作者是受人之托在“炒作”，谓予不信，请看当作者在自抬自贬的两种意见引起读者兴趣之后，紧接的下文就是：“那么，读完此书，每个读者都会有自己的判断。”快来买书吧！就差为《历史也疯狂》的叫卖喊这句话了！

须知，传统的历史学和考古学界是不会跟着疯狂的。疯狂了就绝不是传统的历史学和考古学界！

第九章

传世甲骨的集大成与新出甲骨的公布，为研究的全面深入发展奠定了基础

1899 年殷墟甲骨文被王懿荣发现以后，百多年来出土 15 万片之多。而继 1928—1937 年殷墟科学发掘获得大批甲骨以后，新中国成立以后的殷墟发掘工作又屡有甲骨出土。而 1973 年小屯南地甲骨的大批出土，是新中国成立以来，前一个 30 年之最大收获。传世甲骨集大成著录的编纂和新出甲骨的及时公布，为甲骨学商史研究的全面深入发展奠定了坚实的基础。

第一节　甲骨文的公布著录与甲骨学研究的发展

自 1903 年甲骨学史上第一部甲骨著录书刘鹗的《铁云藏龟》出版以后，把甲骨文从收藏家的书斋推向社会，使属于私人把玩的“古董”成为学者们共有的社会化的研究资料。自此以后，一些甲骨资料陆续公布，诸如《殷虚书契》（1911 年）、《殷虚书契菁华》（1914 年）、《铁云藏龟之余》（1915 年）、《殷虚书契后编》（1916 年）、《殷虚古器物图录》（1916 年）、《戬寿堂所藏殷虚文字》（1917 年）、《龟甲兽骨文字》（1921 年）、《簠室殷契征文》（1925 年）、《铁云藏龟拾遗》（1925）、《传古别录》第二集（1928 年），等等。

以上各书，共收录甲骨 9999 片左右。前辈学者充分注意到甲骨材料不断公布的意义，胡厚宣大师指出：“发表的材料，虽然占全部出土甲骨

文字的十分之一，但重要的材料，已经公布不少，这对开展甲骨文的研究，有很大作用。"[①] 1904 年孙诒让距出版才一年的《铁云藏龟》，其考释其文字的《契文举例》完成以后，罗振玉、王国维、叶玉森等学者继续努力对甲骨文字进行释读。当《殷虚书契考释》（1914 年）和《增订殷虚书契考释》（1927 年）出版以后，甲骨文便结束了"书既出（按：指《前编》1911 年出版几年以后），群苦其不可读也"[②] 的局面，即甲骨学研究完成了"识文字、断句读"的阶段。与此同时，学者也开始把甲骨文作为珍贵的第一手史料研究商史。王国维就是利用 1916 年出版的《后编》上 8 · 14与 1917 年出版的《戬寿堂所藏殷虚文字》1 · 10 的缀合，论定了《史记 · 殷本纪》所载"有商一代先公先王之名，不见于卜辞者殆鲜"。他指出，"《史记》以报丁、报乙、报丙为次，乃违事实"，写出了《殷卜辞中所见先公先王考》及《续考》两篇学术史上的名文，不仅极大地提高了甲骨文的学术价值，还把甲骨学研究推到史料时期的历史研究最高峰。因此，"由于大量甲骨资料的积累、著录和研究，甲骨学已初具规模，完成了它的'草创时期'"[③]。

随着 1928—1937 年殷墟科学发掘所得甲骨文的研究和 1933 年董作宾《甲骨文断代研究例》的公布，把传统金石学的甲骨学研究，纳入了历史考古学研究的轨道。尽管第 1 次至第 9 次发掘所得甲骨《殷虚文字甲编》直到 1948 年才得以面世，但传世甲骨在此期间陆续整理并公布较多，诸如《福氏所藏甲骨文字》（1933 年）、《殷契卜辞》（1933 年）、《卜辞通纂》（1933 年）、《殷虚书契续编》（1933 年）、《殷契佚存》（1933 年）、《库方二氏所藏甲骨》（1935 年）、《殷契粹编》（1937 年）、《邺中片羽》（1937 年）等书著录的材料，被纳入了历史考古学研究的轨道。1937 年抗日战争全面爆发以后，虽然甲骨学研究受到了很大干扰，但仍有一些著录在艰难中出版，诸如 1939 年出版了《天壤阁甲骨文存》《铁云藏龟零拾》《殷契遗珠》《殷契叕存》等，同期也有一些书在国外出版，诸如《甲骨卜

---

① 胡厚宣：《殷墟发掘》，学习生活出版社 1955 年版，第 37 页。
② 罗振玉：《殷虚书契考释 · 自序》，1914 年。
③ 王宇信：《中国甲骨学》，上海人民出版社 2009 年版，第 63 页。

辞七集》(1938 年美国)、《金璋所藏甲骨卜辞》(1939 年美国) 等。1940 年出版了《诚斋殷虚文字》《中央大学藏甲骨文字》,1941 年出版了《殷契摭佚》,1942 年出版了《邺中片羽三集》,1944 年出版了《厦门大学所藏甲骨文字》,1945 年出版了《甲骨六录》等,1946 年出版了《战后平津新获甲骨集》,等等。

郭沫若、董作宾、胡厚宣、唐兰、于省吾、杨树达、陈梦家等学者把殷墟科学发掘甲骨与传世甲骨材料相结合,在抗战期间的颠沛流离和极端艰苦的条件下,以及在决定两种前途和命运的胜利炮声中,仍然坚持甲骨学的研究,并取得一批研究成果,从而推动"甲骨学研究发展到了一个全新的阶段,成为成熟的学科"①。

第二节 1949 年以后甲骨学研究资料的匮乏与《甲骨文合集》项目的提出

1949 年新中国成立以后,随着社会的安定和经济建设的发展,文化事业的发展也提上国家的议事日程。为了研究我国悠久的历史和灿烂的文明,甲骨学家、历史学家、考古学家、语言学家,以及中国古代医学史家、农学史家、天文学史家、生物学史家等科技史方面的专家,都需要从甲骨文这一我国最古老而有系统记载里去"溯本求源",进行多学科的研究,以充分发掘我国古代的优秀文化遗产,促进新中国文化事业的繁荣。

尽管如前所述,自 1903 年《铁云藏龟》出版以后,直至新中国成立后的一段时间,"著录甲骨文的书刊,单是专著,就有八十多种,论文五十多种,再加上有关参考的重出著录,也有五十多种,共有一百八十多种,著录甲骨,将近十万来片"②,为甲骨学研究的发展打下了坚实的基础。但是,自 20 世纪 50 年代以来,研究资料的匮乏,一直困扰着我国学术界。这是因为,

① 参见王宇信《中国甲骨学》,上海人民出版社 2009 年版,第 69—71 页。
② 胡厚宣:《甲骨文合集·序言》,中华书局 1982 年版。

其一，不少甲骨文著录出版较早，这些本来就印数较少的甲骨著录经过了朝代的更迭，军阀的混战，日本侵略者炮火的劫难和革命暴风骤雨的洗礼，在七八十年的历史沧桑中已所剩无几。

其二，不少的甲骨著录书，是在国外出版的。有的是在日本，如前所述《前编》《卜辞通纂》《殷契粹编》《龟甲兽骨文字》，等等，也有的是在西方出版，如《金璋所藏甲骨卜辞》（纽约）、《甲骨卜辞七集》（纽约），等等。海外出版的甲骨著录，不仅印数少，而且远涉重洋，特别是在抗日烽火燃遍中国大地之时，流回中国也是困难重重。1949 年以后海外又出版了一批新著，但 1978 年以前紧锁的国门，把国外，连同我国台、港地区的书刊都拒之门外。虽然 50 年代初期国内也出现了《殷契摭佚续编》（1950 年）、《战后宁沪新获甲骨集》（1951 年）、《战后南北所见甲骨录》（1951 年）、《殷契拾掇》（1951 年）、《战后京津新获甲骨集》（1954 年），等等，但也是由于印数少和不断的"运动"，使人无心也无力顾及。因此往往是"时一过往，难以寻觅。至于报刊论文发表的材料，不是印刷不清，就是缩小比例，搜集使用，就更不方便"①。由于以上种种原因，"不少著名大学或研究所、图书馆，所藏甲骨书籍稀如凤毛麟角。因此，甲骨学研究资料匮乏，使甲骨学的发展和研究队伍的建设受到很大局限"②。

其三，甲骨文能在地下保存 3000 多年而面世，实属不易。而且出土以后，不加以保护并予以及时公布，就会给学术研究造成巨大损失。前辈学者罗振玉早就注意到这一点。他 1911 年在《殷虚书契》序中就说过："宝物（按：即甲骨文）幸存者有尽，又甲古脆，文字易灭。"对这些珍贵的甲骨文，如"不汲汲搜求，则出土之日，即澌灭之期"。"由此观之，则搜求之视考释，不尤急欤？"因而努力搜求已出土的甲骨文，就是为了对祖国这一优秀文化遗产的保护。而及时将其向社会公布，则更是对甲骨文这一珍贵文化遗产的最好弘扬。这是因为甲骨文著录公布以后，不仅可使流传中易磨损的文字在早期拓本中得以保留，而且使那些因不可抗拒的

① 胡厚宣：《甲骨文合集·序》，中华书局 1982 年版。

② 王宇信：《中国甲骨学》，上海人民出版社 2009 年版，第 96 页。

原因（诸如战火、灾害等）不知所终的甲骨文，在著录书中得以遗留下“身影”以供人研究。更为重要的是，甲骨是研究我国古代优秀文化的第一手资料，也只有及时整理著录，才能将之提供给学术界研究利用，使其学术价值得到充分的发挥与阐释。如果不及时整理并著录，使之与学术界见面，再一次将其束之高阁，那与深埋地下何异?！从甲骨文1899年出土到20世纪80年代，“虽然历年出版的各种著录已刊布了近十万片甲骨”，但历年出土的“这总计十五万片甲骨中，还有不少未被著录过。而且各单位还收藏有不少甲骨拓本，仅国内就有二百七十余种，近二十万片之多，有的拓本，不但没有见诸著录，连原骨的下落也不可得知了。有的还是一些很重要的材料，在收藏单位被列为珍品或善本，一直也没有经过拓印或整理，一般研究者是难于见到或使用的”[①]“珍藏品”。

鉴于上述种种原因，在1956年国家制定十二年科学发展远景规划时，提出并落实编纂《甲骨文合集》这一大型科研项目，对已出土的15万片甲骨文进行全面系统的整理和公布，以适应弘扬中华文明，推动社会主义文化事业大发展的需要。

第三节　《甲骨文合集》是甲骨学全面深入发展阶段的里程碑

《甲骨文合集》的编纂工作，1959年交由中国科学院历史研究所（现属中国社会科学院）承担，并成立了以著名古文字学家郭沫若、唐兰、于省吾、商承祚、胡厚宣等学者组成的编辑委员会，建立了由郭沫若任主编，胡厚宣任总编辑的《合集》编纂工作组，工作开始正式进行。其间，经历了几度停顿，直到1973年5月以后编纂工作才走上正轨。编辑组的学者在60年代初所做大量工作的基础上，继续收集资料，按“拟定出若干选片标准”，“从十多万片甲骨中选出四万多片收入书中”。经过烦琐的校重、辨伪和缀合、补背或骨臼、更换拓本、分期分类等细致的科学整理

① 参见胡厚宣《甲骨文合集·序》，中华书局1982年版。

工作[1]，终于在 1978 年开始至 1982 年完成并出版了十三巨册的《甲骨文合集》。

郭沫若主编、胡厚宣总编辑的《甲骨文合集》，书前有著名史学家尹达写的前言和总编辑胡厚宣写的序。全书共收甲骨 41956 片，所收甲骨按董作宾“五期分法”进行分期处理，每期之内再按内容进行分类，共分四大类二十二小类。四大类是：“一、阶级和国家。二、社会生产。三、科学文化。四、其他。”二十二小类是：“一、奴隶和平民。二、奴隶主和贵族。三、官吏。四、军队、刑罚。五、战争。六、方域。七、贡纳。八、农业。九、渔猎、畜牧。十、手工业。十一、商业、交通。十二、天文、历法。十三、气象。十四、建筑。十五、疾病。十六、生育。十七、鬼神崇拜。十八、祭祀。十九、吉凶梦幻。二十、卜法。二十一、文字。二十二、其他。”

总之，《甲骨文合集》“共著录了四万一千九百五十六号甲骨，约占全部十五万片甲骨的四分之一强。可以说，凡是有价值的材料，都已收入《甲骨文合集》之中了”。因此，《合集》一书的出版，“是对自甲骨文 1899 年发现以来的八十多年来出土甲骨文的一个总结”[2]。虽未来得及收入出版稍后的传世甲骨著录，如《怀特氏等收藏甲骨文集》《东京大学东洋文化研究所藏甲骨文字》等，但“《合集》与以上两书和《小屯南地甲骨》等书一起，为学术界提供了极为齐备的殷墟甲骨资料。从此，改变了甲骨学和商史研究资料匮乏的局面，大大促进了多种学科，特别是甲骨学和殷商史、考古学的研究”[3]。

《甲骨文合集》是自 20 世纪 60 年代初开始，直至 70 年代末才完成的大型国家科研项目。其间经历了种种磨难，时作时辍。但在主编郭沫若的全力呵护、支持下，在总编辑胡厚宣的带领、坚持下，参加者无怨无悔，在极端困难中追求甲骨文这一“断烂朝报”，并在甚嚣尘上的“厚今薄古”的恶劣环境中坚持科学整理，终于以多年的积累和勤奋劳动，用《甲

① 参见前第一章第五节集大成的著录——《甲骨文合集》。

② 参见王宇信《中国甲骨学》，上海人民出版社 2009 年版，第 276 页。

③ 同上。

骨文合集》出版的丰硕成果迎来了科学的春天。这部堪称“建国以来古籍整理的最大成就”① 的集大成式著作，不仅为80多年来甲骨文的发现和著录作了总结，而且“为甲骨学的继续深入研究奠定了基础，它继往开来，是甲骨学史上的里程碑式著作”②。1978年以后，我国的甲骨学研究进入了“全面深入发展”的新阶段③，而其“开始的标志，就是1978年甲骨文的集大成著录《甲骨文合集》的出版”④。(附图十八)

第四节　科学发掘所得甲骨的“最科学的著录书”——《小屯南地甲骨》

已如前第一章第一节“甲骨文的新发现”所述，“1973年，考古研究所又在小屯南地有重大发现，这是新中国成立以来出土甲骨最多的一次。这次共发现卜骨、卜甲7150片，其中卜甲110片（有刻辞的60片），卜骨7040片（有刻辞的4761片），还有未加工的牛胛骨106片（其中有刻辞的4片），刻字牛胛骨4片”。关于其出土情况、甲骨期别及内容，《1973年安阳小屯南地发掘简报》（载《考古》1975年第1期）在第一时间做了报道，并引起了海内外甲骨学家的广泛注意。

著录1973年小屯南地成批出土甲骨的《小屯南地甲骨》（上、下册）一书，由中国社会科学院考古研究所编辑，中华书局1980年出版上册一、二分册。1983年中华书局又出版了下册一、二、三分册。上册为图版，共著录甲骨4612版（其中主要为1973年小屯南地出土4589版，另有1975—1977年小屯一带采集品23片一并刊出）。图版前为凡例、前言、图版号及拓本顺序号目录表、龟甲统计表、背文统计表（甲、龟）等。书中著录的甲骨，均按1973年小屯南地发掘出土的单位，即灰坑（以H为代称）、房基（以F为代称）、墓葬（以M为代称）、探方（以T为代称）等

① 国务院古籍整理小组负责人李一氓语。

② 王宇信:《甲骨学通论》（增订本），中国社会科学出版社1999年版，第470页。

③ 参见王宇信《中国甲骨学》，上海人民出版社2009年版，第92—112页。

④ 同上书，第112页。

为序编纂；下册第一分册为甲骨释文，释文前为凡例、引书引文目录等。释文后为第一分册勘误。下册第二分册为索引、摹本、摹本号、登记表等。下册第三分册为钻凿图版，其前有《小屯南地甲骨钻凿形态》、钻凿统计表、骨面钻凿统计表、钻凿摹本拓本目录及钻凿图版（摹本图版、拓本图版）等，最后是后记。

1928—1937 年，殷墟科学发掘所得甲骨的著录《殷虚文字甲编》和《殷虚文字乙编》，“开创了甲骨学与考古学相结合的著录新体例”。这一新体例著录甲骨，虽然“单就文字学方面看法，自然和以前著录的许多甲骨文字书籍，有同样的价值”，但从考古学的角度来看，就和以前的传统甲骨著录大不相同，即“书中的每一片都有它们的出土小史，它们的环境和一切情形都是很清楚的”。《甲编》和《乙编》所收甲骨，都是“按照它们出土的先后次序排列的”，“若研究出土情形，或与遗址遗物关系，则需查登记号”。①《小屯南地甲骨》不仅继承了《甲编》《乙编》开创的著录科学发掘所得甲骨的这一新体例，而且其本身的种种特色，又使这一新体例有所发展和创新。这就是：

其一，《屯南》按甲骨出土单位著录甲骨，这是甲骨学史上第一次为我们公布了一批可与地层及相关遗物相互联系的甲骨学资料，为甲骨文分期断代的考古学考察提供了科学的依据。而《甲编》《乙编》虽按出土编号著录甲骨，但中央研究院 15 次发掘殷墟总报告迄今未能发表，即使按出土序号将甲骨按单位集中②，但此单位的层位关系及伴出遗物也很难据现已发表的零碎的材料查考清楚。而《屯南》一书著录的甲骨，则可方便地查考出土单位及该单位的地层关系、共出陶器等遗物，进而进行分期研究。《屯南》上册第一分册的序言，对 1973 年小屯南地甲骨出土情况、地层堆积与甲骨分期进行了全面论述，对判断甲骨时代及解决分期断代研究中的争论问题颇有启示。其二，《屯南》一书不仅有较为准确的释文，而且还作了各种有关的索引，为研究、使用此书者提供了方便。虽然《甲编考释》和《丙编考释》对所收各版考释精当，但对

① 董作宾：《殷虚文字甲编・自序》，商务印书馆 1948 年版。

② 参见石璋如《殷虚文字甲编的五种分析》，《史语所集刊》第 53 本第 3 分册，1982 年。

方便多学科学者使用各种索引的编制，与《屯南》相比，则略逊一筹。其三，《屯南》编者在整理出土甲骨实物过程中，对卜骨上钻凿制作工艺及形制研究有了新的突破，从而使前辈学者关于钻凿制作和工艺过程的“不易之论”受到了挑战。《屯南》下册第三分册的《小屯南地甲骨的钻凿形态》论文，是自甲骨文出土以来，有关甲骨钻、凿制作工艺过程最全面、最系统的论述，对甲骨占卜文化的研究很有意义。其四，《屯南》下册第三分册著录了1973年发掘所得凿钻图版。编者“把凡是能看出钻凿形状的甲骨都作了统计，根据形状进行类型划分。然后将其中钻凿完整而清晰的甲骨作了墨拓，有的还画了图”。对甲骨上钻凿形态进行系统研究并集中提供给学术界，这是《屯南》一书的首创。特别是本册卷首《小屯南地甲骨的钻凿形态》一文，将小屯南地甲骨分为六型（型内又分若干式），以地层学为依据，论证了凿型变化与分期断代的关系，并指出学术界争论较大的自组、午组卜辞凿型有较多的早期特点，这与出土地层、坑位、伴出陶器的考古学考察应为武丁时代是一致的。如此等等。

《屯南》一书著录的甲骨，“其著录号与出土层位、钻凿形态、释文、有关索引等浑然一体、互相呼应，给不同需要和从不同角度查找研究材料的学者提供极大方便”。而将甲骨的钻凿形态拓本全部公布，不仅是首创，而且“将钻凿的制作工艺和钻凿的种种形态与分期断代相联系”，为甲骨学断代研究的深入发展做出了贡献。学者指出：“《屯南》一书比《甲编》《乙编》二书前进了一大步”，“是科学发掘所得甲骨的一部最科学的著录书”[1]。（附图十九）

① 参见王宇信《甲骨学通论》（增订本），中国社会科学出版社1999年版，第275—278页。

第 十 章

新时期不断出版的甲骨著录，为甲骨学研究全面深入发展注入了新活力

集大成式著录《甲骨文合集》的出版，改变了新中国成立以来研究资料匮乏的局面。而基本与《合集》同时出版的《小屯南地甲骨》，继《甲编》《乙编》之后，再一次把有科学地层依据的甲骨文提供给学术界。虽然在《合集》出版期间，日本松丸道雄纂辑的《东京大学东洋文化研究所藏甲骨文字》图版篇（东京大学出版会 1983 年版）所收 1315 片甲骨和加拿大许进雄纂辑的《怀特氏等收藏甲骨文集》（多伦多安大略皇家博物馆 1979 年版）所收 1915 片甲骨已经先后面世，但由于《合集》整理、选片、出版工作已经结束，没有来得及整理并精选收入。尽管如此，中国此时已敞开国门，上述两书已通过一定的渠道传入国内，起码《合集》编辑组已经见到。

1978 年以后甲骨学研究的发展表明，“虽然尚有一些传世的甲骨，诸如加拿大《怀特氏等收藏甲骨文集》，和日本《东京大学东洋文化研究所藏甲骨文字》等没有来得及收入，但《合集》与以上两书和《小屯南地甲骨》等书一起，为学术界提供了极为齐备的殷墟甲骨资料。从此，改变了甲骨学和商史研究资料匮乏的局面，大大地促进了多种学科，特别是甲骨学和殷商史、考古学的发展”①。

1978 年以后，海内外甲骨学、殷商史和考古学研究取得丰硕成果。据王宇信《建国以来甲骨文研究》统计，1949—1979 年的 30 年间，中国大陆学者共发表甲骨学论著 350 多种。而据王宇信《甲骨学通论》统计，1949—

---

① 王宇信：《中国甲骨学》，上海人民出版社 2009 年版，第 276 页。

1986 年，中国大陆学者共发表论作 737 种左右。如从中减去《合集》出版以前（1949—1978 年）这 30 多年的作品总量，“仅 1979 年 9 月以后至 1986 年 12 月中国大陆学者发表论作共 730 种左右。这七年间论著数量是前一时期（三十年）的两倍，与甲骨学研究‘前五十年’（1899—1949 年）论著总和 876 种接近”。不仅如此，请看 1986 年以后：“据 1999 年宋镇豪出版的《百年甲骨学论著目》统计，百年来海内外学者共发表论作一万零几百种，如减去濮氏（按：即濮茅左）统计的 1987 年以前八千六百种，则 1987 年至 1999 年近十年间，学者发表论作近二千种，正如宋氏所说，‘1987 年以后至 1998 年，仅十多年间就发表甲骨学商史论作二千多种，平均每年发表近二百种，可见近年甲骨学商史研究的繁荣。’”①

值得注意的是，海内外甲骨学家在取得丰硕研究成果的同时，仍在努力搜集、整理尚未著录的传世甲骨并将其纂辑出版。与此同时，殷墟考古发掘新得甲骨，也得到了及时的整理并出版著录。在此期间，不仅国内一些甲骨收藏单位，时有将其收藏甲骨全部加以整理并结集出版者，而且一些民间收藏甲骨（或拓本）也得到了结集公布。特别是流散海外的甲骨，诸如英国、法国、德国、荷兰、瑞典、比利时、日本、俄罗斯等国家收藏的甲骨，经过中外学者的努力，在 1978 年以前 30 年著录出版的基础上，在 1978 年以后又陆续全部得到了整理并结集出版公布。如此等等。应该说，1978 年以后甲骨材料的著录，取得了骄人的成绩，在甲骨学史上是应该大书特书的。可以说，海内外不断出版的甲骨著录，使得不少甲骨新材料得以面世，给全面深入发展的甲骨学研究注入了新活力。

第一节　传世甲骨的陆续结集与科学发掘甲骨的著录：《合集补》《乙补》《花东》《村中南》《续补》

《甲骨文合集补编》　彭邦炯、谢济、马季凡纂辑，语文出版社 1999 年出版。

---

① 王宇信：《中国甲骨学》，上海人民出版社 2009 年版，第 108—109 页。

《甲骨文合集补编》（以下简称《合集补》）共收入甲骨13450片，另附录“殷墟以外遗址出土甲骨”306片为王宇信、杨升南辑。《甲骨文合集补编》所公布的13450片甲骨图版之后，是甲骨“释文”“材料来源表”“缀合表”等。

《合集补》所收13450片甲骨的体例，仍沿袭《甲骨文合集》编辑体例之旧，即先行分期，每期内再行分类。甲骨文分期仍从董作宾前辈的五期分法，每期甲骨内再按其内容分为四大类，即一、阶级和国家；二、社会生产；三、科学文化；四、其他。四大类内再细分二十二小类，即奴隶与平民、奴隶主贵族、官吏、军队刑罚、战争、方域、贡纳、农业、渔猎畜牧、手工业、商业交通、天文历法、气象、建筑、疾病、生育、鬼神崇拜、祭祀、吉凶梦幻、卜法、文字、其他。所收甲骨，都经过按一定标准选片、对重、缀合的整理工作。对《合集》遗漏的重要甲骨进行了增补，著录不全的补反面或骨臼，拓本不清者尽量更换清晰拓本，还对误缀漏缀者进行了校订和增缀处理。此外，《合集补》还附有“殷墟以外遗址出土甲骨”，共著录摹本316号。其中周原岐山凤雏遗址H 11出土甲骨文为1—280号，周原岐山凤雏遗址H 31出土甲骨文为281—290号，周原扶风齐家遗址出土甲骨文为291—297号，丰镐遗址出土甲骨文为298—300号，山西洪赵坊堆村遗址所出甲骨文为301号，北京昌平白浮遗址出土甲骨文为302号、303号、304号，房山琉璃河遗址出土甲骨文为305号、306号、307号，房山镇江营遗址出土甲骨为308号，河北邢台南小汪遗址出土甲骨文为309号，河南郑州市出土甲骨文为310号、311号、312号，山东桓台史家遗址出土甲骨文为313号，河南舞阳贾湖遗址出土甲骨文为314号、315号、316号。《合集补》著录凤雏H11、H31所出西周甲骨时，按其内容将同类尽量编在一起。此外，每片甲骨，都有三种版本排在一起以供研究者勘校。其中，A. 为陈方全《陕西岐山凤雏村西周甲骨文概论》所作摹本。B. 为徐锡台《周原甲骨文综论》所作摹本。C. 为陕西岐山周原文管所编《周原甲骨文》所作摹本。

《合集补》甲骨拓本之后是彭邦炯、谢济、马季凡所作释文、材料来源表、缀合表等。殷墟以外遗址出土甲骨释文为王宇信、杨升南作。

《甲骨文合集补编》，顾名思义，是对1978年开始出版，至1982年全部13巨册陆续出齐的集传世甲骨之大成的《甲骨文合集》的增补。之所以如此，是因为：其一，由于《甲骨文合集》出版的5年期间，海外有一些著录出版，诸如加拿大许进雄《怀特氏等收藏甲骨文集》（1979年）、日本松丸道雄《东京大学东洋文化研究所藏甲骨文字》（1983年）等，因《合集》编纂工作已经完成而来不及将它们收入。而《合集》全部出齐以后，又有一批重要甲骨著录出版，诸如雷焕章《法国所藏甲骨录》（1985年）、李学勤等《英国所藏甲骨集》（1986年）、伊藤道治《天理大学所属天理参考馆藏甲骨文字》（1987年）、钟柏生《殷虚文字乙编补遗》（1995年）、雷焕章《德瑞荷比所藏一些甲骨录》（1997年），等等。以上诸书，李学勤等《英国所藏甲骨文集》和与《合集》同时出版的《小屯南地甲骨》（上、下册），由于是在国内出版，且印数较多又定价不高，一般研究单位或大学图书馆都可购置，因而研究者利用其研究并不困难。而这一时期海外出版的甲骨著录，由于只有级别较高的单位才能向图书进出口公司预订并动用外汇才能购置，在当时外汇较为紧张，一般大学或图书馆无力进口的情况下，研究者只知新著录出版的信息，却无缘见到海外出版的甲骨著作，因此把除《屯南》《英藏》以外的国内不易见到的海外出版著录所公布的甲骨新材料补入《合集》，以便提供给更多研究者加以利用，就成了继续编辑《合集补编》的目的之一。其二，《合集》的编纂工作，自1962年启动以后，由于其间时作时辍，参加其工作的人员变动较大。早期参加工作的号称“二十八个半”人员中，不少先后被下放离开历史研究所，只剩下胡厚宣、桂琼英、肖良琼、应永深、孟世凯、谢济、王贵民、齐文心等。20世纪70年代初恢复工作后，为加快编纂进度，才又充实张永山、罗琨、杨升南、王宇信、常玉芝、牛继斌（从资料室调入）等新人。由于编纂工作时间拖得较长和人员变动较大，工作进程熟悉程度不一，加之需要整理的材料较多，诸如著录书剪片、甲骨拓本照片、几次在全国各地墨拓甲骨所得的“历拓”片，以及搜集来的大量传世拓片，其中仅善斋就有28000片，此外还有簠室藏拓、孙壮藏拓，等等。虽然在总编辑胡厚宣教授精心组织下，参加者尽职尽责地完成了自己的工作，但在交接时难免某些环节有所中断，致使一些需特殊处理的重要材料被“束之高阁”，《合集》编纂完成后，才被人们从角落里发现。因此，把《合集》漏收的重要材料补收公布，也是《合集补编》的任务之一。其三，在《合集》编辑完成以后，又陆续收集到一些新甲骨材料。而《合集》“编余”的不少材料，有的是因为编纂者当时衡量“标准”尺度过严，或掌握宽、严标准不尽相同，因而一些有研究价值的材料没有被选入。如此等等。为了充分发挥这些三千多年前遗留下来的珍贵文物的史料价值，《甲骨文合集补编》的编者，在遵循《甲骨文合集》是传世甲骨材料的选精集粹，而不是有骨必录的全集的原则下，适度放宽了选片标准，并对《合集》编余的材料尽可能斟酌选入，这就为《合集》增补了一批材料。其四，《合集》出版以后，以其集大成的甲骨文资料，满足了学术界的研究急需。学者们使用《合集》、研究《合集》，为提高《合集》的编纂水平做了大量工作。[①] 海内外学者利用《合集》较为完备的甲骨资料，在断片缀合方面取得了不少新成果。“甲骨缀合，可以说是甲骨文学术价值的‘再发掘’。”为了把这些“在复原后产生使人意想不到的学术价值”[②] 的缀合成果予以充分反映，“《甲骨文合集补编》不仅选收了海内外学者有关《合集》的缀合成果，还纠正了一些误缀，如《合集补》所收4476的遥缀甲、乙两片，《合集》16048则当成了正反。《合集补》附有《选收各家缀合表》《选收著录书缀合表》”[③] 等，反映了海内外学者在《合集》出版以后，继续对离散异处的甲骨断片坚持着追索、寻觅，使之“重聚一堂”所花费的心智和辛勤劳动。

如此等等。作为传世甲骨集大成的《甲骨文合集》的续编，“《合集补》所收13450版甲骨与《合集》41956版甲骨互为补充，共55406版，几占已著录甲骨近8万片的三分之二强，对甲骨文材料整理和公布所作出的贡献是有目共睹的”[④]。不仅如此，作为集甲骨文之大成的著录，《合集

---

① 关于收入伪刻，见蔡哲茂《〈甲骨文合集〉辨伪举例》（《第十五届中国文字学国际学术研讨会论文集》，台湾辅仁大学2004年版）；关于选片不佳，见彭邦炯等《〈甲骨文合集〉的反顾与〈甲骨文合集补编〉的编纂》（《历史研究》1990年第5期），又宋镇豪等《甲骨文殷商史研究》（福建人民出版社2006年版），第129—130页；关于收入重片，见晁福林《评〈甲骨文合集〉》（《中国史研究》1985年第2期），以及白玉峥《简论甲骨文合集》（《中国文字》第14期，台北艺文印书馆1991年版，第180—183页）；关于缀合失误，见白玉峥《简论〈甲骨文合集〉》等。此外，蔡哲茂对《甲骨文合集》缀合成绩卓著，陆续以摹本发表，后集中用拓本公布，见《甲骨缀合集》（台北乐学书局1999年版）。

② 王宇信、魏建震：《甲骨学导论》，中国社会科学出版社2010年版，第187页。

③ 同上书，第184页。

④ 同上书，第226页。

补》作为附录，还收录了“殷墟以外遗址出土甲骨”，既有殷墟以外的郑州遗址出土的商代甲骨，也有陕西岐山凤雏、齐家、长安、山西洪赵、北京白浮、琉璃河、镇江营、河北邢台南小汪等遗址出土的西周甲骨。此外，还有山东桓台、河南贾湖遗址出土的早期骨刻等，这在一百多年甲骨著录史上应是首创。虽然严一萍《商周甲骨文总集》（台北艺文印书馆1985年版）曾收入了周原甲骨的摹本，但《合集补》将周原甲骨陈全方、徐锡台、周原文管所的不同摹本作为一片的A、B、C编在一起，供研究者分析、勘校，这就比严氏《总集》优越得多了。因此，1949年以来，“甲骨文不仅在殷墟以外各地点不断出土，而且发现了更早的甲骨刻符，使我们长期形成的‘殷墟甲骨’观念，在时间和空间上扩大了范围”①。《合集补》著录的“殷墟以外遗址出土甲骨”，就是甲骨研究在时间和空间上扩大了范围的反映，对殷墟甲骨文起源的探索，对西周甲骨学研究的发展和中国文字起源研究的深入等，是十分有意义的，并将推动其研究的进展。

总之，“《甲骨文合集补编》是继《甲骨文合集》之后又一部大型甲骨资料汇编”，两书相得益彰，“使传世甲骨文资料得以集中，从而为今后的甲骨学研究提供了更为全面、翔实的资料，对学科的发展有着不可估量的意义”②。

《殷虚文字乙编补遗》 钟柏生纂辑，历史语言研究所1995年版。全书共著录甲骨9390片。编辑体例一仍《殷虚文字甲编》和《殷虚文字乙编》之旧，即按考古发掘出土编号类次，每一片甲骨编号皆由四部分号码组成，即最前的数字是书中著录号，其后附有数字为甲骨是第几次发掘所得，再后数字是甲骨种类（龟用0，骨用2代表），最后的数字是此甲骨出土登记号。

已如前述，《殷虚文字乙编》上、中、下三集六册所收甲骨9105号，是中央研究院第13次（1936年3月始）、第14次（1936年9月始）、第15次（1937年3月始）发掘所得甲骨18405片墨拓编选而成。特别是在第13次发掘过程中，即1936年6月12日YH127甲骨窖藏坑的17096片甲骨，绝大部分收入了《乙编》之中。但《乙编》所收甲骨在整理、粘对

① 王宇信：《甲骨学通论》（增订本），中国社会科学出版社1999年版，第467页。

② 徐义华等：《商周甲骨文》，文物出版社2006年版，第192—193页。

复原、墨拓过程中，由于1937年抗日战争全面爆发，这批甲骨随中央研究院史语所辗转迁徙，陆路水路颠沛流离，致使不少原较为完整的甲骨在转运中再破裂分离，而一些经过粘对缀合过的甲骨，又复离散或相混。为满足研究的急需，学者们尽快于1948—1953年《乙编》上、中、下三集出版，但更烦琐的缀合工作，仍在继续进行。1957—1972年，张秉权根据第13次至第15次殷墟发掘所得甲骨实物进行缀合结集为《殷虚文字丙编》上辑（一、二）、中辑（一、二）、下辑（一、二）陆续出版，为甲骨学研究提供了一批更为完整的科学资料。

由于《殷虚文字乙编》所收9105片甲骨，只是第13次、第14次、第15次发掘所得18405片甲骨中的选片部分。就是现象最为复杂，内容最为丰富的YH127甲骨窖藏坑的17096片甲骨，也有不少因不符选片标准，即因片小、字少而被舍弃。

诚如著名学者钟柏生所说："原本考古出土的资料凡是有价值者，无论其价值大小都应当整理发表，何况甲骨！"因此他"将第十三次至第十五次的有字甲骨，去除《殷虚文字乙编》所刊载的，剩下来的材料，全数收录在本书中"①，这就是他1995年《殷虚文字乙编补遗》的出版。为了使学者全面研究和充分利用这批材料，《乙补》一书还作有《乙补》甲骨出土坑层表、《乙编》与《丙编》拓本号对照表、《乙补》与《丙编》拓本编号对照表等几种著作互校表格。如此等等，经过钟柏生教授这番科学整理，可以说"至此殷墟发掘第十三次至十五次的甲骨原始材料全部发表完毕"。他指出，"后续缀合工作仍要继续努力"②。确是如此，"《乙补》的出版，不仅为缀合工作提供了大量新材料，而且还为《乙编》《丙编》的利用和勘校提供了极大方便"③。

《殷墟花园庄东地甲骨》　中国社会科学院考古研究所编纂（具体负责甲骨整理和纂辑者为刘一曼、曹定云教授），云南人民出版社2003年出版，精装6册，共著录甲骨689片。

---

① 钟柏生：《殷虚文字乙编补遗·前言》，台北史语所1995年版。

② 钟柏生：《乙补·前言》，台北史语所1995年版。

③ 王宇信：《中国甲骨学》，上海人民出版社2009年版，第95页。

《花东》（即《殷墟花园庄东地甲骨》简称，以下同此）全书六册，第一分册为前言、有关统计表、甲骨拓片与摹本对照图版，第二、三分册为甲骨拓片与摹本对照图版，第四、五分册为甲骨照片图版，第六分册为本书所收甲骨释文、钻凿形态研究、索引及附录等。

《花东》所收甲骨，均为1991年中国社会科学院考古研究所科学发掘所得。关于这批甲骨发现和发掘情况，我们在前面有关章节已做过介绍，此处不赘述。《花东》著录的甲骨，基本上依据考古发掘出土序号为先后编次。编纂者在前言中详细介绍了殷墟花园庄东地集中出土甲骨的H3窖穴的考古学地层关系、时代及甲骨出土情形等科学信息，为这批新出土的甲骨断代研究提供了坚实的考古学证据。《花东》著录的689片甲骨，将甲骨的拓片、摹本、照片相结合，其中部分甲骨还做了局部放大照片，使原局部较为模糊、细微的字迹变得清晰可见，从而使观察者易于辨识、研究。此外，本书摹本不仅描摹文字，而且连同卜甲上的纹路（包括盾纹、齿纹）、界划、卜兆等也一一加以准确绘出，这就为读者研究卜辞在甲骨上所处位置及与相关卜兆的关系提供了方便，对卜辞文例及行款走向的研究颇有启示。不仅如此，《花东》还集中发表了大量甲骨背面钻、凿形态的图版，对读者观察甲骨的攻治技术、钻凿的制作技术，以及钻凿形态的考古类型学整理、研究都是很有意义的工作，从而推动了古代占卜制度研究的深入，拓展了甲骨断代钻凿形态研究的新途径。本书的释文，每号甲骨都对甲骨状况、刻辞、甲骨钻凿形态等加以说明。而甲骨释文对前人未释文字，尽可能加以隶定或画原形。对学术界存有争议的文字及部分新字，在释文后作有简要考释，当是作者最新文字研究成果。

《花东》的编纂者在前言中，对花园庄东地H3窖穴出土甲骨刻辞的特点，包括字体、卜辞的结构（前辞、占辞、用辞等）、行款、占卜的主体等方面进行了系统的整理和分析、研究。《花东》“前言”认为，花东H3出土卜辞，应为非王卜辞，并全面论证了H3卜辞的占卜主体、“子”的身份及在商王朝所处的地位等。“前言”从9个方面作了深入研究后，发现“H3卜辞祭祀的男性祖先最多的是祖乙和沃甲（H3中的祖甲），祭祀女性祖先最多的是妣庚，此妣庚多为祖乙之配与沃甲之配（三妣庚）”。并重申他们在《殷墟花园庄东地甲骨卜辞选释的初步研究》（《考古学报》1999

年第3期）提出的H3坑卜辞主人与殷王同源于祖乙，当为沃甲之后的意见，继续阐述了“H3卜辞主人与殷时王同源于祖乙，可能是沃甲之后，故H3卜辞自然是‘非王卜辞’”。“前言”还进一步对“子”主持祭祀、作占辞、与妇好关系，呼令的权力、拥有占卜机关等方面进行深入考察，得出了“H3卜辞的主人‘子’是一位地位很高，权力很大的人物。他不仅是族长，可能是沃甲之后这一支的宗子，而且又是朝中重臣”，“其地位远在目前所知其他非王卜辞主人之上”[①] 的结论。

自1991年殷墟花园庄东地甲骨发现，1993年《考古》第6期以《1991年安阳花园庄东地、南地发掘简报》为题发布消息以后，又经1998年刘一曼在《殷墟花园庄东地甲骨坑的发现及主要收获》（《甲骨文发现一百周年学术研讨会论文集》）中公布8版甲骨刻辞和1999年刘一曼、曹定云在《殷墟花园庄东地甲骨卜辞选释与初步研究》（《考古学报》1999年第3期）又公布花东H3所出23版甲骨之后，吸引了不少甲骨学者的注意并展开探索。特别是2003年《殷墟花园庄东地甲骨》把全部甲骨689片公布以后，在甲骨学界出现了研究花园庄东地甲骨的热潮，其专就一坑甲骨研究并吸引人数之多，其研究论题之广泛和深入，其持续时间之长，其取得研究成果之丰富[②]，应是空前的。而此前发现成批甲骨的研究，诸如1973年小屯南地甲骨的重大发现和1936年YH127甲骨窖穴的重大发现等是不可与之相比的。1991年花园庄东地甲骨的发现和《花东》的出版，推动了1978年以后甲骨学全面深入研究与发展。

《花东》是“第一部以甲骨拓本、摹本、照相‘三位一体’出版的科学发掘所得甲骨的著录书，是百年来著录甲骨的首创”[③]。甲骨学家都十分重视甲骨的整理和著录出版工作，为把甲骨上保存的古代社会信息准确、全面地提供给学术界，对甲骨著录的形式也进行了认真的探索，并在实践中加以总结。有学者指出：“著录甲骨，当然是以拓本为最好，但有时遇到特别纤细的笔划，就拓不出来。照片比较真实，但一些刻划的字体，就不容易看得

① 《殷墟花园庄东地甲骨・前言》，云南人民出版社2003年版，第32页。

② 参见韩江苏《殷墟花东H3卜辞主人“子”研究》，线装书局2008年版，第664—670页“参考文献四、花园庄东地甲骨发现以来的研究成果”统计，截至2008年已达98种之多。

③ 王宇信：《中国甲骨学》，上海人民出版社2009年版，第302页。

清楚。摹写本虽然笔划容易失真，但是根据原骨摹录，字迹笔划，就比较看得清晰。三者各有短长。”[①] 一些传世甲骨的著录出版，逐渐向拓本（或照相）、摹本（或片形部位释文）“二位一体”式或“三位一体”式的目标靠近，海内外取得了不少传世甲骨著录的新成果[②]；而科学发掘所得甲骨的著录，诸如《甲编》《乙编》的编纂，“最初的研究设计，也是要把拓本、照相、摹本三位一体，汇集在一起的。但因历经战乱，事与愿违”[③]。就是1957—1972年出版的《丙编》，编辑也为“未能将每一片甲骨的正反两面照成相片，编成图版。也没有能将每一拓本都配上摹本”而“感到最遗憾”。“所以拓、照、摹三者共存，可以互相对照比较，也可以互相补救阙遗。”“只可惜到目前为止，还没有这样一部完美的著作。”[④] 而《花东》就是这样一部“最完美的著作”，并“成为此后科学著录甲骨的范例”[⑤]。

《花东》也是用“考古学方法整理甲骨材料的新成果”，比被学者誉为当时著录科学发掘所得甲骨的“一部最科学的著录书”《屯南》又前进了一步。《花东》不仅对H3甲骨坑“每剔剥一层，先照相、绘图，然后按其叠压的先后，一片片取出，共画了十六张图”。这些图是进一步研究每片甲骨分布及相互关系、与无字甲骨关系的依据，从而使读者对H3所出甲骨的“环境和一切情形都是很清楚的”。《花东》编者在对H3所出甲骨上的文字进行“考古类型学”分析后，还专论“H3甲骨刻辞的特点”，并进一步分析了H3卜辞文例的显著特点。特别是《花东》“对甲骨钻凿形态及制作的类型学分析，从卜甲的反面整理扩大到甲桥，不仅第一次使甲桥形态从形式上有了科学的分类，而且还进行量化统计与分析，从而也第一次为学者提供了集中出土卜甲甲桥的科学数据”。《花东》的甲骨整理“扩大到甲桥，这和著录甲骨由原骨照相旁及局部放大照相一样，较之《屯南》对甲骨反面的考古学整理又上了一个层次”[⑥]。

---

① 胡厚宣：《苏德美日所见甲骨集》，四川辞书出版社1988年版，第3页。

② 参见王宇信《中国甲骨学》，上海人民出版社2009年版，第262—263页。

③ 张秉权：《甲骨文与甲骨学》，台北编译馆1988年版，第113页。

④ 同上。

⑤ 参见王宇信《中国甲骨学》，上海人民出版社2009年版，第265页。

⑥ 同上书，第266—269页。

综上所述，学者高度评价《花东》“是对甲骨文进行考古学考察、整理并有所拓展的结集，是百多年甲骨著录史上第一部以‘三位一体’式体例著录科学发掘所得甲骨的典范。书中所提供的花东 H3 甲骨坑全面、准确、完整的科学信息和编著者富有启示意义的创见，将推动今后甲骨文分期断代、非王卜辞和商代社会结构及家族形态研究的深入。因此，《花东》一书，将在甲骨学史上占有重要地位”[①]。

《殷墟小屯村中村南甲骨》（上、下）　中国社会科学院考古研究所纂辑（主要整理者为刘一曼、岳占伟），云南人民出版社 2012 年出版。全书共收入甲骨 531 号。

《村中南》（即本书简称，以下同此）上册主要有前言，并附有甲骨出土地层、坑位及共存陶器线图 48 幅，另有考古发掘及甲骨埋藏状况彩色照片 24 幅。小屯村中村南甲骨共编为 514 号，每号为甲骨原大拓片、摹本。其后附录为小屯北地、花园庄东地、苗圃北地、大司空村四个地点近年所出有字甲骨 17 片的拓片、摹本，并与其前所刊之小屯村中村南甲骨编号相接，统编至 531 号。

《村中南》下册集中了上册所刊村中、村南及小屯北地、花园庄东地、苗圃北地、大司空村等地共 531 号甲骨的彩色照片。有的内容较重要的甲骨，还配有局部放大照片，因而 531 号甲骨共有彩色照片 594 幅；甲骨彩色照相之后，为全书 531 号甲骨的释文（约计 10 万字）。每号甲骨均首先概要描述甲骨色泽、质地、保存状况、钻凿形态等。之后对其上刻辞进行了释译、句读，并对该号甲骨重要的字词作了简要考释。释文后为本书甲骨字词索引、笔画检字表，并将《小屯村中村南甲骨凿钻形态》近万字论文置于《村中南》之末，此文附有甲骨凿钻线图 25 页、彩色照片 16 页。

《村中南》所收 514 号甲骨，一部分为 1986—1989 年小屯村中发掘所得，获有字甲骨 305 片（缀合后为 291 片）；另一部分为 2002—2004 年小屯南地发掘，共获有字甲骨 233 片（缀合后为 207 片）。[②] 而大司空出土甲

① 参见王宇信《中国甲骨学》，上海人民出版社 2009 年版，第 266—272 页。

② 参见岳占伟《安阳殷墟新出土甲骨 600 余片》，《中国文物报》2002 年 10 月 25 日；《考古所在殷墟新发掘甲骨六百余片》，《中国社会科学报》2002 年 11 月 14 日。

骨，为2004年3—8月发掘时所得，乃出土于窖穴中。[①] 这几批一直引起学术界关注的甲骨，这次集中著录出版，为进一步研究甲骨学商史提供了一批重要的新资料。

本书近三万字的“前言”，是编纂者对村中、村南所出甲骨的研究心得，是甲骨的发掘、整理者用考古学方法，根据甲骨出土的地层、坑位、坑内堆积、共存陶器、甲骨坑与周围遗迹的关系等第一手科学资料整理和研究甲骨得出的论断，当具有相当的权威性并对读者有很大的启示和参考价值。前言在全面整理本书著录的午组卜辞、自组卜辞、无名组卜辞、历组卜辞的基础上，首先披露了本书甲骨各组卜辞中新见的祭祀对象、人名、地名等和商史研究新资料。特别是本书对50多片午组卜辞，不但从其内容上加以归纳，还从文例上进行了全面分析，将对午组卜辞的深入研究起到推动作用。此外，对一些有争议的卜辞组的分期，前言中重申自己所持的看法，这就是根据小屯村中、村南出土甲骨的地层关系的分析。自组卜辞、午组卜辞见于殷墟文化一期晚段的灰坑中，因而属于武丁前期卜辞，其时代当为最早。而历组卜辞仍见于殷墟文化第三、四期的坑层中，其时代与武乙、文丁时期相当。地层证据决定了它们自然是时代较晚，而不会是时代较早的武丁卜辞。这对于前一时期“甲骨文分期断代的又一个‘谜团’——所谓‘历组’卜辞的争论”[②]，即关于历组卜辞的时代，是新说提前至第一期，还是传统说的第四期的“处在胶着状态”的争论，将会重起波澜并将推动其争论的深入展开。

《村中南》是继2003年《花东》出版以后的第二部以拓本、摹本、照片“三位一体”著录科学发掘甲骨的著作，不仅代表了一百多年来甲骨著录发展新水平，而且堪称为前辈学者期待的“一部完美的著作”[③]。这从一个侧面反映了近年来我国经济实力的增强和印刷技术发展新水平。由于经费的充裕，所以才有条件精益求精，追求传世精品。也由于科技发展，特别是现代印刷技术和数码照相技术的新发展，才有彩色照片效果的逼真。

① 参见岳洪彬等《河南安阳大司空村遗址发掘获重要发现》，《中国文物报》2005年4月25日。

② 参见王宇信《甲骨学通论》（增订本），中国社会科学出版社1999年版，第194—202页。

③ 张秉权：《甲骨文与甲骨学》，台北编译馆1988年版，第113页。

但这一切，又以充裕的经费为后盾。因此，不同时期出版的甲骨著录的印制水平，是国家经济实力和科技发展水平的反映。

《甲骨续存补编》 甲编上册、中册、下册（以下简称《续补》） 胡厚宣辑，王宏、胡振宇整理，天津古籍出版社 1996 年版，共收甲骨 3841 片。

《续补》封面为国学大师饶宗颐题签。书前有甲骨学大师胡厚宣照片一幅、胡厚宣与饶宗颐 1983 年摄于香港同阅甲骨著录书合影一幅、胡厚宣与著名学者贝塚茂树 1982 年摄于京都大学合影一幅、胡厚宣与饶宗颐等 1993 年于香港合影一幅、胡厚宣与著名学者裘锡圭及其公子胡振宇 1992 年摄于台湾合影一幅；其后为著名学者任继愈题字“尊史存真——贺胡厚宣先生甲骨拓本出版”一幅、著名学者史树青 1996 年 3 月题写诗二首一幅。一诗为：

殷虚文字赖存真，战后论文初识君。
双剑誃中几度见，一瓻之借往来勤。

另一诗为：

瀛海元龟萃一书，传摹移写费功夫。
抗心汲古得修绠，考献征文旷代无。

《续补》“序言”为饶宗颐撰写，“前言”为崔志远所写。

《续补》所收 3841 片甲骨，按收藏单位及性质接近者分七卷辑录。其中卷一为国内 19 家博物馆藏品，共计 333 片。卷二为国内 13 家大学藏品，共计 209 片。卷三为已被 15 种甲骨著录收入者，共计 622 片。以上三卷是为《续补》上册。卷四为省、市文物管理委员会、研究机构 9 家所藏甲骨，共 84 片。卷五为 34 位私人收藏家个人之物，共计 1355 片。以上四、五卷是为《续补》中册。卷六亦为 21 位私人收藏家藏品，共计 1668 片。卷七为 15 处其他单位藏品，共计 69 片。以上六、七卷是为《续补》下册。①

① 王宇信等：《甲骨学导论》，中国社会科学出版社 2010 年版，第 203 页。此书有关《续补》所收甲骨数字统计不确，应以本书为准，特此声明。

《续补》所收甲骨，皆在每卷卷首的目录中写明一、二、三……收藏单位（或收藏家姓名），并在其下注明该单位（或藏家）甲骨在本书刊出的书页号。但书中每卷所刊布的各藏家甲骨，虽统排在一卷之内，但只注本卷统页码，而每家甲骨既无编号，也不再标藏家，也没有作分期、分类处理。

书中所收3841片甲骨拓本，椎拓较精，文字清晰，内容也很重要，其中不少甲骨片为研究者所熟悉。但因本书未作对重表，其所著录出处读者还要再去查对重出著录。在使用《续补》未被著录过的不少新资料时，因读者不知其著录情况而颇感犹豫。但《续补》一书有与他书不同之处，即与拓片一起，收有胡厚宣教授及甲骨名家的珍贵手迹，诸如卷五之胡厚宣1964年8月21日下午于琉璃厂庆云堂得王绪祖拓本，“知谢氏（午生）之物，必得自王绪祖者，此乃一绝好之证明”云云（第87页）。卷五胡厚宣记1964年5月8日与桂琼英先生去天津，经李鹤年介绍，识杨继曾（鲁安），杨以17片甲骨示阅并允拓存事（第157页）。又卷五胡厚宣记杨继曾（鲁安）写信谈天津八大家之一王幼章子所藏甲骨事（第176页）。卷五有一封甲骨学家王襄致胡厚宣信（第285页）。卷五有胡厚宣1967年8月3日补记的老史学家谢国桢先生从琉璃厂花2元人民币买得一册甲骨拓本，原骨17片乃天津杨鲁安所藏（第376页。本书作者按：即1964年5月8日胡教授于天津杨鲁安所处见一事）①。卷六胡厚宣1970年5月5日之补记关于与曾天宇（和君）交往事（第210—211页）。卷六之补记1949年85岁老专家陈保之（邦怀）在琉璃厂得甲骨并请商承祚、胡厚宣鉴定之事（第386页）。卷七陈邦怀致胡厚宣信，谈甲子玉版原藏及失而复得事，等等（第39—40页）。以上随甲骨拓片一起收入的胡老（厚宣）、陈邦老（邦怀）、王襄老等人手迹，也成为和甲骨拓本一样的宝贵文化遗珍，成为对甲骨源流和甲骨学史研究十分难得的第一手资料。

---

① 笔者在2006年南京举办的“纪念殷墟YH127甲骨坑发现70周年学术研讨会”上，见到已由天津移居呼和浩特的杨鲁安先生，时年79岁。笔者主持大会发言时，因杨先生谈兴大发，有违大会“不得超过20分钟”的规定，被我大不敬地中止发言而对我不满。回京时恰同坐软卧一间包厢，真是不打不成交，老先生已释前嫌，我们交谈甚欢，并让我看他收藏的钱币照片（一册），还约我去内蒙古呼和浩特看他的藏品……但一直无暇，只是元旦时互寄贺年卡表示思念。2008年8月笔者去天津出席“天津国学院甲骨文书法中心”成立会议时，朱彦民教授告之：杨老已仙逝，享年81岁。愿一代收藏家、书法家杨老先生走好！

众所周知，胡厚宣教授总编辑《甲骨文合集》时，“为了调查和搜集全国各地的甲骨文收藏和拓本，餐风饮露，寝不暇暖，奔走长江上下，大河南北，长城内外。这一工作，实际上早在抗日战争刚刚结束时，胡厚宣先生就已开始了”。他在新中国成立初期“出版的《宁沪》《南北》《京津》等书，是以后大规模集中、整理、公布甲骨文材料的‘序幕’”。而新中国成立以后，“他利用假期到全国各地继续寻访甲骨，出版的《甲骨续存》一书，是以后大规模集中、整理、刊布甲骨材料的‘准备阶段’”。胡厚宣教授多年的积累、心血和追求终于实现，这就是被誉为“新中国成立以后，学术界集中、整理和公布甲骨材料方面取得的最大成功”的《甲骨文合集》的编纂完成，胡厚宣总编辑所作出的巨大贡献将在甲骨学史上记下浓重的一笔。[①] 不宁唯是，胡厚宣教授还为《合集》的编纂，作出了无私的奉献。这就是如他夫子自道的“我旧存人头骨刻辞及大中小片甲骨共192片，又甲骨拓本十二册8901片，俱都捐赠给《甲骨文合集》编辑工作组。我长年积累准备再编一部《甲骨续存补编》，亦以编辑《甲骨文合集》，就暂不付印”了。这是多么感人的奉献精神呵！

在《合编》出版以后，胡厚宣教授曾多次表示，“拟乘我有生之年，整理一下自己五十多年以来已出版未出版已完成未完成的论著，作一总结，以了心愿。这项工作，拟先从整理自己长年以来所搜集的甲骨文资料开始”[②]。但由于《合集》编纂完成以后，胡老又忙于《合集释文》《来源表》的紧张工作和出席海内外的学术会议，以及培养博士研究生等，终于积劳成疾，在1995年4月驾鹤西去，他多年积累的《续补》材料等也没有能来得及亲手整理出版。现今，在王宏和胡振宇的努力下，《甲骨续存补编》上、中、下册终于出版，这是甲骨学界的幸事。我们在此向二位先生表示感谢和致敬！就在此书出版经费遇到困难时，国学大师饶宗颐教授鼎力相助，与香港著名达人北山堂主利荣森先生[③]协商，利氏慨允以为饶

① 王宇信：《甲骨学通论》（增订本），中国社会科学出版社1999年版，第346—347页。

② 胡厚宣：《苏德美日所见甲骨集·总序》，四川辞书出版社1988年版。

③ 香港北山堂主利荣森先生热爱祖国传统文化，为弘扬中华优秀文明，慷慨解囊资助学术会议。我应邓聪、商志谭教授之邀，于1998年9月出席在香港中文大学举办的“东亚玉器国际学术研讨会”，就是利荣森北山堂资助的。

公贺八十大寿之礼金十五万元赞助出版此书。诚如饶宗颐教授在《续补》“序言”中所说：“利先生所以助刊胡先生此书，将以为余祝嘏，其意恳挚，余何敢不拜嘉。独念胡先生缀录是编，中道而废。利先生助行其书，不啻永其年，以垂久远，而惠及于我，使同享延年之美。古人所有‘美意延年’者，其是之谓也欤！爰书其事颠末，以为来者告，且为契学史添一佳话焉。”学者间的友谊和支持，是甲骨学研究不断深入和发展的保障！

胡厚宣教授搜集著录甲骨材料之多，堪称百多年来海内外甲骨学界第一人。且不说他总编辑的《合集》41956 片甲骨著录的集体工作，就是他“个人专著在公布甲骨文资料也是空前的。据统计，‘总计胡厚宣先生《宁》《南》《京》《续存》四书共著录甲骨 13814 片，占殷墟所出全部十多万片甲骨的十分之一强’”[①]，此外再加上王宏、胡振宇整理的胡先生遗作《续补》3841 片，那就要有 17655 片之多了！胡厚宣先生为甲骨文资料的搜集、刊布、研究做出了巨大贡献，诚如著名学者史树青教授在本书题诗中所说的：“抗心汲古得修绠，考献证文旷代无！”

不仅如此，《续补》一书出版以后，还有胡教授搜集的甲骨摹本共 22 册，约 13000 片之多需要继续整理出版等不少工作要做。这就是胡振宇、裘锡圭在《续补》“后记”中所说，“待摹本内容付梓时，将于书之后附表列明《续补》各片之著录情况、现藏等项内容，其余附录亦均由胡振宇一一整理，使《续补》益臻完善，使学术界了解这几乎为最后一大批流传甲骨之面貌”。

我们期待着《续补》乙编著录的一批甲骨摹本及全书甲骨能统一编号，以便于引用。我们也期待着本书有关的各种附录早日面世，以飨海内外甲骨学界，并推动甲骨学研究的发展！

第二节　精粹甲骨文的著录：《精粹》《甲文解》(韩)、《商周甲文》《读本》(台)

1978—1982 年郭沫若主编、胡厚宣总编辑的《甲骨文合集》的出版，

① 王宇信、杨升南等：《甲骨学一百年》，中国社会科学出版社 1999 年版，第 369 页。

使自 1899 年以来出土的 15 万多片甲骨文中的精品汇为一编,“为学术界提供了极为齐备的殷墟甲骨资料。从此,改变了甲骨学和商史研究资料匮乏的局面,大大地促进了多种学科,特别是甲骨学和殷商史、考古学的发展”。

《甲骨文合集》收入 80 多年出土的 15 万多片甲骨文,“既不是一本有骨必录的‘全集’,也不是一部只择其要者的‘选本’。它应是一部基本上能囊括十五万片甲骨中对商代历史文化有研究价值的甲骨材料总集。因而在入录甲骨时,还需经过一番‘去粗取精,去伪存真’的选片整理工作”①,所以收入的只是 15 万多片甲骨文中的部分精品,而不是全部或大部。尽管如此,有选择地(即按编辑凡例所定的标准)选入 41956 片甲骨文的《合集》,仍是一部卷帙浩繁,达 13 巨册之多的著作。

集传世甲骨之大成的《甲骨文合集》等甲骨著录的出版,“为学术界提供了极为齐备的殷墟甲骨资料,改变了研究资料匮乏的局面,极大地促进了甲骨学、殷商史、考古学的发展”②,并推动 1978 年以后的甲骨学研究“在前一阶段‘深入发展’的基础上,进入了一个‘全面’深入发展的新阶段”③。

在《甲骨文合集》原来的编纂计划中,拟《合集》编讫出版以后,为了满足多学科学者利用《甲骨文合集》的材料研究中国古代优秀文明和满足热爱和学习甲骨文这一传统文化的读者的需要,还要继续作出《合集释文》(已于 1999 年出版)、《合集材料来源表》(已于 1999 年出版)、《续集》(即《补编》已于 1999 年出版),并编辑出版几种《合集丛刊》和《合集选本》④ 等。但随着岁月的流逝,主编郭沫若在 1978 年、总编辑胡厚宣在 1995 年先后驾鹤西归,而当年参加编纂《合集》的“年轻人”,也都在 20 世纪末于“耳顺”之年先后退休(其中也有的已经辞世)。因此,原拟从《合集》41956 片甲骨中选出 4000—5000 片,编纂一部《合集选本》的计划虽然早已提出,但再也没有人有精力能承担了,因而一直没有

① 王宇信:《中国甲骨学》,上海人民出版社 2009 年版,第 276 页。

② 同上书,第 96 页。

③ 同上书,第 112 页。

④ 参见王宇信《中国甲骨学》,上海人民出版社 2009 年版,第 273 页。

完成，这是非常遗憾的事情。日月推移，生生不已。我们希望，今后会有人能完成这一工作，也一定会有人继续完成这一工作。

为了把甲骨文中的精华集中介绍给学术界，以引起海内外更多的学人对甲骨文这一中国优秀文明的兴趣，并投身到学习和研究之中，前辈大师郭沫若早就开始了甲骨文精粹的著录工作，这就是他1933年出版的《卜辞通纂》和1937年出版的《殷契粹编》。《卜辞通纂》著录甲骨929片。此书是他在大革命失败以后，寓居日本期间，“以寄寓此即之便，颇欲征集诸家所藏以为一书”。但由于种种困难和限于条件，在他的这一宏伟计划不能完成的情况下，“于是余之初志遂不能不稍稍改变”。他编纂日本各藏家甲骨合编的计划，变成对20世纪30年代出版甲骨著录的“选集”，即“选择传世卜辞之精粹者，依余所怀抱之系统而排比之，并一一加以考释，以便观览。所据资料多采自刘（鹗）、罗（振玉）、王（国维）、林（泰辅）诸氏之书”[①]。海内外学术界公认“郭沫若此书，考释中有许多精辟见解，而对初学者也是一部极为方便、实用的入门书”[②]；而《殷契粹编》，是郭沫若从大收藏家刘体智所藏甲骨28000多片拓本中选出的1595片。郭沫若在《殷契粹编》序中说，“刘氏体智所藏甲骨之多且精，殆为海内外之冠”。郭沫若从其20册拓本中“择取其1595片而成兹编”。郭沫若“为初学者之便”，《萃编》一书专门作有各片的考释。因此，如果说《卜通》所收是20世纪30年代所出甲骨著录中的精品，那么《殷契粹编》当为大收藏家刘体智个人所藏甲骨28000片中的精品。因此，郭沫若《通》《粹》二书不仅“所著录的甲骨有不少重要内容”，而且“书后的考释也有不少宏论发前人之所未发，无论对于研究者，还是对于初学者，都有很高的参考价值”[③]。

虽然《甲骨文合集选本》迄今尚没有人完成，但随着《甲骨文合集》等传世甲骨和科学发掘甲骨的大型著录出版，在社会上出现了一股不大不小的“甲骨热”——学习甲骨文，弘扬甲骨文，有更多的人投身甲骨文研

① 郭沫若：《卜辞通纂·述例》，日本文求堂1933年版。

② 王宇信：《甲骨学通论》（增订本），中国社会科学出版社1999年版，第253页。

③ 同上书，第253—254页。

究和甲骨文书法创作的持续热潮中。在这一热潮中，有学者从历史考古学角度出发，或从书法艺术角度出发，从已经出版的甲骨著录中，精选出为学术界所熟知的名片或较有典型法书价值的甲骨，将其汇为一编的精粹甲骨文著录陆续出版了。

《甲骨文精粹释译》（以下简称《精粹》） 王宇信、杨升南、聂玉海主编，云南人民出版社2003年版，共著录甲骨692号。

《精粹》目录为：前言（王宇信），甲骨文基础知识（王宇信、杨升南），拓片、摹本、片形部位释文，释文及译读，附录：一、笔画索引，二、各片来源表。

《精粹》的拓片、摹本、片形部位释文（第12—1439页）为该书的主体部分。书中所收每一片甲骨，都录有拓片，并据拓片作出摹片，再在据摹片所作的片形轮廓线内，写出摹片上相应位置的甲骨文字的楷释，即我们所称的“片形部位释文”。每一片甲骨的拓片、摹片、片形部位释文共为一号。全书所收692号甲骨的拓本皆置于本书的各单号页码书页上，而摹片、片形部位释文则放在本书的各双号页码的书页上。因此一打开书页，即可使每片甲骨的拓片、摹片、片形部位释文三者互相核校，并可将其上的文字互相勘校、补充、发明。

《精粹》所收692片甲骨的“释文及译读”为王宇信所作，在书中占有相当比重（第1442—1663页）。每一片甲骨上的刻辞，皆按当前文字考释的最新成果作出有标点的释文。辞中凡确知残缺一字者，即用一个□表示，而缺残字数不明者用……表示，文字残缺但确知某字残者，在补字外加〔〕号表示。卜辞每辞的标点释文下，再根据作者对甲骨刻辞的研究和理解，作出现代语体的白话翻译，以供一般读者和非甲骨学家的多学科者理解甲骨释文之需。如一片甲骨上有多条刻辞，则根据甲骨文例、事类和干支先后等，将各辞按（1）、（2）、（3）……辞序排列，从而使读者面对一片布满刻辞的甲骨时，虽据片形部位释文可知甲骨上所刻为何字，但在片形部位释文上错综复杂的辞序先后的困难涣然冰释。此外，片形部位释文不能解决的每段刻辞缺字、应补字的问题，以及对整段刻辞文字的句读和理解等，也在标点释文和白话译文中得到了解决。从这个意义上说，甲骨刻辞的标点释文，是片形部位释文的深化和再研究。因而我们认为，片形部位释文还不能取代完全意义的释文!

《精粹》书后的“附录一、笔画索引”，将该书各片释文出现1—24画文字的片号列于各画数之下。如研究、学习中需查找几画字的内容，则可据该字字画一、二、三……二十四之下所列的本书所见号数，查核该号拓片、摹本、片形部位释文及该号标点释文、白话译文等，从而不仅能掌握出现此字的全辞内容，也加深了对全辞内容的理解。不宁唯是，还可进一步根据该书“附录二、各片来源表”，在《合集》《屯南》《怀特》等书中找到此号甲骨的著录号和期别。而且，既能找到该书的片号在《合集》的著录号后，又可进一步在《合集》此号前后的各号甲骨中，集中更多的同类的内容，以进行全面的研究。因此从这个意义上可以说，《精粹》的“笔画索引”和各片“来源表”，也是《甲骨文合集》的重要内容索引。

《精粹》所收692片甲骨，多是选自《合集》及部分选自《合集》未来得及收入的《屯南》《怀特》等书者。所收片数虽然不多，但选片标准精中求精，力求把学者研究著作中经常引用的著名甲骨卜辞尽可能多地收入。诚如学者所评价的，《精粹》一书“囊括了自甲骨文发现以来的总计十多万片的全部精华”[①]。(附图二十)

《甲骨文合集》的总设计师胡厚宣教授曾为《合集》编辑组的参加者提出了系统的研究工程，即完成《合集》的“图版之后，将另印材料来源表，并撰写释文、选本及续集，另外还要再出几种《甲骨文合集丛刊》”[②]。如今，总编辑胡厚宣教授已于1995年驾鹤西去，但他提出的一系列研究课题，诸如《甲骨文合集释文·材料来源表》已于1999年由中国社会科学出版社出版，《甲骨文合集释文》(精编版)又由该出版社在2010年重印。而《甲骨文合集补编》已于1999年由语文出版社出版。由新一代学者负责的《甲骨文合集三编》的工作正在进行中。如此等等，只有《甲骨文合集》的选本由于种种原因，一直没有提上议事日程。当年胡

① 郭盛强:《一部甲骨文释译高水平的著作——读〈精粹〉》,《北京平谷与华夏文明国际学术研讨会论文集(2005)》,社会科学文献出版社2006年版,第326—327页。

② 胡厚宣:《甲骨文合集·序》,中华书局1982年版。

厚宣教授曾经计划，从《合集》41956 片甲骨中选取较为重要，并为学者研究中广泛引用的 5000 片左右甲骨作为选本，供研究者作为《合集》重要材料索引和向初学者普及甲骨学知识和教学参考之用。从这个意义上说，《精粹》虽然选取甲骨名片仅 692 号而没有原设想的 4000—5000 片多，但其以选片严格、典型，内容重要并可利用文字笔画索引和各片来源表等，起到了《合集》索引的作用。此外，《精粹》所作各片甲骨的标点释文与白话翻译，再加上本书的《甲骨文基础知识》重点介绍甲骨的整治、占卜与契刻、甲骨文识读、甲骨文的分期断代、学习甲骨文的基本参考书等方面的内容，"及时地满足了人们学习甲骨文的需要"。因而从所起的作用方面来说，《精粹》也和原规划的"合集选本"普及甲骨学知识和教学参考之用的目标是一致的。鉴于上述种种，可以说《精粹》是一部小而精的《合集》选本，填补了《合集》选本没有出版的空白和遗憾。我们衷心希望今后能有学者完成一部大型的《甲骨文合集选本》这一未完成的课题，以慰《合集》的总设计师胡厚宣教授的在天之灵！

甲骨文的片形部位释文（即有学者称"楷释"）自 1957 年《丙编》用于与拓本"二位一体"著录甲骨文以来，2003 年《精粹》又进一步用片形部位释文与拓本、摹本"三位一体"著录甲骨，开了近年《北珍》（2008 年）、《上博》（2009 年）等书用甲骨彩照、拓本、摹本、片形部位释文"四位一体"科学著录甲骨的先河。

《甲骨文解读》　梁东淑（韩）著，首尔《书艺文人画》月刊社 2005 年出版。全书共 1038 页（以下简称《甲文解》），书首刊甲骨文彩色照片 7 版（《合集》6654、6484 即现藏史语所之整龟、山东大学藏之卜龟右前甲、《合集》14002 即现藏史语所之龟前甲和首甲、《屯南》1128 即考古所藏之右胛骨、《合集》34165 即现藏史语所之右牛胛骨、《合集》36534 即现藏史语所之鹿头刻辞），其色泽逼真，文字清晰，印刷效果良好；彩色图片后为本书著者梁东淑教授于 2005 年 7 月所写的序文；序文后为本书上卷（第 6—164 页）甲骨学概论。本书的下卷（第 167—985 页）为甲骨文解读（一、商王室世系，二、贵族・平民，三、官吏，四、祭祀，五、战争，六、军队・刑罚・监狱，七、方域，八、教育，九、贡纳，十、农业，十一、渔猎・牧畜，十二、手工业，十三、商业・交通，十

四、天文，十五、历法，十六、气象，十七、建筑，十八、音乐·舞蹈，十九、疾病，二十、生育，二十一、鬼神，二十二、吉凶等）；其后是几个附录（第989—1038页），包括本书材料来源表、文字笔画索引（一至二十五画）等四种。全书用韩文撰写，甲骨卜辞为汉字隶定标点释文，此书在韩国发行。

《甲文解》所收每号甲骨的拓片、摹片、片形部位释文等，都排置在该书单页号码上。而该号甲骨的汉隶标点释文、韩译标点释文、甲骨原著录书号、重要字（辞）考释、该片的历史文化意义等解读则放置在本书双号码页上。因此，单号码页上的骨甲图片，与双号码页上的甲骨片文字解读相呼应，勘校与阅读非常方便。《甲文解》所收346号甲骨，按甲骨内容排入目录所列的二十二类中，并在类内再编片号。《甲文解》选片典型，内容较精。诸如第一类第五号，即《甲文解》1·5为著名的《合集》32384，乃王国维缀合并在《殷卜所见先公先王考》据以论定《史记·殷本纪》商先王名不见卜辞者“殆鲜”，并论定《殷本纪》世次有误者等；又如二、贵族·平民所列2·1即《合集》67之“勿往衾众”，2·6即《合集》6484（正）大龟之“从望乘伐下危”等；再如三、官吏之3·7即《合集》32992（反）之“多田亚任”，3·8即《合集》27882之“马小臣”；四、祭祀4·1即《合集》23120之“宾兄已叠”的宾、叙、叠祭，4·20即《合集》1027（正）之“畀千人”等；五、战争5·3即《合集》6834（正）大龟之“𢦏宙”，5·4即《合集》6409之“共人五千征土方”，5·7即《合集》32（正）大龟之“望乘伐下危”，5·11即《合集》6057（正）之𢀛方侵西鄙、土方侵东鄙的名片等；六、军队·刑罚·监狱之6·2即《合集》33006之“王作三师右中左”，6·3即《合集》“戎马左右中人三百”，6·7即《合集》38428之“其振旅”，6·12即《合集》580正之“刖僕八十人”等；七、方域7·8即《合集》8592之“鬼方”，7·16即《合集》7982之“往于长”；九、贡纳之9·4即《合集》8797之“取马于甭氏”，9·12即《合集》93正之“氏刍其五百惟六”，9·13即《合集》8996之“氏龟鼋八，龞五百十”等；十、农业之10·1即《合集》36975之东、西、南、北土“受年”，10·1即《合集》10051之“受黍年”，10·12即《合集》9473之“裒田”，10·13即

《合集》1之“令众人𦔻田”等；十二、手工业之12·1即《合集》29687之“铸黄吕”等；十四、天文14·4即《合集》33694之“癸酉日夕有食”，14·6即《合集》11482（反）之“壬申月夕有食”等；十五、历法15·1即《合集》37986“六甲”，乃十五万片甲骨中最全之干支表；十七、建筑17·1即《合集》13490大龟之“作邑”等；二十、生育20·1即《合集》13927之“妇好有子”，20·4即《合集》14002之卜妇好生育，验辞记“三旬又一月甲寅娩，允不嘉，唯女”的名段……

如此等等，不再列举。海内外甲骨学家研究中所熟知的名片、名刻辞，无不尽荟于《甲文解》一书，反映了一位韩国老学者对甲骨学研究进展的了解和深厚的学识。而对各片所作的解读，也代表了当前韩国甲骨文字研究的最新水平。

《甲文解》不仅在选片和解读方面作出了成绩，而且在科学著录甲骨方面也作出了成功的探索，即用甲骨拓本、摹本、片形部位释文“三位一体”公布甲骨材料，是继2003年王宇信等学者《甲骨精粹释译》之后的第二部著作。

不仅如此，把甲骨文名片及其解读与甲骨概论结合在一起的综合性专著，在海外是所见不多的。而在韩国，此书堪称有关甲骨学研究的第一部专著，不仅代表了当代韩国甲骨学研究的最新水平，也为普及和推动韩国朋友认识甲骨文，学习甲骨学和研究中国古代文明起到重大影响。因此，梁东淑教授的《甲骨文解读》①，为国际性学问甲骨学的进一步发扬、光大

① 《甲骨文解读》扉页上写有“王宇信教授指正 梁东淑敬上2005·10·17”字样，此书乃梁教授寄赠。我与梁教授相识于2006年5月首尔淑明女子大学九十年校庆，梁教授主持召开的甲骨文国际学术研讨会上。2009年我去韩国访问期间，曾多次去淑明女子大学为学生讲授甲骨学，并与梁教授一起探讨甲骨的释读，知她正撰著《甲骨文解读》。2002年又在延世大学国际学术会议上相会，她还去京畿道大真大学看我。2006年她应邀出席在安阳召开的国际学术会议，并踏访殷墟和万佛沟。2010年3月在韩国釜山庆星大学召开的国际学术研讨会上，又与刚从大学院院长职位退休的梁东淑教授见面。我们全体与会代表参观伽耶山海因寺时，她因足疾先回首尔。当我动身去济州岛时，收到她“特快专递”寄来的书稿，并云：马上就要付印了，无论如何把序写好，在离开济州岛前寄她。现其新著《甲骨文的古朴与美》已经出版，我为其新作所写之小序，以《古拙生新辉，契文点线美》为题，在《南方文物》2011年第1期发表。梁教授退而不休，笔耕不辍，继续为弘扬甲骨学做贡献的精神，值得我们学习！

做出了贡献。(附图二十一)

总之,《甲骨文解读》选片典型,解读深刻,著录方法科学,是值得我们重视的在国外出版的一部甲骨学研究新成果。

《商周甲骨文》(《中国书法全集》第1卷)　荣宝斋出版社2009年7月版,刘一曼、冯时主编。本书共收入甲骨拓片231号,另附史前文字遗迹8版。

《商周甲骨文》(《中国书法全集》第1卷)(以下简称《商周甲文》)的总目录有以下内容:凡例、序言、原色作品选页、甲骨文概论(刘一曼)、甲骨文的考古发掘(刘一曼、冯时)、甲骨文的书法艺术(冯时、刘一曼)、殷代占卜书契制度研究(冯时)、试论中国文字的起源(冯实)、中国文字与书法的孪生(李学勤);甲骨文作品选(刘一曼、冯时)、作品考释(刘一曼、冯时)。另有附录:史前时代文字遗迹(冯时)、甲骨学年表(冯时、刘一曼)、商西周甲骨文出土分布示意图(刘一曼)、参考书目与简称、主要引用参考文献、图版目录。

《商周甲文》作为《中国书法全集》第1卷,顾名思义,是把甲骨文作为"上迄商周,下迄当代"的"书法作品"的一种,并作为"宋和宋以前无书者署名"的作品,诸如甲骨文、金文、简牍、帛书、陶瓦砖文、碑刻、墓志、刻石、摩崖、造像、写经等分类收入《中国书法全集》"断代卷"① 的,这就决定了该书和以往主要以公布甲骨文材料为宗旨的甲骨著录书的编纂体例有所不同,即本书是把甲骨文从"书法作品"水准,即从书刻艺术水平的角度加以精选收入书法全集的。因而"每一件入选作品,又只是书家的一瞬。然而,我们的全部研究、编纂工作,即从这个'一瞬'出发",因而"不管是'断代卷',还是'名家卷',都是以作品和书家研究为中心。绪论、评传、考释、年表等等,都围绕这个中心的设计和完成。因为我们还有一个现实的目的,即为热爱书法、研习书法、创作书法的爱好者和书法家服务"②。

《商周甲文》在全书的主体,即"甲骨文作品选"(共231号)和

① 《凡例》,《商周甲骨文》(《中国书法全集》第1卷),荣宝斋出版社2009年版。

② 刘正成:《商周甲骨文·序言》,荣宝斋出版社2009年版。

"作品考释"部分之前，刊有原色作品选页8版（商代和西周甲骨书法名片以及史前陶寺遗址出土的朱书文字等），照片逼真，字迹清晰，便于书家观摩；本书的主体部分"甲骨文作品选"共231号，所收甲骨有的为甲骨整版拓片编为一号，有的为整版甲骨拓片并将其局部放大照片共编一号，或只将甲骨拓本局部放大编为一号。全书所收每一片甲骨，都在统一编号后注明为何地所出及著录号。如1号，安阳小屯北甲骨1.《合集》11497正；84. 安阳花园庄东甲骨1.《花东》291；45. 安阳小屯南骨2.《屯南》3763；229. 扶风齐家村甲骨1.《周甲》FQ7等即是。《商周甲文》所收甲骨，基本按传统董作宾"五期说"的一至五期编次。除殷墟所出甲骨外，本书还收有山东济南大辛庄甲骨1版、周原甲骨文10版、贾湖文字1版、良渚玉璧文1版、大汶口陶文2版、澄湖陶文1版、丁公陶文1版、洪山仰韶陶文1版、陶寺朱书陶文1版，等等。书中所收各版甲骨，皆为甲骨篆刻艺术的精品，特别是局部放大或特将甲骨拓片放大，使读者观察和体会甲骨文契刻的刀法十分方便；而"作品考释"部分，不仅把全书每一号甲骨的出土地、时期、长度与宽度、出土时间、现藏等情况一一注明，还对该号甲骨的组类、卜辞条数、简要内容等加以说明，并从书法艺术的角度，对一版甲骨上刻辞的文字笔画、风韵、行款、布局与章法进行评析。有关各版甲骨的参考文献，也一一列于分析文字之后。该版甲骨的释文，再分条作于说明文字之后。每号甲骨的释文较为准确，反映了考释者的功力和当前甲骨文字考释的最新水平。

为了使甲骨书法家和甲骨书法爱好者对本书所收甲骨文作为书法作品的研究、理解和创作的借鉴，《商周甲文》一书还收有著名甲骨学者有关甲骨学和甲骨书法研究的一批重要论文。诸如刘一曼、冯时教授所撰《甲骨文概论》，从甲骨占卜与甲骨文的发现与收藏、重要的甲骨文著录、甲骨文的特点、甲骨学的基本专业用语与甲骨文例、甲骨文的分期断代（董作宾的分期断代研究）、关于"𠂤组""子组""午组"卜辞的时代、关于"历组卜辞"的时代、甲骨断代新方案、甲骨文的主要内容与学术价值等方面对甲骨文的基本知识和研究成果进行了概要介绍，从而使甲骨书法家和爱好者不再停留在对甲骨书法艺术性的表层认识上，而是由表及里，逐步深入甲骨文的内在基本规律之中，从而提高甲骨文书法的创作水平；再如冯时教授专论《甲骨文的书法艺术》一文，是当前从具体甲骨文本身作为书法作品，进行较为系统、深入论述和分析其艺术特点之作。本文在论述甲骨文的风格特点时，不仅比较了“甲骨文与商代其他文字的风格异同”，还比较了甲骨文“早晚时代的风格差异”，并详细论述了甲骨文“各贞人集团的书法特点”，等等。与此同时，在“甲骨文的结构与章法”部分，对“结构章法的得势与平衡”“结构章法的乖违与变化”进行了系统论述，特别是“平险的变化”“蹙展之变化”“虚实的变化”“字形的变化”“章法的变化”等方面，结合本书所收各版甲骨书法作品进行了具体的分析。重要的是，还对甲骨书法作品的基本要件——甲骨文字的“变化”，从“繁与简”“大与小”“常与变”“方与圆”“断与续”等方面进行了深入分析，得出了“这些变化有些体现了‘和而不同’的审美要求，有些则体现了破体的创造”的论断。如此等等，该文“利用甲骨文资料研究商周时代——特别是商代——的书法艺术，也将有助于我们对先民的艺术成就有一些基本的认识”，并将使甲骨书法家和爱好者受到启示，从而进一步提高自己的甲骨书法创作水平；又如冯时教授的《殷代占卜书契制度研究》一文，从贞人与书契人、殷史的契刻训练、刻辞与书辞等几个方面的深入研究，得出了“以甲骨文为代表的早期文字不仅是一种实用的文字，同时也是一种艺术的文字”的论断，并进一步指出了商代“法书的制作并非个别人的个人行为，它通过特有的教育形式而使相应的观念和技术得以传承，从而建立起目前我们所能知道的中国最早的书学制度”。商代书家深厚的法书功力就是这种制度的师承和个人刻苦训练的结果，因而商代的甲骨文也就呈现了不同书学的门派和形式不同的书风等，其论述富有指导意义。商代占卜者的身份是复杂的，不仅有商王、小臣、王臣、臣、卜官、工官等，而且还有史官。冯教授的研究表明，“殷代的史官乃是当时的书家”，而不是所谓的“贞人”。殷代遗物不仅留有他们用毛笔书写的文字，同时也留有他们用契刀契刻的文字。就以毛笔书写的文字而言，留存于甲骨、陶器、石器等不同材料上的文字有些则表现出相同的风格，证明它们都应出于史官之手。“史官为契刻卜辞而研习契刻，这使殷周两代的书家将笔法与刀法熔于一炉，在表现文字的结体和作品的章法上展现了高尚的审美情趣和精湛的处理方法。”我们通常所说的甲骨文中的“习刻”，应就是他们为契刻卜辞而学习新技能的作品。而甲骨上的“书辞”，对于新契手而言，当有预防错误的作用。商代占卜的书契制度，还表现在刻辞在甲骨上的契刻位置、大小变化、刻辞装饰等方面。“这些做法看来并不是殷人随意而为或仅仅服务于审美的需要，而应体现着一定的制度背景。”

如此等等。冯时教授把商代占卜书契作为一种“自为”的制度进行研究，就要比王宇信《甲骨学通论》“第十六章甲骨文与甲骨书法”的一些看法精准，诸如“不能说，商代只有商王和少数几个卜人能见到的卜辞就是书法创作，也不能说商代卜人教弟子捉刀代笔刻写甲骨文就是有意识地把文字书写作为一种艺术实践”，以及“当然，在今天看来，甲骨文、金文十分古朴、遒劲，具有永恒的艺术魅力，堪称‘书法’之祖”① 云云，要前进一大步，反映了近年来甲骨篆书艺术理论研究的深入与前进，对甲骨学家和甲骨书法家认识和理解甲骨篆书的艺术水平是有很大启示的。

《商周甲文》，是一部从书法艺术的角度编纂并对其书法艺术加以论述的甲骨文集，在一百多年的甲骨著录史上，可谓首创并颇具特色。这就是：

其一，此前著录甲骨，多是从甲骨学商史研究的需要出发，要求材料齐备。无论片大、片小，只要能提供商代社会历史文化信息的材料，就尽可能地收录并提供给研究者。可以说，甲骨篆书的艺术水平如何，不在公布甲骨材料著录的考虑之内。随着甲骨学研究的不断发展，一些甲骨学家开始注意甲骨篆书艺术的弘扬。1921 年，著名甲骨学家罗振玉“取殷契文字可识者，集为偶语。三日夕得百联，存之巾笥，用佐临池”②，开了殷墟甲骨文书法创作先河以后，90 多年来甲骨文书篆艺术的弘扬取得了长足的进展，并在中国百花齐放的书坛上占有了一席之地。特别是中央和地方纷纷成立了甲骨文书法艺术研究的学术组织，并举行学术研讨会和在海内外举办甲骨文书法展览。不仅甲骨文书法艺术走向了中华大地，包括中国的香港、澳门、台湾地区，还走向新加坡、马来西亚、日本、韩国等地区和

① 王宇信：《甲骨学通论》（增订本），中国社会科学出版社 1999 年版，第 442—445 页。

② 罗振玉：《集殷虚文字楹贴跋》，贻安堂影印本，1921 年版。

国家，直至走进美国纽约的联合国总部[①]，甲骨文书法艺术深受海内外热爱中国传统文化民众的欢迎。为提高甲骨文书法艺术的创作水平，不少甲骨学家和甲骨书法家从理论和创作上，不断进行探索和总结实践。早在20多年之前，王宇信《甲骨学通论》（中国社会科学出版社1989年版）就对甲骨文与甲骨书法进行了探索。其后，在为一些甲骨书法作品集所写的“序”中，又不断有新的认识发表。[②] 为了普及甲骨学知识和为甲骨书法爱好者提供一批标准的甲骨“法书”以供临帖之用，王宇信等《甲骨文精粹释译》（云南人民出版社2003年版）和韩国梁东淑《甲骨文解读》（首尔，书艺文人画月刊社2005年版）在这方面做了一些工作。关于此二书，本书前面已经作过介绍，其所收各版甲骨的共同点，都是在15万片甲骨中，主要从其具有的重要史料价值并为学者的甲骨学商史研究较为广泛引用的典型片中选出，而很少考虑其艺术价值。而《商周甲文》，则是目标明确——把甲骨文作为“中国书法”一定阶段的“书法作品”编辑而成。而有关甲骨“书法作品”的释文，特别着重对每片甲骨进行分组、分类的字体、文例和行款、布局的分析。这一工作是此前出版的甲骨著录中所没有的。甲骨书法家和甲骨书法爱好者走进甲骨文——临帖临摹甲骨文，掌握甲骨书法的精髓，并进一步走出甲骨文——出帖——这对把甲骨书法与自己积累的传统书法的功力熔为一炉，发挥自己的艺术创造力，写出具有自己风格和气派的甲骨文书法是大有裨益的。因此，《商周甲文》将推动真正的甲骨文书法创作的健康发展。

其二，《商周甲文》所收冯实、刘一曼教授《甲骨文的书法艺术》和冯时教授《殷代占卜书契制度研究》、李学勤教授《中国文字与书法的孪生》等专就甲骨文书法进行深入研究的论文，不仅较以前的书法研究文章又深入了一步，而且是甲骨学家较为关注甲骨文书法理论，推动甲骨书法艺术水平提高的标志。甲骨学家与甲骨书法家共同探索甲骨文书法理论，将使多年来困扰甲骨书法家的“无法可依”的状况得到改变，从而在理论的指导下，进行更为“自觉”的甲骨书法的创作活动，并逐步提高自己的

---

① 参见谢玉堂《甲骨文的由来与发展》，山东人民出版社2011年版，第364—365页。

② 参见王宇信《中国甲骨学》，上海人民出版社2009年版，第589—599页。

艺术水平。

其三,《商周甲文》不仅从书法艺术的角度,公布了一批商代、西周甲骨有代表性的“书法作品”,为甲骨书法界提供了一批可供借鉴的“法书”,而且还反映了甲骨文出土的最新重要成果。诸如本书原色作品选页8安阳钢铁公司11号墓出土绿松石镶嵌骨柶文字,乃2005年出土品。又如1洹北骨杷刻辞,乃1999年洹北商城T11③出土……如此珍贵的文物第一次在《商周甲文》中面世,使书法家大饱眼福!而刘一曼、冯时所作《甲骨文的考古发掘》和《甲骨学年表》,则提供了自1899年甲骨文发现以来,直至2005年这110多年期间甲骨文的发现、著录和研究的全面信息。这对于甲骨书法家和甲骨书法爱好者全面认识甲骨学的发展进程,开阔自己的眼界,并使自己的书法创作跟上甲骨学发展的步伐是很有意义的。

综上所述,《商周甲文》不仅是一部甲骨文入门著作,而且是一部甲骨书法的入门著作,必将为弘扬甲骨书法艺术和今后甲骨书法的健康发展产生深远的影响。

《甲骨文读本》(以下简称《读本》)　朱歧祥著,台北里仁书局1999年出版。该书共收入甲骨196版。

该书的目录是:代序——甲骨文论(第1—11页,朱歧祥);释文(第1—153页);拓本描本(第154—366页);参考书目(第367页);后记(第368页)。

《读本》的拓本与描本部分,共收入196片甲骨拓本,主要选自《甲骨文合集》《小屯南地甲骨》《英国所藏甲骨集》《怀特氏等收藏甲骨文集》《殷虚文字丙编》等书。每号甲骨拓本后,都作有甲骨拓片描本。之所以名之为“描本”而不称之为摹本,是因为在甲骨拓本的轮廓线内,不是将通篇甲骨文字全部摹出,而是只在相应部位描出该号所作释文的甲骨原篆,为突出作者通过“释读196版殷武丁至帝辛时期的甲骨中有问题的辞例”,以提供读者“如何通读甲骨文句的方法”的目的(“后记”,第368页)。因此,《选读》与我们在前面所介绍的《精萃》《甲文解》诸书虽有共同之处,即从甲骨著录书中选出较为典型的甲骨拓片;但又有所不同,即不是向读者介绍甲骨全版上的各辞,而只是在一版甲骨上的诸刻辞中,对“已经具备一般甲骨学知识”的读者正确识读和理解较为困难的卜辞进行示范性的解说。为此，在“描本”上临摹出该刻辞的段落，以便读者将释文与该辞描本进行对照，从而加深对辞义的理解。

《读本》的释文部分应是该书的主体部分。朱歧祥教授的“主要力气正是企图建立一些客观的标准，用互较的方法解读文句，并强调文例的了解对考释文字的重要性”。因此，释文对甲骨文中较难理解的194版（实是194则例句）进行了分析，即“透过大量对应的材料，逐一排比异同，复由整段整句的上下文意来评鉴字的词位和词性，从而寻得甲骨文的合理用法。如此由相对的、整体的异中求同归纳文字，自然比孤立的考释一字的形音义来得可靠、客观”。因此，《读本》将194版卜辞中对一般读者费斟酌的辞条，进行了较为全面的说解，从而为“建立客观的考释规条”①作出了示例。诸如：

其一，从词性、词位角度对卜辞进行分析。如《读本》8“戊子卜，宾贞叀今夕用三𠀀羌于□（祊），用☐”。（《合集》293）首先指出《类纂》第382页释本辞“戊子”为“壬子”“百”字隶定为“白”之误，并据《续》2·16·3“三百羌用于祊”；《铁》53·4“□丑卜，□贞𡧊百羌”等例证之。“由羌字的用法观察，祭祀卜辞中数词与羌牲的常态关系是数词——羌，数词置于羌字之前”，并举《合集》321“贞卅羌，卯十牢又五”、《合集》310“☐上甲，五十羌。八月”等辞证之，不仅表明“其中的数词与羌字紧密相连，其间并无插任何形容词的例子”。而且“卜辞复有用人牲‘三百羌’例”，如上《续》2·16·3辞。因此，本辞当释作“戊子卜，宾，贞叀今夕用三百羌于祊”；再如《读本》9“癸未卜，㱿，贞𢦔羌百㫃三旃㫃☐”（《合集》303+304）。将此辞与《合集》305“甲子卜，㱿，贞勿𢦔羌百。十三月”相校，本辞的“𢦔羌百”“宜为一独立的辞组”。而㫃，“卜辞只作田猎地名，因此它不可能用为㫃字的单位词”。由于㫃字在卜辞中仅见，不能比较其用法，“但由同辞的‘羌百’属于‘名—数’的词序看，此字可能承上用为祭献的物名，字从㫃，或与旗帜有关，而祭献的量为三”。句末“旃㫃”成辞，指旃地的㫃，在此或亦用为祭品。因而此命辞应该为“𢦔羌百，㫃三，旃☐”；又如《读本》42

① 参见朱歧祥《甲骨文读本·后记》，台北里仁书局1999年版。

“甲午卜，宾，贞王往出”（《合集》5097），这里的“‘往出’，用为复合动词”。有关卜辞中复合动词的用法，朱氏大著《殷墟卜辞句法论稿》（台北学生书局1990年版）《复合词》中有详细论述。甲骨卜辞王字之后用作“单一动词”的有王比、王入等18例之多。而“王字之后由单一动词衍生为复合动词的”有王征步、王往步、王往入、王田狩、王往出、王往征等凡22例。“观察以上复合动词的性质，前动词以行动类为主”，如步、往、出、从等，“语意较广泛”。而“值此带出后一动词的特指动作，后动词以语意较具体固定的动词为主”，如入、狩、出、征等[1]；或如《读本》10“贞九羌，卯九牛”（《合集》358），“卯”为对剖用牲方式，对剖的对象都是牛、羊、豕和动物，并举出《合集》“贞九伐，卯九牛”（《合集》921）等例句为证。指出：“这些命辞分作二句组，均属‘祭祀动词——若干祭牲’的句式。因此，本辞的‘卯若干牲’的‘卯’字宜连下读，而前一句‘九羌’之前应省略了如用、𡧊、酒、𨛜、埋、沉、𣪊等类的祭祀动词。”本辞的“贞九羌，卯九牛”与同版的“贞登王亥羌”为一组同文例。而本版的下辞为“贞𡧊于王亥☐”和“贞𡧊九牛”为另一组。因此可知在此版甲骨上，卜祭祀的对象“应该是先王王亥，省略的动词是登献的‘登’”。因此完整的命辞句意是“登王亥九羌，卯九牛”[2]；还有省介词类，如《读本》13“甲申卜，𨛜雀父乙一羌一宰”（《合集》413）。本版的命“𨛜雀父乙”为一句组，即“𨛜雀于父乙”的省介词类，本辞应该为“甲申卜，𨛜雀父乙，一羌、一宰”为是[3]；或有“加插修饰语于词组之中的特例用法”，如《读本》47“己亥卜，令吴小藉臣”（《合集》5603），《合集》5717“小多马羌臣”、《合集》27881“马小臣”等例即是，“此类名词组在词位上有置于偏正式词组‘小臣’之前”。但也有“加插于‘小臣’之间，如‘小多马羌臣’”者。此外，从所列“小羌”“小来羌”的相对的用法，可见“这类‘小——名词’词组的中间加插修饰语亦有用动词”——来的[4]。

---

① 参见朱歧祥《甲骨文读本》，台北里仁书局1999年版，第37—38页。

② 同上书，第12—13页。

③ 同上书，第13页。

④ 同上书，第42页。

其二，从文字的缺划和省划对文意进行分析。《读本》108“壬午，贞至☒叀𡆥”（《合集》21921）。本版为第一期卜辞，𡆥字从屮不可解。“由文例互较，当为𡆥或𡆥字的缺划例，应隶作宰或牢字。”此外，牢字缺划例还见于《屯》4178𡆥，《合集》21103、32118等片𡆥。对照相类文例《合集》23300“贞父戊岁叀宰”等，“可证本辞的‘叀’字后当为宰或牢字无疑。‘叀宰’一词前应有祭祀的动词如奠、岁、卯、用、㱿等字”。

《读本》指出，甲骨“文字的结体有缺划和省划的不同”。“缺画是缺少或疏忽的漏刻若干笔画，而使整个字形的分析全不可解，吾人只能由整句的上下文例加以推寻比较，才能明白字意为何。”而“省划则是自觉的省略了文字中的若干部件，但就字形而言，仍可理解其字意”，如“伐”字一般作㚔，也有省戈作亻者（《合集》7084），但字形仍有砍头之意等[①]；又如《读本》128“癸酉卜贞：衣𠂤亡”（《合集》27459）。衣读如殷，有盛大意。《类纂》1342释衣后字为犬，但“衣犬亡”全不可解。与同期卜辞习见“王田，衣逐亡災”的辞例相校，本辞的𠂤字宜为逐字（𤜿）之省，全句读法应为“衣逐，亡災”的省略。[②] 再如《读本》144“王其𢀛，不冓雨，㱿不”（《合集》30111），《类纂》268页对𢀛字无释。同类辞例还见于《合集》31667“习兹卜，王其𢀛戊申”。“此字的词位当属动词，宜为𢓊之省，乃𨑢字的异体”，“卜辞用为巡视，屯驻意，一般见于第三期田猎卜辞”。此字在第三期多作𢓊，其后形变为𢓊、𢓊、𢓊，第五期则习从戈作𢦏、𢦏，在各例卜辞中互相勘校中，本辞𢀛与𨑢同字。[③]

其三，从整个文句出发，全面解读卜辞。《读本》113“癸未贞妇多”（《合》22249），本辞命辞省略，故“单独看无法了解贞问的内容”。但相较同期卜辞“壬午贞妇多亡祸”（《合集》22252等辞例，“则见本辞也是卜问‘妇多亡祸否’），在此省略了述词‘亡祸’，命辞只剩下主语”[④]；又如《读本》105“己巳卜，舞今日从”（《合集》21473），同类卜辞有《合集》12832“□申卜，□贞舞，有从雨”等例，可知“本辞的时间副

① 参见朱歧祥《甲骨文读本》，台北里仁书局1999年版，第84—85页。

② 同上书，第101页。

③ 同上书，第111—112页。

④ 同上书，第88—89页。

词‘今日’移后，常态句形应作‘今日舞，从’”，而“‘从’字后省略‘雨’，‘舞’即‘呼舞’或‘某舞’之省”。“本辞的读法，应是‘乙巳卜，舞今日，从’，贞问的重点是在后句的‘从雨’否”[①]；再如《读本》174“癸已卜，彳于父丁，犬百、羊百、卯十牛”（《屯南》503）。《类纂》1356页释彳为乇，误。“此字应为彳的异体，隶作又，读如侑。”《合集》32698辞例与本辞全同，可证应作“又”。“卜辞习言祭祀某祖，剖若干牲的例子，而全句贞问的其实是在省略的后句中。”本辞省略后的内容可能有两种情况，“一是卜问雨否”，如《合集》34198“己酉贞辛亥其𡰥于岳，一宰、卯一牛，雨”。“一是卜问时王受鬼神祐否”，如《合集》26955“☐王其用羌于大乙，卯叀牛，王受祐”。而本辞虽不完整，但据上引各辞可知省略后句的内容。这表明“不省的完整句对于了解卜辞贞问内容的重要性”[②]；《读本》184“丁酉卜，贞子弗疾有疾”（《英藏》1948）。“本辞命辞的句型，恐是‘子弗疾？子有疾’的常态正反对贞的组合，卜辞的句意仍是子有否疾病。”[③]《读本》141“☐翌日戊王其从，亡𢦏，毕”（《合集》29099）。“本版属一辞二卜例，即在同一命辞中有二个待询问的问句”，即句意应是“王其从，亡𢦏”“王其从，擒”的混合。在与《合集》30287“丁酉卜，戊王其田从沘，亡𢦏”、《屯南》2299“壬申卜，王其田从利，擒”分别贞问“亡𢦏”否和“擒”否的句型互核后，可知“这种句型是由早期的正反对贞至晚期只用一句贞问之间的过渡特例”。关于此，朱氏《甲骨文研究》（台北里仁书局1998年版）《一辞二卜考》有全面论述[④]。（附图二十二）一辞二卜例还见《读本》185所举“丁已卜，贞今夕自亡祸，宁”（《英藏》2527）；《读本》187“翌癸卯其焚，擒。癸卯允焚，获兕十一、豕十五、□虎、麑二十。翌癸卯勿焚？”（《丙》102）。“本版命辞属复合句正反对贞的省略”，“主要贞问的并不是前句明日焚不焚林，而是在后句的有没有擒获动物的‘擒’否”。作者特别指出“卜辞复合句对贞有大量省略后句的例子，如只单独地看省略的前句，或

① 参见朱歧祥《甲骨文读本》，第83页。

② 同上书，第132页。

③ 同上书，第138页。

④ 同上书，第110—111页。

忽略完整的对贞文意，往往会误导我们对卜辞的正确了解”。“复合句对贞的前句属于陈述性或假设性的句子，后句才是真正要贞问的内容所在。相对的，卜辞大量省略后句的句子，其文意亦应依据不省的复合句句意加以理解。”①

其四，《读本》指出：“我们对任何文字的理解，是不能独立于句子以外的。”提醒研究者注意：“目前仍有若干古文字的考释文章，对于一条材料中的每一个字的形、音、义，好像都讲得头头是道，但放在整个句子中是什么意思，都没法取得合理的或通顺的解释。”之所以如此，“主要原因是对材料的历史背景并不够清楚，对每一个文字的真正用法并未能掌握周延，对当时的语言文字间的关系的无充分的了解”。该书为甲骨文研究学者指出了“要切实通盘厘清文字的意义”的正确方法，即“除了研究文字的原形、流变和语音性质外，我们需要站在词性、词位、词序的整个句子的角度来观察字的定位”。关于此，《读本》作了大量例证，我们上举仅是其中的部分而已。不仅如此，《读本》还进一步“征引最大量的相关材料，从事字和词的同中求异，异中求同的比较。如此立体的、交错的考释工作，才能掀开古文字的真相”②。为了使读者能全面理解较难理解的卜辞文意，《读本》刻意“透过大量的相对应的材料，逐一排比异同，复由整句整段的上下文意来评鉴字的词位和词性，从而推寻甲骨文的合理用法”。因此，“如此由相对的，整体的异中求同归纳的文字，自然比孤立的考释一字的形音义来得可靠、客观”③。如此等等，《读本》对1—196条典型而较费斟酌的卜辞的解读，都贯彻了这一原则，不仅对甲骨文字考释的专家们颇有启示，而且对掌握一定甲骨学基础的研究者，如何深刻而正确地理解卜辞的准确文意，并运用于自己的研究中，也从方法上提供了一批辞条范例。

此外，《读本》的字里行间，还有不少朱歧祥教授研究的富有启发性的创见，是值得我们重视的。诸如《读本》25（《合集》776），朱氏在考释中指出：“殷文字辞性本不稳定，多受句型和词序的影响而改变。卜辞

① 参见朱歧祥《甲骨文读本》，第143—144页。

② 同上书，第1页。

③ 同上书，第368页。

似乎只是当日的书面用语，并不是全等于殷人的口语。在表达宽松的意义上，有颇宽松的用句方式。这方面由大量的省例和移位的句子，都可以作为佐证。"[①] 又如《读本》75（《合集》10154）提出，"语言文字本来就是成串的组合而生义，就个别的形音观察只能得片面的了解。因此，透过句型的研究，对掌握词的性质有极大帮助"[②]。再如《读本》21（《合集》559）朱氏在说解文字的同时，又根据"本版贞人有㱿和亘，然而版面上的文字明显都是出自一人之手。因此，刻写卜辞的刻工应该与贞人无涉。同时，本版不同干支的诸辞是否都在同一时间刻上的，恐怕又是另一个有趣的问题。如果是的话，卜辞内容是否另外先记录于其他特定的典册上，其后一并转抄于甲骨相对应的位置上？这些问题，都是有待验证的"[③]，云云。关于贞人与甲骨文字的刻手的关系，甲骨学者一般对此并未深究，但也偶有论及此事者。《读本》（1999年版）应是较早据21（《合集》559）同版贞人㱿、亘不同，但文字字体风格极为一致，提出贞人与刻手应并非一人的。关于此，《商周甲文》（《中国书法全集》第1卷，2009年版）所收冯时《殷代占卜书契制度研究》一文，对甲骨文的契刻者不是贞人，进行了全面系统的论述，指出甲骨文字的契刻者，"应该就是当时的史官"。"殷代早有作册之官，故充任史官当然也会以善书为其入官的基本条件。""甲骨文书法的艺术水平暗示了承担契写卜辞的契手或史官具有着极高的法书造诣。"如此等等，《读本》中的创见所在多有，仅举以上数例就足以表明甲骨学家朱歧祥对甲骨文字、文句和甲骨学一些重要问题所作的创造性探索和思考。

《读本》的"代序——甲骨文论"，是作者朱歧祥教授专就殷墟"甲骨文对于文字和文化的贡献，分别对甲骨文的功能"所作的提纲挈领式论述。作者首先论述了"由甲骨文例考见文字的繁省与异同"。所谓"文例是指字和词的用法，透过常态和特殊文例的逐一对比和归纳，观察彼此的字形、偏旁、词汇、词性、句法等的异同，可以作为考释文字字形和流变

---

① 参见朱歧祥《甲骨文读本》，第23—24页。

② 同上书，第62页。

③ 同上书，第21页。

的客观标准”，并举例以明之。诸如伐字以戈断人头的“”，有省作“”形者，列出同版异文和异版卜辞互校，如同版异文的《丙》1和异版《续》3·11·3、《续》3·11·4等，可知、为一字。又如，即登人，有省豆作者，由《京》1243“登人”、《掇二》117“人”可证两者同义。此外，还列举（疾）、、、（京）、等进一步说明之；在“由甲骨文字检讨六书”部分，朱氏指出，“六书是分析文字的方法，也被视为文字构成的方法”。但“相对的，甲骨文是目前所见最早的文字，距离文字的原形较接近。用甲骨文来判断某字属于某字，自然比篆体来得客观”。在对若干字例进行分析后，指出“同一类字形在前后期的写法有所不同，其六书所属亦有差异。因此，分析文字的结构，必须要就字论字。先掌握文字的原形和文字的流变，才能正确解读文字在不同时期中所属六书的真相”；在“由甲骨文字评论《说文》形义的得失”中，指出汉以来的权威字书《说文》，“对于文字的解说，往往只能依据篆体等晚出字形。如果篆体字形一旦遭讹变，许慎的理解亦会随而产生错误”。而“甲骨文字的出土，正可以大量地纠正《说文》对文字形义的看法”。在用若干甲骨文字的考释成果，“明白地点出据篆体释字之误”，并强调“文字源头的了解对于文字形义分析的重要性”；此外，“甲骨文的出土，明显地填补了残缺文献的问题。卜辞是殷人的实录，它能印证并修正古史文献的内容”。因此，《读本》“代序”专论“由甲骨文通读古文献”，举肜日、亡尤、虹霓、燎祭、舞祭、类祭等与古文献互证并相发明。朱氏还进一步“由甲骨文印证商史”，以“甲骨作为第一手史料，帮助我们直接地了解殷商社会风俗习惯、狩猎方式、祭仪、军事、天文等具体的古代文明”。“甲骨文的研究，大量补充了文献有关上古信史的记录，并提供我们对殷商时代一正确而客观的认识。”

如此等等，朱歧祥此序“甲骨文论”，从文字的考释方法到正确理解卜辞文义，以及甲骨文对增加可靠的史料和对商史、商文明研究的重要意义等方面，都发表了自己的深刻理解和灼见。虽然文字不多，但言简意赅，颇有启发意义。

朱歧祥教授是著名甲骨学家金祥恒的弟子，而金祥恒教授是科学发掘甲骨时期奠基人董作宾大师的再传。从这个意义上说，朱歧祥教授是董作宾大师的第三代传人。他在台湾东海大学国文系执鞭授徒的同时，笔耕不辍，为甲骨学的研究和弘扬作出了突出的贡献。他的《殷墟甲骨文字通释稿》（台北文史哲出版社1989年版）、《殷墟卜辞句法论稿》（台北学生书局1990年版）、《甲骨学论丛》（台北学生书局1992年版）、《周原甲骨研究》（台北学生书局1997年版）、《甲骨文字研究——中国古文字与文化论稿》（台北里仁书局1998年版）、《殷墟花园庄东地甲骨校释》（东海大学中文系2006年版）等著作，就可以看到他不舍昼夜，对甲骨文字和中国古代文化的追求与探索的用力之勤。朱歧祥教授不仅以他等身著作中的精辟见解享誉海内外甲骨学界，而且以他的影响和努力，热心推动海内外的学术交流。他经常出席在大陆召开的甲骨学等古文字国际学术会议，以文会友，进行学术交流。举世瞩目的《花东》2003年由云南人民出版社出版后，为了推动花园庄东地甲骨研究的深入，2005年11月19—20日，在东海大学召开了国际学术研讨会，来自海峡两岸的甲骨学家和法国、美国的学者济济一堂，专对花园庄东地甲骨进行研究，会后出版了《花园庄东地甲骨论丛》（台北圣环图书公司2006年版）。朱歧祥作为会议的发起者和论文集的主编者之一，做出了巨大的努力。此前不久，于2004年他曾在东海大学召开了“文字学学术研讨会”，并出版了论文专集（台北里仁书局2005年版）。作为会议的发起者和《2004年文字学学术研讨会论文集》的主编之一，朱歧祥教授又做出自己的奉献。此外，2010年11月，朱歧祥教授发起的国际学术会议又在东海大学举行。因此，由朱歧祥教授及其学生、同事组成的东海大学中文系研究团队的形成和多次大型文字学学术会议在东海大学的成功召开，标志着又一个甲骨文等古文字研究重镇在台中崛起。

朱歧祥教授为了普及甲骨文知识和推动甲骨研究后备人才的健康成长，他通过《甲骨文读本》对196版甲骨卜辞中较为费解的例句的分析和释读，为学者“提供如何通读甲骨文句的方法”，即“拓墨写真、楷定文字、逐字考释其形音义、进行标点以方便分析词汇单位、通读上下文”的例证。他指出：“如果终究不能通盘了解字与字间成句的因承关系，这表示释读的流程中一定出现了问题。”[①] 虽然《甲骨文读本》是“针对已经

① 朱歧祥：《甲骨文读本》，第368页。

具备一般甲骨学知识的朋友而写的”，但他《殷墟文字通释稿》《殷墟卜辞句法论稿》《甲骨学论从》《周原甲骨研究》《甲骨文字研究》等著作中的不少精辟研究成果却体现在《甲骨文读本》196则甲骨文疑难例句的解读中，因此，即使对甲骨学和古代史研究专家通读卜辞，也是颇有参考价值和启示的。

凡此种种，《甲骨文读本》[①] 比同类著作，诸如王宇信等《甲骨文精粹释译》和韩国梁东淑的《甲骨文解读》就别具一格。《读本》选片虽不如以上两书为多，而释文也不是对每版上各辞逐条全面加以释定、解说，只是有选择地对每版上的典型辞条加以说解。但《读本》的侧重点不是在于全面，而是突出重点——疑难较多的辞条，在于为读者指出正确识读甲骨卜辞的方法。从这个意义上说，该书对具有中等甲骨学知识的人，更实用并更有指导意义！

---

① 此书乃朱歧祥教授1999年12月寄赠，今日写此段文字重读时，仍有新的启示并倍感亲切。2001年4月在韩国京畿道大真大学访问期间，我在教学之暇开始作《甲骨文精萃释译》所收各片释文和白话翻译。“本以为作了这么长时间的甲骨文整理和研究工作，读《精粹》当不成问题，但一认真对《精粹》每版、每条作出释文并译成通俗易懂和准确的白话时，就不那么容易了！有时遇到残辞或个别难字、难句就颇费斟酌，需要认真研究，或搬出《殷墟甲骨刻辞类纂》，或《合集》等参考书，从大量甲骨卜辞中去分析、体会全辞的文意、字义和辞义，或补全残辞。”如此等等，我在《甲骨文精粹释译》前言中所说的上面一段话，与朱歧祥教授在《甲骨文读本》中力图“建立客观的考释规条”“企图建立一些客观标准”是殊途同归的。不过，我在作《精粹》释文时的体会、心得只是上引“前言”中的一段话，在书中释文和白话翻译中是体现不出来的。而朱氏的“考释规条”和方法，已上升到理论高度并体现在全书对196条疑难、费解卜辞考释的字里行间。朱教授把自己释读卜辞的心得、体会上升到理论高度并介绍给读者，从而使读者易掌握释读卜辞文句的正确方法，可谓“金针度与人”，功德无量也！

我与朱歧祥教授相交、相知多年。他曾出席中国殷商文化学会1999年8月在河南安阳召开的“纪念甲骨文发现一百周年国际学术研讨会”，并在出席会议的全体学者“殷墟申报世界文化遗产名录呼吁书”上签名。2009年8月，又出席了山东烟台“纪念王懿荣发现甲骨文110周年国际学术研讨会”等多次甲骨文殷商文明国际会议。朱歧祥教授比我年轻，并和我同以甲骨学一代宗师董门（作宾）第三代传人“自居”（我是董作宾先生的学生胡厚宣教授的研究生），且昵称我“王老哥”，因而倍感亲切。每有大著，必及时馈赠。上文所引朱教授的等身著作，我案头基本都有，从中获益颇多。有趣的是，我们都较早地关注西周甲骨，而关于西周甲骨的观点，我们虽基本相同，但同中又有所异。朱教授年富力强，在教学中研究，在研究中培养学生，东海大学已成台湾甲骨文等古文字和语言学研究的翘楚！我虽年逾古稀，但身体尚健，当会在青年朋友们的支持、鼓舞下，紧跟诸位之后，学习着、探索着、前进着。老骥伏枥，壮心未已！——2011年6月28日写至此处谨记。

第三节　民间收藏甲骨的整理与公布

一　百年来民间“存骨”的不断现身

1899年殷墟甲骨文发现以后至1928年中央研究院科学发掘甲骨文以前的30多年中，小屯村民私挖乱掘甲骨文的“盗掘时期”，陆续出土甲骨文“共约十万片左右”①。所出甲骨先后都被大收藏家王懿荣、刘鹗、王襄、端方、罗振玉等人和一些外国人，诸如方法敛（美）、库寿龄（英）、魏礼贤（德）、明义士（加）等悉数收购。特别是以收藏甲骨为己任的罗振玉，当他1908年访知甲骨出土之地为河南安阳小屯以后，派古董商直接赴小屯收购，并在1911年春派其弟罗振常等人赴安阳小屯坐地购求，收获颇丰。据统计，“龟甲兽骨两次运京者，大小共得一万二千五百余块，可云大观”，并认为经过他们一个多月的购求以后，“小屯存骨信乎已罄”②。本来在罗振常等人看来，安阳小屯村老百姓手中的藏骨（即“存骨”），经过他们的大力搜求，基本上已被他们买光了。但罗振玉老先生为使自己的藏品增加“绝版”的效应，却把群众手中的“存骨”与地下埋藏的甲骨混为一谈，制造了一个大“谜团”，即“自罗氏观之，盖已‘宝藏一空’矣”③。因罗振玉在当时甲骨大收藏家和甲骨学家中的地位，人们自然对他放出来的话深信不疑，这才有了1928年8月中央研究院历史语言研究所筹建期间，旋派董作宾前往安阳小屯调查殷墟甲骨埋藏情形。经董氏认真调查，得出了安阳小屯殷墟的地下，“甲骨挖掘之确犹未尽”，“而近年之出土者又源源不绝”④ 的结论，从而破解了殷墟地下已“宝藏一空”，再也不会有甲骨的“谜团”。这就促成了中央研究院从1928年秋开始至1937年持续的15次殷墟大规模科学发掘，因抗日战争全面爆发而暂

---

① 胡厚宣：《殷墟发掘》，学习生活出版社1955年，第36页；参见王宇信《甲骨学通论》（增订本），中国社会科学出版社1999年版，第71—76页。

② 罗振常：《洹洛访古游记》，宣统三年（1911）三月十七日条。

③ 董作宾：《民国十七年试掘安阳小屯报告书》，《安阳发掘报告》1929年第1期。

④ 同上。

停的故事。

虽然安阳殷墟小屯在“盗挖时期”历年所出各宗甲骨，经“京估”“东估”的大力搜购和罗振常、明义士等人在小屯的坐地购求，小屯村民手中的“存骨”确实是已经不多了，但也并未到“室如悬磬”——从此一块不留，再也没有私家“存骨”的地步。董作宾在安阳向中学校长张先生调查时得知：

……又谓在村中购求甚易，若云买字骨，则妇孺咸集。曾以洋一元，买得小片盈掬……张君并言近年出土者仍陆续有之，某君尚获有一完全之龟甲云……

董作宾自己还径去小屯村，也获有小屯村民手中的“存骨”：

至小屯购得甲骨数宗，共百余片，价三元，皆妇孺携来者，如张君所说。间有长二三寸之骨条，索价甚昂，每条约四五元，则一概未买。然由此可证甲骨之出土者多，村人几于家家有之……

安阳城古董店老板也向董作宾透露，小屯村还有待价而沽的甲骨：

言民国初年出者甚多。最近如九年、十四年及本年（按：即1928年）皆有大宗出土，其物有尚未售出者，并允代为搜求……①

可见小屯村民手中的“存骨”还真不少呢！应该说，这在当时的条件下，当是小屯村民通过自己的掘地“劳动”，“合法”所得者。但还有通过极不光彩手段，盗窃所得者。

1928年秋中央研究院发掘殷墟后，虽“私人盗掘”被禁止，但“厚利”仍驱使个别人铤而走险。就在殷墟第3次发掘时（1929年10月），中央研究院与河南民族博物院为殷墟发掘权之事引起争执，“此停彼作者

① 参见董作宾《民国十七年试掘安阳小屯报告书》,《安阳发掘报告》1929年第1期。

兼旬"，即中央研究院被迫暂停发掘而河南方面继续发掘的状况坚持了一段时间。直到通过种种渠道的调节，才使矛盾得到解决，即河南方面退出殷墟。"继乃复由吾人开'大连坑'，得第三期甲骨甚多。"而河南民族博物院在"大连坑"附近发掘所得甲骨，就发生了被盗窃之事。"失去盛放甲骨文之绿布小箱一件，事经轩、邱（良臣）两人手。其所居五洲旅馆主人畏罪逃，馆舍查封者累月。"《殷契佚存》（1933 年）所收施密士旧藏这一批材料的来源，就是施氏收得的这一批失窃甲骨。不知盗者为何许人，但很快这批甲骨就出手，被外国人施密士购得。据说因争发掘权引起双方矛盾而不得不停止发掘期间，"小屯邻近各村乃乘机而起，洹河两岸，盗掘古物者数百成群……出土古物，散之四方估客，得值数以万计"①。此外，就是现藏中国国家博物馆的 6 版完整龟甲（《合集》10125 正、5776 上正反、14019 下正反、3187 正反、4264 正反、3945 正反）及现藏中国国家图书馆的 4 版（《合集》12628、15556 正、6476 正、14295 正十北图 5252）虽流传有绪，但其最早出土，却有种种"谜团"。此 10 版著录情况及原藏家，可参见宋镇豪《记国博所藏甲骨及其与 YH127 坑有关的大龟六版》一文所作"十龟的著录、缀合及现藏情况一览表"[《甲骨卷》（中国国家博物馆馆藏文物研究丛书），上海古籍出版社 2007 年版，第 286 页]。据胡厚宣、严一萍、郭若愚、宋镇豪等学者研究，当为从 YH127 甲骨窖藏坑所"流"出者（上举宋镇豪文有详细介绍）。1936 年第 13 次发掘的 YH127 坑，发掘时可谓防范严密。1936 年 6 月 12 日下午发现龟甲后，直"到天黑时仍然出甲骨。我们便把出来的东西先收起来，因为害怕像西北岗一样晚上有窃贼来偷，便先行封起来，并请老工友魏善臣先生写上蒙文作封记，因为懂蒙文的不多，若是来了窃贼，就无法在盗掘后依样画葫芦复原"。此外，发掘团还特意安排"由亲近的小屯工友来看守，他们的工作机会是发掘团给的，并不会自砸饭碗，比起武官人要老实得多，所以翌日看见封记完整无缺"。第二天继续发掘并照相，把所得甲骨放入三四个大筐内。当"筐子装满之后又已近夜，便决定当晚不封坑，全体留夜，也不敢信任长工了"，可谓防范得更严了！"第二天我们便选了三十个

① 董作宾：《殷契佚存·序》，金陵大学中国文化研究所 1933 年版。

长工挖坑”，“挖一个大的坑，形成一个灰土柱子，再装入木制的大箱子运往南京，可以维持甲骨的完整”。在“甲骨灰土箱”拉上地面以后，“有土匪看见我们的工作，便打起甲骨的主意。我们在田野（按：即考古学者所说的考古工地现场）留宿都有军队保护。当晚有工人从家里回到田野，路上看见有两个奇怪的人在窥伺工作，觉得情况有异就通知我们，大家便提高警觉。土匪大概也觉得消息走漏，便到附近开了几枪，希望我们躲避，他们好来抢甲骨。没想到我们已经准备好士兵躲在附近高土堆，见土匪射击了就居高临下回击，这时军队还要我们躲到坑里头以策安全”。真是有惊无险。YH127 坑甲骨就这样躲过了“匪劫”！由于“灰土箱”太重，四十六人走一步歇一步，费了一天工夫才走到距火车站还有一半路程的薛家庄南地。当晚夜宿时，为安全计，“也进行看守”；好不容易到了安阳火车站之后，在“车站附近搭了小棚子，箱子上盖上油布，派长工看守”，仍不放松警惕，防止甲骨受损；为防止甲骨箱再出现意外，甲骨“灰土箱”装车运往南京时，“工作队就由李景聃、魏善臣二位先生押车，车门还贴上封条，不准别人上车”。由安阳到郑州转陇海铁路，再到徐州转津浦路去南京，“接转时都不换车箱，只换轨道，一路平顺”。可谓自甲骨发现直到运往南京，一直都小心谨慎，严加看管，终于运到南京鸡鸣山半坡的历史语言研究所仓库。①

如此谨慎小心，如此防范严密的 YH127 坑甲骨，竟然有 10 大片流入社会，并被于省吾、唐兰等甲骨学家先后购得收藏。在 1936 年 10 月 YH127 坑甲骨发现后不到 4 年，就在《双剑誃古器物图录》（1940 年）公布了 3 版龟腹甲。又过了 5 年左右，胡厚宣在《甲骨六录》（1945 年）借选了此 3 版腹甲摹本，并第一个揭出：“此三甲必与中央研究院十三次发掘有关。”如此等等。YH127 坑部分甲骨，抢先于《乙编》（1948—1953 年）面世了！对这批出自 YH127 坑的甲骨是如何遗失并流向社会的，学者们一直百思不得其解。有学者认为，“不太可能因坑浅而被盗掘，唯

① 参见陈存恭等《石璋如先生访问记录》（“中研院”近代史研究所口述历史丛书80），“中研院”近代史研究所 2002 年版，第 131—137 页。

一的可能就是发掘到著录的过程中间遗失了"[1]。但"遗失"的甲骨早在《乙编》著录出版过程的1948—1953年的前8年，即1940年就已面世，应该说还是在安阳发掘过程中遗失的。当是1936年10月参加发掘的人当中有人顺手牵羊，在防范严密的情况下盗走，并作为"存骨"，经中间商或其本人，就很快出手流入北京的坊间，并陆续被学者购藏。

1937年抗日战争全面爆发，中央研究院殷墟发掘暂停。在安阳沦陷期间，"敌伪汉奸，互相勾结，也常有计划的开发，听说很有大批的流到国外"。"本地人乘机盗掘，听说发现颇为不少"……这些当地村民盗掘出的甲骨，都作为"存骨"，陆续流向了北京、上海坊间，并陆续为一些甲骨学家、大学或研究机构购藏。[2]

如此等等。无论是小屯村民私自"盗掘"的甲骨，还是什么人敢从公家发掘品中盗走的甲骨，或是从防范甚严的甲骨灰土柱中神秘蒸发，直到现身京城才知失窃的YH127坑甲骨……在它们经中间人卖给古董商前，都一度是安阳小屯村民手中待价而沽的"存骨"。因此，小屯村民手中的"存骨"不仅多，而且还颇有价值连城的珍贵品呢！

1949年新中国成立以后，国家明令禁止私人盗挖古墓等古代遗址，并不允许文物的买卖流通，因此私人手中的"存骨"，成了有珍贵历史"价值"，但无流通"价格"的古董。这一时期，不少大收藏家，出于对新中国的热爱和避免具有历史价值的甲骨再度流散，纷纷把珍藏的甲骨献给国家有关文物单位，如刘体智、王襄、李鹤年（原骨为孟定生旧藏）、王福重（王懿荣孙女）、郭沫若、胡厚宣、容庚等。他们的爱国行为，得到了党和人民的赞扬并永志甲骨学史！而安阳小屯当地群众，也再没有人盗掘甲骨等古文物了，还有人把自己手中的"存骨"交到安阳市博物馆等文物部门。

1977年，有一些私人收藏的甲骨面世。中央民族学院（现中央民族大学）已故教授徐宗元的遗孀和其女儿，想把珍藏的一批徐先生生前收藏的

① 参见魏慈德《殷墟YH127坑甲骨卜辞研究》，博士学位论文，台北政治大学，2001年，第41—52页。

② 参见胡厚宣《五十年甲骨文发现的总结》，商务印书馆1951年版，第47—54页。

珍贵甲骨出手。中国历史博物馆（现中国国家博物馆）的史树青先生把这一消息告诉了恢复工作不久的《甲骨文合集》编辑工作组的负责人胡厚宣教授，并谈了取得甲骨的初步条件。史先生说，她们母女，是遵照徐宗元教授遗愿：想办法把甲骨捐给编《合集》的历史研究所，并争取把这批材料收入《合集》之中。此外，徐宗元教授生前将这批甲骨260多版墨拓，并贴版成册、作出考释，已整理成《尊六室甲骨文释》（徐氏室名“尊六室”），希望胡先生能促成其在中华书局出版……史树青先生又商量说，徐先生在“文化大革命”期间已故，留下母女二人，女儿刚大学毕业分配工作不久，二人生活不富裕。看在她们为徐先生保存甲骨并遵从其捐赠遗愿的份儿上，是否可以由历史研究所颁发一捐赠证书，再奖励三千元人民币……胡先生对史先生说，可以考虑。先约个时间，去看看东西再进一步商量……有一天笔者和应永深先生陪同胡厚宣教授去了中央民族学院教工宿舍已故徐教授的家。我们先坐公共汽车到西直门（当时没有出租车可打，所里也没派车），再换32路公共汽车到魏公村站下车，马路对面就是中央民族学院了。已故徐宗元教授家住一楼，在一间不大且十分简朴的书房兼客厅里，只有一张旧沙发和几把木椅。胡教授坐在沙发上，笔者和应永深坐在椅子上，大家与徐夫人和徐先生女公子寒暄过后，就看徐夫人捧出装在用蓝布糊的纸盒中的部分甲骨和《尊六室甲骨文释》书稿……后来听胡先生说，这批甲骨不错，原是罗振玉旧藏，后赠送袁世凯的秘书李虎臣。后李氏又归还罗福颐（罗振玉之子），罗福颐又把这批甲骨转让好友“尊六室”徐宗元。当胡先生把拟收藏徐宗元甲骨之事向当时的历史研究所党委汇报以后，所里同意并决定收藏。同意以历史所名义颁发捐赠奖状，并写明感谢对编辑《甲骨文合集》的支持云云。由于经费较紧，奖金只发1700元。当时，我们觉得钱真是不少！按笔者当时每月50多元工资计，一年600多元，这批甲骨相当笔者三年多工资了！但30多年后的今天，再按笔者的工资折算，每月工资5000多元，一年6万元，三年18万元。可在今天，这260多块甲骨，就才值18万元，实在是太便宜了！每块平均才600元呀！

在2004年7月4日下午，上海崇源国际拍卖公司落槌，创下了20片甲骨拍出4800万元的天价。而徐宗元旧藏260多块甲骨的价格与之相比，真是不及千分之一！本来这次拍卖的甲骨，是天津著名画家李鹤年所藏当年孟定生旧物。李鹤年把手中430多块甲骨中的大多数已经捐赠给天津文物主管部门（现藏中国国家博物馆），自己只留下其中的30多片作为纪念。如今只剩下了20片，而其余的10片不翼而飞了。我们希望，这10多片不知所踪的社会上“存骨”，将来或可有再面世的机会！

随着文物市场的开放和日趋规范化发展，作为新出土的地下文物归国家所有，铜器、甲骨文等是不能在文物市场上买卖的。多年来，安阳殷墟小屯村一带在动土时，往往出现一些散碎甲骨。安阳市的文物收藏家和爱好者们，常从村民手中私下交换，购得一些甲骨等物。由于收藏者越来越多，甲骨的私下交易价格也在日益攀升，由早年的每字50元，现已涨至每字10000元左右。安阳市收藏甲骨的队伍日益扩大，手中收有“存骨”者以“洹宝斋”等为较多。据不完全统计，现安阳市收藏者手中存有甲骨达3000多块以上。当然，由于收藏者水平不一，他们所收得的甲骨也难免鱼龙混杂，真伪不一。其中当有不少真品，但也有的是在拾得或搜集得的旧无字骨上面刻的新字，或有的是新骨经作旧处理再刻字，而且颇为逼真。这些赝品，往往与真品混在一起，在使用时，是需要认真进行一番去伪存真的辨伪处理和整理、研究工作的。

笔者和杨升南教授，就曾为安阳的甲骨收藏家陆续做过一些甲骨辨伪工作。不仅安阳的甲骨收藏家收藏的甲骨需要辨伪，而且在北京私人手中的“存骨”也需认真对待。2000年12月4日下午，北京市文物研究所宋大川教授约笔者去北京师范大学出版社，说有位朋友有几块甲骨想请笔者鉴定一下真伪。出版社的苏社长拿出小锦盒装的三块甲骨，对笔者说：甲骨为本校家属刘桃贞女士之物，其丈夫为本校员工，名刘守中，字允臣。此三骨为他20世纪二三十年代在郑州收得。笔者一看甲骨，有一块为7厘米长骨条，上刻三段文字：（1）丙子卜，即，贞王宾戠亡祸。（2）贞亡尤。三月。（3）□子卜，即□〔工〕宾□〔福〕亡□。文字契刻清晰，段落清楚，辞例规范，当为甲骨文二期真品。另两块皆为骨柄部分，一块臼角朝左即左胛骨，约12厘米长，上有三段文字皆倒刻，文字20个，皆契刻拙劣，且不成辞例，凑字而成，为假片无疑。另一骨未切臼角，一段文字两行皆倒刻，文字六个，契刻拙劣，且不成辞例，为凑字而成文者，亦为假片无疑。此二版伪刻甲骨，当为早年出现的伪刻品。刘女士的甲骨经笔者鉴定后，不知其后的结果和下落如何。笔者近年一直在关注这几片甲骨，但多次通过朋友打听，迄今也未找到刘女士的下落。但愿这几片甲骨早日面世!

此外，在2005年，红太阳国际拍卖公司准备上拍二十几块有文字的古象骨。北京的《娱乐信报》上已发消息，说专家认为这是继崇源拍卖20版甲骨之后的又一重大拍卖，将使中国文字起源研究有重大突破云云。红太阳公司请笔者作一下鉴定，如果是真品，将组织10多位文字学家开专门的研讨会，大大炒作一番。笔者到红太阳公司后，中央电视台记者已架好了摄像机，准备录制这一“重大发现”的消息。方宇兴总经理小心翼翼地捧出几个锦盒对笔者说，这批文物是王国维赠给收藏家的爷爷。现收藏家挖出来进行拍卖，准备将卖得的钱办一所私人博物馆。因为其珍贵无比，起拍价5000万元……笔者听过故事后，认真一块块审视了有字象骨，发现上面的文字皆是契刻拙劣的金文，虽每三字为纵向一行，并纵向多行排列成篇。但各行排列文字不成辞例，通篇不可卒读，乃从铜器铭文中东摘西抄杂凑而成。笔者对方总说：“这几块象骨你们已经过科学检测，并出具检测书说已五千多年，关于此我无由置喙。但我可以负责任地说，象骨上的文字为当代人仿刻的金文，而且契刻的水平实在不高!”一场期待中的炒作就此戛然而止。拍卖起拍价从5000万元一下子降至1700万元。虽然如此，听说还是拍出了1700万元，被某位买家请走。真是令人百思不得其解，并大跌眼镜!

不仅如此，就是旅居海外的华夏儿女，出于对中国传统文化的热爱，间或手中也有收得的殷墟“存骨”。1900年甲骨文之父王懿荣壮烈殉国后，他最早收藏的甲骨1500多版大部分归刘鹗，并著录在1903年出版的《铁云藏龟》书中。但仍有一部分王氏“存骨”归其后人王崇焕之女王福重400多片，新中国成立后捐赠天津历史博物馆。另一部分100多版“存骨”归王崇焕二女王福庄，由于王氏移居美国，甲骨亦随之流往美国。但多年来这批甲骨销声匿迹，或仍在王福庄手中①；2009年8月26日《中

① 参见王宇信《甲骨学通论》(增订本)，中国社会科学出版社1999年版，第248页。

国文物报》的《海外回流甲骨将落户福建南靖》一文报道，一位落叶归根的老华侨，打算把伴随他多年，并用心搜集到的170多版甲骨文，无偿捐赠给故乡南靖县收藏。据李学勤等专家鉴定过的部分收藏品，保存状况良好，品相古朴典雅，字迹清晰，当为甲骨真品，属晚商宾组、出组、子组之物。据观察研究，这批甲骨从未进行过椎拓，也从未见过著录，是一批具有一定研究价值的新材料，现南靖县拟建博物馆永久收藏这批“回流”文物。我们希望，对这批甲骨全部进行鉴定，以去伪存真，并早日著录公布，以供甲骨学和商史研究之用。

总之，不仅甲骨文出土地安阳群众手中还有“存骨”，就是全国各地的老百姓，手中当也还有一些“存骨”。但是其中情况复杂，是需要甲骨学家认真对待并应仔细加以分析鉴定的。可喜的是，一些民间收藏甲骨经过整理，已陆续出版公布。诚如著名学者李学勤教授所言：“殷墟范围内不断有甲骨零星出现，大多在民间流传收存。这些材料虽然数量有限且常残碎，但有些内容并不因此减少。小片只字，有时也有剩义可寻。”[①] 这些新材料的面世，对甲骨学商史研究和甲骨文的复原缀合，都有一定意义的。

二　民间“存骨”的集中著录：《洹宝》《辑佚》《张藏》《戬旧拓》

《洹宝斋所藏甲骨》（以下简称《洹宝》）　内蒙古人民出版社2006年版，郭青萍纂辑。共收入甲骨302版，另附存疑4版。

《洹宝》所收甲骨，为河南安阳洹宝斋主人傅林明多年收集所得。2006年5月4日，经河南安阳师范学院教授李雪山介绍，王宇信、杨升南在北京河南大夏与傅林明见面，并对其专程携至北京的甲骨进行鉴定。王宇信、杨升南逐片鉴其真伪，共得302片真品，另有4片存疑，并为其开具证书。这批甲骨，多为小片龟甲或兽骨，而且主要为甲骨文一、二、三、五期之物。笔者和杨升南当时推测，这些残片当为小屯村北洹南一带刘姓或朱姓田地中早年出土之“余孽”。

2006年洹宝斋主人傅林明倾其所爱，由安阳师范学院教授郭青萍施拓整理，将傅氏所收302版真品和4片存疑者公布，辑为《洹宝斋所藏甲

① 李学勤：《殷墟甲骨辑佚·序》，文物出版社2008年版。

骨》出版。全书不分期、分类，将这批原始材料提供学术界研究。

此书出版后，台湾甲骨学家蔡哲茂就在国际互联网上发表了《洹宝斋所藏甲骨新缀一则》，公布了他将《洹宝》101与《合集》6820正、《合集》5451相缀为一版。其后又在《〈洹宝斋所藏甲骨新缀一则〉补缀》文中，继续将所得缀合版增缀《合集》17466为一版。此外，黄天树主编的《甲骨拼合集》（学苑出版社2010年版）第45则也是《洹宝》101的缀合。由此，我们也可体会前辈学者罗振玉1911年令其弟去安阳小屯村收购甲骨时，“虽龟屑不令遗”[①] 的用心了！《洹宝》不仅公布了一批研究新资料，也为甲骨缀合的深入提供了素材。

2007年，郭青萍又出版了《〈洹宝斋所藏甲骨〉解读》（北京艺术与科学出版社），书中每号甲骨有拓本、摹本、片形部位释文“三位一体”，并作有文字解说及每片分期说明。

《殷墟甲骨辑佚——安阳民间藏甲骨》（以下简称《辑佚》）　段振美、焦智勤、党相魁、党宁纂辑，文物出版社2008年版。全书共收入甲骨1008号，另有附录94号。

《辑佚》书前有李学勤序及该书的凡例，另有段振美《私家收藏甲骨的几个问题》、焦智勤“概述”、党相魁《〈辑佚〉文字隶释稿》、党宁《释文》、党相魁“后记”等，其后是该书的主体部分，即拓本（摹本）、图版，书末为“编后记”。

《辑佚》的主体部分为安阳民间收藏的甲骨材料，正如该书“凡例三”所说，“本书所收甲骨系民间收藏，不是科学发掘品，且多为残辞碎片，既无贞人，亦无世系、称谓等，很难进行分期断代。今便宜从事，将拓本分为五卷，另附录一卷。图片虽然不全，也按拓本顺序分卷”。拓本（摹本）第一编为1—296号，第二编为297—545号，第三编为546—617号，第四编为618—676号，第五编为677—1008号；附录为1—94号。其中一编至五编，该书辑者实为有意识按期集中，即一编为一期，二编为二期，三编为三期，四编为四期，五编为五期，编者基本是按传统董作宾“五期分法”类次的。但附录1—94号，就体会不到“也按拓本顺序分卷”了。

① 罗振常：《洹洛访古游记》，宣统三年（1911）二月十五日条。

这是因为其中1—41号基本为一期，其下第42号、43号有贞人“出”、44号有贞人即、51号有贞人旅、54号有贞人即等。从有第二期贞人名看，其间各号编纂者或当作二期处理，但其间第66号贞人何为第三期，其前的第61号为“子组”卜辞。而其后的68号有二期贞人旅、69号为“𠂤组”卜辞贞人扶，第70—80号为五期甲骨，但其后的第84号为一期甲骨，第85号为二期“干支卜王”，第86号为三期，第87号为二期，再其后的88—94号甲骨第三、四期混编。上述种种表明，编者对附录的分期不如前五编严格。

《辑佚》实收甲骨1102片。“书中根据拓片统一编号，少数只有照片而无拓片者，亦随拓片编入。正反两面的有刻字者，正反共用同一编号。”“个别拓片字迹不清者，附摹本。”此外，书后还有照片，将本书拓本（摹本）及附录所收1102片甲骨的原大彩色照片全部以原号为序公布。照片色泽逼真，文字影像清晰，极便读者观察。这在此前的甲骨著录中是所见不多的，是继《花东》（2004年）、《国博藏甲》（2007年）之后的又一部全部用彩版发表甲骨的著录。《辑佚》凡例强调“本书主要是向学界刊布资料，故将释文集中，以便供研究参考”。《辑佚》第27—122页为党宁所作全书各片释文，有的释文下并加有按语，作简要说明或考释。

焦智勤在“概述”中，介绍了他自1993年起，“注意调查和选拓民间散存甲骨”的经过。他十多年共搜集千余片，在“调查选拓时，始终注意了所见材料的真伪问题”。经过刻苦钻研和积累，并“在实践中通过请教专家学者，也掌握了一套鉴别真伪的方法”。因此“在长达十年的调查选拓中，经手零碎甲骨万余片，其中伪刻者也不在少数。在选拓时，曾进行了认真的甄别和挑选较有价值的甲骨材料”。虽然本书是民间所藏甲骨的汇编，但也有不少新的材料面世，诸如罕见的鹿头刻辞残片（336）和羊胛骨刻辞（323）、新出的地名（576）和贞人名（89）、新出辞例（548、646、689、690等）、新出字例（43、293、317、340、380……）等及缀合甲骨。不仅《辑佚》一书所收拓本可进行缀合，还有可与《合集》等书拓本相缀合者。在《〈辑佚〉文字隶释稿》中，党相魁还对书中所见16个文字进行了专门的考释。

李学勤在“序”中指出，“殷墟范围内不断有甲骨零星出现，大多在民间流散收存。这些材料虽然数量有限且常散碎，但有些内容的重要性并不因此减少。小片隻字，有时也有幐义可寻”。为此，李氏列举了数例以明之。例如他以《辑佚》573 无名组卜骨的“多子偕伐”，即为“诸侯或众臣的部队（所谓‘多子族’）一起征伐”；又以《辑佚》685 黄组卜辞为例，认为该片的“二邦方”“可能在山西北部一带”。本版与《合集》38243“辛酉王卜贞……九月，遘祖辛䰍”，并参看《合集》36243“……于二邦方……宾祖乙奭妣已……”可能为同一时期所卜；再以《辑佚》689 片黄组卜辞缺刻，曾撰《论新出现的一片征夷方卜辞》（《殷都学刊》2005 年第 1 期），将其加以复原；此外，李学勤还将《辑佚》690 与《合集》36182 缀合，拼联全辞后，认为“此片属于帝辛九祀三月，丁巳为康丁肜日，第 689 片的己未又在其后两天”；而《辑佚》690 辞末“王彝在□□宗”，当与“周原凤雏卜甲有‘彝文武帝乙宗’，年代也是相近的”；另《辑佚》1005 之“王彝……”当“弥足珍贵”。如此等等。李学勤指出，《辑佚》内容丰富，是介绍不尽的，并希望“作者继续搜集和研究，使甲骨的著录没有遗珠之憾”，是很有道理的。

《辑佚》出版以后，不少学者据此书刊布的材料进行缀合研究并屡有新获。笔者曾据《甲骨拼合集》附录“2004—2010 年甲骨新缀号码表”进行过统计，近期《辑佚》与《合集》缀合者有 11 片，而《辑佚》本书相缀者已达 15 片，《辑佚》与《花东》相缀者 1 片；也有学者对《辑佚》的新材料发表了研究论作，如前述李学勤和何琳仪[①]等教授。

台湾著名甲骨学家朱歧祥主张，“为了不辜负地下出土的因缘，更不要影响世人对古文物可靠性的取信度，我们对于来历不明、没有考古挖掘记录的地下材料，一律维持审慎保留的态度”。之所以如此，“并非为疑古而疑古，而主要是希望在求真的信条下严格把关，确保真材料的真正价值，不让伪材料贻祸得来不易的研究成果”。因而他的《甲骨辨伪——读〈殷墟甲骨辑佚〉》[②] 一文，对《辑佚》书中所收的 88 片“在特例处有可

① 何琳仪：《说丽》，《花园庄东地甲骨论丛》，台北圣环图书公司 2006 年版。

② 参见朱歧祥《甲骨辨伪——读〈殷墟甲骨辑佚〉》，《中国文字博物馆》（第 2 期），中国文字博物馆 2009 年版，第 91—123 页。

疑的地方”，在每片列出原书的释文后，“再附按语以说明该版甲骨可疑的原因”。朱歧祥教授甘冒“招‘枉作小人’的讥讽”，为《轶佚》辨伪，实是“为了不负本书编者搜求辑录甲骨的多年辛苦，帮忙做过滤的工作，代其去伪存真，从而彰显收录真品的价值”。朱教授对学术负责的科学态度，值得我辈学习与钦佩！

学术界如此重视《辑佚》，表明李学勤教授在《辑佚》序中所指出的，此书的出版，“是新世纪初对甲骨学研究的非常有价值的贡献”，当非虚语和溢美之词！

《张世放所藏殷墟甲骨集》 线装书局2009年版（以下简称《张藏》），宋镇豪主编。书前有宋镇豪“前言”，其后为图版、释文、无字甲骨。

《张藏》主体部分为图版，共著录甲骨384片。著录各片顺序是：自组1—8，宾组9—201，子组202，出组203—300，何组301—306，无名组307—316，黄组317—384。各片甲骨均以拓片、正面照片、反面照片编为一号入录。

因该书所录甲骨多为残碎小片，虽每片有拓片、正面照片、反面照片可互相勘校，但因甲骨上文字不多，或残辞片语，一般读者识读较为困难。因此之故，图版后即为释文，对书中所收各片一一加以释定，从而增加了此书材料的可读性。

无字甲骨共收入46片。其中1—16为无字卜龟，自17—46为无字卜骨。无字甲骨片形较大，较完整的卜龟有甲03，后甲以上包括甲桥04，前甲以下都分06，后甲以上（左前甲及左甲桥残）07，尾左甲010，后甲011，左后甲、前甲部分及右前甲（其余残）012，后甲及前甲（其余残）013，左肋甲边甲（部分）016等。较完整的卜骨有右胛骨028，右胛骨完整骨颈、骨首、臼角031、036、042及左骨040、046等，仅缺骨扇的右胛骨037、039、045等。无论无字卜龟还是卜骨，骨背面的凿、钻、灼清晰可见，可供研究钻、凿的制作及分布、卜法的参考。

据宋镇豪教授在该书“前言”中所言，此书甲骨的收藏者张君，多年来取得有字甲骨407片，并有无字甲骨46片。经过宋镇豪等整理后，剔除其中伪刻，共有384片有字者得以入录。我们阅读此书时，对个别甲骨正面上文字的文例、行款走向等与公布的甲骨背面照片相勘校，按通常文字契刻时“刻辞迎兆”但又“不犯兆”的原则加以粗略分析，发现其中有的刻辞行款顺兆，也有的刻辞刻在钻凿的正面之上（这就犯兆了），或有的行款走向与钻凿垂直或斜行，这就不免使人对其真伪产生需进一步斟酌之感。

虽然如此，该书也有自己的特色，表现在：其一，正如凡例所说，“本书对于殷墟甲骨文分类采用按字体分类的方法，将其全部甲骨文分为𠂤组、宾组、子组、出组、何组、无名组、历组，并以此顺序排列”著录。这是国内著录甲骨继《国博藏甲》（2007 年）首创按字体分类著录甲骨之后的第二部著录。为著录甲骨的新体例做了有益的尝试。或是主编对甲骨分期断代研究的新进展欤?！其二，把无字卜龟、卜骨集中作为本书的有机组成部分予以公布，也是在甲骨著录中所见不多的。这不仅便于学者对无字卜骨的观察和研究，而且也弥补了全书所著录的有字甲骨过于片小、字少的不足，从而使此书充实了许多。

读者一翻开此书，赫然入目的是，主编宋镇豪之后，还有人数较多的编辑成员：马季凡、刘源、徐义华、孙亚冰、赵鹏、王泽文、张翀、刘义峰等。之所以如此“兴师动众”，宋镇豪在“前言”中道出了他的心曲：

> 余组织了中国社会科学院甲骨学殷商史研究中心的同人，对这批甲骨毡墨椎拓，让助研张翀摄影彩照。为使年轻学子尽快掌握甲骨拓制技术，先指导他们细读台湾史语所刘渊临《拓甲骨文的方法》等文，又请中国社会科学院资深研究员齐文心先生专门面授手教椎拓甲骨技术，还专门定做了施拓甲骨的工具。如此，这批甲骨的辑集整理，练就了新手们的拓制甲骨技能，又实现了拓本与照片相对照的传统甲骨著录体例，还进行了分组与释文的厘识。

原来，宋教授有意地通过此书的编纂，训练年轻人编纂甲骨著录，特别是搜集资料、椎拓甲骨的技能，为他们以后参加《历史所藏甲骨集》和更大型著录《甲骨文合集三编》做准备。人才的培养和成长，远远地超过他们参与整理编纂这 384 片甲骨的意义！这应是宋主编良苦用心之所在！

《云间朱孔阳藏戬寿堂殷虚文字旧拓》（上、下，以下简称《戬旧拓》）　宋镇豪、朱德天编集，线装书局2009年版。

《戬旧拓》（上）卷首为原著者朱孔阳小传及照片，其后全书目次如下：

序（宋镇豪）、前言（朱德天）；

殷虚文字（简称《戬寿堂朱孔阳本》）；

殷虚文字序（第7—8页，朱孔阳1976年）；

殷虚文字弁言（第9—16页，朱孔阳）；

殷虚文字说明（第17—20页）、殷虚文字（第21—224页）、殷虚文字考释校正（第225—262页）。

甲骨文集锦

殷虚文字拾补（第263—310页，简称《殷拾》）。

殷虚文字之余（第311—353页，简称《殷余》）。

以上为《戬寿堂朱孔阳本》上册。

附录一：

《戬寿堂所藏殷虚文字考释》（第357—506页，王国维原撰影印）；

关于殷虚卜辞医药史材料辑录（第507—524页，朱孔阳）。

附录二：

朱孔阳旧藏戬寿堂甲骨拓本校订及参考书目（第525—589页，宋镇豪），《甲骨文集锦》校勘记（第591—636页，孙亚冰）。

以上为下册。

《戬寿堂朱孔阳本》共收入甲骨拓本639片，并按拓本版式，将甲骨摹本附入，可供使用此书者将两者互相勘校。而《甲骨文集锦》部分，上卷《殷拾》收入甲骨拓片135纸，下卷《殷余》收入甲骨拓片158纸，上、下卷共收入293片，亦附摹本与之呼应。朱本与集锦共公布甲骨932片。

该书甲骨拓片，其《朱孔阳本》部分，据宋镇豪教授在“序”中介绍，是1952年收藏家朱孔阳先生从戬寿堂主人罗诗迦陵的后人处“购得这批戬寿堂殷虚甲骨拓片”的，其后朱氏又“经由长期在罗诗氏哈同花园从事书画摹拓工作的李庆霄之子李恩绩先生帮助，依王氏（按：即王国维）《戬》书（按：即《戬寿堂所藏殷虚文字》）体例编成，部分断片有缀合”。所附甲骨摹本亦为李庆霄所作。《朱孔阳本》鉴于王国维的《戬寿堂所藏殷虚文字考释》“因所据墨本不晰及断片未连属而误者，兹据拓本写本正之”（第229页）。1953年还作有《殷虚文字考释校正》，对王国维《戬考》作了校勘。“王氏释文以拓本写本校之，有应刊正者多至数十事。其故盖所据墨本不整致，又未校原刻，一也。断折未尽连属，二也。缮定时伪夺三也。”（“弁言”，第10页）朱氏的“校正”其中不乏真知灼见，如《戬》9·1，王国维《戬考》隶定为“（上缺）宾祖巳（下缺）”，考释说，“此祖巳恐非《书·高宗肜日》之祖己……疑谓雍己或孝己也”。但朱孔阳在《弁言》中发现，《戬》9·1“下尚有断片，王氏未经连属入编，遂至误释为宾祖己。实则合断片而读之，宾字当上属，己字下属，祖字乃贞字之残也”。王国维由于断片缀合《戬》1·10十《后上》8·1，“据以定殷先公世系矣”，因开了甲骨缀合先河并有所发现而名重甲骨学界。而《戬》9·1，王氏却未缀合下残之片，得出了雍己、孝己的推论，真“有类于郢书之燕矣”。可见王国维当时的缀合是偶尔为之。朱氏特别强调了缀合在研究时的意义，说“由此观之（按：即王国维《戬》1·10进行了缀合和《戬》9·1未进行缀合），一得一失，皆由于断片之连属与否，然则连属断片，使之字完辞属，亦治甲学者一要事也”（见“弁言”第13—14页）。在20世纪50年代，一位时年85岁的收藏家，能对甲骨缀合的意义有如此深刻论述，是难能可贵的！

为了读者利用《朱本》所收各片和释读，朱氏不仅对王国维的《戬》释作有《校正》，还将王国维的《戬寿堂所藏殷虚文字考释》作为“附录一”并收入，以便读者对照，得出自己的判断。因为朱孔阳是著名医学史家，所以他在收集整理甲骨文资料时，还作有《关于殷虚卜辞医药史材料辑录》8例，也收入该书“附录一”之中。

《朱本》所收甲骨拓片，较当年王国维《戬寿堂所藏殷虚文字》印制欠精的石印本，显得“拓工精良，拓片远较王氏《戬》或罗氏《续编》完整，甚至比《合集》和沈文①还要上佳”。诸如朱本8·9拓片完好程度

① 沈之瑜、郭若愚：《戬寿堂所藏殷墟文字补正》，《上海博物馆馆刊》（创刊号），1981年7月。

超越《戬》《续编》及《合集》，并多出13字，可使卜辞完整释读。又，朱本4·12比《戬》及《合集》多出下半残去的“王受又”3字。再如《戬》9·6，比《戬》及沈文多“丁巳”……8个字，而《合集》却未收此片，如此等等。宋镇豪教授推断“朱本属于戬寿堂原藏甲骨尚未残损时的早期佳拓之编集，保存了不少甲骨文的奥蕴”①，因而弥足珍贵。《朱本》的出版，当比《戬》的拓本要精良了不少。

宋镇豪还作有《朱孔阳旧藏戬寿堂甲骨拓本校订》，收入该书下册“附录二”。还将戬寿堂《朱孔阳本》所收甲骨与戬寿堂王国维本、《甲骨文合集》、沈之瑜《戬补正》进行重新校对，并注明缀合情况、有关著录缺损情况（局部之部）、缺背补背情况、缺正补正情况、缺臼补臼情况、剪割情况等。宋教授的追索、比勘，凸显了《朱本》在甲骨学研究中的重要参考价值。

朱孔阳本《甲骨文集锦》部分，上、下卷共收入甲骨293片，据宋镇豪教授在所写的序中考证，“这批拓本虽不见于王氏《戬》，因有一部分显然是《戬》甲骨的反版、正版或甲臼的拓本，只是其间失联而已，可知属于原戬寿堂同批之物”，因此将之与《朱本》合为一书出版是顺理成章的。

不仅只此，1976年朱孔阳在为《甲骨文集锦》所写的弁言也说，王国维把罗诗迦陵所得刘铁云旧藏800片甲骨中，除1903年《铁云藏龟》一书所未收者，编为《戬寿堂所藏殷虚文字》一书，其编余拓片为朱氏所得，并辑为《甲骨文集锦》（上卷），即本书《殷拾》。其中有20片，“乃戬寿堂收购甲骨前估人拓来之样本，由杭州邹景权（名安）携赠。其后戬寿堂所得甲骨中，实无此数片”（第265）。

这批甲骨293片未作释文。虽然“这批拓片大部分已收入《甲骨文合集》和《甲骨文合集补编》，一部见于其他著录”，但仍“发现65版新材料”。《集锦》的整理、校勘者孙亚冰在《甲骨文集锦校勘记》中指出了一些甲骨的重要性，诸如《殷拾》2·5之“二羁”，与《合集》28157之“二羁”、《合集》28157之“三羁”、《合集》28154之“五羁”有关。“羁”，许进雄论其是“驿站一类之特别设置”。宋镇豪论其“主要为官方

① 参见宋镇豪《云间朱孔阳藏戬寿堂殷虚文字旧拓》序，线装书局2009年版。

旅舍”。再如《殷拾》306有“癸酉贞，佳社害雨。三”当为《屯南》2516同文第一卜、《合集》33294同文第二卜，此为同文第三卜成套卜辞。又如《殷拾》10·4之“市日酒”，与“朝酒”“昃酒”“莫酒”“夕酒”等文例相同，“应该是一日内的时间称谓”。此外，《殷拾》18·7之“旧奏”可与《合集》31033之“新奏”对读；《殷拾》20·6有省隔、盂共见一版。而甲骨文中与隔地共版地名少见，“由此版可知‘隔’地与‘盂’地相距一日路程”。如此等等。此外，孙亚冰在整理这批拓片时，还“发现有些拓片比旧著录完整或清晰”，并举47版与《合集》《补编》等相比较。孙亚冰还在整理过程中“缀合三版”《殷拾》拓本，并发现三则《合集》《补编》重见片及《合集》错配反面一例。作为《〈甲骨文集锦〉校勘记》的附录，孙亚冰作有《甲骨文集锦对重表》，将《殷拾》所收甲骨，与已出版的著录，如《合集》《合集补编》《屯南》《戬》《铁》《佚存》《国博藏甲》《铁余》《南诚》《续》等18种著录进行校对重片的工作，并列表在与《合集》号重见情况、历拓号、甲骨藏地等项一一表示之。从统计可知，这批甲骨多藏于上海博物馆，只有2片现藏中国社会科学院历史研究所、2片现藏国家博物馆。而不见著录的65片甲骨，现仅存拓本，原骨已不知所终了。这就更显示了《甲骨文集锦》出版的重要性！不仅这65片甲骨新资料公布就是抢救文献，还由于此书的出版，这65版甲骨新材料方可供学者研究。尽管这批甲骨从人间“澌灭”，但其“拓影”却可永留人间，乃不幸中之大幸！我们应感谢收藏者云间朱孔阳先生和促成此书偏集出版的宋镇豪教授、朱德天先生！

眼看他起高楼，眼看他宴宾客，眼看他楼塌了。沧海桑田，世事变迁。随着时光的流逝，富可敌国的英籍犹太人哈同和他的财富一起化成了一抔黄土，而他的夫人罗诗伽陵的哈同花园也已风光不再。但罗氏的书斋“戬寿堂”连同为附庸风雅而收购文玩藏书也几经易主，沉寂在时代的洪流中而被人们所淡忘……只有著录罗氏1910年所购千片甲骨的《戬寿堂所藏殷虚文字》一书却永存于世，从而使得“戬寿堂”之名，在甲骨学者翻检材料和文章引用时才屡有提起。虽然这批甲骨反复易主，今已分藏上海博物馆、国家博物馆、中国社会科学院历史研究所等单位，但由于《云间朱孔阳藏戬寿堂殷虚文字旧拓》（上、下）的出版，使多年来分藏多处

（包括遗失不知所终）的戬寿堂所藏殷墟甲骨，得以实现“大团圆”——《戬》书已著录的和未著录的编余拓片汇为一书。这说明罗诗氏极尽人间奢侈和豪华的哈同花园和无数财富及荣华只不过是历史烟云，只有她的“戬寿堂”及其收藏的甲骨文等文化财富才是永恒的！

我们曾经指出：“中外学者的学术交流，促进了甲骨学研究的深入发展”，而“中外学者进行交流的另一种重要形式是召开国际学术研讨会议”①。在不同规格、规模和不同地点举行的学术研讨会上，学者们以文会友，交流研究成果，掌握了研究最新信息，并受到启示和增强了友谊。朱德天就是在参加2006年于河南安阳召开的“庆祝殷墟申遗成功暨127甲骨坑发现70周年国际学术研讨会”时，得以认识宋镇豪教授，在他了解了拟“出版《殷虚文字》重辑本及《殷虚文字考释校正》二书”的情况后，表示鼎力支持，“并向当时在场的线装书局刘聪健先生郑重推荐”②。正是宋、刘二先生慧眼识珠，才得以使《云间朱孔阳藏戬寿堂殷虚文字旧拓》（上、下）出版，为甲骨学研究增加了一批新资料！

第四节　国内单位收藏甲骨的再整理与著录

一　收藏单位公布甲骨的全面化与著录编纂的“更臻完善”

1899年殷墟甲骨文被伟人爱国学者王懿荣发现并购藏以后，至1928年的中央研究院在安阳殷墟科学发掘甲骨文以前，即在小屯村民“私人挖掘时期”的30多年间，“殷墟出土的甲骨，八宗共约十万片左右”③。这些甲骨的大多数被国内收藏家所购藏，但也有相当一部分流往欧美和日本，给我国的文化事业造成了损失。为与1928年以后中央研究院科学发掘殷墟所得甲骨相区别，学术界习惯地称这一批村民“挖宝”盗掘所得，并没有科学地层关系的甲骨为“传世甲骨”；而中央研究院和其后考古研

① 王宇信、徐义华：《商周甲骨文》，文物出版社2006年版，第236页。

② 朱德天：《前言》，线装书局2009年版，第3页。

③ 胡厚宣：《殷墟发掘》，学习生活出版社1955年版，第36页。

究所发掘所得甲骨为“公家”——国家所有的“发掘品”，其所有权较为稳定；但“传世甲骨”则不然，由于时代的变迁和世事的沧桑，往往物是人非，甲骨收藏反复易主，或甲骨藏品聚散无常，所有权处在变动不居状况。但殷墟甲骨是中国古代文化珍品，是全人类的共同精神财富。在新中国成立以后，不少收藏家还是把他们私人钟爱把玩的秘藏甲骨，慷慨献给了有关文物单位，化小我为大我——成为公家单位所有，为甲骨找到了“子孙永宝”的好归宿。

甲骨学家为全面掌握研究资料，一直密切关注并跟踪传世甲骨的流向，尤以甲骨学前辈胡厚宣教授用力最勤。他 1937 年 4 月 2 日就在天津《益世报·人文周刊（第 13 期）》发表了《甲骨文材料之统计》一文，1942 年又写成《甲骨文发现之历史及其材料之统计》，收入《甲骨学商史论丛》（成都齐鲁大学国学研究所 1944 年版）。1954 年还出版了《五十年甲骨发现的总结》（商务印书馆出版）。1984 年经补充最新调查材料，又写成《八十五年来甲骨文材料之再统计》一文，发表在《史学月刊》第 5 期上……就是这样，胡厚宣“通过他多年孜孜不倦的追求和探访，国内外公私藏家的传世甲骨一宗宗、一件件的来龙去脉他都烂熟于胸。而《甲骨续存》一书的完成，为他日后总编辑《甲骨文合集》打下了坚实的基础”①。在集传世甲骨之大成的《甲骨文合集》的编纂过程中，编辑组在胡厚宣总编辑的带领下，又进一步对国内收藏的甲骨“作了近乎普查的工作，计全国收藏甲骨的，有 25 个省市自治区，40 个城市，98 个机关单位和 47 个收藏家，共藏甲骨将近 10 万片”②。

《甲骨文合集》编辑组在收集国内各单位所藏甲骨时，并不是有骨必拓，而是选其内容较为重要者，因而在椎拓甲骨时，各单位所藏甲骨就有相当一部分被淘汰“出局”了；在《合集》编纂过程中，也不是对搜拓来的甲骨拓片全部入录，而是按“一定的标准”进行选片。在这一过程中，又有相当一部分甲骨未被选中。因此，《合集》虽然收入了国内各收藏单位的甲骨，但只是部分精品而不是全部。因此，各收藏单位未被

① 王宇信：《中国甲骨学》，上海人民出版社 2009 年版，第 442 页。

② 参见胡厚宣《八十五年来甲骨文材料之再统计》，《史学月刊》1984 年第 5 期。

著录过的甲骨中，还有一批甲骨学商史研究的重要史料，应早日全部予以公布。

可喜的是，由于一些甲骨收藏单位研究力量的增强和国家财力的日益雄厚，把单位所藏甲骨加以整理、研究并著录公布已不是困难之事了。由于单位藏骨毕竟数量有限①，因此整理出版时较《合集》既精且细，即不仅有拓本，而且还作有摹本、照片（而且自2004年《花东》以后多是彩色照片），更有的还作有片形部位释文（或称为“楷释”），实现了前辈学者理想中的“三位一体”著录甲骨，甚至《甲骨文与甲骨学》理想中“四位一体”的“更臻完善”② 的著录！特别是数码照相和印刷水平的提高，彩色图版著录甲骨，把甲骨著录书的水平推向了一个全新的阶段。（附图四十五）

这里应指出的是，著录收藏单位所藏甲骨，向“更臻完善”的“三位一体”或“四位一体”方向努力，还是可以做到的。但用于片数庞大的甲骨著录就是不现实的了。诸如集传世甲骨之大成的《甲骨文合集》41956版甲骨共13巨册（其中摹本一册），如果每片都作出摹本，使之“二位一体”，那出版时就会印制成25巨册；如果再作出“片形部位释文”（即楷释），使之“三位一体”，出版时就会印制成50巨册；以上各项是不难办到的。但如果再加上照片，就会印制成98巨册（第13册摹本其骨不知所终，故不列其内），这就是不能做到的了。且不说给分散在英国、美国、德国、法国、俄罗斯、加拿大、日本、法国、瑞典、瑞士、韩国、新加坡、比利时等世界许多国家的有关研究机构和私人的藏骨一一照相是不可能办到的，就是国内各省市和港、台公私所藏甲骨也是不可能的。究其原因，一是没那么多的人力；二是部门利益，今天再也不能发扬“共产主义风格”了；三是没有摄照国内各收藏单位甲骨（更不用说远渡重洋去国外）所需的巨额经费；四更谈不上用彩色照相制版，印刷时需耗费高成本以追求“更臻完美”了！凡此种种，我们认为超大型甲骨著录是不可能实

① 参见胡厚宣《八十五年甲骨文材料之再统计》（《史学月刊》1984年第5期），所列国内收藏甲骨20000片以上、5000片以上、4000片以上、500片以上、100片以上、10片以上诸单位名。

② 张秉权：《甲骨文与甲骨学》，台北编译馆1988年版，第113页。

现“二位一体”“三位一体”或“四位一体”的。

此外，即使从研究者使用层面来讲，超大型的著录也没有必要“三位一体”或“四位一体”。如《合集》变成25巨册（拓本摹本的“二位一体”），或50巨册（拓本、摹本、片形部位释文的“三位一体”），进而98巨册（拓本、摹本、片形部位释文、黑白或彩色照片的“四位一体”），虽可谓皇皇巨制，但研究者何以有如此巨大财力购置此书?！研究者研究、参考时，一片甲骨在二、三、四巨册中互相勘校，学者个人的“斗室”又怎样展开?！又如何便捷使用?！因此大型甲骨著录，只要选用的甲骨拓本清晰，能准确、科学地全面反映文字考释的最新成果并配之权威性释文，就可供研究甲骨学商史之用了。

单位所藏甲骨的著录出版还是十分必要的，可以使多年被淹没的材料面世，为甲骨学商史研究抢救出一批新资料。与此同时，还可训练、培养出一批甲骨学研究人才。而“二位一体”“三位一体”“四位一体”地著录甲骨，对收藏单位是不难办到的。精雕细琢公布藏骨，可以使研究者对甲骨进行多角度、多层次、全方位的观察和研究，推进甲骨学商史研究的“全面深入发展”。我们希望，今后有更多的甲骨收藏单位，能抽出人力对本单位所藏甲骨进行个案的整理、研究，在国家不断加大投入研究经费和出版资助力度的条件下，能出版更多的更臻完善的著录！

二 单位所藏甲骨的再整理与著录：《国博藏甲》《北珍》《上博》《史购》《所藏》

《中国国家博物馆馆藏文物研究丛书·甲骨卷》（以下简称《国博藏甲》） 上海古籍出版社2007年版，全书共收入甲骨268号（附图二十三）。

《国博藏甲》的目录如下：

总序（吕章申）、前言（王冠英）、凡例；

中国国家博物馆馆藏甲骨图录：

一、自组卜辞，二、宾组卜辞，三、子、午组非王卜辞，四、历组卜辞，五、出组卜辞，六、无名组卜辞，七、何组卜辞，八、黄组卜辞，九、非卜辞类刻辞，十、无字卜骨与卜甲。

中国国家博物馆藏甲骨考释：

一、𠂤组卜辞，二、宾组卜辞，三、子、午组非王卜辞，四、历组卜辞，五、出组卜辞，六、无名组卜辞，七、何组卜辞，八、黄组卜辞，九、非卜辞类刻辞，十、无字卜骨与卜甲。

另有论文五篇，即，

《武丁时期商王国北部与西北部之边患与政治地理——再读有关边患的武丁大版牛胛骨卜辞》（朱凤瀚）、《记国博所藏甲骨及其与YH127坑有关的大龟六版》（宋镇豪）、《从〈菁华〉大版卜辞看商人风俗与信仰》（沈建华）、《重读小臣牆刻辞——论殷代的西北地理及其有关问题》（沈建华）、《从国博所藏甲骨谈殷墟王卜辞中的子某》（刘源）。

引用甲骨来源著录书简称、后记。

《国博藏甲》所收的268号甲骨，每一版甲骨均用数码相机照相，并制成“彩色图版一般略加放大，以便更清楚观看甲骨原貌”。凡反面有字或有钻凿者，亦作有彩色照片，并与其正面编为同号。全书所收各号甲骨，“依贞人与字体约略分成八组”，即依𠂤组，宾组一类、二类，子、午组非王卜辞，历组一类、二类，出组，无名组，何组，黄组，并附有与黄组年代相同的记事刻辞的顺序类次。各组内的“卜辞大致依其内容先后排列”，即祭祀、战争、农业、气象、田猎、其他工事、生育、卜旬、地理、人物、文字、记事十二项依次排定。而“同一版内容较多者，依其内容较重要者决定次序”[①]。《国博藏甲》所收甲骨，统编为268号，每号之下皆注明此甲骨实物之长与宽度。《国博藏甲》著录的甲骨，皆为1959年中国历史博物馆（即中国国家博物馆前身）建馆以来，从全国各博物馆和文化单位征调来的精品，多为海内外学术界所熟知。著名的卜骨诸如有035正、反为《菁》1·1正、2·1反所著录者，如036正、反“㞢坒刍自益十人又二……”为《菁》5、《续》5·8·1，乃《合集》137正、反；再如046“大令众人曰劦田，其受年。十一月”，乃《簠》5、《合集》1所著录者；又如056正面为“小臣叶车马，硪驭王车，子央亦坠……”反面“虹自北，饮于河……”为《菁》3·1正、4·1反，乃《合集》10405正反等。而非卜辞类刻辞亦颇为有名，如260著名小臣牆刻辞，为《续存

① 《国博藏甲凡例》，上海古籍出版社2007年版。

下》915 正、916 反，乃《合集》36481 正、反。再如 261 著名“宰丰花骨”，为《佚》518；而 264 为学术界所熟知的长安张家坡出土之西周筮数；《国博藏甲》所收大龟，不少也为学界所熟知，诸如 11 正、反，为《通别一》3・16、《佚》234，乃《合集》21099。又如 25 为《双图》下 33.2、《京》648，乃《合集》10125；28 为《续存下》224，乃《合集》3187 正缺反；45 为《合集》5776 正反；60 为《乙》4480 正、《双图》下 32・2 反，乃《合集》14019 正反；62 为《续存下》442 正、443 反，乃《合集》4264；68 为《合集》3945 正反等等所刊六版大龟，乃“胡氏（按：即胡厚宣先生）前后揭出大龟十版与 YH127 坑出土甲骨有关”的一批。而当时胡厚宣先生“揭出的与 YH127 坑出土有关的大龟十版，经过藏家转手，今已分归北京国家图书馆和国家博物馆珍藏”。据这十龟的著录、缀合、现藏情况表，现有三版大龟藏于中国国家图书馆，七大龟板现藏于中国国家博物馆。[①] 其他的不少精品，其内容也多为学界所熟知。[②] 此外，《国博藏甲》书中还有不少甲骨未著过，但大多片小、字少，现在此将片号列出（如有重要内容，附于片号之后）以供参考：03、04、05、06、07、08、09、10、12、13、14、15、16、17、18（奏岳）、19、20（自唐逆河）、21、23、24（王亥）、29（王飨）、30（妇井賁四豕）、31、33、37、39、41、42、44（南廪）、47（求年𠦪）、48、49（黍于𡵂受年）、50（乍邑）、52、57、63、66、71、72、73、75（仆）、76、78、79、80、81、82、88、92、93、94、99、100、101、102、103、106（于河百牛）、107、111、112、114、122（先賁大牢）、124、126、127、128、138、141（日又戠）、142、143、144、145、146、150、158、159（戠伊）、163、164、165、166、167、168、170、171、174、175、176、177、178、183、185、187、188、189、190、191、192、193、202、204、205、208（其田斿）、212、214、215、217、218、220（有象）、222、224、225（宿于岳）、226、227、228、230、231、232、233、236、237、238、

① 参见宋镇豪《记国博所藏甲骨及其与 YH127 坑有关的大龟六版》，《国博藏甲》，上海古籍出版社 2007 年版，第 284—290 页。

② 参见宋镇豪《国博藏甲》论文，上海古籍出版社 2007 年版，第 283—284 页。

239、240、241、242、243、244、247、249、251、252、253、254、255、256、257、258（自无祸）、259、263等。以上共139版，而《国博藏甲》全书所收甲骨268版中，已见著录者为128版。未著录者达二分之一强，为甲骨学商史研究提供了一批新资料。《国博藏甲》甲骨图录彩色图版之后，为中国国家博物馆馆藏甲骨考释。每号甲骨都有原大甲骨拓片，在编号下标明馆藏编号、原号、著录情况、尺寸（长、宽）、质料（龟板或骨，涂朱者注明）。字数、分组等内容。甲骨释文如卜辞一条以上者，则分条释定。释文后还作有字、词的考释，并注明所从看法的出处。如此等等，本书的甲骨释文，反映了当前文字考释的最新成果和水平。

《中国国家博物馆馆藏文物研究丛书》"顾名思义，是一套馆藏重要文物著录与专题研究相结合的学术著作"。不仅著录馆藏重要文物，并"附释文和简洁的考释文字"，还有"一部分是论述文字。论述文字是各卷的研究部分"。特别是"有些文物学术价值或学术价值很高，但牵涉的问题也很多。对于这些研究难度较大的文物，我们则提倡作者在专家指导下做缜密的考据，或请专家做专门的阐释，务求把问题解释清楚。由是也形成了本书的一个特点"[①]。《国博藏甲》一书，收入了著名的大胛骨35正、反（《菁》1·1正、2·1反，《合集》6057正，反）、36正、反（《菁》5，《续》5·8·1，《合集》137正、反）、56正，反（《菁》3·1正，4·1反，《合集》10405正、反）等。这几版大胛骨，片大字多，并在字口中涂以朱砂，史料和文物价值极高，弥足珍贵，乃罗振玉考知甲骨文出土地小屯为"武乙之虚"后，派罗振常与范兆昌于宣统三年二月十五日去河南安阳小屯村坐地收购所得，至二月二十九日由范兆昌把收得甲骨等文物运回北京为第一阶段。自二月二十九日至三月十七日为罗振常等在安阳小屯继续收购甲骨的第二阶段。就在这两阶段期间，购得甲骨很多，据罗振常统计说，"昨钩稽账目，龟甲兽骨两次运京者，大小共得一万二千五百余块，可云大观，小屯存骨信乎已磬"[②]。"罗振玉派人去安阳小屯直接收购所得甲骨中的精品，有几版大肩胛骨，有的正反面都有字，字多内容

① 王冠英：《国博藏甲·前言》，上海古籍出版社2007年版。

② 罗振常：《洹洛访古游记》，宣统三年（1911年）三月十七日条。

也重要，并且有的字口涂满朱砂。不仅在他本人所藏甲骨中，就是在殷墟出土全部十五万片甲骨中也是所见不多的，确实是殷墟甲骨中的‘菁华’。”① 关于这几版大胛骨收购经过，罗振常《洹洛访古游记》宣统三年（1911）二月二十八日条所记颇详，亦可参见《中国甲骨学》第 40 页所引，此处从略。这几版号称甲骨之“公”、甲骨之“王”的精品，为中国国家博物馆的一级藏品，不仅历来为海内外学术界所看重，亦为该馆展品中的“重器”，引起海内外广大观众的注意和兴趣，因此《国博藏甲》收有朱凤瀚《武丁时期商王国北部与西北部之边患与政治地理——再读有关边患的武丁大版牛胛骨卜辞》一文，对“格外惹人注意”的中国国家博物馆藏 35、36、56 号大胛骨这一类卜辞的特点加以概括，即“一、都刻在大版的牛胛骨上；二、字形较周正、开朗，笔划较粗而刚健，是殷墟甲骨文书法艺术的典范；三、字多有涂朱；四、往往在牛胛骨正背两面皆有刻辞，同一面刻辞常包括若干条卜辞。当文字密集时，多会在各条卜辞间用竖划加以间隔；五、卜辞构成多较完善，多含前辞、命辞（卜一旬有无𡆥）、占辞、验辞（记一旬之内应验之事）几部分；六、贞人主要是在宾组卜辞中出现率最高的宾、㱿、争；而验辞则常是由王亲自视卜兆后所作的判断之辞，以‘王𡆥（占）曰’开头为常见形式”。如此等等。认为“凡具有上述几个特点的甲骨刻辞，按道理讲，应该是存在于一段不会太长的时间内”。因而“此类刻辞如果保存较好，发现较多，则其内容在时间上有衔接排序的可能”。该文把这类刻辞中记载战争的部分卜辞作排序的探讨，将同一癸日占卜的卜辞（包括占、验辞）归为一组，按癸日先后加以排序分组，即第一组《合集》584 正、《合集》137 反、《合集》6068 正、《合集》584 反甲、《合集》6067、《合集》6057 反、《合集》4547；第二组《合集》6057 正、《合集》6060 正、《合集》7143 正、《合集》7139、《合集》6059、《合集》6058 反；第三组《合集》137 正、《合集》367 反、《合集》13362 正、《合集》6057 正、《合集》6778 正；第四组《合集》137 正、《合集》137 反；第五组《合集》6057 正（按：所列卜辞本书省略）。

① 参见王宇信《中国甲骨学》，上海人民出版社 2009 年版，第 39—40 页。

在以上五组卜辞中多有占卜内容相同的卜辞，甚至验辞也相同，只是贞人不同。这说明当时事关重要的占卜、贞问，不仅可能会一事多卜，而且会同时由不只一位贞人来担负。

以上五组卜辞，反映的主要内容是商王朝与其边疆族属及西方、北方异族的战事，即“在短短不到两个月的时间内，即有土方、𢀛方、方三个较强悍的所谓方国不断地多次征伐，破坏商王朝的边邑地区，并进行掠夺，形成严重的边态，一时使商王朝处于危机状态”。在对有关卜辞进行考释研究的基础上，进一步确定了“武丁时期大版宾组牛胛骨卜辞，凡未注明在某地者，其占卜地点应该皆是王都”。此外，对郭沫若“较早地根据辞义来估算商人这些敌方位置”，在肯定其“在研究思路上，是有合理因素与启发意义的”的基础上并加以修正，指出其不免有较多的“假设成分”。这是因为：其一，受侵扰的族属是否立即上报、路程是否顺畅不明；其二，明确记敌方侵扰时间的卜辞不多，多为记何时“来艰”者，即受侵之族来报告的时间；其三，多数卜辞未记报告的时间与受侵发生的时间相隔几日。朱氏进一步据卜辞推知边域受侵地点至商都的距离，只能是相对的，“应该只是边邑族属地位置与敌方当时的活动区域，并不是这些北方敌方当时之常居地”。这对方国地理研究颇有启示。在此基础上，本书还对以上卜辞中所出现的长、𠂤、沚氏之地望和𢀛方、土方、方的活动区域进行了考证，故对商代方国地理研究有启示意义。

沈建华的《从〈菁华〉大版卜辞看商人风俗与信仰》一文，对《国博藏甲》56正、反大版胛骨进行了专门考证，并对该版甲骨中反映的有关殷人占梦、占云、择日的宗教信仰进行了分析；而《国博藏甲》所收260号，即为海内外学者研究商代军事史反复引用的著名的小臣牆刻辞，也是商末帝乙、帝辛时文字最多的一版记事刻辞。沈建华《重读小臣牆刻辞——论殷代的西北地理及其有关问题》一文，对这版卜辞反映的“小臣牆献俘授馘”“商周‘密’和‘须’的地理位置”，“密须的周边地理（美方与危方、刚方、奚与吕）”进行了再研究。

《国博藏甲》著录的25、28、45、60、62、68六版大龟板颇引人注目。其中的62正、反和68正、反，原为唐兰旧藏，即为甲骨学界所昵称之“唐兰小龟”，《甲骨文合集》第一册（中华书局1982年版）卷首曾用彩色图版加以著录，这当是国内把彩色照相技术应用于甲骨著录中的较早者。中国国家博物馆所藏这6版完整龟甲，宋镇豪《记国博所藏甲骨及其与YH127有关的大龟六版》一文中指出，应“与殷墟小屯C区YH127坑出土甲骨有关”。虽然1936年史语所发掘的YH127坑从未经盗掘，而且是科学发掘，“整坑甲骨应该没有流落在外的”。但事实并非如此。1945年胡厚宣的《甲骨六录》中收入于省吾《双图》（1940年）中三版龟腹甲摹本就指出，“此三甲必与中央研究院十三次发掘者有关”；其后不久，1945年胡厚宣在北京从李泰棻处收得448片甲骨中的“完整大龟三版，卜兆刻过，背面有用朱书写的‘甲桥刻辞’”，应为第13次发掘所得。此外，于省吾还另有一龟，也当是YH127坑中之物。1947年胡厚宣先生曾将上述龟版的发现和研究撰成《战后殷墟出土的新大龟七版》一文，并在上海《中央日报文物周刊》上发表。此外，胡厚宣先生还在北京庆云堂购得“半版记四方风名的大龟”和1955年《甲骨续存》序中揭出的《续存下》388正、389反和《续存下》442正、443反等3龟版，当也与YH127坑有关。以上胡厚宣最早揭出社会上流传的10版大龟当与YH127坑有关的意见，得到了我国台湾甲骨学家严一萍的赞同，并说“至于如何‘遗失’，那就不得而知了”。其实还不止遗失只此10龟，曾毅公《论甲骨缀合》谈到1958年文物局拨北京图书馆（现为国家图书馆）一批中就有YH127坑中之物。此外，北京师范大学原藏通古斋黄濬《邺中片羽》的甲骨，也有的为YH127坑中之物。学者指出，“这些甲骨不太可能因坑浅而被盗掘，唯一的可能就是发掘到著录的过程中间遗失了”。我们已在前边指出，在安阳发掘过程中被盗的可能性当更大一些。

当年（1929年）第3次发掘大连坑一带时，史语所与河南民族博物院为发掘殷墟发生了争执，“此停彼作者兼旬”。在此期间，曾发生发掘所得甲骨被盗事件，即董作宾在《殷契佚存》序（1933年）中所说“民族博物院所采者旋被盗窃，失去盛放甲骨之绿布小箱一件，事经轩、邱（良臣）两人手，其所居五洲旅馆主人畏罪逃，馆舍查封者累月”，此即《佚》所收施密士所藏甲骨由来。但这次甲骨失窃，年代为1929年，其地点大连坑附近离 1936 年的 YH127 坑甚远。应与 YH127 坑甲骨遗失无关。但此次失窃当时即知有人行窃，而 YH127 坑甲骨失窃却在 1945 年以后方揭出。但无论如何，YH127 坑这些不翼而飞的甲骨，终于面世并花落有主，经辗转流传后，竟在国家博物馆中重聚一堂。这次又在《国博藏甲》中集体“亮相”。确如学者所说的：“YH127 坑‘遗失’出土的一批珍贵大龟版，透过尘封的沧桑与已逝去的时代伤感，也微微唤起了学人的无限的沉思，更多少有着饱含苦涩的庆幸。”

不宁唯是，《国博藏甲》收入的一批对读者颇有启示的研究论文，也进一步使《中国国家博物馆馆藏文物研究丛书》的学术水平“达到了一定的高度”，并“和以前出版的图录等有了明显的区别”[①]，而且作为《国博藏甲》“导读”，使读者更进一步认识到《国博藏甲》所收甲骨的深厚文化底蕴和重要性。

《国博藏甲》用彩色图版著录全部甲骨，应是本书的一大特色。有一百多年著录史的殷墟甲骨文，自 1903 年《铁云藏龟》出版以来，也随着印刷技术的发展和摄影机械的科技含量提高而日益进步。为把龟甲、卜骨的原状更形象真实地再现给研究者，一些甲骨著录书开始在书前加印部分甲骨的彩色图版，如 1978—1982 年出版的《甲骨文合集》和 1980 年出版的《小屯南地甲骨》，就在书首印有甲骨的彩色图版，从而使人耳目一新。其后在 2003 年云南人民出版社出版的《花东》，就开了全部用彩色图版著录甲骨的先河。而 2007 年出版的《国博藏甲》，是继《花东》以后，第二部以彩色图版著录殷墟甲骨文的著作。对传世甲骨而言，当是第一部彩版著录。不仅反映了这一时期印刷技术的新水平，也反映了现代数码技术这一新科技成果在著录甲骨文中的应用。自此以后，随着经济力量的增强和印刷水平的提高，不少甲骨著录中的甲骨实物照片被全部用彩色图版所取代，诸如《北珍》（2008 年）、《史购》（2009 年）和前不久出版的《所藏》（2012 年）等。可以说，自《花东》（2003 年）和《国博藏甲》（2007 年）开启的全部以彩色图版著录科学发掘所得和单位所藏传世甲骨，把甲骨著录书的编纂和印刷出版推向了一个新阶段——彩色图版的新

① 王冠英：《甲骨卷前言》，上海古籍出版社 2007 年版。

时期。

《国博藏甲》所收的甲骨，“依贞人与字体约略分为八组”（凡例）的编排法，在甲骨著录体例上与《合集》等书遵循董作宾传统的五期分法有所不同，是对李学勤等学者倡导的卜辞分组分类和殷墟王卜辞“两系说”理论在著录甲骨中的具体实践，具有探索性意义。

我们1999年曾在《甲骨学通论》（增订本）第210页指出，当时李学勤等学者“虽然提出‘两系’说，但没有提出具体的标准以使甲骨学者在分期实践中进行检验”。“所以在目前的研究工作中，还不能用‘两系’说驾驭十五万片甲骨的全部。就是‘两系’说的倡导者李学勤本人，他的近著《英国所藏甲骨录》，也仍然是以董作宾的‘五期’分法和‘十项标准’为依据进行整理的。”自20世纪90年代以后，李学勤的《殷墟甲骨分期研究》等专著，使“两系”说理论完善系统化。而10多年后，2007年出版的《国博藏甲》，就是在国内第一部以卜辞分组和“两系”说理论整理甲骨的著作，表明殷墟甲骨分组整理和“两系”说研究的深入。

《北京大学珍藏甲骨文字》（上、下）（以下简称《北珍》）　李钟淑（韩）、葛英会编纂，上海古籍出版社2008年版，全书共收甲骨2929号。（附图二十四）

《北珍》（上）书首为北京大学所藏甲骨彩色照片图版。其后列有全书总目，即序一（李伯谦）、序二（王宇信）、前言、编辑凡例。

甲骨影本及拓本图版：

一、农事（1—42），二、田猎（43—135），三、祭祀（136—760），四、战争（761—880），五、巡狩（881—920），六、刑狱（921—934），七、征调贡纳（935—963），八、王事（964—1435），九、天气气象（1436—1627），十、干支历数（1628—1886），十一、卜法（1887—2051），十二、其他（2052—2929）。此外，书中还专列遗失甲骨拓本图版（1—53）及伪刻甲骨拓本图版（2930—2980）。

《北珍》（下）甲骨摹本及释文图版：所列分类及号数与上同，此处从略。

书末为北京大学所藏甲骨文字著录重见表、后记。

《北珍》甲骨影本及拓本图版共收入北京大学所藏甲骨2929号。书中所收每一号甲骨，均作有原大彩色照片，色泽颇似原骨，甚至可显骨理。文字字口清晰，印制效果逼真。诸如《北珍》1436（正）大字涂朱，朱色红艳。每片甲骨所作拓本，椎拓工精，文字清楚可显。《北珍》所收每片甲骨，照片与拓本共为一号，按上列一类至十二类内容统编为2929号。凡本书印刷双号页码排版时均置每号甲骨彩片，凡印刷单号页码均在相应位置排印每号甲骨拓片。故打开《北珍》查阅时，每号甲骨的彩照与拓本可互相对应，检索、勘校、使用十分方便，可见编纂者之用心良苦！

甲骨虽按十二类分组，但每类内甲骨均再按五期分法类次，每期在图版上皆总标明期别以示醒目（无某期者则不标）。

《北珍》（下）为甲骨摹本及释文图版。即上册所收每号甲骨，都据实物作出原大摹本，并在片形轮廓内的相应部位，作出该部位摹本上甲骨文字的楷体的片形部位释文。该书的双号页码为摹本，单号页码为片形部位释文，其分类期别及每号摹本安排版式与上册完全一致，不仅便于本册互相比照，亦可与上册之彩照、拓本互相对应。《北珍》下册的北京大学所藏甲骨文字著录重见索引表，列有北京大学所藏甲骨的《北珍》编号、北京大学考古与艺术博物馆登记号、《殷契卜辞》收录号、《殷虚书契续编》收录号、《殷契佚存》收录号、《南北师友》收录号、北京大学研究所国学门《殷虚文字考释》收录号、《甲骨文合集》收录号、其他（即收录较少的著录）等各项。读者据此表可知北京大学所藏甲骨的历史和被著录的情形，也可知《北珍》第一次发表之未被著录过的新材料为何许片。

《北珍》所收甲骨，为北京大学考古与艺术博物馆所藏。据本书前言及李伯谦教授序所说，一部分为1922年北京达古斋主人霍保禄捐赠北京大学研究所国学门者共463片。另一部分为1929年著名金石学家容庚为燕京大学国学研究所购置的甲骨1200片。还有一批甲骨为1936年外国友人G. A. H所捐赠，但其数量与接收单位现已没有记录可查了；此外，1950年入藏690片甲骨、1951年入藏甲骨29片、1954年入藏甲骨5片，但购入、捐赠及经何人之手和入藏品从何处而来等，原始档案上均无记录了。1952年院校调整时，燕京大学被撤销，北京大学由北京城内沙滩原址迁至原燕京大学旧址，原燕京大学所藏甲骨亦为北京大学历史系考古教研室所接收。因北京大学旧藏甲骨来源不同，装置包装也五花八门。有的甲骨精心置于特制的木匣内，也有的甲骨仅用红线绷扎在草纸板上，再层层叠压在破旧木箱内……时任考古教研室资料室主任的闫文儒教授对甲骨的保存状况十分忧虑，提议对这批甲骨进行彻底整理、核查数量、拓墨，并统一制作木匣以妥为存放。在闫教授主持下，自 1963 年起至 1966 年整理甲骨的工作结束，并亲自用毛笔手写了一份“甲骨目录”。因此，我们在利用《北珍》的时候，不应忘记严文儒教授对原始材料精心整理所作的贡献！

北京大学所藏这批甲骨文，早在 1933 年，容庚在《殷契卜辞》、罗振玉在《殷虚卜辞续编》、商承祚在《殷契佚存》等同年出版的著录中就有所收录，其重要内容就引起甲骨学界的重视。其后 1951 年胡厚宣在《战后南北所见甲骨录》、1954 年在《战后京津新获甲骨集》及 1978—1982 年郭沫若主编的《甲骨文合集》中又有所收录。尽管历年出版的收入北京大学所藏甲骨著录的新材料不断问世，但其全部甲骨究竟还有多少重要材料没有公布，成为甲骨学界较为关注的问题，希望有一天能把全部甲骨材料发表出来，以供海内外甲骨学家进行全面研究。

笔者在参加《甲骨文合集》的编纂工作初期，曾随胡厚宣教授去北京大学历史系搜集甲骨文资料，知道《合集》只选用北京大学所藏甲骨的一部分，还有许多未被收入的重要材料。因此，当葛英会教授带他新入学的韩国博士研究生李钟淑到建国门内的历史研究所和笔者、宋镇豪见面，并谈及李钟淑同学就读博士研究生研究方向的时候，我建议她彻底整理北京大学所藏甲骨，可以通过对这批甲骨的整理和研究，使她受到对重、辨伪、缀合和文字考释的基本训练，并使她的甲骨学研究水平得到较大的提高。与此同时，也通过她对这批材料的彻底整理和研究，作为博士学习期间的研究，以著录的形式把北京大学所藏甲骨全部提供给学术界。她和她的老师葛英会教授和宋镇豪都认为这个研究方向很好，也很有意义。李钟淑在北京大学就读博士研究生课业期间，葛英会教授精心指导她，并把自己多年研究心得和成果倾注在学生身上，他与自己的学生一起对北京大学所藏的这批甲骨进行了整理和研究。

李钟淑与葛英会的研究工作，首先核对了历年入藏甲骨的档案，并与现藏甲骨实物相核对，明了了北京大学所藏甲骨的来源及现藏实际情况，再将甲骨实物与历年著录中所刊出的甲骨拓本、摹本相核校，并统计已经著录过的甲骨数量，所余自是从未著录者；与此同时，对前人疑伪或真伪尚有争议者，认真加以考辨，并得出自己的认识；对全部的甲骨残片再加以缜密追索，努力将原为同片断裂者，缀合复原在一起。在整理全部甲骨的基础上，利用数码相机对每版甲骨刻辞照相，并与原有拓本对照，制作甲骨摹本和片形部位释文。而1952年前已经遗失的75片甲骨中，幸在《殷契卜辞》中保留了其中的49片拓本。而1966年又不知去向的4片甲骨，也幸有其4张拓片尚存。为保持北京大学所藏甲骨材料的完整性，《北珍》将《契》的49张拓本与此仅存4张拓片合编为遗失甲骨拓本图版1—53号。还将判断为伪片者，收入本书伪刻甲骨拓本图版，并与所收有字甲骨统编号为2052—2925。

甲骨文材料的整理和公布，不仅是甲骨学研究的基础工作，而且著录书的编纂工作，也反映了不同时期甲骨学研究的发展和深入，是编纂者所处时代和研究水平的发展和深入，更是编纂者所处时代和研究水平的标志。《北珍》在前人整理著录甲骨的基础上，又有所前进和创新。表现在：

其一，自甲骨学大师胡厚宣创立先分期再分类的编纂体例以后，为甲骨材料的统驭别开了新生面，在他本人及不少学者的著录中普遍使用，并在《合集》中予以充分体现，极大地便利了研究者查找、使用、研究有关甲骨材料。而《北珍》不囿于旧说，“在区分甲骨刻辞内容的类别时，应以古代典籍所载占卜事类作参考，并指出以往甲骨文著录中存在的两种不恰当的分类法”，提出了“甲骨刻辞的内容分类应遵循两条规则：1. 凡一版甲骨载有两条或多条内容有别的卜辞，其所属类别以卜辞的主从关系加以抉择；2. 凡一版甲骨只有一条卜辞的，以完整的卜事为单位裁定其类属。卜事所含成分与卜辞不属同一层面，不能视为卜辞的类别”。这就是《北珍》所分的总目所列的十二类，再在每类甲骨内进行分期。因此笔者在此书序二中认为，这一分类原则，“为今后科学著录传世甲骨提供了颇具意义的启示”，且进行了有益的探索。

其二，本书以彩照、拓本、摹本“三位一体”形式著录甲骨，是继《花东》（2003年）以彩照、拓本、摹本“三位一体”公布科学发掘所得甲骨的第一部著录出版以后，又一部以彩照、拓本、摹本“三位一体”刊出传世甲骨的第一部著录（此前的《国博藏甲》，2007年，只有彩照、拓本而无摹本），比日本伊藤道治《天理》（1987年）作为照片（黑白）、拓本、摹本“三位一体”的第一部传世甲骨著录又前进了一步，反映了科技进步和甲骨学研究的发展。本书还以片形部位释文与摹本互相呼应，从而为更全面、更准确地核验、利用甲骨材料提供了方便。而片形部位释文（前辈学者张秉权称作“楷释”），《丙编》（1957—1972年）将其置于甲骨拓本之上，透明纸可使释文与其下甲骨文相对应。王宇信等《甲骨文精粹释译》（2004年），是将拓本、摹本、片形部位释文“三位一体”，可以互相勘校。但前辈学者所期待“完美的著作”，即拓本、照片、摹本三者并存，“可以互相对照比较，也可以互相补救阙遗”的著录还不够，“如果再加上楷书释文（按：即我们所说的片形部位释文），自然更臻完善了”[①]。而《北珍》就是彩照、拓片、摹本、片形部位释文“四位一体”的“更臻完善”的著作。

其三，《北珍》“另一个值得称道的做法，是将这些经过鉴别确认为伪片的甲骨拓本资料，悉数附录于正编拓本资料之后，以供读者观察、鉴赏，从中揣摩增广鉴别真伪的知识与技巧”，因而书中的2930—2980伪刻甲骨的公布是有一定意义的。本书也当是第一部与真品一起、将伪刻甲骨公布的著录。

其四，《北珍》书后所列的重见表，详列这批甲骨已著录、未著录的情况。这不仅能使研究者了解这批甲骨的来源、出土时间、现藏状况，也对认识这批甲骨之所以被反复著录的价值所在，同时还能使研究者对期待多年的未公布材料，更方便地加以集中研究和消化，这就比公布一家旧藏甲骨，而没有著录表的近著，要前进了一步。[②]

甲骨文著录的分类，主要是为读者提供查找资料的线索和方便。早年罗振玉《前》（1911年）不列类目，到王襄《簠》（1925年）和郭沫若《通》（1933年）、《合集》（1978年）的分类纂辑甲骨，学者们进行了不

① 张秉权：《甲骨文与甲骨学》，台北编译馆1988年版，第113页。

② 参见王宇信《序二》，《北珍》，上海古籍出版社2008年版。

少探索，多是按甲骨中所记重要事件为原则。虽然《北珍》在甲骨分类方面做了有益的探求，即“在区分甲骨卜辞所记内容的类别时，应以古代典籍相关记载作参考”①。《尚书》《周礼》《史记》等较早文献有关命龟、命蓍、稽疑、释惑、所引龟卜事类，可作复原古代卜法的参考。但在“国之大事，在祀与戎”的古代社会来说，我们现在搜集甲骨文材料研究古代历史文化，主要是搜集其所记“大事”，即“卜事”，而不是“不属同一层面”的“卜辞所含成分”。此外，甲骨文是“断烂朝报”，往往一片上一辞（或残辞），如仅是王名或人名，归于祭祀类、战争类？抑或王事类？当颇费斟酌且易于分散，不妨径归入统治阶级类却易于集中并便于查找。因而我们认为，《北珍》的甲骨分类，就如何方便读者查找、使用书中所收甲骨文材料，似还有进一步研究和斟酌的必要。

此外，《北珍》一书只作有甲骨片形部位释文（即学者所说的“楷释”），而没有当今通行的甲骨标点释文，这不能说不是遗憾。因为从片形部位释文到甲骨标点释文还有许多工作要做，诸如辞条的划分、残辞的补足、刻辞辞条的先后顺序、每条刻辞的释读标点，等等，既需要有掌握整个甲骨上全盘刻辞的功力，也需要有对每条刻辞释读及补全残辞的功力。因此，甲骨片形部位释文，并不是完全意义的甲骨释文。由片形部位释文到有标点的甲骨释文，还需对刻辞进行一番由表及里，由彼及此的综合研究工作。此外，甲骨学者可据片形部位释文，作出自己研究问题所用的标点释文并不困难。但利用甲骨文进行研究的多学科学者，面对片形部位释文并在自己的研究文章中正确引用卜辞，当是十分困难和不便的。

万事俱备，只欠东风。为了方便多学科学者利用、研究《北珍》所公布的重要材料，我们希望《北珍》的编纂者李钟淑和葛英会教授（或其他学者）在此书片形部位释文的基础上，逐号作出一部标点释文的补遗专著作为此书的补充。如此，《北珍》就十全十美了！

《上海博物馆藏甲骨文字》（上、下，以下简称《上博》）　濮茅左辑，上海辞书出版社 2009 年版，共收录甲骨 5002 片。

---

① 参见《前言》，《北珍》，上海古籍出版社 2008 年版。

《上博》（上）目录：书首刊彩色图版16版，陈燮君《甲骨风云与文化之谜》（代序），濮茅左《序》、凡例、书目简称；上海博物馆藏甲骨文字图版及释文：一、上海博物馆接管甲骨（接管孔德研究所，接管前上海市历史博物馆之一、之二，上海市文物管理委员会移交之一、之二、之三）；二、上海博物馆受赠甲骨（受赠武进文献征集社，受赠魏兆融……共12家，此不列举）；三、上海博物馆征集甲骨（严新民……共21家，此不列举）；四、上海博物馆退还甲骨（原藏周百会……共属原主9家）；五、上海所见甲骨（上海所见之一……之二十八）；附录一、日本姬卫道资料馆藏骨，附录二、上博所藏孔德研究所甲骨主要著录表，上博所藏武进文献征集社甲骨主要著录情况表，《戬》的现藏与主要著录情况表，上博所藏前上海市历史博物馆甲骨主要著录情况表，参考书目。

《上博》（上）书前的甲骨彩色图版，主要是接管孔德研究所大卜骨2426正、反（笔者按：所列号数为某批甲骨藏片号，以下不再注），为图版一、二；孔德研究所大卜骨2426正、反为图版三、四；原藏邓凤文大卜骨正、反为图版五、六；13248正、反为图版七、八；原藏邓雅64006大卜骨正、反为图版九、十；上海所见之二十一54806·1（商代骨符）原大正、侧反及放大正、侧、反为图版十一；原藏严新民之三8103为图版十二；接管孔德研究所2426·39之正、反、骨边为图版十三；受赠武进文献征集社17647·39缺刻笔画拓本、缺画补齐后拓本为图版十四；日本姬卫道资料馆藏骨大卜骨正、反为图版十五、十六。以上各图版所刊甲骨彩色照片清晰，色彩逼真，应是各家所藏较为典型者。但以上各版均无《上博》统一编号，读者只能欣赏而不便研究引用。须知，著录书是为了向学术界公布经过整理的甲骨材料以便引用，而不是在欣赏该馆文物库所藏的收集品！

《上博》甲骨文字图版及释文为本书上、下册的主体部分。甲骨文字图版在《上博》上册，将上海博物馆所藏甲骨文字的每一片甲骨，制作原大彩色照片和拓本，按目录所列：一、上海博物馆接管甲骨（列有6宗）2596片；二、上海博物馆受赠甲骨（列有12宗）927片；三、上海博物馆征集甲骨（21宗）1120片；四、上海博物馆退还甲骨（19宗）90片（属“文化大革命”后落实政策，上海博物馆退还原藏主的。实共161片，但因某种原因，该书仅收录其中 90 片）；五、上海所见甲骨（共 26 宗）268 片，附录 1 片等。该书按以上“诸”宗顺序，“将总计 5002 片甲骨分置原属诸藏家之中”。《上博》所收甲骨，不分期、分类，全书亦未编统号，仅在一、二、三、四、五大宗内统编小号。而此号又列在每片甲骨的一串入藏登记号之后，中间仅以圆点“·”隔开。甲骨的各彩色照片排置在一版，而甲骨的各拓本的排版版式与彩照版式同，两者可以方便对照、校勘。但由于《上博》没编统号，而每大宗甲骨所编统号又被一串入藏号所淹没，因而研究者使用此书所收甲骨时非常不便。须知，入藏号为保管者核校藏品的登记号，是供博物馆管理者之用。而著录书应编的统号是面对社会上的广大研究者使用的。因此，我们认为，著录就应突出著录号，以供读者检索使用。而入藏号对研究者是意义不大的，因为在研究者写文章引用卜辞时，为求简洁，通常著录书都用简称，如《前》《甲》《合集》等，学术界从未见写文章引用材料时，书名后再列一堆藏品号者！未予不信，可翻阅任何一篇甲骨论文！

《上博》（下）的释文部分，每一片甲骨均据实物作出摹本，并在精致的与摹本轮廓同大的印刷灰版上，按摹本上分布甲骨文字的位置，用毛笔书写对应的释文（即前辈学者所说的“楷释”，我们称为“片形部位释文”）。其所排列顺序，与前照片、拓本排在五大宗（内有若干小宗）内顺序相同。每版所排之甲骨摹片与其片形部位释文版式同，可在相同位置使其两相对校、比勘。因此，《上博》（上、下）的图版及释文著录甲骨，将彩照、拓本、摹本、片形部位释文“四位一体”合为一编，是继《北珍》之后的著录传世甲骨的第二部“四位一体”的“更臻完善”[①] 的著录，反映了当前数码照相和印刷的最新水平。

但也应指出，《上博》全书无统一编号，是极不便读者使用的。此外，《上博》和《北珍》一样，因没有甲骨的标点释文而使读者颇感缺憾。我们曾指出：“甲骨片形部位释文，并不是完全意义的甲骨释文。由片形部位释文到有标点的甲骨释文，还需要对刻辞进行一番由表及里，由彼及此的综合研究工作。”不仅如此，“利用甲骨文进行研究的多学科学者，面对

① 张秉权语，参见《甲骨文与甲骨学》，台北编译馆 1988 年版，第 113 页。

片形部位释文并在自己的研究文章中正确引用，当是十分困难和不便的”。

因此从这个意义上说，《上博》虽作了片形部位释文，但仍是一部没有作出全书释文的“图录”而已。我们期待着《上博》的甲骨标点释文能早日完成并编出统号，以利甲骨学者和多学科的学者研究时方便使用。否则，甲骨学者是难以使用此书的。

《上博》书后的附录二为上博所藏孔德研究所甲骨主要著录表、上博所藏武进文献征集社甲骨主要著录情况表、《戬》的现藏与主要著录情况表、上博所藏前上海市历史博物馆甲骨主要著录情况表等。顾名思义，以上诸表，从“上博所藏”，便知是上博的各宗甲骨藏品（列有入藏号）的历年著录情况表，而不是《上博》一书所收各片甲骨的（未作统一编号）著录表。上博入藏的各批甲骨（标有入藏号）的著录情况，即在《铁》《前》《戬》《续》《拾撰》《佚》《合集》等书先后著录情况表中虽有所反映，但这只是整理本馆甲骨时的参考，而不是提供学术界研究的《上博》一书各号甲骨重见情况的来源表，故研究者在现《上博》书中查找所收某片与过去著录书重见就较费周折。因此，《上博》应对所收甲骨统一编号，在对各号甲骨的著录现藏情况进行再整理的基础上列出表格，即作出《上博》所收各号甲骨著录现藏情况表，而不是现在的《上博》所藏入藏××（入藏号）主要著录情况表。博物馆藏品情况表，与《上博》一书发表各号甲骨著录情况表不是一回事。正因为缺乏各号甲骨著录现藏情况表，所以研究者很难掌握此书哪些甲骨为尚未著录过的新材料，从而降低了《上博》的使用价值，这是非常遗憾的。

总之，虽然《上博》一书“四位一体”著录甲骨，但因为未作统一编号和把每片的片形部位释文当作甲骨释文，而缺乏有标点的释文，并把上博藏品情况表作为著录书《上博》各号对重表，等等，这就使此书使用价值大为逊色。这也说明，《上博》还有不少后续的整理工作需要去做。我们希望，《上博》后续的一系列整理工作能早日完成，以使此书得到完善！

《史语所购藏甲骨集》（以下简称《史购》）　台湾历史语言研究所编，历史语言研究所 2009 年版，共著录甲骨 380 号。

《史购》的目录首先是所长序，其后是：一、史语所购藏甲骨照片、摹本、拓本；二、《李启生拾得甲骨》照片、摹本、拓本；三、缀合；四、

《史语所购藏甲骨》释文；五、《李启生拾得甲骨》释文；附录一、《史语所购藏甲骨集》材料来源表；附录二、李启生拾得甲骨库房与藏号；附录三、相关照片；编后记（李宗焜）。

《史购》所收380号甲骨，“按风格和事类依时代顺序排列”，并统编为1—380号。“但这种排列有时也采取权宜措施，如师组之后是师历间组，再后是历组一类、二类，之后才是宾组一类、二类、三类，目的是让历组和宾组的卜辞相对集中，绝不表示历组二类的时代早于宾组。”[①] 本书所收每号甲骨，都附有数码相机所摄彩色照片。甲骨摹本系用半透明玻璃纸，在甲骨原大的片形框内描摹而成，并可与其下覆盖早骨拓本上的文字相重合。每号甲骨的彩色照片上的甲骨文字，可与半透明的玻璃纸上的摹本相对照，并可进一步与摹本下的拓本相对照。此书可谓前辈学者倡导的“三位一体”的科学著录。

不仅如此，《史购》所收每一号甲骨还作有释文。李宗焜教授在出版说明中说，“释文则参考最新的研究成果，亦全部重作”。

《史购》附所收甲骨，顾名思义是史语所历年收购所得的传世品，而不是史语所所藏1928—1937年的科学发掘品。科学发掘品在《甲》《乙》《丙》和《乙补》等历年出版的著录中已全部公布。此外，史语所还存有一些少量藏品，系历次购藏所得。据李宗焜出版说明中介绍，史语所先后共购入七批：

（一）1928年董作宾前辈购入18片。

（二）自南京购入45片（《外》30—75即是）。

（三）1934年董作宾前辈用10元购自侯家庄村民31片，经缀合后为28片。董先生又从旧甲骨挖掘坑中捡得6片（即《甲》3933—3937号）。

（四）1928年10月董作宾前辈购入28片。

（五）1938年李济前辈购入30片（其中一片无字）。

（六）1946年傅孟真前辈购于北平130片，缀合后为126片，其中3片无字。

（七）1946年傅氏又于北平购入72片。

---

① 李宗焜：《史购》出版说明，台北史语所2009年版。

以上七批购入甲骨，其中一部分已发表，但多数未经著录，在本书首次发表。而已发表的甲骨，著录时有的是用摹本，有的用拓本，但从未作有照片发表过。

史语所除藏有以上七批购入者外，还有李启生（光宇）前辈拾得甲骨42片。

因此，《史购》所公布的甲骨，并不仅仅是收入了历次购得的甲骨藏品，还一并收入了李启生（光宇）前辈拾得的甲骨藏品。

在《史购》书后所附《史语所购藏甲骨集》材料来源表中，列出各号甲骨与《宁》（1951年）、《南师》（1951年）、《外》（1956年）、《合集》（1978—1982年）等著录重见情况，等等。

《史购》一书的出版，使史语所所藏全部传世甲骨面世。虽然其中少量已发表，但不少甲骨材料是第一次著录，这就为甲骨学商史研究增加了一批新材料。此外，《史购》用彩照、拓本、片形部位释文、摹本“四位一体”著录甲骨，是继《北珍》《上博》之后，著录传世甲骨的第三部“更臻完善”[①]的著作。而本书用字体分类分组著录甲骨，也是国内继《国博藏甲》（2007年）与《史购》同年出版的《张藏》（2009年）一起，为第三部打破董作宾传统“五期分法”的探索性甲骨著录。

《中国社会科学院历史研究所藏甲骨集》（简称《所藏》） 宋镇豪、赵鹏、马季凡编纂，全书共著录有字甲骨1920号。此外，尚有零星碎小骨（Fr）41号，无字甲骨（N）33号，伪刻（F）30号，另有一片有号、有拓但无骨。中国社会科学院历史研究所所藏有字及无字甲骨、伪片、零碎小骨共2034片尽荟于是书。此书已于2010年底编纂完毕，上海古籍出版社将于2013年出版。（附图二十五）

《所藏》的目录如下：

上册：前言（宋镇豪），目录，编辑凡例，甲骨彩版，附录（碎骨、无字骨、伪片）；

下册：甲骨拓本，甲骨释文，附表（四种）。

《所藏》所收甲骨，为1956年胡厚宣教授由上海复旦大学调入北京

① 前辈学者张秉权语，见《甲骨文与甲骨学》，台北编译馆1988年版，第113页。

中国科学院历史研究所（现属中国社会科学院）后，提出编纂集大成的著录《甲骨文合集》以来，在历年收集甲骨文材料过程中，历史研究所陆续入藏多批甲骨实物。其中有捐赠入藏者，诸如郭沫若、胡厚宣、容庚、康生等人的捐赠品；有海外收藏家捐赠入藏者，诸如英国的库克藏甲1片为考文夫人捐赠等；也有分批收购入藏者，诸如"文化大革命"后期，购得徐宗元所藏之一批260多版，等等。总之，中国社会科学院历史研究所入藏甲骨各批来源不一，每批入藏量多少不等。甲骨原藏家及数量等信息，《所藏》（下集）之附录《来源表》有全面反映。历史研究所所藏甲骨，皆为非科学发掘所得的传世品，故在流传过程中已多有著录者。这些情况，在《所藏》（下集）之附录所列各片与"《甲骨文合集》重见表"、与"《合集补编》重见表"及"缀合表"中有所反映。虽然如此，仍有不少从未著录过的甲骨材料为首次公布，对甲骨学商史研究有较为重要价值。

《所藏》（上集）主体部分为历史研究所所藏甲骨的彩版。全书所收每一号甲骨，用数码相机摄像，效果极佳，印制出彩色图版色泽十分逼真，文字显示清晰，易于识读其上文字及辨识兆纹等。如甲骨背面有文字或有钻凿，亦摄影收入。不仅如此，个别甲骨还摄照侧影，便于观察骨质及断碴、厚薄等，并将之与甲骨正面照相统编一号，注明反、侧等。全书所收甲骨，按编辑凡例处理，先行分期，每期内再按内容依次相类，即分为第一期、第二期、第三期、第四期、第五期，统编为1—1920号；《所藏》（上册）附录部分还有碎骨（Fr）41号、无字甲骨（N）33号、伪刻（F）30号等。

《所藏》（下册）主体部分为所收1920号甲骨拓本和甲骨释文。甲骨拓本部分，所收每号甲骨都作有墨拓一纸。其反面有字或有钻凿者，亦加以墨拓并与其骨正面拓本编为一号，注明正、反。所收全部1920号甲骨编排顺序与《所藏》（上册）所录彩照一致，便于将《所藏》（上集）所收甲骨彩色照片与《所藏》（下集）所收甲骨拓片相勘校；甲骨释文部分为对每号甲骨上的甲骨文字所作每字、每词、每条、多条的标点汉字释文。甲骨释文准确，残辞补足科学合理，反映了当代甲骨文字考释的最新水平。

中国社会科学院历史研究所所收甲骨藏品，在国内科学研究单位中应是入藏较多者，除了多年来努力搜集购入者外，还有不少得自国内外收藏家的无私捐赠，反映了国内外甲骨收藏家对历史研究所以胡厚宣教授为首的《甲骨文合集》编辑组的信任和对《合集》编纂工作的肯定与支持。海内外收藏家们将这一批批经辗转流传、集中到他们手中的甲骨文，再慷慨赠予历史研究所以保护古代文化珍品的善举，在《所藏》（下集）附录材料来源表中有所反映。现在，《所藏》将其集中著录出版并奉献给学术界，实现了收藏家们收藏文物，并在更大的范围传承文明的心曲。他们的善举将和他们收藏的甲骨一样，永远在中国学术史上流传！而这批甲骨的著录情况，在与《合集》对重表和《合集补编》对重表及各片缀合表中有所反映，表明历史研究所所藏甲骨，自出土后就被反复著录的重要性和被甲骨学界所重视。

有意义的是，《所藏》还把碎小甲骨一并刊出，为今后对早年出土甲骨缀合工作提供了素材；而所刊出之无字骨，不仅其反面的钻凿可供研究者分期断代对钻凿制作及其形态的观察，其甲骨本身亦可作为缀合素材之用。不宁唯是，《所藏》还特意刊出收藏的伪片，为甲骨辨伪的教学和研究提供了标本。这是继《北珍》（2008 年）特意刊出北京大学收藏的伪片以后，又一次把历史研究所收藏伪片刊出的第二部著录。

第五节　流散海外殷墟甲骨文整理著录的新成果

1899 年殷墟甲骨文被王懿荣第一个鉴定为古代文化珍品并有意识购藏以后，王襄、孟定生、刘鹗、罗振玉、端方等紧随其后并所获颇丰，直到 1928 年中央研究院在殷墟科学发掘以前，先后搜购小屯村民私挖所得甲骨文 5 万多片。① 与此同时，一些深知甲骨文这一中国优秀文明在推进世界文明进程中占有重要地位的外国人，也利用我国半殖民地半封建社会的积贫积弱的局面，大量搜购甲骨文并使之流往国外。早在 1903 年，欧美人就开始搜购甲骨文了。美国人方法敛、英国人库寿龄在山东潍县先后 4 次

① 据胡厚宣《殷墟发掘》（学习生活出版社 1955 年版）第 86 页所列数字统计。

搜得大批甲骨文，并转卖给美国卡内基博物馆、美国普林斯顿大学、英国苏格兰皇家学院、英国大英博物院等处。而德国人威尔茨 1909 年在青岛所购甲骨，一批转归柏林民俗博物院。德国人魏礼贤也将在青岛所得甲骨，先后转归瑞士巴塞尔民俗陈列馆和德国佛朗佛中国学院。加拿大人明义士，自 1914 年就在安阳坐地搜购甲骨，先后收得 3.5 万片左右。其中大部分现为山东省博物馆、南京博物院、北京故宫博物院收藏，但也有一部 3000 多片现藏加拿大多伦多博物馆。1903 年以后，日本人就开始搜购中国甲骨文，诸如文求堂、林泰辅、三井源右卫门、河井荃庐、堂野前种松、中村不折、中岛蠔山、田中子祥、东京大学、上野博物馆、东洋文库等公私藏家皆收得不少[①]。以上欧美人、日本人所搜得的大批殷墟甲骨文，经历世事沧桑和人事的变故，几经易主并散而复聚。目前所知，在世界上不少国家和地区都藏有数量不等的我国殷墟甲骨文。主要有日本（12443 片）、加拿大（8702 片）、英国（3089 片，内有伪片）、美国（1882 片）、德国（715 片）、俄罗斯（199 片）、瑞典（100 片）、瑞士（99 片）、法国（99 片）、新加坡（28 片）、比利时（7 片）、韩国（6 片）、荷兰（13 片）[②]等。以上收藏我国殷墟甲骨文的国家共 13 个[③]，“收藏总数为 26700 片左右”。“现在，这些流散国外的甲骨基本已发表。特别是随着我国实行对外开放政策以来，不仅著录国外收藏甲骨的著作能够陆续传入国内，而且我国学者还能通过出国访问的机会，见到所在国所藏的甲骨实物”[④]，或合作整理甲骨并加以著录。

1978 年《甲骨文合集》编讫出版以前，即自 1921 年日本林泰辅《龟甲兽骨文字》出版起，欧美和日本所藏甲骨也陆续有所整理著录。关于此，胡厚宣先生《五十年甲骨文发现的总结》（商务印书馆 1951 年版）第 24—35 页和《殷墟发掘》（学习生活出版社 1955 年版）第 26—35 页有全面介绍。笔者在《甲骨学通论》（增订本）第 256—271 页“国外学者著

---

① 参见胡厚宣《五十年甲骨文发现的总结》，商务印书馆 1951 年版，第 24—25 页。

② 此据雷焕章《法瑞荷比所藏一些甲骨录》，台北利氏学社 1997 年版，第 275、291 页。

③ 胡厚宣《八十五年来甲骨文材料之再统计》（《史学月刊》1984 年第 5 期）及王宇信《甲骨学通论》（增订本，中国社会科学出版社 1999 年版）第 271 页均云“十二个国家”，未计荷兰。现特更正为“世界收藏我国殷墟甲骨文的国家共 13 个”。

④ 王宇信：《甲骨学通论》（增订本），中国社会科学出版社 1999 年版，第 271 页。

录的甲骨及现藏”也作了进一步介绍。流失国外甲骨的陆续公布，为甲骨学商史研究增加了一批重要的史料。但由于一些著录出版早、印数少，加上山川阻隔和战乱的毁失，以及一度人为地将它们拒之于国门之外，所以中国学者对这些著录（包括1949年以后出版的一些新著录）是可望而不可即的。为解决更多的学者利用国外公布的重要甲骨材料进行研究，《合集》编辑组对“流散到国外的甲骨材料，也想尽办法搜集齐全”[①]，大力搜集国外出版的甲骨著录，并得到了不少海内外学者，诸如商承祚[②]等教授的大力支持，将之与180多种甲骨著录和国内的甲骨实物或拓本汇编为集大成的著录《甲骨文合集》，从而使“这批研究商代社会历史的极为珍贵的史料，长期处于分散状态，未能充分发挥其应有作用”[③] 的状况得到了根本改变，推动了甲骨学研究的全面深入发展。

1978年以后，海外流散甲骨的整理公布也大有加强，一直到1999年《甲骨文合集补编》出版前后，又涌现出一批甲骨著录。这些著录书不仅公布了不少新的重要甲骨材料，而且在著录体例上也有所创新，使国内学者整理编纂甲骨著录有所借鉴并受到启示。因此，我们有必要较全面地在这里介绍海外学者在这一新时期甲骨整理著录取得的新成就及其特点。

一 流散西方各国甲骨文的整理与著录：《怀特》《法藏》《英藏》《德瑞荷比》《美藏》《苏德美日》《瑞斯》

《怀特氏等收藏甲骨文集》 加拿大许进雄编纂（以下简称《怀特》），加拿大多伦多安大略博物馆1979年版。该书目录为：序言、甲骨拓本、甲骨缀合例、甲骨写本、甲骨长凿图、释文。（附图二十六、附图二十七）

该书甲骨拓本，共编1915号；甲骨缀合例共7版。序言说，“于拓本编辑、剪贴完毕后，仍发现有可以缀合者，于是重新施拓而附于后，至于可与他处收藏缀合的，则以写本附于拓本之后”；甲骨写本共作有关甲骨

① 王宇信：《甲骨学通论》（增订本），中国社会科学出版社1999年版，第283页。

② 参见王宇信《中国甲骨学》，上海人民出版社2009年版，第335—344页（商承祚教授对《甲骨文合集》编纂工作的巨大贡献）。

③ 尹达：《甲骨文合集·前言》，中华书局1982年版。

拓本99片。本书前言说，这是由于“有些拓本不很清楚，希望释文有助于对刻辞的辨读。对于其中比较模糊的，则又附写本于图版118—124”，共7印刷页；甲骨长凿图共做卜龟、卜骨反面钻凿图177版，排列在20印刷页上；释文每号后标明期别、甲骨部位，有的注明作有摹本凿型。号下作有甲骨释文，并有简要考释，有的还描写其凿型。

《怀特》编辑甲骨，先行分期，即1—1009为第一期为武丁及其前世，1010—1297为第二期祖庚、祖甲，1298—1480为第三期康丁，1481—1680为第四期武乙、文丁，1681—1915为第五期帝乙、帝辛。在每期之内，又先甲（S）后骨（B）以事类为次。《怀特》所收甲骨，绝大部分选自1931年安大略博物馆入藏怀履光3000片中的藏品，一部分选自1920年入藏的65片、1967年捐赠入藏107片。其中还有一些明义士的藏品，应是《明义士收藏甲骨文集》（1972年版）“未及采用或可与本馆（笔者按：即皇家安大略博物馆）尚未出版之甲骨缀合者”①。

虽然《怀特》所收近半数为一期碎甲，但不乏重要资料面世。诸如B1915是目前仅见的虎骨刻辞，B1914为罕见的人头刻辞，S0389是一期贞人史与三期贞人何共版特例。此外，还有关于军事体制的B1464东行、上行左旜、右旜，S1504的中行，B1640的右旅，B1581的大行，B1901的大左旅等都是首次出现的重要史料。如此等等，为甲骨学殷商史研究提供了新资料和提出了研究的新课题。②

值得注意的是，《怀特》不仅“于释文中描述个别长凿的形态，对于保存比较完整的长凿，更绘简图附录于拓本之后”③，为钻凿形态的考察提供了资料，为甲骨学的断代研究开辟了新途径，而且为其后出版的《屯南》也著录甲骨的钻凿形态开了先河，是颇有启示意义的。

不仅如此，《怀特》还为弥补甲骨拓本字迹“不很清楚”的困扰，有意识地专对这些由于“骨上薄膜”致使椎拓时效果不佳的拓片，根据原骨作了摹本以资勘校。虽然仅是1915号拓本中的99号，但向拓本、摹本

---

① 许进雄:《怀特·序言》,加拿大皇家安大略博物馆1979年版。

② 同上。

③ 同上。

“二位一体”的甲骨著录前进了一大步。

《法国所藏甲骨录》（以下简称《法藏》）　雷焕章纂辑，（台北）利氏学社1985年版，全书共收入甲骨59片。（附图二十八）

《法藏》总目列为：简称表、序（雷焕章）。

上编：著录　A对照表：A1中国学术研究院藏、A2季梅博物馆藏、A3池努奇博物院藏、A4雅克博先生藏、A5戴迪野先生藏、A6法国国立图书馆藏；B著录与编译：B1中国学术研究院藏、B2季梅博物院藏、B3池努奇博物院藏、B4雅克博先生藏、B5戴迪野先生藏、B6法国国立图书馆藏。

下编：释文　A释文（中文）：A1中国学术研究院藏　A1—1藏片来源与介绍、A1—2释文，A2季梅博物院藏　A2—1藏片来源与介绍、A2—2释文，A3池努奇博物院藏　A3—1藏片来源与介绍、A3—2释文，A4雅克博先生藏　A4—1藏片来源与介绍、A4—1释文，A5戴迪野先生藏　A5—1藏片来源与介绍、A5—1释文，A6法国国立图书馆藏　A6—1藏片来源与介绍、A6—2释文；B为英文，包括以上A项内容英译；C为法文，亦包括以上A项内容法译；附录Ⅰ.征引甲骨著录书籍简称表，附录Ⅱ.征引甲骨学考释书籍简称表，附录Ⅲ.文字索引。

该书简称表（第8—9页）为书中出现的藏片单位或刊物、人名等的英文缩写，如BIHP为中研院史语所、CD为戴迪野先生藏、KK为《考古》、SK为岛邦男……在中国学者看来，使用时颇觉陌生和不便。

该书序为雷焕章所写，中文序（第11—12页）共2页。此序另有法文本（第13—15页）3页、英文本（第16—17页）2页随其后。

该书上编为甲骨著录，其编前A为对照表，即法国各家所藏甲骨“依商王各统治时期之次序编排，若属同一时期，则按其内容分类。分类时尽量避免现代人之逻辑观点，而尽可能按古代泛灵思想对事物关心的程度做依据。这些事物大致可分为三个领域：一为诸神之领域；二为自然力之领域；三为人事之领域。诸神之领域包括：祭祀、祭仪、祈求、禀告、邰邦、卜旬、卜夕、占辞；自然力之领域包括：天文、气象、畜牧、田猎、捕鱼、疾病、生育、死亡、梦幻、灾祸；人事之领域包括：战争、出游、贡纳、命令、出使、城邑、师旅、地域、方国、部落、族长、权贵、官吏、人物、众人。除以上三类之外，另有干支及文字两类。编号前的‘CF’表示本著录，‘S’为龟甲，‘B’为牛骨。其他的简写法，请查看简称表”[1]（笔者按：即第8—9页）。各家藏骨（即A1、A2、A3……）根据时期排列（无某期甲骨则不列该期），每期内根据甲骨内容再按“序”所列类别先后次序排定（无该类内容则不列类），类内每片列书名（CF）、质料S（为龟）或B（为骨）、编号（1—59统编）、藏家简称（如HE即为中国学术研究院）、S4—4（龟骨4片之第4号），如本书第一号甲骨之全号为CF1（即为本书甲骨序号）HE·S4—4（中国学术院藏4龟甲之第4号）。如该号甲骨曾著录过，亦列其书名于后。如被SK（即岛邦男《殷虚卜辞综类》）收入卜辞，则注明所见《综类》页数。

B为著录与翻译（第22—114页），即按藏家将甲骨分期、分类统编为《法藏》CF1—59号。每号后随藏家简称、藏品类总数及该片号，除数码外，均以英文字头代表。如本号曾被著录，则注明原书名及该书编号。如被《综类》收入，亦注明所见页数。本书所收各号甲骨，都作有正、反面照片和正面有字摹本，照片下标明高度，并注明时期、质料（甲或骨）及类别。每一号甲骨后接着是释文（中文、英文、法文）。各号甲骨黑白照片清晰，摹本准确，互相参校，效果较佳。

《法藏》下编为释文。雷焕章“在写释文之前，试先就甲骨文中经常出现的一些字加以考释，探其真意，以利后文之疏解”。本书对一些“早已引起各方学者之踊跃讨论”的字，诸如隹、叀或叀、其、㞢或又、卜、鼎（贞）等，发表了雷焕章个人多年的研究卓见（第119页），颇有参考价值（第119—126页）。此外，雷焕章在文中特别提出了“如何判定其属左肩胛骨或右肩胛骨”的重要问题，因为这关系到我们“面对若干相关之牛胛骨刻辞，如能断定其属左肩胛骨或右肩胛骨，有助于判定它们是对称的一对或仅是同组刻辞而已”。他赞成前辈大师董作宾发现的牛胛骨内面（正面）“骨突或骨角在右，即为牛右肩胛骨；在左，则为左肩胛骨”的意见。而无骨突或骨角的肩胛骨残断中下部分，则依据背面来判断。即“若骨脊削锯痕在左，而后骨缘在右，则为右肩胛骨；反之，则为左肩胛

---

① 雷焕章：《法藏·序》，台北利氏学社1985年版。

骨”。他还发现，骨脊与后骨缘有所区别，即“前者与骨之边缘有一段距离，而后者则紧靠边缘”。卜坑（按即凿、钻）也可以帮助判断胛骨左、右。“牛胛骨前缘旁只有一行卜坑（按：即凿），则圆形卜坑（按：即钻）朝向后缘。”但“不少牛骨钻皆由后缘向前缘一行行排列，而其圆形卜坑，则由后缘朝向骨脊之方向”（第126—127页）。如此等等，我们在实地观察了剔去肉的牛左右鲜肩胛骨后，完全可以证明雷氏的意见是正确的。

《法藏》1—13片为A1中国学术研究院藏品。释文前A1—1“藏片来源”介绍了此批甲骨可能是原巴黎大学北京汉学研究所转来，1956年饶宗颐《巴黎所见甲骨录》曾以摹本著录15版甲骨中的13版。A1—2释文逐号进行了释文考证。在考证前，先介绍此片的著录情况，如收入《综类》，则注明页数。接着在考证每段出现的重要文字内容后，作出每段释文。

《法藏》A2为季梅博物馆藏品，编号为14—21。在“藏品来源”中介绍该馆8片甲骨《巴黎所见》曾摹其中4片。其中2片龟甲、1片卜骨为1910年入藏，可能为1899年小屯村北刘家地所出。另一牛卜骨（EG2334）为哈氏1933年得自印度并转赠该馆。第三批为4片甲骨（2卜龟、2片卜骨），当为1904年小屯村北朱地或1909年小屯村中张学献地所得，其中4片为首次著录，逐号作有释文，其体例如前。

《法藏》A3池努奇博物院藏，该书编号为22—31共10片。A3—1“藏品来源”介绍了本馆藏甲骨14片（其中4片伪刻），《巴黎所见》（第14—22号）摹录发表9版。甲骨乃该馆1920年、1925年、1932年2月、1932年3月四次于法国巴黎购得。每号所作释文、考证体例如前。

《法藏》A4为雅克博先生藏品，编为该书32号。A4—1藏片来源介绍说，此骨收藏者为一中国青铜器收藏家，共藏2片甲骨（一为伪刻），从巴黎古董店购得。释文考证体例如前。

《法藏》33号A5为戴迪野先生藏。A5—1藏品来源介绍此片收藏者乃为一名巴黎古物鉴定家，曾发表甲骨文参考书籍。此骨为他于巴黎购得，本书首次刊出。A5—2释文分析此版文字与《甲》166相同，出土处当与小屯村北刘家地26号坑相近。释文考释隶定体例如前。

《法藏》34—59为A6法国国立图书馆藏品，共26片。A6—1藏品来源介绍本馆 26 片甲骨乃 1906—1909 年柏希和得自中国，后赠该馆。这批甲骨当为 1899 年小屯村北刘家地，或 1904 年小屯村东北朱家地所出土者。这 26 片甲骨碎小（一版无字，另一版为伪刻），释文考证体例如前。《法藏》以前，这些甲骨从未见著录。

《法藏》B 为英文释文（第 189—285 页）；C 为法文释文（第 289—385 页）。

《法藏》还作有征引甲骨著录书籍简称表（第 389—391 页），列有甲骨著录英中文简称及英中文全称。

《法藏》的征引甲骨学考释书籍简称表（第 393—397 页），列有著作英、中文简称及著作英、中文全称。

《法藏》一书最后是文字索引（第 399—402 页），以部首为纲，笔画为目，可检索本书所收甲骨 1– 20 画文字的出处。

《法藏》是一部公布法国公私藏家甲骨最齐备的著录，也是一部反映海外学者甲骨学研究水平的考释专著。与此同时，《法藏》还有不少创新，为甲骨著录编纂的科学化提供了有益的启示。

第一，《法藏》把法国 6 家所藏甲骨汇为一书，集中公布是很有意义的。虽然此前《巴黎所见》以摹本公布了法国部分甲骨，但本书是把流散法国的甲骨材料全部公之于世。雷焕章在本书序中指出，“虽经大家多年的努力，但许多珍贵的甲骨材料至今仍四处流散，甚至遗失损毁。有鉴于此，我们认为任何搜寻甲骨实物并将其发表提供学者研究之尝试，实深具意义及价值”。本书公布了一些此前“从未发表，但非常有价值的甲骨”，诸如《前》7·28·1 因刻辞不完整，致使小㝵死亡问题不能作出准确认识，而季梅博物院一版甲骨（按：即 CFB17）却与《前》刻辞相近并相当完整，可资互参。又如该馆另一大龟甲（按：即 CFS18）为贞人比 18 次占卜记录，对贞人比研究很有价值。再如戴迪野藏小卜甲（按：即 CFS33），对研究《甲》166 片上之人名很有参考价值……《法藏》把法国甲骨材料全部公布，使之充分发挥其学术价值，推动了有关问题研究的深入。

第二，《法藏》的作者，对法国各家所藏甲骨的来源、著录情况及收入《综类》中的辞条等都作了认真追索和全面整理。对甲骨上的重要文字在缜密考证的基础上，再一一列出卜辞释文，是较为准确的。因而《法藏》的释文，又是一部反映外国学者（雷焕章为法国籍，旅居我国台湾）甲骨文研究水平的著作。纵观百多年来的甲骨著录史，或仅著录甲骨，或著录加释文，或著录加释文并作简要考释。而像郭沫若《卜辞通纂·考释》（1933年）、《殷契粹编·考释》（1937年）那样系统考释文字的著作不多。而《法藏》就是一部可与《通考》《粹考》媲美的所见不多的缜密考证的研究著作。甚至可以说，其考释缜密程度与之相比有过之而无不及。

第三，《法藏》用甲骨照片及摹本著录甲骨，向前辈学者提出的拓本、照相、摹本"三位一体"的科学著录甲骨方向前进了一大步。特别是将全部甲骨的反面照片公布，这在甲骨著录史上应是首创。"每片甲骨背面不论是否有刻辞，皆一并刊出，这不但有助于甲骨钻凿方法之研究，同时也帮助研究者对原骨更加熟识。"

第四，《法藏》进一步强调说，"而对于牛胛骨言，其背面之照相尤其重要，因其骨脊与后骨缘削平之痕迹，可作为辨别左肩胛骨或右肩胛骨之依据"①，这是雷氏重要的发现。不仅如此，雷氏还在释文（第126—127页）说明，"在考释每片刻辞之前，也需说明我们在面对许多牛骨片块时，如何断定其属左胛骨与右肩胛骨"的问题，"先做一总说"，详细阐明其判定依据。关于此，我们在前面已作介绍。

关于牛胛骨左右的判断问题，不仅是"判定它们是对称的一对或仅是同组刻辞而已"，而且对甲骨缀合的成功率关系极大。学者间关于卜用胛骨的左、右判断存有不同看法，以董作宾和胡厚宣的不同意见为代表。《法藏》是赞成董作宾意见的，而黄天树与《法藏》意见不同，赞同胡厚宣的看法并有专门的《关于骨的左右问题》的系统论述。带着这个问题，笔者曾去河北省大厂回族自治县肉联厂对牛骨实地观察后，认为董氏的判断法更为符合实际。②

第五，《法藏》合中文、英文、法文三种文字版本为一书，这在百多年甲骨著录史上也是仅见的。著者在序中说，"在甲骨学界，中、英文是

① 雷焕章：《法藏·序》，台北利氏学社1985年版。

② 黄天树：《关于卜骨的左右问题》，《纪念王懿荣发现甲骨文110周年国际学术研讨会论文集》，中国社会科学出版社2009年版，又收入黄天树主编《甲骨拼合集》，学苑出版社2010年版，第507—511页。

最重要的沟通媒介，但由于本书著录甲骨实物之收藏地在巴黎，故亦加上法文考释"。用多种文字著录甲骨，得以使世界各国更多的人认识甲骨文这一中国古代文化珍品。作为一位旅居中国台湾的法国学者雷焕章博士，不仅自己热爱甲骨文、研究甲骨文、献身甲骨文，而且用多种文字向世界人民宣传他倾心热爱的甲骨文，我们中国学者应向他致敬！

《法藏》是一部西方人出版的重要甲骨著录与研究著作，具有相当高的研究水平。由于此书公布的甲骨材料已收入1999年出版的《合集补编》，再加上此书传入国内不多，因而国内学界一般对此书不太熟悉而没有加以重视。我们在这里之所以对《法藏》介绍较详，就是为了把它的特点及贡献展现给读者，从而凸显其在百多年甲骨著录史上所占的重要地位。这是一部给甲骨学研究以很大启示的西方人出版的重要甲骨著录，我们应认真加以研究！

补记：雷焕章博士（1922.7.5—2010.9.24）法籍旅台学者，为国际知名甲骨学家。其主要著作有：《法国所藏甲骨录》（1985年）、《德瑞荷比所藏一批甲骨录》（1997年）等，甲骨学论文有《兕试释》《初期甲骨的出土与著作》《彭与酒的考释》《中国的土地神》等30余种。

笔者与雷焕章博士是忘年交，初识于河南安阳，1987年9月中国殷商文化学会举办的第一次国际学术研讨会上与雷先生见面。雷博士儒雅、少言，脸上总是带着慈祥的笑容，给我留下了深刻印象。一位参会的意大利学者由于"失窃"，连回国的机票钱都没有了，就是雷博士率先与几位外国学者解囊相助的。从这里，我体会到他内心深处的仁慈和善良。此后，我们时有通信和互寄贺年卡。张秉权的《甲骨文与甲骨学》（1988年版）出版不久，雷博士即从香港寄给我一本。此书扉页上由我写的"1989·12·1"和他用铅笔写的"雷寄"二字，成了永久的回忆和纪念。雷博士在1999年还出席了在安阳召开的"纪念殷墟甲骨文发现一百周年国际学术研讨会"，会上他还是那样儒雅和慈祥的微笑。2000年，在四川广汉三星堆召开的"殷商文明暨纪念三星堆遗址发现七十周年国际学术研讨会"上，又见到雷博士儒雅的身影和面带慈祥的笑容。我们一起踏访了金沙遗址和涪陵。他是那么兴致勃勃，并和我及我的学生们照了不少相。不过，我发现他行动已经不像以前那样灵活了，毕竟是近80岁的人了！以后，他就再也没有出席过在大陆召开的学术会议了。还记得，1989年10月我们在台湾见面的情景。应台湾师范大学之邀，笔者去该校访问半个月。在走访高雄、嘉义有关大学回台北以后，有一天笔者应邀去杭州路的利氏学社拜望他。老朋友见面，颇为高兴，他还是那么儒雅，面带慈祥的笑容。在利氏学社餐厅，他招待笔者吃了一顿别致的工作餐。笔者还到阁楼上他的不大的工作室兼卧室参观。一张大桌上堆放着《乙编》文稿和各种外文书籍，周围书架上满是《合集》13册、海外出版的古文字书籍，而他床上的铺盖却很简单。他告诉笔者，现在主要是与几个朋友在编纂《法汉大辞典》，有时也研究甲骨文字或缀合些甲骨片。每有新获，他便与时常来访的好朋友蔡哲茂君交流，谈话时还是那么儒雅和面带慈祥的笑容……他的大著《德瑞荷比所藏一批甲骨录》(1977年版)，我在扉页上写着“97年2月5日收到，时值除夕将至”，就是他出版以后马上寄赠笔者的最好贺新年之禧的礼物。而到了现在，此书却成了笔者对故友最好的纪念物！2009年，笔者为没收到他的贺年卡感到有些诧异，曾对老伴念叨：怎么今年雷先生没寄贺年卡？是不是……2010年5月蔡哲茂教授来北京访问时，笔者曾问雷先生可好？当听到蔡君说“还健在”云云，笔者也就放心了。2010年10月20—25日笔者去台北中国文化大学参加“发皇华语，涵泳文学学术研讨会”，本拟抽时间去利氏学社看望老朋友雷焕章博士，但因会议安排项目较多，而没有能抽空前往，心中一直觉得非常遗憾，转眼之间就进入了2011年……2011年1月21日得到了台北利氏学社寄来的信件，我打开一看，原是雷焕章博士已于2010年9月24日逝去的讣告，不禁悲伤不已……与此同时，随信还寄一张摺卡，内里是雷博士著作摘句，封面上是雷博士的彩色照片，下有“雷焕章博士（1922. 7. 5—2010. 9. 24)”字样。我不禁在卡片的照相上方空处写下：“好友雷先生已故去，于2011. 1. 21得此邮件方知，愿先生天国快乐！”

原来，在我去台湾之前，雷博士已在9月24日驾鹤西去了。只能在这张卡片上，见到彩色照片上的他，还是那样在向我慈祥地笑着……

雷博士虽然走了，但他对中国传统文化的爱和作出的贡献已融入他的著作中，将在甲骨学史上永存！

《英国所藏甲骨集》（以下简称《英藏》）上编（上、下）　李学勤、齐文心、艾兰纂辑，中华书局1985年版，共著录甲骨2674号。此外，《英藏》下编图版补正又刊出61片甲骨（57片为拓片，4片为照片），因而《英藏》实共收甲骨2735片。（附图二十九）

《英藏》卷首为该书甲骨彩色图版8版，图一、图二为卜龟（148正、反），图三为卜骨（353），图四、图五为卜骨中部（1117正、反），图六为卜骨骨柄下及骨肩（1891），图七、图八为骨扇（2674正、反即《库》1526）；彩照后为序（胡厚宣）、前言、图版编辑凡例、《英藏》甲骨集（上集）分期分类目录及甲骨拓片［第一期1—1756（自、子、午组卜辞附后1757—1922），第二期1923—2258，第三期2259—2397，第四期2398—2501，第五期2502—2673］，并附家谱刻辞2674，全书甲骨实共2674号。

《英藏》下编（上、下），中华书局1992年版，主体部分为《英藏》各片甲骨释文，并附录作者专题研究论文多篇，收藏单位表，及《库》《金》《七》《合集》著录号及现藏情况表，图版补正，部分摹本，甲骨文真伪单字显微放大照片，字词索引等。

《英藏》所收甲骨，正如“前言”所说，“著录了英国收藏的全部殷墟甲骨”。其中包括不列颠图书馆484片，即《库方》1506—1988号所著录及后得一片。《库方》所著录者乃美国人方法敛所得，1911年捐赠不列颠图书馆；皇家苏格兰博物馆1777片，为库寿龄1909年捐赠，其中部分《库方》曾以摹本著录为该书1—760号；剑桥大学图书馆622片，为英国人金璋遗赠。这批甲骨为方法敛由山东潍县代为购得。《金璋》曾以摹本著录其中423片；不列颠博物院114片，来源情况不明，其中该院编有藏号者为1909年入藏；牛津大学亚士摩兰博物馆37片，为二批捐赠所得；

剑桥大学考古与人类学博物馆2片，乃私人1922年前购得，1927年遗赠该馆；伦敦大学亚非学院7片。维多利亚与阿尔伯特博物馆存私人收藏20片；孟克廉夫妇藏21片，乃明义士存留齐鲁大学住房内者，后房间易主为同事孟氏居住。第二次世界大战结束，孟氏夫妇从日本人拘禁中获释回英国，将住室内明义士遗留的这些甲骨带回；柯文藏卜甲4片，乃明义士馈赠；库克藏卜甲1片（现已由库氏后人捐赠中国社会科学院历史研究所）。以上就是现在英国七家单位、4家私人收藏我国殷墟甲骨文的情况。上述英国各家所藏甲骨，"仅有个别几片曾有照片附印于少数论文之中"，因此《英藏》所收甲骨，"绝大多数是未经著录或首次以拓本形式发表的"[①]。特别是《英藏》编纂者在整理各家所藏甲骨时，"凡有一字以上尽可能选入，全书共著录2674片"，可以说是"本书图版包括英国现藏的全部甲骨文资料"[②]了。

《英藏》所收甲骨，"先分期再分类"，每期甲骨根据刻辞社会历史的内容分为若干类。

英国所藏甲骨，由于《库方》《金》等书曾以摹本形式部分著录，并公布了不少重要资料，因而海内外学者对其全部藏骨的著录公布颇为关心。《英藏》以墨本形式将甲骨全部公布，对推动甲骨学研究的深入有重大意义。

其一，《英藏》公布了不少重要新资料。如《英藏》148，是欧洲现藏最完整的龟腹甲，乃苏格兰博物馆3断片缀合而成；《英藏》353为较完整保存骨扇连骨边武丁时肩胛骨，且骨边（俗称骨条）上保存9条卜辞，其在存世胛骨多骨扇、骨边分离的牛卜骨中，显得弥足珍贵；《英藏》886癸丑辞之验辞在反面记有月食，对研究古天文历法弥足珍贵。原文字不准确摹本据拓片可确定为"七日己未向庚申月有食"；武丁卜骨反面侧边所见不多的记祭祀辞，《英藏》却有112反、1196反、1195反3见之多，颇为鲜见；《英藏》1890是正、反面刻满文字的卜骨，有的字是干支，有的字结构诡异不识，文字不成行款，亦不成辞例。此类刻辞少见，是否习

① 参见《英藏·前言》，中华书局1985年版。

② 《英藏·图版编辑凡例》，中华书局1985年版。

刻，值得进一步深入研究。

其二，原摹本有误，据《英藏》拓本重新予以更正，颇有意义。原《库方》310摹本“登妇好三千，登旅万，呼伐［羌］”辞早已广为学界熟知，但检视原骨后发现，卜甲为龟右甲桥下端内侧，摹本却以片左为原边，右沿甲桥齿纹折去一部分，其所余笔画并非“羌”字的左角，而是“方”字的左端。卜辞应为“登妇好三千，登旅一万，呼伐□方”。这样一来，耳熟能详的妇好率1.3万人征羌方的趣谈就成了子虚乌有！此外，《英藏》2563乃董作宾《殷历谱》排于征人方谱之《库方》1672摹本几处不清，今可据《英藏》辨明。

再有《英藏》2562、2565即《金璋》544、583，可纠正、勘校两摹片失真、不确之处。如此等等，不胜枚举。[①]

其三，《英藏》发表的著名家谱刻辞拓片和彩照，对辨伪研究的进一步深入很有意义。《英藏》2674即为《库方》1506摹本的家谱刻辞拓本。此骨现藏不列颠图书馆，为牛左胛骨下半部，左方为原边，右方侧边已残，反面尚存凿钻两处，下一凿钻已灼，正面呈卜兆，并且文字14行，其上部有一条横线。1919年《中国古代之卜骨》最早发表其照片，1956年《综述》发表了此骨旧拓片，1980年《甲骨文“家谱刻辞”真伪问题再商榷》曾再次发表此骨照片。“这版甲骨刻辞的真伪，学术界长时间有所争论，详情见上引胡厚宣先生文。”《英藏》最后发表了此骨拓片部分文字的显微照片，并在《英藏》卷首图七、图八发表了此骨正、反面彩照。如此等等，利于研究者的进一步观摩、观察、研究、思考，将推动此骨辨伪研究的深入发展。

其四，《英藏》一书的面世，本身就是1978年我国实行改革开放政策以后，中外学术交流和合作所取得的丰硕成果。在英国学术院、大学中国委员会的资助和中国社会科学院历史研究所支持下，伦敦大学亚非学院艾兰教授和李学勤、齐文心教授在7个多月内遍访英国各甲骨藏家，并对其所藏甲骨整理、施拓、研究、著录，完成了《英藏》上、下集的编纂，并由中国北京的中华书局出版。中英学者合作研究的过程和重要成果的完

① 参见《英藏·前言》，中华书局1985年版，第4—5页。

成，加深了中、英两国学者间的友谊，也促进了中、英两国学术交流的合作与发展。

《英藏》以收集流散到英国甲骨资料之全、新材料之多、刻辞内容之重要，为海内外甲骨学界所重视。诚如甲骨学家胡厚宣在《英藏》序中所高度评价的，此书对甲骨学将做出“重要的贡献”，并在百年来的甲骨著录史上占有重要地位。

《德瑞荷比所藏一批甲骨录》　雷焕章编纂，台北光启出版社 1997 年版，共收甲骨 228 号。其甲骨乃德国（库恩市）、瑞士（巴塞尔市）、荷兰（阿姆斯特丹市、来登市）、比利时（布鲁塞尔市）等欧洲四国五市六处收藏品。（附图三十）

《德瑞荷比》（简称，以下同此）为中、英文对照的甲骨著录，书前为总目，简称表、序。该书上编：著录，主要有 A 对照表（A1 库恩藏、A2 巴塞尔藏、A3 米登藏、A4 布鲁塞尔藏、A5 玛丽蒙藏、A6 阿姆斯特丹藏）。B 为著录与编译（B1 库恩藏、B2 巴塞尔藏、B3 来登藏、B4 布鲁塞尔藏、B5 玛丽蒙藏、B6 阿姆斯特丹藏）。该书下编：释文，A 释文（中文），即 A1 库恩藏（A1—1 藏片来源与介绍、A1—2 释文），A2 巴塞尔藏（A2—1 藏片与来源介绍、A2—2 释文）、A3 来登藏（A3—1 藏片来源与介绍、A—2 释文）、A4 布鲁塞尔藏（A4—1 藏片来源与介绍、A4—2 释文）。A5 玛丽蒙藏（A5—1 藏片来源与介绍、A5—2 释文），A6 阿姆斯特丹藏（A6—1 藏片来源与介绍、A6—2 释文）。

该书 B 为上述各项内容的英文译本，此不再列。

书后为附录：Ⅰ. 贞人组类与分期，Ⅱ. 征引甲骨著录书籍简称表，Ⅲ. 征引甲骨学考释书籍简称表，Ⅳ. 文字索引。

该书上编主要为著录的各家藏骨和藏品来源与说明。

《德瑞荷比》1—140 为德国库恩东亚艺术博物馆收藏的 140 片甲骨，乃刘鹗旧藏所散失，但过去并没有人知道刘氏藏骨还有一部分已流散到德国。A1 为库恩藏甲骨对照表（实为著录表），即该书 5、47、49、55、60、72、113 等片曾在《铁》《书道》《铁新》《合集》等书著录号对照并有的可与《佚》缀合。《德瑞荷比》141—208 为瑞士巴塞尔民族艺术博物馆藏片。该馆共藏甲骨 70 片，原骨于青岛购得，1913 年藏家捐赠该馆。对照表列出A2巴塞尔藏品，即《德瑞荷比》140、141、143等68片曾著录于《七》《录遗》《合集》的号码对照。《德瑞荷比》209—218为荷兰来登国立人种学博物馆收藏品。《德瑞荷比》219—220为比利时布鲁塞尔皇家艺术暨历史博物院藏品。《德瑞荷比》222—225为比利时玛丽蒙皇家博物馆收藏。《德瑞荷比》226—228为荷兰阿姆斯特丹国立博物院收藏，是为较特殊的花骨。

《德瑞荷比》所收甲骨，虽按上述藏家分组，但各家所藏编为统号。每片甲骨，均作有正面、反面照片和摹本等共为一号。刻辞排列，基本与《法藏》之体例相同，“唯有关贞人组类，则按最近学者研究的成果而将其分得更细密（参见附录《贞人组与分期》）”①。每号注明原骨高度、释文、时期和组类、材质、内容分类等。

《德瑞荷比》下编为上编所著录甲骨之释文，先说明每家藏片之来源，再对该藏家甲骨按统编号顺序逐一考释。其中A1为库恩藏（1—140），而A1—1为此批甲骨藏片来源之追索。库恩市东亚艺术博物馆收藏一大龟腹甲（为伪片）和一箱内140小片甲骨。刘鹗《铁》曾著录其中6片，其余大多未公开著录，为古董商1950年从慕尼黑购得并捐赠。书中还对刘鹗逝世后，所藏甲骨散失情况进行了全面追索（参见该书第181—186页）。库恩藏甲骨，“其中六片拓本已在《铁云藏龟》中发表，而其他甲骨上的刻辞也与《铁云藏龟》所收录的相类似，极可能这些甲骨皆来自刘鹗旧藏，或许因为片块过小，刘鹗才没有制作拓本发表”（第186页）。这些甲骨，当为1899年村北刘姓地出土。“刘鹗旧藏的刻辞全部属于李学勤所说的‘村北系’。”（第187页）其后A1—8为本书所收库恩藏甲骨释文，对1—140甲骨刻辞逐片作有考释和释文。甲骨每号之下，先断其时期并划分组类，在对刻辞中重要文字进行全面解说后，再隶定本段刻辞释文于后。有关文字的考证，既全面反映了近年古文字学的研究新成果，也有作者自己的看法和决断，颇有参考价值。该书A2为巴塞尔藏甲骨（141—208号）共57片。A2—1藏片来源介绍了瑞士巴塞尔市的民族艺术博物馆收藏甲骨72块的情况，即巴塞尔甲骨乃1904年出土于村北朱姓地者，1910

① 雷焕章：《德瑞荷比·序》，台北光启出版社1997年版。

年德人威罕购自青岛。1911 年方法敛曾作有 12 骨摹本，1938 年著录于《七集》之中。几经转手，现博物馆仅剩 70 版，其中一片为伪刻。1960 年《海外甲骨录遗》用照片发表了这批甲骨（第 241—242 页）。其后的 A2—2 为 141—208 号甲骨作有释文，亦如前对每片甲骨重要文字一一考释后，再列出该片各段释文。A3 为来登藏甲骨（209—220）之 A3—1 藏片来源、A3—2 释文。A3—1 藏片来源介绍了荷兰来登的人种学博物院三次入藏甲骨情况。第一次 10 块小碎片（3 陶片、7 卜龟），乃 1912—1918 年得自北京并捐赠于此，为乙、辛时期。第二次为香港中文大学李棪教授捐赠二大卜骨，为乙、辛时期。第三次为一大卜骨，亦为李棪教授捐赠，为武丁时期物。其后 A3—2 释文为逐片对重要文字进行说解后，作出每段刻辞释文。A4 为布鲁塞尔藏甲骨（219、220）之 A4—1 藏片来源及 A4—2 释文。A4—1 藏片介绍了比利时布鲁塞尔之皇家艺术史博物院收藏两批甲骨的情形。第一批 4 小块龟卜甲，与硬化的黄土嵌附于灰陶片中。四卜甲乃某氏 1920 年于河南购得，1929 年转售该院。另一批为某银行家 1938 年于上海购得，1946 年转售该院。其后 A4—2 所作各号考释与释文体例如前。A5 为玛丽蒙藏甲骨（221—225），A5—1 为藏品来源，A5—2 为释文。A5—1 藏品来源介绍了玛丽蒙在比利时距蒙斯市不远的摩斯威森林中的一座小山上，全名玛丽蒙皇家博物馆。该馆存有 5 片甲骨，但来源不详，推测为私人赠品。甲骨中 3 片为卜甲，2 片为卜骨，均为乙、辛时期黄组卜辞。1953 年《玛丽蒙博物馆收藏青铜时代之骨辞》（载《比利时皇家考古与史前会议期刊》64 卷，1953 年）刊有 5 片甲骨照片，《玛丽蒙期刊》（1974—1975 年，5—6 号，第 6—19 页）中以法文发表新译文，也重刊了此 5 片甲骨照片。其后之 A5—2 释文对 5 片甲骨逐片、逐字进行考证，并作出每辞释文。A6 为阿姆斯特丹藏 226、227、228 号，A6—1 为藏片来源，A6—2 为释文。A6—1 藏片来源介绍了阿姆斯特丹亚洲美术博物馆藏甲骨三次收得的情形。第一块长条大骨是 1937 年购自巴黎古董商，第二块是 1938 年又从同人手中购得，第三块是 1949 年购自伦敦。这些甲骨上无刻辞，但与加拿大多伦多皇家安大略博物馆怀特氏的收藏品有关。其中两片甲骨曾发表过正、反照片，一块从未发表过。其后 A6—2 为释文，226、227、228 诸片虽无文字，但上面花纹繁缛、瑰丽，有的嵌绿松石，考释对每片上的纹饰进行了详细描述并与有关商代铜器纹饰相对比，指出“商朝骨柶上的纹饰并非纯艺术品，这些骨柶被用在为了达到某些特定目的的祭仪上。根据江伊莉的看法，这些兽面纹是祖先神灵的象征，商人借着对兽面纹的刻划，显示对自己现在及未来命运的掌握”（第294页）。

《德瑞荷比》一书的B（第229—463页）即为以上A释文（中文）的各项内容的英文译本。

《德瑞荷比》书后为附录，有Ⅰ．贞人组类与分组，Ⅱ．征引甲骨著录书籍简称表，Ⅲ．征引甲骨学考释书籍简称表，Ⅳ．文字索引等，为阅读和使用此书者提供了方便。

《德瑞荷比》是一部较为全面公布欧洲各国所藏中国殷墟甲骨文的著录，在甲骨学史上应占有重要的地位。之所以如此，是因为：

其一，“本著录包括六部分欧洲的收藏”，即德国的库恩市、瑞士的巴塞尔市、荷兰的来登市和阿姆斯特丹市、比利时的布鲁塞尔市和蒙斯市的玛丽蒙皇家博物馆的藏品。其“每一收藏，因存放的博物馆较鲜为人知”，所以搜集和流传是较为困难的。“期将更多的原物资料呈现给专家学者们”的雷焕章博士，出于对中国传统文化的热爱，千方百计搜集流散海外甲骨材料并予以公布，为甲骨学研究做出了贡献，我们应向他致敬！

其二，流散欧洲的我国殷墟甲骨文，在海内外学者努力之下，陆续予以公布，从而使这些沉睡多年的珍贵资料，从博物馆清冷的仓库走向了学术前沿，成为全新的研究资料。特别是1978年以后，由于中国改革开放的加强，中国学者走出国门，外国学者来到中国，加强甲骨学研究的国际合作与交流，一批流散海外的甲骨陆续著录出版。一些大宗收藏甲骨的国家，诸如英国甲骨1985年出版了《英藏》，法国甲骨1985年出版了《法藏》。而散见于德国、瑞士、荷兰、比利时的小宗甲骨，雷焕章1997年出版了《德瑞荷比》。此书出版以后，“欧洲只剩下《威尔士博士旧藏》未刊布”了。威尔士博士1909年于山东青岛购得280片甲骨，后又购买一些，共得甲骨711片带回德国，并于1912年将其捐赠柏林民俗博物馆。雷教授在《德瑞荷比》的序中，满怀深情地“期盼这些已经有人花了一些时日准备刊布的甲骨收藏，能尽快刊行于世”。其实，威尔士这批材料，现只有400多片而不是711片了。在《甲骨文合集》中曾以摹本著录过

112 片，胡厚宣 1988 年《苏德美日》书中的 1—112 为《合集》原收录片的新作摹本，而 113—422 为《合集》未收过的威尔士甲骨新摹。因此，德国威尔士所收甲骨，在《苏德美日》中已经全部公布了，但仅是摹本而已。我们期望今后有学者对这批甲骨进行全面整理，以拓片、照片、摹本“三位一体”刊出。

其三，《德瑞荷比》释文对所收甲骨文字的考证，反映了海内外甲骨文字学家的文字考释的新水平。本书对有关国家甲骨收藏著录情况的追踪非常有意义，特别是关于德国库恩市的一批甲骨源流，从刘鹗最早收藏，到其后一部分归罗振玉继续收藏，并又流散到中国和日本不同藏家手中，一部分为罗诗迦陵、刘体智、马衡、福开森、吴振平、容庚、谢午生、黄宾虹等人所得并又辗转散失于不同藏家（参见第 180—186 页）等，对甲骨源流史的研究颇有价值。

其四，1978 年以来，甲骨文断代研究有了新的深入，这就是分期断代研究的“两系说”，并“构筑成功了断代研究的体系。1991 年黄天树出版了《殷墟王卜辞的分类断代》（台湾文津出版社），从理论上加以阐述。1994 年彭裕商出版了《殷墟甲骨断代》（中国社会科学出版社），1996 年李学勤、彭裕商出版了《殷墟甲骨分期研究》（上海古籍出版社），等等，就是较系统阐述‘两系’说的力作”①。虽然如此，“‘两系’说的断代体系自 1978 年提出以来，至今还停留在理论的探索上”。因而“在目前的研究工作中，还不能用‘两系’说驾驭十五万片甲骨的全般。就是‘两系’说的倡导者李学勤本人，他的近著《英国所藏甲骨录》，也仍然是以董作宾的‘五期’分法和‘十项标准’为依据进行整理的”②。

雷焕章赞成李学勤的分期观点，“并增加李、彭论文之外的资料”，进行分析研究并有论文加以阐述。“为方便读者，特别编制一表，清楚显示不同贞人组类之演变过程”（见该书第 469 页之贞人组类表）。“本著录乃根据此表分组、断代的。”《德瑞荷比》的甲骨，就是按分组、分类的“两系”演进说进行整理的。因此，该书应是第一部把“两系”说的理论

① 王宇信:《甲骨学通论》（增订本），中国社会科学出版社 1999 年版，第 473 页。
② 同上书，第 210 页。

和方法应用于整理甲骨的实践，在甲骨著录史上应是首创，比国内第一部按字体分类分组著录甲骨的《国博藏甲》（2007 年）要早了十年！

其五，《德瑞荷比》是所见不多的中、英文版本合一的著作。不仅中国读者和懂中文的外国读者可利用此书的资料，就是不懂中文的西方人，也可以通过英文认识和了解中国甲骨文这一世界优秀文明。众所周知，中国殷墟甲骨文之所以引起西方学者兴趣并研究者趋之若鹜，与甲骨文发现不久，早在 1906 年就有人用英文写成《中国原始文字考》介绍给西方，其后又有人陆续于 1913 年、1917 年、1925 年、1931 年、1932 年、1937 年不断用英文在欧美发表文章，宣传甲骨文这一重大发现及重要性是分不开的。因此，《德瑞荷比》在西方世界宣传中国古代文明和阐释甲骨文的深厚文化底蕴，将产生重大的影响。

鉴于上述种种，《德瑞荷比》是一部有不少创新的甲骨著录，为甲骨学研究的发展做出了贡献，是在百年甲骨著录史上占有重要地位的著录。[①]

《美国所藏甲骨录》（以下简称《美藏》）　周鸿翔著，美国加州大学 1976 年出版，共收入甲骨 681 片，另著录甲骨反面文字 19 片，全书共编 700 号。《美藏》所著录甲骨，乃选自美国卡内基博物馆、哈佛大学皮巴地博物馆、哥伦比亚大学图书馆、圣·路易斯城市艺术博物馆、华盛顿弗里尔美术馆等 11 家收藏。

《美藏》1—413 号与《库方二氏所藏甲骨卜辞》941—1408 号重见。《库方》一书乃 1938 年在美国纽约影印摹本出版者，美国方法敛摹，白瑞华校。由于方法敛、白瑞华不识甲骨真伪，故此书收入伪片较多。历年来，不少学者，如董作宾、胡光炜、容庚、陈梦家、郭沫若、胡厚宣、于省吾等人，曾对《库》书作过很多辨伪工作，陈梦家《殷虚卜辞综述》第 652—653 页“《库方甲骨卜辞》的伪刻部分”有全面披露。这些甲骨，现藏卡内基博物馆；《库方》第 414—480（1 片反面有字）号已著录于《殷

① 补记：写此段文字时，时而参阅《德瑞荷比》一书。笔者案头的这部《德瑞荷比》，乃老朋友雷焕章博士自台北寄赠。此书扉页上有雷先生手书“王宇信教授指正　雷焕章敬赠”字样，另一处字是我所记“1997 年 2 月 5 日收到此书，时值除夕将临”字样。收到此书至今，已历时 14 年。而雷博士也于 2010 年 9 月 24 日仙逝。所赠此书和题字，已成永久的纪念！——2011 年 2 月 27 日晚写。

契佚存》(1933 年)第 255—316 号，为施密士赠给哥伦比亚大学东亚图书馆者。关于这批甲骨，《佚》董作宾序中曾有所披露，乃殷墟第三次发掘期间，“五洲旅馆”失窃者。关于此，本书第十章“第三节民间收藏甲骨的整理公布”之“一百年来民间‘存骨’的不断现身”也有所叙述；《库方》第 559—564 号为库寿龄、方法敛藏品，《库》第 2175—2178 号曾以摹本著录，现藏芝加哥自然历史博物馆。

《美藏》所收甲骨拓片，选自下述收藏单位者，诸如卡内基博物馆 60 片、哥伦比亚大学图书馆 1 片、哈佛大学皮巴地博物馆 12 片、普林斯顿大学 1 片等，饶宗颐《欧美亚所见甲骨录存》(1970 年)、李棪《北美所见甲骨选粹考释》(1970 年)二书曾经著录发表。

《美藏》一书首次发表的甲骨拓片，除去上述曾录过者，实不足百片。但就用拓本著录这些甲骨而言，绝大多数此前多为摹本公布，本书为首次公布这些甲骨拓片。《美藏》一书，全书拓本清晰，所著录的不少材料较为重要，对研究商代宗教观念，甲骨断代等都有相当重要的价值。(附图三十一、附图三十二)

《苏德美日所见甲骨集》(以下简称《苏德美日》)　胡厚宣编集，四川辞书出版社 1988 年出版，全书共收甲骨 576 片，另附录 6 片，总计 582 片。

《苏德美日》的目录是：总序(胡厚宣)，卷一、苏联国立爱米塔什博物馆所藏甲骨文字选(摹本 1—79)，卷二、德国柏林民俗博物馆所藏甲骨文字(摹本 1—112、摹本 113—422)，卷三、美国所见甲骨补录、照片(摹本 1—24)，卷四、日本天理大学参考馆所藏甲骨文字选(摹本 1—51)。附录一、德国私人收藏牛胛骨卜辞(拓本及照片)，附录二、香港大会堂美术馆所藏牛胛骨卜辞(拓本)，附录三、美国旧金山亚洲艺术博物馆所藏 4 片牛胛骨卜辞(照片)。

胡厚宣先生与罗振玉、郭沫若等前辈大师主张相同，即“俱以见搜集材料与流传材料，实为学者当务之急也”(胡厚宣：《甲骨六录》自序，1945 年)。因而他“研究甲骨学逾五十年，一直颇注意材料的搜集”。在他 75 岁完成《甲骨文合集》及进行一些后续的集体工作之余，“拟我有生之年，整理一下自己五十多年以来已出版未出版已完成未完成的论著，作一总结”。他“拟先从整理自己长年以来所搜集的甲骨文资料开始”。而《苏德美日》“这本小册子，就算是一个开端”[①]。该书所收582片甲骨，是胡厚宣教授利用出国访问，或通过友人帮助，千方百计从海外搜得，从而使一批流散境外且沉睡多年的殷墟甲骨文得以面世，为甲骨学商史研究增加了一批珍贵而重要的第一手资料。

《苏德美日》卷一所收1—79号摹本及所据甲骨实物，现藏俄罗斯圣彼得堡爱米塔什博物馆。胡厚宣教授1958年7月执行中国与苏联科学协定的项目，去苏联科学院访问期间，对该国各地所藏中国殷墟甲骨文进行了调查、搜寻，全面掌握了苏联收藏甲骨的情况。其中一批是莫斯科东方文化博物馆所藏完整卜龟17版，经胡先生鉴定，全都是现代的龟腹上刻文字的伪片。其中一版竟然在1955年苏联出版的多卷本皇皇巨著《世界通史》的第1卷第17章“远古的中国”彩色插图32选用。当时，为学习“老大哥”的重要史学成果，1959年我国曾组织大批人力，下大力气翻译并由三联书店耗巨资出版的中译本《世界通史》第1卷的该彩色插图，仍为原版之旧。经胡教授指出此甲为伪品，才临时将假片抽出，换成《乙编》完整龟甲卜辞3版，但印制时却又尾上头下，将卜龟倒置了；另一批是圣彼得堡的爱米塔什博物馆所藏殷墟甲骨文199片，乃苏联甲骨学家布那柯夫所搜集。布那柯夫氏1935年在其《安阳龟甲兽骨》文中曾作过介绍。布那柯夫在苏联卫国战争中献身后，甲骨归爱米塔什博物馆。但该馆对这批甲骨并不重视，还有人认为可能全是伪品。经胡厚宣教授鉴定，“这批甲骨，倒是一片也不假，而且还有一些很重要的材料”。这批甲骨，就卜材而言，以兽骨为多，但也用龟甲。就时代而言，以二期为最多，其次为三、四期，再次为一期，而以五期最少。这批甲骨，布那柯夫1935年在《安阳龟甲兽骨》一文中曾提出拟用“合照片摹写三位一体的办法，将字骨拓印”整理出版，虽因布氏英年早逝而未完成这一计划，但他提出的“三位一体”整理著录甲骨，却是较为超前的创见！

多年来，爱米塔什博物馆藏甲骨，仅在刘克甫等苏联学者《古代汉语》（莫斯科1978年出版）第12页曾著录1片，其后才在1982年《合

① 胡厚宣：《苏德美日·总序》，四川辞书出版社1988年版。

集》第13册中收入部分甲骨的摹本。[①] 这次《苏德美日》集中公布79片，虽然是较多的一批[②]，但也只是精选自爱米塔什博物馆藏199片中的一部分。相信其余藏品，有识之士也将会设法将其整理公布，使其研究价值得到充分发挥和利用[③]，不致使这批出土文物长年被“束之高阁”而无闻，否则，与原来藏之地下何异耳!?

《苏德美日》卷二所收422片摹本，虽名为德国收藏，但有一部分实为德国人所收，现藏瑞士者。关于此，我们在《德瑞荷比》中已作介绍。因而只是其大部分为德国柏林民俗博物馆所藏甲骨。其中1—112号为《甲骨文合集》所著录，113—422为《合集》未著录，两批甲骨皆按甲骨文一至五期时代先后排列。本书所收甲骨，一部分为德国人魏礼贤在青岛购藏72片，后辗转流传，1914年瑞士巴塞尔民俗博物馆入藏其中70片。1919年公布过其中4片照相，1938年《甲骨卜辞七集》公布全部甲骨摹本，1956—1958年《海外甲骨录遗》公布其藏品68片照相；另一部分为德国人威尔茨1909年于青岛购得，现藏柏林民俗博物馆400多片（原《七集》序言后附材料来源表第5页计藏有711片，现已不全，仅存此数），《甲骨文合集》曾收录112片甲骨相片。但与柏林民俗博物馆藏甲骨实物相比，多已缩小或模糊不清，或缺反面、骨臼，或照相不全（参见本书第20—26页），达112片之多。本书现所刊摹本，为香港中文大学甲骨学家李棪教授据民俗博物馆甲骨实物所摹并馈赠胡厚宣教授者，不仅可弥补、纠正《合集》缩小比例之不足，亦可对《合集》所未收德国甲骨材料作一补充，这就为甲骨学研究增加一批准确、重要的新材料。

该书卷三为美国所见甲骨补录，共收摹本24片，乃胡厚宣教授1983年5月访美期间，“先后访问了九个城市，藏有甲骨的九个学术机关和六

---

① 参见胡厚宣《苏联国立爱米塔什博物馆所藏甲骨文字》，《甲骨文与殷商史》第3辑，上海古籍出版社1991年版，第1—3页。

② 胡厚宣、宋镇豪为这批甲骨作有考释，见《苏联国立爱米塔什博物馆所藏甲骨文字考辨》，《出土文献研究续集》，文物出版社1989年版，第11—50页。

③ 据悉，中国社会科学院重点课题“甲骨文合集三编”拟全部收入该馆所藏甲骨。为此，2008年该项目负责人宋镇豪教授与参加者赵鹏、孙亚冰专程赴俄罗斯圣彼得堡与爱米塔什博物馆协商合作事宜，合作已经成功。2012年宋镇豪、孙亚冰、徐义华又赴该馆，将甲骨全部拓回，正在编辑、整理中。

个私人收藏家，选摹了周鸿祥教授《美国所藏甲骨录》未收的65片”。编选在《苏德美日》书中的24片甲骨，乃《美藏》所未予收录者。其中不乏精品，如第1号为盘庚、小辛、小乙时代卜龟。第7号正面有两辞对贞丙日御祭，反面辞为王占曰其御。第11号刻有关于祭于京地、祭上甲用执、二牛、四牛、祭于伊等五条刻辞。第19号辞中之新字等，为在《美国所藏甲骨录》的基础上，全面整理流失美国的殷墟甲骨文增加了一批新资料。

该书卷四为日本天理大学参考馆所藏甲骨文字选所收51片甲骨摹本。在《苏德美日》1988年出版前，“日本收藏的甲骨，大宗的差不多都已发表，只有天理参考馆的甲骨，一直尚未见公布”。胡厚宣教授1981年2月赴日本访问时，专程去该馆查访。“一个大木箱，内装甲骨38盒，共计819片”，主要为王国维旧藏250片、罗振玉旧藏544片。这批甲骨五个时期都有，其中罗氏甲骨《前》《后》《续》及商氏《佚》均有著录者，而从被《铁》著录者尤多可以推知，“刘铁云故后，其甲骨必有不少归罗振玉”。该书所收51片甲骨，即为从天理参考馆所藏819片甲骨中选摹者。其中仅34号为王国维旧藏，其余均为罗振玉旧藏。参考馆藏甲骨摹本可谓精中选精，内容颇为重要。如2号“贞㞢屯”为以屯为祭牲，2号之“臭氏”，8号之“求于𡆥”，10号之“贞𠷎方出，王飨，受㞢又”，11号之“贞刖”，21号之“方其至今八月乙丑伐”，38号之“翌乙卯𠭯于小乙，翌丁巳𠭯于父丁”，50号之“王叀东方征”，等等，为甲骨学商史研究提供了新资料。此外，附录一德国私人收藏卜甲拓本、照片之“……毘七十又四……”等五辞，附录二香港之卜骨拓本“……王勿立中”等辞，附录三美国旧金山4片牛卜骨之“亡来自西”“乎省于九茧”等，也是颇有史料价值的甲骨。胡厚宣作有《释流散到德国的一片卜辞》（《郑州大学学报》1980年第1期）、《记香港大会堂美术博物馆所藏一片牛胛骨卜辞》（《中原文物》1986年第1期）等文，对所附的甲骨曾作有考释。

如此等等，《苏德美日》公布了一批流散到苏联、德国、美国、日本的一批殷墟甲骨文中重要资料。虽然此书所收为甲骨摹本，但均出自甲骨学权威之手，这就增加了此书的权威性和准确性、可信性。因而此书受到海内外学者重视，并经常在海内外甲骨学商史研究中加以引用。因此，《苏德美日》是1999年《甲骨文合集补编》出版前的一部重要甲骨文著录。

《瑞典斯德哥尔摩远东古物博物馆藏甲骨文字》（以下简称《瑞斯》）

李学勤、齐文心、[美]艾兰编纂，中华书局1999年版。该书共收甲骨108号，附图13号。《瑞斯》全书目录为前言、前言英译本；编辑凡例；图版（原骨照片及馆藏拓本、摹本）；释文；附录有图版号与藏品号对照表、馆藏拓本著录情况表；字辞索引凡例、部首、索引。

《瑞斯》所著录108号甲骨及附图13号，乃该馆收藏的六宗甲骨。其第一宗17片（龟背甲、牛胛骨各1片外，余为龟腹甲），乃20世纪初购自北京；第二宗为1926年罗振玉赠，共26片；第三宗法克曼旧藏19片，乃1913年购于北京，1928年入藏该馆；第四宗卡尔白克旧藏3片，乃1929年左右购自河南安阳；第五宗48片（仅一片卜骨，余为卜龟），乃得自中国胶东；第六宗私人旧藏4片，1946年入藏该馆。此外，该馆另有甲骨拓本14片（其中两片可缀合，见该书附图5），原为美国纽约山中商会旧物。①

《瑞斯》所收有字甲骨108片，均用照片附拓本13片在本书第1—35页发表，而其余甲骨及所附拓本的摹本，在其后第36—70页刊出。全书所收甲骨拓片及摹本，经整理研究，编排顺序用分组的方式，即宾组（1—55号）、出组（56—73号）、何组（76—86号）、黄组（87—100号）、自组（101—103号）、子组（104—105号）、历组（106—107号、附1—7号）、无名组（108号、附8—13号）。每片甲骨的照片与摹本编号相同，而图版统编号与其后摹本统编号相同，故每片甲骨照片与摹本可互相勘校。由于甲骨表面不平，因照相时焦距的关系，不能使甲骨上文字个个清晰，需从不同角度补拍，作为原甲骨附号之甲、乙分号。

《瑞斯》各片甲骨都作有释文，同版甲骨上有一条以上刻辞者，则各辞用（1）、（2）等顺序号表示。如甲骨有特殊情况，诸如涂朱、缺刻划等则在释文下注明。

《瑞斯》的前言由著名学者李学勤教授撰写，其全部书稿由齐文心教

---

① 参见《瑞斯·前言》，中华书局1999年版。

授完成，而再校对和英文翻译由李学勤和时在英国伦敦亚非学院的艾兰教授[①]承担。《瑞斯》公布的“这批甲骨有不少值得重视的内容”。关于此，李学勤教授在本书前言中曾重点加以介绍，为阅读本书提供了有启示的导读。《瑞斯》把这一批我国流散瑞典的殷墟甲骨文悉数公布，为甲骨学研究提供了一批新资料。

《瑞斯》是中国学者与外国学者学术交流和合作所取得的成果，不仅中英学者共同提出了这一合作项目，而且项目的进行，也是中国学者、英国学者共同运作，并在英国学术院和瑞典远东古物博物馆的大力支持、协助下顺利完成的。此外，瑞典收藏流散的殷墟甲骨资料由不同国家学者合作整理著录，并在中国北京中华书局出版，也是国际学术交流推动甲骨学研究发展的佳话。

二　流散日本殷墟甲骨的整理与著录：《东化》《天理》《中岛》

《东京大学东洋文化研究所藏甲骨文字》（图版篇）　松丸道雄辑，东京大学东洋文化研究所1983年版，共收甲骨1315片。（附图三十五）

《东京大学东洋文化研究所藏甲骨文字》（图版篇）（以下简称《东化》），全书目次为：序（松丸道雄），凡例，故河井荃庐氏旧藏甲骨（1—972），故田中救堂氏旧藏甲骨（973—1313），三浦清吾氏旧藏甲骨（1314—1315），英文目次。

该书所收甲骨，按以上所列藏家为序，每藏家甲骨再分期分类编次，全书统一编为1－1315号。该书著录之各家所藏甲骨，均在目次中逐一标明所刊《东化》之图版编号、期别、卜材（卜甲、卜骨）、内容类属、本书著录编号等。《东化》著录甲骨的每一图版，均在图版编号下注明该版各片甲骨之期别、卜材（卜甲、卜骨）、内容类属。每页图版上排版所刊每一号甲骨，均为拓片。再将甲骨照片亦按拓本之版式排列，以便于甲骨拓本、照片可互相参对。《东化》各号拓片清晰，照片黑白效果亦较良好。

《东化》所收各家旧藏，现已归东京大学东洋文化研究所。河井荃

---

① 艾兰教授现已任职于美国达慕斯大学。

庐旧藏甲骨，共1708片，其中有字者1294片，无字者144片。河井氏所藏甲骨，林泰辅《龟》（1921年）、郭沫若《通》（1933年）、金祖同《龟卜》（1948年）等书曾著录部分。田中救堂氏旧藏甲骨共393片，其中有字甲骨345片，无字甲骨48片。有字甲骨经缀合一版，实为341片，《珠》曾著录有字甲骨的部分藏品。三浦清吾氏旧藏2片，松丸道雄《日本散见甲骨文字搜汇·九》（《甲骨学》第11号，1976年）曾著录。以上总计东洋文化研究所藏有文字甲骨1641片，另有无字殷墟甲骨462片。

《东化》所收1315片甲骨，虽不是东京大学东洋文化研究所藏甲骨的全部，但其中内容有价值者应尽收其中了。此外，尽管《龟》《通》《珠》《龟卜》及《日本散见甲骨文字搜汇》[①]有所著录，但东洋文化研究收藏甲骨还有不少未被著录过的甲骨，首次在《东化》书中被公布，为甲骨学研究提供了一批新资料。不仅如此，《东化》集中把东洋文化研究所藏甲骨汇为一编，不仅减少了研究者在早年著录书刊中查找其资料之不便，而且和盘公布了全部所藏甲骨，使这批重要的甲骨材料所保存的科学信息永存于世，不致再因不可抗拒的灾害或战火使其毁灭，造成不可挽回的损失。因此，我们向热心搜集和公布流散殷墟甲骨文的日本著名甲骨学家松丸道雄教授致敬！[②]

---

① 松丸道雄：《日本散见甲骨文字搜汇》五，《甲骨学》1976年第11号。此文，共分1、2、3、4、5、6部分，除第5部分外，其余分别刊载在《甲骨学》7、8、9、10、12各号上。中国学者刘明辉将全文译为中文，集中发表在《古文字研究》第三辑（中华书局1980年版）上，共著录甲骨484片，每片均注明藏家。

② 笔者所翻检之《东京大学东洋文化研究所藏甲骨文字》（图版篇）的扉页上，有“此书乃松丸道雄教授寄赠，于一九八三年六月二日收到，王宇信”字样。当时收到松丸教授1983年出版的此书时，作为学术界无名小卒的笔者，颇有受宠若惊之感。我与松丸君初次见面，乃在1987年9月安阳召开的国际学术研讨会上，以后松丸君又多次出席中国殷商文化学会召开的会议并见面。总的印象是松丸君似有傲气，因而交谈不多。2002年1—2月间，我去东京都驹泽大学访问期间，松丸君邀我去他家做客，在其满是书籍的书房中交谈甚欢。记得他谈起恩师岛邦男先生整理《殷虚卜辞综类》时，全凭手抄，一条条作出卡片，书房中到处都是装满资料卡片的盒子……充满对前辈学者艰苦治学精神的无限钦佩。松丸教授请我在居所附近的“四川饭店”吃饭，作陪者有他的学生铃木敦、高久由美子。饭后，他还执意在雨中打车送我回驹泽大学的住处。从日本回国后，曾对与我对松丸君印象有同感的杨升南教授说过，松丸君看来傲气，不好接触，但实际并非如此，待人相当诚恳热情……是一位外冷内热、诚恳热情的学者！——2011年3月1日写至此处追记

作为珍贵中国文物被收藏在中国和世界各国的殷墟甲骨文，只有经整理并将之著录公布，其保存的古代文化信息才能成为学术界的共同文化财富，再也不会因不可抗拒的因素而从人间消失，成为永存人间的珍贵史料。因此，重视甲骨文材料的著录与公布，是世界各国甲骨学家的优良传统。自 1903 年第一部著录《铁》出版以后，有用中国传统的椎拓技术拓本公布者，有用近现代技术照片公布者，也有用急就篇，即摹本公布者。但是学者们在研究实践时发现，虽然拓本著录甲骨较好，但仍有纤细笔画拓不出来，或印刷时造成模糊。照片虽比较真实，但由于角度关系，字口不显，致使一些文字不易看得清楚。而据原骨所作摹本，虽然字迹笔画比较清楚，但因摹写者对甲骨文的学养不一，不免摹写有错或失真，如广为学者乐道的妇好带领 1.3 万人征舌方之“舌”，原是“方”字摹写之误。《英藏》的出版，方得以纠正。因此，甲骨学大师董作宾总结甲骨出土以来著录的得失，1960 年在《中国文字》第 1 期发表的《殷虚文字乙编摹写本示例》中，大声呼吁要出版集拓本、摹本、照片于一书的“三位一体”式著录，以推动甲骨学研究的发展。而松丸道雄 1983 年出版《东化》一书，应是海内外出版的第一部这样的著录，为科学著录甲骨开了先河。因此，《东化》在百多年甲骨著录史上，具有示范性的意义。

《天理大学附属天理参考馆——甲骨文字》（藏品）（以下简称《天理》） 伊藤道治编纂，天理教道友社 1987 年出版，全书共收甲骨 692 片。《天理》藏品为一编，另有甲骨文字释文作为本书别录一册共 39 页。（附图三十六）

《天理》（藏品）的目次为：序（天理大学、天理教道友社、原京都大学校长平泽兴）。

总论：殷代的社会与文化（名古屋大学助教授　江村治树），遗迹地图。

彩色图版（第 19—65 页），资料图版（甲骨照片与拓本，第 68—174 页）；座谈会纪要（第 175—188 页），参加者：伊藤道治（时任神户大学教授）、金关恕（时任天理大学教授）、近江晶司（时任天理参考馆馆员）；《天理》书末为伊藤道治《关于天理参考馆所藏甲骨》（第 189

页）一文。

《天理》（藏品）总论“殷代的社会与文化”，主要从巨大的殷王陵、王陵的殉葬与祭祀坑、大量人身牺牲的意味、殷文化之传统等几个方面，概要介绍了1928年以后殷墟考古的发掘和研究成果。此外，文中还配有西北冈大墓祭祀坑分布图、1001号墓之全景照片、殷王室世系表、小屯的殷墟（彩照）、今小屯村内（彩照）、妇好墓出土玉人、大方鼎、象牙杯彩照各一幅。文后为殷代主要遗迹分布图（第14页彩色）、河南省安阳殷墟周边地形图（第15页彩色）。

《天理》（藏品）彩色图版46张，共排置甲骨彩色照片58片，每片甲骨在本书编号前注明质料（甲S、骨B），并在编号后注明本片主要内容；第68页之后至第174页是资料图版（照片与拓本），每一号（片）甲骨都有照片、拓片并编为一号（如反面有字亦作照片、拓片编为该号之b），号前标明S（卜龟）或B（卜骨），全书所收甲骨统编为1—692号。本书68—174页凡双号页都是各号甲骨之照片，而其单数页码所排之各号甲骨拓片，号数、版式与双号页的相对应。各号甲骨之照片效果较为逼真，拓本文字也较为清晰。翻开资料图版，照片、拓本在双号页码和单号页码上两两相对，极方便研究、对比、勘校。

《天理》藏品资料图版之后是关于甲骨文字概况的座谈会，参加者有伊藤道治教授、金关恕教授、近江晶司馆员等。三位教授讨论的主要内容有三个方面：第一，甲骨的整治、占卜与文字契刻，并涉及周原甲骨。第二，关于甲骨文的分期断代“五期说”并讨论了断代研究的“新旧派”的新方案。第三，关于商代崇拜的诸神。第四，关于文字的起源。第五，甲骨文字的起源。第六，关于与甲骨文同时的文字和甲骨文研究史等。以上相当于甲骨学简论。

《天理》（藏品）书末之《关于天理参考馆所藏甲骨》，是日本著名甲骨学家、本书的编纂者伊藤道治教授所写。他在此文中，全面介绍了天理参考馆入藏殷墟甲骨文的经过及每批甲骨的数量、期别等。

《天理》（藏品）的甲骨文字释文另为一册，乃伊藤道治教授亲自撰写。每一号甲骨都精作摹本，摹本上如有两段以上刻辞者，在摹片轮廓线外标出有关刻辞段落序号1、2……并在每号摹本上方，按摹本上甲骨文字的行款、字数分布作出释文，确知缺一字者画一□。确知缺某字者，其外围以□。缺字但不知若干者，用〼表示。并在所释的刻辞文字上方与文字所属段落序号间用箭头标明本段刻辞的文字走向。此外，还按段落序号，用日文译出该段全辞释文。摹本文字准确清晰，有卜兆、兆序，甚至有盾纹者皆一一摹出。伊藤道治所作的甲骨释文，代表了日本权威甲骨学家和世界甲骨文字研究的最新水平，颇有参考使用价值。

《天理》（藏品）所著录的692号甲骨，乃天理参考馆所藏殷墟甲骨935片中之精品。这批藏品，是该馆先后七批所得。第一批为堂野前种松部分收藏品40片（内有2伪片）入藏天理参考馆。其另一部分50片现藏于大原博物馆。入藏该馆38片甲骨中有36片曾著录于《遗珠》(1939年)，另2片近年发表在松丸氏《日本散见甲骨文字搜汇》（三）[1]上。堂野前种松这批甲骨（天理参考馆、大原博物馆分藏者）当是1926年于天津购自罗振玉，几经沧桑变故，后又入藏该馆；第二批藏品547片（有2伪片），伊藤教授说来源不明，但雷焕章博士考究亦为罗振玉旧藏；第三批藏品250片为王国维旧藏，其中应有49片，是王国维或罗振玉购自刘鹗旧物，后归该馆所有者；第四批25片为罗振玉旧藏，据《天理》B361与《通》358重，学者认为这批甲骨是罗氏赠富冈君㧑氏[见蔡哲茂《读〈天理〉》，《书目季刊》21·3，（台北）1987年版，第103页]，后为天理参考馆入藏；第五批15片（现存12片）；第六批18片；第七批共小片40片。[2] 现《天理》（藏品）将其整理出版，虽然有一些藏品此前曾有所著录，但还有不少为首次刊出，为甲骨学研究增加了一批重要新材料。

“国外搜贮的我国殷墟甲骨文，以日本所藏为最多。”日本著名大宗收藏甲骨的藏家，京都大学人文科学研究所藏品整理出版了《京人》(1959年)（附图三十三）、东京大学东洋文化研究所藏品整理出版了《东化》

---

① 松丸道雄：《日本散见甲骨文字搜汇》，刘明辉译，《古文字研究》第三辑，中华书局1980年版。

② 参见伊藤道治《关于天理大学附属天理参考馆——甲骨文字》（藏品），天理教道友社1987年版，第189页；雷焕章《库思藏·藏品来源》，《法藏》，利氏学社1997年版，第182页。

(1983年)。而其他各家一些零散的甲骨收藏，也不少陆续整理为专著《东洋文库》(1979年)刊出(附图三十四)，或在一些在刊物上发表的散篇文章中面世。而为海内外甲骨学者所瞩目和期待早日公布的日本最后一批大宗收藏，即天理参考馆所藏甲骨的整理著录。《天理》(藏品)(1987年)一书的出版，可以说日本“主要藏家的甲骨基本上都已公布，为甲骨学的研究提供了极大方便”①。

《天理》(藏品)② 著录甲骨文，全部以照片和拓片在图版篇中对照刊出。虽然这部分没有附摹本，但本书另册释文部分却把每片甲骨的摹本与释文一起刊出，这就使书中所收每片甲骨的照片、拓片、摹片可互相对照、勘校。因此该书是一部前辈大师董作宾所倡导的“三位一体”的甲骨

① 参见王宇信《甲骨学通论》(增订本)，中国社会科学出版社1999年版，第257—258页；王宇信《中国甲骨学》，上海人民出版社2009年版，第323页。

② 此书的盒式套封上，贴有伊藤道治亲笔写的“王宇信先生”，每字1厘米左右见方的五个大字字条一纸，乃是他出版后馈赠此书时夹在书中的。为作永久纪念，笔者特意将其粘贴在套封醒目处。多年来，笔者时常翻阅此书，获益良多。而撰写本段文字至此，此书更是座右必读参考。笔者与伊藤教授相识，是在1987年中国殷商文化学会在安阳召开的国际学术研讨会上。他在全体会议发言中谈道，自己为日本军国主义者给中国人民造成的痛苦和灾难深表忏悔和致歉云云，给笔者留下了深刻的印象。在1989年9月应中国殷商文化学会之邀，在当时外国人员来我国极少的困难的情况下，伊藤道治与夫人伊藤洋子又毅然出席在安阳召开的国际学术会议。会后回京住北京饭店，笔者与杨升南教授同去拜望。1999年，伊藤教授夫妇又出席了在安阳召开的“纪念甲骨文发现一百周年国际学术研讨会”，并与120多名出席会议的海内外学者在殷墟申报世界文化遗产呼吁书上签了名。笔者2002年初访问日本期间，时任日本考古学会会长的驹泽大学教授饭岛武次陪笔者去京都，伊藤教授得知笔者访问京都大学人文科学研究所，夫妇二人特意从很远的住地城市赶到京都，我们一起在京都大学小南一郎教授研究室摩挲京都大学所藏甲骨。其后，我们又同去泉屋博物馆参观。记得那天是星期天闭馆日，但国际知名青铜器专家樋口隆康教授，特意安排开馆，并开了馆内周日停开的暖气。虽然冬天天气较冷，但中日学者间的友谊驱散了寒气。与樋口隆康先生告别后，伊藤教授夫妇带我们去参观一处庙宇遗址，然后去附近一处环境幽雅的餐馆吃京都著名美食“豆腐宴”。还记得师母伊藤洋子席间指着写有日文和英文的易拉罐啤酒，问笔者中国有没有这种牌子的啤酒？我说，这是“纯生”啤酒，北京多得很！大家哈哈大笑……与伊藤教授伉俪依依告别后，近年他们再也没有来华出席研讨会了。据他的学生王震中教授说，先生身体不好，不再远行了。虽然如此，伊藤教授仍笔耕不辍，笔者收藏的《中国古代王朝的形成》和日文版《古代殷帝国》《中国古代国家的主要结构(西周制度与金文)》、英文版《中国古代文化研究》(上、下)(与高岛谦一合著)等书，就是伊藤道治教授陆续寄赠的。见物如见人。笔者在这里遥祝这位正直的，对中国无比热爱，并为弘扬中国古代文明和甲骨学研究作出卓越贡献的学者伊藤君健康长寿！但愿人长久，千里共婵娟！——2011年2月2日追记。

著作，而且在一定程度上，比《东京大学东洋文化研究所藏甲骨文字》（1983 年）在著录的创新方面又前进了一大步。因此，《天理》在当时海内外出版的同类著录中，其著录方法，应处于示范的地位，值得我们重视。

《中岛玉振旧藏甲骨片》（以下简称《中岛》） 荒木日吕子编纂，创荣出版社 1996 年版，全书共收甲骨 56 号。（附图三十七）

《中岛》的目次为：一、经纬，二、内容（《珠》未收有字甲骨、缀合甲骨等），三、甲骨片的性格，四、释文，五、图版（拓本、写真、摹写），后记。

《中岛》五、图版［拓本、写真、摹写（原大）］部分，甲骨统一编为1—56 号，并在号前标明 B（卜骨）或 S（卜甲）。书中所收每一号甲骨的正、反面的拓本都排在本书的双号页上，而对每号甲骨实物所作的正、反的照相片，则按双号页每号甲骨的排版样式，排在单号页相应位置上，以便进行本书展开后，读者在双号页、单号页上对每号甲骨的拓本与对应的照片进行相勘校、分析、研究。而本书所收每片甲骨的摹本，则按原骨统编号集中排在拓片、照片对照图版之后，甲骨摹片均为正面（少量反面有字者亦有摹本）。

《中岛》所收 56 号甲骨，其中 28 片为金祖同 1939 年出版之《殷契遗珠》所未收录者。此外，《中岛》的整理者，还将中岛玉振旧藏甲骨中未发表过的甲骨与无字甲骨相缀合，从而使之更为完整的甲骨有 24 片。另有甲骨上原部分文字为真，后又加伪刻文字者共 4 片。所收 56 片甲骨，虽不进行分期编列，但经我们判断可知：一期 38 片，二期 8 片，三期 2 片，四期 1 片，五期 7 片。

这批甲骨，原为日本著名汉学家、大收藏家中岛玉振旧藏。中岛玉振原名竦，号蠔叟、蠔山。前辈学者郭沫若 1928 年流亡日本时，鉴于“殷虚出土甲骨多流入日本”，“余以寄寓此邦之便，颇欲征集诸家所藏，以为一书”[①]。他在编纂《卜辞通纂》时，曾见过中岛氏所藏甲骨，并在《通·别二》中记：“中岛蠔山翁日本有数之汉学家也，精于小学（其兄斗南氏

---

① 郭沫若：《卜通·序》，文求堂 1933 年版。

有汉文诗文集行世，大有唐人风味)。一日往访，出示甲骨凡二百片，云：先年购置于北平。展示。乃知曩所据山内孝卿氏拓本，其原骨具在此中，爰选其八片影存之”，这就是《卜通》别二·七中岛氏藏甲骨8片。1934—1937年，中岛玉振曾将所藏甲骨收入《书契渊源》(十五册)，由东京文求堂出版，但此书流传不广，世所罕见。金祖同《殷契遗珠》收入中岛氏旧藏甲骨127片于1939年出版，使这批甲骨中的重要材料得以广为甲骨学界所研究、利用。中岛氏这批甲骨，现已易主为山崎忠氏所藏。原来在1940年6月左右，山崎忠陪同其父溪琴氏造访中岛玉振，因溪琴氏与中岛氏有较深的交往，见其甚爱甲骨，便以其所藏甲骨悉数馈赠之。山崎忠随其父将这批馈赠珍物携回家中，妥善保存至今。据中岛氏旧藏甲骨的重新整理者荒木日吕子女士说，郭沫若大师当年所见的这批“凡二百片”甲骨的确切数字为229片，另有无字甲骨48片、伪刻甲骨7片。当年《遗珠》所收127片甲骨中，《珠》所著录的716、732两原骨已经不复存在，唯在《珠》中所遗留其“图形”保存的学术信息尚存人间。据荒木先生在“甲骨片的性格”中推断，这批甲骨当为甲骨文发现的早期阶段出土，其出土地当为小屯村北的洹水畔，即是1928年科学发掘以后所划定的“第一区出土的”。中岛玉振的收藏品，“可能是1920年带到了日本的盗掘品”。

《中岛》所著录的甲骨，多数片小、字少，较大者为B1a，为右肩胛骨骨柄部分，骨柄近臼处刻有“乙亥卜，扶，肉侯帚方祸告”，为自组卜辞，较为重要。《中岛》对甲骨还进行了精心的缀合整理工作，诸如将《珠》已著录的甲骨与未著录的有字甲骨相缀，如《珠》770+有字甲骨，即为《中岛》B31，从而使“贞〔王〕从沚戠”辞的兆序及兆记得到补全。又如将《珠》著录者与中岛氏旧藏有字及无字甲骨缀合，从而使破碎的甲骨得以复原。如B46为《珠》714+中岛氏藏有字甲骨+无字甲骨(共3片)缀合而成，从而使《珠》714的残辞“贞亡尤”的“十月”得到补苴，而且使右胛骨的上部得以复原。如此等等，《中岛》虽然所收甲骨不多，仅56号，但将著录过的有字甲骨与未著录过的有字甲骨片，更及于无字甲骨的缀合成果却占全书的比例不小，达24版之多。关于此，《中岛》二、内容(《珠》未收有字甲骨、缀合甲骨等)之Ⅲ、缀合甲骨的材料来源可以参看（《中岛》第7页）。

《中岛》的出版，使一批著录之余的甲骨文，从被遗忘的角落再次发掘出来提供给学术界研究，从而使这些沉睡多年的甲骨文，再度焕发了活力，成为甲骨学研究的重要资料。不仅如此，《中岛》将所收甲骨，拓片、照片、摹本“三位一体”进行编纂，是与董作宾、胡厚宣等甲骨学大师一再倡导的著录甲骨的科学方向一致的。

不宁唯是，《中岛》的出版，也给我们搜集整理甲骨材料，编辑出版甲骨著录工作不少的启示。其一，是我们对已经整理公布的公私藏家的甲骨材料，还有必要进行一番彻底的再整理工作，仍有希望像《中岛》一样，把遗漏的重要资料“再发掘”出来，使其充分发挥学术价值。其二，《中岛》在对甲骨进行再一番彻底整理的过程中，又对没有刊布过的有字甲骨、无字甲骨与刊布过的甲骨相缀合，不仅使原刊布过的甲骨文字有所增加，而且使甲骨更为完整，对作为文物的甲骨实物的保护也大有好处。现海内外各藏家所藏之甲骨文，百多年来虽几经整理和著录，但在辗转流传和贮存搬运中不免时有破损和断裂，甚至在整理纂辑过程中也会有新的断裂。因而《中岛》的成功，启示我们有必要对传世甲骨进行一番彻底的再整理工作，不仅在整理的过程中新资料会时有所获，而缀合有字、无字甲骨的成功，也会使作为文物的甲骨复原、保护工作得到加强。其三，早年小屯村民私挖甲骨，往往同一地点多次发掘和同批甲骨售卖数量不同，因而一批或一处出土品会分属不同藏家。诸如日本所藏流散殷墟甲骨，河井荃庐收藏甲骨972片，田中救堂收藏甲骨341片，两家旧藏现归东京大学东洋文化研究所。堂野前种松旧藏甲骨一部分40片现藏天理大学，另一部分50片现藏大原博物馆。三井源右卫门旧藏甲骨161片，现藏东洋文库。以上各家甲骨，多为一、二、五期之物，当与中岛玉振旧藏甲骨为同出小屯村北洹滨者。荒木日吕子根据《中岛》缀合的经验，认为上述各家旧藏的“甲骨片的缀合起来也有其可能性”的推测是很有见地的。因而如有可能，创造出必要的条件，对上述各家所藏甲骨进行一番彻底的再整理，不仅会在资料方面当有新的发现，而且这些经历百年沧桑的甲骨也会得到缀合、补缀，对甲骨文物的保护也是很有意义的。其四，《中岛》整理甲骨时，不仅有文字而未著录者有所发现，而且所藏无字甲骨可与有文字甲骨缀合，从而使甲骨更完整，使看来并无研究价值的无字甲骨发挥了拾遗补阙——修复甲骨的作用。这也启示我们，在整理著录甲骨时，千万不能忽视无字甲骨！因为这些与有字甲骨伴出的无字甲骨本身，和其他考古发掘出土品性质一样，都是3000多年前商代遗留下来的历史文物。著名甲骨学家钟栢生主张“原本考古出土的资料凡是有价值者，无论其价值大小都应当整理发表，何况甲骨?”① 笔者完全赞成这一意见！为了提供更多的甲骨缀合材料和观察甲骨钻凿形态，笔者建议在整理著录甲骨时，应把同批的无字甲骨也一并发表。《中岛》② 一书虽然所收甲骨不多，但却为我们提供了不少有益的启示。

① 钟栢生：《乙编补遗》前言，台北“中研院”史语所1995年版。

② 《中岛》一书的扉页上贴着打印的纸条，上部为“谨呈”，其下是“荒木日吕子”字样，此书是荒木女士所寄赠。笔者与荒木女士相识，是在1989年她应中国殷商文化学会之邀，出席在安阳召开的纪念甲骨文发现90周年国际学术研究会上。此后，凡是学会召开的国际学术会议，她都应邀参加。记得1997年原定国际会议在菏泽召开，后因故在会期20天前改在山东桓台召开，但再发通知已来不及了，我与林晓安教授先赴菏泽，接已到菏泽的代表，再坐车去桓台。笔者与荒木伉俪、末房由美子教授、成家彻郎等坐面包车北上桓台。路过山东郓城时，顺路去《水浒传》所描写的水泊梁山参观。只见一处无树木的秃山，周围并无水泊，山上也无平地，并不适宜安营扎寨……在桓台会议的最后一夜，大旱久不雨的山东暴雨倾盆，而桓台又刮过台风，不少树木刮倒。荒木夫妇要坐汽车去安阳参观，笔者安排李雪山教授陪同，并请县委找最有经验的出租司机开车送往安阳。知知平安到达，才放下心来；2002年笔者去日本时，荒木伉俪前后三次从新座市赶到东京都驹泽大学笔者的住所，有一次还带来三块甲骨请笔者鉴定。有一天他们接笔者去参观东京博物馆，在一家专门的饭店，请笔者吃了一次日本相扑士的饭食：鱼块、豆腐、筷子般粗的面条、菜等炖在一锅。他们还带笔者去市町——银座最高楼的顶层参观。有一次荒木伉俪与末房由美子教授还请笔者在涩谷一家高档的上海餐馆吃饭。荒木女士原做教学工作，退休以后任国立东京博物馆客座研究员，定期与吉田笃志、成家彻郎等探讨甲骨学。2010年年底，她在日本见到《甲骨学研究一百年：回顾与展望——王宇信教授师友国际学术研讨会论文集》后，特意从日本给笔者打电话表示祝福。2011年元旦，她又从日本寄来贺卡，上面写着祝贺新年，并特意嘱笔者“不要喝酒太多”云云，颇令人感动！让我们共同健康！共同努力为甲骨学研究作出新贡献！——2011年3月3日追记。

第十一章

甲骨文断片缀合不断取得新成果

我们在《甲骨学通论》中曾有论断："随着甲骨学研究的深入，不仅要求甲骨文的材料要多，而且还要求材料要'全'。所谓'全'，就是把原来本是一版，残碎后著录在不同书中的甲骨缀合起来，使它们'重聚一堂'。""甲骨文经过缀合复原的处理，才能找出各辞之间的互相关系，恢复当时的卜辞文例等等，从而成为我们认识商代社会的重要史料。"[①]"经过学者们的缀合，不少看来并无太大意义的残碎甲骨，在复原后产生了使人意想不到的学术价值。确实像有的学者所说，缀合工作是对甲骨文学术价值的'再'发掘。"[②]（附图四十六）因而从王国维、郭沫若等甲骨缀合的开山起，不少学者都注意甲骨文断片的缀合工作，这成为甲骨学研究的重要课题并不断取得了成绩。

1949年新中国成立以后，仍有不少学者"上穷碧落"，锲而不舍地进行着这方面的工作，不断取得新成就。

第一节　1949年前50年（1899—1949年）甲骨文断片缀合的简要回顾

为了使读者对1949年以前的缀合和1949年以后的缀合有较为全面的

---

① 王宇信：《中国甲骨学》，上海人民出版社2009年版，第220页。

② 王宇信：《甲骨学通论》，中国社会科学出版社1989年版，第233—234页。

认识，特别是对1949年前后缀合工作的发展有所比较，并体现百年来缀合工作发展的阶段性，在介绍1978年以前缀合情况前，有必要先对1949年以前的甲骨缀合加以简要介绍。

学者们缀合甲骨断片的工作，有专对传世甲骨进行缀合的研究者，传世甲骨即1928年殷墟科学发掘以前出土的甲骨。由于卜龟和卜骨背面布满钻凿，致使甲骨厚薄不一，再加上灼炙时的烧烤，本身就易于断裂。其在地下埋藏了三千多年，由于甲骨所处的环境和所承受土压的不一，使甲骨所受承力不同也会造成断裂。加之村民在盗挖时，甲骨或受齿耙、锹镐的撞击，或取出时稍有疏忽，又继续引起断裂。即使甲骨在收藏家的“多宝格”（架）上或锦匣中得到精心呵护，也难免时有继续断裂之事发生，即在收藏家们摩挲欣赏之时，或手施毡墨加以椎拓之时，或辗转流传并反复易主之时，难免有破裂之事发生，因此传世甲骨文完整者甚少。《殷虚书契精华》所著录的甲骨除被冠以甲骨之“王”、甲骨之“公”桂冠的几版大骨外（但就是这几版牛胛骨也有部分残断），其他所收龟甲，正像罗振玉所说的多为“龟屑”。[①] 此外，早年出土较完整者仅有王懿荣所收半版大龟，即《合集》10197、郭沫若《卜辞通纂》所著录的《通别》二·1岩间大龟、《通》别二·2河井大龟和《通》别二·3中村氏藏巨兽骨等有数几版。

1949年以前的甲骨学研究，前50年继王国维1917年随文章发表甲骨文首次缀合之例，即《戬 》1·10与《后上》8·14为一版以后，郭沫若1933年在《卜辞通纂》及1937年在《殷契粹编》随书中又有所新缀合。1934年郭沫若在《古代铭刻汇考》，又将其新得缀合成果集中发表，《断片缀合八例》即为甲骨学史上首次专门以文章形式发表的论文。自此以后，甲骨文的断片缀合引起一些研究者注意，并使之成为甲骨学研究的专门课题之一。[②]

不仅传世甲骨需要缀合，科学发掘所得甲骨也需进行缀合。这是因为科学发掘所得甲骨出土时往往就一版断裂为数块，也有的由于特殊原因，

---

① 王宇信:《中国甲骨学》，上海大学出版社2009年版，第220—221页。

② 同上。

致使经粘对复原者又复破损，因而在出版前，需要对出土甲骨尽量进行缀合。此外，著录书一旦出版，被收入其他更大型的著录以后，其本身也就成为供人研究并供人缀合的传世品了。1939 年曾毅公出版的《甲骨叕存》，就是缀合甲骨断片的专著。此书较此前学者随文或在著录书的考释中公布缀合甲骨不同，是学者专门在缀合这一研究领域悉心追索的成果结集。既与甲骨著录有相同之处，即都是公布甲骨拓片（或摹本）；但又有所不同，即缀合著录所公布的甲骨拓本（或摹本），是经过学者对已著录甲骨精心的科学整理，体现了学者的甲骨功力和超人的智慧，从而使"身首异处"的残碎甲骨又能"重聚一堂"，并发挥其更大的科学价值。诚如李学勤在为蔡哲茂《甲骨缀合续集》所写的"序"中所说，"缀合对甲骨本身而言，是复原。对学者研究来讲，则是创造。许多断片残碎，分离去看，没有多少意义可说。经过缀合，顿生光怪，珍贵重要的内容得以显现"①。《甲骨叕存》共收入甲骨缀合 75 版。应该说，曾毅公《甲骨叕存》一书，是 1949 年以前缀合甲骨规模最大的著录，也是甲骨缀合研究领域取得成果的集大成。

第二节　1949 年以后缀合研究有了发展

在《甲骨叕存》的基础上，曾毅公经过多年的悉心追索和积累，于 1950 年又出版了他缀合甲骨的新结集《甲骨缀合编》，共收入甲骨缀合 496 版。该书各版按一定的事类编次，并在各版之下注明该缀合版所缀各片出自原著录书的卷、页、编号。书前有附图 72 版，均为用拓本所缀者。《甲骨缀合编》的缀合材料，多来自《铁》《前》《菁》《余》《戬》《龟》《簠》《通》《甲》等 31 种甲骨著录。其所整理甲骨，多为王懿荣、王襄及日本人林泰辅等藏家早年所收之物和一部分殷墟科学发掘第 1 次至第 9 次之物，即为传世甲骨和 1928 年科学发掘所得。《甲骨缀合编》较《甲骨叕存》无论在所缀成果上，还是在所缀甲骨的范围上，都前进了一大步。

① 李学勤：《蔡哲茂甲骨缀合续集・序》，台北文津出版社 2004 年版。

1975 年，严一萍出版了《甲骨缀合新编》10 册。第 1 册至第 9 册共收入缀合版 684 版，每版前为拓本，摹本随拓片之后，可互相参照。每版的编号之下还将前此曾为某书所缀者皆一一注明。在每个缀合版的所缀部位标明 A、B、C、D 等英文字母部位号，注明某部位曾为某书所缀。《甲骨缀合新编》第 10 册为《甲骨缀合订讹》，共收入 364 版。即将此前缀合有误者收入，指出其有关各版缀合的不合理之处，对甲骨缀合水平的提高，颇有启示。此外，严一萍又屡有新获，1976 年继续出版了《甲骨缀合新编补》，增补收入了严氏的一批缀合新成果。

1928—1937 年殷墟 15 次科学发掘出土的甲骨文，第 1 次至第 9 次发掘所得，收入《殷虚文字甲编》，于 1948 年由商务印书馆出版，共著录甲骨 3942 号。而第 13 次至第 15 次发掘所得，收入《殷虚文字乙编》，上辑 1948 年由商务印书馆出版，中辑 1949 年由商务印书馆出版，下辑 1953 年由台湾“中研院”历史语言研究所出版。第 1 次发掘至第 9 次发掘甲骨文，自 1934 年第 9 次科学发掘结束至 1948 年《甲编》的出版，历时达十四五年之久。由于学者对这批重要材料的重视和期待，董作宾先生曾受“秘藏椟中”和“秘而不宣”的指责与误解。其实，当时每次发掘所得甲骨，都及时加以整理、加固、传拓，至 1934 年春天第 9 次发掘结束，到当年冬天，就早已把第 1 次至第 9 次发掘所得甲骨全部传拓完成，并在 1935 年春夏之间已基本完成了《甲编》图版的编辑工作，并于 1936 年交付商务印书馆印制。但中间屡经变故，历经战火的灭顶之灾和三次交稿，才终于在 1948 年使《甲编》面世。“董作宾等学者不折不挠，忍辱负重，终于将此书出版，为甲骨学研究作出了巨大贡献。我们现在平心静气地看，他们的工作效率还是非常之高的。我们应当充分理解他们的处境和一心想把材料早日公布的心情”①；而《殷虚文字乙编》所收为第 13 次至第 15 次殷墟发掘所得甲骨，特别是 1936 年第 13 次发掘 YH127 坑所得 17096 号甲骨，其中较完整的大龟甲就有 300 多版。② 该书共著录甲骨 9105 号，可以说“《乙编》所收材料，超过《甲编》的四倍以上；出土的坑位简单

① 王宇信:《甲骨学通论》(增订本)，中国社会科学出版社 1999 年版，第 272 页。
② 同上书，第 89 页。

明晰，内容新颖而且丰富，研究价值，也远在《甲编》之上”[①]。虽然《殷虚文字甲编》在出版前，学者对所收甲骨都进行过复原粘对的科学整理，但为了及早把这批材料公布，不可能做到万无一失，还有一部分没有来得及缀合的残片（直到后来屈万里作《甲编考释》时，才得以从容清理）。而《殷虚文字乙编》所收甲骨，虽然其中所收大宗 YH127 坑 17000 多片甲骨，6 吨多重的“甲骨柱”于 1936 年 7 月 12 日运抵南京中央研究院历史语言研究所，继续进行了 3 个多月的“室内发掘”方得告竣。[②] 但因 1937 年 7 月 7 日抗日战争全面爆发，这批甲骨随历史语言研究所的学者先到长沙，后又到昆明龙头村，后又转到四川李庄，直到抗战胜利后才又运回到南京……又何止八千里路云和月?! 在长途跋涉、水路陆路的转运途中颠沛流离，致使一些原为一版的甲骨，又破裂为数块。而原本已整理粘对好的甲骨又复断裂，这就给《乙编》的出版造成了不少困难。虽然如此，《乙编》上、中辑还是于 1948 年、1949 年出版。而《乙编》下辑，则是在蒋家王朝 1949 年溃逃台湾以后的第 4 年，即 1953 年由历史语言研究所出版的。虽然此编出版较为顺利，满足了研究者急需，但进一步缀合整理要待《殷虚文字丙编》进行了。此外，第 13 次至第 15 次殷墟发掘所得甲骨还有一部分没有收入，直到《殷虚文字乙编补遗》1995 年出版时才全部公布。《乙补》对《殷虚文字乙编》所收甲骨的进一步缀合，将会有拾遗补阙的作用。

最早对《甲编》《乙编》所收科学发掘所得甲骨进行缀合研究工作的是曾毅公、郭若愚、李学勤等学者。对缀合甲骨断片颇有研究的郭若愚，根据《甲编》和《乙编》所公布的甲骨拓片进行精心拼对，共得 324 版。其中《甲编》76 版，《乙编》248 版。对甲骨缀合成绩颇丰的曾毅公和当时尚为青年的李学勤 2 人，又继续缀合《甲编》《乙编》中郭若愚所未缀者，共得 158 版，其中《甲编》46 版，《乙编》152 版。1955 年科学出版社合郭若愚、曾毅公、李学勤 3 家所缀《甲编》《乙编》共 482 版为一书，以《殷虚文字缀合》为书名出版。

---

① 王宇信：《甲骨学通论》（增订本），中国社会科学出版社 1999 年版，第 273 页。

② 参见王宇信《中国甲骨学》，上海人民出版社 2009 年版，第 73 页。

与此同时，台湾学者也在对《甲编》《乙编》所收甲骨做进一步的科学整理和断片缀合工作。屈万里于1961年出版了《殷虚文字甲编考释》(上、下)，书中将缀合《甲编》断片成果共211版附于书后，其中有的已为《殷虚文字缀合》所缀，或对《殷虚文字缀合》已缀者又有所增补，而全为屈氏新缀者共106版。屈万里《甲编考释》所缀，不仅有拓本可查，而且还有历史语言研究所所藏第1—9次发掘所得全部甲骨实物可以核校，因而缀合的准确度更高。这种得天独厚的条件，是《殷虚文字缀合》仅据拓片缀合所不具备的。诚如屈万里在《殷虚文字甲编考释》一书的“序”中所说，他本人据甲骨实物进行缀合时，发现《殷虚文字缀合》一书缀合有误的11版及可能有误的1版，多是“骨（包括甲）版厚薄不同，或骨质坚朽各异，或部位不合。而最重要的条件，则是骨缝不能密接”。他深刻地指出：“这对于以拓本或影摹本互相拼合的甲骨学者，实在是一个严重的警告。”屈氏的体会，对甲骨缀合水平提高和发展颇有指导意义；张秉权则集中全部精力对《殷虚文字乙编》著录的原骨进行再整理和全面的缀合研究，共得缀合版632版，编为《殷虚文字丙编》上、中、下3辑6册。上辑1册于1957年出版。上辑2册于1959年出版；中辑1册于1962年出版，中辑2册于1965年出版；下辑1册于1967年出版，下辑2册于1972年出版。台湾学者根据甲骨实物进行缀合，《甲编考释》和《丙编》共得缀合版842版，较《殷虚文字缀合》共缀482版要多出了许多。其原因，一是《甲编考释》和《丙编》的编者对殷墟科学发掘所得甲骨的整理和研究的时间较充裕，因而便于他们对所熟悉的这批甲骨细心拼对，从容查找。而《殷虚文字缀合》的编者，见到《甲编》的图版最早应在1950年以后（虽然版权页上标明《甲编》是1948年出版，但印竣并正式发行起码要比版权页上的时间要晚上一至两年）。《乙编》图版上、中辑虽是1948年、1949年出版，但下辑则是1953年在台湾出版的。因此，郭若愚、曾毅公、李学勤在1955年就出版了《殷虚文字缀合》，因而在研究整理和拼合《甲》《乙》二书所收甲骨所用的时间，远远没有屈万里、张秉权二位先贤从容；二是屈、张二氏缀合《甲》《乙》二编所收甲骨，历史语言研究所有全部甲骨实物可供摩挲、拼对，不仅精确性强，而且据甲片的厚薄、齿缝密接度等因素的比较，较学者仅据拓本（或摹本）缀合、判断所要缀合的甲骨是否为同版之断折要方便和容易得多。故《甲编考释》和《丙编》对科学发掘所得甲骨的缀合，要比《殷虚文字缀合》前进了一大步，是科学发掘所得甲骨缀合的集大成之作。

第三节 1978年以后甲骨缀合取得新成就

1978年开始出版，至1982年全部出齐的《甲骨文合集》13巨册，共收入甲骨41956片。“这部集大成式的甲骨著录的出版，是新中国成立以来学者全面集中、整理、刊布甲骨文材料取得的丰硕成果。”①《甲骨文合集》这一大型科研项目，早在1956年就已提出并被列入国家科学发展十二年远景规划，并成立了由郭沫若等著名古文字学家组成的编委会。编纂工作自1959年由甲骨学家胡厚宣教授领导一批年轻人开始启动，但其间由于政治运动不断，工作时作时辍，直到1966年开始的“文化大革命”和其后全体人员去河南息县“五·七”干校学农改造，并在学者中大抓“五·一六反革命分子”……《合集》的工作彻底停顿了10年之久。直到1973年5月，在主编郭沫若的推动下，《甲骨文合集》的编辑工作才又重新启动。此后，“学者们在前一段完成的通校各书重片的基础上，又转战各地，完成墨拓和收集甲骨的工作，并进行选择精片、辨伪、缀合和分期分类的大量烦琐的工作，终于从15万片甲骨中精选出41956片甲骨，陆续编成十三巨册，并在1979年至1982年12月全部出齐”的《甲骨文合集》，被学术界称为“甲骨学史上里程碑式的著作”②。而《甲骨文合集》在编纂过程中，特别重视甲骨的缀合复原工作，即“在前人已经做过的基础上尽量继续加以拼合，所以所得就较前人为多”③。“总计拼合不下两千余版，单《殷虚文字》甲、乙两编，就拼合了一千版以上。”④ 1981年我

① 王宇信：《中国甲骨学》，上海人民出版社2009年版，第272页。

② 参见王宇信《中国甲骨学》，上海人民出版社2009年版，第277—278页。

③ 胡厚宣：《郭沫若同志在甲骨学上的巨大贡献》，《考古学报》1978年第4期。

④ 胡厚宣：《〈甲骨文合集〉序》，中华书局1982年版。已如前述，屈万里、张秉权缀合《甲编》《乙编》所收甲骨，在《甲编考释》及《丙编》共计842版。

们就强调，《甲骨文合集》的缀合成就之“所以能超过《甲骨叕存》《甲骨缀合编》《殷虚文字缀合》《殷虚文字丙编》《甲骨缀合新编》《甲骨缀合新编补》等前人近人著作，是与桂琼英先生十五六年来兢兢业业，勤勤恳恳的创造性劳动分不开的”①。《甲骨文合集》收入的两千多个缀合版，耗尽了桂琼英先生的汗水和心力。就在《甲骨文合集》定稿付印前夕，她竟于 1977 年因患癌症逝世。她拼合甲骨所取得的骄人成就，“为甲骨学研究作出了巨大贡献，是永远值得我们怀念和尊敬的”②。

桂琼英先生“多年从事甲骨学研究，自历史研究所承担《甲骨文合集》的编辑工作以来，她就负责缀合的全部工作”③。其实，桂琼英先生原计划出一部《甲骨缀合》专著，并在《甲骨文合集》立项以前，就做了大量的对传世甲骨著录的缀合研究工作。特别是对《甲编》《乙编》所著录的科学发掘所得甲骨，更是悉心追索，精心拼对。桂琼英先生在甲骨断片缀合园地上辛勤耕耘并屡有收获，这就是她已经积累了数百版的缀合初稿。当《甲骨文合集》的国家科研重点课题立项并正式启动以后，她作为课题组的成员，把自己多年来刻苦钻研所取得的缀合成果，毫不犹豫地奉献出来并按《合集》的编辑体例，“无条件地列入了《甲骨文合集》，这一无私奉献，是少有人知晓的”。特别是桂琼英先生不仅把自己缀合成果 2000 多版收入了《甲骨文合集》，“如果再加上她寻回的同骨反面与骨臼，大约 2500 版左右。这些都是桂琼英先生一人精心拼对亲手完成的”。诚如有学者所说，“不论过去或今天，在甲骨学界通常是有人缀合一两版就可写一篇论文发表；缀合几十版就可以出专著；缀合上百版更是了不起，绝对是对甲骨学的巨大贡献!”但桂琼英先生，“以她的条件和地位，本来有许多机会先期发表其众多的缀合成果，可是，她没有以自己的名义发表过一篇论文，而是将她的全部科研成果毫无保留地融入了《甲骨文合集》”④。这位甲骨缀合大家的风范，为学术界树立了光辉的榜样！虽然她

---

① 王宇信：《建国以来甲骨文研究》，中国社会科学出版社 1981 年版，第 42 页。

② 王宇信：《甲骨学通论》，中国社会科学出版社 1989 年版，第 230 页。

③ 王宇信：《中国甲骨学》，上海人民出版社 2009 年版，第 222 页。

④ 参见彭邦炯《默默奉献的甲骨缀合大家——我们知道的〈甲骨文合集〉与桂琼英先生》(下)，《中国社会科学报》2010 年 7 月 29 日第 19 版。

一生默默无闻，不为名利，但她的缀合业绩永存，并永为甲骨学界怀念和敬仰！

1979—1982年《甲骨文合集》的出版，“为甲骨学的继续深入研究奠定了基础，它继往开来，是甲骨学史上的里程碑式著作”①。与此同时，1973年安阳小屯南地科学发掘甲骨也在《小屯南地甲骨》上册（第1、2分册）于1980年公布，其下册（1、2、3分册）于1983年公布。而1991年殷墟花园东地科学发掘的甲骨也辑成《殷墟花园庄东地甲骨》于2004年出版。此外，“将十三次至第十五次的有字甲骨，去除《殷虚文字乙编》所刊载的，剩下来的材料，全数收录本书中”的《殷虚文字乙编补遗》一书于1995年出版。不仅如此，“此书（按：指《合集》）再加《东京》《天理》《怀特》《英藏》和《屯南》等书，为学术界提供了较为齐备的殷墟甲骨资料”②。因此从1978年以后，“甲骨学研究资料匮乏的局面根本改观”③了，并为缀合研究提供了大批素材。

虽然甲骨文缀合取得了丰硕成果，但“甲骨缀合此一工作是不可能有结束的一天，具有无限性”④。1978年以后学者们接触甲骨材料增多，从而在整理研究工作中，时有可缀合甲骨的发现并及时公布。现在，较为注意甲骨文缀合断片的学者，较1899—1949年的甲骨文研究前50年和新中国成立后的1949—1978年的人数要多得多。

1949年以后成长起来的学者，不少人开始留意甲骨缀合。诸如许进雄发表了《甲骨缀合补遗》（《中国文字》新3期，艺文印书馆1981年版）、《甲骨缀合新例》（二）（《中国文字》新8期，艺文印书馆1984年9月版）、《五种祭祀卜辞的新缀合例——连小月现象》（《中国文字》新10期，艺文印书馆1995年9月版）等。裘锡圭发表了《甲骨缀合拾遗》（《古文字研究》第十八辑，中华书局1992年版）等。肖楠发了《〈小屯南地甲骨〉缀合篇》（《考古学报》1986年第3期）等。常玉芝发表了《甲骨缀合新补》（《殷都学刊》1994年第1期）、《甲骨缀合续补》（《考

① 王宇信：《甲骨学通论》（增订本），中国社会科学出版社1999年版，第470页。

② 王宇信：《中国甲骨学》，上海人民出版社2009年版，第96页。

③ 参见王宇信《中国甲骨学》，上海人民出版社2009年版，第95—96页。

④ 蔡哲茂：《甲骨缀合集·自序》，台北乐学书局1999年版。

古与文物》1999 年第 2 期）等。郑慧生发表了《甲骨缀合八法举例——〈甲骨文合集〉缀合手记》（《甲骨卜辞研究》，河南大学出版社 1998 年版）等；宋镇豪发表了《甲骨文断片缀合三例》（《人文杂志》1982 年第 6 期）等。而蔡哲茂甲骨缀合“无限性”的系列文章颇引人注目，他的《甲骨文合集缀合补遗》，自 1984 年 6 月在《大陆杂志》第 68 卷第 6 期登载起，其后陆续在该杂志上发表了续、续二……直到续十八。自 1999 年《甲骨文合集补编》出版以后，蔡君的缀合更是越发不可收拾，又继续将《合补》的缀合成果，以“甲骨文合集缀合补遗”为题在《大陆杂志》连续发表了续十九……至续二十六等篇……直到《大陆杂志》停刊以后，才不得不转移发表园地，诸如在 1996 年的《国际甲骨学学术讨论会论文集》（韩国淑明女子大学）刊出了《甲骨片缀合三十三片及考释》，1998 年在《甲骨文论文集》第二辑（台中甲骨文学会会刊）上发表了《介绍一版鲜为人知的甲骨缀合》，等等；而 1978 年以后成长起来的新一代学者，黄天树发表了《甲骨新缀十一例》（刊《考古与文物》1996 年第 5 期）、《甲骨新缀》（刊《文博》1998 年第 1 期），等等。冯实发表了《晚殷周祭卜辞缀合补遗》（刊《大陆杂志》第 84 卷第 6 期，1992 年 6 月），等等。而更年轻一代的甲骨学新秀也发表了甲骨缀合成果，常耀华发表了《子组卜辞缀合两例》（《殷都学刊》1995 年第 2 期）等。孙亚冰的《甲骨缀合六例》、杜宏明的《〈殷虚文字乙编〉新缀十五例》、赵鹏的《宾组甲骨新缀六例》等，都集中刊载于《纪念王懿荣发现甲骨文 110 周年国际学术研讨会论文集》（社会科学文献出版社 2009 年版）上。而刘凤华的《历组甲骨卜辞新缀四则》，则刊载于《甲骨学 110 年：回顾与展望——王宇信教授师友国际学术研讨会论文集》（中国社会科学出版社 2009 年版）上。如此等等。可以说，1978 年以后的甲骨学全面深入发展时期，甲骨断片缀合取得了丰硕成果。

特别应加以注意的是蔡哲茂《甲骨缀合集》（台北乐学书局 1999 年版）和《甲骨文缀合续集》（台北文津出版社 2004 年版）。

《甲骨缀合集》，书题由中国考古学一代宗师石璋如署耑。扉页上的“谨以此书纪念先师金祥恒先生”赫然醒目，表达了蔡哲茂对恩师金祥恒教授的怀念和感激之情。《甲骨缀合集》由以下几部分内容组成：

序（裘锡圭），序（雷焕章），序（松丸道雄），自序；

缀合图版，释文考释，引用甲骨文书名简称表，参考书目，作者所发表缀合文章目录，引用诸家缀合出处，后记等。

该书共收入甲骨缀合版 361 组（版）。蔡哲茂收入《甲骨缀合集》的缀合版，诚如他自己所说，这次出版与过去发表的甲骨缀合文章“大部分是用摹本发表，并没释文或考释”不同，而是“今在此重新用拓影并加摹本、释文、考释”。“其他各家先后发表之同样缀合，则于考释中注明。而各家有加缀或于各家有所加缀，亦于考释中注明。”此外，蔡哲茂还“将各家缀合汇集成《〈甲骨文合集〉缀合号码表》”。这不仅反映了各家缀合《甲骨文合集》断片所取得的成就，也使学者们做到心中有数，避免再缀合时作重复劳动。[①]

蔡哲茂《甲骨缀合集》对所收各版甲骨，还一一作出释文并加以考释。蔡氏的释文和考释，“不但介绍了各家有关意见，还有不少自己的创见，有很高的参考价值”[②]。因此，著名学者裘锡圭高度评价《甲骨缀合集》，认为此书“不但对蔡先生自己的甲骨缀合成果来说是一部集大成的著作，就是对迄今为止整个学术界的甲骨缀合成果也是一部集大成的著作”[③]。

值得注意且很有意义的是，书后还作有《〈甲骨缀合集〉组别号码表》《〈甲骨缀合集〉缀合号码表》《〈甲骨文合集〉缀合号码表》《〈甲骨文合集〉未收缀合号码表》《〈小屯南地甲骨〉缀合号码表》《〈英国所藏甲骨集〉缀合号码表》等。上述诸表，是蔡哲茂在自己多年的缀合研究工作中，对《甲骨文合集》《屯南》《英藏》诸书的缀合成果进行彻底清理得出的总认识，也是对前人缀合所取得成果的全面反映和总结。不言而喻，这些表格也展示了蔡哲茂的缀合成果，以及《甲骨缀合集》在甲骨缀合史上所处的重要地位。蔡哲茂《甲骨缀合集》的缀合研究，就是在前人已取得这些成就的基础上，又做了总集成并反映了此领域研究工作的新进展。

① 蔡哲茂：《甲骨缀合集·自序》，台北乐学书局 1999 年版。

② 裘锡圭：《甲骨缀合集·序》，台北乐学书局 1999 年版。

③ 同上。

（附图三十八）

《甲骨缀合续集》，蔡哲茂著，台北文津出版社 2004 年版。全书共收入甲骨缀合版 185 组。顾名思义，此书是蔡君《甲骨缀合集》之续集，因而书中所收各组甲骨缀合版之编号与《甲骨缀合集》的号数相接，统编为 362—546 号。

《甲骨缀合续集》封面由著名甲骨学家松丸道雄署耑。全书由以下部分组成：

序（李学勤），缀合图版，《甲骨缀合集》补正图版，释文及考释，诸家所作缀合出处，作者所发表缀合文章目录，参考书目，引用甲骨文书名简称表，后记。

1999 年彭邦炯、谢济、马季凡的《甲骨文合集补编》出版，共收录殷墟甲骨 13450 片。本次增补的材料，主要为《合集》编辑时所遗漏的材料和新收集到的一批材料，以及《合集》遗漏的反面或骨臼等。虽然在著录这批材料时也进行了科学的整理和缀合工作（见《甲骨文合集补编》"缀合"表），但其中不少甲骨是第一次发表，几占《合集补》的二分之一左右。学者注意到这批著录的新材料，仍有一些可以自相缀合，也有一些可与《合集》著录的甲骨继续缀合，或有一些甲骨未收入《合集》《合集补》的一些著录书中的甲骨相缀合。因此，蔡哲茂自 1999 年《合集补》出版以后，很快又把注意力集中到对《合集补》的整理和缀合研究方面并颇有所获。"我陆续将缀合成果发表于《大陆杂志》，文章仍名为《甲骨文合集缀合补遗》，在系列文章中列为续十九到续廿六等八篇。"这应是蔡氏《甲骨缀合续编》的重要组成部分。

与此同时，蔡哲茂还承担了台湾"中研院"的主题计划"安阳小屯 YH127 坑出土甲骨研究"和"国科会"的科研项目"史语所安阳小屯发掘一至九次甲骨研究"。这两项研究课题，实际上囊括了《甲编》《乙编》所著录全部甲骨的全面深入的整理和再研究、再认识，我们相信并期待着蔡君会取得新的突破和新前进。在项目进行过程中，蔡哲茂教授对不知被多少甲骨缀合家所反复拼对过的《甲》《乙》二编著录过的科学发掘所得甲骨，又继续爬梳整理，沙里淘金，并不断有新的缀合收获，进而时有发表、公布。《甲骨缀合续集》就是蔡哲茂"将这些已发表的缀合成果合成一编”[1] 的总集。

《甲骨缀合续集》所收的185组缀合图版，都是拓本与摹本同为一号，便于研究者使用时将拓本与摹本互相勘校，较最初发表时仅用摹本，其科学性、准确性和可信性有所增强。

该书与《甲骨缀合集》一样，蔡哲茂也把自己整理《甲骨缀合续集》的不少心得和收获制成表格，这就是书中所列《甲骨缀合续集》组别号码表、《甲骨文合集》缀合号码表、《甲骨文合集》重片号码表、《甲骨文合集》误缀号码表、《甲骨文合集补编》误缀号码表、《甲骨缀合集》组别号码及发表出处表、《甲骨缀合续集》各组发表出处表、《小屯南地甲骨》缀合号码表、《甲骨缀合集》勘误表等。以上各表是百年来几代学者对甲骨断片缀合成果的总结，本身就是一部甲骨缀合发展史。而《甲骨缀合集》和《甲骨缀合续集》，就是甲骨缀合的集大成，因而著名学者李学勤教授高度评价蔡哲茂所取得的缀合成果：“自王国维先生以来，许多学者都从事过拼缀甲骨，而在今天能集前人大成，又不断有新的创获者，自应推崇蔡哲茂先生。”[2]（附图三十九）

1949年以后成长起来的学者们，现多数已经退休，其中有的已驾鹤西归。只有资深学者李学勤、裘锡圭等虽已逾古稀之年，但以他们的成就和影响，“破例”留在岗位上，仍在教学、科研一线任职。能退而不休，仍关心着甲骨学风云，或在报纸杂志还能不断发表论作，或能出席国内外学术会议并发表演讲的学者，已经不多了。而蔡哲茂在这一学者群中，应算是相对年轻并且是学术生命的常青者，愿他涌现出更多的成果！

第四节　《甲骨拼合集》与“甲骨形态学”

江山代有才人出。1978年以后成长起来的学者，早已成为科研第一线的领军人物，但其中不少也已届退休之年并陆续退休。宋镇豪、黄天树等

---

① 蔡哲茂：《甲骨缀合续集·后记》，台北文津出版社2004年版。

② 李学勤：《甲骨缀合续集·序》，台北文津出版社2004年版。

虽已逾耳顺之年，仍留在科研、教学的一线，成为新时期的领军人物。而他们培养的学生们也已崭露头角，成为今日甲骨学坛的主力。黄天树与其学生们的甲骨缀合成果结集《甲骨拼合集》（学苑出版社 2010 年版），就是新一代甲骨缀合专门家已成长起来的标志。

《甲骨拼合集》，黄天树主编。共收入黄天树教授及其学生们的甲骨缀合成果共 326 例。该书主要有以下内容：序（黄天树）、凡例、缀合图版[第 1 例至第 51 例为黄天树缀（第 1—55 页），第 52 例至第 76 例为姚萱缀（第 56—83 页），第 77 例至第 94 例为方稚松缀（第 84—102 页），第 95 例至第 176 例为刘影缀（第 104—196 页），第 177 例至第 193 例为齐航福缀（第 197—216 页），第 194 例至第 251 例为莫伯锋缀（第 217—275 页），第 252 例至第 261 例为何会缀（第 276—286 页），第 262 例至第 307 例为李爱辉缀（第 287—338 页），第 308 例至第 321 例为李延彦缀（第 339—358 页），第 325 例为郭艳缀（第 359 页），第 326 例为田敏缀（第 360 页）]、说明与考释、附录[附录一、殷墟龟腹甲形态研究（黄天树，第 501—506 页），附录二、关于卜骨的左右问题（黄天树，第 507—513 页），附录三、甲骨形态学（黄天树，第 514—538 页），附录四、《甲骨文合集》同文表（李爱辉，第 539—563 页），附录五、《甲骨拼合集》索引表（莫伯锋、王子扬，第 564—585 页），附录六、2004—2010 年甲骨新缀号码表（莫伯锋、王子扬，第 586—657 页）]，该书引用甲骨著录简称表（第 658—661 页）。

《甲骨拼合集》的主体部分是“缀合图版”，共公布了黄天树、姚萱、赵鹏、方稚松（现任职北京外国语大学）、刘影（待毕业）、齐航福（现任职河南省社会科学院历史所）、莫伯锋（在校）、王子扬、何会、李爱辉、李延彦、郭艳、田敏等人的缀合新成果 326 例。各则缀合按上列缀合者名次为序，每位作者的缀合成果又按其发表时间前后为序。全部缀合成果按“则”编号（实即版或组，以与所缀例——片相区别），在编号后注明甲骨新缀若干“例”（即片）及缀合者姓名，其下再注明新缀的甲骨片号，编为 A（某著录书片号）＋B（某著录书片号）＋C……每则缀合甲骨，均用拓片及摹本公布，并在所缀不同部位（即例）旁，标明 A、B、C 等序号，以便于使用者与该则序号下列所缀部位（例）著录书名相对照，每则新缀如反面有字，亦用拓本、摹本刊出，并标出所缀部位 A 反、B 反、C 反……序号。

该书“缀合图版”326 则所缀范围较广，有《甲骨文合集》《合集补》《殷虚文字乙编》《乙编补遗》《小屯南地甲骨》《殷墟花园庄东地甲骨》《北京大学珍藏甲骨文字》等以及《商周甲骨文总集》《甲骨续存补编》《英国所藏甲骨集》《天理大学天理参考馆藏甲骨文字》《东京大学东洋文化研究所藏甲骨文字》《东京大学东洋文库所藏甲骨文字》《战后京津新获甲骨集》等，并缀及民间收藏甲骨，诸如《洹宝斋所藏甲骨》《殷墟甲骨辑佚》等。此外，还包括珍藏的甲骨拓本，如《甲骨文掇》《历史所藏甲骨拓本》等。因此可以说，《甲骨拼合集》涉及的材料范围相当广泛，国内近年出版的甲骨著录都包罗在莘莘学子的寻寻觅觅、动手动脚找缀合材料的范围之内。

《甲骨拼合集》的“缀合图版”全部 326 则之后，就是“说明与考释”部分了。每一则甲骨，都注明所缀部位 A、B 之“新例”出处，其下再另列释文。释文下注明该释文可参考的研究成果。有同文者，则注明见于著录书的片号。有的释文略加考释，并说明参考论作的出处。在前人缀合成果上加缀新例者，亦说明原缀出处。有关本书所收各则的甲骨卜辞分类、各组卜辞的时代，皆从黄天树《殷墟王卜辞的分类与断代》的观点。如此等等，《甲骨拼合集》的“说明与考释”，不仅反映了当前甲骨缀合与文字考释的成果，也代表了由黄天树师生组成团队的甲骨学研究缀合新水平。这批较为完整的甲骨资料，将推动甲骨学商史研究的前进。

不仅如此，《甲骨拼合集》的书后几个“附录”也很有意义。其中“附录五、《甲骨拼合集》索引表”将本书各则的“缀合者”栏内“仅列最新加缀者”的“新例”（即著录书的片号）列出，表明此书的“缀合者”们的最新发现和取得的成果。虽然“此前缀合者未列出”，但在书中各则的“说明与考释”已一一说明。既尊重了前人的研究成果，又表明这一学者群在原有的基础上，又有了大踏步地前进。而“附录六、2004—2010 年甲骨新缀号码表”，将此 7 年间各家最新甲骨缀合成果一一收入表内。据我们的统计，共有 2337 则之多。已如前述，蔡哲茂教授的集大成著录《甲骨缀合集》曾作有《〈甲骨文合集〉缀合号码表》，并在其后出版的《甲骨缀合续集》(2004 年)的《〈甲骨文合集〉缀合号码表》中又对 6 年间发表的缀合成果加以增补，是“对百年来几代学者对甲骨断片缀合成就的总结”(第 21 页)。但是，蔡哲茂《甲骨缀合续集》之“缀合号码表”收录缀合成果止于 2004 年 8 月，而至《甲骨拼合集》2010 年出版的这 7 年中间，缀合成果竟达 2377 则，表明新一代学者的努力和为求得更完整的资料，对甲骨文科学价值“再发掘”的重视，一代新人在成长!《甲骨拼合集》的“附录六、《甲骨文合集》同文表”所列 718 号，是黄天树教授师生在甲骨学研究和缀合断片追索中取得的新成果。此表较蔡哲茂教授 1999 年出版的《甲骨缀合集》所列“附录二、《甲骨文合集》同文例号码表”新增 309 例，可见黄教授师生“上穷碧落”用力之勤和对甲骨文卜辞材料之熟悉，不仅对自己的甲骨学研究，而且对甲骨学者的研究工作也将有相当的启示和推动作用。

《甲骨拼合集》的“附录一、殷墟龟腹甲形态研究”“附录六、关于卜骨的左右问题”这两篇附录，是该书主编黄天树教授多年来在缀合甲骨的实践中的经验、体会和心得的升华与系统化和理论化，可谓“附录”不“附”，从而破除了以往对甲骨断片缀合的迷信化和神秘化，并使之走向基础化和更加自觉化，对今后的甲骨缀合工作颇有指导意义。

黄天树在《龟腹甲形态研究》一文中指出，“甲骨学者研究甲骨，多重视研究文字而轻视研究文字所依附的甲骨形制和质料。这就好比研究青铜器，只重视研究铭文而不顾及研究铜器的形制和花纹等，显然是不可取的。本书所说腹甲形态主要指其正面的形态。正面的形态研究内容很多，包括完整腹甲的构造及其盾纹 特征等。掌握了腹甲的构造、形态等特征，再碰上腹甲的碎片，也可以判断出它在全甲上的部位，不但有利于缀合，而且对卜辞的文例和释读也有很大的帮助”①。

黄天树教授在该文“(一)完整腹甲的构造及其齿缝和盾纹的形态”中，论述了龟腹甲由内外两层构成，即内层骨质，为九块骨板(首甲、前甲、后甲、尾甲各两块，中甲一块)以齿缝相连而成。外层为角质，由十二块盾片(喉盾、肱盾、胸盾、腹盾、股盾、肛盾左右各两块，以中沟为

① 黄天树主编:《甲骨拼合集》，学苑出版社 2010 年版，第 501 页。

界成左右对称分布）以“盾沟”（即拓本所见的“盾纹”）相连而成。应注意的是，内层的“齿缝”与外层十二片盾片的“盾沟”不重合。“腹甲出土后，往往沿齿缝处离散，而盾纹是不会断裂的。齿缝和盾纹为龟甲所专有，它是判断龟甲和兽骨的重要标准，也是分辨龟甲的背、腹、左、右部位的标准”；在“（二）九块骨板（又叫‘龟缝片’）的轮廓和其上齿纹和盾纹的形态”中，作者以拓本清晰的《乙编》为例，分别描述了9块骨板（即“齿缝片”）的轮廓和其上盾纹的形态特征。当我们遇到一片龟甲残片，如“掌握其外形轮廓和其上盾纹，再细心观察边缘的形态（‘齿边’、‘兆边’、‘断边’、‘原边’），就可以判断出它在全甲上的部位”[①]了。

黄天树教授还在该书的“附录二、关于卜骨的左右问题”中，对学者们面对同一块牛胛骨的左右之分，往往意见不一。或有人认为是左肩胛骨，也有人认为应是右肩胛骨。“而肩胛骨的左右问题与甲骨缀合、甲骨文例、卜辞释读等又密切联系，非常重要。”[②]因此黄天树论述了“（一）生物学上牛肩胛骨的左右问题”。再进一步论述了“（二）甲骨学上卜骨的左右问题”，并赞成胡厚宣教授的意见，即“牛胛骨，左骨其卜兆向右，卜辞则左行。右骨则卜兆向左，卜辞则右行”[③]判断肩胛骨为左，抑或右。作者进一步总结了前人判别肩胛骨左右的几点依据：第一，以兆枝的走向为标准推断左右，兆枝向左者，即为右肩胛，兆枝向右者，即为左肩胛骨；第二，以“卜”字为标准来判断左右，即卜字横枝向右者为左肩胛骨，向左者为右肩胛骨；第三，以臼角或臼角的切口位置来判断左右，其臼角在正面左侧者为右胛骨，反之亦然；第四，以背面凿钻为标准来判断胛骨的左右，钻在凿左者，为左胛骨，钻在右者为右胛骨……黄天树关于牛胛骨左右的论述很有意义。因为正确“区分卜骨的左右与甲骨缀合是有密切关系的。如果不了解肩胛骨形态和部位，就会出现一些误缀的情况”[④]。但我们认为，董作宾先生判断牛胛骨左右的意见是正确的。为此，

① 黄天树主编：《甲骨拼合集》，学苑出版社2010年版，第504页。

② 同上书，第507页。

③ 同上书，第509—510页。

④ 同上。

2011 年 3 月在廊坊市文管会张兆祥教授陪同下，我们曾专程去大厂肉联厂“解牛”车间考察，以分辨牛肩胛骨的左、右，还是以董先生意见为准确。关于此，我们将写专文进行论述。

《甲骨拼合集》附录三、为黄天树的《甲骨形态学》一文。黄教授在多年的甲骨学研究和在缀合甲骨碎片的实践中，特别是为提高残碎龟甲和兽骨的缀合效率和准确性，对龟腹甲和肩胛骨的实物形态进行认真考察，并结合殷墟卜龟和卜骨进行了研究。他在此基础上，提出系统建立甲骨学全新研究课题——甲骨形态学。

之所以如此，是因为“甲骨文是刻在龟甲兽骨上的文字。因此，甲骨学者不仅要研究文字，也要研究文字所依附的甲骨材料及其形态”。虽然也有学者在进行文例和甲骨缀合研究时已无意或有意地注意到占卜用龟骨的自然形态及与甲骨卜辞的关系，但多语焉不详。“甲骨形态学研究完整肩胛骨的构造；研究龟腹甲、背甲和甲桥的外层和内层构造；研究骨缝片外形轮廓及其盾纹、齿纹形态；研究钻凿、兆拆形态，总结规律，以利于甲骨残片材质的识别、断片部位的判断、残片的缀合和卜辞的释读”，等等。甲骨形态学这一分支学科的建立，“对推动甲骨学研究的深入发展，具有积极的意义”①。

甲骨形态学研究的对象，包括龟属性（背甲、腹甲）和肩胛骨的生物结构及形态，作为卜材的龟、骨的整治与占卜（整治钻、凿形态，灼与占卜等），卜骨碎片研究，殷周甲骨形态比较研究，涂辞研究等方面。具体有：

第一，龟的生物结构及形态，包括龟的腹甲和背甲及种属、来源。龟腹甲要研究龟腹甲的外层和内层构造，以及各部位名称、外形轮廓及其齿缝和盾纹形态、9 块“齿缝片”外形轮廓及盾纹形态、甲桥分类研究（大、中、小）及外形轮廓以及齿纹和盾纹的形态。龟背甲主要研究外层和内层构造及其各部位名称、外形轮廓及齿缝和盾纹的形态、50 块“龟缝片”外形轮廓及盾纹形态等；而肩胛骨则要研究其构造、各部位名称、外形轮廓及左、右牛胛骨等。

---

①　黄天树主编：《甲骨拼合集》，学苑出版社 2010 年版，第 515 页。

第二，甲骨整治与占卜方面，包括甲骨的整治、钻凿制作与形态的研究，灼骨与兆坼形态，等等。

第三，卜骨碎片的研究。首先究明卜龟和卜骨残碎的原因及碎片边缘形态类别（原边、齿边、兆边、断边、修边）及分清残片为龟甲还是牛胛骨等，而龟卜甲还要区分背甲抑或腹甲。在此基础上，结合生物龟、胛骨的部位研究的成果，再根据其轮廓、齿缝、盾纹或边缘形态确定其在龟甲、兽骨上的部位。此外，有关卜龟背甲和牛胛骨的“屯”等的研究，等等。[①] 不仅如此，我们认为还应包括甲骨的文字契刻（工具、墨书、朱书原料、契刻文字方法等）、贞人与文字契刻者、灼者与贞人等，都是甲骨形态学的考察对象。

黄天树教授为了研究龟壳的构造，将宰杀后的龟壳放在水中加酒、碱浸泡再放入水中煮 3 小时后，就可把腹甲和背甲的外层盾片揭下，龟壳上就呈现出盾沟。再将仅存内层骨质的白色龟壳放入加酒、加碱的水中继续煮 7 小时，将已煮得齿缝松动的龟壳略加撕扯，骨板就会沿着齿缝分离。“晾干之后，即成为一个可以随意依据齿缝拼合或拆分的龟壳”[②] 了。经过对实物的观察分析，他总结出了“一、完整腹甲的构造及其齿缝和盾纹的形态”特征，进一步描述了“二、龟腹甲九块‘龟缝片’的轮廓和齿缝和盾纹的形态”特征。对与龟腹甲构造形态不同的龟背甲，也首先从“一、完整龟背甲的构造及其齿纹和盾纹的形态”进行了宏观考察，再从微观上对“二、背甲各‘龟缝片’的轮廓和其上齿纹和盾纹的形态”逐一分析，即颈甲 1 块、脊甲（又名椎板）8 块、尻甲 3 块、肋甲左右各 8 块，以及左、右边甲各 11 块的细部特征加以描述。以上有关特征，再与《甲》《乙》编著录的相应位置甲骨相比较，为学者将甲骨拓本与卜龟的位置相校提供了例证。[③]

经过黄教授如此这般的对龟甲和兽骨，特别是龟甲结构、形态的一番实物分解处理和分析研究，龟腹甲和龟背甲的各个“齿缝片”的轮廓及其

---

① 黄天树主编：《甲骨拼合集》，学苑出版社 2010 年版，第 516—517 页。

② 同上书，第 517—538 页。

③ 同上书，第 517—598 页。

上“盾沟”和“齿缝”的分布及特征，使学者认识明确。各个“齿缝片”犹如一块块“七巧板”，研究者可把任何一片复归到龟腹甲或背甲的相应部位上。而研究甲骨缀合的学者，就可把甲骨拓本或实物残片，根据已掌握的龟甲“齿缝片”各部位的特征加以判断其在龟腹甲（或背甲）上的相应部位，再将与之可连缀的甲骨龟腹甲（或背甲）的相邻部位残片相合，从而使缀合工作的效率和成功的概率大大提高。

应该说，甲骨学者缀合甲骨，多是以其积累的深厚甲骨学识、过人聪慧的记忆力和锐利的眼光，于偶然之间有所发现的。如王国维的缀合《后上》8·14与《戬》1·10的范例应就是偶尔为之。其后郭沫若开始注意断片缀合及其价值，但也只是开其8例成文的先河而已。因此可以说，学者们尚没有对缀合工作有意识地加以注意。学者们在著录和研究中，多是注意到甲骨材料的内容和排版的美观，因而罗振玉、王襄等学者往往对著录的拓本加以剪裁，如王襄1925年出版的《簠室殷契征文》，就曾对不少甲骨拓本加以剪裁，应是学者们尚未意识到缀合工作对甲骨文史料“再发掘”重要性的证明。而对甲骨文残断甲骨从其在龟甲和兽骨上所处地位的总体考察，应自甲骨学大师董作宾开始。董作宾1929年在《商代卜龟之推测》（《安阳发掘报告》第一期）中说，“余曩蓄志，拼集龟版，使成完全之腹甲，以觇其文字之体例”。但因当时尚无完整之卜龟出土，因而“今既不可能，乃就龟版中之可以认其部位者凡七十，分别排比，以求其例，其结果乃发现商人书契文辞之公例，盖如此研究之价值，实不减于拼成完全龟版也”。这就是他将整个龟版分为9个部分，再将残破龟甲依此定其部位的“定位法”，并得到后来发掘所得“大龟四版”的验证。其后，又在1936年《骨文例》（《史语所集刊》七本一分）“取现世之牛肩胛骨，左右各一版，依其形状，以为断定卜用骨版左右及其部位的标准”。残碎卜甲、卜骨的“定位”法，“是董作宾氏的天才发现，对我们通读卜辞是很有意义的”①。不仅如此，经过胡厚宣等学者们的继续探索并加以完善，已成为缀合甲骨残片拓本的不二法门。此后，学者们在研究中对甲骨拓片多有缀合，1939年曾毅公出版了缀合专著《甲骨叕存》，董作宾在

① 王宇信:《甲骨学通论》（增订本），中国社会科学出版社1999年版，第133页。

1945 年出版的《殷历谱》中，也收入了他不少缀合成果。此后，依拓本进行定位缀合的著录还有郭若愚的《甲骨缀合编》（1950 年版），郭若愚、曾毅公、李学勤的《殷虚文字缀合》（1955 年版）及 1978 年出版收入桂琼英先生缀合的两千多版的《甲骨文合集》，严一萍的《甲骨缀合新编》（1975 年版）及《甲骨缀合新编补》（1976 年版），等等。

随着 1948 年《殷虚文字甲编》（第 1 次至第 9 次殷墟科学发掘所得甲骨）和 1948—1953 年《殷虚文字乙编》（第 13 次至第 15 次殷墟科学发掘所得甲骨）的出版，根据甲骨实物进行缀合的成果收入了《殷虚文字甲编考释》和《殷虚文字丙编》（三辑六册）之中。屈万里在《甲编考释》序中指出了仅据甲骨拓本缀合的局限性，即《殷虚文字缀合》有误的 10 多版，多因"骨（包括甲）版厚薄不同，或骨质坚朽各异，或部位不合。而最重要的条件，则是骨缝不能密合"，"这对于以拓本或影摹本互相拼合的甲骨学者，实在是一个严重的警告！"这表明，甲骨学家已开始注意卜甲、卜骨的实物观察与分析，从单纯的拓本"定位法"表面观察，向龟甲兽骨的结构等深层次研究的"龟甲兽骨形态学"观察前进了。而《甲编考释》所附的缀合版和《丙编》，应就是甲骨缀合"形态学"研究的轫始之作。1973 年小屯南地科学发掘所得甲骨的著录《小屯南地甲骨》（1980 年版）及 1991 年花园庄东地所得甲骨的著录《殷墟花园庄东地甲骨》（2003 年版）有关钻凿形态研究、许进雄《卜骨上的钻凿形态》（1973 年版）、《甲骨上的钻凿形态的研究》（1979 年版）和严一萍《甲骨学》（1979 年版，第 1—76 页）、张秉权《甲骨文与甲骨学》（1988 年版，第 100—105 页）等论著，加强了学者对科学发掘所得甲骨形态学的研究。虽然黄天树教授和许多学者研究甲骨时一度只能根据拓片，充其量也只是观察近年海内外出版的印刷精良的各种书刊、博物馆图录、拍卖品图录中的彩色图版，但是他在前人积累的甲骨形态学研究的基础上，和他的学生团队通过对生物龟和牛胛骨的科学实验，进行整体上的宏观研究和分解为"齿缝片"，并对其形态及其上"盾纹""齿纹"等进行微观考察，从而丰富和发展了甲骨形态学研究。黄天树及其学生团队的缀合新成果《甲骨缀合集》，就是把深层次的甲骨形态学与表象的传统的甲骨缀合方法，即"掌握已有的缀合成果""掌握每一片甲骨的资讯"，以及据字缀合，等等，并特意指出

“从缀合的角度看，字体的分类宜细不宜粗。细密的分类，可以缩小缀合的范围”。还进一步据残字缀合、据碴口缀合、据同文缀合，等等①加以继承和发展，因而一群甲骨学新秀取得了骄人的甲骨缀合新成果。

因此可以说，《甲骨拼合集》是表象的传统的甲骨缀合方法与深层次的甲骨形态学考察相结合，对甲骨文残片进行了又一次全方位、多角度的总清理，并取得了巨大成功。《甲骨拼合集》的出版，不仅以更全的一批新材料推动甲骨学商史研究的深入，也标志着一群年轻的甲骨缀合行家里手在成长。由于甲骨缀合此工作不可能有结束的一天，具有无限性②，所以可以预言，不久的将来，一定会有更多的缀合新成果和更多像蔡哲茂、黄天树这样的缀合大家涌现!

第五节　《甲骨拼合集》与甲骨缀合的新阶段

自1917年王国维在《殷卜辞中所见先公先王考》缀合首例甲骨《后上》8·14与《戬》1·10起至今，甲骨学的分支学科——甲骨缀合学已有100多年的历史。随着学者们对甲骨缀合重要意义认识的逐步深化和可供缀合材料的日益增多，有关缀合的方法、理论也日益臻密，因而取得了丰富的甲骨缀合成果，而《甲骨拼合集》的出版，标志着甲骨缀合又一个新阶段的开始。百多年来的甲骨缀合研究，有了很大的发展和深入。

1917年王国维缀合首例甲骨，应是偶然的、自发而为之的。而郭沫若1933年在《卜辞通纂》缀合的30多版和1937年在《殷契粹编》的缀合及1934年在《古代铭刻汇考》中，第一次以论文形式发表的《甲骨断片缀合八例》等，多是靠他对各片内容和片形超常的记忆力和目光的敏锐拼缀而成，尚没有从该碎片在整个龟、骨上所处位置进行全局的考察。郭沫若的《卜辞通纂》所缀合之片，如《通考》538，只画出所缀二龟片轮廓，仅标明（上）为《前》5·7·7，（下）为《前》6·51·7而已。而

① 参见黄天树《甲骨拼合集·序》，学苑出版社2010年版，第3—5页。

② 蔡哲茂：《甲骨缀合集·自序》，台北乐学书局1999年版。

《通考》220的骨片缀合，也只画出缀片轮廓，标明（上段）为《后上》2·3，（下段）为《后上》2·7而已。这说明当时郭沫若的缀合，是从卜辞内容和片形进行局部的自发的缀合。郭沫若的绝顶聪慧就在于此！

已如前述，1929年董作宾在《商代卜龟之推测》和1936年在《骨文例》中倡导将残碎卜龟和卜骨置于龟骨整体形态及位置上进行整理和研究，并提出“定位法”。而缀合专著《骨甲叕存》（1939年版）、《甲骨缀合编》（1950年版）和《殷虚文字缀合》（1955年版）等就应是受“定位法”影响进行缀合的成果。随着1928年至1937年殷墟15次科学发掘所获完整龟甲和胛骨的增多，模拟、推理的“定位法”整理甲骨碎片得到了发掘所出甲骨的验证。《甲编考释》（1961年版）和《丙编》（1957—1972年版）的缀合成果，应就是根据甲骨实物“定位法”的实践，较之推理中的“定位法”要大大前进了一步，并使以前的推理“定位法”缀合的甲骨成果得到了检验和修正。1978—1982年《甲骨文合集》的2000多版甲骨缀合和严一萍1975年的《甲骨缀合新编》，及同年的《甲骨缀合新编补》，应就是在卜甲、卜骨实物“定位法”影响下的甲骨缀合之作。而蔡哲茂的《甲骨缀合集》（1999年版）、《甲骨缀合续集》（2004年版）就是甲骨“定位法”缀合甲骨的集大成之作。

随着1973年小屯南地出土的《屯南》（1980年版）和1991年殷墟花园庄东地新出甲骨《花东》（2003年版）的出版，学者们不仅从甲骨外部形态，即残碎甲骨的定位，而且还涉及1928年殷墟科学发掘以来出土的甲骨文字载体的本身——龟甲、兽骨的自然属性及人工加工遗迹，诸如钻凿形态的研究等，从甲骨的表面形态向甲骨外层的盾片，再向其下内层骨板的深层次探究。与此同时，把“定位法”的龟甲和胛骨求全之后，再进一步分解为一个个的“齿缝片”，即腹甲“齿缝片”9块和背甲“齿缝片”50块。再对每块“齿缝片”的外部形态、其上盾纹（或沟）的分布走向、边缘的齿缝等进行全方位的研究并对其特征加以概括、总结，从而使龟甲（包括背甲）可分成最小的单位“齿缝片”，可与待拼合残碎卜甲相勘校并对号入座——明确其为何部位的“齿缝片”。而被分解成最小单位的“齿缝片”又可复合，即复原成龟甲完整无缺的整版，确定了部位的残碎甲骨在整版甲骨上的位置及与之相连接的各片也就经纬其中了。以上对甲骨材料本身进行深层次、多角度、全方位的考察，是学者提出的“甲骨形态学”研究的一个重要内容，是对甲骨缀合“定位法”的深入与细化。黄天树主编的《甲骨拼合集》和林宏明的《醉古集》(2008 年版)，就是运用“甲骨形态学”理论进行缀合甲骨的集成之作。2004 年蔡哲茂缀合甲骨的集大成之作《甲骨缀合续集》出版才 4 年，《醉古集》就缀合了 382 组。而 6 年后，《甲骨拼合集》又缀合甲骨达 326 则，可谓成果甚丰。究其原因，是作者运用“甲骨形态学”理论对碎片进行微观分析后，再“定位”在与之相邻的残片缀合上，因而提高了甲骨残片缀合的效率和准确性。

综上所述，一百多年来的甲骨缀合，取得了长足的进步，并显示出其发展的阶段性。

一　甲骨缀合初级阶段（1917—1945 年）的局部复原

自 1917 年王国维开缀合甲骨之先河，郭沫若继而在《卜辞通纂》（1934 年）和《殷契粹编》中（1937 年）多有缀合，并在 1934 年以《断片缀合八例》为篇名，首开以缀合撰述文章的先例。而 1939 年曾毅公出版《甲骨叕存》这部甲骨缀合史上的第一部专书，是这一时期甲骨缀合成就的总结。

这一时期的甲骨缀合，多是传世著录拓片碎片的零散片断的缀合。主要是靠学者的学识和聪慧，于无意中有所发现残片可以连缀。尽管 1928 年殷墟科学发掘以后，董作宾先生在《商代卜龟之推测》和《骨文例》中提出对甲骨“观其全体”的“定位法”，并力图结合考古实物对著录中的残碎拓片进行整体的研究，但由于多数学者无缘得见甲骨实物，只能用拓片进行部分的缀合复原。如郭沫若《卜辞通纂考释》所作有关缀合片的轮廓，仍然是部分的缀合，而没有放到全体上加以认识。应该说，专攻甲骨缀合的曾毅公，不仅继承了罗王考释文字的成果，而且董作宾 1934 年《甲骨文断代研究例》等的科学考古划时代研究成果，对他的缀合研究当然也会产生影响，诸如甲骨文的分期，使他缩小了缀合材料的范围，再不致在“一团混沌”的甲骨残片中漫无边际地去爬梳。而有关字体、文例等方面的规律也是如此。曾毅公必然会把“发展阶段”所取得的成果，运用于自己缀合工作中，因而他多有斩获。1939 年《甲骨叕存》，以所收缀合版之多，内容之丰富、重要，对1939年以前的缀合工作作了总结。曾毅公的缀合已由早期学者偶尔的无意为之，向有意识地把缀合作为甲骨的专门研究领域前进。但此时对旧著录书中甲骨的缀合，仅仅是据零散、不全的甲骨拓片表面（即其上的文字、片形等）观察、分析，并加以缀合的，尚停留在甲骨局部复原的水平上。

二　甲骨缀合的发展与成熟阶段（1945—1999年）——“定位法”的提出与整体复原

董作宾首倡的甲骨拓片“定位法”研究，不仅对甲骨文例进行研究，而且对零碎甲骨拓本的缀合研究也颇有启示意义，并越来越得到1928年科学发掘殷墟出土甲骨实物的验证和丰富。董作宾1945年出版的《殷历谱》中的甲骨缀合，就是他倡导的“定位法”的实践。而史语所1928—1937年所得甲骨的缀合，也是尽量求其全体的“定位法”的实践。学者在整理《甲编考释》所附的缀合版和《丙编》的甲骨缀合版时，面对“原来那些完整的甲骨，在几经搬迁之后，不但已经四分五裂，七零八落，而且分装在十几个不同箱子里了。至于那些在出土以前，原已破碎的甲骨（现已复原），自然更不必说，不会在一起的。譬如本辑图版壹，原是一块大龟腹甲，折裂成三十一片碎甲，其中大部分在出土以前，久已碎裂的。也有一小部分，是在搬运的时候震裂的。这些碎片，分别装在好几个不同的箱子里，其发掘号码，前后相差到一万几千……无论怎样地勤奋，也无法把他们合在一起，拼对复原的……但我们已经有了全部有字甲骨的拓本，可以参考，作为进一步拼对复原的依据”①。残碎甲骨的拼对复原，就是将碎片依据“定位法”安排原所在之位置。但“也有一些甲骨，或甲骨的拓本，虽明知其为一甲或一骨之折，只是中间有所缺损，无法相合。那时，只有采用遥缀的办法了。所谓遥缀，只是按照相当的部位，加以安置，而中间不能衔接”②。“遥缀”也是甲骨残片“定位法”的一种变通。因而《甲编考释》所附缀合版和《丙编》的缀合版，是求其甲骨全体的

---

① 张秉权：《殷虚文字甲编·序》，台北“中研院”史语所1957年版。

② 参见张秉权《甲骨文与甲骨学》，台北编译馆1988年版，第105页。

"定位法"的实践。而对传世著录甲骨拓片进行缀合的曾毅公的《甲骨缀合编》(1950年版)和严一萍的《甲骨缀合新编》(1975年版)、《甲骨缀合新补编》(1976年版)和以《甲编》《乙编》拓本为缀合对象的郭若愚、曾毅公、李学勤的《殷虚文字缀合》(1955年版)等，应就是在考古学"求其全体"的"定位法"的影响下的新成果。而继缀合之大成《甲骨文合集》之后的蔡哲茂的《甲骨缀合集》(1999年版)和《甲骨缀合续集》(2004年版)，就是这一阶段的总结性著作。

我们可以看到，在整理殷墟科学发掘出土甲骨实物的基础上求其全体的"定位法"，使甲骨缀合由前一时期的局部缀合，向求其全体方向发展，并取得了成绩。

三　"甲骨形态学"研究与深层次、多角度考察的缀合新阶段(2004年至今)

2004年以前的甲骨缀合，还只是从甲骨(或拓本)所透露的外部信息，诸如片形、文字、卜兆、文例、分期等甲骨学基本原理进行"定位法"的缀合整理，把局部(残碎甲骨或拓片)缀合成全体，即局部的龟骨残位，复原拼对成完整的龟甲、兽骨所应在之位置上。虽然考古学的科学复原缀合法要比传统的金石学局部的缀合前进了一大步，但仍是停留在甲骨(或拓本)的表面，而没有对甲骨文的载体——龟甲和胛骨进行深层次、全方位、多角度的研究。而自殷墟1928年科学发掘起，就开始有学者不再局限于甲骨文的载体甲骨材质的表面，而向深层次进行生物形态学考察。秉志专门对《河南安阳之龟壳》(《安阳发掘报告》1929年第一期)进行过考察，其后许进雄和小屯南地甲骨的发掘者研究甲骨的钻凿形态及其制作工艺等，直到黄天树等学者对龟腹甲(包括背甲)和胛骨进行了化整为零的齿缝片形态和特征的深层次观察，为甲骨碎片的求其全体的"定位"的"甲骨形态学"的完善和形成做出了贡献，推动了甲骨缀合研究的发展。《甲骨拼合集》(2010年版)和《醉古集》(2008年版)，就是甲骨形态学研究与行之有效的传统缀合方法相结合的新成果，把甲骨缀合推向一个新阶段的里程碑。

第六节　《甲骨拼合集》成功的启示

《甲骨拼合集》，收入了主编黄天树教授及其学生团队，诸如姚萱、赵鹏、方稚松、刘影、齐航福、莫伯锋、何会、李爱辉、李延彦、郭艳、田敏等人的缀合成果，是继2004年以蔡哲茂《甲骨缀合续集》为标志的甲骨缀合定位法求其全体的复原阶段的完成，并进入甲骨缀合的甲骨形态学考察时期取得新成果的里程碑式结集。不仅如此，据《甲骨拼合集》附录四“2004—2010年甲骨新缀号码”统计，在这六年期间，共发表甲骨新缀成果2337则之多，可谓取得了巨大成功。何以在不太长的时间里，甲骨文缀合形成了它发展史上的新高潮并取得成功，是值得我们认真加以思考的。

一　已公布甲骨资料的缀合“无限性”与新公布甲骨资料的推动

1979—1982年，集大成式著录《甲骨文合集》的出版，为蔡哲茂甲骨缀合集大成著作《甲骨缀合集》（1999年版）的完成创造了条件。而1999年《甲骨文合集补编》的出版，推动了蔡哲茂《甲骨缀合续集》（2004年版）的完成，为甲骨碎片缀合用“定位法”求其全体阶段的完成做了总结。

现在历史研究所先秦史研究室的同人，正在宋镇豪主持下，进行《甲骨文合集三编》的工作，将把《合集》所弃而未选入著录的拓片和收集来的未选的资料全部收入；而1928年以后进行的殷墟科学发掘所得甲骨，《甲编》和《乙编》已将其著录，并以《甲编考释》附缀合和《丙编》的出版完成了初步的整理缀合工作。2006年《乙编补遗》的出版，则把殷墟第13次至第15次发掘所得甲骨的全部有关材料公布。而1980年出版的《小屯南地甲骨》和2003年出版的《殷墟花园庄东地甲骨》，则把新中国成立以来科学发掘所得甲骨全部著录。2004年小屯村中村南新出甲骨也已整理完成，已于2012年由云南人民出版社出版。如此等等，可以说国内外所藏殷墟甲骨都已公布发表，提供给甲骨学家研究。虽然在此基础上缀合取得了丰硕的成果，但缀合是“无限性”的，这将为今后的研究和缀合提供广阔的天地。

不仅如此，近年出版的一些甲骨著录与以前的著录，或是全用拓片（早年有的拓本印制不清），或是全用摹本，或黑白照片公布材料不同，诸如曹玮《周原甲骨文》（2002 年版）、《殷墟花园庄东地甲骨》（2003 年版）、《国家博物馆藏文物研究丛书·甲骨卷》（2007 年版）、葛英会等《北京大学珍藏甲骨文字》（2009 年版）等，皆“为全部甲骨配备了彩色照片，部分甲骨还刊布了放大的彩色照片”，“它能把甲骨的形态及其纤细的卜兆、齿缝、盾纹等逼真地表现出来”，从而“大大改进了研究商周甲骨形态的条件”①。

继 2004 年蔡哲茂《甲骨缀合续集》出版以后，又有一批甲骨新著录出版。郭若愚《殷契拾掇》三编 2005 年出版，濮茅左《上海博物馆藏甲骨文字》于 2009 年出版，《史语所购藏甲骨集》于 2010 年出版。不仅如此，安阳民间收藏的甲骨也陆续公布，诸如《洹宝斋所藏甲骨》于 2006 年出版，焦智勤等《殷墟甲骨辑佚》于 2008 年出版。其中不乏早年的“盗挖”之物，这将对传世甲骨著录的研究与缀合起到拾遗补阙的作用。如此等等。

《花东》等考古发掘新出土材料的公布和传世甲骨材料的再整理与著录，对新阶段甲骨形态学研究的深化和进一步全面缀合有很大的推动作用。

二 甲骨形态学的完成与缀合研究的发展

自 1928 年殷墟科发掘以来，由于出土完整甲骨的增多，学者们用“定位法”进行甲骨的求其全体缀合复原，取得超越此前对甲骨局部复原阶段的可喜成就，而蔡哲茂的《甲骨缀合集》《甲骨缀合续集》就是百年缀合成果的集大成之作。

由于科学发掘所得甲骨的增多和近代田野考古学方法引入甲骨学领域，董作宾“甲骨文字的断代方法，可以说是从安阳县小屯村殷墟的地面

① 黄天树主编：《甲骨拼合集》，学苑出版社 2010 年版，第 515—516 页。

下发掘出来的”[①]。他 1933 年《甲骨文断代研究例》的发表，标志着“在金石文字之学影响下形成的甲骨学发生了一场深刻革变”，并被“纳入了历史考古学范畴，成为中国考古学的一门分支学科”[②]。殷墟 1928 年至 1937 年发掘所得甲骨的著录《甲编》《乙编》，每一片甲骨的拓本，都是“依照着它们出土的先后次序排列的”，即标明登记号前为发掘次数，在质料标号后为本次出土编号。并注意到其质料为龟甲（用“0”表示）抑或兽骨（用“2”表示）。因而“单就文字学方面看去，自然和以前著录的许多甲骨文字书籍，有同样的价值，只是读者可以绝对地信任它没有一片伪刻罢了”。但又焕然一新，即从考古学的眼光看去，“就和以前的甲骨文字书籍大大的不相同了。它们的每一片都有它们的出土小史，它们的环境和一切情形都是很清楚的”[③]。《甲编》《乙编》开创的甲骨著录新体例，为后来出版的殷墟科学发掘所得甲骨的著录集《小屯南地甲骨》（1980 年版）和《殷墟花园庄东地甲骨》（2003 年版）所继承和发展。这一批科学发掘甲骨的出土，为对卜龟卜骨的考古学整理和研究提供了大量科学信息，从而有可能从传统的甲骨表面（包括拓本）提供的研究信息向更深层次的由表及里的研究，即卜材质料的龟、骨区分和来源、种属等等，以及卜甲卜骨的结构及整治，占卜行为留下的痕迹及过程，等等。如前所述，学者们从卜龟的种属（秉志：《河南安阳之龟壳》，1932 年），到卜骨的钻凿形态（许进雄：《卜骨上的钻凿形态》，1973 年），再到钻凿形态的制作（《小屯南地甲骨的钻凿形态》，《小屯南地甲骨》下册，1983 年版）等甲骨形态的诸方面问题研究的日益深入和广泛，再到黄天树等学者对生物学龟壳和牛肩胛骨进行模拟实验研究，并将其实验成果与考古出土卜骨、卜龟实物相勘校，进一步扩而大之，直至科学发掘以前出土的传世甲骨（著录书的拓本），这就是甲骨缀合向深层次、全方位、多角度的甲骨缀合形态学理论的完善和提出（黄天树：《甲骨形态学》，《甲骨拼合集》，2010 年）。传统甲骨缀合“定位法”的甲骨表面整理与甲骨缀合向甲骨文载体

① 董作宾：《为书道全集详论卜辞时代之区分》，《中国现代学术经典·董作宾卷》，河北教育出版社 1996 年版，第 526 页。

② 王宇信：《中国甲骨学》，上海人民出版社 2009 年版，第 5 页。

③ 董作宾：《殷虚文字甲编·自序》，商务印书馆 1948 年版。

龟甲和牛胛骨深层次前进的甲骨形态学相结合，推动了2004年以后甲骨缀合新成果的大量涌现。在2300多则缀合新成果中，《甲骨拼合集》收录的236则缀合，只是其中的一部分——黄天树师生研究团队的阶段性成果，但这充分显示了甲骨形态学在缀合整理中的生命力。

我们相信，随着今后缀合研究的深入，甲骨缀合的新方法和新理论——甲骨形态学将不断丰富、完善。而这一全新的理论、方法与传统的缀合理论和方法，相辅相成，将会取得更多的缀合新成果！①

三　《甲骨拼合集》与甲骨缀合新秀

黄天树主编的《甲骨拼合集》，是不断完善的甲骨形态学理论应用于甲骨缀合研究的实践并取得新成果的结集。《甲骨拼合集》是由黄天树教授组成的师生团队完成的，其中有的不久前已博士毕业，如姚萱去了上海复旦大学国际汉语培训中心，赵鹏入中国社会科学院历史研究所并参加了宋镇豪主持的《甲骨文合集三编》的整理和研究工作，方稚松入北京外国语大学汉语学院，刘影正准备博士论文答辩。而其他诸位都是在读博士。可以说，《甲骨文拼合集》推出了一批甲骨缀合新秀，从而使此前进行甲骨缀合研究人数较少的冷清而神秘的局面得到了彻底改变。

第一，改变了学者们对甲骨缀合神秘性和从事缀合研究人数较少的局面。百多年来从事甲骨缀合的学者很少，这一课题的研究与甲骨学其他领域的研究课题的蓬勃发展相比，显得十分冷清。

1928年殷墟科学发掘以前，甲骨文缀合成绩较为突出者，只有王国维和郭沫若。而王国维也仅是偶尔为之，将《后上》8·14与《戬》1·10缀合为一片而已。1928年殷墟科学发掘以后，从事甲骨缀合整理工作的学者依然不多。专对著录书残片缀合成绩卓著者为曾毅公，而对科学发掘所得甲骨进行缀合整理者有董作宾、张秉权、屈万里等。1949年以后，除老一辈学者有继续进行缀合者，如曾毅公、郭沫若、胡厚宣、桂琼英、严一萍

① 据黄天树教授于2011年1月中旬告知，他们的《甲骨拼合集》2010年出版后，他及学生们又新缀了100多版，正在结集中。当2012年3月校订《新中国甲骨学六十年》小样时，又收到了黄先生寄赠的《甲骨拼合续集》（学苑出版社2011年版）巨著。为黄教授及其团队的成就高兴！遗憾的是，因《六十年》已完成，不能再加写我的学习心得了。

等有数的几位以外，成长起来的新一代学者从事缀合整理者有李学勤、姚孝遂、裘锡圭、许进雄、蔡哲茂、彭邦炯、常玉芝等。而1978年以后成长起来的甲骨学者，从事缀合整理的有黄天树、宋镇豪、彭裕商等。

这里所说的学者们进行甲骨整理缀合工作的，既指专力投入这方面工作，缀合成果出版专著或收入集成性著录，或连续发表缀合论文者，也包括间或有缀合论文发表者。但曾进行过缀合整理的学者，在宋镇豪《百年甲骨学论著目》所统计的海内外近3833位[①]研究者中，所占比例实在是太小了。

之所以如此，是因为其一，甲骨缀合整理的神秘性。甲骨文缀合整理是学术性极强的工作。学者们要有深厚的甲骨学学养，包括所整理甲骨著录的源流、从拓本上辨别是卜龟还是卜骨及其所应在的部位等。而甲骨文分期断代的研究成果和甲骨文例等甲骨学基本规律的掌握，则更是为缀合整理者所必须熟知的……这些，就是缀合家要"学问大"；此外，学者要有超强的记忆力和平时留意的积累追求，才能在大量甲骨拓本的"断烂朝报"中，凭敏锐的目光和第一感觉发现能使其相连的蛛丝马迹，并使之重新珠联璧合为一版。这就是缀合家要"天分高"；须知，早年出版的甲骨著录印数少，一般研究单位和研究人员很难见到，并很难把先后出版的甲骨著录搜集齐全，这也增加了甲骨缀合整理的困难性，因此能全面接触甲骨材料进行缀合整理的人很少。因此之故，缀合时需学问大、天分高，从而使人们产生了对缀合工作的神秘感乃至望而却步。

1978年以后《甲骨文合集》和《小屯南地甲骨》等大型甲骨著录的出版，"改变了研究资料匮乏的局面，大大促进多种学科，特别是甲骨学和殷商史、考古学的发展"[②]。由于所见甲骨材料的增多，对甲骨进行缀合整理的学者有所增多，而一些集成性的甲骨缀合著录，诸如严一萍的《甲骨缀合新编》《补编》和蔡哲茂的总结性著录《甲骨缀合集》《甲骨缀合续集》也就面世了。

第二，董作宾提出的甲骨文"定位法"使缀合整理由局部走向全体。

---

① 宋镇豪主编：《百年甲骨学论著目·序》，语文出版社1999年版，第4页。

② 王宇信：《甲骨学通论》（增订本），中国社会科学出版社1999年版，第284页。

在甲骨断片缀合整理的第一时期，即局部的偶然缀合阶段，老一辈学者多靠自己的甲骨学知识和积累的只可意会不能言传的经验和眼光锐利的天分，摸索着进行甲骨的局部缀合。虽然1939年曾毅公以《甲骨叕存》为局部缀合阶段作了总结，但这一时期的缀合经验还没有上升到理论的高度。没有理论指导的实践是盲目的、自发的。直到1928年殷墟科学发掘甲骨文开始以后，学者们把考古学理论和方法引入甲骨学研究领域。金石学的片断、零散的整理研究甲骨文，被纳入系统的、全面的甲骨学研究与整理。科学出土甲骨文的历史考古学整理研究，使发掘所得甲骨残片被纳入了求其全体的“定位法”缀合整理研究。自1945年董作宾《殷历谱》缀合起，到1961年《甲编考释》所附缀合版和1957年《丙编》的出版，标志着定位法缀合甲骨以达到求其全体的完善，而1999年蔡哲茂《甲骨缀合集》作了集大成和总结。

学者们在缀合整理殷墟科学发掘甲骨的过程中，由1929年董作宾《商代龟卜之推测》模拟文例“定位法”的提出到考古出土甲骨的验证，并有学者把缀合整理甲骨中利用“定位法”以求其全体的经验和体会加以理论化并总结成文发表，使之不断完善和丰富，其系统论述见1980年白玉峥《读〈甲骨缀合新编〉暨〈补遗〉略论甲骨缀合》（《中国文字》第1期，艺文印书馆1980年版）、1978年严一萍《甲骨学》和1988年张秉权出版的《甲骨文与甲骨学》的有关章节中。甲骨缀合整理理论的不断完善和总结，是甲骨缀合实践的需要。来源于实践并指导实践，是甲骨缀合整理由局部的自发行为，走向求其全体的“定位法”理论指导下的自觉行动。因而这一时期的缀合，取得了超越前一时期的成就，而参与缀合整理的学者，也就较1939年以前的前一阶段增加了许多。

尽管如此，从事甲骨缀合的学者较甲骨学其他研究领域的学者还是少了许多。只有编纂传世甲骨和科学发掘甲骨大型著录的学者，才有更多的机会进行甲骨缀合整理工作。但在编纂大型著录时，有时分工由专人进行缀合，其他人因负责所分工作也无缘专力缀合。虽然学者都知道甲骨缀合的重要性和有关缀合原理，但长期以来形成的甲骨缀合神秘感，使不少学者望而却步。此外，在甲骨缀合实践中，有缀合成功的，一通百通，并触类旁通，缀合就愈发不可收拾。而没有把缀合理论付诸实践的，则是云里雾里，恍如隔岸观火，总是似通非通。但甲骨学其他领域的研究，学者们搜集整理资料并不像缀合整理那样困难，因而多把精力放在作专题研究方面，也就无暇顾及耗时较多的缀合工作了。

第三，团队式整理甲骨把缀合推向新阶段。2004 年以后，甲骨缀合新人辈出，甲骨缀合新成果不断。《甲骨拼合集》的出版，就是新一代学者在“甲骨形态学”理论的指导和缀合整理的实践中，破除了对缀合研究的神秘性，使缀合工作成为更为自觉的行动。甲骨残片缀合，由个人的行为，成为团队式的课题研究的行动。因而在缀合实践中，可以集思广益，互相启示，取长补短，师生相长，从而取得了超越以往学者个人单打独斗的甲骨断片缀合的成就。因此可以说，《甲骨拼合集》是研究团队与缀合成果共同成长的新时期开始的里程碑。

第七节　缀合研究新秀团队式成长的思考

已如上述，《甲骨拼合集》“取得了超越以往学者个人单打独斗的甲骨断片缀合的成就”，“是研究团队与缀合成果共同成长的新时期开始的里程碑”。缀合研究成果的较快增长，与缀合理论的愈益完善，特别是“甲骨形态学”的深层次观察，使表面的“定位法”求其全体的缀合复原，向深层次、多角度、全方位缀合甲骨残片的方向前进，因而提高了缀合效率和准确性，甲骨缀合取得了丰硕的成果。

而缀合新秀的团队式成长，则与缀合理论的普及并在缀合研究实践中不断地运用、体会、总结，从而提高了缀合兴趣和缀合的自觉性密不可分。

1949 年以后成长起来的甲骨学者，在缀合方面发表成果者多是他们在研究某些课题搜集甲骨材料时，偶有所得的间或为之。而缀合整理工作做得较多，并成就斐然者，多是受其老师的言传身教或影响者。诸如李学勤在北京图书馆，就受曾毅公的影响。而蔡哲茂曾受教金祥恒教授门下。新一代学者林弘明则是蔡君的学生，孙雅冰等则是宋镇豪的学生。黄天树是裘锡圭的学生，黄天树又带动了一批缀合新秀团队的成长。

而新一代学者在教学和研究中，与老一辈学者的最大不同是，不仅要求学生全面掌握甲骨缀合理论和方法，并继承前人的缀合成果，还要求学生参加对甲骨缀合研究的实践。宋镇豪教授就要求研究生参加《甲骨文合集三编》的工作，在整理大量甲骨材料时，要求他们结合自己掌握的缀合理论，尽量对未缀合的甲骨残片进行缀合。刘源、赵鹏、孙雅冰等就在工作中多有缀合，从而改变了编纂《甲骨文合集》时，缀合只由专人负责，其他人因另有任务而失去了缀合复原工作的训练。黄天树教授则有意识地“通过缀合培养学生发现问题与解决问题的能力”。“而研究生的论文，贵在创新。而甲骨的缀合应该属于一种创新。”因此黄教授在研究生培养过程中进行甲骨残片缀合，使学生把学到的知识付诸实践。“对于初学甲骨的研究生来说，第一片甲骨缀合很重要。有了第一片甲骨缀合，可以激发学生的兴趣，增强学生的自信心。”“互联网的普及，使得研究生的缀合文章通过互联网可以迅速发表，这也大大刺激了学生缀合的兴趣。”中国社会科学院历史研究所先秦史网站，就是甲骨学新秀发表缀合新成果的园地。刊载新缀较多，访问的人也较多。大家从这里知道了缀合最新成果，从而受到启示，互相发明、增缀，取得了一批又一批的研究新成果。不仅如此，新秀们“有了新缀合，就要发表，要发表就要动手写。这对于提高研究生写作能力很有帮助”①。

缀合理论付诸实践，而缀合实践取得成功并验证了理论。学生们缀合的成功，破除了对缀合的迷信和神秘感并增强了信心，而信心又增强了学生们对缀合的兴趣和对新缀合的再追求……一批缀合新成果和缀合新秀团队就是这样被推向了甲骨学研究前沿的。甲骨学新秀们在研究中成长着，在探索中前进着！

① 参见黄天树主编《甲骨拼合集》，学苑出版社2010年版，第7页。

第十二章

甲骨学的新分支学科

——西周甲骨学的形成与发展

1899 年殷墟甲骨文发现以来，经历其发展道路上的“草创时期”（1899—1928 年）、“发展时期”（1928—1937 年）和“深入发展时期”（1949—1978 年）、“全面深入发展时期”（1978 年至今），百多年来取得了辉煌成就。特别是新中国成立以后，由于新甲骨材料的不断发现和公布，研究有了很大发展。这 60 多年来，取得了比前 50 年（1899—1949 年）更大的成绩。可以说，在这 60 多年来，无论在公布材料的甲骨著录书出版方面，还是在研究论作的问世和论题的广泛、深入方面，以及在研究新人的不断涌现和参与研究的海内外学者愈益增多等方面，都有了很大发展。①

在甲骨学研究“深入发展时期”（1949 年至今），由于历年各地不断有西周甲骨出土，在甲骨学研究领域形成了新的分支学科——西周甲骨学，这就打破了凡谈甲骨则必殷商的传统观念，从而使甲骨学扩大了研究领域。而在几十年来殷墟甲骨学研究理论、方法、规律和文字考释等方面取得成就的基础上，西周甲骨学研究取得了较快的发展，经历了“探索时期”（1940—1950 年）、“萌芽时期”（1950—1956 年）、“形成时期”（1956—1982 年）、“深入研究时期”（1982—2002 年）的长足发展过程，现已进入了“全面深入研究时期”（2002 年至今），并取得了很大成绩。

---

① 参见宋镇豪主编《百年甲骨学论著目·序》，《百年甲骨学论著目》，语文出版社 1999 年版，第 3—4 页。

西周甲骨的不断发现，是新中国考古工作的重大收获。而西周甲骨学的形成和发展，不仅使传统的中国甲骨学拓宽了研究领域，而且也为西周史的研究增添了大批可信的资料。

第一节　关于西周甲骨文“古已有之”的推测种种

1899 年殷墟甲骨文发现以后，王懿荣、王襄、孟定生等学者率先购藏。1899 年秋，著名爱国学者王懿荣以每版银 2 两最早购藏甲骨 12 版。1900 年春，王懿荣又购得甲骨 800 版。当年秋，又购得数百版。由于“文敏（按：即王懿荣）命秘其事，一时所出，先后皆归之”[①]，先后 3 次共收得甲骨 1500 余版。1900 年王懿荣壮烈殉国以后，其所藏甲骨 1000 多版，于 1902 年由其子售予刘鹗。1903 年刘鹗出版的甲骨学史上第一部著录《铁云藏龟》一书所收录的甲骨，主要就是这批王懿荣的故物。刘鹗在《铁云藏龟》“自序”中，认定所收甲骨为“殷人刀笔文字”，而罗振玉在《铁》“序”中则称甲骨文为“夏商之龟”。1904 年著名学者孙诒让据《铁云藏龟》一书所收甲骨，写出了甲骨史上第一部文字考释著作《契文举例》。孙诒让在《契文举例》的“序”中，定甲骨为“周以前”之物，基本与刘鹗、罗振玉等人的看法一致。后经罗振玉 1910 年《殷商贞卜文字考》论定甲骨文的发现地小屯村是“武乙之虚”，并由于他“于刻辞中得殷帝王名谥十余，乃恍然悟此卜辞者，实为殷室王朝之遗物”。此后王国维在《说殷》一文中进一步论证了“殷之为洹水南之殷墟，盖不待言”。“今龟甲兽骨出土，皆在此地。”[②] 如此等等，甲骨文为商朝遗物在学者中逐步取得了共识。

1928 年 10 月中研院科学发掘殷墟甲骨文以后，连续不断的 15 次大规模科学发掘工作，不仅获得了大批甲骨文，而且甲骨学大师董作宾“从安

---

① 陈梦家：《殷虚卜辞综述》，科学出版社 1956 年版，第 647—648 页；胡厚宣：《殷墟发掘》，学习生活出版社 1955 年版，第 36 页。

② 王国维：《说殷》，《观堂集林》第十二卷，中华书局 1959 年版，第 523—525 页。

阳县小屯村殷墟的地面下发掘出来”了“甲骨文字的断代方法”[1]，这就是1933年《甲骨文断代研究例》的发表。自此以后，甲骨学研究被纳入考古学研究领域，并进入了其“发展时期”，由“金石学”研究的“泱泱大国”，成为考古学研究领域的分支学科。

就在1910年罗振玉考证出甲骨文为“殷室王朝之遗物”不久的1911年，方法敛写出了《最近发现之周朝文字》，仍主甲骨文为“周朝”遗物。但由于罗振玉、王国维等学者考证的精辟和甲骨文所反映的商代社会历史和深邃的文化内容愈益被学术界所认识，再加上殷墟大规模考古工作的展开，与宫殿基址、王陵大墓等遗迹一起，大批甲骨文出土和研究的深入，再也没有人认为甲骨文为“周朝”或“夏殷”之物了，从而形成了甲骨文为“殷商”之物的传统看法。

虽然罗振玉曾在《铁云藏龟》序中说甲骨文是“夏殷之龟”，把甲骨文时代扩展到夏商两朝。而孙诒让在《契文举例》“自序”中，把甲骨文说成是“周以前”之物，但为周以前的商朝乎？抑或夏朝乎？而方法敛说甲骨文是“周朝文字”，也已被甲骨文自身固有的内涵和学者的考证和研究所否定。但是，学者们在甲骨文发现初期，从不同角度探索甲骨文时代，并得出不同看法，也并非空穴来风，当是有文献依据的。

《史记·龟策列传》谓：“闻古五帝、三王发动举事，必先决蓍龟。”卜蓍在古代国家政治生活中，占有重要的地位。而“王者决定诸疑，参以卜筮，断以蓍龟，不易之道也”，卜蓍对统治阶级的决策有着相当大的影响。在我国进入阶级社会的夏、商、周奴隶制王朝，即所谓“三王”时期，“三王不同龟，四夷各异卜”。虽然时代不同和族属有别，占卜名称或推衍术数也有所变化、发展，但作为一种信仰一直是行用不衰的。因而从这个意义上说，早期学者关于甲骨文时代的种种探索，也是有相当根据和理由的。

甲骨文中所反映的商代占卜制度，经过几代学者的努力探索，基本已经被复原出来。而在“殷革夏命”的商王朝之前，虽然目前尚未发现夏代的甲

---

① 董作宾：《为书道全集详论卜辞时期之区分》，《中国现代学术经典·董作宾卷》，河北教育出版社1996年版，第526页。

骨文，但古文献中关于夏朝占卜的记载也不为鲜见。有学者曾进行过系统整理，诸如“夏帝卜杀神龙”“夏帝占卜铸鼎”“夏禹涂山之卜”等，以及“大禹征龟”，连占卜用的龟都是征集而来[①]；而“因于殷礼”的西周王朝，占卜更是盛行。从周族兴起，直到西周王朝的建立和灭亡，可以说不断举行占卜活动，诸如“古公卜居岐”“文王卜出猎”“文王卜伐纣”“武王卜伐纣”“武王卜居镐京”“武王宣称卜伐纣吉”“周公为武王卜病”“卜求万寿无疆”“卜求百福”“召公卜建东都”“周公卜伐叛军”“成王称‘其勿穆卜’”“共伯和卜旱”“握粟出卜”“幽王渎龟”，等等。[②] 可以说，周族和西周王朝的重大历史事件和周王朝的重要决策，都与占卜有关。因此，在甲骨文发现初期的1911年，作为外国人的方法敛，一下子把甲骨文时代定在“周期”，说明他对周代占卜文化有一定认识是难能可贵的！

自1928年中研院在安阳殷墟科学发掘甲骨文，至1937年因抗日战争爆发发掘工作暂停，这10年间甲骨学研究取得了很大成绩，特别是董作宾1933年发表的《甲骨文断代研究例》，“奠定了甲骨文分期断代的基础，标志着甲骨学研究达到了一个新的高峰”[③]。1936年YH127坑甲骨窖藏17096多版的发现，极大地丰富了学者们对甲骨学的认识。“与分期断代说一起，甲骨学其他方面，诸如卜法文例、记事刻辞、卜辞同文、卜辞杂例等等甲骨学本身规律的研究，也取得了很大进展。”[④]

就在殷墟甲骨文研究取得很大进展的1940年，又有人对西周甲骨文旧话重提。何天行在上海出版的《学衡》第一辑上，发表了《陕西曾发见甲骨之推测》一文。何氏根据山东城子崖遗址曾发现一块刻字陶片，上有“齐人网获六鱼一小龟”[⑤] 等刻字，推测在河南安阳小屯村殷墟以外，也还会有“甲骨和近于甲骨文字遗物的发现”。他特别指出，陕西还应有周人甲骨的发现。他的根据是：

其一，“在历史上，可以找到明显的证据。如《诗·大雅·文王之

① 参见刘玉建《中国古代龟卜文化》，广西师范大学出版社1992年版，第77—84页。

② 同上书，第228—248页。

③ 王宇信：《甲骨学通论》（增订本），中国社会科学出版社1999年版，第88页。

④ 同上书，第89页。

⑤ 傅斯年等：《城子崖》，中央研究院史语所1934年版，第32页。

什·绵》：‘周原膴膴，堇荼如饴，爰始爰谋，爰契我龟。’《绵》是周民族的史实……约在殷民族亡灭之前，已经和周人常有往来，彼此交通，周民族学得了殷人占卜的方法，于是在周原一带也利用龟来占卜了。周民族是并未有它固有的文字做基础的，周民族的‘契’刻卜辞，和用龟的方法，完全是从殷民那里学去的”。

其二，“我们拿《水经注》所记高陵县（原陕西西安府境）发现‘背文负八卦古字’的龟和《大雅》‘考卜维王，宅是镐京，维龟正之’的话相印证，知道在陕西西安府附近曾有发见卜辞的可能（这种卜辞大半恐属于周民族），这似乎已不完全是我们的推测了”。如此等等。

虽然何氏的“推测”很有见地，但1899年殷墟甲骨文发现以来从未出土过一片西周甲骨。此外，因限于历史条件，陕西有关西周遗址的考古工作尚未展开，陕西应有甲骨发现也仅是“推测”得很有道理而已，但从未见过有实物出土。

为了给自己的“推测”提供旁证，何天行特别在文章之后的“附记”中公布了有关山西曾出土甲骨的传言：

> 此文写成后，据卫聚贤先生称：数年前马衡先生告，马先生曾在河南见洛阳警备司令赵守愚君，赵为山西人，曾在山西督造公路，曾于山西离石县军渡附近——该处与陕西接境——发现甲骨文甚多，以得赠马先生。据马云：该物与安阳出土者无异。

从“附记”强调离石县军渡“该处与陕接境”看得出来，作者是把山西曾有甲骨出土的“传言”，“姑志之，以为本文之旁证”，即为《陕西曾发现甲骨之推测》的旁证的。但是赵守愚所赠马衡先生这批甲骨，“与安阳出土者无异”云云，或当为殷墟甲骨。众所周知，马衡先生所藏甲骨，“现一部分归北京大学考古系，另一部分归故宫博物院”。马氏自藏甲骨及搜集拓片共四册427片，现藏北京故宫博物院。[①] 但在马衡的藏品和拓本

① 胡厚宣：《大陆现藏之甲骨文字》，《中央研究院历史语言研究所集刊》第六十七本四分，1996年12月。

中，并没有山西离石所出甲骨的任何踪影，因而关于山西离石曾发现甲骨的传言，纯属子虚乌有，就更不用说发现西周甲骨了。

虽然如此，在甲骨学研究的“发展时期”，能有人重提西周甲骨之事，应是很有意义的事情。这反映了学者们在殷墟甲骨研究取得全面进展的同时，有人在考虑继商而起的西周王朝是否应存有甲骨文之事。这“不仅是甲骨学研究深入的反映，而且是学者们对甲骨学研究眼界更加开阔的标志”①。而在1949年新中国成立以后的甲骨学研究“深入发展时期”，在山西洪赵、陕西西安、岐山凤雏、周公庙、扶风齐家、河南洛阳、河北邢台、北京昌平和房山燕都遗址、镇江营等地不断有西周甲骨的发现，不仅把“陕西曾发现甲骨之推测”变成了现实，而且在甲骨学研究领域形成了新的分支学科——西周甲骨学，从而打破了凡谈甲骨则必殷商的传统看法，使甲骨学的研究领域扩大了。

第二节　西周甲骨的发现和确认

我们曾指出过：“从1928年开始的殷墟科学发掘工作，不仅为甲骨学研究提供了大量科学资料和丰富的现象，而且由于近代田野考古方法的引入，甲骨学研究的面貌焕然一新。这一时期所取得的巨大进步和成就，是前三十年的草创时期所不可比拟的。”② 就在这一时期，“以董作宾为代表的一批甲骨学者用更为科学和缜密的方法论分期，探商史，说卜法，谈文例，把甲骨学研究提高到了新的水平。郭沫若则异军突起，用马克思主义指导甲骨学商史研究，开辟了我国史学和甲骨学研究的新天地，不少古代社会的奥秘被学者们窥破”了。③

1928年以后，正是甲骨学研究形成和发展的关键时期。1940年何天行提出的“陕西曾发见甲骨之推测”，虽然在全力投入殷墟甲骨文研究的

① 王宇信等主编：《甲骨学一百年》，社会科学文献出版社1999年版，第283页。

② 王宇信：《甲骨学通论》（增订本），中国社会科学出版社1999年版，第91页。

③ 同上书，第38页。

学者中，没有引起什么反响。尽管是“一家”之言，但毕竟使他们受到启示，即随商朝灭亡，“失国霾卜”，甲骨文失传了3000多年。而1899年殷墟甲骨文的发现，则使这一文献失载的殷商占卜文化得以复原并形成了蔚为大观的甲骨学。那么，代殷而起的西周王朝情况又如何呢？是否甲骨文只此殷商“一家”，商朝灭之以后，就别无“西周”的“分号”了呢？还是如文献所记，西周占卜文化仍很盛行，也应存有甲骨文？推测变成现实，是要靠实物证据的。但“推测”使专注于殷墟甲骨研究的学者开阔了思路，扩大了视野，为他们在新中国的西周甲骨发现和确认做好了精神准备。

新中国成立以后，在百废待兴的情况下，1950年就恢复了自1937年因抗日战争爆发而暂停的殷墟发掘工作。1950年安阳殷墟的考古工作取得了重大收获，这就是在洹北的武官村发现大型墓葬一座（WHGM1）。武官村这座大墓规模较大，是一座“中”字形墓葬，即墓室平面为长方形，其南北两端各有一条长墓道。武官村大墓面积约340平方米，容积为1615立方米。武官村大墓早年曾被盗掘、焚烧，木椁和墓主人尸骨已不复存在，椁室中随葬品亦多被盗走，发掘时仅获得贝、玉、松石等和青铜的戈、刀、斧、镞等小件，但椁室四周二层台上的殉人和他们的随葬品未被盗墓者发现，保存尚好。在东西二层台上殉人共41人，皆为全躯，且西侧多为女性，而东侧台上多为男性。在墓室上部填土中还发现殉葬人头。共计武官村大墓殉葬人达79人左右，另有马28匹，猴3只，鹿1只及其他禽类15只①；在洹南四盘磨等遗址，也进行了发掘工作，并有所收获。在四盘磨西地开掘了五条探沟，发现了殷代文化层、房基和小型墓葬、灰坑等，出土了大批陶器、青铜器和玉器、石器等，并出有卜骨卜甲。引起考古学家注意的是，四盘磨四号探沟（SP11）内，出土了有文字卜骨。②

此卜骨为右牛肩胛骨，其下部骨扇部分残断，仅余胛骨上部，切臼角。在卜骨外缘向上横置后，自外缘由上至下竖行刻两行字（即筮数）及

① 郭宝钧等：《1950年春殷墟发掘报告》，《中国考古学报》1951年第5期。

② 同上。

甲骨文字“臼”……而将内缘向上横置后，自上至下竖行刻一行数字（筮数）“八六六五八七”。

虽然此卜骨为殷墟所出，但主持发掘的著名学者郭宝钧当即发现了此次发掘所得“内有一块卜骨横刻三行小字，文句不合卜辞通例”[①]的问题。这表明，学者们已开始考虑在传统的殷墟甲骨卜辞之外，还存有其他性质不同的甲骨刻辞。

1951年，陕西邠县出土卜骨。此骨为胛骨上部，下部骨扇残去。臼角未切去，骨背修治得很薄，上施圆钻13个，钻处大而浅，灼痕较小，因钻凿形态与殷墟甲骨所施枣核形凿旁施小圆钻不同，学者推测“它可能是殷末周初之物”[②]，并进一步具体定其“可能是北殷的遗物”[③]。

1952年发掘河南洛阳东关泰山庙东北隅的LTT53探沟内出卜龟甲一版，龟甲上部较完整，龟甲下部分残。据《综述》图版捌发表照片观察，龟背部经过整治，首部留有宽厚的边缘，并“有整齐而密集的钻凿，其特色是方形的钻与长方形凿联成一个低窄的正方形，凿则较深于钻。钻凿与钻凿之间，界以几乎等宽的狭长条，成四方之形围于每个钻凿之外”。在此龟甲的首部，钻一未穿透的“圆孔”。洛阳所出卜龟的整治与殷墟卜龟不同，学者指出：“这种形制显然是很进步的，其时代要稍晚一点。”[④]众所周知，比殷墟甲骨“稍晚一点”，就“点”到西周初期了。学者“根据历史记载，周武王灭商以后，周公成王迁殷民于成周，分九里以居之。因此今天洛阳附近的成周近郊，当有西周初期的殷人遗址。殷人遗址可以有殷代物，也可以有西周初物”[⑤]。

1954年，山西省洪赵县坊堆村周代遗址发现有字卜骨一版[⑥]，此骨的“背面骨臼削去约三分之一，近臼处有钻窝十六个，不规则的排成三至四

① 郭宝钧等：《1950年春殷墟发掘报告》，《中国考古学报》1951年第5期。

② 陈梦家：《殷虚卜辞综述》，科学出版社1956年版，第25—26页。此骨照片发表在同书图版捌上，可参看。

③ 陈梦家：《解放后甲骨的新资料和整理研究》，《文物参考资料》1954年第5期。

④ 陈梦家：《殷虚卜辞综述》，科学出版社1956年版，第26页。

⑤ 陈梦家：《解放后甲骨的新资料和整理研究》，《文物参考资料》1956年第5期。

⑥ 山西省文物管理委员会：《山西省洪赵县坊堆村古遗址墓葬群清理简报》，《文物参考资料》1955年第4期。

行；中下部靠左又有钻窝五个，纵列一行”。而“窝底正中或稍偏，有纵的刻纹一道”。在“刻纹附近有灼痕，不明显，卜骨正面相当钻窝处有许多小兆，八个字”。

由于这块有字卜骨的钻窝与凿痕、文字字体与河南安阳殷墟所出卜骨有明显的不同，且又在离殷墟或“殷遗”居住的洛邑成周较远，因而引起了学术界的注意。有学者认为此版甲骨“可能属于春秋或较晚的东西，洪赵春秋时为赵简子采邑，应是晋或赵的遗物”①。而李学勤1956年则根据遗址试掘时，与有字卜骨伴出的铜器、陶器等遗物的综合研究，第一个指出洪赵坊堆村所出有字卜骨应为西周初期物。②

山西洪赵所出有字西周卜骨的确认，是甲骨学研究领域的一大突破。自此以后，打破了凡谈甲骨则必殷商的传统看法。

继山西洪赵有字西周卜骨发现以后不久，1956年又在西周腹地沣镐地区的张家坡遗址发现了有字甲骨。“现存者为肩胛骨之柄部”，“背面靠一边有圆形钻孔三个，其中一个已残”。钻孔的“孔壁垂直，平底。靠一边有凿一道，与骨长同方向，极细”。灼处的“灼痕不显。正面均有卜兆。在卜兆附近有刻纹极细的文字，一行与骨长同方向，一行与骨宽同方向”③。骨长方向者为“五一一六八一”数字（实为筮数），与骨宽同方向者为“六八一一五一”数字（实为筮数）。在西周遗址发现的有字甲骨，自应是西周王朝之物。因此，李学勤第一个提出山西洪赵所出有字卜骨是“西周初期”之物的意见得到了证实。

此后，在1955年至1957年对沣镐遗址的大规模发掘过程中，又出土一版有字卜骨。“可能是用兽类的肢骨做成的，相当于钻孔的部位，刻有笔道很细的近似文字的记号。”④一组数字为“一一六一一一”，另一组数字为“六六八一一六”“一六六六六一”。沣西遗址再次发现有字卜骨，证明了李学勤提出的有西周甲骨存世的论断是正确的。因此，李学勤曾满

① 畅文斋、顾铁符：《山西洪赵县坊堆村出土的卜骨》，《文物参考资料》1956年第3期。

② 李学勤：《谈安阳小屯以外出土的有字甲骨》，《文物参考资料》1956年第11期。

③ 陕西省文物管理委员会：《长安张家坡西周遗址的重要发现》，《文物参考资料》1956年第3期。

④ 《沣西发掘报告》第111页及图版陆叁4，文物出版社1962年版。

怀信心地预言:“我们相信,在将来必能发现更多的非殷代有字甲骨。”[①]如此等等。

殷墟四盘磨 SP11、陕西邠县、山西洪赵、陕西沣镐等地已发现的都是卜骨,并且上有文字。而河南洛阳泰山庙是卜用龟甲,但上面尚没有发现文字。那么,与殷墟甲骨不同的西周占卜用的龟甲上,是否也刻有文字呢?不久以后,西周占卜用的龟甲上刻有文字,也得到了考古发现的证明。

1975 年,北京市昌平区白浮村周初燕国墓地出土了一批西周卜龟,其中有的刻有文字。在一座墓葬(M2)人骨的右上方,“发现数十片残碎卜甲,既有腹甲,也有背甲。契刻文字两小片,有‘贞’‘不止’刻辞。甲片均经过修磨,为方凿,不同殷代的圆凿”。另一座墓葬(M3)“在椁室右侧中部出龟背、腹甲”。“从残片看数量比 M2 多,约在百片以上。卜甲的背面都经过整治,即凿成方形平底的残槽,凿孔排得十分整齐,并有灼痕”。有文字卜甲两版,“一片刻‘其祀’二字”,另一版上刻“其尚。上下韦驭”[②]。此外,还有一版上刻“史告”等字样。[③]

就是这样,自 1956 年李学勤确认西周甲骨文以后,得到了越来越多的新证据。即各地不仅存有西周有字卜骨,诸如坊堆、沣西等地,而且还存有西周有字卜甲,诸如北京昌平白浮村等。学术界关于殷墟甲骨文以外,还存有西周甲骨文逐渐取得了共识。这一共识的形成,经过自 1951 年以后对不合殷墟甲骨“通例”的卜骨、卜甲的几次发现,特别是 1954 年山西有字甲骨发现后,1956 年学者就确认其为西周甲骨了。由不认识西周甲骨到认识西周甲骨,这一过程经历了五六年。而这一认识再经过其后沣西遗址有字卜骨和北京昌平白浮有字西周卜甲的验证,学术界关于西周甲骨的存在已取得了共识。

但是,由于各地发现的西周甲骨材料比较零散,而且发现的甲骨片数

① 李学勤:《谈安阳小屯以外出土的有字甲骨》,《文物参考资料》1956 年第 11 期。

② 北京市文管处:《北京地区的又一重要考古收获》,《考古》1976 年第 4 期。

③ 此版原陈列于首都历史博物馆(原址孔庙),承蒙齐心教授帮助,得以看清此甲上之文字,特此鸣谢。现首都博物馆已迁至新址,甲骨未予陈列。据云:在反复搬迁过程中,这批残碎卜甲已不知所终,从而失去了缀合和再验有文字的机会,甚为遗憾!只此几字存世,乃大幸事!

也不多，特别是有文字的甲骨更少，因而学者们虽然确认了西周甲骨文，但尚缺乏进行全面整理的条件。因此在这一阶段，还没有人能把对西周甲骨的理解上升到理论的高度，并总结出规律性的认识。所以我们说，这一时期是西周甲骨学的“萌芽时期”。

第三节　周原甲骨的成批发现与公布

在新中国成立以后，不仅在周初的封国晋、燕之地发现了与殷墟甲骨文风格不同的西周有字卜龟和卜骨，而且在西周王朝的政治中心沣镐地区和成周洛邑也发现了其风格不同于殷墟甲骨的西周有字（或无字）卜甲或卜骨。但这一时期各地所出西周卜甲或卜骨数量不多，也比较零散，且文字不多，因而尚没有人进行专门的研究。尽管如此，学术界已经认识到在研究已到深入发展阶段的15万片殷墟甲骨文之外，还存在有西周甲骨文这一客观事实，并初步认识到无论是西周有字（或无字）卜骨或卜龟，与殷墟甲骨的风格，诸如在甲骨的整治、钻凿形态及文字契刻等方面都存有很大不同。

《诗经·大雅·绵》“周原朊朊，堇荼如饴”。在今岐山、扶风一带的周人发祥地周原，1977年10月有成批西周甲骨的发现。周原遗址的岐山凤雏村发现17000多片西周甲骨的消息，先后以《我省周原地区发现一万多片西周时期甲骨》（《陕西日报》1977年10月17日）、《陕西周原地区发现一万多片西周早期甲骨》（《光明日报》1977年10月17日）、《陕西周原地区发现西周早期甲骨》（《人民日报》1977年10月19日）、《周初甲骨文的发现》（《人民画报》1979年第8期）为题，在中央和地方各大媒体广泛加以报道，引起了海内外学术界的关注，由此把西周甲骨的研究推向了新阶段。之所以如此，是因为这次在周原出土的西周甲骨不仅数量多，而且是在西周王朝的发祥地的岐周范围，即今岐山凤雏村西周甲组宫室宗庙基址的西厢二号房内窖穴H11和H31之内成批出土的，这就更有典型性和特殊意义。

众所周知，周原遗址自汉代以来，就出土了很多青铜重器，为西周史的研究提供了丰富资料。但诚如学者所说，“以前出土的西周金文很多，大都是记载诸侯大臣的活动情况，对王室的活动只是有所涉及”，但这次出土的“甲骨文有不少直接记载了周初王室最高统治阶层的政治活动，为研究商周之际的历史提供了珍贵资料，这是迄今我国发现的金文中所没有的”①。因而，周原凤雏所出的这批甲骨文弥足珍贵。

周原所出成批甲骨，是在岐山县东北部25公里的凤雏村的甲组宫室宗庙建筑基址发现的。甲组宫室宗庙基础南北45.2米，东西宽32.5米，总面积为1000多平方米。该建筑基址由门道、前堂和过廊居中，东西两边并配有门房、厢房，左右对称，布局严整有序。东、西厢房各有八间，南、北两厢左右对称排列，前檐有走廊，台基与东、西门房和后室大体在一个相同的水平面上②。成批的西周甲骨，就是在西厢二号房窖穴H11和H31内出土的。窖穴H11开口于建筑基址的3B层，此层堆积有大量红烧土、三合土和墙皮，厚约0.45厘米。窖穴下面分为上、下两层，上层为沙粒和红烧土的淤土层，厚约1.2米，甲骨碎片、蛤蜊、蚌饰等混于其中。下层为淤土层，土质细腻，厚约10厘米，出蚌饰和龟甲片，等等。此窖穴内“共出土甲骨一万七千片，其中卜甲一万六千七百余片，为龟腹甲。卜骨三百余片，为牛的肩胛骨”③，其中有字者二百八十多片；窖穴H31上部堆积与H11同，窖内堆积由口往下0.48米为红烧土块和三合土墙皮等，下压夹有红烧土碎粒的灰褐土，厚1.05米，内含甲骨、蛤蜊等，再下为淤土、生土。窖穴底部近东壁处有一竖穴圆坑，内填红烧土粒并杂有三片卜甲。④ 此坑共出甲骨四百多片，其中有字者9块。⑤（附图四十二）

自1979年起，周原凤雏所出有字甲骨开始陆续公布，至1982年5月有字甲骨共292片（实为289片）全部面世⑥，吸引了海内学者的极大

---

① 陈全方：《陕西岐山凤雏村西周甲骨文概论》，《古文字研究论文集》（《四川大学学报丛刊》第十辑），1982年5月，第367页。

② 《陕西岐山凤雏村西周建筑基址发掘简报》，《文物》1979年第10期及该期第29页图四。

③ 《陕西岐山凤雏村发现周初甲骨文》，《文物》1979年第10期。

④ 陈全方：《陕西岐山凤雏村西周甲骨文概论》，《古文字研究论文集》（《四川大学学报丛刊》第十辑），1982年5月，第306页。

⑤ 徐锡台：《周原甲骨文综论》，三秦出版社1987年版，第8页。

⑥ 王宇信：《西周甲骨探论》，中国社会科学出版社1984年版，第20页。

关注。

1979 年 10 月，陕西周原考古队在《陕西岐山凤雏村发现周初甲骨文》（载同年《文物》第 10 期）按内容分类公布了部分有字甲骨，计卜祭类 6 片、卜告卜年类 1 片、卜出入 3 片、卜田猎 1 片、卜征伐 2 片、人名官名地名 7 片、月相及计时法 7 片、杂卜 2 片、异形字 2 片，共计 31 片（原简报误计为 32 片）。

周原甲骨的发现者之一，徐锡台在《周原出土的甲骨文所见人名、官名、方国、地名浅释》（《古文字研究》第一辑，中华书局 1979 年 8 月版）中，率先公布了学术界关心的周原甲骨。他在 1978 年 11 月于长春召开的中国古文字研究会第一届年会上，在人名及官名类中公布 6 片、在国名中公布 9 片、在地名中公布 5 片、在河名中公布 3 片，以上四大类共公布 23 片；其中 3、4、8 号自重，实为 20 片（但照片共 21 版，其中的 116 号在所目 20 版摹本中不见，文中亦未列，亦可视为首次公布）。在提交的另一份论文《探讨周原甲骨文中有关周初的历法问题》（载《古文字研究》第一辑）一文中，又公布了有字甲骨 5 片。以上徐氏两文共公布了凤雏有字甲骨 28 片（实为 25 版加 1 照片）。即 H11：1、84、45、8、15、4、3、22、83、68、110、37、30、20、23、136、18、27、30、9、64、26、13、2、55 照片和摹本及 116（照片）等。上述 1979 年所发表三篇文章中共公布甲骨 59 片。其中《文物》第 10 期公布的 31 片甲骨，与徐锡台公布的 28 片（实为 26 版）甲骨相重者共有 21 片，本次新公布者实为 H11：12、6、50、19、47、40、38、132、7、81 等 10 片。可以说，1978—1979 年首批公布了有字甲骨 39 片；1981 年，又有一批凤雏有字甲骨公布。徐锡台在《周原卜辞十篇选释及断代》一文中（《古文字研究》第六辑，中华书局 1981 年 1 月版），公布了凤雏 H11、H31 所出有字甲骨 10 版，其中除 3 版前此已公布外，本次公布之 H11：14、11、82、98、115、112、174 等为第一次面世；此外，《考古与文物》（1981 年第 3 期）《岐山凤雏村两次发现周初甲骨文》及同期所载《周原出土卜辞选释》二文，又较为集中地公布了一批凤雏出土有字甲骨摹本。此二文所公布的一批材料，其中不少与前此几批公布的材料重见。此外，同期刊出两文的摹本亦有一片自重。因而《考古与文物》于 1981 年第 3 期所公布的材料，除去此前已公布的外，共刊出新材料 76 版。虽然《两次发掘》及《十片卜辞选释》发表的卜辞材料较多，但仍是 292 片甲骨的部分而不是全部。尽管如此，为学术界对周原甲骨的研究提供了较多的资料。

不仅如此，周原遗址的扶风县齐家村 1979 年新发现的西周甲骨也在《文物》1981 年第 9 期《扶风县齐家村西周甲骨发掘简报》中公布。可以毫不夸张地说，“这是继 1977 年岐山县凤雏村发现大批西周甲骨文后的又一次重要发现”。这批甲骨，是 1979 年 9 月群众在村北田间发现的，其中一片刻有卜辞。其后考古学家在村东又发现了刻辞卜龟一件。随后又在出有甲骨的地点进行了发掘，又发现甲骨 10 多件，并又采集到几件，共发现 22 件，其中 5 版上有刻字。此外，1980 年采集到一版卜骨也有文字。本次在《简报》中公布了齐家所出较完整的有字卜龟一版、有字卜骨 5 版。齐家村新出有字西周甲骨的公布，不仅为西周甲骨增加一批文字资料，特别是较完整的卜龟和卜骨，为西周甲骨的卜法、文例和特征的研究提供了较为典型的标本。

虽然自 1978 年 11 月起，考古学家就开始陆续公布 1977 年 10 月发现的周原岐山凤雏甲骨资料，满足了学者研究的急需和期待，但毕竟材料发表得比较零散。此外，周原甲骨发表时分见于不同刊物，各批材料又每每互相重复。加之发表的又都是出土甲骨的一部分，因此研究者从总体上把握比较困难，难免有瞎子摸象之感，因而不可避免地得出片面认识，要想进行较为全面的综合研究较为困难。

值得庆幸的是，考古学家陈全方教授对岐山凤雏村宫殿宗庙基址西厢二号房窖穴 H11、H31 所出全部有字甲骨 292 版，经过“反复查对校正”和创造性研究，分为卜祭、卜告卜年、卜出入、卜田猎、卜征伐、人名官名地名动物名、月象及记时、杂卜、异形字、附录等十类甲骨内容，以《陕西岐山凤雏村西周甲骨文概论》为题，发表在《古文字研究论文集》（《四川大学学报丛刊》第十辑，1982 年 5 月）上。

陈全方教授 1982 年 5 月将西周甲骨材料全部公布，推动了学术界对西周甲骨的深入全面研究，并满足了海内外学者期盼早日见到凤雏全部有字甲骨材料的愿望。1984 年 6 月，日本京都朋友书店出版的著名学者林巳奈夫教授编纂的《古史春秋》第一辑，就及时将陈全方教授文章收入。

考古学家徐锡台、陈全方等教授的辛勤劳动不仅为我们发现了凤雏大批有字甲骨文，而且他们以学术为天下公器，及时将材料公之于学术界，推动了西周甲骨学研究的发展。因此，今天西周甲骨学研究取得的成就和较快发展，与他们的创造性研究和及时公布材料是分不开的。学术界将永远记住他们的奉献！

第四节　西周甲骨学的形成与发展

1977 年 10 月，陕西周原凤雏村宗庙宫殿基址西厢二号房 H11 和 H31 西周甲骨的成批发现，不仅是新中国考古工作的重大成就之一，而且也为甲骨学研究增加了一批全新的资料。学者们在近 80 年对殷墟甲骨文研究取得成就深刻认识的基础上，不少人开始投身到这一全新的研究领域。随着凤雏 H11、H31 有字西周甲骨自 1978 年 10 月起陆续分批公布，直至 1982 年 5 月全部面世，也使研究者对西周甲骨的认识愈益全面并日益深入，在传统的甲骨学——殷墟甲骨学领域之内，形成了西周甲骨学这一分支学科并取得了较快的发展。从此以后，突破了凡谈甲骨则必殷商的传统看法。在周原甲骨陆续部分公布的过程中，学者们的研究就取得了一定进展。

首先，在文字的释读方面，随着周原甲骨的陆续公布而有所深入。徐锡台自 1978 年 11 月在长春召开的第一届古文字研究会年会上，考证周原甲骨 H11：1 中的“成唐”即为成汤，“又称天乙，武王”；而“文武帝乙宗”即“殷纣王的父亲帝乙的宗庙”；H11：84 之“大甲”，就是商王“大丁的儿子，成汤的适长孙”。而 H11：45 之“毕公”，即为“文王之子”，“曾为武、成、康三世的重臣”；H11：15 之“大保”，H11：4 之“师”皆为官名；而 H11：3 之“衣”，H11：22 之“虫伯”，H11：83 之“楚”，H11：68 之“蜀”，H11：110 之“巢”，H11：8 之“鬼”，H11：4之“微”等皆为国名。此外，还对周原 H11 卜甲中出现的地名，诸如蒿、壴（H11：20）、帛（H11：3）、密（H11：136）、黽（H：18），等等以及水名洛（H11：27）、川（H11：9）等进行了考释。徐锡台较早在《周原出土的甲骨文中所见人名、官名、方国、地名浅释》一文中

(《古文字研究》第一辑，中华书局1979年9月)，不仅对公布甲骨的重要文字进行了考释，而且判断H11：1版祭祀成唐的辞主“王”，应“是周文王祭祀成唐，这反映了周与殷的密切关系”云云。此外，徐锡台教授在同期《探讨周原甲骨文中有关周初的历法问题》(《古文字研究》第一辑)中，还公布考证了5版“在殷墟卜辞中没有出现过”的关于纪年、纪月、纪日的材料，诸如H11：13之“既魄”、H11：54之“既死□”等，指出“周文化不是简单地承袭殷文化”；基本与徐锡台教授公布周原出土有字甲骨同时，周原考古队在《文物》1979年第10期上，也发表了《陕西岐山凤雏村发现周初甲骨文》的考古简报，公布了周原所出甲骨中较为重要者31版(与徐氏此前公布二批相重者28版)。考古学家在对各片文字逐一进行考释并作出释文的基础上，指出这批甲骨“从字体和内容看，似可以分为前、后两期”，即“武王克商以前”和“武王克商以后”。此外，还指出了这批甲骨的特点，即“字体细小”，“许多字小如粟米，笔道细如发丝，要用放大镜才能看清，而直笔刀法刚劲有力，圆笔也运用自如”，等等。考古学家认识到这批甲骨的重要价值在于“无论从数量上和质量上，都是前几次发现(按：指此前山西洪赵、沣西张家坡、北京昌平白浮出土西周甲骨)所不能比拟的，它的重要性是不言而喻的”。

其次，对西周甲骨的特点进行了概括。1980年《考古与文物》第2期上刊出的徐锡台《周原出土甲骨的字型与孔型》一文，则专对凤雏卜甲的钻凿形态进行了整理。指出方凿基本上“分组排列”，并“从残存卜甲看，大体以三个为一组”。凿孔之间的横距小，纵距大，排列以横为组者较多，以纵为组者较少。学者们在对周原甲骨文字进行释读的基础上，也对西周甲骨特征进行了观察与研究。但由于凤雏所出甲骨较为碎小，使学者对西周甲骨特征的全面认识还是受到一定的局限。

1981年周原齐家村较完整的龟腹甲H3〔2〕：1(上有23字)、卜骨NH1〔3〕：1(上有9字)、卜骨T1〔4〕：1(上有21字)以及采集的有字卜骨108(上有24字)、94(上有12字)和无字卜骨的发表[①]，不仅为西周甲骨的研究提供了一批文字资料，而且由于卜龟、卜骨较为完整，从

① 陕西周原考古队：《扶风齐家村西周甲骨发掘简报》，《文物》1981年第4期。

而使西周甲骨的整治、钻凿的制作以及行款文例的分布及特征等方面的全面研究有了可能。李学勤在综合研究了北京昌平白浮、岐山凤雏、洛阳泰山庙出土卜甲和长安张家坡、洪赵坊堆等地出土卜骨，并与周原齐家出土较完整卜龟、卜骨相互比勘、分析以后，第一个系统全面地对西周甲骨的特征进行了总结。他在《西周甲骨的几点研究》（《文物》1981 年第 9 期）一文深刻地指出：

西周卜甲整治时，“甲首经过掏挖，留下半圆形的前边”，并“有很宽大的甲桥”，在甲首“其中央有一浅圆穴”。洛阳秦山庙半版腹甲及周原其他地点均如此作。西周卜甲上的凿“是方形的，其一侧加刻纵槽，用以形成卜兆的身部”。腹甲的“兆都排列有序，卜兆的兆枝都向内。卜辞刻于相关兆的枝一侧，顺着兆枝的走向，也就是朝着腹甲的中线‘千里路’横向纵行，这是商代卜辞没有见过的”；而“西周的胛骨修治比较简陋，一般不锯去臼角”，等等。此外，西周“卜骨则具圆钻，钻孔规整，平底，应当是用钻钻成的”。“圆钻亦加刻纵槽，圆钻的槽则在中央，呈所谓猫眼状”。齐家村胛骨以臼部向下为正，兆枝相对内向。其“在原肩胛岗的位置上加钻灼兆，在殷墟却极罕见”。如此等等。李学勤指出：“商周的甲骨有许多根本性的区别，应该认为是两种不同传统的卜法。西周甲骨不是殷墟甲骨的直接延续。”他根据周原甲骨的内容，进一步论述了“凤雏甲骨的年代上起周文王，下及康、昭，包括了整个的西周前期”。自此以后，学者们在初步认识周原甲骨特征的基础上，进一步对西周甲骨的时代及分期展开了深入的探索。

再次，关于周原甲骨的年代与分期探索。1979 年周原考古队就在《陕西岐山县凤雏村发现周初甲骨文》（《文物》1979 年第 10 期）指出这批甲骨文有的“似在武王克商以前”，有的“似在武王克商以后”，对其时代首先进行了判断。不久，1980 年李学勤、王宇信在《周原卜辞选释》（《古文字研究》第四辑）中，在对凤雏 H11：1、84、3、132、83 等有字卜甲进行了考释的基础上，认为“周原这一坑甲骨的时代和性质等方面都是相当复杂的。今后还要综合全部材料，细心地作出分析判断”，并指出“有些周原卜辞中的‘王’不是周王，而是商王帝辛。同辞的‘周方伯’指后来被称为文王的西伯昌。这些卜辞，从其辞主而言，是确实的帝辛卜辞”；王玉哲发表的《陕西周原所出甲骨文的来源试探》（《社会科学战线》1982年第1期）中，认为“周原这批甲骨绝大部分是商王室的，不是周人的”。

1982年周原凤雏H11、H31有字西周甲骨的全部公布［陈全方：《陕西岐山凤雏村周甲骨文概论》，《古文字研究论文集》（《四川大学学报丛刊》第十辑，1982年5月）］，从而使西周甲骨的研究进入了全面探讨的阶段。学者们此前根据《陕西岐山凤雏村发现周初甲骨文》（《文物》1979年第10期）、《周原出土的甲骨文所见人名、官名、方国、地名浅释》（《古文字研究》第一辑）及《探讨周原甲骨文中有关周初的历法问题》（《古文字研究》第一辑）、《岐山凤雏村两次发现周初甲骨文》（《考古与文物》1981年第3期）等文中所陆续公布的周原凤雏部分甲骨材料所得出的认识，“将根据全部西周甲骨材料，提出并解决问题，并且还要对以前受材料局限而得出的看法进行补充、修正和再认识，从而在综合研究的基础上，使认识更加深化”①。在全面公布材料的基础上，周原甲骨研究得到了较快发展并对其认识愈益全面。

前辈学者徐中舒教授在《周原甲骨初论》（《古文字研究论文集》）对H11：1、82、84、11等版的文字进行考释的同时，论证了“周原甲骨凡称王的卜辞皆指文王言”，“周原甲骨绝大部分都是文王时代遗物”。谓此周原“文武帝乙宗乃文王所立以崇祀殷先王，示为殷之属国”。该文又进一步论证了“文王在周原建立殷王宗庙，在旧史中也有此事例”，举《史记·秦本纪》秦昭王五十三年（公元前253年）“韩王入朝，魏举国听令”，此时韩魏均已沦为秦之属国，委质于秦，“称东藩，筑帝宫，受冠带，祠春秋”。该文中还列《后汉书·南匈奴传》“匈奴岁有三龙祠，常以正月、五月、九月戊日祭天神，兼祠汉帝”等古籍为证。徐氏认为凤雏甲骨也有“武王时代的卜辞，可以肯定的只有三条”，并“当有成王遗物在内”；还指出周原卜辞“文字结构，上继殷墟，并无不同。它的作者也应出于殷人之手”。但“他们也要适应周民族的需要，跟着时代前进而所发展”。缪文远在《周原甲骨所见诸方国考略》（《古文字研究论文集》第

① 王宇信：《西周甲骨探论》，中国社会科学出版社1984年版，第29—30页。

十辑）中，论定 H11：1 之“王”，“当非周文王莫属”。而 H11：84“周方伯”之为周文王“似亦可论定”。文中还考证了甲骨文所见之方国名，认为“周原甲骨是武王克商以前之物”，即为文王时代物。

就在周原凤雏西周有字甲骨的陆续公布过程中，不仅考古学家对文字和甲骨的特征以及甲骨的时代等进行了考释和探索，还有不少学者也追踪当时可能见到的材料，发表了自己的意见。从商周关系和方国地理方面进行研究的有顾铁符《周原甲骨文“楚子来告”引证》（《考古与文物》1981 年第 1 期）、范毓周《试论灭商以前的商周关系》（《史学月刊》1981 年第 2 期）、仵君魁《试论“周方伯”——兼与范毓周先生商榷》（《陕西省考古学会第一届年会论文集》，《考古与文物丛刊》第三号，1982 年）、陈全方《周原甲骨所见国名补释》（《古文字论集》一，1983 年）、沈长云《评鬻熊为火师说》（《江汉论坛》1984 年第 1 期）等；从文字方面进行考释的有庞朴《枝卜新解》（《历史研究》1980 年第 1 期）、严一萍《周原甲骨》（《中国文字》新一号，艺文印书馆 1980 年版）、徐锡台《周原出土卜辞试释》（《古文字论集》一，《考古与文物丛刊》第二号，1983 年）、田宜超《“王目我枝单冢勿卜”解》（《古文字研究》第六辑，1983 年）等和专论筮数的文章，诸如张政烺《试释周初青铜器铭文中的易卦》（《考古学报》1980 年第 1 期）、徐锡台等《西周卦画探源——周原卜甲上卦画初探》（《中国哲学》第三辑，1980 年），另见《中国考古学第一届年会论文集（1979 年）》（文物出版社 1980 年 12 月版）、张亚初等《从商周八卦数字符号谈筮法的几个问题》（《考古》1981 年第 2 期）、管燮初《商周甲骨和青铜器上的卦爻辨识》（《古文字研究》第六辑，中华书局 1981 年版）、谢求成《“八卦”和〈易经〉新探》（《学术月刊》1983 年第 2 期）、徐中舒《数占法与〈周易〉的八卦》（《古文字研究》第十辑，中华书局 1983 年版）等；论及周原凤雏甲骨的特征及与殷卜辞关系的文章，发表有单晧《周原出土甲骨片水垢清除》（《考古与文物》1981 年第 1 期）、肖良琼《周原卜辞和殷墟卜辞之异同初探》（《甲骨文与殷商史》，上海古籍出版社 1983 年版），等等。

在周原凤雏村甲骨陆续公布过程中，学者们对周原甲骨的特征、行款文例、文字的释读以及族属和分期等方面，都进行了创造性的探索并取得了成绩，认识也愈益深化和逐渐全面。不仅如此，历年各地出土的西周甲骨，诸如山西洪赵坊堆村、沣西张家坡、北京昌平白浮、陕西扶风齐家等地出土的西周甲骨虽然数量不如岐山凤雏村出土的甲骨数量多，但较为完整和典型，这就弥补了周原凤雏甲骨较为碎小的不足，为西周甲骨的考古学考察提供了重要材料。因此，把周原凤雏所出土的西周有字甲骨和各地历年所出西周甲骨全部公布，并对凤雏甲骨公布过程中的研究成果加以总结，从而在此基础上进行更为全面、深入的探索，以期有所发现和前进，就是十分必要的了。

1984 年 4 月，中国社会科学出版社出版的王宇信《西周甲骨探论》一书，就是在自 1978 年 11 月起凤雏所出有字甲骨开始面世，至 1885 年 5 月全部公布的过程中，学者们对西周甲骨的研究不断深入和认识不断深化，从而在甲骨学研究领域形成了西周甲骨学这一新分支学科的总结性著作。

《西周甲骨探论》全书由前言、第一篇概论西周甲骨的发现与研究、第二篇西周甲骨汇释、第三篇西周甲骨综论、第四篇再论西周甲骨分期、第五篇简论西周甲骨的科学价值并展望今后的研究、第六篇西周甲骨摹聚、第七篇附录、后记等篇节组成。该书第六篇收入各地所出有字甲骨摹本，诸如洪赵坊堆村（1 片）、沣西张家坡（3 片）、昌平白浮（3 片）、岐山凤雏 H11（278 片）、凤雏 H31（10 片）、扶风齐家（6 片）等地所出有字甲骨，为学者对历年所出西周骨进行全面系统研究提供了极大便利；该书第二篇“西周甲骨汇释”，则把自西周甲骨发现以后，学者们对每版甲骨上每个文字的说解，汇于该字之后，便于研究者将该字的考释放到全部西周甲骨中去验证，以期得到启示并有新的前进。虽然学者们在周原甲骨公布过程中，“主要精力都放在材料的整理、文字的考释方面”，但“对西周甲骨的特征、性质和用途、分期断代等问题，也在字里行间透露了一些看法（虽然尚无系统的论述）”。而随着材料的公布增多，“学者们对上述问题进行了较为深入的探索”。在该书第三篇“西周甲骨综论”中，则“结合前人成果和自己的研究”①，对西周甲骨特征及与殷卜辞的关系、西周刻辞分类、西周甲骨分期等进行了初步的概括并提出了自己的看法。

① 王宇信:《西周甲骨探论》，中国社会科学出版社 1984 年版，第 157 页。

《西周甲骨探论》从西周“甲骨的整治方面”“钻凿形态方面”“灼与兆”“刻辞甲骨一般以骨臼一方为下”“文字”五个方面对西周甲骨的特征进行了总结。虽然这些特征“随着今后材料的不断增加，有的特征还会得到补充，也有的可能还有修正”，但特别强调了各地所出西周甲骨的钻凿形态方面的卜甲方凿和卜骨圆钻这一特征的共同性，即“无论有字的还是无字的，无论是周人的发祥地还是远离王畿的边远地区，概莫能外，都显示出西周甲骨的独特作风”①。虽然如此，从西周甲骨“出土情况”“钻凿形态方面”“文字与辞例”“甲、骨分埋”四个方面与殷墟甲骨进行比较分析，西周甲骨仍在“不少方面与殷墟甲骨有着共同性”②。西周甲骨的种种特征，“规定了它与殷墟甲骨的不同本质。这些特征不是独创的，而是早在殷人那里就始露端倪，加以继承和发展而形成，是时代进步性的表现”③。在第三篇“西周甲骨综论”的“西周甲骨刻辞分类略析”中，“初步把西周甲骨刻辞分为与占卜有关和与占卜无关的两类刻辞。主要是与占卜有关的刻辞，其中一小部分为卜辞，但多数是记事刻辞；与占卜无关的刻辞是筮数”④。在第三篇“西周甲骨综论”中，还从周原甲骨上出现较多的“王”字入手，对西周甲骨的分期进行了探索，即把西周甲骨上的“王”分为三种不同类型，考证出不同类型的王分属于不同时期⑤。再将与其共存的文字相印证，又可能将西周甲骨刻辞的书体分为三类，“每一类书体都有自己一个时期的独特风尚”。而每一类书体的时代性，不仅在周原有地层证据，就是在边远地区也得了地层的旁证。因此，“三类书体也是三个不同时期的反映”⑥。依据西周甲骨上出现的不同类型的“王”字和甲骨书体的不同，可将西周甲骨分为三个不同时期处理，即“第一期应为文王时期，与殷墟甲骨文第五期时代约略相同。第二期应为武王、成

① 参见王宇信《西周甲骨探论》，中国社会科学出版社1984年版，第159—164页。
② 同上书，第165页。
③ 同上书，第174页。
④ 同上书，第185页。
⑤ 同上书，第196页，并参见第186—192页。
⑥ 同上书，第196页，并参见第192—196页。

王、康王时期，而第三期应为昭王、穆王时期”①。在“第四篇再论西周甲骨分期”的“一、‘王’字的纵向差异和横向不同与西周甲骨分期”中，进一步将一批15片和另一批12片出现“王”字的西周甲骨进行比较分析和分型研究后，发现了“王与王之间有横向不同”，那就是Ⅰ型1式（王）与Ⅰ型2式（王）；“也有纵向的差异”，即Ⅰ型2式（王）→Ⅱ型1式（王）→Ⅱ型2式（王）→Ⅳ型（王）→Ⅲ型（王）。“横向的不同是殷周两大民族的不同。而纵向的差异，是周人甲骨时代先后不同的有规律演变。”② 该篇还列有“表一、文王时期殷甲骨与周甲骨比较表”③、“表二、周原甲骨王字字形演化表”。不仅不同时期“王”字型式的差异和发展，“是由甲骨上所载史迹——事类决定的”，而且其他不少“无王字出现的甲骨也可依事类进行分期断代”。在本篇二专论“甲骨所载史迹与西周甲骨分期”中，作者特别强调西周甲骨所载史迹在进行分期断代研究时，“其作用与殷墟甲骨上的世系同样重要”④。“根据凤雏甲骨所载史迹并参考近人成说”，将26版甲骨分为三个时期，即文王时期5片，武王、成王、康王时期21片。如果再加上有“王”字出现的27片甲骨，“两项共得53片，基本上可以代表了凤雏甲骨中的最主要内容”，并列出表三“岐山凤雏甲骨文所见诸‘王’时代表”和表四“岐山凤雏甲骨文时代表”⑤。第四篇之三“略谈周原甲骨的字形书体与甲骨分期”部分，指出53片甲骨文中，除了“王”字有横向的不同和纵向的变化“较为明显”外，“其它各字很难找出字形的时代早晚之变化”，因而用字形变化来进行甲骨分期“是很困难的”。通过对53片时代明确之甲骨书体进行分析后，可显示出“书体风格方面也还有细微的不同”。即“（一）显得略为严整、谨饬者，以H31：2及H11：83等片为代表；（二）刚劲、粗犷有力者，以H11：37、H11：8等片为代表；（三）略显圆润、飘逸者，以H11：11、H11：

① 参见《西周甲骨探论》，第196页。
② 同上书，第226页，并参见第207—208页。
③ 同上书，第219页。
④ 同上书，第227—228页。
⑤ 同上书，第238页，表三、表四见第239—242页。

22 等片为代表”。根据书体风格，又可定一些甲骨的时代。[①]《西周甲骨探论》将周原凤雏所出有字甲骨 241 片（已除去 49 片非文字者）分为文王时期 23 片（其中有帝乙、帝辛时商甲骨 8 片），武、成、康时期 217 片，将周原齐家所出有字甲骨定为昭、穆时期。[②] 对周原甲骨进行分期表明，周原凤雏甲骨主要当为周人之物，而并非“绝大部分是商王室的卜辞”。此外，“周原凤雏甲骨绝大部分应是武成康时代遗物，而并非‘绝大部分都是文王时代遗物’”[③]。

《西周甲骨探论》是 1982 年 5 月周原甲骨全部公布后，第一部对周原所出甲骨进行的较为全面、系统的分期探索的著作，推动了西周甲骨学的形成和发展。著名学者李学勤指出，“特别是通过‘王’字字形演变的分析，对西周甲骨试行分期，将殷墟甲骨用字形演变进行分期这一行之有效的方法移用于西周甲骨，尤其是有启发意义的工作”[④]。

《西周甲骨探论》也指出，“虽然这三十多年的西周甲骨研究取得了不少的成绩”，但“还有不少问题需要我们进一步深入研究，也还有不少工作需要我们今后进一步去做好”。诸如西周甲骨“文字临摹的精确性不高”，“将会使我们的研究受到影响”。“尽快地编出一部包括各地所出全部西周甲骨，而且是照片和摹本互为表里，全书放大比例一致的科学著录书，这是西周甲骨深入研究的需要。”虽然学者们对西周甲骨文字的释读取得了不少成绩，并在第二篇“西周甲骨汇释”中有所反映，但也受到“摹本字迹不清、对西周甲骨刻辞是卜辞抑或记事刻辞，以及相随而来的读法（左行、右行等）的理解不同，所以同一条辞或某些关键的字，诸家往往释读大相径庭”。因此，“文字考释的工作今后还需要深入去作”[⑤]；此外，“对西周甲骨的认识还有待深化”，这就是对西周甲骨的特征、与殷卜辞的关系、用途及读法等方面的认识，“还有待今后的深入研究和有待新出土的西周甲骨予以补充和修正”；关于西周甲骨刻辞以记事为多，“不

① 《西周甲骨探论》，第 245—246 页。
② 同上书，第 208 页。
③ 同上书，第 247—248 页。
④ 李学勤：《序〈西周甲骨探论〉》，中国社会科学出版社 1984 年版。
⑤ 《西周甲骨探论》，第 272—274 页。

应笼而统之地称为‘西周卜辞’的问题”的研究也仅仅是开始；西周甲骨是周人所固有，还是与殷墟甲骨一脉相承，抑或本身（例如凤雏所出）就是殷人的，在学术界也存在不同看法，需要继续加以深入全面的研究。关于西周甲骨分期的探索，学术界已有四种不同意见。① 虽然《西周甲骨探论》第三篇“西周甲骨综论”和第四篇“再论西周甲骨分期”率先系统论证了西周甲骨分期的意见，但毕竟是一家之言。“搞好分期断代研究工作是当务之急”，因此，“需要我们今后从多方面进一步深入研究”。② 西周甲骨（特别是凤雏 H11、H31 所出有字甲骨）内容非常丰富，对史料较少的西周历史研究弥足珍贵。“但由于对这批甲骨性质认识的不同和分期断代研究得不够深入，往往同一甲骨刻辞得出不同的结论”，因而“利用西周甲骨研究周初历史也是今后应当加强的一个方面”③。特别是再将之“结合西周铜器铭文、考古材料、《尚书》以及其他文献进行深入研究，将会使西周史的研究别开生面”④。如此等等。

在周原凤雏所出有字甲骨的公布过程中，西周甲骨的研究有了较快的发展。诚如著名学者李学勤教授所说，“作为学术界第一部关于西周甲骨的这本著作”——《西周甲骨探论》“既是迄今为止一个阶段的总结，又为今后的深入研究提供了基础，指出了方向”⑤。(附图四十)

第五节 西周甲骨研究的深入发展（1982 年 5 月至 2002 年）

周原甲骨的陆续公布，推动了西周甲骨研究的深入。特别是 1982 年 5 月，陈全方教授《陕西岐山凤雏村西周甲骨文概论》公布全部周原有字甲骨，促进了学术界较为全面、系统地对周原甲骨进行探索，为西周甲骨学

① 《西周甲骨探论》，第 200—202 页。

② 同上。

③ 同上书，第 278 页。

④ 同上书，第 277 页。

⑤ 李学勤：《序〈西周甲骨探论〉》，中国社会科学出版社 2004 年版，第 8 页。

的形成奠定了基础。但是，“因为西周甲骨文字纤细，故发表时一般都经过放大处理”，且“发表的摹本放大比例不一”。“虽然这些珍贵资料只能满足读者研究之急需，但比例不一将会使读者无从划分西周甲骨文字的字型并进行比较。”此外，甲片“在放大临摹时，往往对文字的点划描绘不精”。“文字临摹的精确性不高，将会使我们的研究受到影响。”[①] 因此，很多学者花费不少时间和精力，继续致力于西周甲骨的科学整理和新材料的公布。所谓整理和公布，既包括周原凤雏、齐家所出西周甲骨的全面整理和科学著录，也包括周原以外周代遗址西周甲骨的发现与公布。与此同时，学者们在全面整理和新材料的发现与公布过程中，对前一阶段研究中提出的不少问题，进行了“继续深入研究”。对不少现象进行了“认识和再认识”，并“通过辛勤的劳动去开创西周甲骨研究的新局面”[②]，从而把西周甲骨学研究的“形成时期”，推向了“深入研究时期”的新阶段。

一　西周甲骨的科学整理和新材料的公布

（一）西周甲骨科学整理

甲骨文的科学著录，是甲骨学研究的基础。殷墟甲骨文，有以拓片编纂成书公布者，诸如《铁云藏龟》《殷虚书契》等。甲骨上契刻文字的部分和骨版无文字部分在拓本上黑白分明，虽较为真实地反映了甲骨的实际，但拓本的制作需要掌握专门的技术，而且较费时间。此外，甲骨腐蚀、剥落较甚或难以施墨部分容易椎拓不完。而施墨不匀，也易造成字口浸墨，这些都影响了学者对拓片上文字的观察；而甲骨摹本的制作，应比拓本要便当得多，不需专门的技术和准备一套工具，只对照甲骨片照猫画虎地摹写就是了，适于随时收集资料和掌握藏品的信息，以备将来重新制作拓本参考。摹本虽然文字比较清晰，但由于制作者学养不一，对甲骨字划的理解不同，或由于时间紧迫，往往有误摹或漏摹文字之弊，不能全面反映甲骨的实际，诸如《金璋氏所藏甲骨》《殷虚卜辞》等即是以摹本著录甲骨；而甲骨照相，应是最真实和最方便反映甲骨实际的手段了，但由

---

① 《西周甲骨探论》，第271—272页。

② 同上书，第278—279页。

于照相技术水平的不同和甲骨放置角度及光线的影响，往往使文字字口不显，给研究带来很大困难。胡厚宣教授曾谈过“著录甲骨，当然是以拓本为最好，但有时遇到纤细的笔画，就拓不出来。照片比较真实，但一些刻划的字体，就不容易看得清楚。摹写本虽然笔画容易失真，但是根据原骨摹录，字迹笔画就看得明晰。三者各有短长”①。前辈大师董作宾也曾多次倡导将一版甲骨的拓本、摹本、照片一并著录，他曾指出：“在甲骨出土的六十年间，三种方法都是用过的。但是一件材料三种全用的并不太多。”② 2003 年云南人民出版社出版的《殷墟花园庄东地甲骨》，就是集拓本、摹本、照片为一体的科学著录，为学者对这批甲骨进行全方位研究提供了极大方便。

但是周原所出甲骨，由于甲片多比较碎小，特别是甲骨上的文字小如粟米，施以墨拓是难以显示文字的。因此在公布这批材料时，只能用放大照片，或根据放大照片（或原骨）作出摹本，学者才能看清其上文字并据以研究。周原甲骨的发现者充分认识到西周甲骨这一特点，在公布其材料时，或将摹本与照片“合二而一”地一并公布，诸如徐锡台《周原出土的甲骨文所见人名、官名、方国、地名浅释》（《古文字研究》第一辑，中华书局 1979 年版）和《探讨周原甲骨文中有关周初的历法问题》（《古文字研究》第一辑）、陕西周原考古队《陕西岐山凤雏村发现周初甲骨文》（《文物》1970 年第 10 期）和《扶风齐家村西周甲骨发掘简报》（《文物》1981 年第 9 期）、《岐山凤雏村两次发现周初甲骨文》（《考古与文物》1982 年第 3 期），等等，就是将甲骨摹本与照片一并发表，使二者可互相参考，给研究者带来很大方便。但每次公布的材料都是西周甲骨的部分材料而不是全部，制约了研究者从全局上对西周甲骨的理解和认识；而 1982 年 5 月陈全方教授的《陕西岐山凤雏村西周甲骨文概论》，虽然公布了周原所出全部甲骨，但摹本放大比例不一，且文字摹录仅是临摹者对甲骨的认识和理解。因无放大照片可供研究者勘校，所以研究者只能沿着临摹者

① 胡厚宣：《苏联国立爱米塔什博物馆藏甲骨文字》，《甲骨文与殷商史》第二辑，上海古籍出版社 1986 年版。

② 董作宾：《殷虚文字摹写本示例》，《董作宾先生全集》乙编，第七册。

的思路前进，在材料的准确性和科学性方面受到很大影响。尽管如此，将周原 H11、H31 所出有字甲骨全部公布，是很有意义的。“人们将根据全部西周甲骨材料，提出并解决新问题，并且还要对以前所受材料局限而得出的看法进行补充、修正和再认识，从而在综合研究的基础上，使认识更加深化。”①

在西周甲骨材料全部公布的基础上，“尽快地编出一部包括各地所出全部西周甲骨，而且是照片和摹本互为表里，全书放大比例一致的科学著录书，这是西周甲骨深入研究的需要”②。甲骨学者为了准确地著录西周甲骨，并把更多的科学信息提供给学术界，对西周甲骨进行了系统而全面的整理和充分利用现代科学技术手段，从而取得了一批重要成果。

1. 照片与摹本“二位一体”著录西周甲骨

（1）徐锡台**《周原甲骨文综述》**（三秦出版社 1987 年版），在本书第二章周原甲骨文考释部分，以摹本著录周原凤雏村 H11 所出有字甲骨，按出土编号列次，共 283 号，其中漏发摹本 9 版，实为 274 版；H31 所出有字甲骨摹本亦按出土编号列次，共 9 版。

周原扶风齐家所出有字甲骨摹本，亦按出土编号列次，共 7 版。在《综述》“附记五、图版”部分，亦按周原甲骨出土编号将甲骨照片列次，计凤雏 H11 所出甲骨公布 1 至 170 号照片；H31 甲骨公布 2 至 3、4、5 号照片，缺 1、6、7、8、9 号照片；全书著录周原有字甲骨摹本共 290 版，其中 180 版有照片可勘校。

（2）陈全方**《周原与周文化》**（上海人民出版社 1989 年版）。本书“图版十四周原出土的西周甲骨文分类线图”部分，将周原凤雏 H11 所出甲骨摹本，按类公布：卜祭 40 版、卜告卜年 2 版、卜出入 12 版、卜田猎 5 版、卜征伐 5 版、人名官名地名动物名 26 版、月象及记时法 13 版、杂卜 131 版、卦画 8 版、附录 49 版，以上摹本共 291 版。

该书“图版十三周原出土的西周甲骨文照片（黑白）”部分，是周原凤雏 H11 有字甲骨照片，亦按类编次。计卜祭 31 版、卜告卜年 2 版、卜

① 王宇信：《西周甲骨探论》，第 29—30 页。
② 同上书，第 273 页。

出入 11 版、卜田猎 3 版、卜征伐 3 版、人名官名地名动物名 23 版、月象及记时法 7 版、杂卜 58 版、卦画 4 版，以上共公布照片 142 版，除去摹本的附录 49 版未作照片收入外，可以说，凤雏 H11 所出全部 142 版有字甲骨的照片和拓本都在《周原与周文化》一书中刊出了。

《周原甲骨文综述》与《周原与周文化》二书著录周原甲骨，都是将摹本与照片一并刊出，便于研究者使用材料时互相勘校，增强了研究使用材料的准确性、科学性。但二书也有共同不足，就是制作的摹本和照片放大比例不一，使文字在甲骨上所处的地位及字体的观察受到极大局限。在编纂体例方面二书有所不同，这就是《周原甲骨文综述》著录周原甲骨时，按甲骨出土编号列次，便于学者对周原甲骨进行考古学考察。而《周原与周文化》，将周原所出甲骨按内容加以分类整理，从而为研究者提供了查考有关问题研究资料的便利。此外，《周原甲骨文综述》刊出了周原凤雏 H11、H31 及扶风齐家所出全部有字西周甲骨，使学者研究时一册在手，便通览了全部“周原”甲骨文。而《周原与周文化》则仅公布了凤雏 H11 一坑所出有字西周甲骨，使研究者所能利用周原甲骨文的材料只是部分而不是全部。《周原与周文化》从收入周原甲骨略欠齐备而言，就比《周原甲骨文综述》要稍逊一筹了。

2. 摹本著录西周甲骨

我们曾经指出，“在著录西周甲骨时，由于原骨文字过于细小，因此墨拓是不可能显示文字的”①。硬要制作拓本，只能是显示“一抹黑”的甲骨片形，于研究是无济于事的。因此，只能将有字甲骨制成放大照片和摹本加以公布。只公布放大照片，虽然比较真实反映甲骨实际，但由于照相水平和印刷条件限制，往往文字难以辨识。而制作摹本公布西周甲骨材料，当是最方便的手段。摹本印刷后，文字清晰易辨，方便学者利用研究。而上举徐、陈二氏的著作，将甲骨放大照片与摹写本“合二而一”刊出，是当时著录西周甲骨的最佳手段。甲骨摹本制作过程中，由于摹写者的学养和对西周甲骨文字理解的角度不同，往往“文字临摹的精确性不高”，或因人而异。诸如 H11：136 的“王”字，在 1979 年《古文字研

① 《西周甲骨探论》，第 273 页。

究》第一辑、1982年《考古与文物》第3期、1982年5月《古文字研究论文集》(《四川大学学报丛刊》第十辑)上“发表摹本的前后写法就不尽相同”。“文字临摹的精确性不高，将会使我们的研究受到影响。”

利用摹本进行研究出现疑点时，除了周原甲骨的发现者有条件与原骨进行核校外，而一般研究者是无缘接触珍藏在博物馆库房的甲骨实物的。但西周甲骨的研究者可将公布的不同版本的西周甲骨摹本集中，再根据自己的理解和研究，分析文字点画的不同，从而得出较为正确的认识。只用摹本著录西周甲骨的著作有：

(1)**《周原甲骨文》**，岐山周原文管所编，1982年7月晒兰本，未公开出版。此书是1982年5月陈全方教授在《古文字研究论文集》(《四川大学学报丛刊》第十辑)以《陕西岐山凤雏村西周甲骨文概论》为篇名，公布凤雏村H11所出全部有字甲骨以后，在王宇信《西周甲骨探论》(中国社会科学出版社1984年版)之前面世的最早周原西周甲骨著录。顾名思义，全书虽然没有收入周原以外所出西周甲骨，但周原凤雏H11、H31共284版全部公布，较陈全方《概论》只公布H11所出甲骨要齐备得多，使“普遍关注”周原甲骨文的国内外学者得“以先睹为快”，促进了“研究考释周原甲骨文的热潮”形成①。

(2)**《周原甲骨研究》**，朱歧祥著，1997年7月台北学生书局出版。本书作者朱歧祥教授自1979年周原甲骨文公布以后，在追踪周原甲骨的研究过程中，深感“周原的甲骨片多残缺，而且都是小块，文字的刻划很浅、细微而草率。本身的条件就不利于研究工作。加上这批甲骨出土后分别为不同单位所管，一般学人要亲睹实物，并不容易。当时拍摄的照片却模糊不清，不易核对。而且目前能看到的描本又多主观的笔画，可信度更是降低。这都增添了许多解读上无法克服的困难”②。因此，《周原甲骨研究》在“附二、陈全方《周原与文化》描本和徐锡台《周原甲骨文综述》描本对照表”中，将陈全方、徐锡台教授著录周原凤雏H11、H31所出有字甲骨描摹本按出土编号，分列于每页之左右，共计292版，为西周甲骨

① 陕西岐山周原文管所编：《序》，《周原甲骨文》(晒兰本)，1982年7月。
② 朱歧祥：《序言》，《周原甲骨研究》，台北学生书局1997年版，第2页。

的研究者提供了核校材料的极大便利。

但《周原甲骨文》一书著录周原所出甲骨也有所不足，即周原扶风齐家村所出西周甲骨早已于1981年《文物》第9期以《扶风齐家村西周甲骨发掘简报》为题公布，朱氏却未予收录。应该说，齐家所出甲骨对凤雏甲骨的研究很有参考价值，特别是其中较完整的有字龟板H3〔2〕：1和卜骨NH1〔3〕：1，对“定位法”研究凤雏H11、H31残碎有字卜骨和卜甲整治以及钻凿形态等具有十分重要的意义。因此，这不能不说是《周原甲骨文》纂辑周原甲骨的最大缺失。

（3）**《甲骨文合集补编》**，彭邦炯、谢济、马季凡编，1999年7月由语文出版社出版。《补编》这部百年甲骨著录的总结性著作，在继1982年出齐的《甲骨文合集》41956版甲骨出版以后，又纂辑了13450版甲骨作为《甲骨文合集》的补编出版。为了全面反映一百多年来甲骨文发现的成果，在《补编》的“附：殷墟以外遗址出土甲骨”中，不仅收入周原岐山凤雏H11、H31和扶风齐家所出全部有字西周甲骨摹本，还收入周原甲骨成批发现以前公布的西周甲骨，诸如陕西西安沣镐遗址、山西洪赵坊堆村、北京昌平白浮等地所出甲骨摹本。此外，周原凤雏、齐家甲骨公布以后，在北京房山琉璃河、房山镇江营、河北邢台南小汪新发现的西周甲骨摹本也予以收入，《补编》附之1—309号即为上述各地所出西周甲骨。

《补编》在著录周原岐山凤雏H11、H31和扶风齐家所出甲骨时，基本上是按内容将同类甲骨尽量编列在一起。凤雏H11、H31所出甲骨都有三种版本以供研究者勘校，即为陈全方《陕西岐山凤雏村西周甲骨文概论》所作摹本；为徐锡台《周原甲骨文综述》所作摹本；为陕西岐山周原文管所编《周原甲骨文》所作摹本；周原凤雏H11、H31甲骨共编为1—209号。

扶风齐家所出甲骨列为292—297号收入。

沣镐遗址所出甲骨列为298—300号收入。

山西洪赵坊堆村所出甲骨列为301号，收入原摹本及新摹本各一纸。

北京昌平白浮所出甲骨列为302号、303号、304号收入。

房山琉璃河所出甲骨列为305号、306号、307号收入。

房山镇江营所出甲骨列为308号收入。

河北邢台南小汪所出甲骨列为309号收入。

应该说，1999年出版的《甲骨文合集补编》所收西周甲骨，应是当时著录西周甲骨最齐备的，比1984年王宇信出版的《西周甲骨探论》多著录的有北京房山琉璃河、镇江营、河北邢台南小汪等地所出西周甲骨。此外，限于条件，不可能对陕西岐山凤雏、扶风等地出土西周甲骨制作放大照片。为弥补这一不足和为研究者提供勘校、考证的方便，将周原甲骨发现者所作每片三种不同版本作为一号的A、B、C编列，会使研究者从中相互发明，获得启示并会得到更为准确且深入的认识。

山西洪赵坊堆所出甲骨，虽然胛片比较完整，而且文字也比其他地方所出西周甲骨大，制作出标准拓本和摹本是不成问题的。但至今我们还深感遗憾的是，自1956年发现后至今，却一直没有作出拓本或较为正规的摹本发表。为弥补这一西周甲骨研究史上的遗憾，我与宋镇豪君曾商议，在应邀出席山西省考古研究所举行的庆祝著名古文字学家张颔教授80诞辰盛会后，顺便去山西省博物馆拓这版甲骨。为此，我们出发前准备了墨拓工具及专用的六吉绵连纸等。到山西省博物馆向当时一位姓侯的馆长讲明来意，并声明拓一式两份（一份留给博物馆，一份收入《合集补编》）。本来，各地博物馆请北京专家帮助做些工作，是要看专家能否安排时间，而且邀请单位是要负担被邀者的往返经费和劳务费的，并对北京来的专家热情提供一切方便。谁知我和宋镇豪教授自己“送上门去”，表示愿意义务拓此甲骨，人家却不领情！姓侯的馆长说：“祖先留下的好东西，不能毁在我们手里！”我们反复讲编《甲骨文合集》时，我们在各地拓了不少甲骨，连国家博物馆“特藏品”（即《合集》6057）都是1989年4月5日由笔者手拓的。山西这片西周甲骨1956年发现，但直到现在都还没有一张标准拓本。我们承诺甲骨拓本由山西省博物馆先发表，然后《合集补编》再收入。制作拓本对甲骨学界研究这版甲骨是很有意义的……但无论我们怎么说，就是不让拓，连观察一下反面的钻凿都不行。只得由王宇信隔着展柜的玻璃，“画”了一张摹本，这就是收入《补编》301号B的由来。据此摹本，作出了与发表时李学勤作的“化宫鼎三止有疾”不同的释文。因此，我们在此郑重呼吁有关部门应早日制作出此骨的标准拓本和摹本公之于世，以推动西周甲骨研究的深入。只知守着宝贝，自己不研究，也不许别人去研究，这不符合博物馆应保护、收藏、研究与宣传文物的宗旨！拓本（或摹本）公布后，将永世流传，而“守”毁（或丢了），那可就万劫不复，真“毁在我们手里”，连个“标准相”可都没有了！

（二）新材料的发现与公布

就在周原凤雏和齐家所出甲骨陆续公布，学者们在研究中整理，并在整理中研究的成果不断出版的过程中，在陕西周原以外地区，即西周王朝的封国遗址，也有周甲骨文的发现。

20 世纪 80 年代，在西周的封国燕地，即今北京地区的房山区镇江营古代地层中出土一片西周卜骨（T0226⑥：1）。此骨为牛胛骨的上部，残长 13 厘米、残宽 9 厘米左右，正、背均经修磨，近上部两圆钻已残（内包摄长凿，呈猫眼状），骨宽处有由 6 个数字组成的“筮数”①。

1991 年，西周邢国遗址，即今河北省邢台市南小汪遗址有西周有字卜骨发现。“在 H35 中发现一块刻辞卜骨残片，卜骨系牛肩胛骨制成，修磨光滑，现存的仅是一小部分的残片，长 8.7 厘米，宽 3.1 厘米，背面有规整的圆钻，钻窝底部三分之一处有与骨长同向的小凹槽，有灼。正面现存两组卜辞，一组完整有十个字，另一组已残缺，仅存一‘其’字。”“H75 出土不少典型的西周陶器，因此，这片卜骨的时代属西周时期当无疑。”②

1996 年，西周封国的燕都遗址，即今北京房山琉璃河董家林村发现甲骨。出土甲骨的灰坑 G11H108“呈不规则形，南北长 4—8.4 米、东西宽 4—8、深 0.2—1.1 米。西北部被 H109 打破，东北部坑底呈斜坡状，坑底不平。坑内堆积可分为 3 层”。在灰坑 G11H108 内发现甲骨，“共出土数十片，其中 2 片刻有文字，标本 G11H108①：5 腹甲残片，正面刻有‘其叙□□’四字，背面有双联方形凿，灼痕明显，残宽 1.8 厘米。标本 G11H108①：4 腹甲甲首部分，正面刻‘成周’二字，背面甲首部分经过掏挖修整，留有宽约 0.5 厘米的边棱，边棱正中，即甲首正中凿一小坑，边棱以内有数组双联方凿，灼痕明显，残长 7.1、残宽 10.4 厘米”③。另一片为

① 镇江营出土卜骨彩色照片发表在《北京文博》1997 年第 4 期，封二。

② 河北省文物研究所等：《邢台南小汪周代遗存的发掘》，《文物春秋》1992 年增刊。

③ 琉璃河遗址考古队：《琉璃河遗址 1976 年度发掘简报》，《文物》1997 年第 6 期。

龟右尾甲，整治方法与上述两片龟甲相同，上刻“用贞”二字。据观察，这三片卜甲“至少分属两个以上个体”①。而2002年以后，岐山周公庙和山东高青陈庄西周甲骨的新发现，我们将在后面有关章节进行介绍。

总之，西周甲骨新材料的不断发现，为西周甲骨学研究的深入发展注入了活力。

二　西周甲骨研究的深入与发展

考古学家和甲骨学家在全面、系统地整理和研究周原甲骨文过程中，使他们在周原甲骨发现和公布过程中得出的认识不断有所深化，并得到验证、补充和完善。由于在整理过程中对材料理解的加深，促使研究全方位展开，并向深层次前进，从而又有所发现和发明，取得了一批新的研究成果。不少有造诣的甲骨学家和历史学家、古文字学家，诸如徐锡台、陈全方、徐中舒、李学勤、王玉哲、王宇信、肖良琼、高明、杨升南、夏含夷、庞怀靖、田昌五、朱歧祥、裘锡圭、王晖、张永山等，在周原甲骨文的公布过程中，特别是在材料全面公布以后，或论周原甲骨的族属，或论周原甲骨的分期，或论周原甲骨的特征及文例，或考释周原甲骨上的文字并解读卜辞，或探索周原甲骨所反映的商周关系及周初历史……不少真知灼见和深刻论断，推动了西周甲骨研究向广度和深度前进；而这一时期不断出土的新资料，又印证和丰富了学者对西周甲骨的认识，并不断向学术界提出新问题，从而使西周甲骨学的研究向更深层次前进。这一时期所取得的成就是多方面的，主要表现在以下几个方面。

（一）文字的考释与篇章的通读

周原等地出土甲骨上文字的考释和篇章的通读，是西周甲骨学研究的基础。自周原甲骨公布后，不少学者在文字的考释和篇章的通读方面做了很多工作。王宇信《西周甲骨探论》的“第二篇、西周甲骨汇释”部分，就是1984年以前学者考释文字成果的总结。而1984年以后，学者考释西周甲骨文字的主要成果，集中反映在下述专著中：

---

① 琉璃河遗址考古队：《北京琉璃河遗址发掘又获重大成果》，《中国文物报》1997年1月12日。

徐锡台《周原甲骨文综述》(1987 年)的“第二章、周原甲骨文考释”及“附记二、周原甲骨文字型对照表”“检字笔画索引”。

陈全方《周原与周文化》(1989 年)。陈氏在 1982 年 5 月《陕西岐山凤雏村西周甲骨文概论》公布甲骨时,曾对每版甲骨作有释文。而本书在“十二、周原出土的西周甲骨文分类线图”部分未作考释,只在本书下篇“一、周原出土的西周甲骨文”中,对甲骨上有关方国、山川、地名、官职、动物、天文、数学和八卦等分类进行了考释。

朱歧祥《周原甲骨研究》(1997 年)只在“第八章、周原甲骨辞例考释三则”“第九章、释奴”“附一、检字笔画索引”等篇涉及个别版甲骨文字考释,而并未专作全部释文。

彭邦炯等《甲骨文合集补编》(1999 年)的“附一、《殷墟以外遗址出土甲骨释文》(第 1—309 页)”,由王宇信对所收全部西周甲骨作有释文。

此外,在不少论作中,学者也对西周甲骨文字作有精辟考释。

(二)西周甲骨特征的全面认识

随着学者对西周甲骨全面整理和北京琉璃河、河北邢台等地较完整的卜甲、卜骨的再发现,学者们对西周甲骨特征的认识更为全面。在前一阶段研究的基础上,又有新的论作发表。徐锡台《周原甲骨文综述》(1987 年)在“第四章第一节周原甲骨文的特点”部分,对甲骨的整治方法(第 149 页)、钻凿形式(第 149—150 页)、燋灼与兆枝(第 151 页)、刻辞部位(第 151 页)等进行了全面介绍。陈全方《周原与周文化》(1987 年)在“一、周原出土的西周甲骨文”之“(一)发掘概况”部分,也对周原卜甲和卜骨的特征进行了详细介绍(第 101—107 页)。此外,这一时期新发现的邢台南小汪西周甲骨和北京琉璃河西周卜甲,在公布材料时,学者也都随文对卜骨和卜甲的特征作了介绍,见前文所述。

也有不少学者在论文的有关部分继续对西周甲骨的特征发表了意见,诸如仵君魁《周原甲骨来源辨》(《中国考古学研究论集》,三秦出版社 1987 年版)、徐锡台《周原甲骨文族属及时代的探讨》(《中国考古学研究论集》,三秦出版社 1987 年版)、刘亮《我国最早的微型刻字陕西岐山县出土的西周甲骨文》(《书法》1984 年第 4 期)、李学勤《邢台新发现的西周甲骨文》(《中国文物报》1993 年 3 月 7 日)、王宇信《周原甲骨卜辞行款的再认识和邢台西周卜辞行款的走向》（《华夏考古》1995年第2期），等等。学者们形成的对西周甲骨特征的共同认识是“西周甲骨的整治和凿钻形态的一致性”，即卜甲的甲首经过掏挖，留下半圆形的前边。凤雏、齐家、泰山庙、琉璃河等处均如此，当“是西周腹甲的定制”。而卜骨“其在整治方面的共同特点是不切臼角”，都把肩胛岗削平，或削去骨臼部分，并锯去突起的中脊，使肩胛扇平整。在钻凿制作方面，卜龟都作排列整齐的方凿，再在方凿内一侧加刻纵槽。相对于腹甲中间“千里路”而言，正方形凿在外，而凿内加刻之纵槽在方凿外侧近边处。凿分组排列有序，以横为组者较多。卜骨多在整治好的背面施圆钻，再在圆钻底部靠外侧（即近骨边一侧）凿一竖槽，即“圆钻内包摄长凿”，俗称“猫眼状”。“在施灼与呈兆”方面，西周甲骨也呈现较为一致的特征。卜甲因方凿内靠外侧的竖槽较深，灼烧点较大，有的因烧灼过度致整个方凿呈焦黑状。由于方凿内侧较薄，所呈兆干自然在外侧而兆枝向内。完整的龟甲如齐家H3②：1左、右共有53个方凿，可以看出施灼后左、右方凿所呈兆枝均朝向中间“千里路”；而卜骨圆钻内所包摄长凿皆在近骨边的外侧，因而施灼后兆枝皆与骨边相反而朝向内，在骨面上呈现出左右皆内向相对的兆枝。卜骨因灼点较小，且烧灼较轻，一般灼痕呈黄褐色小圆点。扶风齐家NH1③：1等及前不久河南洛阳发现卜骨均如此作。[①] 关于“刻辞甲骨的上下”及文字契刻，周原凤雏H11、H31所出甲骨，由于过于残碎，且摹本及放大照片比例不一，将殷墟甲骨行之有效的“定位法”移用于周原卜甲，是难以判断其在全龟的部位的，学者们只能据残片进行局部的刻辞“定位”分析。西周甲骨文字小如粟米，一般来说，刻辞文字守兆并刻于兆枝一侧并顺着兆枝的走向，也就是朝着腹甲的中线“千里路”“横向纵行”[②]。齐家H3：5龟甲较完整，其上左右各三辞即皆如此作，为我们认识残碎卜甲上刻辞的分布提供了参据。1996年北京房山琉璃河出土三版西周甲骨，虽然文字在卜甲上位置不同，但“刻辞皆向中线方向行书，这也

① 蔡运章：《新获西周卜骨文字略论》，《文物》2008年第11期，图一及封三图版1、正面；2、背面。

② 李学勤：《西周甲骨的几点研究》，《文物》1981年第9期。

证明了以前‘西周卜甲刻辞顺兆枝、朝中线走向’的认识是正确的”。但学者们在把齐家卜甲左甲及右甲同兆下有两行同组刻辞的辞义进行分析后，得出“两组刻辞是自右行向左行读”的认识，并得到了琉璃河卜甲H108①：5“其驭□□”也是自右向左行的印证，从而提出了新的认识，即“在左甲应由甲首向甲尾读。而在右甲，应由甲尾向甲首读”[①]。这对我们识读刻辞较多的完整龟版很有启示，并有待更多材料的验证。而卜骨，周原所出文字契刻多以骨臼一方为下，北京房山镇江营卜骨也如此作。但也并不尽然，有以骨臼一方为上者，如山西洪赵坊堆卜骨即是如此。或以骨臼一方向左，或以骨臼一方向右者，或一骨时而骨臼一方向左，再调转方向转右者。总之，西周卜骨在契刻文字时，骨臼的方向随意性较大，并不像殷墟甲骨的以骨臼一方为上那么严格。[②] 西周甲骨刻辞文字细小，或分布在兆干内侧沿兆枝一侧（或两侧）纵向内行，即从卜骨外缘（或内缘）部位向骨面中部纵行，如洛阳新出有字卜骨（《文物》2008 年第 11 期，封三图版）；或与兆枝相背，在兆干外侧向骨缘分段或不分段契刻，如河北邢台南小汪卜骨（见《文物》2008 年第 5 期，第 60 页图四及《综述》第 123 页所列齐家 5 号卜骨摹本）；或在兆干兆枝下方并与兆枝呈垂直状分行纵行，如齐家 4 号卜骨（《综述》，第 122 页摹本）；或在兆干一侧与兆枝相背成垂直状竖行并转行契刻，如齐家 1 号卜骨（见《综述》第 118 页摹本）。如此等等，卜骨上文字契刻虽然变化较多，但万变不离其宗，即刻辞守兆（兆干、兆枝）而不逆兆或迎兆，而且在兆干内者顺兆枝，在兆干外者背兆枝或“与兆枝呈垂直状”分布。这表明，守兆的刻辞当为此钻所在处灼后呈兆而记。邢台甲骨上的“其事骢，陟四白虬”守一兆，而“卲曰巳”守另一兆，一为贞辞，一为占辞。由此我们可以推知，西周甲骨较完整的卜辞，即含贞辞、占辞者，应由两次占卜完成。而洛阳新出西周甲骨，也有两段守兆刻辞，即“买车……〔买〕。用”。和“卲曰其巳”，此亦应是由贞辞和卲辞组成的较完整卜辞，表明贞辞和卲辞由两次占卜完成。关于刻辞行款走向的辩证，对正确识读和理解西周甲骨刻

① 雷兴山：《北京琉璃河遗址新出卜甲浅识》，《中国文物报》1997 年 3 月 30 日。

② 王宇信：《邢台南小汪西周甲骨出土的意义》，《史学月刊》1999 年第 1 期。

辞很为重要。因西周甲骨文字纤小，且甲骨残损严重，片形碎小，为辨识刻辞行款走向带来较大困难。但学者在解决疑难文字释读以后，行款走向就是学者不能回避的问题了。虽然学者在这方面也进行了初步的探讨，并将甲骨行款归为四种类型①，但还需今后出土刻辞较多的完整卜龟和卜骨的进一步验证和补充。

（三）周原甲骨族属讨论的全面展开

在西周遗址发现整治和钻凿形态与殷墟甲骨特征完全不同的甲骨文应是周人之物，这本来是不成问题的。在周人的发祥地周原遗址发现有字甲骨应为周族所有，也应是无可置疑的。但在周原凤雏甲骨 H11：1 上出现了商王宗庙名“文武帝乙宗”和祭商人先王“成唐”、H11：84 上出现了“求又人甲”“꾐周方伯”，H11：112 出现了“文武丁必”等内容，由于学者们对其理解的不同，因而在对西周甲骨（主要是周原凤雏甲骨）考释其文字、研究其特征的同时，也对其族属问题产生了不同的认识，并展开了热烈的讨论。主要有以下几种不同意见：

第一，“周原这批甲骨绝大部分是商王室的，不是周人的”。持这种意见的主要是王玉哲在《陕西周原所出甲骨文的来源试探》（《社会科学战线》1982 年第 1 期）一文中提出的。但由于周原凤雏 H11、H31 所出有字卜甲在其文发表后，又陆续公布一批有字甲骨材料，因而王氏仅据部分材料而过早作出的论断，未免“以偏概全”，故受到了愈来愈多材料的挑战。

第二，周原凤雏甲骨为“周人所有说”。持这意见的有周原考古队（《陕西岐山凤雏村发现的周初甲骨文》，《文物》1979 年第 10 期）、徐锡台（《周原出土的甲骨文所见人名、官名、方国、地名试释》，《古文字研究》第一辑，中华书局 1979 年版；《周原甲骨文综述》，三秦出版社 1987 年版）、陈全方（《陕西岐山凤雏村西周甲骨文概论》，《古文字研究论文集》，1982 年 5 月；《周原与周文化》，上海人民出版社 1988 年版）、徐中舒（《周原甲骨初论》，《古文字研究论文集》，1982 年 5 月）、高明（《略论周原甲骨文的族属》，《考古与文物》1984 年第 5 期）、杨升南（《周原甲骨族属考辨》，《殷都学刊》1987 年第 4 期）、田昌五（《周原出土甲骨

① 参见王宇信《甲骨学一百年》，社会科学文献出版社 1999 年版，第 291—296 页。

文反映的商周关系》,《文物》1989 年第 10 期),等等。由于周原凤雏 H11、H31 有字甲骨在这一时期已全部公布和扶风齐家有字甲骨的发现,“学者们在全面研究周原甲骨资料的基础上,认识逐渐深化并渐趋一致,即多数学者们认为周原甲骨(主要是凤雏 H11、H31 所出),主要为周人之物”。在此基础上,学者们的认识又不尽相同。徐锡台认为应“有一部分相当于周王季晚期和文王早期,大部分卜甲属于文王中、晚期,极少数卜甲可能属于武王时期和周公摄政时期”。而陈全方则认为周原甲骨“上限到周文王,下限到周穆王,根据卜辞内容及其书体,大体可分为周初和西周早期两期,即武王克商以前和克商以后”,具体地说,应大部分为西周初期物。①

第三,“周原所出甲骨大部分为周人物,但也有一部分为殷人之物。”早在 1982 年周原考古队和岐山文管所的学者在《考古与文物》公布的《岐山凤雏村两次发现周初甲骨文》(第 3 期)文中,就指出 H11:82“本辞所称之王,即是帝辛。所谓之周方伯,即是周文王”;认为本次发表之 H11:1、H11:84 和此前已发表之 H11:261、82、112 等 5 版从其内容看,应为殷王室之卜辞;除周原甲骨大部分为周人物以外,还提出存有一小部分为商人甲骨的看法,如王宇信的《西周甲骨探论》(1984 年)和其后朱歧祥《周原甲骨研究》(1997 年)在此基础上进行了系统而深入的讨论。《探论》指出,“周原凤雏甲骨主要当为周人之物,而并非‘绝大部分是商王室的卜辞’”。而这一批甲骨中,“文王时期才 15 片左右。这一事实又说明了周原凤雏甲骨绝大部分应是武、成、康时代的遗物,而并非‘绝大部分都是文王时代遗物’”。而在文王时期的 23 片甲骨中,还包括了帝乙、帝辛时期的商甲骨 8 片。② 朱歧祥《周原甲骨研究》(1997 年)为了使凤雏甲骨能成为学术界“可用可靠的材料,并充分反映它的历史价值,更为了让甲骨学能建立在科学的客观层面上发展”,在书中“对前人初步的考释工作重新检视”,并“对纷纭的意见提出合理、平实的看法”。在书中“仅就徐、陈二

① 参见王宇信《甲骨学一百年》,社会科学文献出版社 1999 年版,第 312 页。

② 王宇信:《西周甲骨探论》,中国社会科学出版社 1984 年版,第 241—248 页。参见王宇信《甲骨学一百年》,社会科学文献出版社 1999 年版,第 232—233 页。

家的考释异同，尝试提出个人的补充，分别就断代、考释、语译三部分加以说明”①。他断H11：1、84、112、82等30多版甲骨为“商人甲骨”，其余诸片则为周人之物。因此《周原甲骨研究》指出：周原“甲骨有可能分别为商人和周人所刻”。“属于商人所刻的，文辞比较完整而详尽；属于周人所刻的，字形刻写轻率，文句简省。有许多甲骨只单刻一字，可能是周人的试刻或习刻。”“属于商人所刻的甲骨有记载祭祀商王先祖，例与殷墟卜辞相同。但属于周人所刻的，却鲜见有祭祀商王先祖的例子。”“而商人所刻的甲骨在当时可能是作为一种范文来参考和保存”的。②

（四）周原出土庙祭甲骨族属的深入讨论

随着1982年5月周原凤雏H11、H31有字甲骨的全部公布和学者们研究的深入，凤雏所出甲骨大部分为周人所有的看法，基本上已形成了共识。关于周原甲骨族属的深入讨论，逐渐集中到周原凤雏所出部分时代较早，即相当于周文王时期（或说是约略同时的商帝乙、帝辛时期）的几版甲骨的讨论上。周原凤雏的H11：1、84、112、82等几片甲骨，鉴于“这类甲骨数量不多，因涉及商王宗庙名和祭及商人祖先，我们不妨称之为周原出土的‘庙祭’甲骨”③。或因这类甲骨都出现“正”字，“应读与祯同”，故又有学者称这类甲骨为“正字句甲骨”④。无论是主张“庙祭甲骨”应为商人之物，还是主张其为周人之物的学者，都充分认识到这几片甲骨在研究周原甲骨族属问题上的重要地位，因而逐渐把研究的范围集中到这几片甲骨上，并展开了深入的讨论。

学者们首先从商周祭祀制度对周原出土庙祭甲骨进行了考察，主张“我国古代一族（姓）是不能祭祀外族（异姓）的祖先的”⑤。还对庙祭甲骨应周人说的重要依据“周原立商王庙”在“旧史中也有此事”⑥ 的史料进行了辩难。持“庙祭甲骨”为“周人所有”说的学者，如王晖《周原甲

---

① 朱歧祥：《周原甲骨研究》，台北学生书局1997年版，第3—4页。

② 同上。

③ 王宇信：《甲骨学通论》，中国社会科学出版社1989年版，第41页。

④ 朱歧祥：《周原甲骨研究》，台北学生书局1997年版，第107页。

⑤ 王宇信：《甲骨学通论》，中国社会科学出版社1989年版，第412页。

⑥ 徐中舒：《周原甲骨初论》，《古文字研究论文集》1982年5月。

骨属性与商周之际祭礼的变化》(《历史研究》1998 年第 3 期)、张永山《周原卜辞中殷王庙号与“民不祀非族”辨析》(《商承祚教授百年诞辰纪念文集》,文物出版社 2003 年 9 月版)等文先后对此进行了深入阐释。学者“从先秦文献和史书中,理出在宗主国关系盛行的时代,属国祭祀宗主祖先是很自然的事”,强调“古人对祭祀理论的归纳和阐释,贯穿着随时代演进而发展变化的祭祀规则,即在一定历史条件下,属国由于政治原因,祭祀宗主的祖先是合乎时代礼法的。与此同时,最高统治者则不受‘民不祀非类’的族规约束”。但最后得出的结论,即周原庙祭甲骨中的辞主“王”也应“确指殷王无疑”,这和主张庙祭甲骨为殷人说的学者是相同的。张永山对这种现象似不敢定论,只能从两个方面加以解释后,却又回到了争论的原点,即一方面可能是“属国周在周原立有殷先王宗庙,西伯根据殷王册令以殷王名义在其国殷王宗庙内祭殷先王”的重申。关于此,徐中舒《周原甲骨初论》提出后,不少学者对此加以辩难,即“周族不可能在自己的老家周原建造商族先祖的宗庙,祭祀商族的始祖成汤;更不会向商族的先祖太甲祈求保佑”[1];而另一方面可能是“西伯在殷都参加殷王主持祭祀先王的典礼,卜辞是随从西伯参加典礼的周人卜官加上周人语言习惯而契刻的卜辞”。两种可能都提到了!这后一种可能,和高明庙祭甲骨“都是周文王被囚居殷时所卜,在周原卜辞中有一部分是随周文王归周时,从殷带回周原的”[2] 及杨升南“庙祭甲骨”是“在周文王受封时,他的卜史人员当也会参与其封典”,“是周人记录商王这次册封的占卜”,并“用周人的语言记录下来,契刻在周人的甲骨之上”,被周人从殷都“携来周原”[3]的意见,并没有什么不同。而持周原庙祭甲骨商人说的学者,则主张是商王朝贞人(当来自周族)在商先王的宗庙里,祭祀先王成唐、大甲,祈望能得到战神的护佑,取得册伐周方伯战争的胜利。自然也就不能表达贞人本人作为商王朝附属国周方国人的意愿,“这就是出自周人之手的庙祭甲骨,却卜问征伐周方伯等事之原因所在。所以从这个意义上说,庙祭甲骨

① 高明:《略论周原甲骨文摘笑属》,《考古与文物》1984 年第 5 期;王宇信:《试论周原出土的商人庙祭甲骨》,《中国史研究》1988 年第 1 期。

② 同上。

③ 杨升南:《周原甲骨族属考辨》,《殷都学刊》1987 年第 4 期。

应是商中央王朝之物，也就是我们通常所说的商人物”[1] 了。异中有同，如此等等。我们可以看到，庙祭甲骨所卜地为“殷都”，持“周族所有说”和“殷人所有说”的学者在这一点上取得了共识。而庙祭甲骨的占卜者，无论为“周族说”的为随从西伯入朝“周人卜官”和“商人说”的帝乙、帝辛时“来自方国贞人”（具体地说为周人）所卜，在这一点上殊途同归——商王朝的方国周族人。因为“这些甲骨毕竟是出自周族入朝的卜官之手，不可避免地保留着周族占卜的某些风格，诸如甲骨整治的方凿，与通常的殷墟甲骨整治作风不同”，等等，也就得到了合理的解释。

在关于周原所出“庙祭甲骨”族属的深入讨论中，学者们在充分注意到周原甲骨凿钻形态与殷墟甲骨完全不同特征的同时，也注意到与殷墟甲骨的联系。徐中舒在《周原甲骨初论》中早就认为周原甲骨应“出自殷人之手”，并指出，“在当时的条件下，他们如果不是祭司或贞卜集团成员及后裔，学习没有课本，咨询没有字典，就不可能认识这些文字，而且还要刻画得如此熟练成熟，就更无此可能了”。杨升南等学者则进一步指出：周原庙祭甲骨“这组甲骨兼具商、周两族甲骨的特点”。因此，周原庙祭甲骨中种种与殷人甲骨相联系的因素，持庙祭甲骨周族所有说的学者也没有回避，而是力图作出合理的解释。如果只突出人尽皆知的周原甲骨的种种“特点”（持庙祭甲骨“殷人说”的学者对此也从未“视而不见”），而无视学者们的研究成果和事实就“断言”：可以十分有把握地说，周原甲骨与殷墟甲骨的差别“判若云泥”[2] 云云，未免失之武断。如果不进行认真的思考，那可就对西周甲骨研究的深入无益了！

应该说，周原庙祭甲骨“周人说”和“商人说”的学者，在甲骨的占卜地殷都和占卜者为周族人（无论是周方伯的“周人卜官”，还是商王朝的来自周方国的贞人，实质上都是同时代的周族人）这两个基本点已取得了共识。而甲骨上施以方凿等与殷甲骨不同的特征，自然也就得到了合理的解释。可以说，周原出土庙祭甲骨深层次、全方位的讨论，使研究有所

---

① 王宇信：《周原出土商人庙祭甲骨来源刍议》，《史学月刊》1988 年第 1 期。

② 参见谭步云《读王宇信〈周原出土商人庙祭甲骨来源刍议〉等文后的思考》，《考古与文物》1996 年第 3 期。

前进。[1] 而“周原立有商王庙”云云，只有期待考古学家在周原的考古发掘中某一天发现后，分歧才能得到最终解决。

(五) 西周甲骨分期的深入探索

关于西周甲骨的分期，更确切地说，应为周原凤雏所出甲骨的分期。这是因为其他地点所出甲骨虽地层明确，但出土甲骨数量有限且内容较为简单。而凤雏 H11、H31 所出甲骨数量较多，并且内容丰富，显出事件早晚的不同，这就为我们进一步对其进行分期的探索提供了可能。

已如前述，在周原凤雏甲骨陆续公布过程中，学者们就对其大时代发表了看法。诸如“周原甲骨绝大部分都是文王时代的遗物”，但“也当有成王遗物在内”(徐中舒:《周原甲骨初论》)，并有学者加以具体化，即周原甲骨最早为“周文王早期，或王季晚期”，而最晚甲骨“属于文王晚期作品”(徐锡台:《周原卜辞十篇选释及断代》,《古文字研究》第六辑，中华书局 1981 年版)；也有学者认为周原甲骨“似可分为前后两期”，即武王克商以前和克商以后(陕西周原考古队:《陕西岐山凤雏村发现周初甲骨文》,《文物》1979 年第 10 期)，并具体化为“早到周文王，迟到成康”(陈全方:《周原岐山凤雏村西周甲骨文概论》)。如此等等。

随着周原甲骨在 1982 年 5 月的全部公布，学者们对周原凤雏甲骨的时代认识越益深入和全面，即为周文王灭商以前和灭商以后这段时间，即使庙祭甲骨商王帝乙、帝辛说，实质上也为文王时代的周方国入朝贞人所卜，与文王时期相当，在时间上并无龃龉之处，基本上已取得共识。学者们在进一步科学整理和著录、研究过程中，又对周原甲骨的分期问题进行了多角度、全方位的探索，并取得了成绩。

王宇信在 1984 年出版的《西周甲骨探论》(后文简称《探论》)一书中，曾系统地对周原所出甲骨分期进行过探索。主要是把周原凤雏和齐家所出甲骨上出现较多次数的“王”字，结合甲骨所载史迹将该王所处时代考证清楚，分析这些不同时期的“王”字有“纵向差异和横向不同”[2]。

---

① 关于周原出土甲骨族属的研究，参见王宇信《甲骨学一百年》，社会科学文献出版社 1999 年版，第 308—327 页。

② 王宇信:《西周甲骨探论》，第 203—226 页。

即可依字型的差异分为Ⅰ型1式、Ⅰ型2式、Ⅱ型1式、Ⅱ型2式、Ⅲ型、Ⅳ型，并依甲骨所载史迹，定Ⅰ型1式之“王”为帝乙、帝辛，而Ⅰ型2式之“王”为受命前之周文王，Ⅱ型1式、Ⅱ型2式“王”为文王受命以后。Ⅲ型王为武、成、康时期，Ⅳ型“王”为昭穆时期。周原凤雏、齐家“王”字出现甲骨共29片，其中因所载史迹不明，仅据“王”字字形判断其时代者有18版之多[①]，可见字形在断代中的重要作用。“周原甲骨所载史迹不仅可以确定有‘王’字出现甲骨的时代，其他不少无王字出现的甲骨也可依事类进行分期断代”[②]，进一步将凤雏26片甲骨分为“文王时期5片，武王、成王、康王时期21片”[③]。《探论》还参照有“‘王’字出现的西周甲骨上的其他刻辞书体，基本上可以把西周甲骨的书体分为三类”，“每一类书体又代表一个不同的时期”[④]，又依书体判断出文王时期3片[⑤]。《探论》断凤雏甲骨文王受命前后（包括乙、帝时期）共23片（有“王”15片、事类可定5片、书体可定3片），其余皆为武、成、康之物200多片，而齐家所出甲骨皆为昭穆以后物。

徐锡台的《周原甲骨文综述》（后文简称《综述》）一书中，在1981年《周原卜辞十篇选择及断代》的基础上，“将周原甲骨文中所有的字，同殷墟卜辞和西周甲骨金文作了一番对比，并列出字型对照表，结果得出如下看法：周原出土的这批甲骨，有一部分相当于周王季晚期或文王早期，而大部分属于文王中、晚期，极少数卜甲可能属于武王时期和周公摄政时期”[⑥]。

《综述》也认为，周原甲骨文的断代，“以字体结构而论，关键是王字的书法”。将20多片带“王”字的卜甲字体进行字体分析，分为三型，Ⅰ型1式王字字体，以H11：3、11、61、75、113、132、134、261等片之“王”字为代表。此型“王”字与殷墟卜辞中“王”字（《佚》104、《甲

① 王宇信：《西周甲骨探论》，第239—240页，表三、岐山凤雏甲骨文所见诸“王”时代表。
② 同上书，第227页。
③ 同上书，第241—242页，表四、岐山凤雏甲骨文时代表。
④ 同上。
⑤ 同上书，第246页。
⑥ 徐锡台：《周原甲骨文综述》，三秦出版社1987年版，第154页。

426》）书体相同。Ⅰ型2式“王”字刚劲有力，见H11：14、80、133、136、167等片，其字形与殷墟卜辞中的“王”字（《甲》722、《甲》426）书体相近。Ⅱ型“王”字，字体刚劲，见凤雏H11：38、72、84等片，此型“王”字与殷墟甲骨“王”字（《甲》3940、《乙》8688）书体相同。Ⅲ型“王”字，字体严整，见凤雏H11：1、112、174、189、233、246等片，并与殷墟甲骨“王”字（《前》1·20·4、《佚》518、《宁沪》1·250）字体相同。此外，又与《利簋》《大丰簋》的“王”字书体相同。《综述》将Ⅰ型1式、2式王字，据董作宾《断代例》定为殷墟卜辞第三、第四期，为廪辛、康丁、武乙卜辞，相当于周王季或文王早期；Ⅱ型王，从Ⅰ型2式发展而来，当属于殷王文武丁、帝乙时卜辞，相当于周文王中期；Ⅲ型“王”字从Ⅱ型“王”字发展而来，当属于殷墟第五期卜辞帝辛时期，相当于周文王末年或武王时期。很显然《综述》是将董作宾《断代例》中的字型标准原封不动地移用于周原甲骨的分期，得出了有“王”字甲骨的时代，即王季至文王早期8片，文王早期至中期4片，文王中期至末期3片，文王末期11片。①

此外，《综述》还“从周原甲骨文内容分析”，对凤雏、齐家甲骨进行分期，判定文王末年42片，文武时期3片，周武王时期7片，武王至周公旦摄政时期2片。② 如此等等。

朱歧祥《周原甲骨研究》（1997年）也对西周甲骨分期进行了深入探索。《周原甲骨研究》认为，自周原甲骨全面公布并展开热烈讨论后，学者们解决和提出不少值得深入研究的问题。但由于材料的理解和研究的角度不同，因而见仁见智，众说纷纭，学者们有必要对材料进行再认识和对争论的问题进行再思考和深入研究。因此，朱歧祥《周原甲骨研究》一书，就是在系统全面公布材料和考释周原甲骨文字的基础上，从多角度探讨周原甲骨分期和殷周文化的著作，推动了西周甲骨文研究的深入。

《周原甲骨研究》指出：王宇信《西周甲骨探论》“尝试排比西周甲

① 参见徐锡台《周原甲骨文综述》，第156—159页，表一、岐山凤雏村与扶风齐家村西周甲骨文诸“王”字型（表）。

② 同上书，第163—170页，表二、岐山凤雏村与扶风齐家村甲骨文时代表。

骨中习见的‘王’字字体，探讨甲骨分期。王文是一篇开创性文章，他企图科学地分析材料，其意义十分重大”。朱氏在《周原甲骨研究》一书下篇第一章就是“由‘王’字论周原甲骨的断代”的。虽然如此，“吾人观察由殷商甲骨，而周原甲骨以至铜器上‘王’字字体的演变，对于周原甲骨‘王’字字形的定位和评鉴，与王先生有不一致的结论”①。这就是《周原甲骨研究》在对“王”字进行字型分析时，特别强调“殷商文字与周原文字既然具有因承的关系，吾人在探讨周原甲骨‘王’字的纵向差异时，首先要掌握的是‘王’字的殷代甲骨的常态流变，从而可以更了解周原甲骨的定位”。《周原甲骨研究》在“由王字形探讨周原甲骨的断代”时，特别强调依据“董作宾先生提出的武丁至帝辛五期断代标准，比较殷诸相同辞例中‘王’字的前后期写法”②。并从殷墟甲骨中有关“王步”“王往”“王出”“王征”“王飨”“王曰”“王燕”“王𡆥”“王疾”“王祝”“王宾”“王逘”“王省”“王令”“王田”的殷墟卜辞中，归纳出“王”字字形的“演变分期”③，即特征很“明显的是由第一期卜辞的太，过渡到第二期至第四期卜辞诸短横的王，以迄第五期卜辞三横一竖的王字”。朱氏以殷墟甲骨“王”字的演进序列为标准，“进一步由周原甲骨有‘王’字的片子与殷墟甲骨加以核对，发现作王、作王的王字文例均可以在殷卜辞中找到”。从而发现“周原甲骨中同时混杂有殷人甲骨和周人甲骨，二者均有用‘王’的称谓”。而“周原甲骨中属于殷人甲骨的‘王’，是指殷王而非周王。作王、王形的应为帝辛（纣），作王、王形的相当于殷第四期卜辞的王，其时限或应在武乙、文丁之间”。此外，“周原甲骨中举凡周人甲骨的‘王’字都作王”。他就周原甲骨中出现“王”字的甲骨并结合文例，对24片甲骨进行分期，即“王字出现‘王’、‘王’字形者，三横一竖，判定为殷帝辛时期殷人”甲骨者9片。“王字出现‘王’‘王’，中竖末端分书，判定为晚殷时期殷人甲骨”者5片。“王字出现‘太’字形者，中竖末端分书而第二横画明显呈弧形，判定为早周时期周

① 朱歧祥：《周原甲骨研究》，台北学生书局1997年版，第74—75页。

② 同上书，第75页。

③ 同上书，第78页。

人甲骨”者共4片。分期实践表明，“上述‘王’字用法的壁垒分明，可以作为判断周原甲骨中殷、周分类的标准”①。

《周原甲骨研究》还“由‘贞’字论周原甲骨断代”，将周原甲骨中7见的贞字分为卣、鼎二型，并据贞字句的用法，“考定作卣者属殷人甲骨，作鼎者为周人甲骨。贞字字形可以作为周原甲骨的断代字例”②。第一类贞字4片甲骨上出现的王是殷王而非周王，与据“王”字字型断代相一致，而二类鼎字甲骨上出现的王字，“正是周人刻写的标准字体”。此外，“周原甲骨的卣字见于殷卜辞，鼎字见于周金文”③，对其字型的时代考定提供了有价值的旁证④。《周原甲骨研究》，还“由虚字的用法论周原甲骨的断代”，即通盘整理了周原甲骨文的虚字，诸如叀、佳、其、于、自、弜、不弗、亡等各种句型，并与殷墟卜辞逐一加以核对后，“发现周原甲骨的虚字与晚殷卜辞中的用法普遍相同”⑤。“它们所反映的，应是一种语言的文字记录。”因而论定周原甲骨“这批材料尽管出于周地，也必定是早周之物”。“当时刻写这批周原甲骨的，其中有属于晚商时期的史官。”⑥

此外《周原甲骨研究》还把周原甲骨中6见的“正”字“读为祯祥的祯”，并将其称为“正字句”祭祀类卜辞，与殷墟卜辞归纳出的7类“正字句”卜辞的句式相比较，可推知“其时代有与晚商甲骨相合”者。再进一步由字形辞例和句义等方面与殷墟卜辞相比较，得出这6片“正字句”周原卜辞的时代，“应与殷墟第五期卜辞的时代相同”⑦。

如此等等。《周原甲骨研究》的分期探讨，在《探论》和《综论》的以王字字形演变和所载史迹的方法以外，又从贞字字形、虚字用法、正字句等方面探索周原甲骨的时代，从而拓宽了学者对周原甲骨断代探索的思路，并对周原甲骨族属及与殷卜辞的关系研究也颇有启示。

---

① 朱歧祥：《周原甲骨研究》，台北学生书局1997年版，第79—85页。
② 同上书，第88—90页。
③ 同上书，第91页。
④ 同上书，第88—90页。
⑤ 同上书，第91页。
⑥ 同上书，第106页。
⑦ 同上书，第113页。

（六）西周甲骨分期探索面面观

自 1982 年 5 月凤雏甲骨全部公布以后，学者们对其分期探索就开始了。应该说，分期的探索是以学者们对周原甲骨探索所得出的族属认识为基础的。本来在周人发祥地周原出土与殷墟甲骨钻凿形态完全不同的甲骨为周人所有是不应有什么疑问的。但是，由于凤雏甲骨几片文字较多的庙祭甲骨，即 H11：1、H11：84、H11：112、H11：82 字片上发现商王宗庙名并祭祀商人的祖先，学者们对这些甲骨上商宗庙所在地和周人为何祭祀商王，以及何人祭祀商王等问题得出了不同的看法，从而对这些甲骨的族属属于商族，抑或周族也就得出了不同的结论。扩而大之，则对周原凤雏甲骨族属也就得出了下述不同的意见：

1. 周原这批甲骨绝大部分是商王室的，不是周人的，主要以王玉哲为代表。由于周原甲骨材料的全面公布，周原所出甲骨多为周人物已成定论。

2. 周原甲骨为周族卜辞说。主要以陕西周原考古队的学者和徐锡台、陈全方等教授首倡，并得到徐中舒、高明、田昌五、杨升南等学者响应。

3. 周原所出甲骨大部分为周人物，但也有一小部分为殷人之物。这部分钻凿形态和文字与殷墟卜辞不同的殷人物，应为周方国入值的贞人为商王朝所卜。主要以王宇信《西周甲骨探论》等[①]和朱歧祥《研究》为代表[②]。

学者们基于对周原甲骨族属的不同认识，初步对甲骨的时代进行了推断，并得出了不同的看法。关于此，我们在上文已作过叙述。

1. 持周原卜辞殷人所有说者认为，这“绝大部分是商王室卜辞，为商纣王时之物”，虽也有一小部分卜甲“确乎是周人的”，“时代应晚于商王室卜辞”[③]。朱歧祥则进一步认为周原甲骨中“王”的称谓有殷人也有周人。但殷人的“王”字作王、王形者应为帝辛（纣），作王、王形者相当于殷第四期卜辞的王，时限应在武乙、文丁之间，而周原甲骨中周人甲骨

① 参见王宇信等《甲骨学一百年》，社会科学文献出版社 1999 年版，第 308—313 页。

② 朱歧祥：《周原甲骨研究》，第 2 页。

③ 王玉哲：《陕西周原所出甲骨文的来源试探》，《社会科学战线》1982 年第 1 期。

“王”均作王[1]。

2. 持周原卜辞为“周人所有”说者，对其时代判断又略有不同：

（1）“周原甲骨绝大部分都是文王时代遗物”，但“也当有成王遗物在内”[2]。徐中舒持此说，徐锡台则进一步认为周原甲骨最早相当于殷墟卜辞廪辛、康丁、武乙时，即“周文王早期，或王季晚期”。其最晚者，当“属于文王晚期作品”[3]；

（2）周原甲骨“从字体和内容看”，“似可分为前后两期”，即为武王克商前和克商以后[4]，并进一步具体化为“早到周文王，迟到成康”[5]。也有学者进一步明确认为“凤雏甲骨的年代上起周文王，下及康、昭”[6]；周原甲骨主要为周人物，但也有殷人物的看法，即王宇信认为，“周原凤雏甲骨绝大部分应是武、成、康时代的遗物，而并非‘绝大部分都是文王时代遗物’”。“而在文王时期的23片甲骨中，还包括商帝乙帝辛时期的商甲骨8片”，其中4片为“庙祭甲骨”（即商甲骨）。[7] 而朱歧祥《研究》认为，周原甲骨“有可能为商人和周人所刻”，而商人所刻甲骨，“例与殷墟卜辞相同”[8]。

以上学者们关于周原甲骨时代的意见，看起来纷纭复杂，但实际可归结为两大类，即持周原甲骨大部为周人所有说者认为，其时代为周王季晚期文王早期或晚期。而认为大部分为殷人所有说者认为，其时代应在殷王武乙、文丁和帝辛时期。从大的时段上，周族王季晚和文王早、晚期与殷墟甲骨武乙、文丁、帝辛时期是相当的，只是地方方伯和中央王朝的不同。

持周原甲骨为周人所有说者，将其分为武王克商前和克商后两期之物，即“早到周文王，迟到成康”。虽与主张周原甲骨绝大部分为武成康

① 朱歧祥：《周原甲骨研究》，第2页。

② 徐中舒：《周原甲骨初论》，《古文字研究论文集》，1982年5月。

③ 徐锡台：《周原卜辞十篇选释及断代》，《古文字研究》第六辑，中华书局1981年版。

④ 陕西周原考古队：《陕西岐山凤雏村发现周初甲骨文》，《文物》1979年第4期。

⑤ 陈全方：《陕西岐山凤雏村西周甲骨文概论》，《古文字研究论文集》，1982年5月。

⑥ 李学勤：《西周甲骨的几点研究》，《文物》1981年第3期。

⑦ 王宇信：《西周甲骨探论》，中国社会科学出版社1984年版，第247—248页。

⑧ 朱歧祥：《周原甲骨研究》，第2页。

之物，也有较少的文王时期物在这一点上看法一致，但也应有少量的片（包括4片“庙祭甲骨”在内）为商人物这一点上，学者又产生了分歧。虽然如此，在时间段上，文王时期周原甲骨与帝乙、帝辛时商王朝庙祭甲骨基本同时，只不过是地方方伯和中央王朝的不同。

因此，看起来周原甲骨族属和时代问题争论得很激烈，但实际上只不过是周原甲骨文王前后说和周原甲骨主要为周人物的认识不同。而在文王物中有少量的殷人帝乙、帝辛卜辞的争论得也很激烈，但在大的时间段上基本上却是相同的，即武王克商前和克商后；而在时间段上区别较大的，却是周原甲骨周人说的多为文王时代，直至王季文王早期物，其时段已到殷墟甲骨第四期廪辛、康丁至第五期帝乙、帝辛了。

周原齐家甲骨出土于西周中期灰坑和地层，卜骨H1〔3〕：1等片当不晚于穆王时期[1]，因而时代明确。《西周甲骨探论》《周原甲骨文综述》《周原甲骨研究》的西周甲骨分期研究重点，自然就放在了凤雏H11、H31所出甲骨的时代探索上。《探论》《综述》和《研究》对周原甲骨的分期探索，实质上是在学者们对以上所述凤雏甲骨大时代已确定的情况下，通过对出土材料的再整理和综合分析，力图找出规律性的认识，以判断具体每一片甲骨的时代，并加以细化而已。各家的西周甲骨分期研究，同是从凤雏甲骨出现较多的王字字形分析和事类（即甲骨所载史迹）出发，却得出了不尽相同的结论。

《探论》对凤雏H11、H31所出240版甲骨进行分期探索，得出文王时期甲骨共23版（其中文王15版，商帝乙、辛8版），而武王、成王、康王时期共217版。

《综述》根据“王”字演化定凤雏H11出土的283片甲骨为王季至文王早8片、文王早文王中4片、文王中下3片，文王末11片（见第156页表）。此外，又根据事类定岐山凤雏、扶风齐家甲骨为文王末年42片、文武时期11片、周武王时期7片、武王至周公旦时期2片。

以上按事类分期，有文武时期和周武王时期两段。根据我们的体会，《综述》所谓的“周武王时期”，有H11：37、116、175、278等。而“宬

① 陕西周原考古队：《扶风县齐家村西周甲骨发掘简报》，《文物》1981年第9期。

叔”“宬叔族”徐氏考订为“周武王灭殷后封叔武于郕，故定此四片为武王时作品”（第162页），因此当指武王灭殷，西周王朝建立以后的时期。再所谓“文武时期”，当在武王灭殷前。徐氏谓凤雏H11：45之“毕公”，“曾为文、武、成三世重臣”，因而“卜甲可能属于文武时期或周公摄政时期作品”（第161页）等说法，当取最早西周建立以前为是。因此可以把文武时期归为文王时期，即武王灭商前共53片。再加上按“王”字所定武王克商前26片，共得79片为武王克商前物。而其他诸片未予论定（包括陈氏《概论》第432—434页所列“附录”中字迹模糊不清“无法识别和归类”的50片）。

《西周甲骨研究》在考释H11、H31所出甲骨243片后，论定商人甲骨32片、周人甲骨115片，共147片，余为待考。其中“属于周人所刻的”，“有许多甲骨只单刻一字，可能是周人的试刻或习刻”（第2页）。

特别是《探论》《综述》《研究》三书，同是从“王”字字形的演变和甲骨所载史迹等出发，进行周原甲骨的具体断代的探索，为什么却出现如此之不同呢？我们认为是因为：

其一，《综述》与《研究》在对周原甲骨“王”字进行分析时，过于强调殷墟卜辞各期“王”字变化在西周卜辞断代中的作用。而特别是《综述》以殷墟甲骨不同时期的“王”字与周原卜辞出现的“王”字进行简单的比对，却不管周原卜辞的内容，因而大部分有“王”字的周原卜辞都被定为帝乙、帝辛和武乙、文丁时代，即周文王以前再上推至季历末；而《研究》一书，也是从周原甲骨中的“王”字字型演进，划分为三型的，但判断周原甲骨上三型王字早晚，分别是以殷墟甲骨第五期帝乙、帝辛时的殷墟甲骨和第四期武乙、文丁时期的王字字形为依据进行的。虽然殷墟甲骨与周原甲骨在时间范围上基本同时，也有着这样那样的联系，但周原甲骨毕竟有自己的特点，因而简单地把殷墟甲骨分期所得出的“王”字演进序列移用于周原甲骨“王”字的判断，与凤雏甲骨诸王所载史迹不合，必然使周原甲骨“王”的时代发生错乱。①

《探论》认为，周原卜辞出现较多的“王”字必须经过整理，即对

① 参见王宇信等《甲骨学一百年》，第302—304页。

"王"进行分析时，首先根据每片出现"王"字甲骨所载的史迹确定该王的年代。再将史迹不同时期的各王字进行整理分析，依字型的不同，排比出字型演进的有机序列。[①] 依此王字演进序列，不仅可以判定有史迹的甲骨，还可据字形判定仅有"王"字无史迹或史迹不明的甲骨，从而扩大了判断时代的范围。《探论》十分重视甲骨所载史迹对甲骨分期的作用，即"周原甲骨所载史迹不仅可确定有'王'字出现甲骨的时代，其它不少无王字出现的甲骨也可依事类进行分期断代"[②]。此外，在据"王"字演进序列和依事类进行分期的基础上，将已判明时代的周原甲骨进行了文字书体的归纳分析。再以书体作风为据，《探论》又断明一些既无王字，又事类不明的甲骨时代。因而在实际上，《探论》的分期，是以周原甲骨所载史迹，即"事类"为基础进行的。

我们可以看到，《综述》《探论》和《研究》的分期探索，虽然都从周原卜辞的"王"字人手，并结合事类（但各家强调其作用不同）进行分期，其结果却有很大不同。应指出，《探论》所进行周原各片甲骨分期，基本上与陈全方《陕西岐山凤雏村西周甲骨文概论》依甲骨所载史迹（事类）的考订，进行甲骨分期的"岐山凤雏村部分西周甲骨文时代表"所列各片时代基本相同，而与《综述》相差较大。这说明，周原甲骨所载史迹，是分期断代的基础和"第一标准"。

诚如学者所指出的：徐、王、朱的周原甲骨文断代研究的方法与结论有较大差异，也给一般读者带来困惑。相对而言，王氏重视材料所见事类对断代的作用，分析四型王字的时代也建立在对事类考察的基础上，其结论较为客观。他所制"岐山凤雏甲骨文所见诸'王'时代表""岐山凤雏甲骨文时代表""也颇具说服力"。"而徐、朱二氏对凤雏甲骨文王字的分析，直接借用董氏对殷墟甲骨文的五期断代法，其结论多少会有些偏差。"[③]

尽管如此，应注意的是周原凤雏所出庙祭甲骨 H11：1、H11：82、

① 见王宇信《西周甲骨探论》，第 226 页，表二、周原甲骨"王"字字形演化表。

② 同上书，第 227 页。

③ 宋镇豪等：《甲骨学殷商史研究》，福建人民出版社 2006 年版，第 211—212 页；参见王宇信等《甲骨学一百年》，社会科学文献出版社 1999 年版，第 302—308 页。

H11：112、H11：84 等几片的断代。《探论》《综述》《研究》从“王”字字型进行断代和陈氏《概论》依甲骨所载史迹（即事类）的判断基本是一致的，即为周文王时期（与持“殷人所有说”者断为乙、辛时期在时间段上一致）。这说明，只要“王”字分析的方法正确，对出现较多的王字用于周原甲骨进行分期的途径还是可行的，关键在于“王”字的正确字型。由于研究者利用的摹本字形不一，给研究者对字型演化的分析造成了困难，再加上对其所载史迹倚重的程度不同，因而影响了对甲骨分期的准确判断。

其二，《周原甲骨研究》还从周原甲骨上所出现的虚字，以及所谓“正字句”等方面入手，进行分期的探索，也是有一定意义的。当把周原甲骨文文句中的“虚”字各种句型，“与殷虚卜辞逐一加以核对”后，“发现周原甲骨的虚字与晚殷卜辞的用法普遍相同”①，并进行周原甲骨分期探索。但这种语法关系的分析，只能反映出“殷卜辞和周原甲骨的关系是十分密切的”，充其量只能推定“当日刻写这批周原甲骨的，其中有属于晚商时期的史官”②。晚商时期的史官有周人的和殷王朝的，也有灭商后归周的，这就过于宽泛和不具体，因而据虚字句用于断定周原甲骨大时代即商末虽然可行，但分期为具体王世是无济于事的。

而关于几例周原甲骨“正字句”的探索，也不失为断代的新途径。周原卜辞“正字句”与朱氏归纳的殷墟甲骨“第五类祭祀卜辞先言某先正，然后追问‘王受佑’的句式是完全吻合的”。以第五期帝辛卜辞句式相同，再结合字体辞例和句义的综合研究，断定周原这 6 版“正字句”甲骨时代应与殷墟第五期卜辞时代相同。《研究》所定这 6 片甲骨的时代，基本与王宇信《探论》所推定时代相一致。

此外，除了卜辞中出现较多的“王”字并有字形演变之外，《研究》还发现 7 见的“贞”字，并可将贞字字形分为一型鼎和二型鼎。其中一型贞的 4 条周原卜辞，可断为帝辛时物。此外，这类卜辞句中之“王——其——动词”句式中的“其”字用法，也“普遍见于第五期卜辞中”。第

① 朱歧祥：《周原甲骨研究》，第 91 页。
② 同上书，第 106 页。

二型贞字见西周金文，贞字句应为早周周人甲骨[1]。查《研究》所定6片贞字甲骨时代，与我们在《探论》中所断年代基本相同。我们定H11：167为文王受命前后，因所据“王”字描摹不确，我们曾据此片之王为Ⅱ型1式文王受命前后，但查《概论》王字三横一竖下部略显分杈，而《综述》王字三横一竖下部分杈不显，故定为王形。现在据新出标准本曹玮《周原甲骨文》（2002年）放大照片校对，字应为三横一竖自中横与三横中部分杈“王”形，乃我们所定的Ⅲ型成王时。这与《研究》二型贞字所处时代是一致的。因此，通过这些有特征并常用文字的演进，去推定周原甲骨的时代，也是我们应继续加以发现、分析、归纳的。

综上所述，自1982年5月陈全方教授把周原凤雏H11、H31有字甲骨全部公布以后，在20多年的西周甲骨“深入研究时期”，人们对1979年周原凤雏甲骨分批公布过程中得到的认识，不断受到了全部材料的检验并拓宽了研究视野，从而使周原甲骨的研究愈益全面和系统，并提出和解决了不少问题，又不断取得一批研究成果，这就是：

周原甲骨出土片数较多，而且其上文字是历年出土的西周甲骨最多者。周原甲骨文字小如粟米，且有不少未见于殷墟甲骨文者。不少学者在系统整理材料过程中，在文字考释方面做了不少工作；也有不少学者或专对周原甲骨文字进行考释，或在论文中对有关研究内容的文字进行了考释。学者1979年至1982年考释文字的成果，王宇信1984年出版的《西周甲骨探论》的专章对“西周甲骨汇释”作了全面反映。而这一时期的文字考释成果，则以1987年徐锡台《周原甲骨文综述》的“第三章　周原甲骨文考释”、1997年朱歧祥《周原甲骨研究》的“上编”周原甲骨文考释和1999年王宇信等《甲骨文合集补编》“附：殷墟以外遗址出土甲骨释文（附号1—309）”等书最为全面和系统。

周原凤雏所出甲骨，有着完全与殷墟甲骨不同的特征。这就是卜龟腹甲经过整治，并施方凿，凿内靠外边缘内含一竖槽，成组排列整齐。而卜骨背面经整治并施以圆钻，钻内靠外侧凿一竖槽，呈“猫眼状”。以上特点经其他各周代遗址出土卜龟、卜甲比较验证，确是周人（西周王朝建立

① 朱歧祥：《周原甲骨研究》，第89页。

前后的周民族人）卜骨的“定制”，并已在学界取得了共识。此外，关于周原卜龟、卜甲的刻辞文例、行款走向以及同一版龟、骨上的多条卜辞从何处起读等问题，也有学者提出并进行了探讨。但因周原甲骨多数碎小，各地发现的完整卜龟、卜骨也不多，因而用殷墟甲骨行之有效的“定位法”解决上述课题，尚需更多新材料的发现和证明。

对周原甲骨的族属探索，主要是集中在凤雏甲骨族属的争论，虽有学者倡导多为“殷王室物”说，但随材料的全部公布和认识的深化，再也没有学者继续追从。而持凤雏甲骨大部分为周人“文王时代遗物”的学者，在专著《周原甲骨文综述》中进行了全面论述。而持周原凤雏甲骨为“武王克商前和克商后”的周族物的学者，完成了专著《周原与周文化》。《探论》与此基本一致，但略有不同，即凤雏所出周人武王克商前甲骨中，有一部分为商人物（入商朝服事的周族贞人所卜）。关于此，持凤雏甲骨均为周人物者（文王时代的西周建国前的周族人），与持凤雏甲骨有部分殷人物者（主要是为周方国入值的周族贞人所卜）展开了热烈的争论，最后的争论焦点集中在四片“庙祭甲骨”上。争论的双方关于甲骨为周族人所卜本无争议，互相辩难的关键是周原能否“立商王庙”。“民不祀非族”的古代周人能否在周原致祭敌国的先王。“庙祭甲骨”商人说者反复申述之，周人说者一再论证之，看起来针锋相对，但2003年张永山的《周原卜辞中殷王庙号与“民不祀非族”辨析》[1]的长文，初步为这场长时间的讨论作了总结。即在文中也不得不得出两种可能的解释：一是西伯在殷都参加典礼，卜辞是随从的周人卜官加上周人语言习惯而契刻的卜释；二是周原立有殷先王宗庙，西伯以殷王名义在周原殷王庙内祭殷王。至于周原立有殷王庙，只得假以时日，期待将来一旦在周原发现的证明了！而凤雏“庙祭甲骨”是在“殷都”所卜和“周人卜官”所为等看法，却和我们“周原不能立商王庙”以及“庙祭甲骨为入值殷王朝的周族人”即贞人所为的看法基本一致的。因此，我们认为“庙祭甲骨”的族属，今后继续探索的核心问题应该结合商末的殷王朝与周方国斗争的形势，去考察占卜的周族人究竟是周方国文王时的周族人，还是入朝为商王国贞人的

① 参见《商承祚教授百年诞辰纪念文集》，文物出版社2003年版，第277—298页。

周族人。

周原凤雏甲骨族属的讨论，必然成为学者确定分期具体时代的基本框架。持周原甲骨为“周人说”者有两种不同认识，即一种认为大多数凤雏甲骨为周人周文王末上至王季时期说，另一种认为部分甲骨为武克商前的文王时期、部分甲骨为周武王克商后西周王朝时期说。还有此说的细化，即周人文王时期甲骨中有少数商王朝物，当为周方国入值商王朝的周民族贞人代商王所卜，为商王朝帝乙、帝辛时代物，只不过是时间上有所重叠；另一种与周原甲骨“商人说”者相反，即一部分甲骨为商人帝乙、帝辛时所刻，另一部分刻写轻率、文句简省的甲骨文为周人所刻。周原甲骨在上述诸说大时段已定的情况下，学者们又力图把每片周原甲骨分在自己所持的大时段中具体早晚各异的属王名下，这就是学者长期以来对周原甲骨分期的探讨。应该说，学者们的分期探索取得了成功，无论凤雏甲骨文王时期物，还是殷王帝乙帝辛时期物，各家都对出现较多且字形富于变化的“王”字演进进行分期，并已认识到如简单地把殷墟甲骨的王字演进序列移用到用周原甲骨分期，所得结果与依周原“王”字甲骨据史迹早晚所排定的“王”字演进序列进行分期的结果，是大相径庭的。

应指出的是，周原甲骨分期断代依史迹确定“王”字演进序列分期所得的结果，却与学者依史迹对部分甲骨分期所得的时代基本一致。这说明，周原甲骨进行分期，甲骨所载史迹和殷墟甲骨的第一标准“世系”一样，是区分周原甲骨时代的纲，也应为“第一标准”。而其他标准，诸如虚字句的文法讨论等，只能表明周原甲骨与殷人甲骨的联系与区别，这和个别典型字“贞”的变化确定殷人与周人甲骨一样，尚不能确定周原甲骨具体应属何王。但这一探索对多角度、全方位判定周原甲骨的时代，对不断拓宽断代研究的思路还是颇有启发意义的。

在利用周原甲骨文进行商末商周关系和商周史研究方面，随周原甲骨族属的讨论和分期研究的深入，也不断取得新成果。在一些专著的有关章节中，诸如王宇信《探论》“西周甲骨的科学价值”、徐锡台《综述》“周原甲骨文的学术价值”（第 173—175 页）、陈全方《周原与周文化》“周原出土的西周甲骨文”（第 101—157 页）、朱歧祥《周原甲骨研究》“由周原甲骨谈殷周文化”（第 114—118 页）等书都有集中论述。在这一时期，不少著名学者，诸如李学勤、杨升南、葛志毅、田昌五、王晖等，也发表了不少精到的意见。①

周原甲骨研究虽然取得了不少成绩与进步，但由于研究者无缘得见甲骨实物和较好效果的放大照片，只能据发表的摹本进行研究，故材料的准确性与否对学者的研究有很大影响。往往由于摹本笔画失真或字迹不显，或同是一字在不同摹本中却笔画不同，而研究者又无实物可勘校，从而使研究者深受困扰并使研究受到了制约。为了解决研究材料的准确性问题，周原甲骨的发掘者徐锡台《周原甲骨文综述》、陈全方《周原与周文化》，虽然将整理的甲骨摹本与放大黑白照片一并刊出，但由于当时照相水平不高，且照片印刷不精，摹本很难与“一片黑”的照片进行勘校；无缘接触甲骨实物的学者，如朱歧祥《周原甲骨研究》则将徐锡台、陈全方所作两个版本的摹本一并收入。而《甲骨文合集补编》附录，则将陈全方、徐锡台、周原文管所三个版本的摹本一并收入。学者们进行如此这般的一番处理，就是为使研究者在使用材料时，把不同版本的摹本互相勘校，在点画的不一致中得到启发，从而使利用材料准确性有所增强。但毕竟缺乏周原甲骨“标准相”的验证，不免使研究者对所使用材料的准确性仍心存疑虑。

因此，为了推动西周甲骨研究的全面深入发展，对周原甲骨进行再整理，重新出版一部集周原甲骨“标准相”的著录就是十分必要的了。此外，现代科技手段为制作放大照片和印制效果逼真的彩版也提供了印制保障，因而出版一部权威性的周原甲骨著录，不仅是西周甲骨研究深入发展的需要，也完全有了可能。

第六节　西周甲骨全面深入研究时期（2002 年至今）

西周甲骨（主要是周原凤雏甲骨）的研究，经过 1979 年以后陆续至今研究的“形成时期”和“深入发展时期”，不仅对其与殷墟甲骨不同的

① 参见曹玮《周原甲骨文》“周原甲骨文论著目录”。

特征有了明确的认识，而且在文字释读、族属以及分期断代、商末周初历史等方面的研究，都有所深入并取得了一批成果。但由于周原甲骨在公布过程中多以摹本发表，因其文字细小和笔画纤细，或因摹写者学养和理解水平的不一，致使不同版本的摹本文字点画不一，出现了较大的差异。缺乏权威性的反映周原甲骨真实性的标准本，给学者的文字考释和分期研究带来了很大不便。同一个文字的考释众说纷纭，或同一版甲骨的分期因人而异，除了研究者对材料的研究角度不同外，更主要的原因是学者们研究所依据的摹本材料，已经是摹写者的理解和整理过的周原甲骨第二手材料了。缺乏周原甲骨的第一手研究资料，即标准本的西周甲骨成了周原甲骨进一步全面深入研究的“瓶颈”。

不仅如此，周原甲骨（主要是凤雏甲骨）尽管文字较多，但片形过于碎小。虽然在西周甲骨研究中非常重要，但毕竟只是在一个遗址集中出土的，因此研究者依凤雏甲骨所得的结论还需更多的其他各地出土西周甲骨新材料和较完整卜甲、卜龟材料的验证、补充和丰富，由此才能在新的基础上，更为全面深入地发展。

一　《周原甲骨文》与西周甲骨学的全面深入发展

曹玮教授的《周原甲骨文》就是一部使学者突破西周甲骨研究的“瓶颈”，推动西周甲骨学研究全面深入发展的“里程碑”式著作。（附图四十一）

《周原甲骨文》2002 年由世界图书出版公司出版。该书由出版说明、前言、周原甲骨及同坑出土器物、周原甲骨文摹本著录对照表、周原甲骨文释文对照表、周原甲骨文论著目录、后记等 7 部分组成。该书的最重要内容，是在“周原甲骨及同坑出土器物部分”，公布了全部周原凤雏 H11 出土甲骨 1—283 号、H31 出土甲骨 1—10 号、周原齐家出土甲骨 1—7 号等。全书所收 300 版周原甲骨皆为彩色放大照片（个别因粉化，现已不存者，用陈全方、徐锡台摹本代替），部分重要甲骨旁或再制全版放大照片，或在骨旁附“局部”放大照片。每页之眉上皆置毫米单位标尺，以供研究者掌握甲骨原片尺寸大小。书中彩色照片印制极精良，甲片整体显示效果颇佳，因而真实感强。甲片上文字的字口刻锋深刻，笔画清晰，代表了当代摄影和印刷技术的最新水平。《周原甲骨文》著录的甲骨，是第一次全部以放大彩色照片公布的周原甲骨的第一手原始资料，堪称一部周原甲骨著录的标准本和权威性的著录。

《周原甲骨文》还对西周甲骨研究作了全面科学的总结。在“序言、西周甲骨研究”以“大事记”式的“序言”中，全面总结了对周原甲骨研究中的认识和再认识过程，全面展示了1982年周原甲骨材料全部公布以后，学者们在文字的隶定与考释及考订方国、商周关系及甲骨族属等方面的研究取得的不少成果，并把研究的焦点圈定在“王与周方伯”“宗的位置”“㞢周方伯之‘㞢’的诠释”等几个问题上。该书不仅为西周甲骨研究作了总结，还为全面深入研究西周甲骨指明了方向。

《周原甲骨文》以著录甲骨材料的科学性和权威性，是西周甲骨全面深入研究的新起点。该书在材料整理过程中，重新对周原出土的每一片甲骨进行了照相，以弥补无法拓印的不足。有的还把有字甲骨放大照片的反面照片附于其后并有比例尺（去除59片未照反面），这就比徐、陈二氏仅有正面照片（多数印制的漆黑一团）要进一步，为研究提供了对该片钻凿形态观察的方便，从而便于进一步做“观其全体”的全面深入研究工作。《周原甲骨文》整理周原甲骨时，“用20倍显微镜观察每片甲骨上的每一个字。辨别笔画与笔锋”，并“根据有无刻锋和笔画形状的差别，来辨别是否是字，并区分字和刻划符号的不同”，从原发表的甲骨中剔除了“非刻划甲骨”58片，“非字甲骨”16片。这74片“非文字”甲骨的剔除，免除了今后学者再在这些片上绞尽脑汁，受徒劳无益的辨识之苦。这74片“非文字”甲骨的剔除，应就是文字考释工作的最新成果。《周原甲骨文》还据放大照片的研究并在充分参考、吸取了前人成果的基础上所作出的释文，依文字在甲骨原片上所分布的自然位置隶定，不进行人为的标点和分行段整理，为行款的深入讨论和研究留下了广阔的余地。对一些笔画短缺之字，《周原甲骨文》坚持“阙疑待问”的科学态度而有意空缺不释。诸如学界争议较集中的“庙祭甲骨”H11：1、84、112等片。尽管书中“待问”之空处的文字笔画，远较前人摹本清晰，但本书释文留“□”处而不加以强释，是为了不给研究者留下“先入之见”而影响创造性的思考。《周原甲骨文》编纂者的用心可谓良苦！此外，《周原甲骨文》书后的“周原甲骨文摹本著录表”和“周原甲骨文释文对照表”也体现了本书承前启后，促进西周甲骨研究全面深入发展的精神。据前表，可将《周原甲骨文》所收甲骨放大标准照片，与陈全方、徐锡台、王宇信、朱歧祥诸书中所收摹本相勘校，使研究者在认真分析、勘校文字的点画、结构的同时，得出较为准确可信的文字结构与字形来，从而为今后文字的重新释读和再认识奠定了科学的基础。而后表，将《周原甲骨文》各片文字的释定可同时与陈、徐、王、朱诸氏专书的释文相对应，从而可以使今后文字考释工作在比较中得到启发和补苴，在疑辨中有所放弃和匡正，在探索中有所发现和前进。

《周原甲骨文》一书，不仅是西周甲骨深入研究阶段取得丰硕成果的“标本式”总结，也是全面深入研究时期开始的新起点。它继往开来，是西周甲骨研究发展史上的里程碑式著作。

随后不久，陈全方等《周原甲文注》于 2003 年 8 月由学林出版社出版。书中将周原凤雏 H11、H31 两灰坑出土有字甲骨，根据各片的内容收入。《甲文注》将凤雏有字甲骨 292 片按卜祭、卜告、卜年、卜出入、卜田猎、卜征伐、人名官名、地名动物名、月象记时、杂卜、八卦符号、附录等分类收录。此外，在补注中还收录了 7 片齐家所出有字甲骨，并对所收各片一一作注。《甲文注》另有“人名、地名、官名、兽名表”及“周原甲骨文时代表”二附表。

《周原甲文注》，是陈全方教授在 1982 年 5 月《陕西岐山凤雏村西周甲骨文概论》的基础上加以修订，1990 年于周原完成初稿，后又在 1995 年将初稿进行了修订，于 2003 年正式出版，是周原甲骨发现者之一陈全方教授的力作。陈氏按内容分类收集甲骨和所列二表，不仅为西周甲骨的研究者提供有关研究课题的较全面集中的材料，也为分期研究和用时代明确的史料研究周初的历史提供了重要依据。而陈氏《甲文注》对《概论》的修订之处，应是作者又经十多年全面整理和再认识周原甲骨的最新意见，对西周甲骨的研究者当有所启示，值得我们予以注意。

二　西周甲骨的新发现将推动研究的继续发展

就在《周原甲骨文》和《周原甲文注》这些继往开来的总结性著作出

版的同时，2002 年以后在周原岐山周公庙和河南洛阳、山东高青陈庄等遗址，又不断有西周卜甲和卜骨面世，为西周甲骨学的全面深入发展注入了新活力。

2002 年至 2003 年初，在陕西周原扶风齐家西周中期晚段以前的灰坑，即 H90 中，出土了卜骨 12 件。[①] 其中有字者 1 件（002Q11A3H90：79），上有文字 37 个，刻辞自右向左，分为 6 行契刻。此次甲骨是在“科学的发掘中取得的，不仅层位清楚，有可参考的层位关系，而且层位出土的包含物有明确的相对年代，这弥补了以前周原出土甲骨文在层位关系上的缺憾”。此骨“骨扇正面的中部偏上有浅钻痕迹”，此前在北吕、齐家村等西周遗址出土的卜骨上已有发现，为西周卜骨特征的探索又增了新例[②]。更有意义的是，“卜骨上卜筮相间的文字记录，是周原第一次出土先秦时期有关卜筮同位的记录，为研究先秦时期的卜筮活动增添了珍贵的材料”。不仅如此，历次考古发掘表明，齐家村周围文化遗址可能为与王室联姻的某非姬姓贵族家族遗存，此地出土甲骨内容为筮占贵族病愈记录，因而甲骨当为非王室之物[③]。西周非王室的贵族家族卜骨的发现，值得我们予以认真注意。

2003 年 12 月，周原遗址的岐山周公庙，发现了西周有字卜龟的消息一发表，就引起了甲骨学界的震动。[④] 周公庙遗址发现有字卜龟 2 版，其一卜甲（10④：1）为龟甲右侧下部，尚存多半。残长 19.6 厘米，最宽处 11.6 厘米。龟背甲隆起，自臀板处纵向剖割开。甲之内面经削锯、刮磨处理，各肋板上所施钻凿数目有 1、4、6 个不等，并成行向中心纵向排列，现共存 17 个。方凿以龟脊为中心，在其外侧有略宽于凿宽的豎槽，其底深于凿底，部分可见施灼的焦痕。此卜甲上刻两段卜辞共 17 字；另一版 C10④：2 为龟背右侧上部之少半，残长 7 厘米、最宽处 9.8 厘米。整治方法除颈部第一肋板施椭圆钻，其外侧施竖槽外，内理削、磨及方凿皆与上版相同。背甲上面共刻两条卜辞 39 字。此次甲骨出土处是一个灰坑，考

① 周原考古队：《2002 年周原遗址（齐家村）发掘简报》，《考古与文物》2003 年第 4 期。
② 罗西章等：《周原扶风地区出土西周甲骨的初步认识》，《文物》1987 年第 2 期。
③ 曹玮：《周原新出西周甲骨文研究》，《考古与文物》2003 年第 4 期。
④ 《陕西发现周代甲骨文——专家惊叹学术界震动》，《北京晚报》2004 年 1 月 2 日。

古学家2003年曾“试掘探方的第4层，即为H45的第一层”。学者根据灰坑出土陶器的分析，得出2004年度出土此卜甲灰坑H45的期别与年代“已属西周初年”①。据研究此二片为一龟右背甲之上、下部。背甲施钻凿并刻字，为西周甲骨发现以来之第一例，其重大意义是自不待言的。2005年夏，北京大学考古系、陕西省考古研究所继续对周公庙遗址进行了考古发掘工作。周公庙遗址核心区域5平方公里左右，学者先后在五个地点进行了考古发掘工作，情况如下：

第一地点即祝家巷遗址，2003年原出土甲骨即在此处（H45）。这次发掘又出土龟腹甲十余片，其中一片2字。

第二地点为庙王村北，共有灰坑两座（已遭现代遗址破坏），共出土卜甲700余片，主要为腹甲，初步辨识出文字440余个。

第三地点位于陵坡墓地南。此次发掘遗址及灰坑一座。在遗址考古调查时，曾采集卜骨1块，上有2字。此次发掘得卜甲三四片，但无字。

第四地点为白草坡墓地南，即2004年所发掘甲骨坑（H45）之北，共发掘灰坑3座，内出卜骨四五十片，共得30字。

据学者初步研究，第一地点（祝家巷）时代为西周初年。第二地点（庙王村遗址）灰坑为西周中期偏早，出土甲骨较其他地点为多，文字中常见人名为周公，地名有新邑及薄姑、唐等，文字大小与祝家巷H45所出卜甲同。第三地点为先周灰坑。第四地点所发掘灰坑皆为西周初期。②

前不久（2008年），周公庙遗址又有大批西周甲骨的新发现，现正在整理、清刷、发现文字过程中。据报载，在G2的填土中共发现卜甲763片，绝大部分为碎小残片，残片一般在3平方厘米左右。所见卜甲的整治与钻凿制作，基本与周原、洛阳北窑西周卜甲特征相同。目前，共清理出有字卜甲685片，共辨出文字约1600个。卜辞完整者较少，内容涉及人物、方国、祭祀、战争、纪年与历法、占梦、卜辞格式、筮法等。③

---

① 雷兴山：《论周公庙遗址卜甲坑H45的期别与年代》，《古代文明》（第5卷），文物出版社2006年12月版。

② 参见《岐山周公庙遗址去年出土大量西周甲骨文材料》，《中国文物报》2009年2月20日。

③ 同上。

岐山周公庙出土西周甲骨的重大发现公布以后，引起了海内外学术界的极大关注。发现者北京大学考古文博学院和陕西省考古研究所的专家，对周公庙遗址自2003年发现以后，近5年来发掘和整理的成果在北京召开的专家座谈会上进行了介绍，并将2008年新出土的688片卜甲实物、照片、摹本向学术界加以展示。据最新统计，5处甲骨出土地点，共出土7561片卜甲，总字数共2200余个。应注意的是，这批甲骨中的“王季”“叔郑”等称谓，在古文字材料中当为首见。而周初的一些重要人物，诸如周公、毕公等名字却在甲骨中屡次出现，表明这批甲骨的占卜主体等级较高。周公庙甲骨文中有关月象、筮数等对数字占卜系统和历法的研究也很有意义。①

我们希望，周公庙出土的西周甲骨材料，在进一步清理文字、缀合残片的基础上能早日公布，将会给西周甲骨学的全面深入发展带来新的动力。

不仅在周原凤雏、齐家和另一个新地点周公庙出土了西周甲骨，而且在河南洛阳也有西周甲骨的新发现。2008年元月初，洛阳东郊民房地基出土一件西周有字卜骨，应是洛阳第一次有字卜骨的发现。此骨为牛右肩胛骨，臼角保存完好，肩胛岗被削平。骨背面锯去骨脊，并有明显的锉磨痕迹。在靠近臼部的一端有三排圆形钻孔，每排2—4个。骨扇下部右侧，另有一排5个钻孔。钻孔排列整齐，孔壁略垂直、平底。每个钻孔底部在近骨缘约三分之一处，刻有一极细的竖槽，呈所谓的“猫眼状”。钻孔内皆有较轻的灼痕，呈黑褐色小圆点。在近上部二排钻孔的骨正面，有明显的兆枝，方向皆与缘相反而向内，左右相对。卜骨长38.9厘米、柄部宽7.2厘米、扇部最宽23.5厘米。卜骨正面近臼部刻有三组卜辞，共14字。② 随《洛阳新获西周卜骨文字述略》，发表了摹本和卜骨彩色图版(惜已缩小)，可供研究者参考。

此外，1991年河北邢台南小汪出土的西周甲骨彩色照片，也由发掘者

---

① 参见《周公庙遗址新出土西周甲骨专家座谈会在北京召开》，《中国文物报》2009年3月18日。

② 蔡运章：《洛阳新获西周卜骨文字略述》，《文物》2008年第11期。

在20年后重新在《文物》2008年第5期上首次公布。从卜骨的整治形态看，此骨进行过锯削和简单的刮磨，钻孔呈圆形，且于钻孔近三分之一处凿出竖槽，再于附近施灼，兆枝向内。文字细小而纤细等特征，与各地出土西周卜骨相同，而与殷墟卜骨有较大的差异。

2008年10月至2010年1月对高青陈庄西周遗址的发掘中，山东省考古研究所的专家在发现西周早中期城址、西周贵族墓、祭坛、马坑、车马坑等重要遗迹和大量陶器、骨器、铜器、玉器等珍贵文物的同时，还发现了周代卜甲、卜骨，“其中一残片上残存有刻辞，这是山东地区发现的首例西周刻辞卜甲”①。据学者研究，此右尾甲上刻文字为“一八八一八八”②，即为我们所说的“筮数”。

周原周公庙和洛阳、高青新出土有字甲骨，不仅为出土有字西周甲骨的山西坊堆、北京白浮、琉璃河、镇江营、河北邢台南小汪、陕西沣西、凤雏、齐家等8处地点又增加了3处新址，而且洛阳、岐山周公庙出土甲骨，特别是周公庙出土的西周甲骨数量较多，是继凤雏H11、H31成批出土的又一次大发现。周公庙西周甲骨不仅文字较多，且多新字，其内容丰富，涉及面广。此外，还有科学地层证据。因此，周公庙甲骨的发现和公布，将和20多年前凤雏甲骨的发现和公布一样，将推动新一波的西周甲骨学研究热潮兴起，并将把研究推向全面深入发展的新阶段。我们衷心期望考古学家能早日把这批重要材料整理公布！

① 《山东高青陈庄西周遗址考古发掘获重大成果》，《中国文物报》2010年2月5日。

② 方辉：《对陈庄西周遗址的几点认识》，《中国文物报》2010年3月5日。

第十三章

甲骨文断代研究的新成果及敲向“两系说”架构的一记重槌

著名甲骨学家李学勤教授在《殷墟甲骨辑佚·序》中指出：“20 世纪后期的甲骨学进展很大，重点集中在两个方面。一为甲骨材料的辑集，一为甲骨分期的探讨。”① 1978 年以来海内外甲骨文著录的不断出版及由宏观的集大成式著录向单位所藏甲骨著录微观细化的转变及著录印刷水平的不断提高，我们在第九章“传世甲骨的集大成与新出甲骨的公布，为研究的全面深入发展奠定了基础”、第十章“新时期不断出版的甲骨著录，为甲骨学研究全面深入发展注入了新活力”、第十一章“甲骨文断片缀合不断取得新成果”等有关章节已作了系统介绍。我们在这里，只概要介绍一下甲骨文分期断代研究所取得的成果，特别是“历组卜辞”的长期讨论和前不久出现的一锤定音式的新成果——《三论武乙、文丁卜辞》②。

第一节 “文武丁时代卜辞的谜”的真正揭穿

学术界所谓的“文武丁卜辞”③“非王卜辞”④“多子族卜辞”和“王

① 焦志勤等：《殷墟甲骨辑佚》，文物出版社 2008 年版。

② 刘一曼、曹定云：《三论武乙、文丁卜辞》，《考古学报》2011 年第 4 期。

③ 参见董作宾《〈殷虚文字乙编〉序》，1948 年。

④ 参见李学勤《帝乙时代的非王卜辞》，《考古学报》1958 年第 1 期。

族卜辞”①，等等，虽然名目不一，但所指认的都是同一批卜辞，即陈梦家在《殷虚卜辞综述》一书所科学概括的“子组”“午组”“自组”三组卜辞②。《甲骨文合集》将这一批卜辞，集中著录在第七册甲、乙、丙三组之中。

1933 年前辈大师董作宾在撰写《甲骨文断代研究例》时，由于这类卜辞当时所见不多，因而研究时对这类卜辞未予注意。随着殷墟科学发掘的持续进行和甲骨文出土的日益增多，特别是 1936 年第 13 次科学发掘发现的 YH119 和 YH127 坑，出土这类卜辞较多，因而必然给甲骨文断代的发凡启例者董作宾大师提出如何处理这批甲骨时代的新问题。在 1945 年他撰著《殷历谱》以前，曾把这类卜辞一部分作为第一期武丁时代处理，也有一部分作为第四期武乙、文丁时代处理。这是因为当时尚没有认出这类卜辞“卜”字之下还记有“贞人”名，或有时将“贞”字省略。有的贞人名“扶”的卜辞，所祭对象为父乙、母庚（《甲》2907），自应作为第一期武丁时处理。但他在进一步对这一批卜辞进行研究时，发现了在书法、字体、文法、事类、方国、人物等方面与第一期武丁时期多有不同。这种种矛盾的现象，就成了困扰董作宾大师的百思不得其解之“谜”。因此，董作宾经过多年的思考与探索，在他撰著《殷历谱》时，提出了“新、旧派”祀典不同的新说，把原划入第一期武丁时代的这类卜辞全部下移八九十年，并重新确定为第四期文武丁时代之物，从而使他认为文武丁时代的纪日法、月名、祀典等方面都恢复了武丁时期的旧制。经过如此这般的一番调整，原断代方案中，第一期武丁时代有各种不同的书体、字形、文法、事类、方国、人物的种种矛盾就可“解决”了。

董作宾大师在此基础上，又进一步对这类卜辞进行深入研究后，得出了他对这批卜辞的总认识，即第一，文武丁在文字、历法、祀典等方面属于旧派，复武丁之古；第二，文武丁时代有一批贞人（17 名），虽然有不少贞人前已见于著录，但因这类卜辞大多不书“贞”字，所以从前没能认

① 参见贝塚茂树《京都大学人文科学研究所藏甲骨文字》（本文篇）序论第二章，1959 年版。

② 参见陈梦家《殷虚卜辞综述》第四章第四节、第七节、第八节，科学出版社 1956 年版。

出“卜”下一字即为贞人名；第三，文武丁时代卜辞辞例很为复杂；第四，文武丁时代卜贞的事类也大体上恢复了武丁时代的各种旧制；第五，文武丁时代卜辞的称谓与商代传统的大小宗称谓不合。如此等等，因而董作宾大师认为这类卜辞应全为第四期文武丁时代之物，从而也就避免了这类卜辞既出现在第一期武丁时代，也有的出现在第四期文武丁时代的矛盾现象。因而董作宾把他的这一番再研究，自豪地宣称为“揭穿了文武丁时代卜辞的谜”①。

但“谜底”并未揭穿，不少学者继续对这一批卜辞的时代进行着探索和争论。1953 年日本学者贝塚茂树和伊藤道治在《甲骨文研究的再检讨——以董氏文武丁时代之卜辞为中心》[《东方学报》(京都) 第 23 号]、1955 年胡厚宣在《〈甲骨续存〉序》、1956 年陈梦家在《殷虚卜辞综述》(第 145—155 页、第 158—161 页、第 162—165 页)、1958 年李学勤在《帝乙时代的非王卜辞》中对董作宾大师所“揭穿”的文武丁时代卜辞的“谜”进行了深入的讨论。

陈梦家论证了“自组”卜辞的贞人有自、扶、勺等，其称谓、干支字、记时法等与宾组卜辞相同或小异，“相当于武丁晚叶，开下一代新式”。而“子组”卜辞贞人有子、余、我、彵、妇、史等，其称谓、文法等方面有同于第一期宾组或特有的，特别是“子组自组和宾组常常出于一坑而同坑中很少武丁以后（可能有祖庚）的卜辞，则子组自组应该是武丁时代的”。而“午组”只有二名不系连的贞人，其称谓同于宾组或自组、子组。特别是称谓中的“下乙”与武丁宾组卜辞相同，这就“足证午组属于武丁时代”。陈梦家等学者有关子组、午组、自组卜辞时代应为第一期武丁时代之物的系统、全面论述，日益得到了新材料的补充、检验和证明。

1963 年姚孝遂在《吉林大学所藏甲骨选释》(《吉林大学社会科学学报》1963 年第 4 期) 一文中，公布了《前》3·14·2 的全拓本（《前》著录时剪裁了上端有贞人“争”的残辞部分），武丁时的贞人“争”的卜辞与典型“子组”卜辞字体的“干支表”共版，再一次证明了“子组”

---

① 董作宾:《〈殷虚文字乙编〉序》，1948 年。

卜辞与宾组卜辞同时，为第一期武丁时代之物；特别是1973年小屯南地甲骨的发掘，T53（4A）考古发掘的层位关系确切证明了“‘自组卜辞’的时代绝不可能是在第三期以后（即廪辛、康丁以后）和武丁以前，而是属于武丁时代”①。考古学家在1980年出版的《小屯南地甲骨》（上册）中，又根据考古地层进一步对“自组卜辞”进行了深入论证，虽然“自组”与“宾组”卜辞“都是武丁卜辞，但在时间上不一定是平行关系，可能是先后关系”。与此同时，还论证了午组卜辞的时代“大体确定在武丁时代”，并“根据地层、灰坑叠压打破关系”，进一步论证了“午组卜辞的时代稍晚于自组卜辞”；谢济也在《武丁时另类型卜辞分期的研究》（《古文字研究》第六辑，中华书局1981年版）中，称子组、自组、午组卜辞为“另种类型卜辞”，以与“所谓宾组正统派王室卜辞”相区别。在全面整理已著录的这类甲骨的基础上，考察了这种类型卜辞的世系、称谓等，提出这类卜辞中“值得注意的集合称谓”。特别指出，武丁宾组卜辞却“还没有这样对分期断代有意义的集合称谓”。此外，武丁宾组和另类卜辞中的兆辞和一些成语互见，但“并不出现在四期武乙、文丁甲骨上”，因而“从这方面排除了武丁另类卜辞为武乙文丁卜辞的可能性”。不宁唯是，另类卜辞在序辞、书体方面也都“反映了早期卜辞的一些特点”。虽然在事类方面，另类卜辞与宾组卜辞“有许多相同之处”，但不少内容却是“武乙文丁时所没有的”。

随着新材料不断增多和考古地层学的证据，促使学者们对子组、自组、午组卜辞的研究不断深入，并逐渐取得了共识。现海内外学者基本都同意“这一批所谓‘文武丁时代卜辞’、‘非王卜辞’、‘王族卜辞’、‘多子族卜辞’和‘自组、子组、午组’卜辞等名目繁多的甲骨，其时代不是第四期文武丁时期，而应提前到第一期武丁时代。可以说，现在才真正地‘揭穿了文武丁时代卜辞的谜’”②。

---

① 参见肖楠《安阳小屯南地发现的“自组卜甲”——兼论“自组卜辞”的时代及其相关问题》，《考古》1976年第4期。

② 王宇信：《甲骨学通论》（增订本），中国社会科学出版社1999年版，第194页；参见《甲骨学通论》（增订本），第187—194页。

第二节　“拆穿”历组卜辞的“谜团”及一场旷日持久的论战

1976 年 7 月，安阳殷墟小屯村西北发现了一座晚商墓葬（编号为 M5）。此墓保存完整，是自 1928 年殷墟科学发掘以来当时唯一没有遭受过盗掘者，因而随葬物极为丰富。值得注意的是，该墓出土的大量青铜礼器上，不少有铭文“妇好”二字。[①] 据墓中随葬大量“妇好”铜器及其他有关铜器铭文和伴出陶器综合判断，此墓的墓主应是甲骨文中的妇好。关于妇好其人，于史无踪，但在甲骨文里却保存了有关妇好的材料有 180 条之多，为我们研究商代历史上的妇好及其活动，以及妇好死于武丁时期提供了重要证据。[②] 更具体地说，甲骨文第一期武丁时的重要人物妇好，死于武丁晚叶前期[③]。有关甲骨文中妇好的研究，为五号墓的年代确定提供了重要依据。

李学勤在《论“妇好”墓的年代及有关问题》（《文物》1977 年第 11 期）一文中，特辟专节“‘妇好’墓与殷墟卜辞分期”，认为“殷墟甲骨不止是武丁时期的宾组卜辞有妇好这个人物，多出自小屯村中的一种卜骨也有妇好（按：我们在有关文章的论述中，认为第四期的妇好已经死去，并受到祭祀，应与一期武丁时妇好为同一人）。这种卜骨字较大而细致，只有一个卜人历，我们称为历组卜辞。按照旧的五期分法，历组卜辞被认为属于武乙、文丁时的第四期”。而“新出土的各墓青铜器及玉石上的文字，其字体更接近于历组卜辞。但是，如果把墓的时代后移到武乙、文丁，又是和所出陶器、青铜器的早期特征无法相容的”。他认为，这个矛盾的症结，就“在于传统的五期分法把历组卜辞的时代断错了”。而这次“‘妇好’墓的发现，进一步告诉我们，历组卜辞的时代也非移前不可”。

---

① 参见《安阳殷墟五号墓的发掘》，《考古学报》1977 年第 2 期。

② 参见王宇信等《试论殷墟五号墓的妇好》，《考古学报》1977 年第 2 期。

③ 参见王宇信《试论殷墟五号墓的年代》，《郑州大学学报》1979 年第 2 期。

李学勤是这样“把历组卜辞的谜团拆穿了”的：

其一，从字体的演变考察，历组卜辞是早期的。诸如“王”字，武丁时期作太，到祖甲时期已加一横作玊，而历组是作太的。而其他许多常见字，像干支、“贞”字等，历组也都接近武丁时期。董作宾先生无法解释这一现象，只能用“是文丁时代文字复古的运动”来说明。

其二，从卜辞文例考察，历组卜辞也是早期的。武丁时甲骨多记甲骨贡纳、攻治的署辞，历组卜辞的卜骨也不少刻有署辞。诸如《合集》14“乙亥咬乞骨三”、《宁沪》1·640“……骨二屯（纯），在啚”、《摭续》63“甲辰乞骨十骨，丙寅尸乞骨一自㓣”，等等，其文例与武丁至祖庚甲骨近。

此外，武丁时甲骨在兆旁记有一、二、三等兆序，还有“二告”“小告”“不玄冥”等兆辞。历组卜辞也有“二告”“弜玄”（《宁沪》1·249）等兆辞。而自第二期廪辛、康丁卜辞的兆辞，已经改作“吉”“大吉”“引吉”“习 卜”等新的内容了。

其三，历组卜辞出现的人名，许多或与第一期武丁及第二期祖庚时代相同。诸如历组卜辞的妇好（《邺三》下43·8、《宁沪》1·624、《甲》668）、子渔（《萃》1263）、子画（《诚》350、《宁沪》1·494）、子戠（《佚》194）、妇井（《戬》356、《宁沪》3·238）、妇女（《甲》516），等等，都见于第一期武丁卜辞。而历组卜辞中的重要人物望乘、沚或应就是武丁宾组卜辞中的望乘、沚戓。而历组卜辞还有一些与祖庚时出组卜辞同见的人物，诸如𠂤、夫、并、由、自般、犬征，等等。而上述人物也大都见于武丁甲骨中。

其四，历组卜辞有些与武丁时宾组或祖庚时的出组卜辞所卜事类相同。诸如宾组的“子方〔奠于〕并，由王事”（《前》7·1·4）与历组“辛酉贞王令夫以子方奠于并”（《后下》36·3），宾组“戊午卜，殻，贞雀追亘，有获”（《乙》5303）与历组“辛亥贞，雀执亘，受祐”（《续存上》638），等等，这些同事项卜辞证明历组卜辞与宾、出组卜辞应为同时期物。

其五，历组卜辞的两套称谓系统明确地表明了应为武丁时期 。即一套是以父乙为中心的称谓系统，《南明》613“父乙”与“母庚”共版，《佚》194、《甲》611“父乙”与“兄丁”“子戠”共版，而“子戠”见于《续》4·12·5和《乙》4856，这是武丁时的称谓。而“父乙”，当指武丁之父小乙，“母庚”乃小乙之配；另一套称谓系统是以“父丁”为中心。此父丁，据《合集》15“……大乙、大丁、大甲、祖乙、父丁”和《南明》477“甲午贞，乙未酒，高祖亥……大乙羌五牛三，祖乙羌……小乙羌三牛二，父丁羌五牛三，亡壱”。从此二片可知，“父丁”排在小乙之后，显然是武丁。如把他理解为康丁，那么在祀典中竟略去了称为高宗的武丁及祖甲两位名王，就很难想象了。此外，历组卜辞《京人》2297有“侑于二母敹象甲毋庚”、《粹》8+276有“母嬿小辛母”等，而武丁期卜辞有称谓“母妀”（《乙》3363），历组卜辞《京人》2297所祭的“二母”，应就是母妀和阳甲（武丁之父辈）之妣庚，她们合称“二母”，也显然是武丁时期的卜辞。

自1977年李学勤率先提出历组卜辞的时代应移前，以解决“1933年董作宾提出的五期分法早已陈旧了”的问题，在甲骨学界引起强烈的反映。1981年，李学勤继续在《小屯南地甲骨与甲骨分期》（《文物》1981年第5期）一文中，又对自己的新说进行了系统、全面的论证和补充。主要是：

其六，历组与出组的共版问题。小屯南地H57出土一版胛骨，为李学勤论证“历组”卜辞时间应提前提供了有力的证据。《屯南》2384左下方有一条“历组”卜辞，共3行15字。而此版甲骨的上方，又整齐排列7条“出组”卜辞的典型“卜王”卜辞，因而李学勤论断此版卜辞说：“字体分属历组、出组的8条卜辞的卜日都是庚辰，其为同一天占卜的正式卜辞，没有疑义。”

其七，从考古层位关系上看，李学勤自认对“历组”卜辞断代的看法，也是“和现有的考古资料是互相符合的”。

而对李学勤“历组”卜辞时代提前持反对意见的学者，对时代“前提”多有辩难，仍坚持并深入论证了“历组”卜辞应为第四期武乙、文丁时代。以肖楠等为代表的一批学者，他们在《论武乙、文丁卜辞》（《古文字研究》第三辑，中华书局1980年版）等文中与李学勤等学者针锋相对，展开了全面深入而热烈的争论。他们的主要论点是：

其一，武乙、文丁卜辞基本没有“贞人”，而武丁、祖庚卜辞则具有大量贞人。

其二，武乙、文丁卜辞与武丁、祖庚卜辞在字体和风格上有很大差别，在文字的结构方面也有很大的差异（参见《通论》增订本，第200页）。

其三，武乙、文丁卜辞的文例也与武丁、祖庚时期不同。在前辞形式方面，武乙、文丁卜辞较为简单，一般不记贞人。而武丁、祖庚卜辞则较为复杂。此外，第四期武乙、文丁卜辞和第一期武丁、祖庚卜辞的兆辞形式也完全不同。武乙、文丁卜辞经常出现“兹用”“不用”，而武丁时期则经常出现“二告”“小告”“不玄冥”等。

其四，在称谓方面，武乙、文丁卜辞中的“父丁”应是武乙称其父康丁而不是武丁。《屯南》4331同卜祭父丁和上甲十示又三，肖楠认为“正好就是三报、二示、父王（康丁）以外的全部直系先王，即上甲、大乙至祖甲”。第四期武乙、文丁卜辞中的“父乙”，肖楠认为“当指文丁之父武乙”。肖楠特别强调，第一期“武丁卜辞中父辈称谓除父乙外，还有父甲、父庚、父辛。我们所确定的文丁卜辞中的父辈称谓只有父乙一个”。

其五，第四期武乙、文丁时期的记事刻辞与第一期武丁时期的形式是不同的。因此，“记事刻辞不是武丁时期所特有的。它本身也有时代的区别，不能笼统地都归于武丁时代”。

其六，同名问题。肖楠认为这种现象是“在卜辞中普遍存在的，不仅存在于武乙、文丁卜辞与武丁卜辞之间，其他各期卜辞之间也不同程度地存在”。如此等等。

自李学勤提出“拆穿”历组卜辞的“谜团”和肖楠率先进行驳难以后，学术界不赞成者有之，支持并坚持传统第四期武乙、文丁时期说者亦不乏其人。不少人投入了这场热烈的论战，持赞成李学勤意见并进一步加以发挥、论证的有：

李学勤：《论妇好墓及有关问题》，《文物》1977年第11期。

裘锡圭：《论“历组卜辞”的年代》，《古文研究》第六辑，中华书局1981年版。

李学勤：《小屯南地甲骨与甲骨分期》，《文物》1981年第6期。

李先登：《关于小屯南地甲骨分期的一点意见》，《中原文物》1982年第2期。

彭裕商：《也论历组卜辞的时代》，《四川大学学报》1983 年第 1 期。

林沄：《小屯南地发掘与殷墟甲骨断代》，《古文字研究》第九辑，中华书局 1984 年版。

李学勤：《殷墟甲骨两系说与历组卜辞》，《李学勤集》，黑龙江人民出版社 1989 年版。

李学勤、彭裕商：《殷墟甲骨分期新论》，《中原文物》1990 年第 3 期。

李学勤：《甲骨文中的同版异组现象》，中州古籍出版社 1995 年版。

不赞成“历组”卜辞时间前提，仍坚持传统意见，即认为“历组”卜辞为第四期武乙、文丁时代的卜辞并加以论证和对“前提”辩难的文章有：

肖楠：《论武乙、文丁卜辞》，《古文字研究》第三辑，中华书局 1980 年版。

罗琨、张永山：《论历组卜辞的年代》，《古文字研究》第三辑，中华书局 1980 年版。

中国社会科学院考古研究所：《〈小屯南地甲骨〉序言》，中华书局 1981 年版。

谢济：《试论历组卜辞分期》，《甲骨探史录》，生活 · 读书 · 新知三联书店 1982 年版。

曹定云：《论武乙、文丁卜辞》《考古》1982 年第 3 期。

肖楠：《再论武乙、文丁卜辞》，《古文字研究》第九辑，中华书局 1984 年版。

陈炜湛：《“历组卜辞”的讨论与甲骨文断代研究》，《出土文献研究》，文物出版社 1985 年版。

林小安：《武乙、文丁卜辞补证》，《古文字研究》第十三辑，中华书局 1986 年版。

林小安：《武丁晚期卜辞考证》，《中原文物》1990 年第 3 期。

……

在讨论中，裘锡圭《论“历组卜辞”的时代》一文，在李学勤论点的基础上，继续从卜辞中出现的人名、占卜事项、亲属称谓等方面作了详细补充例证和深入论证，他进一步指出：“如果两组卜辞的称谓成套地相应，这两组卜辞属于同一时期的可能性就非常大了。”他特别指出，“立足于人名为族氏这一基础上的异代同名说”，对“人名重复出现于不同时期”，以及“武丁祖庚时期和武乙文丁时期起重要作用的族如此一致，而介于这两个时期的廪辛、康丁时期却截然不同”等现象，是“无法作出完满的解释的”。因此他论断说，“所卜事项相同的实例，除了承认历组与宾组和出组早期时代相同以外，是没有其他办法的”。林沄在《小屯南地发掘与殷墟甲骨断代》一文中，则把李学勤提出的“历组”卜辞字体的演进序列加以创造性的发展和进一步系统化、理论化。他认为：“字体演进比较快而且呈现出一定的阶段性，所以从型式学观点来看，无疑是分类的最好标准”，而且他在文章中“所强调的型式学上的演变序列，则是确定诸类卜辞在纵向上接续关系的有效办法”。

持传统历组卜辞应为第四期武乙、文丁说的学者，陈炜湛在《“历组卜辞”的讨论与甲骨文的断代研究》中，指出了在“历组卜辞”讨论中存在的问题，即讨论的“双方尽管争论得很激烈，但很少具体讨论‘历组卜辞’的核心——真正有贞人历的卜辞。有的文章干脆把它们抛在一边，却大谈‘历组卜辞’的各种特点，与宾组、出组的异同等等”。与此同时，仍坚持传统，指出“说‘历组卜辞’属于武乙文丁时期者也很少着墨于历贞之间”。因此他提议争论的双方，应“具体地分析一下历贞的卜辞，以期先在‘小范围’内取得较为一致的意见，显然是非常必要的”。

陈炜湛身体力行，遍检“十万余片甲骨中，现在确知贞人是历的卜辞，一共只有十二片”，再加上“贞历”或“历”这些“不见于前辞而见于命辞中”的“确实历贞或与历有关的卜辞”等，“迄今共见二十三片”。他列摹本于文中以作标本，并从前辞形式、卜辞内容、不涉及任何先公先王和任何人物、地层和坑位、钻凿形态、字体等方面分析其特点。他以23片标本中的《京》4387“与文字风格完全一致的”《明后》2630相比较，发现两片的“干支相同，所异者一有‘历’，一省去‘历’而已”。《明后》2630的“告于父丁”，“则是武乙之称康丁，此片乃武乙所卜”，从而反证《京》4387“当亦为武乙时所卜，贞人历当为武乙时人无疑”。他还进一步论证了这23片历贞卜辞不可能是早期武丁至祖庚时物，这是因为其“字形、书体风格及文例明显属于晚期，而与早期不类”。不仅如此，

“这二十余片卜骨没有武丁卜辞（特别是宾组）的特征”。如将历贞卜辞扩大到所谓“历组”卜辞的范围。陈氏认为，“除个别特例需另作解释以及某些骨片（如《粹》273）有可能属于武丁期外，大多数‘历组卜辞’也不属武丁祖庚时期，而是属于武乙文丁时期”。

讨论的双方各执一词，并遍搜证据，以加强自己的论证，以己之矛，攻他说之盾，你来我往，讨论得非常激烈。在这场持续七八年的论战中，虽然有一些学者未参加到争论之中，但也在思考着、关心和注视着这场讨论，或不表态也是一种持传统观点，即仍认为历组卜辞为武乙、文丁说的看法。诸如著名甲骨学家胡厚宣教授，曾对林小安教授明确表示过“不同意历组卜辞提前”，并说，“我研究了一辈子甲骨文，还不明白历组该怎么分期么?”另一位前辈学者张政烺也持这种态度。①

从此，在甲骨学分期和商史研究中，就出现了对历组卜辞处理不同的较大分歧。关于历组卜辞“前提说”，对其信则信之者，继续发展为卜辞分类分组的研究，为解决一批“历组卜辞”前提留下的空白，进一步完善发展分期学说，构筑成功了王卜辞演进的“两系说”；而对其疑则疑之者，继续坚持历组卜辞武乙文丁说，在认真思索着种种挑战的不合理因素和继续搜集巩固传统说证据的基石。虽然自1985年以后有关历组卜辞的争论开始相对平静，相信“前提说”者和“传统说”者各行其道，但毕竟在这场旷日持久的讨论中未取得共识，不同观点者都在努力发展着，完善着，深化着自己的研究，可谓蓄势待发。一旦有考古发现和新证据的推动，定会再一次爆发一场更深层次的论战。

第三节　殷墟王卜辞“两系说”断代新方案的构筑成功与我们的初步质疑

随着20世纪70年代“文武丁时代卜辞的谜”的谜底真正“揭穿”，

① 2011年12月15日中国社会科学院历史研究所“纪念胡厚宣先生诞辰100周年”大会上，林小安教授缅怀胡先生时所谈。

即这一批卜辞上移至武丁时代在学术界取得了共识，以及七八十年代“历组卜辞”时代的新“谜团”讨论的深入，有学者认为“1933 年董作宾提出的卜辞五期分法，早已陈旧了”①，因而他进一步指出：“武丁时期并存有宾组、𠂤组等等的事实，证明在一个王世里可能存在几种互有差异的卜辞。反过来，一种卜辞也可能存在于不同的王世。因此，简单地用王世来划分甲骨卜辞殊嫌不够，陈梦家为此创用了𠂤组、宾组等词，这种办法显然比王世划分详密得多。”李学勤在陈梦家分组的基础上，把殷墟甲骨分为九组，每组借用一个贞人名作为组名。有一组无贞人名，径称为“无名组”，即宾组、𠂤组、子组、宂组、出组、历组、无名组、何组、黄组等。但李学勤的分组，与陈梦家《殷虚卜辞综述》的贞人“组”却名同实异，即他强调的“陈氏分期主要指卜人系连，与我们的观念有别”②。李学勤“历组卜辞”时代应“前提”新说的坚决支持者林沄，在他的《小屯南地甲骨发掘与殷墟甲骨断代》（《古文字研究》第九辑，中华书局 1984 年版）一文中，对李学勤“组”的划分及其特点作了全面系统的阐述。林氏文中的“类”，就是李氏所说的“组”，即“历组一类”“历组二类”“𠂤组”“𠂤历间组”“无名组”，等等。林氏认为，“划定𠂤组卜辞的另一基本标准”，是“字体特征（包括书体、字形结构和用字习惯三个主要方面）”。而“不见卜人名之卜辞可根据字体特征而归于𠂤组”。而那些“没有共版关系的卜人之所以被确定为𠂤组卜人，也是由于字体特征相同而建立联系的”。而其他卜辞，“宾组卜辞的划定也是一样”。“历组卜辞”，也“完全可以‘仅根据字体’而分为两个组，但不应从称谓考虑而分成什么‘父丁类’、‘父乙类’”。林氏还从理论上加以阐述说，“由于字体演变比较快而且呈现出一定的阶段性，所以从型式学观点来看无疑是分类的最好标准。其他如独立于卜辞内容之外的钻凿形式、甲骨整治形式、记事刻辞形式，等等，当然在型式学上也有分类的意义。但都不如字体所能分的类细致。而且，在多数人只能据拓本来分类的情况下，字体最便于使用”。特别是对那些“习惯上不著卜人名的一大批卜辞，堪称分类第一标准的，只是字体而已”；李

① 李学勤：《论“妇好”墓的年代及有关问题》，《文物》1977 年第 11 期。

② 李学勤：《小屯南地甲骨与甲骨分期》，《文物》1981 年第 5 期。

学勤也在《殷墟甲骨分期新论》[①] 等著作中，不断完善并系统化他的断代新说。“卜辞的类型学分析就是按照文字的字体，包括字的结构特点与书写风格，划分为若干组类。这一过程，我们称之为分类。”他全面阐述了“分类”的标准，即“字体是分类的唯一标准。在依字体分类后，可以确定出某一组类卜辞在内容方面具有哪些特点，作为推断具体卜辞是否属于该组类的根据。经验证明，卜辞内容之一的卜人是这种根据中最有效的，在这个意义上不妨视为分类的又一‘标准’”。此外，“将来如何对甲骨质料、形制等方面有了更多的研究，可能在卜辞之外建立分类的其他标准”。李氏还特别指出，甲骨文“分类和断代是分期研究中两个不同步骤。在分类以后，推定某一组类的时代，称之为断代。推定时代有相对的、绝对的。相对时代可由发掘品的层位推定，有时也可由卜辞间横向或纵向的关系推定”。而“绝对时代（王世）的推定根据则是称谓系统”。李学勤经过如此这般的一番深入研究，“把小屯的甲骨分为十个组（这仅仅是出于习惯的方便，不是以卜人作为主要标准）”。其中三个组没有卜人，一个组沿用旧名（午组），两个称为“无名组”与“非王无名组”，这就比他此前的“九组”多出一个组，从而标志他的分类与断代体系研究又前进了一步。

殷墟甲骨的10个“组”，其“性质和发现的地点尚有不同”。就性质而言，分为以商王为占卜中心的王卜辞，也有不以商王为中心的非王卜辞。就发现地点而言，有的组类只出于或主要出于小屯村北，有的组类只出于或主要出于小屯村中和村南。而“在王卜辞中，只有自村北、村南都出，其他可分为村北、村南两系”。其后，他又进一步对此说加以论证，“所谓两系，是说殷墟甲骨的发展可划分为两个系统。一个系统是由宾组发展到出组、何组、黄组，另一个系统是由自组发展到历组、无名组”。而李氏学说的积极追随者“林沄、彭裕商两同志对这个看法给予补正。根据他们的看法，自组可能是两系的共同起源，黄组可能是两系的共同归宿。这无疑是极有启发的”[②]。

① 李学勤:《殷墟甲骨分期新论》,《中原文物》1990年第3期。

② 李学勤:《殷墟甲骨两系说与历组卜辞》,《李学勤集》，黑龙江教育出版社1989年版，第98—99页。

林沄最早把“两系说”系统化，并将各类卜辞的演进趋势列表以明之。1984年他在《小屯南地甲骨与殷墟甲骨断代》（《古文字研究》第九辑，中华书局1984年版）列表如下：

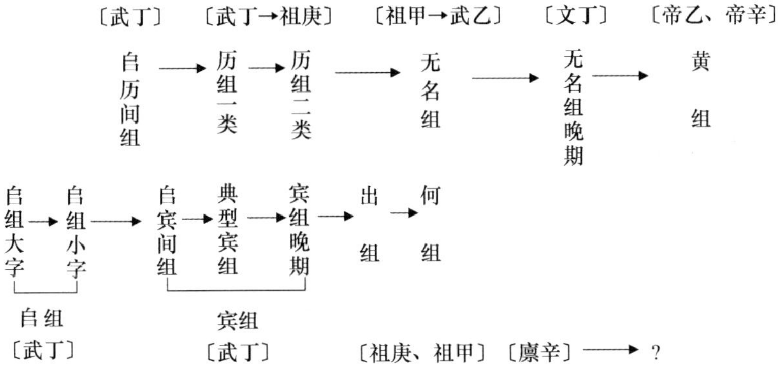

卜辞“两系”演进趋势表

虽然如此荦荦大观，但尚在构筑中，所以还没有形成和表现“两系”的“共同起源”——“自组”和“两系”平行演进的“共同归宿”——“黄组”。

“殷墟王室卜辞在演进上可以分为两系的思想，是李学勤先生在第一届古文字讨论会上首次公开提出的”。李学勤1978年提出“两系说”这一断代研究新方案的构思以后，在甲骨学界引起了巨大反响。不仅李学勤自己，而且热衷于王室甲骨卜辞“两系”演进的学者，在对甲骨文材料进行了全方位爬梳整理的基础上，从甲骨断代学的理论和方法上，进行全面、深入的探索，并使自己的新说不断得到补充、深化、完善，从而在1978年以后面世的“两系说”著作，标志其理论体系逐渐完善，并构筑成功了“两系说”断代研究的新方案。黄天树1991年由台北文津出版社出版的《殷墟王卜辞的分类与断代》、彭裕商1994年由中国社会科学出版社出版的《殷墟甲骨断代》及李学勤、彭裕商1996年由上海古籍出版社出版的《殷墟甲骨分期研究》等专著，就是学者们“两系说”新方案构筑成功的范本和总结性著作。

黄天树《殷墟王卜辞的分类与断代》，“在充分吸收近十年来大陆甲骨学界对断代问题研究的最新成果的基础上，对殷墟甲骨的主要部分——王卜辞的断代问题作了比较全面细致的分类和断代研究”，主要论述了自组卜辞、㞢类卜辞、宾组卜辞、宾出类卜辞、自宾间类卜辞、论自组小字类卜辞的时代、历类卜辞、自历间类卜辞、何组卜辞、历无名间类、无名类、无名黄间类卜辞、黄类卜辞等的特征及演进。书中有关甲骨卜辞“类”的命名，即为作者黄天树“根据甲骨学者所熟悉的贞人组的名称来给新划分出来的‘类’命名，如称‘宾出类’、‘何组一类’等等，其目的是为了使大家易于明了”①。《殷墟王卜辞分类与断代》将殷墟卜辞分为A（即小屯村北和村中）B（即小屯村南）两系共20类，并对各类卜辞划分的依据及相应年代进行了全面论述。此外，还列有“附：殷墟王卜辞的分类及各类所占年代总表”可供查看。“两系说”的发明者李学勤评价此书“是分期新说的系统发展。作者从严密的类型学分析着手，心细如发，把小屯的王卜辞划分为二十类，逐次论述其内涵及彼此的关系，又眉目朗然。专门研究甲骨的学者，必能看出书中揭示了许多前所未知的奥蕴，在分期研究方面迈进了一大步”②。

彭裕商《殷墟甲骨断代》一书，也应是构筑“两系说”的新成果，是“目前情况下总结出来的一些行之有效的断代方法”的实践。作者强调在整理卜辞时，“应充分使用考古学的方法，先分类，再断代。分类的主要标准有字体和卜人，其中字体分类的尺度较窄，卜人分类的尺度较宽。确定时代的主要标准有称谓系统，考古学依据，卜辞间的相互联系三项。其中称谓系统可确定绝对年代（王世），其余两项可推求相对早晚”。但“在某种情况下，比如对某王世的卜辞再进一步细分早晚时，称谓系统就不起什么作用了，这里只能以后二者为主”③。书中对殷墟早期的王室卜辞，进行了分类与断代的研究与论述，论及了自组卜辞、宾组卜辞、出组卜辞及历组卜辞等。不仅如此，书中还对非王卜辞，诸如子组、午组、非王无名组、子组附属及刀、亚卜辞等进行了深入分析。本书旁征博引，在全面深入“分析了殷墟早期各种卜辞的年代”的基础上，得出了以下结论并加以简示：

① 黄天树：《殷墟王卜辞分类与断代·自序》，台北文津出版社1991年版。

② 李学勤：《〈殷墟王卜辞的分类与断代〉序》，台北文津出版社1991年版。

③ 彭裕商：《殷墟甲骨断代》，中国社会科学出版社1994年版，第21页。

自组卜辞：武丁早期—武丁中期

宾组卜辞：武丁中期—武丁晚期

出组卜辞：祖庚、祖甲（上限可到武丁末）

历组卜辞：武丁中期—祖甲前期

“自宾间组”：武丁中期偏早

“自历间组”：武丁中期

非王卜辞：武丁中期

《殷墟甲骨断代》一书所“断”的甲骨时代，只是殷商时期的部分甲骨，即武丁至祖庚前期的各类王室卜辞和非王卜辞的“代”。多年以来，彭裕商对李学勤的“两系说”理论完全接受并有所发明和前进。《殷墟甲骨断代》一书，应全面反映了李学勤对殷墟早期甲骨的看法和意见，这也就为他与李学勤通力合作，全面系统论述殷墟甲骨“两系”的演进和分期断代新方案的全面构筑打下了基础。李学勤、彭裕商二位的《殷墟甲骨分期新论》[①] 一文，应就是二人写作新著的提纲。1996 年李学勤、彭裕商出版的《殷墟甲骨分期研究》（上海古籍出版社 1996 年版）一书，正是他们当年（1990 年）所说，“或许不久的将来我们能写出一本小册子”，以“达成本文未完全实现的意图”的完成。

李学勤、彭裕商的《殷墟甲骨分期研究》一书，1996 年由上海古籍出版社出版，则是李学勤 1978 年提出“两系说”以后，经自己多年思考和探索，以及“两系说”追随者的研究成果的全面总结和理论的深化。此书在彭裕商 1994 年《殷墟甲骨断代》的基础上，又增加了“何组卜辞”“黄组卜辞”“无名组卜辞”三部分，从而使彭书甲骨断代仅涉及殷代王室早期卜辞的研究，延展到晚商 273 年，即从晚商早期武丁至商末帝乙、帝辛时期各类甲骨的全面分析。其王室卜辞的“两系”演进如下：

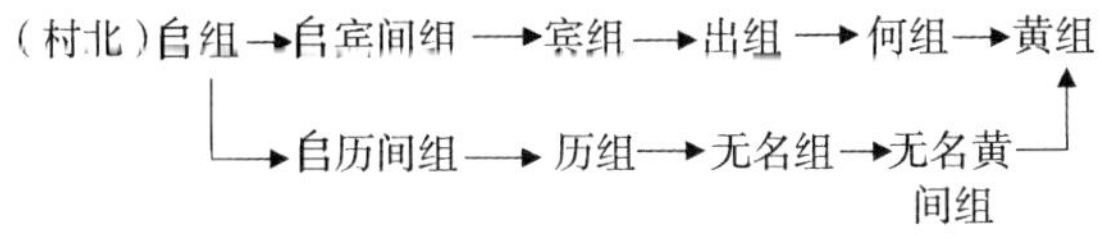

① 李学勤、彭裕商：《殷墟甲骨分期新论》，《中原文物》1990 年第 3 期。

“自组卜辞村南、村北均有出土，是两系共同起源，自宾间组只出村北，自历间组只出村南，才开始两系发展，往后宾组、出组、何组、黄组为村北系列，历组、无名组、无名黄间类为村南系列。无名黄间类以后，村南系列又融合于村北系列之中，黄组成为两系共同的归宿。”“在村北的占卜机构并未在一个时期内关闭或合并于村南，而是村北、村南两个系列自始至终并行发展。”①

李学勤在《殷墟甲骨分期研究》的“后记”中说，此书应“就是两系说的较全面叙述”。应该说，此书代表了主张殷墟甲骨分期断代研究“两系说”的学者，特别是它的首倡者李学勤，经过多年的研究和探索，并集思广益，在理论上和方法上有所突破，从而成功地构筑了这一断代研究的新体系。因此李、彭二氏这部著作，是我们全面认识和了解断代研究“两系”新说的代表之作。

《殷墟甲骨分期研究》还设专章“卜辞中所见商代重要事实”，将“从各类殷墟卜辞中排比出了若干较为重要的商代史迹”，依时间先后为序收录，主要内容有战争、田猎、其他（含气象、有关矣定化辞、商王出巡等卜辞）等方面，既反映了晚商时代各时期重要史事的变化，又通过史事的不同，加强了对各类卜辞特点的认识。以上的处理，为用“分类法”为基础的“两系说”研究甲骨文中的商代历史提供了例证。

应该说，黄天树《殷墟王卜辞的分类与断代》和彭裕商《殷墟甲骨断代》二书，是“两系说”构筑成功的最新成果。而李学勤、彭裕商的《殷墟甲骨分期研究》，则是从理论上和方法上对“两系说”进一步论证和加以深化之作。因此，上述三书，从理论上、方法上把“两系说”的研究向前大大推进了一步，是“两系说”断代研究新方案构筑成功的经典之作。

虽然“两系说”在青年学者中产生了一定的影响，但在使用传统“五期分法”和“十项标准”的学者中间，也必然会遇到“两系说”提出一系列问题的挑战，就不免使人对“两系说”产生一些质疑和提出一些初步看法。这就是：

其一，我们认为，殷墟王卜辞演进的“两系说”，“由于分类过于严

① 李学勤、彭裕商：《殷墟甲骨分期研究》，上海古籍出版社1996年版，第419页。

密，使人难于抓住要领”。黄天树的《殷墟王卜辞的分类与断代》武丁至祖庚的早期王室卜辞就有20种之多。而李学勤《殷墟甲骨分期研究》，在对全部晚商273年殷墟甲骨的分类过程中，如以“组”为一级计，共10组；“组”与可分的组（如出组一类、二类）为一级，共得21大类；组、类、类下再分（A、B、C等）小类为一级计，共得30小类；再加上历组二B类的甲、乙、丙三群和二C类的一、二组合、自组大字附等作为最小一级计的话，共得36类之多。如此等等，分类过细就容易陷入烦琐。李学勤自己也意识到这一点，他曾说过，“在实用上卜辞的分类不要过于繁细”①。因为分类过细，在实际操作中就会因人而异，对用字体作标准的“类”就令人难以把握。《殷墟王卜辞的分类与断代》作者也意识到这一问题，“字体并非一成不变，情况错综复杂。对同一现象，由于各人观察上有出入，有时会作出不同的分析。因此，所分出的类与实际情况就不一定相合，这是甲骨分类难以掌握之处”②。如此等等，连“两系说”的构筑者都有感于此，一般读者又怎么能掌握这些类、小类、小类A和B、小类中再分群或组合的客观标准，仅凭各个人观察，从而应用到甲骨文的整理现实中去呢?!

其二，虽然“两系说”的体系构筑颇为严密，为了证明自己理论体系的正确性并便于学者的比较研究，李学勤、彭裕商在《殷墟甲骨分期研究》书后附有各类卜辞（自组大字、宾组—B类、黄组、非王卜辞特征较明者除外）共986版。这些精选的近千版卜辞，当是支撑此书的基石。但如果扩而大之，将这一理论应用到百年来发现的10万多片甲骨中作进一步实践并被证明是可行的，就会被更多的人所接受。但目前尚缺乏这一工作。

按“两系说”理论，编纂甲骨著录书的实践也没停止，诸如雷焕章1997年出版的《德瑞荷比所藏一些甲骨录》（利氏学社，汉学新丛书第77册）、《国博藏甲》（2007年）、《张世放所藏殷墟甲骨集》（2009年）、《史语所购》（2009年）等。与此同时，也有用“两系说”理论，搜集甲

---

① 李学勤、彭裕商：《殷墟甲骨分期新论》，《中原文物》1990年第3期。

② 黄天树：《殷墟王卜辞的分类与断代·前言》，第11页。

骨材料研究商史者，诸如赵鹏《殷墟甲骨文人名与断代的初步研究》（线装书局2007年版），等等。但应注意的是“两系说”与“传统”五期说利用甲骨文研究同一问题，结论却不同。如接受“两系说”的范毓周《殷代武丁时期的战争》（《甲骨文与殷商史》第三辑，1991年）和坚持传统说的林小安《殷武丁臣属征伐行祭考》（《甲骨文与殷商史》第二辑，1986年）、王宇信《武丁期战争卜辞分期之尝试》(《甲骨文与殷商史》第三辑，1991年）的研究结果就有很多不尽相同之处。特别是武丁时期的一些重要战争，除𢀛方、周方相同外，而对另一些重要方国的战争，诸如巴方、土方、人方、下危的战争，两者是迥然有异的。[①] 真理只能有一个。“两系说”和传统五期分法对武丁时期战争研究结果的不同，说明两说还有继续深入研究，并接受考古新发现和甲骨新材料验证的必要。

其三，“两系说”的支持者，对“贞人”在卜辞分类中的作用是认识不尽相同的。有的学者强调“分类只能依靠字体”[②]，并得到学者的赞同和进一步阐述，也认为“同一个贞人所卜之辞在字体上有时可能分属不同的类；另一方面，不同组的贞人所卜之辞有时字体又同属一个类。因此如果同时用贞人和字体两个标准来划分甲骨就会陷入顾此失彼的窘境。从这个意义上讲，为甲骨分类只能使用一个标准，就是说分类应仅仅以字体来分类”[③]；但李学勤、彭裕商则与上述看法略有不同，他们的《殷墟甲骨分期研究》(1996年）主张“甲骨分期应充分使用考古学方法，先分类，再断代。分类标准有字体和卜人。其中字体分类的范围较窄，卜人分类的范围较宽”。“字体与卜人只是分类尺度的不同，其根本性质是相同的，即都能联系某些同时的甲骨。”[④] 如此等等，对贞人在卜辞分类中的作用给予一定重视。但是我们发现，“两系说”分类断代整理甲骨文的结果，不少贞人供职王室的时间过长，诸如《殷墟甲骨分期研究》第169—172页“关于何组卜人的整理”，供职于王朝并在两个王世以上者，就有何、专、纨、

① 参见王宇信等《甲骨学一百年》，社会科学文献出版社1999年版，第181—182页。

② 林沄：《无名组卜辞中父丁称谓的研究》，《古文字研究》第十三辑，中华书局1986年版。

③ 黄天树：《〈殷墟王卜辞分类与断代〉序》，1991年。

④ 李学勤、彭裕商：《殷墟甲骨分期研究》，第19—21页。

口、彭、即、暊、犾等人。我们曾将各贞人所跨朝代列表[①]后发现，何组贞人为五朝、四朝、三朝元老者颇为常见。其中何任职以武丁晚（20年）+祖庚（7年）+祖甲（33年）+廪辛（6年）+康丁（8年），共74年。就算何20岁成人任职卜人，供职商代五王，直活了94岁，这显然是不可能的！其次，在位仅4年的武乙，却要把卜辞再划为早、中、晚，即暊为“武乙之初”、口可到“武乙早年”等，而何组三A类下至“武乙早年”、三B类可下至“武乙中期”，无名组二类可“延至武乙中期”、无名组三类“至武乙中晚期”、无名黄间组类为“武乙中晚至文丁”，等等，能把3000多年前的甲骨文精确地限定在一年多的时间之内，其精确度显然缺乏依据！此外，祖庚在位仅7年，但历组二A类可至“祖庚初”，而历组二C类至“祖庚后期”，显然也缺乏依据。[②] 甲骨断代划分年代如此之细，不仅没有必要，也是不可能做到的。

我们可以看到，“两系说”卜辞分类的“第一标准”主要为“字形”（或再加“贞人”）；而传统的“五期说”第一标准为“世系、称谓、贞人”，双方分期断代的“第一标准”已经不同了；“两系说”运用“第一标准”，是为了求得卜辞的“横向联系”，而时代的求得，则是靠“称谓系统”“地层关系”“卜辞间的相对关系”等。传统的“五期说”用“第一标准”，是为了断定卜辞的时代，至于字体、卜辞间的相对关系等，都是由“第一标准”所派生出来的。因此，“两系说”和传统的“五期说”，在理论上和方法上也有很大不同。关键是何者能更正确反映卜辞实际和更为方便的运用，而不是“只要不挟成见，尽管自不同角度入手，终能殊途同归，折衷一是”[③] 了。诚如林小安所说的，“近年来在殷墟甲骨上出现的重大分歧则表明，同样是这样的标准，但运用这些标准的方法不同，其结论则完全不同”[④]。因此可以说，自“历组卜辞”的“前提说”提出以后，到逐渐完善并构架成功的“两系说”和坚持历组卜辞第四期武乙文丁时代的传统“五期说”，可谓“分道扬镳”，各行其道了。

---

① 参见王宇信等《甲骨学一百年》，第183页。

② 以上商王在位年数据《今本竹书纪年》。

③ 李学勤：《〈殷墟王卜辞的分类与断代〉序》，台北文津出版社1991年版。

④ 林小安：《武丁晚期卜辞考证》，《中原文物》1990年第3期。

在历组卜辞“前提”和形成“两系说”的过程，学者随研究的深入和发展，不断调整和补充新的例证，不断加强自己的理论体系的完整性和系统性，终于构筑成功了“自组”是村北、村南甲骨“两系”发展的“共同起源”，经平行发展若干年，村南甲骨又融合于村北甲骨系列之中，即“黄组成为两系的共同归宿”的代表作《殷墟甲骨分期研究》（上海古籍出版社 1996 年版）完成了。

而传统的“五期分法”的学者，则在与“历组卜辞”前提的辩论中，随考古发掘材料的增多和新证据的不断出现，也不断对“五期分法”有所修正和深化。1980 年，肖楠在《论武乙、文丁卜辞》（《古文字研究》第三辑，中华书局 1980 年版）及《〈小屯南地甲骨〉前言》中，完成了对“五期分法”中，“即学者们一般都统称为第四期为武乙、文丁时期，但何者为武乙卜辞，何者为文丁卜辞，还没有人做过细致的工作”[①] 的一批卜辞，结合 1973 年小屯南地出土甲骨地层进行“细分”，从而使“五期分法”更为细化。陈炜湛 1997 年完成了《读〈甲骨文断代研究例〉小记》[②]，则对“五期”分法有所补充和修正。方述鑫《殷墟卜辞断代研究》（台北文津出版社 1992 年版），则对传统“五期分法”进行了再论证和全面梳理与总结。吴俊德《殷墟第三、四期甲骨断代研究》（台北艺文印书馆 1999 年版），则重申历组卜辞应属第四期武乙、文丁时代，并对传统的第三、四期卜辞断代进行了全面系统的阐述。

第四节　当前断代研究的最新力作——《三论》是敲向“两系说”架构的一记重锤

如上所述，1977 年李学勤“从近年发表的材料看，自组等必须列于早期。‘妇好’墓的发现，进一步告诉我们，历组卜辞的时代也非移前不

① 参见王宇信《甲骨学通论》（增订本），中国社会科学出版社 1999 年版，第 202—203 页。

② 陈炜湛：《读〈甲骨文断代研究例〉小记》，《中山大学学报》1997 年第 4 期。

可”[①]，即提出历组卜辞应从第四期武乙文丁时代上移至第一期武丁晚和第二期早祖庚时代的新说以后，学术界就此展开了激烈的争论。在争论中，李学勤等学者进一步完善了关于历组卜辞的内涵、特征及确定了历组卜辞必须提前的种种依据，并在此基础上又进一步发展，成功地构筑成殷墟王卜辞“两系”发展的新说，出版了体现这一新说的代表作，诸如黄天树《殷墟王卜辞的分类与断代》（1991年）、彭裕商《殷墟甲骨断代》（1994年）和李学勤、彭裕商《殷墟甲骨分期研究》（1996年）等专著。特别是李、彭二氏的《殷墟甲骨分期研究》，确如李学勤在此书“后记”中所说，应“就是两系说的较全面叙述”的代表之作。应该说，“两系说”体系的架构成功，应自1977年李学勤提出破解历组卜辞的“谜团”，即时间前提起。经历组卜辞“前提说”在争论中逐渐完善和发展，从而为“两系说”的架构成功奠定了基石。

虽然“两系说”的新方案“从理论上说是颇为严密，堪称丝丝入扣的”[②]，因而受到不少年轻甲骨学者的追捧，但仍有不少学者在认真思索着：“两系说”大厦架构的基石——历组卜辞“前提说”诸项证据，是否真正与考古发掘地层实际和卜辞内涵的纵向发展和横向联系“全面而整体”的相符合？

肖楠在1980年发表的《论武乙、文丁卜辞》（《古文字研究》第三辑）和1984年发表的《再论武乙、文丁卜辞》（《古文字研究》第九辑），论证了对历组卜辞“前提”说的不同意见以后，就投入了殷墟考古发掘和新出土甲骨文材料的整理和编纂之中。虽然甲骨学界关于历组卜辞时代“不同观点的争论至今已三十多年，学者间尚未取得一致的看法”[③]，刘、曹二氏也没有再发表文章进行讨论。但他们静观其变，在认真思考着历组“前提”说对自己论据的辩难，并全面搜寻新证据，力图对历组卜辞“前提”说理论支撑点的可靠性进行新的挑战，可谓“引而不发”，待证据充分时就会抛出重槌，敲向历组卜辞“前提说”的核心，这就是前不久在

① 李学勤：《论“妇好”墓的年代及有关问题》，《文物》1977年第11期。

② 王宇信等：《甲骨学一百年》，社会科学文献出版社1999年版，第181页。

③ 刘一曼、曹定云：《三论武乙、文丁卜辞》，《考古学报》2011年第4期。

《考古学报》2011年第4期上刊出的《三论武乙、文丁卜辞》(以下简称《三论》)一文。因此文直指“两系说”的架构和其基石——“历组卜辞”前提的一系列根本问题,是当前分期讨论中出现的重要著作。为引起更多人的注意和思考,我们在这里不妨重点加以介绍。

一 历组卜辞时代“前提”缺乏考古学地层证据

刘一曼、曹定云教授在《三论》一文中,重申1973年小屯南地甲骨发掘的地层证据,即此次所出甲骨的主体部分——传统的武乙、文丁卜辞,它们的出土层位属于小屯南地中期和晚期。而小屯南地中期“绝对年代为康丁、武乙、文丁代”,小屯南地晚期的“绝对年代为帝乙、帝辛时代”,卜辞所属时代与其出土层位是相一致的。[①] 不仅如此,1986年、1989年、2002年、2004年又在殷墟小屯村中、村南进行过多次发掘,又新发现甲骨514片,多数甲骨可以作分期处理,即其中为午组、自组、一期卜辞约90片,无名组卜辞140余片,历组卜辞160多片,黄组刻辞1片。刘、曹两位教授将以上几年出土甲骨,即《村中南》[②] 一书著录甲骨的年代、灰坑或层位号、甲骨著录号、甲骨类型、时代加以分项整理并列表(所出无名组、历组号码统计表)以明之。从表中我们可以清楚地看出:午组、自组和一期卜辞出土于早期灰坑(殷墟文化一期及二期)H4与H6中,黄组刻辞(《村中南》438)出土于殷墟文化第四期灰坑H55中,而无名组、历组(父乙与父丁类)出于殷墟文化第三期(或三期晚)、四期或四期早段的灰坑及文化层中。

《村中南》刻辞甲骨,以无名组、历组卜辞占多数,其中5片有父辈称谓。其中一片《村中南》277为无名组,上有“父辛”,其余《村中南》202上有“父丁”、《村中南》203上有“父丁”、《村中南》14上有“父丁”、《村中南》46上有“父丁”,此4片字体属历组父丁类。此外,《村中南》212为1989年小屯村中发掘所得,与《粹》597为同文的历组父乙类卜辞,其出土地层T8(3)相当于殷墟文化三期晚段。而《村中南》46

① 《1973年小屯南地发掘简报》,《考古》1973年第1期。

② 即《殷墟小屯桔中村南甲骨》简称,云南人民出版社2012年版。

出土的单位 89H7 和《村中南》46 出土的地层 T6（31）“相当于殷墟文化四期早段”。《三论》指出：“1986—2004 年小屯村中南的发掘，历组卜辞的出土情况与 1973 年屯南发掘基本相似，即历组卜辞只出于殷墟文化三、四期坑层中。”而“稍有不同的是村中南的三期灰坑与地层，从出土陶片考察，属三期偏晚阶段，较小屯南地中期三段略晚”。殷墟小屯村中、村南的发掘，再一次以坚实的地层证据证明，历组卜辞出土的地层只能是较晚的殷墟文化三、四期地层，而不是出土于较早的殷墟文化一、二期地层之中。

不仅如此，自 1928 年殷墟科学发掘工作开始以后，翻检历次发掘材料表明，“在廪康以前的地层和坑位中，没有发现‘历组卜辞’”。而 1973 年小屯南地甲骨的重大发现，历组卜辞只出土于小屯南地中、晚期地层。1986—2004 年小屯村中、南的发掘，历组卜辞也还是只出上于殷墟中期及其以后的地层和灰坑中。因此殷墟考古学者论断说，殷墟“历次发掘都没有在早期地层中发现过历组卜辞，这是最基本、最重要的事实”。而主张历组卜辞时代“前提”说的学者，硬要把出土于殷墟中晚期地层中的历组卜辞的时间前提，很显然是缺乏坚实的考古地层证据的。

二　武乙、文丁卜辞时代“前提”后的称谓、世系与武丁时代不合

《三论》对武乙卜辞中的称谓、集合庙主所反映的世系和文丁卜辞中的称谓进行分析后，发现与武丁时代的称谓完全不合。而历组卜辞时代“前提”至武丁、祖庚时期，则会使商王世系造成“辈分”的混乱。

第一，《三论》还对武乙、文丁卜辞（即“历组卜辞”）中的父辈称谓“父丁”“父辛”和母辈称谓中的“母辛”、祖辈称谓中的“三祖”进行了分析和论证。

关于两组卜辞父辈称谓中的“父丁”，有单称“父丁”者（见《合集》32031，《佚》875，《合集》32070）；有“小乙、父丁”连称者，如《屯南》777“……小乙牛三，父丁牛三”、《屯南》4015“……祖丁、小乙、父丁”、《合集》15“……祖乙、小乙、父丁”、《南明》477“……小乙羌三牛二，父丁羌五牛三”；有“祖乙、父丁”连称者，如《合集》“……告于祖乙、父丁”、《缀》334（《粹》506 +《明续》499）

"……告于祖乙一牛、父丁一〔牛〕"、《甲》754"……大甲、祖乙、父丁"；有"毓祖乙、父丁"连称者，如《屯南》2366"……告自祖乙、毓祖乙、父丁"，等等。

上述"历组卜辞"中之"父丁"，明义士认为是武丁，而"父乙"是小乙。董作宾在《甲骨文断代研究例》中认为"这里的'父丁'自然是指康丁"。郭沫若在《粹考》20中论定，该片的"父丁"是康丁；肖楠在《小屯南地甲骨》一书和有关论文中，都认为历组卜辞中的"父丁"是指康丁。他们根据1973年小屯南地甲骨发掘时，"历组卜辞"全部出于中期地层，中期地层又分为中期一组和中期二组，而中期二组地层打破或叠压在中期一层一组之上。这表明，中期一组早于中期二组。中期一组地层出"父丁"类卜辞，中期二组"父丁"类与"父乙"类同出。地层关系证明，此"父丁"当为"康丁"；持历组卜辞"前提"说的学者李学勤认为，此"父丁"为祖庚称其父武丁。他在《小屯南地甲骨与甲骨分期》一文中论证说，"这里父丁排在小乙之后，自系武丁。如果说父丁是康丁，那么这些祀典中就是把武丁和祖庚这两位直系的名王略去了。无论从历史还是从卜辞惯例来看，这都是不可能的"。裘锡圭在《论"历组卜辞"的时代》（《古文字研究》第六辑，1981年）也认为历组卜辞中的"父丁"必是武丁。肖楠等认为历组卜辞中的"父丁"是康丁，与1973年小屯南地田野考古地层相符，而李、裘二氏把历组卜辞的"父丁"认作武丁，显然缺乏考古地层的依据。

关于"历组卜辞"的父辈称谓"父辛"，《缀新》588有"……又岁父辛……丝〔用〕"。此片"父辛"应为武乙称其父廪辛，卜辞的内容也与卜辞时代相合。此外，"父辛"称谓不见于出组卜辞。历组"父丁类"卜辞有"父丁"，又有"父辛"，因而此类卜辞是武乙称其父廪辛与康丁，必为第四期武乙时代卜辞，也是此类卜辞中"父丁"为康丁的力证。

关于"历组卜辞"中的"母辛"称谓。历组卜辞《甲》397有"……又母辛……兹用"、《摭续》77有"……又母辛以人十……兹用。弘吉"。《三论》指出，"武乙卜辞的'母辛'同祖庚、祖甲（出组）卜辞中的'母辛'有很大的区别，武乙卜辞中出现了'兹用'、'弘吉'等习惯用语，这是祖庚、祖甲（出组）卜辞所罕见和不见的"，从而得出结论说，

“出组卜辞中的‘母辛’同武乙卜辞中的‘母辛’是不相同的两个人”。

关于“历组卜辞”中“三祖”的称谓。“三祖”常见于武乙卜辞中，《合集》32617“甲辰贞，□岁于小乙。/弜又。/二牢。/三牢。二/弜至于三祖。二”。此片的“三祖”，祭祀顺序明显排在小乙之后。而《合集》32690“弜至三祖。/丙子贞，父丁彡。/不遘雨”。此片祭祀顺序“父丁”明显排在“三祖”之后。上述二片祭祀卜辞，都有祭“三祖”的卜问，且甲辰日与丙子日相隔仅33天。因祭祀“三祖”的期间是在甲辰至丙子时段之内，故《三论》以“三祖”为分类连接点，将两版内容系连起来：“甲辰贞：□岁于小乙。/弜又。/二牢。/三牢。二/弜至于三祖。二/弜至三祖。/丙子贞：父丁彡。/不遘雨。”《三论》指出：“在小乙至父丁之间的祭祀过程中，明显存在着‘三祖’。”而祭“三祖”，“是在‘小乙’之后，但却在‘父丁’之前。此中的致祭次序是小乙→三祖→父丁，这是小乙与父丁之间存在‘三祖’先王的确证”。并指出：历组“提前说”的学者所征引的小乙、父丁卜辞，“中间确实是略去了‘三祖’”。进一步论断说，“该祭祀过程清楚地证明，此中的‘父丁’就是康丁”。此外，武乙卜辞中的“三组”还见于《南辅》63“庚子卜，其又岁于三祖”。陈梦家在《综论》第494页早已指出应是武乙称祖己（孝己）、祖庚、祖甲。

《三论》还指出，“康丁卜辞中有‘三父’之称”。此“三父”“与武乙卜辞中的‘三祖’相对应”。《人文》1817“凡于□三父又”为康丁卜辞，“‘三父’当指父己、父庚、父甲”，对其子武乙来说，“即为祖己（孝己）、祖庚、祖甲”。“此‘三父’之称与武乙卜辞中的‘三祖’之称完全吻合，证明历组父丁类卜辞中的‘父丁’确实是康丁。”不仅如此，《三论》还检出“武乙卜辞中还存在着单独祭祀武丁和祖甲的卜辞”，诸如《拾遗》1·11“……于祖乙、以祖〔丁〕、祖甲……”、《屯南》1046“唯祖庚壱，唯祖辛壱，唯祖乙壱，唯祖□壱”。《三论》指出，“《拾遗》1·11的祖丁应指武丁，祖甲应指武丁子祖甲”，是确实的武乙对其祖辈的称谓。而“《屯南》1046之‘祖□’，根据先后次序排列，当为‘祖丁’，即武丁”。

鉴于上述种种，《三论》论定，“有充分的理由说，武乙卜辞中的‘父丁’不是武丁，而是康丁”。

第二，《三论》从武乙卜辞中集合庙主所反映的世系进行系统论证，“其所祭先王数与武乙时代的世系完全吻合，故此中的‘父丁’确实是康丁”。

一是对历组卜辞“前提说”和传统武乙时代说争议较大的“十示又三”进行了再论证。《后上》28·8“……自上甲十示又三，牛。小示，羊”、《屯南》827“……求禾自上甲十示又三”、《屯南》4331“……其求自上甲十示又三，牛。小示，羊……于〔父〕丁〔求〕”。上述《后上》28·8与《屯南》4331二片之“十示又三”与“小示”相对应，故“十示又三”当为“大示”无疑。而《屯南》4331又告诉我们，“父丁”是在“十示又三”之外单独祭祀的，从而为“判断这类卜辞的时代提供了依据”，即“是上甲、大乙至祖甲十三世直系先王（大示）。在合祭中，上甲与大乙之间略去了三报二示，而父丁（康丁）又是单独祭祀的”。因此，“‘十示又三’之先王数与武乙时代所祭直系先王数完全吻合，与此同版单祭的‘父丁’当然是康丁”而不会是祖庚祭武丁。此外，就字形看，也应是武乙时代之物，而不符武丁末祖庚之书风。

另一个争议较大的是“十示又四”卜辞，见《屯南》601“辛未卜，求于大示。三/于父丁求。三/弜求，其告于十示又四。三/壬申卜，求于大示。三/于父丁求。三”《南明》655与上片同文，此不列举。《三论》指出，前辈学者陈梦家曾主张“十示又四”是“小示”，“当指上甲至中丁十二大示之后，自祖乙至康丁的六世十四王（不包括祖己）”。但《三论》也指出其“具体的推算欠妥”。因为“既为‘小示’，则只祭旁系先王，而武乙时代，从卜丙至廪辛的全部旁系先王恰好十四位”。而与此同版的“父丁”，“当然也必是康丁”无疑。

因此，《三论》就得出了“武乙卜辞中，无论是‘大示’的‘十示又三’，还是‘小示’的‘十示又四’，其所祭先王数与武乙时代世系完全吻合，故此中的‘父丁’确实是康丁”。

《三论》不仅对武乙卜辞中一些分期有决定意义的称谓进行了论证，还对文丁卜辞中的称谓进行了深入考辨。首先是“父乙”称谓的三种组合，即单独的“父乙”称谓，诸如《屯南》751“壬午卜，𢦏又伐于父乙”及《合集》32722、《合集》32723的“父乙”；其次是“兄丁、父乙”连称者，诸如《粹》373“……将兄丁于父乙。用”及《甲》611“……将兄丁凡父乙”；再次是“兄丁、父宗”，《摭续》233、《合集》32765有“……将兄于父宗”，“此称目前仅一见，‘兄丁、父宗’即‘兄丁、父乙宗’，庙主称‘宗’，是文丁卜辞的特点之一”。文丁卜辞也有“母庚”称谓，但“文丁卜辞中的母辈称谓只有‘母庚’一个，此与武丁卜辞中存在着母庚、母丁、母壬、母癸等多母的情况又有极大的差别”。《明后》2524有“……母庚示旬。不用”。《三论》指出，“上述文丁卜辞中的‘父乙’、‘兄丁’、‘母庚’同武丁卜辞中的‘父乙’、‘兄丁’、‘母庚’有很大区别”，并论证说，“首先，此三称在武丁卜辞中是同版关系，是分别祭祀的对象，而在文丁卜辞中，‘父乙’、‘兄丁’往往同辞，是‘合祭’的对象。其次，武丁卜辞中，此三称所受祭祀种类较多”，“而文丁卜辞，此三称所受祭祀种类要少得多”。不仅如此，在“武丁卜辞中，此三称所受牺牲比较多以‘宰’为主，其次是牛、羊、伐等；而文丁卜辞中，此三称所受牺牲比较少，主要是牛，次为羊，没有见到‘宰’”。因此，以上种种迹象表明，“文丁卜辞中的‘父乙’、‘兄丁’、‘母庚’同武丁卜辞中的‘父乙’、‘兄丁’、‘母庚’是不相同的人，其时代自然也不相同”；文丁卜辞中集合庙主“伊、廿示又三”所反映的世系也“与文丁卜辞时代相吻合”，而将文丁卜辞“提前”至武丁晚祖庚时代则不能容纳。《京》4101“……又岁于伊、廿示又三”（《佚》211与之同文），虽然陈梦家曾解“‘伊廿示又三’，当读作‘伊、廿示又三’”，论断“此廿三示应是大甲至康丁的二十三王，乃小示”。但在赞同陈氏“应是自大甲至康丁的二十三王”论断的同时，指出“‘伊、廿示又三’是伊尹、大甲以下直系、旁系先王的合祭，故不是小示”。

第三，武乙、文丁卜辞的事类与武丁、祖庚（宾组、出组）卜辞的事类的比较。

《三论》把武丁祖庚卜辞和武乙、文丁卜辞的事类经充分分析比较后认为，“前者多是各时期都可以重复发生的事件，后者则是某一时期所特有的事件”。诸如“在战争与祭祀两件大事上，在商代后期的不同阶段是有所不同的”。

1. 在战争方面，《再论武乙、文丁卜辞》（1984年）已对武丁时期征战的主要方国为𢀛方，而武乙、文丁时期征战的主要方国为召方的征战对象的不同进行过论证。此外，甲骨学家林小安《武乙、文丁卜辞补正》（1986年）和《再论“历组卜辞”的年代》（2000年）等，对征战𢀛方的卜辞作了全面整理，卜伐𢀛方的贞人有宾、㱿……出等十人之多，且多为宾组贞人。而在500多条涉及伐𢀛方卜辞中，武丁不仅亲征，还调集㠯、沚㦰等名将前往出征，且战争规模大，持续时间长，为武丁晚期至祖庚初年最重要的战争。如“历组卜辞”时间真可“前提”，即历组卜辞与宾组、出组卜辞为同时代物，为何历组卜辞的贞人对武丁时伐𢀛方如此重大事件不闻不问？学者对这一问题的答案只能是“贞人历不是武丁晚至祖庚时代之卜官，这类卜辞也不是武丁至祖庚的卜辞”。

而关于历组卜辞和宾组、出组卜辞中的召方，张永山等学者在《论历组卜辞的年代》（1980年）中也进行过分析，即“武丁宾组卜辞时期，召方与商王朝是联盟关系，而在历组卜辞时，却成了敌国”。虽然在1986—2004年小屯村中、村南所出的历组卜辞中，“依然不见𢀛的踪影，但发现了两片征伐召方的卜辞”，即《村中南》228“己酉……召〔方〕……其登人……召……”《村中南》66“……三千□令……/……王征刀方……”学者指出，“在已发现的伐召方的六十多条卜辞中，未见‘登人’或‘登人’之数目”，但以上卜辞“既有‘登人’，又见‘三千’”。《村中南》66同版各辞可以推知，“该辞是卜问是否命令三千人伐召方”的。由此“可见武乙、文丁时期，征伐召方动用的兵员较多，战争规模也较大，召方确是这一时期殷王朝最主要的敌国”。

2. 有关祭祀方面，宾组、出组、历组卜辞祭祀祖先的卜辞数量较大，但有断代意义的祭父乙、父丁的祭名和祭牲却存在着明显的不同。历组祭父乙的祭名将、刚、祝、岁等不见于宾组，而宾组中的御、宾、酒、𠕋等也不见于历组祭父乙卜辞；虽历组卜辞对父丁的祭祀卜辞有一部分祭名与宾出组相同，但内容却是很不相同的。诸如告祭，出组祭父丁只见二条卜辞，即《英藏》1957及《合集》23259内容较简单。而历组卜辞先祭父丁的达30余条，内容较丰富，诸如田猎、日食、战争、祭祀等诸多方面，商王都要对其父进行告祭。在用牲方面，宾组、出组、历组卜辞对父乙、父丁的祭祀，畜种和数量也存有明显差别。统计表明，“历组祭祀父丁较出组祭父丁用牲种类多，数量也大”。特别是“宾组祭祀父乙记用牲的卜辞中以宰为多，计 24 条，占全部用牲条数（46 条）的 52.2%”。“出组祭祀父丁卜辞，宰牲为 18 条，占该组畜牲条数（37 条）的 48.7%。”“历组祭祀父丁用宰的卜辞 6 条，占该组畜牲条数的 22.7%。”以上三组祭祀父乙、父丁时用牲情况是存在差异的，主要是“宾出组祭祀祖先使用的畜牲以宰为主，牢很少，羊牲的比例大”。而“何组、无名组牢、宰并用，历组用牢多于宰，牛牲比例较羊牲大，而到了黄组，祭祀祖先的卜辞绝大多数用牢与牛，宰与羊很少。可见宰与羊、牢与牛祭祀卜辞条数多寡之变化，反映了时代之差异”。甲骨文中用牲种类早晚之变化，与殷墟商代后期祭祀遗址牛牲与羊牲的时代变化是相一致的，即“考古资料表明，殷墟文化一、二期（相当于宾组、出组卜辞时期）用羊牲祭祀较多，牛牲较少。而殷墟文化三、四期（相当于无名组、历组、黄组卜辞时期）则大量使用牛牲祭祀，用羊牲则相当少”。

第四，关于为历组卜辞提前“再次提供了有力证据”的最新缀合。

2004 年林宏明《从一条新缀的卜辞看历组卜辞时代》[①] 一文，成功缀合了《屯南》4050 +《屯南补遗》244 为一版。缀合者认为，“虽然这组卜辞缀合后仍然非常残缺，但重要的是此版为历组卜辞这类列举一系列先公先王的残辞，目前惟一一例可以见到‘父’字的。将这组缀合和《合》32384 比较，两者行款大致一致，推测这可能是一组同文卜辞”，并前进一步分析了与同文《合》32384 的不同，即增加了第五行，而且还出现父下名残，其残字“根据世系，笔者以为这个‘父’为‘父丁’（武丁）的可能性比康丁大出许多”。

李学勤先生认为，此组缀合为历组卜辞时代应“提前”“再次提供了有力证据”，并认为“父”下残缺之字非为“丁”，乃为“乙”字。推断说，“所见的‘父’，只能是‘父乙’，即小乙”。他得出结论说，“假如以辞中‘父乙’为武乙，是怎样也没办法讲通的”[②]。

《三论》的作者赞同“父”下一字应为“丁”的推论而不赞同李氏

① 载《古文字研究》第二十五辑，中华书局 2004 年版。

② 李学勤：《一版新缀卜辞与商王世》，《文物》2005 年第 2 期。

“父”下为“乙”的推测。并指出“该片的时代，却不能因为缀合而提前”。其理由是，其一，缀合后该版仍是一片残辞，“父”前和“父”后，仍不知所确指为何人。其二，虽然“父”后所缺之字有学者推断为“丁”，但也不能确认父丁一定为武丁。“因为残缺的‘父丁’卜辞，证明‘父丁’属哪一个王，其力度当然要比‘小乙、父丁’卜辞要小。”特别是现在“有‘小乙→三祖→父丁’之祭祀过程被发现[①]，完整的‘小乙、父丁’卜辞中的‘父丁’已经被证明不是武丁，而是康丁，那残缺的‘父丁’卜辞更是不足为据了”。

经过如此这般的一番分析，在历组卜辞时代“前提”说者看来是“提供了有力证据”的新缀合成果，也就显得无力了。

第五，关于武乙、文丁卜辞中的异代同版、同名、字体变化问题。

1. 再辨武乙、文丁卜辞中的异代同版问题

《屯南》2384 上部为出组卜辞，下部为历组卜辞，虽然《屯南·释文》在第 1010 页已指出“这是武乙时期利用了庚、甲时期的卜骨的空隙而形成的”，但历组卜辞时代“前提”说者坚持同版就必然同期，是历组卜辞时代“前提”说的最有力“佳证”。

但《三论》进一步指出，甲骨卜辞“同版只是一种现象，同版可以同期（相对而言）；同版也可以不同期，具体情况具体分析，不能一概论之”。在《屯南》还有此类现象，如《屯南》2157，其上部似康丁卜辞，下部似乙辛卜辞。这表明，晚期利用了早期卜骨材料。之所以如此，《三论》阐释说，“殷代卜龟（骨）是很宝贵的，占卜完后，不会马上扔掉，而是保存下来，因为这是档案，时王甚至后继者还会不时地检验查看；而史官们也会经常查阅这些甲骨，从中总结出占卜的经验；后来的史官也会翻阅以前的卜龟（骨），从中学习前辈的技术。在以上这些过程中，难免会有史官在过去空缺的卜骨上，重新占卜或刻辞”。如此等等，异代同版现象就这样得到了合理的解释。

不仅如此，《三论》还对《屯南》卜骨（甲）上的卜辞与其上记事刻辞归属于不同时代的现象作出了合理的解释。记事刻辞发生在甲骨整治过

---

① 参见刘一曼、曹定云《三论武乙、文丁卜辞》，《考古学报》2011 年第 4 期。

程结束之时，“是甲骨整治管理者检验甲骨时的签署记录，不是真正的卜辞，而卜辞则是贞人占卜之后史官刻在甲骨上的记录”。因此，“这两种记录的性质完全不同，而且发生时间也不相同”。“殷代整治好了的龟骨是十分珍贵的，会放在库房备用，待贞人占卜时，再从库房取出，占卜完后，史官在上面刻上卜辞。”此中间隔时间长短不一，因而此种现象不能叫同版，“只能称之为‘同龟（骨）’”。这种现象见于《屯南》910、911即正面字体为历组父乙类，即为文丁卜辞，而其反面有宾组卜人㱿的签名。著名学者张政烺指出，“此是一期入藏之骨，至历组卜人始用之，而非宾组、历组合作的产物”[①]。此外，《屯南》2263和2264为一版之正反，正面为乙辛卜辞，而反面为康丁至武乙记事刻辞。再如《英藏》2415正、反，正面为近历组卜辞，反面为宾组记事刻辞（伪刻者除外）。龟（骨）正面和反面的“同龟（或骨）”，“这两种刻辞原本就发生在不同时间，性质本不相同，因此它们之间时代不同也就不足为怪了。”

2. 关于殷墟卜辞中的异代同名问题

李学勤将历组卜辞时代“前提”至武丁时期，就是因为甲骨文第一期武丁时和第四期武乙、文丁时都有妇好。而1976年发现的殷墟五号墓属于殷墟二期早段，墓主妇好及其活动记载，见于武丁时大量的宾组卜辞之中。但李学勤认为，“殷墟甲骨不止是武丁时期的宾组卜辞有妇好这个人物，多出自小屯村中的一种卜骨也有妇好。这种卜骨字较大而细致，只有卜人历，我们称之为历组卜辞。按照旧的五期分法，历组卜辞被认为属于武乙、文丁时期的第四期。新出土的各种青铜器及玉器上的文字，其字体更接近于历组卜辞”。“但是，如果把墓的时代后移到武乙、文丁，又是和新出陶器、青铜器的早期特征无法相容的。”他为了解决这个矛盾，即“妇好墓的发现，进一步告诉我们，历组卜辞的时代也非移前不可”。其时代“前移”的支撑点之一，就是“历组卜辞出现的人名，许多与武丁、祖庚卜辞相同”[②]。

其实，武丁时代的妇好与武乙、文丁时代的妇好“相距时代甚远，怎

① 张政烺：《妇好略说补记》，《考古》1983年第8期。

② 李学勤：《论“妇好”墓的年代及有关问题》，《文物》1977年第11期。

能将武丁卜辞的妇好与武乙、文丁卜辞中的妇好看作是同一个人呢”？关于“在殷墟卜辞中，异代同名的现象很普遍”，刘一曼、曹定云等学者曾多次论述。《三论》“考虑到甲骨文中的不少人名，在商代后期（甚至西周早期）的铜器铭文中作为族名出现”，因此《三论》选取了十几位既见于铜器又见于卜辞的重要名号列表并加以分析后认为，“这反映出殷代的职官具有世袭性，即一些强宗大族的族长或重要人物世代为官，尤其是世代出任武职的更常见”。准于此，“甲骨文中的‘同名’也应如此解释，特别是一些时代相隔较远的卜辞如宾组、出组与历组，宾组与无名组，宾组、出组、何组与黄组中的同名者，应是出于同一个氏族中不同时代的人”。至于甲骨文第一、第四期“同名”现象较各期为多，刘、曹等学者也作出过合理的阐述，即“一、四期卜辞内容多、涉及面广 ，故‘人名’也多，‘同名’现象自然就多；而二期以祭祀（特别是周祭）、卜旬、卜王为主，三期以田猎卜辞为主，五期以祭祀、田猎、卜旬为主，另有一些征人方的材料，涉及人名相对少一些，故同名现象相对也少一些”。因此，“我们不能以同名现象在各期（或各组）出现多寡的不同而对异代同名产生怀疑或否定”。

3. 字体变化在断代中的作用

《三论》认为，“在甲骨分期断代的研究中，人们通常会将卜辞字体进行分类，以便整理研究，这种方法在考古学上称作类型学”。而甲骨卜辞本身是地下遗物，“是通过考古学方法发掘出来的，所以人们又必须运用考古地层学方法，对出土甲骨进行整理”。在类型学与地层学的关系中，“地层学是基础，是根本，地层学决定着类型学”。即离开地层学，单靠器物外部形态进行分类，并断定器物的时代，不仅危险，而且有时会误入歧途。特别是“文字的形态会受师承关系的影响，这点应引起学者足够的重视”。

在对历组卜辞的研究中，《三论》强调“要切忌滥用，不要一见字体稍微相近，不考虑其他，尤其是不考虑地层关系，就笼统地称之为‘历组’卜辞，并随之着手改变其时代，那样就难免出错”。不顾考古地层证据，硬把出土于晚期地层的历组卜辞“前提”，不仅早期地层从未出土过此类卜辞，而且历组卜辞的称谓、世系和事类等也和殷墟早期地层出土的宾组卜辞的称谓、世系和事类不合。

虽然甲骨文的字体处在变化和发展之中，学者们将字体进行分类，其根据还在于字体的变化。而具体的字，就要具体地分析其特例。诸如“五期”分法总结出来的“癸”字五期出头，写作“※”形。但1991年花园庄东地H3所出卜辞，“癸”字出头者很多。再如“王”字，“五期”分法早期“王”字不戴帽作“太”形，晚期戴帽，上加一横作“王”形，但花东H3甲骨中，“王”的两种字型并存。因此《三论》指出，“仅凭某些个别‘字’的写法变化，就去判定卜辞的时代，是不可取的，也是非常危险的”。

《三论》经过认真分析后，特别强调“判断卜辞的时代，一定要看卜辞的群体特征，要根据地层关系，要看称谓组合、世系、事类各种因素。总之一句话，要综合各种因素，切忌根据一两点就匆忙下结论”。这就从根本上动摇了历组卜辞时代“前提说”立论的支柱。因而建立在历组卜辞“前提”基础之上的“两系”说构架的基础，在《三论》这柄重锤的敲打下，将要摇摇欲坠了。

第六，被动摇的“两系说”架构。

殷墟王卜辞演进“两系说”，是李学勤提出并进一步完善和以图表示的。[①]“两系说”体系架构的完成，以黄天树《殷墟王卜辞的分类与断代》(1991年)、彭裕商《殷墟甲骨断代》(1994年)、李学勤、彭裕商《殷墟甲骨分期研究》(1996年)等大著的完成为代表，并在不少青年学者中产生了一定的影响。

“两系说”的提出，是以历组卜辞“提前”说的提出和讨论的深入为契机，逐渐完善并架构成功的。《三论》则深刻地指出：“提出‘两系说’的学者，大概是难以解释历组卜辞与宾组、出组之间的差异，以及历组与他组之间的地层关系，因而将之从何组、黄组的链条组抽出，并放在无名组的前面，以摆脱历组卜辞在地层上的困境。”

不少学者曾对“两系说”提出过质疑，诸如林小安《再论“历组卜

---

① 李学勤、彭裕商：《殷墟甲骨分期新论》，《中原文物》1990年第3期；李学勤、彭裕商：《殷墟甲骨分期研究》，上海古籍出版社1996年版，第305—306页。

辞”的年代》(《故宫博物院院刊》2000 年第 1 期)、方述鑫《殷墟卜辞断代研究》(台北文津出版社 1992 年版，第 168—169 页)、王宇信等《甲骨学 100 年》(社会科学文献出版社 1999 年版，第 181—184 页)、王宇信《中国甲骨学》(上海人民出版社 2009 年版，第 205 页)，等等。

我们认为，《三论》是敲向“两系说”立论的基石——历组卜辞时代“前提说”的一记重槌。以上几个方面对历组卜辞“前提”说的质疑，足以撼动历组卜辞时代“前提说”的几大支撑点。我们只要有实事求是之心，并平心静气地思考，就会承认历组卜辞时代“前提”是没有根据的，也是不可能的，因而殷墟王卜辞演进的“两系说”借以构筑的基石也就被动摇了。不仅如此，我们具体对“两系说”的架构加以考察，也不难发现其虽然从理论上是丝丝入扣，颇为严密的，但还是经不住认真推敲。《三论》从下述方面对“两系说”的理论依据加以剖析：

1. “两系说”与小屯甲骨出土的实际情况不符。“因为村南是出宾组、何组、黄组卜辞的”，且有《屯南》《村中南》有关各片的证据。而“村北也出历组卜辞”，《甲编》《乙编》有关各片也可为证。理论上的村北、村南“两系”平行发展，也就不符合实际了。

2. 既为“两系”演进，“各组卜辞应当是年代相承袭，字体一脉相承，但何组与黄组卜辞的联系不是紧密的，两者之间有一定的空隙”。“两系说”学者也指出了何组与黄组间还应有一批过渡的卜辞，认为《安阳侯家庄出土的甲骨文字》第 9—42 片就属此种“字体较何组三类有更多的晚期特征”的卜辞，推论其也应在殷墟小屯存在，仅是目前尚未被发现而已。但《三论》指出，“这种推测根据不足”，这是因为有学者认为侯家庄第 9—42 片为另一种子卜辞（即非王卜辞），而不是何组与黄组之间过渡的属于王室的卜辞。“王卜辞与子卜辞是性质不同的卜辞，不应当将侯家庄的‘子卜辞’拿来填补小屯‘两系说’中王卜辞的空白。”

3. 小屯村北、村南在殷代同处宫殿宗庙区中，殷王室没有必要同时设立两个占卜机关。如同一时期设两个占卜机关，就应在占卜事类方面有所分工。但历组与“同时”的宾组、出组卜辞内容方面没有多大的不同。如同一时期存有两个独立的占卜机构，各机构的人员应各自在所属衙署内从事占卜活动，宾组、出组与“同时”的“另系”历组的字体同见于一版甲骨也就没法解释。

4.“两系说”将历组卜辞放到了无名组卜辞前面，但这“是同田野考古中的地层关系相违背的”。1973 年小屯南地考古发掘地层“无名组卜辞的产生早于历组卜辞，这是建立在确切地层关系上的结论”。

如此等等。《三论》这篇近年分期断代研究的总结性著作，像一记重锤，在撼动着“两系说”的基石——历组卜辞的时代“前提说”以后，又落在了“两系说”的架构上，即“无论从卜辞的内容进行分析，还是从田野发掘的地层关系进行检验，‘两系说’都是难以成立的”。

第五节　也谈殷墟甲骨的“考古学整理”

殷墟甲骨文作为考古发掘出土品（指科学发掘所得）和一种古代文物，学者们对其进行分期断代研究，不仅从甲骨文字本身，即从内容方面，或文字的类型方面，或钻凿形态方面，进行“观其全体”的全方位考察，而且还以科学发掘品为依据，从出土层位与坑位，借助考古学的理论和方法，进行分期断代全新角度的探索。诚如有学者所强调的，“甲骨出土于地下，本身是一种考古遗物，这就决定了在对甲骨进行整理的时候必须充分运用考古学的方法，甲骨分期研究与殷墟考古工作有密不可分的联系，这已为几十年来的历史所证明”①。

我们是完全赞成学者们所主张的“甲骨实际上是一种考古材料，因而适宜用考古学方法来进行整理”的。所以“在对考古器物作分期研究的时候，必须先用类型学的方法将其分为若干型式，然后再确定其时代”，即对科学发掘的出土品进行考古类型学分析以后，再根据地层断代。但是，我们不赞成他们所理解的“从理论上来讲，这是由于考古材料都具有两种不同的属性所致”，即其“第一种属性可以告诉我们某些器物是同时代的，即可展示这些器物在时代上的横向关系”。根据这种属性，就可以把若干物品联系起来，形成组或群，便仅此而已。至于这些相互联系成组成群的

---

① 李学勤、彭裕商：《殷墟甲骨分期新论》，《中原文物》1990 年第 3 期。

物品究竟应存在于什么时代，则仍是不可得知的；而“第二种属性则可告诉我们这些物品的大致年代或相对早晚，即可展示其时代上的纵向关系”云云。①

我们认为，考古发掘的出土遗物，诸如甲骨、陶器、石器、玉器等(包括没有文字的铜器、甲骨等)，只有“第一种属性”，即形制相近的遗物，其时间应基本相近。而所谓“第二种属性”，是各地层出土的遗物，在进行各类器物类型学的排队整理以后，依据地层关系的早晚，进行分析比较得出的结果，而不是考古材料本身所具有的时代早晚的属性。

我们之所以这样说，首先是中国考古学史就证明了这一点。众所周知，殷墟1928年科学发掘以前，仰韶文化、龙山文化遗物早有发现，但当时学者们只知道是两种不同的器物群，代表了分布地域不同的两种文化，而其时代孰早孰晚，是不得而知的。直到1931年梁思永在安阳后冈发掘出“三叠层”以后，才改变了“在这发现之前，我们只知道中国新石器时代，东部曾有一种黑陶文化，而于这种文化与其他文化的关系是一无所知的。在这发现之后，我们才知道它的时代和地位，以及它与白陶文化和彩陶文化的关系”②。在中国田野考古学形成以后，每当有一种新的文化类型发现，开始也只是知道还有哪些遗址的出土品与其相类似，即横向的联系，但其在总的考古学文化发展序列上的早晚关系，是不清楚的。诸如仰韶文化的半坡类型和庙底的类型就是如此。只有在有关遗址的典型地层叠压关系被发现以后，才能判断仰韶文化中，两种类型文化的早晚。因此，考古发掘品没有地层学的依据，只就器物本身进行类型学整理，往往时间关系发生错位。学术界所熟知的安特生仰韶文化的“单色陶器早于着色陶器”，以及安特生在甘肃、青海调查新石器时代得出“六期说”的错误意见，就是由此所致。由此可见，考古材料本身是不具有“第二种属性”的。但以地层学为依据，经过类型学的整理和分期研究的考古出土遗物，本身才有了断代标尺的作用，才能像学者所说，考古材料具有的“第二种属性实际上就是判明出土物品的时代的原始依据”。这种属性的“因

① 李学勤、彭裕商：《殷墟甲骨分期研究》，上海古籍出版社1996年版，第16—17页。

② 梁思永：《后冈发掘小记》，《安阳发掘报告》1933年第4期。

素有地层关系、铭文内容、同出器物等，根据这些因素就可以知道某个型式器物的绝对或大致的年代”①。应当指出的是，这里作为“判明出土物品的时代的原始依据”之一的“同出器物”，是经过考古类型学研究和有地层证据判明时代的典型标本。只有在这种情况下，考古材料才“具有两种不同的属性”。

其次，我们从“考古学方法”，即发掘出土遗物的整理过程，也可以看到出土遗物本身只具有第一种属性。考古学者在整理考古出土品，诸如陶器的时候，其工作程序一般是先按出土层位、坑位（归属层位）将所出遗物（主要是陶器变化较快而具有时代的典型性）一一展开，再对每层遗物（以陶器为主）进行分类整理，比如从器形、用途、质料划分出陶鬲、盆、罐等不同的器“类”。并进一步将每一大“类”陶器中的不同器“类”，例如陶罐，又可分为长腹罐、圆腹罐、鼓腹罐、带鋬罐等不同的“型”。应该说，在我们不知道所分析的陶器出土的地层早晚关系，也不了解考古学文化分期成果的情况下，这批出于同一地层的器物应视为同时的。但是，如果我们掌握了对该考古文化类型学研究积累的知识，在对该层出土品进行类型演化的分析以前，就可以在同一层出土遗物中发现较早和相对较晚的陶器，从而可以初步判定这批出土陶器的上限和下限。晚期地层中，可以有早期陶器遗留，但早期地层是绝不会出晚期陶器的。因此，我们在进行科学整理时，再进一步根据地层早晚的不同，对每一类型的陶器逐层进行对比分析，从器物的各部位观察有无早、晚的变化和差异。如果有所变化，就在每一类型下再细分为一式、二式……这样，就得出了每一类型陶器早晚演进的发展序列，即纵向关系。与此同时，一批类型不同（包括式）的器物与伴出的其他器类的组合关系也就逐步明确，即时代相近的横向关系。如果该遗址的出土遗物，特别是各类陶器的演变序列和共出遗物组合关系比较典型，并不断得到了同一文化类型的其他遗址出土陶器的验证，这些典型陶器就具有了“第一”和“第二”种属性，因而可以用于对其他同类遗物（或采集品）判断时代的依据。

同于此理，传世的殷墟甲骨文在董作宾大师1933年《甲骨文断代研

① 张岂之主编：《中国近代史学学术史》，中国社会科学出版社1996年版，第449—450页。

究例》发表以前，即对甲骨进行创通阐阒的整理以前，甲骨文作为古代文化珍品，也是不具有这种属性的。试想，在没有“贞人”的关联和“称谓”标准等的应用，在未将甲骨文分为五个不同时期的情况下，又从哪里着手整理甲骨文字，并如何根据字体对273年一团混沌的10多万片甲骨进行“类型学”分析并归列于若干类组呢？须知，考古发掘品的类型学分析方法，首先是对每一地层的出土遗物进行分门别类的整理，然后再逐一与其相邻的地层（上、下）的同类出土物进行“式”的演进分析，而不是一股脑儿地将遗址出土遗物不分地层和坑位，混在一起进行类型学“整理”的。

因为甲骨文乃殷墟地下出土，特别是1928年以后的科学发掘所得甲骨，其“本身是一种考古遗物”，如何充分运用“考古学方法”对甲骨进行整理？我们认为，其一，就应设想不受传统的“五期”说或“两系说”的影响，视殷墟考古发掘所出甲骨和伴出陶器等遗物一样，只具有“第一种属性”，而不知其有“第二种属性”的出土遗物，着手按出土层位及坑位进行整理研究。

其二，对甲骨本身进行类型学分析。既然甲骨是一种考古发掘出土遗物，那么对其进行考古学类型分析又从何处着手呢？按考古学方法整理出土实物的常例，自然是对每一地层（或坑位）中的甲骨和其出土其他遗物，诸如整理陶器、铜器、骨器等遗物一样，从形制、纹饰、质料、制法等方面进行类型学分析。而甲骨的形制，包括片形大小、质料（骨或甲）、整治方法等方面、灼痕、钻凿制作以及“纹样”（包括镶嵌纹饰，而甲骨文字也应视为一种“特殊”纹饰），等等，应是对甲骨进行类型学分析的对象。我们曾经说过，有学者对什么是“甲骨的类型学分析”的理解是与我们有所不同的。我们认为，首先应对甲骨片本身，即其形制的各种特点进行科学整理和类型学分析。甲骨作为一种考古遗物，除了有文字者外，还有不少无字甲骨出土。根据《1973年小屯南地发掘报告》的整理，出土的5000多片无字甲骨的整治方法，特别是钻凿型式的变化，是和小屯南地的文化分期相一致，并与小屯南地出土的有字甲骨的类型学分析，即钻凿和骨沿等方面的变化也是一致的。因此，对殷墟出土甲骨的考古类型学分析，文字（即可理解为一种“特殊”的纹饰）的类型学分析是不普遍的，因为还有大量的无文字的甲骨，因此，是第二位的。而对甲骨（无字与有字的）形制的类型学分析，才是全面的，因而是第一位的。应该说，这才是对考古出土品甲骨全面意义的考古学类型学分析。

其三，既然对考古出土的物的类型学分析首先是对其形制进行分析，那么相同类型器物除了无纹饰的以外，那些有纹饰的器物，就要再进一步对纹饰进行类型学分析。纹饰与器物的形制在时代上应是一致的（如不一致，或为拙劣的伪器，考古出土品是无伪品的），因而不脱离器物的纹饰类型学分析、排比结果，再经其他类型遗址的同类同期器物纹饰类型学分析的反复证明，纹饰也就和遗物本身一样，有了断代的标志意义。诸如早商、中商、晚商大量出土的青铜器经过考古学类型分析，可以看出不同类型铜器的早晚演化关系。而与大量无纹饰的铜器在一起，一些有纹饰铜器上的花纹型式变化与器形的演化规律呈现出一致性。因此，我们也可对商代早、中、晚铜器上的纹饰进行类型学分析，并有一定的断代意义。但无论考古遗物本身，还是器物上纹饰类型学分析的演化序列和所谓“继承性”“谱系”等，只是形似或神似，并不是直接继承的。

按照考古学整理的程序，在对典型层位（或坑位）出土甲骨进行类型学分析的基础上，即甲骨质料、形制、钻凿制作等，再进一步对有字甲骨（对甲骨遗物来说，是特殊意义的“纹饰”）进行类型学分析，只有在这时候，才可以说“堪称分类第一标准的，只有字体而已”。但甲骨上的文字作为特殊意义的“纹饰”，有“贞人”之名，可将各类型字体、书体的文字，通过贞人同版，或扩而大之，与其他贞人异版系连，表明它们之间有着横向的联系，这就为字型学的“分类”工作提供了极大的便利，这也是客观存在的事实；而文字中又有“称谓”，可与文献中的商王世系联系起来，表明“时王”与这批不同型式的文字的关系。如果脱离出土甲骨实物，即单纯地从拓本上的文字进行文字的类型学分析，往往因称谓相同（殷王同名甲乙者甚多，陈梦家《综述》曾有统计，名目有七甲、六乙、八丁、二丙、一戊至一癸①），不易辨明该类型文字应明确属于哪一王。但在甲骨原片类型学分析基础之上（即地层依据、钻凿形态等）的文字类型

① 参见陈梦家《殷虚卜辞综述》，中华书局2008年版，第4页。

学，则可将称谓相同的不同文字类型与甲骨类型的演进、地层学依据结合起来，经过“观其全体”的综合分析与研究，从而使文字的同类型相归类，并进一步区分出类型下“式”的演进来。应该说，殷墟科学发掘80多年的历史和殷墟文化分期的科学成果，与甲骨类型学研究的结果是相一致的。殷墟科学发掘地层和坑位的分析，为甲骨遗物提供了在殷墟文化发展序列中的相对位置。而甲骨类型学的研究，特别是在对不脱离出土地层的甲骨实物基础上的文字类型学研究，又为殷墟文化分期提供了较确切年代的证明。考古层位（或坑位）是客观存在的，如甲骨文字的型式学分析结果与地层关系不符，就说明研究方法出了问题，只能另觅他法而已。因此我们认为，那种“多数人只能根据拓本来分类的情况下，字体最便于使用”① 的型式学分析，是与甲骨类型学相分离的纯文字类型学分析，就不是“充分使用考古学方法”了。

我们认为，对失去地层依据的传世甲骨拓片上文字进行类型学整理，应首先依据拓片上甲骨文字的世系、称谓、贞人所透露的时代早晚关系，先把时代相近的一批典型甲骨集中在一起，这相当于考古学上的“分层”整理，然后再据文字风格的不同，将之一一分类。再由此及彼，把那些作风与这些典型类相比勘，可逐一归入同类之中。在此基础上，再比较每一类文字的结构、点划、刀法的差异，从中找出从早到晚演进的序列，即类下再分式的类型学研究。我们认为，对传世甲骨整理时，拓片所透露的时代信息（即世系、称谓），可相当于考古学上的地层关系，对甲骨文字类型学整理才是第一位的。过分强调“堪称分类第一标准的，只是字体而已”②，是本末倒置，考古学类型学分析并不是如此进行的。

其四，与甲骨实物相脱离的“文字类型学”分析，为了求得文字类（即型）、组的不同，即同中发现异，必然要从所谓“类型学”上将文字过细地划分类组，以便于比较出平行“两系”文字来，再进而通过称谓和考古依据，确定各类组文字时代的早晚和继承关系。由于文字“类型学”分类的过细，其结果可达36种组、大类、小类、附、群等，不仅烦琐到

① 林沄：《小屯南地发掘与殷墟甲骨断代》，《古文字研究》第九辑，中华书局1984年版。
② 同上。

除整理者本人以外，其他人不能掌握的地步，而且如此之多的类群划分，与甲骨本身类型学整理的分型、分式应明确、简捷的结果也是不相适应的。此外，甲骨上的文字，本是出自不同时代的不同人之手，文字类型学的分析只能是发现每一时期总的书体风格的不同和个别文字表现出来的差异，而不是后一个时期的文字是前一个时期文字的直接继承。“两系说”的学者为了支持字体分类及演进，居然以现代“笔迹学”作为他们的理论依据，并说：“现代笔迹学研究的成果告诉我们：一个人在不同时期留下的笔迹略有差异，但基本特征是不会变的，仍保持自身的书写习惯。这种书写习惯具有以固有的书写方式重复再现的特点。”① 其实，从笔迹学的角度看，殷墟甲骨恰恰不能分“两系”演进。试问，是自组刻辞的首创刻手，把自己字体的特征传给了自己的两个儿子，在村北、村南发展，经过273年的“两系”平行刻甲骨文字，代代各自相传，子子孙孙的有各自特点的字体，最后又融为一体，成为单一的黄组一种字体么?！这显然是不可能的。或是自组刻手的历代子孙，在晚商八世十二王期间身居不同王世的刻手，按官方所规定“两系”字体发展，代代传承创新，最后又按官方的意旨，九九归一为黄组字体中呢？这显然也是想当然耳！就如有学者所说的那样：“甲骨刻辞之字体的连续过渡的演变，很可能只是同一刻手早晚书法和刀法的变化；演变又呈现的阶段性，则多半是因为同一位新手在刻意摹仿其蒙师的字迹时又不能不表现出自己的风格和特点。”②“笔迹学”是鉴定一个人的笔迹，虽然其人一生的不同年龄段笔迹可能有某些变化，但基本特征还是依稀可见的。但殷墟甲骨刻辞当非出自一人之手，其发展的“连续性”“过渡性”云云，显然与笔迹学的理论相左。此外，殷墟甲骨文非一时所刻，至于师传等等，显然属于理论上的推测。就是刻手在刻意模仿，笔迹学能够鉴定出是不同时代字体，但不是出自一人手笔。

其五，即使甲骨文字演进的村北、村南“两系说”可以成立，那么又会有些问题必须得到合理的解释。首先，就是村北、村南的“两系”文字落实到具体的发掘所出甲骨实物上，是村北、村南不同的占卜机关使用整

① 黄天树：《殷墟王卜辞的分类与断代·前言》，台北文津出版社1991年版。

② 林沄：《小屯南地发掘与殷墟甲骨断代》，《古文字研究》第九辑，中华书局1984年版。

治不同类型的“两系”甲骨片，还是使用“两系”文字的村北、村南不同占卜机构，都使用同一类型的甲骨片？那就应该有一个专门供应整治好的甲（龟）骨，即卜材的机构并专贮卜材，随时往来于村北、村南的占卜机关，以供不时之需用了。其次，学者们对殷墟甲骨钻凿形态和整治等方面的类型学分析，无论是对传世甲骨，诸如前述许进雄、[1] 于秀卿[2]等学者分析的，还是小屯南地甲骨发掘者，对 1973 年以来历次发掘层位明确的甲骨型制的分析，尚没有发现甲（龟）骨型制“两系”演进的现象。众所周知，对考古发掘出土遗物类型学的分析结果表明，出土遗物的型制、纹饰等方面都是一个统一的整体。因此，文字演进的“两系”与甲骨型制的“一系”就产生了不可解释的矛盾现象。之所以如此，是由于过分强调了文字是分类的标准所致。因此我们认为“两系说”文字的类型学分析，是脱离了考古遗物——甲骨实物的纯文字类型学分析，因而不是真正意义的考古学类型学方法。

① 许进雄：《卜骨上的钻凿形态》，台北艺文印书馆 1971 年版；《骨卜技术与卜辞断代》，博士学位论文，多伦多大学，1974 年。

② 于秀卿等：《甲骨的钻凿形态与分期断代研究》，《古文字研究》第六辑，中华书局 1981 年版。

第十四章

甲骨学商史研究新作与突破性成果

——十一卷本《商代史》的出版

1978年以后，《甲骨文合集》等大型甲骨著录的出版，为甲骨学商史研究增加了丰富的第一手研究资料，而不断发现与公布的新出土甲骨文，又为甲骨学商史的研究注入了新活力。与此同时，殷商考古不断取得的新成果，不仅为甲骨学商史研究提供了大量的“二重证据”，而且还为甲骨学商史研究提出了新的研究课题。因而这一时期的甲骨学商史研究，也在前30年所取得成果的基础上，研究课题有了新的拓展，研究的深度和广度也大大前进了一步，从而把甲骨学商史研究推向新的高峰。

在这一时期，学者们的研究涉及甲骨学商代史的社会结构和国家职能，诸如王室贵族、殷正百辟与殷边侯甸、宗法制度与家族形态、被统治阶级及统治阶级、刑罚与监狱、军队与军制、对外战争及战役进程、方域地理及贡纳制度等。此外，在商代社会经济方面的研究也有所深入和细化，诸如农业、畜牧业、渔猎、手工业、商品交换与交通等。而在商代宗教祭祀方面也有所深入并在规律性的认识方面，诸如周祭制度及其祀首的研究也有所前进。不宁唯是，在有关商代气象和商代气候的研究、甲骨文天象记录、商代历法、历月与历年以及商代对疾病的认识和医疗知识等方面的研究也取得了不少新的研究成果。①

甲骨学商史研究所取得的辉煌成就，我们据宋镇豪《百年甲骨学论著

---

① 参见王宇信等《甲骨学一百年》第11、12、13、14章，社会科学文献出版社1999年版。

目》（语文出版社 1999 年版）（附图四十九）的统计，“百年来海内外学者共发表论作一万零几百种”，如“减去濮氏统计的 1978 年以前的 8600 种（濮茅左编《甲骨学与商史论著目录》，上海古籍出版社 1991 年版），则 1987 年至 1999 年近十年间，学者发表论作近两千种”。“以上甲骨论作统计数字表明，1978 年以后甲骨论作数量逐年创纪录。特别是《甲骨文合集》出版以后，改变了研究资料匮乏的局面，大大促进了多种学科，特别是甲骨学和殷商史、考古学的发展，这显示出甲骨学研究进入了‘全面深入发展’的阶段。”①

因此，百多年来的商代史研究，特别是 1978 年以后的甲骨学商史研究，取得了辉煌的成就。对此，我们在《甲骨学一百年》（1999 年）中曾作过全面系统论述，这里就不再赘述；1999 年以后，又有不少学者将已发表的甲骨学商史研究论文结集出版，从而为研究者提供了极大方便。诸如王晖在 2003 年由中华书局出版了《古文字与商周史新证》，该书的第一编为先周与西周史新证，第二编为商史新证，第三编为古文字与古书新证。该书较集中地论述了商末周初殷周两大政治集团在政治、军事和经济方面的变化和殷末祭祀制度的变化、商周关系、周文王克商方略等。此外，肯定了甲骨文中存有帝辛卜辞和论证了周原卜辞应出自周人之手，并对商周重要历史人物，诸如商王纣、季历、文王、武王、周公、成王等及相关史实进行了论述；又如杨升南在 2007 年由线装书局出版了《甲骨文商史论丛》，全书共收入论文 31 篇，其中 15 篇为商代社会方面的有关论述，3 篇为商代地理方面的有关论述，7 篇为商代经济方面的有关论述，6 篇为其他方面论述，诸如关于甲骨学一百年，等等；再如肖楠在 2010 年由中华书局出版了《甲骨学论文集》，共收入研究论文 11 篇，其中有 1973 年安阳小屯南地甲骨发掘简报，也有专论自组、午组卜辞的论文。特别是一论和再论武乙、文丁卜辞（即作者后来文章中称为《初论》和《再论》者），对历组卜辞的讨论很为重要。此外，还有小屯南地甲骨缀合、钻凿形态研究、文字考释等。而关于卜辞中的工与百工、师和旅以及殷墟易卦卜甲的研究等，为商史研究专论。其作者大名鼎鼎的肖楠，实为刘一曼、

① 参见王宇信《中国甲骨学》，上海人民出版社 2009 年版，第 107—109 页。

温明荣、曹定云、郭振录四位考古学家的笔名。当年学者们整理 1973 年小屯南地甲骨时，就是在考古研究所低矮而面北小南屋里进行的。“肖楠”者，小南屋的“小南”谐音也！如今，当年的“小南屋”早已因拆除改建成大楼而荡然无存，但“肖楠”大名却永远留在甲骨学史上！现这个专家集体中的刘一曼、曹定云两位教授，仍笔耕不辍，时有重要论作面世；彭邦炯 2008 年由人民卫生出版社出版的《甲骨文医学资料释文考辨与研究》，其上篇实是一部专门甲骨文医学资料的著录，共收 865 版甲骨，并作有释文和反映最新研究水平的文字考辨。其下篇为生育疾病研究。经彭氏的爬梳整理，较胡厚宣教授《殷人疾病考》发现殷人 16 种疾病的研究又前进了一步，共发现殷人所记载疾病有 30 种之多（参见彭著第 223 页）。

不仅如此，甲骨学商史研究的新作也不断出版。特别是中国社会科学院历史研究所多位学者撰著的国家重点课题　11 卷本《商代史》2011 年由中国社会科学出版社出版，填补了百年来尚无一部大型商代史专著的空白，是甲骨学商代史在总结继承中创新的突破性研究成果，并成为甲骨学商史研究进入一个全新阶段的里程碑。

第一节　几部甲骨学商史研究新作的推出

殷墟考古的新发现，不仅补充、丰富和验证了研究已经得到解决和正在解决中的问题，而且还提出新的研究课题，为甲骨学商史研究注入了新活力。1991 年花园庄东地甲骨的发现，就和 1973 年小屯南地甲骨发现以后，推动了“非王卜辞”“历组卜辞”时代前提与否的热烈而深入的讨论一样，推动了花东 H3 卜辞的文字考释、其主人“子”生活的具体时代、身份地位等方面的研究和深入争论。在这场集中对 H3 卜辞异彩纷呈的大讨论中，也出版了几部系统全面研究的重要成果，推动了甲骨学商史研究的深入发展。

《殷墟甲骨非王卜辞研究》，常耀华著，线装书局 2006 年 11 月出版。本书目次为：序一（李学勤）、序二（宋镇豪）、凡例、上篇。上篇为子组卜辞研究（子组人物研究、子组卜辞缀合两例、新缀四例、子组卜辞的材料问题。关于《子组卜辞来源、重见、缀合及出土坑位表》的几点说明等）；中篇为花东卜辞研究（读《殷墟花园庄东地甲骨》、试论花园庄东地甲骨所见地名、花东H3卜辞中的“子”——花园庄东地卜辞人物通考之一、附录1、附录2、附录3等）；下篇为H251、330卜辞研究（关于YH251、330卜辞研究多有专论、涉及相关坑位纪录表及甲骨的缀合问题、两坑同文卜辞及殷代占卜制度、两坑卜辞的基本类别及两坑卜辞与子组卜辞之间关系等。此外，还专文论说“多帚”）；附录收有石璋如《殷墟地上建筑复原第八例兼论乙十一后期及其有关基址与YH251、330的卜辞》、石璋如《一生不断的探索》等。以上全书上、中、下三篇共35万字。

常耀华多年来专门致力于殷墟甲骨的非王卜辞研究，并在前人研究的基础上，进一步对非王卜辞进行了多角度、全方位的考察，从而使研究有所前进和突破。他进一步从理论上厘清了前人“子组卜辞”“子卜贞卜辞”“多子族卜辞”“子组卜辞”“子卜辞在概念上的不同”（第1—6页）等，论定“‘子组卜辞’乃考古类型学之术语，与‘子组’、‘多子族’等殷人自名之历史概念有本质不同”（第128页），确定了“子组卜辞共有425例”[①]，这就严格限定了研究的范围，避免了因对“子组卜辞”名目理解不同给研究造成的混乱；而子组卜辞中出现的人物，是研究该批卜辞的性质及商代家族形态的重要依据。虽然前人对关于子组卜辞中出现的人物，进行了认真的爬梳整理，但因对卜辞的释读和理解的不同，且无一定的认定标准，因而言人人殊，主观随意性很大。有鉴于此，常耀华在进行《殷墟甲骨非王卜辞研究》时，在前人研究的基础上，归纳为几个“人物判定标准”，即“从称谓来判定”“在卜辞中找内证”“在卜辞外找外证”（第18—20页），从而确定了子组卜辞人物百余名，并把“涉及的人物分为子家族族人、子的部属、子家族以外三类人物”（第129页），是非常有意义的。此外，“通过祭祀用牲和与花东H3子卜辞比较”，他认为“本组卜辞的‘子’，极有可能是小辛之后，即武丁的从兄弟”。据常耀华的研究，有学者“把子组存在的时间推定为‘一年’或‘几年间’显然过于

① 常耀华：《殷墟甲骨非王卜辞研究》，线装书局2006年版，第160页；以及同书第166—186页《子组卜辞来源、重见、缀合及出土坑位表》。

短暂了”，而据卜辞中“戠”生活时间和仲子、小王既为生人，又为死人，“故子组卜辞的存在时间不可能过于短暂”（第130页）；与此同时，常耀华在对传世“子组卜辞”深入研究的基础上，虽然承认花园庄东地H3出土的“这批卜辞是‘非王卜辞’，其辞主是‘子’亦无问题”（第256页），但经过他的考证，对H3的“子”学术界认为是羌甲之后、时王武丁的从父或从兄弟、武丁太子孝己（第271页）等诸说，均持不同意见，认为以上诸说“可以说或多或少都带有玄想的成分”。认为“时下能够确认的事实”，只不过是“H3‘子’与商王室肯定有血缘关系，花东H3‘子’家庭谱系至少可以追溯到小甲”。但常氏的研究只进行到“目前我们无法知道花东H3‘子’的确切身份，但至少可以肯定他不是武丁之后”（第286页）。虽然研究还有待进一步深入和完善，但这一论断对“花东H3‘子’身份之谜”的探索提出了值得深思的问题（第284—286页）；特别有意义的是，常耀华对殷墟非土卜辞进行全面整理时，发现了在《乙编》著录的YH251、H330坑所出卜辞坑位登记号有些混乱，“有一版误作两版”者，“又有确实两版而误编为一号者”，“还有此坑误编彼坑者”（第335—338页）。虽然如此，“两坑卜辞可以互相缀合的多达3版，并且，十三套同文卜辞中至少有五套都是两坑交叉的”，因此“H251、330卜辞是一个不可分割的整体”。“整理时我们发现，想把两坑卜辞剥离开来是不可能的”（第410页）。H251、330卜辞从字体、前辞形式、事类、卜材、语词等方面，既与“子组卜辞是有联系的”，但“又有区别”（第410—411页）。而在两坑的祭祀类卜辞中，不像“子组中的祭祀对象有个别的与王室卜辞相同，如对伊尹的祭祀”，从而可以看出“两坑卜辞所属的家族，与商王室的关系较子组为晚”。此外，“就祭典看，YH251、330卜辞相比，各具独特性”（第412页）。总之，“就时间性来说，子组与两坑卜辞有共同之处，就是时间不长，可能为时都在一年左右，二者极有可能为同一时期的东西”（第413页）。H251、330卜辞与子组卜辞和花东H3卜辞这批非王卜辞相对早晚顺序应当如此：

两坑→子组→花东（参阅第126—128页）。

常耀华有关YH251、330卜辞的研究，被考古学前辈大师石璋如肯定为是“很有分量的佳作”，并不顾高龄，写出了《殷墟地上建筑复原第八例兼论乙十一后期及其有关基址与 YH251、330 的卜辞》的答辩文章（见第 453—519 页）。根据乙 11 后期等 9 个基址而成的一座有祭台有廊庑的王室大建筑，“当为帝乙时代所兴建”和乙 19 基址可能为占卜及卜辞的储存处。由于“时代的演变”，埋藏卜辞于乙 18 基址的门旁窖 YH251 中，“上加黄土，并加夯打”后，另一部分埋于乙 20 基址西端的 YH330 门旁窖中，因而“两窖的卜辞有统一性”（第 518 页），进而认为“常耀华先生谓启为武丁时代的人物，不若李学勤先生谓启为帝乙时代的人物合乎遗址的年代”（第 519 页），如此等等。但由于殷墟早年发掘尚处我国田野考古学起步阶段，一些基址的发掘和现象判断难免有误。据杜金鹏《殷墟宫殿区建筑基址研究》（科学出版社 2010 年版）的再认识和重新研究，“乙十一组宫殿建筑的始建、重建和补建，都是在武丁晚期完成的”（第 262 页）。“乙十八基址不早于武丁前期”（第 294 页），“乙二十基址的始建年代不早于武丁早期，改建年代不晚于武丁晚期”（第 292 页）。而乙 19 基址的年代上限，“即不早于乙二十基址”（第 292 页）。因此，考古学者关于殷墟宫殿基址的考古学年代序列的最新研究成果，也表明常耀华在书中关于 YH251、330 卜辞时代的判断是正确的（第 126—128 页）。

总之，《殷墟甲骨非王卜辞研究》，将会进一步推动和“促进这一问题的讨论”（李学勤·序），而且还通过“勾勒多个‘子’的家族组织和人际关系，达到剖析商代家族形态，了解商代社会结构的目的”（宋镇豪·序）。因此我们说，《殷墟甲骨非王卜辞研究》一书，是近年有关非王卜辞研究的重要收获。

《殷墟花园庄东地甲骨校释》（以下简称《花东校释》），朱歧祥著，台中东海大学中文系语言文字学研究室 2006 年 7 月出版，全书共 1049 页。

《花东校释》目次为：前言；第一部，殷墟花园庄东地甲骨释文（第 1—956 页）；第二部，《殷墟花园庄东地甲骨释文》正补（第 957—1049 页）。

2003 年 12 月《殷墟花园庄东地甲骨》由云南人民出版社出版以后，在海内外甲骨学界引起了广泛关注。之所以如此，这是因为 1991 年殷墟花园庄东地 H3 甲骨窖藏的发现，“是继殷墟 YH127 坑、小屯南地甲骨、陕西岐山周原甲骨以降又一宗质量兼备的甲骨发掘”。而“花东甲骨是一坑属于武丁中期以前的非王卜辞，占卜的主体是‘子’。这批材料记录大量子与丁（即武丁）、妇好、妣庚等王室人名的关系，并提供大量特殊的刻写行款、断代字例和新的语汇，对于了解殷商武丁早期的语言文字和历史文化有极重要的帮助”（朱氏“前言”第1页）。虽然《花东》一书的编著者刘一曼、曹定云教授对花东H3甲骨进行了大量的科学整理工作，诸如对甲骨的去土锈、加缀、加固、墨拓等以及进一步对甲骨缀合、照相、绘图、释文、编制索引，等等，先后花费了10多年心力，《花东》方推向海内外学术界。但由于花东H3甲骨较为特殊，在文字、用字、行款、文例、内容等方面与传统的王室卜辞和非王卜辞有很多不同，因而不少学者从自己的认识和理解，在刘、曹二位教授花费巨大心力所作的释文的基础上，作了一定的修正和再认识，诸如本书《花东校释》和姚萱的《殷墟花园庄东地甲骨卜辞的初步研究》（线装书局2006年版）就在“细微的句读的差异，以至残缺字的判断、字词的考释、句法行款的理解、文意的进一步厘清等方面”做了不少工作，不仅反映了学者对《花东》H3卜辞研究的深入，也反映了学者们“尝试还原材料的真面目”，并“在力求客观分析的同时尽可能不要误解了前人，也不要辜负了珍贵材料的问世”的“求真”精神，是十分可贵的[①]。

《花东校释》的“第一部，殷墟花园庄东地甲骨释文”部分，为朱歧祥教授为《花东》所作新释文。“这部分先引录原书的描本作为全书讨论的基本资料，然描本有商榷的地方，本书不予以更动，仅根据原书照相本加以补充和改正，成果反映在新释文中，并附原释文以资参证”（朱歧祥·序）。该书的描本，皆转引自《花东》一书，“但因兼顾版面，图版有由原大缩小的调整”。而“为方便读者核对，本书按一图一释文并列的方式。释文部分先罗列本书（按：即《花东校释》）审定释文，再附上原书（按：即《花东》）释文以资参考”。新作释文各辞条凡与原《花东》释文有释改者，皆加“＊”号以资区别（《花东校释》凡例），共释561版；《花东校释》“第二部，殷墟花园庄东地甲骨释文正补”，是“作为第

① 朱歧祥：《殷墟花园庄东地甲骨校释》，台中东海大学中文系语言文字学研究室2006年版，第1049页。

一部新释文的立论基础”（《花东校释》前言）。因《花东》“有许多新出的文字、语汇和行款”，“需要一段较长时间的沉淀，才能厘清其中无数的问题”。在《花东校释》中，作者朱歧祥教授“仅就原释文一些较容易发现的字形、读法和理解上的问题，提出个人粗浅的看法”，这就是《花东校释》第二部分的“正补释文”。在这里，“亦按书的顺序号，先交代有问题或不明确的原隶定释文和原考释，然后再用按语提出个人的看法”①，共对《花东》285 版 559 辞“提出个人初步的看法”。主要从《花东》“描本的疏漏”“排印的失误”“大量标点的商榷并影响词义的理解”“行款读法的差异”“据文例、拓本核对补字”“释文的商榷”等方面进行了补正。②

不仅如此，朱歧祥教授在研读、校释《花东》的过程中，还提出一些值得注意和思考的问题，诸如其一，“花东甲骨表面有大量遭到刮削的痕迹”，“这些被刮的文字信必隐藏着某些不可告人的史事，三千多年后的我们如何提出合理的解释?”其二，花东甲骨主人“子”能掌握殷人的祭祀、征伐和命令官员等特权，又进贡于“子”和“妇好”，因而此人必是商王朝中的重要角色，提出“在文献历史中能否对应的找到这个人物”？其三，“花东‘子’大量祭祀的‘妣庚’，是否即武丁之母”？其四，花东“子”和一般非王卜辞的“子”关系是什么？其五，花东甲骨字形特别。过去我们许多判断为晚期的字形，不少出现在花东卜辞中，我们“如何合理地面对这些足以挑战由字形断代分期的字例”？其六，花东甲骨刻写方式特殊，与常态的殷王室卜辞行款多有不同。“它们代表着早期或地域性的刻写模式，而其中又能否寻觅出书写规律，从而帮助我们通读上下文?”其七，“花东甲骨大量的特殊字例、词汇，这是否呈现当日已有方言和官方语言的区别”?（《花东校释·前言》）如此等等。朱歧祥在这里提出的一系列问题，当对花东 H3 卜辞研究的深入很有启示。

《花东校释》“全文四万余字，穷十日之力撰毕”，可谓神力！但台上一分钟，台下十年功。这正是朱歧祥教授深厚甲骨学养和数十年孜孜不倦

① 朱歧祥：《花东校释》，第 997 页。

② 同上书，第 1046—1048 页。

地追求甲骨学的结果。我们相信，朱歧祥教授在作《花东校释》过程中提出的上述问题，也应是胸中自有百万雄兵，不久就会有振聋发聩的高见问世！

《殷墟花园庄东地甲骨卜辞的初步研究》（以下简称《花东卜辞初步研究》），姚萱著，线装书局2006年11月出版，全书35.2万字。

《花东卜辞初步研究》（文中引用本书，皆在其后注明页数）的目录如后：序（黄天树），凡例，引书简称，绪论，第一章“殷墟花园庄东地甲骨释文”校补举例，第二章关于花园庄东地甲骨卜辞中的人物“丁”，第三章花园庄东地甲骨卜辞的主人“子”的身份，第四章花园庄东地甲骨卜辞的辞例形式，第五章花园庄东地甲骨卜辞字词丛考，结语；附录一花园庄东地甲骨卜辞释文，附录二花园庄东地甲骨有关联的卜辞（同文、同卜或卜同事）系联排谱，参考论著目录，后记。

姚萱《花东卜辞初步研究》的完成，与台中东海大学朱歧祥教授出版的《殷墟花园庄东地甲骨校释》（2006年7月）基本同时。1991年安阳殷墟花园庄东地所出全部有字甲骨的结集《殷墟花园庄东地甲骨》出版后，学者们进一步研究的全面和系统的专著，如果说台中东海大学朱歧祥教授的《殷墟花园庄东地甲骨校释》是台湾学者的第一部较为系统研究《花东》甲骨卜辞的专著，那么姚萱的《花东卜辞初步研究》就是中国大陆学者的第一部较为系统研究《花东》甲骨卜辞的专著。而其后韩江苏的《殷墟花东H3卜辞主人“子”研究》（线装书局2007年版），应就是上述二书之后的第三部专著了。上述朱、姚二氏的专著，侧重对《花东》（云南人民出版社2003年版）一书冷僻字、新见字的考释和一些卜辞行款的再认识，其成就体现在对《花东》一书释文的校释方面，可谓是殊途而同归；而韩氏《殷墟花东H3卜辞主人“子”研究》，则“是从社会历史学的角度全面而深入地研究花东H3卜辞的第一部力作”①。韩氏此书的特点及贡献，我们将另作文专门介绍。在这里，我们主要谈谈读过姚萱《花东卜辞初步研究》的一些收获。

---

① 杨升南：《层层剔剥，辨析细微——读韩江苏著〈殷墟花东H3卜辞主人“子”研究〉》，《中国文物报》2008年12月31日。

《花东》(2003年)的编著者对花东H3甲骨进行了大量的科学整理工作,特别是全部561版甲骨的释文,以拓本、摹本、照片为依据,“因而准确、可信,反映了当前文字考释的新水平”。尤其是编著者“对前人未释的文字,能隶定者则进行隶定,不能隶定者,则按原形加以摹画,留俟贤哲的发现和发明”。与此同时,还“对某些学术界有争议的字及部分新发现的字,作了简要的考释”。“因此,时见于每号下的考释,是作者文字研究的最新成果,对从事甲骨文字研究的学者颇有启发意义。”[①] 编著者承认,“由于整理工作的繁重,时间仓促等多种因素,仍然存在不少不足之处”[②]。有学者在《花东·释文》的基础上,结合公布的全部甲骨卜辞拓本、摹本和自己的研究,在“细微的句读的差异,以至残缺字的判断、字词的考释、句法行款的理解、文意的进一步理清等方面”[③],还有许多工作可做。姚萱《花东卜辞初步研究》,就在这方面做了很多工作,从而颇有创获,这就是:

(一)附录不“附”的“花园庄地甲骨卜辞释文”,对《花东》字词的考释取得了一批新成果。姚萱在研究《花东》一书时,发现“从材料著录方面来说,原书偶有重出漏缀的问题”。而“从卜辞释文大的方面来说,原书偶有某条卜辞完全漏释的情况”,也“偶有误合两条卜辞为一辞的”,“又有误分一辞为两辞的”。再“从同版各条卜辞的词序问题来说,原释文也有可商之处”。此外,“原释文和考释在吸收学界已有成果方面作得很不够”。不仅如此,“原释文还有一些明显系误释和漏释的情况,应该加以订正和补充”(第9—12页)。因此,姚萱《花东卜辞初步研究》一书,在自己对《花东》一书公布甲骨卜辞经过深入而创造性探索的基础上,重新对561版甲骨卜辞作出了释文。她在《花东·释文》的基础上,“凡与原释文有比较有意义的不同之处均以注释的形式说明”,都加注号于有关处,并在每页之下,按注解号序加以详细说明。既对《花东·释文》的原有成果表示尊重和继承,有关注解又说明了加以校释的理由,表明新释文有所

① 王宇信:《中国甲骨学》,上海人民出版社2009年版,第269页。

② 姚萱:《殷墟花园庄东地甲骨卜辞的初步研究》,线装书局2006年版,第9页。

③ 朱歧祥:《殷墟花园庄东地甲骨校释》,台中东海大学中文系语言文字研究室2006年版,第1049页。

创新和前进。姚萱的“花园庄东地甲骨卜辞释文”，虽然是作为《花东卜辞初步研究》一书的“附录”部分收入，但在这部共计452页的大著中，释文自第229—381页，达153页之多，约占全书的三分之一。特别是对《花东·释文》经过校释以后，姚萱的新释文“使我们在花东卜辞的通读方面向前大大迈进了一步”，“达到了目前花东卜辞研究的最高水平”[①]。因此，姚氏的“花园庄东地甲骨释文”，应是本书第一章至第五章研究成果的体现，也是姚萱所追求的“中心和目标”，即“通过可靠、深入、准确的文本整理，达到最大程度地理解卜辞的意思，是甲骨卜辞以及一切出土文献研究的最基础的工作”[②]的展开和归宿。因此我们说，附录不“附”，是全书的重要组成部分和逻辑的必然。

（二）在“字词的考释”方面有新的深化和前进。诚如著名古文字学家黄天树在为姚萱此书所作的“序”中所说，“如果甲骨上所镌刻的字词读不懂的话，就谈不上利用甲骨文来研究商代的历史语言。因此，字词的考释一直是甲骨学研究的最重要的基础工作”。而“花东卜辞中有不少新出现的疑难字词；还有一些虽然已经见于旧有甲骨卜辞，但花东卜辞为它们正确释读提供了新的资料”（黄天树“序”）。姚萱在“花园庄东地甲骨卜辞丛考”中，通过对花东卜辞中22个字词的考释，并“包括分析确定其字形、用法等”，不仅“能最大限度地理解有关字词”，并能“进而通读有关卜辞”（第98页），对花东卜辞的深入研究和理解起到了搬掉一批“拦路虎”的探索作用。学者高度评价姚萱的探索性工作时说，“由于她考释甲骨文字注重字形和辞例，得出的结论大多是可信的，有的考释即使还不能视为定论，也很有启发性，使我们在花东卜辞的通读方面向前大大迈进了一步”[③]。

（三）对花园庄东地卜辞的辞例形式作了全面考察和总结。众所周知，花园庄东地甲骨卜辞的辞例形式十分复杂，而且有很多变化和不少特别之处，因而给卜辞文意的通读和正确理解造成了很大困难。姚萱据《花东》

① 黄天树：《〈殷墟花园庄东地甲骨卜辞的初步研究〉序》，线装书局2006年版，第2、3页。

② 姚萱：《殷墟花园庄东地甲骨卜辞的初步研究》，第7页。

③ 黄天树：《〈殷墟花园庄东地甲骨卜辞的初步研究〉序》，线装书局2006年版，第3页。

一书总结出其“文例”的种种特点，即“前辞多变化”“常见占辞”“用辞使用极普遍”等方面，又进行了补充和进一步的深入探讨。在花东卜辞的前辞形式方面，《花东·前言》“前辞多变化”节中归纳为17种（姚萱按实际只举出16种）。但姚萱发现，“《花东》中一些卜辞，其前辞形式按照原释文的标准似乎在上举16种之外，但其实是靠不住的”（第59页）；而《花东》所总结出H3卜辞“常见占辞”的特点，姚萱在研究花东卜辞时，也“提出一些有疑问的所谓‘占辞’加以讨论”（第66页）；花东H3卜辞中田猎卜辞多见“验辞”，但《花东》释文所指“验辞”，应有不少可商榷之处（第71—76页）；姚萱对《花东》论述的H3卜辞总结出的“用词使用极普遍”的特点及使用的情况也进行了认真的探索和辨析（第77—92页）。姚萱把《花东》的“卯”“不卯”（即用、不用）从所谓的“验辞”中剔出，并改称为“孚辞”（第92页）。“则表示贞人或占断会与事实相符合，跟‘应验’的意思其实也差不多。”（第94页）姚萱在整理《花东》的全部“孚辞”后，总结出其特点，即“从在一条卜辞中的位置来说，上引‘孚辞’或位于命辞之后，或位于占辞之后”。再“从形式上来说”，“《花东》‘孚辞’只‘卯（孚）’而从不说‘兹卯（孚）’”，另有少数“不卯（孚）”者。姚萱进一步指出：“‘孚辞’与‘用辞’既有区别又有联系”（第96页）和“又有跟验辞接近的一面”。虽然如此，“还有待跟旧有卜辞的‘孚辞’联系起来全面考察作进一步的研究”（第97—98页）。

如此等等，姚萱对花东卜辞的辞例形式所作的探索性探讨，不仅为甲骨学者深入研究和正确理解花园东地复杂的甲骨卜辞句读提供了启示，而且为她全面校释《花东·释文》打下了坚实的基础。

（四）姚氏此书为第一部较系统对《花东》H3卜辞进行排谱探索的著作。1991年殷墟花园东地H3甲骨为科学发掘所得，层位清楚，堆积时代单纯且都为以“子”为中心展开的，且活动时间不长，因此为排谱提供了有利的条件。卜辞排谱工作在甲骨学商史研究工作中的重要性，诚如李学勤所说：“前人研究甲骨，限于当时的条件，每每局限于一字一句的考察。实际上甲骨卜辞本来是互相关联，成组成套的，只是由于残碎离散，才呈现出断烂的面貌。有些学者曾根据卜辞的干支、内容，把分散的材料集中起来，就能反映很多的历史情况，有意外的收获。”姚萱《花东卜辞研究》的附录二、“花园庄东地甲骨有关联的卜辞（同文、同卜或同事）系联排谱”，第一个较系统地对花东甲骨卜辞进行了排谱的尝试。她“对有关联的甲骨只有两版，或虽有两版以上，但有关的事类仅为一组的，分组将各版有关的卜辞及同版其他卜辞按干支先后排列”。而“无干支或干支残缺，或虽有干支但不能确定与相关联的卜辞之间的先后关系的，附在每组末尾，中间空一行”，以供该组参照；对“有两版以上、多组卜辞有关联的甲骨，可以辗转系联”。而所谓“辗转系联”，即如“A 版有卜辞与 B 版有关，B 版又有另外的卜辞与 C 版有关，则可将 A、B、C 三版系联为一组，同时可以将 A、B、C 三版的所有卜辞按干支和事类进行排谱”。此外，还可进一步辗转系联，即“如 C 版又与 D 版有关，B 版又与 E 版有关，则可以将 A、B、C、D、E 几版都系联为一起，等等，可以类推”。姚萱指出，“这些有联系的甲骨往往多版之间各组卜辞交错有关，特别适合用排谱的方法来整理”。而她“采取的方法是先将若干包含片数不多的联系组的卜辞，根据其干支和事类加以整理排列”（以上参阅第 384 页）。《花东卜辞研究》在排谱方面取得了可喜的成果，“得到的最大的一个系联组共有甲骨 70 片左右”（第 384 页）。著名学者黄天树教授评价其系联成果：“这样就使得不少贞卜事类之间的关系更加明确，卜辞所反映的史实更加完整。”不仅如此，还“在此基础上，订正和补充了原整理者在释文与解释上的失误，写出更为可靠准确的释文，为今后学者利用这批材料提供了极大方便”①。

随着《花东》一书的出版，学者们对花园庄东地甲骨的研究又有了新的深入，在 H3 卜辞的排谱方面也有了新的前进。韩江苏在姚萱开创的花东卜辞系联排谱研究基础上，发现“仅按同文卜辞来系连，仍有问题存在，殷人以干支记日，周而复始，干支字相同，未必都指同一干支周期内的同日”。指出姚氏“以两版或多版同事类卜辞排列时，忽视了同版卜辞不同事类占卜的先后顺序（占卜时间）和地点因素。因此，其排谱系联的科学性、准确性仍有可商之处”。韩氏又进一步细化了“排谱依据标准”，

---

①　黄天树：《〈殷墟花园庄东地甲骨卜辞的初步研究〉序》，线装书局 2006 年版，第 2 页。

从而使花东 H3 卜辞的排谱研究又有所深入和前进[①]。

总之，姚萱《殷墟花园庄东地甲骨卜辞的初步研究》，是一部准确识读花园庄东地甲骨卜辞的重要著作，其文字的考释、行款的校正研究和卜辞排谱探索，为花园庄东地甲骨卜辞的正确释读打下了基础，并为校释《花东·释文》做好了准备，而附录一花园庄东地甲骨卜辞释文，则是姚萱对《花东》H3 卜辞深入研究和探索、突破和前进的体现。因此，《花东卜辞初步研究》的附录“花园庄东地甲骨卜辞释文”不“附”，应是此书的出发点和归宿，为花东卜辞的全面深入研究打好了基础。

《殷墟花东 H3 卜辞主人“子”研究》，韩江苏著，线装书局 2007 年 7 月出版。

《H3 卜辞“子”研究》（此书简称皆如此作，凡下引本书均注明页数）全书 44.4 万字，由以下内容组成：序一（王宇信），序二（晁福林），凡例，引书简称，绪论，第一章、H3 卜辞的时代，第二章、从受祭祀的对象看：“子”为武丁之子，第三章、“子”为武丁亲子，第四章、从人物关系看：“子”为武丁太子，第五章、从“子”的活动看：商代太子职责和权利，第六章、太子所从事的礼仪学习及活动，第七章、由“太子”引发出商史研究的问题，结论。此外，书后还有几个附录，即附录一、对《花东》480 卜辞的释读，附录二、“自西祭”与左中右问题的讨论，附录三、关于 H3 卜辞中“祭于南”的问题，附录四、殷墟花东 H3 卜辞排谱分析，附录五、殷墟花东 H3 卜辞排谱，参考文献，干支次序表，后记。

《H3 卜辞“子”研究》一书，是继线装书局 2006 年 11 月出版的姚萱《殷墟花园庄东地甲骨卜辞的初步研究》之后，在国内出版的第二部专对殷墟花园庄东地 H3 窖藏甲骨的系统、全面研究的专著。1991 年殷墟花园庄东地 H3 甲骨的发现[②]与公布，引起了海内外甲骨学界的重视。特别是刘一曼、曹定云《殷墟花园庄东地甲骨卜辞选释与初步研究》（1999 年《考

---

① 参见韩江苏《殷墟花东 H3 卜辞主人“子”研究》，线装书局 2009 年版，第 549、554 页，以及附录五殷墟花东 H3 卜辞排谱（第 574—654 页）。

② 《1991 年安阳花园庄东地、南地发掘简报》，《考古》1993 年第 6 期。

古学报》第3期）公布了花东H3甲骨23版拓本及38幅图版和整理者的初步研究成果后，海内外学者就对发表的殷墟花园庄东地甲骨部分资料的研究表现了极大的关注和热情。海内外不少学者，诸如老一辈学者李学勤、裘锡圭、林沄、杨升南、张永山、郑杰祥等和甲骨学研究著名学者宋镇豪、朱凤瀚、葛英会、蔡哲茂、朱歧祥、季旭昇、黄天树、沈建华，等等，以及一批甲骨学研究后起之秀，诸如冯时、刘源、韩江苏、姚萱、陈剑、蒋玉斌、常耀华、林欢、魏慈德、张桂光、方稚松、章秀霞，等等，都对殷墟花园庄东地H3甲骨卜辞发表了自己的真知灼见，并在刘一曼、曹定云初步研究的基础上，推动了花东H3卜辞的研究有所拓展和前进，形成了一股花东H3卜辞研究的热潮。在2007年韩江苏《H3卜辞“子”研究》出版以前，海内外已发表专就花东H3卜辞进行研究的论文已达98种之多[①]。特别是在2003年12月以《殷墟花园庄东地甲骨》（云南人民出版社，简称《花东》）为书名全部公布了1991年安阳殷墟花园庄东地出土689版刻辞甲骨及考古发掘材料以后，海内外学者在全部《花东》甲骨材料的基础上，对自己此前根据部分公布的甲骨材料所得出的认识进行深化和再论述，补充和再拓展，新发现和再研究，真是新见迭出，异彩纷呈，进入了研究全面和深入的新阶段。《花东》甲骨是百年来出土的最大一批“非王卜辞”，材料虽然单纯但较为完整，所涉及人物较多，内容十分丰富，而且疑难字较多并行款文例复杂，因此学者们研究的难度较大。学者们在争论和辩难中，关于此坑甲骨为武丁时代和属王室以外的“非王卜辞”基本取得了共识，但仍存有不少问题尚在争论和尚待深入探索。特别是为确定H3卜辞整个占卜活动展开的中心人物“子”在商王武丁时期为何种身份，学者们对卜辞中与“子”有关的政事和礼仪活动，以及与“子”有关的人物的活动，进行了全方位、多角度的研究。但由于对H3卜辞材料的理解和研究角度的不同，因而学者对H3卜辞主人“子”的社会身份和地位的认识各持己见，存有很大的分歧。据统计，自花园庄东地甲骨材料2003年全部公布以来，学者们关于《花东》H3卜辞“子”的身

---

① 据韩江苏《殷墟花东H3卜辞主人“子”研究》（线装书局2007年版），第664—670页，“花园庄东地甲骨”发现以来的研究成果统计。

份，存有9种之多的不同看法[①]，说明此问题研究的深入和学者们对此问题的高度重视。其中较有影响的观点，是以《花东》的编纂整理者刘一曼、曹定云两教授为代表的花东H3的“子”为商王祖乙、羌甲之后裔说和以杨升南教授为代表的花东H3的“子”为商王武丁的太子孝己说。我们曾经指出：“花东H3卜辞主人‘子’的身份的确定，对商代历史和商代家族形态的研究关系极大。”虽然学者们对花东H3卜辞主人“子”的身份得出了上述种种不同的看法，“但是，无论如何，‘子’的身份只能有一种符合商代武丁时期的历史实际”。因此，“进一步全方位、多角度地对‘子’身份进行探索，是花东H3卜辞材料公布后，摆在甲骨学研究者面前的重要课题”[②]。

韩江苏的《H3卜辞“子”研究》，是一部对H3卜辞全面进行爬梳整理，并“层层剔剥，辨析细微”[③] 的力作。《H3卜辞“子”研究》不仅全面地深入论证了花东H3卜辞主人“子”为商王武丁太子，而且以充分的证据，进一步论证了H3卜辞主人“子”应为商王武丁的太子——孝己的论断。因而《H3卜辞“子”研究》一书，是一部推动《花东》卜辞研究向纵深发展的新成果。本书的深化和创新之处，主要表现在：

（一）H3卜辞的时代，也就是卜辞主人“子”生活的大环境，即时代问题，是定“子”的社会身份及在商朝武丁时所处地位的基础。虽然考古发掘地层和出土遗物表明花东H3属于殷墟文化第一期晚段（相当于武丁前期），但学者对H3卜辞的确切年代，却产生了武丁早期（前期）说、晚期说和小乙时期至武丁早期说等不同看法。作者从“YH127坑与殷墟花东H3卜辞之比较确定了H3卜辞时代为武丁时期”（第46—49页），并在此基础上，将H3与宾组卜辞人物对比研究后，发现“H3卜辞中有80多个身份可考的人物为武丁时期的王室人物，占花东人物总数的60%以上”。因此，“这些人物只能佐证H3卜辞的时代为武丁时期”（第50页）。特别

① 参见韩江苏《殷墟花东H3卜辞主人“子”研究》，线装书局2007年版，第6—7页。

② 同上书，第2页，王宇信《序》。

③ 杨升南：《层层剔剥，辨析细微——读韩江苏〈殷墟花东H3卜辞主人“子”研究〉》，《中国文物报》2008年12月31日。

是“武丁和妇好作为两个活动的人物出现在 H3 卜辞中，这就为确定 H3 卜辞主人‘子’的时代，立下了一个标尺，即‘子’是商王武丁时期（武丁前期，最多晚不过武丁中期）的人物”（第 50 页）。此外，在全面考察了 H3 卜辞的“祭祀对象（祖甲、祖乙、妣庚、祖丁）等受到彡祭及逆祀顺序，排除了‘子’为羌甲、南庚之后的条件，确定了‘子’为武丁子辈的论据”。正因为“‘子’最敬重的祖甲、祖乙、妣庚，为阳甲、小乙和小乙之配偶，排除了 H3 卜辞的时代可以早到小乙时期的可能性”（第 51 页），并通过对花东 H3 卜辞事类的研究，进一步确定了其为“武丁早期向中期过渡时代”（第 51—53 页）的结论。

（二）人是生活在社会中的，他们的一切行为都不可避免地要与周围的人发生这样那样的联系，都是在一定社会关系中生活的人。《H3 卜辞“子”研究》，就是从所确定的 H3 卜辞主人“子”生活在武丁早期向中期过渡的社会背景出发，考察该时代中生活的各个人物活动及与“子”的关系，即凸显了“子”的身份和地位，也为其所处地位和身份提供了佐证。在第二章通过“子”祭祀的对象，诸如商族远祖、先公、远世先王的分析，认识到“子”参与或直接对远祖先公祭祀的卜辞，在整个 H3 卜辞中所占分量较轻。而相对比而言，其所祭重点为近祖祖甲、祖乙和妣庚，即商王武丁之父、母，这就说明了“‘子’是王室成员的身份”。此外，H3 卜辞“子”的祭祀地点，“凡有地名可考者，都处在商王直接或间接统辖区内”，但子有祭祀权却无独立的祭祀场所，因而可推知“‘子’并没从王室中分离出去，他是生活在武丁身边的一位‘王子’”。“子”祭祀祖甲、祖乙和妣庚，即表明“他是小乙、妣庚之后，应为武丁‘子辈’，另一方面也说明他拥有很高的地位”（第 112 页）；在《H3 主人“子”研究》第三章，进一步通过对 H3 卜辞中“子”与丁、妇好之间关系分析，“位于‘子’家族之上的丁，主持‘子’家族的祭祀（《花东》480），他属于 H3 卜辞主人‘子’家族的首领”，“他可以命令商王武丁嫡妻——妇好从事征伐之事，由此说明（活着的）丁的身份和地位高于妇好”。因此，“除了武丁外，其身份和地位凌驾于商王武丁‘嫡妻’上”的人物是不存在的，“由此推断丁就是武丁”（第 175 页）。此外，通过武丁、妇好为“子”亲自主持“作齿”（相当于冠礼）礼的考察，可以看出“从和人关系看，武丁、妇好为‘子’父母”，而“从政治关系看，武丁、妇好与‘子’为‘君臣’”（第175页）。在《H3卜辞“子”研究》第四章，又进一步把“子”所涉及的人物关系扩大，即H3卜辞中有些见于王卜辞中的人物，有些是H3卜辞中仅见的一些人物，共130位之多。通过对这些人物的活动及与武丁关系的分析，“说明了‘子’主持的祭祀活动为王室事务的事实”。“‘子’与王室‘子某’相比，其在商王朝的身份和地位不同于一般‘王子’的史实。”此外，“‘子’有权管理武丁时期商王朝的占卜机构的事实”和“根据‘子’率领集体官吏活动地点在商王直接统辖区的事实判断，这些官吏应为王室官吏”，等等，得出了“子”“权力之大近于武丁，又生活在武丁身边，管理王室事务及王室官员的‘王子’，只能是武丁太子”的结论（第293—294页）。《H3卜辞“子”研究》在第六章太子所从事的礼仪学习及活动中，从H3卜辞中所反映的“子”在“‘入’地从事弹射礼”“子”“在‘麗’‘吕’‘淠’之地举行射礼活动”“子”“学商、舞”“‘子’田猎”等活动的分析考证，“应属于商代‘礼仪’活动的范畴”（第473页）。《H3卜辞“子”研究》在第七章，由“太子”引发出商史研究中的问题，以武丁时期的太子活动为例，探索了商代太子制度的这一“中国政治制度史研究中的空白”问题，从“太子的祭祀对象”“太子拥有与商王相对的官僚管理系统”“学习礼乐文化”和“子”“侍奉在武丁、妇好身边”“支配的经济”“参与对外战争”，等等方面，归纳总结出有关商代太子制度诸方面的内容。H3卜辞中的“子”既为太子，就“必须学习商代的礼乐文化”。“‘子’从事的弹、射、舞，是在武丁命令下的礼乐活动，不仅为研究商代的太子及贵族子弟的教育内容，而且为探讨商代礼乐文化的内容打下了基础。”（第487页）经过《H3卜辞“子”研究》的层层剔剥，对花东H3卜辞的论述环环相扣，论证层层深入，在商王武丁先后有权继承王位的三个太子孝己、祖庚、祖甲中，虽然孝己早死而未及王位，但逻辑的必然“子”是孝己无疑。这是因为“商代社会，‘子以母贵’，妇好作为武丁的嫡妻故去后，太子孝己失去了母亲的保护，如若再拥有他作为太子时的权力，武丁会认为其王权受到侵犯，故武丁惑后妻之言，造成放太子孝己而死的悲剧”（第510页）。

（三）从历史学的角度，对花东甲骨文字的考释方面有新的收获。由于《花东》H3卜辞中，有不少以往出现但至今未能释出的文字，也有不少以前未见的新字。虽然《花东》的作者刘一曼、曹定云在《花东·释文》中作了不少努力，而《花东》甲骨陆续公布后，不少学者，诸如裘锡圭、黄天树、陈剑、赵平安、姚萱等，对文字的释读也作出了不少有创意的探索和发明，为深化《花东》卜辞的研究奠定了基础。韩江苏《H3卜辞“子”研究》，从历史学研究的角度，并具体环境具体分析，也在文字的考释方面有所新获。诸如把“纤”字释读为斧（黼、扆）（第58—62页），人名“丁”为已故或存世（第121—128），而“女、子”为妇好之“好”字、“子母”为妇好之“好”字、妇母（或女）“为‘好’字偏旁省略”“妇”为妇好的省称、“母（或女）”是好之省写（第147—151页）等称谓的辨析，对通读和深入理解花东H3卜辞很有启示。此外，将“作子齿”与西周冠礼的比较研究（第386—389页）和把字释为“侯”（第379—382页），再把“弹侯”与作册般鼋铜器铭文结合起来考察商代弹射礼，等等（第386—389页），对商代礼制的研究和抉发颇有新意。此外，关于学商、奏商、舞商之“商”与商王朝舞乐的论述（第448—449页）、“作玉分卯”与“班瑞玉”的设官分职典礼的探索等（第456—457页），为花东H3卜辞所反映的商代史迹和礼制研究的深入发掘作出了有启发意义的开拓。

（四）甲骨文排谱研究的成功尝试。前辈学者在20世纪80年代，就呼吁甲骨学者要加强甲骨卜辞的排谱研究。[①] 但由于受排谱所需基本材料不齐备的限制和前人并没有对武丁时期甲骨卜辞系统进行排谱研究并找出一定的方法、规律，故排谱工作无从下手并进展较慢。《花东》科学发掘出土的材料单纯、完整，而且卜辞大量同文现象，为排谱研究提供了基本条件。有学者根据同文卜辞进行过卜辞系联，但“殷人以干支记日，周而复始，干支字相同，未必都指同一干支周期内的同日”，因此，“H3卜辞的排谱研究还有待进一步提高”[②]。韩江苏在全面整理H3卜辞材料进行排谱研究中，总结出一套切实可行的方法，即H3卜辞中，有大量同文卜辞，

① 参阅李学勤《〈建国以来甲骨文研究〉序》，中国社会科学出版社1979年版。

② 参阅韩江苏《殷墟花东H3卜辞主人“子”研究》，线装书局2007年版，第547—549页。

“笔者认为它们属于一事多问和卜用多骨（即二卜、三卜、四卜、五卜同文）之卜辞，由此可以根据商代占卜制度对比进行排谱分析”（第549—550页）。应注意的是，“一事多卜，不仅见于同版，而且还见于异版”。“H3卜辞中，还存在一事异日异版贞问之辞。”虽然上述种种为排谱提供了系联的依据，但“还要确定排谱所依据的标准”（第550—551页）。H3卜辞虽然大量存在同文现象，“但有关卜数的标识则比较少见，这就造成有些卜辞虽然同文但事类不同的排谱之误”。为免于此，韩江苏确定了H3卜辞排谱所依据的标准，即第一，“同版龟甲上的占卜时期为相邻日期”。这个标准“是建立H3卜辞主人‘子’在一版卜辞上占卜有关活动的时间框架”。第二，“同文异版卜辞日期顺延为相邻日期”。根据同文卜辞，即事类等，把几版卜辞之间的时间分别向前或向后延伸，“建立H3卜辞主人‘子’在一较长时间内活动的时间框架”。第三，“时间、地点、事类三位一体”进行排谱。在按上述标准排出的系联组中，再“根据其他龟甲版上卜辞占卜事类之间的相互限定，把它排入合适它的卜辞内容的一组卜辞系联组中”。这就“组成了以某一个或几个活动地为中心的大的卜辞群”。此外，H3经系联排谱后剩余的有清晰含义的卜辞，也“可以根据时间、事类或地点之间的内在逻辑关系，把一些无系联的卜辞，根据时间、事类来排谱”。但这类排谱缺乏系联关系，虽可排入谱中，但“只能是推理性的”（第554—555页）。由于上述H3卜辞排谱依据标准的提出，因而使H3卜辞的排谱有法可依，并因上升到一定的理论高度而增强了自觉性，这就使《H3卜辞“子”研究》“成功地进行卜辞的排谱工作，从而使花东H3卜辞较为分散的材料，成为花东H3卜辞主人‘子’活动的‘大事记’”①。因此，《H3卜辞“子”研究》提出排谱研究的几个标准，对今后的排谱研究颇有启示意义。我们希望，韩江苏教授在此基础上，进一步对多年来被学术界“冷落”的1936年殷墟YH127坑17000多版甲骨进行排谱工作，一定会更有创获和更多的发现。②

（五）《H3卜辞“子”研究》书后的五个附录是作者的重要研究成

① 王宇信:《〈殷墟花东H3卜辞主人“子”研究〉序》，线装书局2008年版，第4页。
② 参阅王宇信《中国甲骨学》，上海人民出版社2009年版，第78—81页。

果，应予以特别注意。诚如著名学者杨升南教授指出的：这五个“分量很重的附录，占篇幅的六分之一以上，构成本书一大特色”。韩江苏在本书正文中不便详论，但又不得不交代清楚的一些问题，就把有关问题加以细致的分析和缜密的论述作为本书的附录。诸如对《花东》480卜辞的释读、“自西祭”与左中右问题的讨论、H3卜辞中“祭于南”的问题等的讨论，以及H3卜辞排谱分析和H3卜辞的排谱，等等，既“是作者研究H3卜辞用心力所在而得成果亦丰”[①]，也为排谱工作树立了典范，并与全书相互呼应，相辅相成，成为《殷墟花东H3卜辞主人“子”研究》全书不可或缺的有机组成部分。

第二节　甲骨学商史研究的突破性成果——十一卷本《商代史》的出版

随着百多年来甲骨学商代史研究的发展，特别是1978年以来甲骨学商代史研究的全方位、多角度、深层次的进展和殷墟考古学不断取得新成果的推动，学者们精心撰著的突破性成果——大型《商代史》专著终于完成。几代学者追求的《商代史》的出版，是殷商文明在我国历史上承上启下坐标地位的需要，也是学者们在继承了百多年来研究成果并加以弘扬和创新的填补大型商代史专著空白的一部力作。此外，《商代史》11卷本的完成，也为大型科研项目的运作提供了宝贵的经验和启示。

我们在这里列出《商代史》各卷书名，以便使读者对这部商代历史百科全书式著作有一总体认识。各卷目录如下：

《商代史》（11卷），宋镇豪主编，韩江苏、江林昌、王震中、王宇信、徐义华、杨升南、马季凡、宋镇豪、常玉芝、罗琨、孙亚冰、林欢、宫长为著，中国社会科学出版社2011年版。

卷一《商代史论纲》，宋镇豪主笔，59万字。

---

① 杨升南：《层层剔剥，辨析细微——读韩江苏〈殷墟花东H3卜辞主人“子”研究〉》，《中国文物报》2008年12月31日。

该卷为全书的总纲，主编宋镇豪概述了大型《商代史》的著述体例，百年来商代史研究的回顾和《商代史》课题立项的意义及经过等。各卷的撰著者，分别就有关各卷的主要内容作有提纲挈领式的概要，并展示了有关各卷研究领域的拓展与创新点。因此可以说，本《论纲》不仅是全书11卷的内容提要，而且就涉及商代史内容之广来说，也堪称一部包罗万象的商代断代史纲。

卷二**《〈殷本纪〉订补与商史人物征》**，韩江苏、江林昌著，75万字。

该卷辨析了有关商代文献史料的真伪，并结合甲骨文、金文材料研究了殷代先公、先王及王室世系，订补了《史记·殷本纪》的史事史迹，并在全面整理甲骨文材料的基础上，爬梳整理了甲骨文商史人物并为之一一列传。

卷三**《商族起源与先商社会变迁》**，王震中著，19万字。

该卷在全面整理研究文献、甲骨文、考古新成果的基础上，系统论证了商族发祥地和先商时期迁徙路线，论述了先商文化和灭夏以前的商部族社会形态的演进。

卷四**《商代国家与社会》**，王宇信、徐义华著，72万字。

该卷系统论证了商王朝不同社会身份者的阶级属性和各阶层在商代社会所处的地位。论述了商王朝的国体及政权结构形式，以及商王朝的内外职官体系、刑法监狱，商王朝公共事务管理体系的运作等。

卷五**《商代都邑》**，王震中著，59万字。

该卷在全面整理商代考古学资料的基础上，对典型遗址进行分析，结合甲骨文、金文和文献材料，论述了商朝城邑的空间关系及城邑体系的分层结构，并再现了商代的城邑文明。

卷六**《商代经济与科技》**，杨升南、马季丸著，91.5万字。

该卷在全面、系统整理甲骨文、金文、文献和考古学资料的基础上，对商代社会的经济形态进行了全方位的论述，不仅涉及了商代土地所有权，还缕析了商代农业、畜牧业、渔猎业、建筑业、冶铸业、纺织业、陶瓷业等发展水平及手工业的管理等。不仅深刻论述了商王朝的财政收支，还涉及了商业交换和方国经济等诸方面。商代科学技术和天文历法的成就，与商王朝奴隶制经济的高度发展是相辅相成的。

卷七**《商代社会生活与礼俗》**，宋镇豪著，73.1 万字。

该卷全面论述了商朝的礼制与社会生活礼俗的运作、商代社会行为观念整合规范的机制等，并全面考察了城邑生活与族居形态，家族亲属关系和社会风尚等。此外，对商代的衣食住行、农业信仰礼俗、婚制和生育观念，以及医疗习俗等进行了全方位研究。本书还着力对与商人社会生活有关的礼仪、名称和娱乐、占卜等文化现象进行了复原和论述。

卷八**《商代宗教祭祀》**，常玉芝著，63.6 万字。

该卷全面考察了商代的图腾遗迹，系统论述了上帝及帝廷诸神、自然神、祖先神的分野、神灵权能和神性，人殉人祭等。本书还对甲骨文中的祭仪名类进行了全面梳理，阐述了商王室的周祭祀谱、祭仪和庙制等。本书还深入研究了宗教祭祀活动对增强社会凝聚力、情感寄托等社会学意义。

卷九**《商代战争与军制》**，罗琨著，64.5 万字。

该卷论述了商朝开疆拓土的各个时期的战争性质、规模、手段和商朝历史上几次重大战争的过程，并对甲骨文中几次重要战争进程排谱。此外，本书对商代的军制、军法和武装力量的组织、兵种、装备、后勤保障、军事训练等进行了全面、系统的论述。

卷十**《商代地理与方国》**，孙亚冰、林欢著，56.7 万字。

该卷全面论述商代自然生态和政治经济地理，在全面整理甲骨文、金文资料的基础上，对商朝农业地理、田猎地理、贡纳地理、交通地理进行了阐发，并对商代东、西、南、北四个方向的方国进行考订。

卷十一**《殷遗与殷鉴》**，宫长为、徐义华著，56 万字。

该卷论述了武王灭商，周公东征前后及商王朝灭亡以后，有关殷遗民的文献记载和考古发掘材料中所反映的殷遗民境遇及族组织的裂变，阐述了殷遗民在西周王朝的社会政治地位及对周文化发展的作用。讨论了“殷鉴”及周人对商王朝兴替的评价、商周制度的继承与变革等。[①]

从上列多卷本《商代史》的各卷书名，读者就会从中体会到这部 11 卷本《商代史》的卷帙浩繁，气魄恢弘，全书达 680 万字之多。应该说，

---

① 中国社会科学出版社 2011 年版之《商代史》，各卷封底都刊有该卷的内容提要，可参看。

此书是一部前无古人的多卷本《商代史》著作，填补了大型《商代史》研究较为薄弱的空白。多卷本《商代史》，既有宏观上对有商一代“载祀六百”[①] 年发展脉络的总体把握，是一部商王朝的断代史超大型专著；而且又有微观上对商代历史人物、商代社会结构与国家形态、商代都邑与先商社会变迁、商代经济与科技、社会生活与礼俗、宗教祭祀、军队与方国地理、殷遗与殷鉴等专题，进行了全方位、多角度、深层次的考察与论述，又堪称一部分门别类的商代专题史研究专著。《商代史》大型专著的撰著者团队，是力图通过自己的创造性研究，把3000多年前商代社会的深层文化底蕴发掘并整体复原出来，向人们展示出一幅幅五彩斑斓的历史画卷和商代先民们演出的一幕幕威武雄壮的史剧。因此之故，我们自信这部多卷本《商代史》将会使读者耳目一新而有所震撼，是一部百年来集大成式著作和商史研究的突破性著作。

要想知道梨子的滋味，就必须先品尝一口。我们希望更多有兴趣的读者能翻阅此书，并与我们一起分享成功的快乐，一起总结本书写作过程中的经验，一起发现此书的不足和应继续前进之处，希望本书能对今后商史研究的深入有所推动，也希望能为后来人的再撰述提供有益的启示！

第三节　多卷本《商代史》与百年来的甲骨学商史研究

这部十一卷本《商代史》，在重建中国“科学上古史”中占有特殊地位，填补了大型商代史研究的空白，并在全面总结和继承百年来甲骨学商史研究成果的基础上有所前进和创新。与此同时，《商代史》的完成，也为大型研究著作的撰写和创新型人才的培养积累了宝贵的经验和有益的启示。

一　商代史在重建“科学上古史”上的地位

20世纪20年代“古史辨派”的兴起，以顾颉刚、钱玄同等为代表的

① 《左传》宣公三年。

一批学者辨古书，疑古史，打倒了儒家经典的“大经大法”偶像，从而发现“有许多伪书是用伪史作基础的，如伪《古文尚书》《古三坟书》、今本《竹书纪年》等。中国的历史，普遍都知道有五千多年（依了伪书说已有二百二十七万六千年了），但把伪史和依据伪书成立的伪史除去，实在只有千年了”。不仅如此，顾颉刚还进一步揭露了伪古史体系的核心，即“古史是层累地造成的，发生的次序和排列系统恰是一个反背”①。这样一来，由于以晋、宋以后官定的伪《古文尚书》为据，取得信史地位的“三皇”“五帝”也就失去了为人们宗信的历史地位和立论的基础，成为后人编造的神话、鬼话而已。“古史辨派”学者还更进一步把疑古的矛头指向了夏、商、周三代王朝，宣称“照我们现在的观察，东周以上只好说无史”②，甚至连战国末期著名的楚国三闾大夫屈原都要被否定了。如此等等，这就使长期被人们所宗信的我国古代经“三皇”“五帝”的发展，再进入“人道既隐”的“三代”王朝夏、商、周的悠久历史不复存在，古史上就出现了一大段空白期，从而使我国悠久的历史一下子被缩水了许多。

虽然如此，“古史辨派”学者们仍有贡献。这就是“他们扫除了建立‘科学上古史’道路上的一切障碍物”，但同时也使中国的新史学家“痛感到中国古史上科学考古资料上的极端贫乏”③，因而时代必然向中国史学界提出新史料的收集和重建“科学上古史”的任务。

19 世纪末殷墟甲骨文的发现和 1928 年开始的殷墟持续不断的大规模科学发掘工作，对新史料的收集和学者们由“疑古”走上“释古”和“考古”，并重建科学的上古史起了巨大推动作用。1917 年史学大师王国维发表的《殷卜辞中所见先公先王考》和《续考》，“不仅考释文字，而更重要的是考证商史，是把甲骨学研究推向一个新阶段的论文，标志着‘文字时期’进入了‘史料时期’”④。不宁唯是，王国维 1925 年在《古史新证》中提出的古史研究“二重证据法”，又给一批被“疑古学派”全盘否定的古代文献注入了新活力，从而使“科学上古史”建立在可靠的基础

① 顾颉刚：《古史辨》第 1 册自序，朴社 1926 年版，第 52 页。

② 顾颉刚：《古史辨》第 1 册上编，朴社 1926 年版，第 35 页。

③ 夏鼐：《五四运动和中国近代考古学的兴起》，《考古》1979 年第 3 期。

④ 参见王宇信《甲骨学通论》（增订本），中国社会科学出版社 1999 年版，第 334 页。

之上。

由于商代甲骨文的发现，史学大师郭沫若以历史唯物主义为指导，在1930年出版的《中国古代社会研究》导论中，破天荒专论“殷代——中国历史之开幕时期”，并根据殷墟甲骨文字的研究，“可以断言的是，商代才是中国历史的真正起头”。而商代以前的“三皇”“五帝”的“禅让”和尧、舜、禹等名王，“正是古代传说中所保存着一些氏族社会的影子”①。随着1928年殷墟考古工作的开展和甲骨文材料的增多，郭沫若的商代历史研究也有了深入。他在1945年《十批判书》的《古代研究的自我批判》中，论证并明确提出了商代是“确已使用大规模的奴隶耕种”② 的奴隶社会。其后他又在1950年《十批判书》的“改版书后”进一步重申了“殷周是奴隶社会的说法，就我所接触过的材料看来，的确是铁案难移”。郭沫若以商代为中国历史的开篇，被不少史学家所接受。诸如1939年周谷城的《中国通史》，也是以“有文字记载的历史，自殷代开始”③ 的；又如1940年钱穆《国史大纲》认为，“《史记·殷本纪》所载商代帝王已有殷墟所得甲文为证，知其不虚”④，故在章节上把殷商作为“中国上古史之第二期”处理，因为此期“以其在近代已有直接史料发现，较虞、夏之为传说追记者更进一层”。既然如此，继又“推测直接着商以前的夏代必有相当高的文化”⑤。此书“第二章、黄河下游之新王朝——商代”，应也是作为中国历史的开篇处理的；再如1941年张荫麟的史学名著《中国史纲》的第一章，以“中国史黎明期的大势”为题。该章的第一节就专论“商代文化”，开篇也是从商代始的。而对于商以前的三皇五帝和夏朝的第二章“夏商大事及以前之传说”，该书就是“以商朝为出发点，然后回顾其前有传说可稽的四五百年，即以所知的商朝实况为鉴别这些传说的标准”的⑥；此外，1941年吕振羽出版的《简明中国通史》认为，“到传说的‘夏桀’

① 郭沫若：《中国古代社会研究》，人民出版社1955年版，第3—4页。

② 郭沫若：《十批判书》，科学出版社1960年版，第17页。

③ 周谷城：《中国通史》，上海人民出版社1981年版，第31页。

④ 钱穆：《国史大纲》，商务印书馆2002年版，第11页。

⑤ 同上书，第20页。

⑥ 张荫麟：《中国史纲·自序》，上海古籍出版社2002年版，第1—2页。

时期，氏族制已到末日”，“从而原始公社制社会，便为‘文明’的‘政治社会’所代替，而首先走完这种过程的是商族”[①]；1941年范文澜的《中国通史简编》，其修订本第一编的“第二章原始公社逐渐解体到奴隶制时代——夏商（殷）”，虽然第一节是“夏朝的传说”，第二节是“假设的夏朝遗迹”，但其后的商朝却与夏朝的“传说”和“假设”不同，认为“照现有《尚书》中的商书和地下史料来说，商是中国用文字传下来的历史底开始”[②]；1947年翦伯赞出版的《中国史纲》（现名《先秦史》，北京大学出版社1999年版）认为，“中国古史之能更进一步发展，乃是由于近年以来考古学之不断发展”。有了安阳殷墟大批甲骨文和商代遗迹、遗物的不断发现，“于是中国的古史，始得上溯于殷商时代”[③]。《先秦史》是把商之前的“夏代看作是‘氏族社会’的没落和向阶级社会转化的时期”处理的。

如此等等。中国老一辈史学家的重建科学的中国上古史的一系列著作中，都是从科学的精神出发和以殷墟甲骨文和考古学最新成果为据，基本上都是以商朝作为中国文明史的开篇了。但实际上，是以商朝晚期——盘庚迁殷至纣之灭的273年历史为开篇的。这是因为殷墟甲骨文和殷墟考古为晚商历史的研究提供了大批第一手真实的资料，从而为中国古史的重建提供了坚实的基础。

新中国成立以后，由于考古工作的开展和研究的深入，在豫西、晋南的传统夏人活动地区的考古发掘和研究有了新的突破，即关于夏文化的探索和研究不断有了新的前进[④]。在此基础上，1962年郭沫若主编的《中国史稿》第一册（原始社会·奴隶社会），反映了史学家们的研究又有了新的前进，即在本书“第一编、原始社会”以后的“第二编、奴隶社会”的论述中，开宗明义就是“第一章、中国奴隶制国家——夏代”，把夏王朝列在以往著作中的奴隶制国家商朝之前，说“我国历史上的第一个朝

① 吕振羽：《简明中国通史》，人民出版社1955年版，第42页。

② 范文澜：《中国通史简编》（修订本）第一编，人民出版社1955年版，第122页。

③ 张传玺：《先秦史》（校订本）序（1977年）。

④ 参见《新中国的考古收获》，文物出版社1961年版，第43—44页；又参见《中国考古学》（夏商卷），中国社会科学出版社2003年版，第21—139页。

代——夏朝建立了，这便是我国奴隶社会开端的标志”，并充分反映了考古学研究的最新成果，论证了“夏朝活动的地区集中在河济地区和河洛地区，那里正是适合原始农业生产的地方”[①]。随着考古学界对夏文化探索的不断深入和史学界对夏代史料和夏史的再认识，1978 年出版的郭沫若主编的《中国史稿》修订本，不仅更加明确地论证了“早在公元前二十一、二世纪，我国历史上的第一个朝代——夏朝建立了，这便是我国奴隶社会开始的标志”[②]，还进一步论证了“从二里头类型文化分部的地区和时间序列上看，同传说中的夏代所在的中心地区大致相符。这种文化的年代性质还有待于进一步探索，但它有可能反映着夏商之际的社会面貌”[③]。虽然从考古文化发展序列上，历史上夏王朝的存在得到了考古材料的证明，但遗憾的是，作为夏朝进入文明时代的标志——夏代文字材料至今也没有发现，并成为局限夏史研究深入的“瓶颈”。

自此以后，在不同学者出版的各种不同版本的通史著作中，无不以夏王朝作为中国历史的开篇，从而把中国可信的历史由商王朝提前至夏王朝，反映了我国历史学和考古学研究的深入发展。而推动和促进中国历史学研究的发展，并补写老一辈学者重建中国上古史开篇——商朝之前所空白了的夏王朝（公元前 21 世纪至公元前 16 世纪）历史的依据，就是以出土甲骨文的殷墟文化为标尺，上溯郑州商城、偃师商城等商代早期都邑为代表的早商文化为基础，再上溯以二里头类型文化为代表的夏文化的发现和研究展开的。因此，为甲骨文所证明了的殷墟文化“不啻为其他古墟知识作度量也”[④]，即殷墟遗址的有关知识成为中国田野考古学的标尺，并为中国考古学的年代序列的建立起了决定作用。而有甲骨文字和殷墟考古证明了的中国历史的开篇——商王朝的历史，也成为其前的夏史和原始社会史的重建基石和其后的西周王朝历史再构的起点，因而从“科学上古史”重建这个意义上说，商王朝作为科学上古史坐标，具有承上启下的重要地位。

---

① 郭沫若主编：《中国史稿》（第一册），人民出版社 1962 年版，第 81 页。

② 郭沫若主编：《中国史稿》（第一编），人民出版社 1978 年版，第 141 页。

③ 同上书，第 15 页。

④ 傅斯年：《本所发掘安阳殷墟之经过》，《安阳发掘报告》1930 年第二期。

二 俏也不争春——多卷本《商代史》的面世填补了大型商代史专著的空白

正是由于商代史在重建"科学上古史"中所占的重要地位，因此我国的史学家都把商代历史的研究放在重要地位。但是，由于商代保存下来的史料较少，比较可靠的商代文献资料仅保存在《尚书·商书》，诸如《盘庚》上、中、下三篇和《周书》诰、誓、命中一些周人关于商代历史的片言只语的追述。此外，《左传》《国语》等古籍中也有些记载，但都很零碎。而对商代历史记载比较详细的文献材料，当推司马迁的《史记·殷本纪》了。[①] 但《殷本纪》全篇也仅2868字，且多是涉及商王个人活动的片断，而关于商代社会记述较少，因而使人不甚了了。此外，《史记·殷本纪》乃汉人司马迁所撰，太史公距商朝（公元前1046年）已1000年以上，连春秋末期博学的孔子都慨叹"夏礼吾能言之，杞不足征也。殷礼吾能言之，宋不征也。文献不足故也，足则吾似征之也"[②]。而孔子之后的司马迁，所记荦然有序的商王名次的可靠性也引起不少学者质疑。直到1917年王国维《殷卜辞中所见先公先王考》和《续考》发表，才使人们的怀疑涣然冰释。

1899年殷墟甲骨文的发现和其后大批甲骨文资料的积累和著录，为商史研究提供了珍贵的第一手可信资料。正如胡厚宣先生在《五十年甲骨学论著目》序言中所指出的："十六七万片的甲骨文字，每片平均，就以十字计，已经是一百六七十万言了。"而自1928年开始的殷墟科学考古工作，也为殷商历史的研究提供了丰富的遗迹和遗物。可以说，甲骨文资料是商代历史的灵魂，而殷墟考古资料是构建商代历史的骨架和血肉。两者相辅相成，并互相补充促进，从而为学者的商史重建工作提供了坚实的基础。

诚如胡厚宣所说，不少有识的中国史学家，愈益认识到"商代是中国

---

① 据《夏商周断代工程1996—2000年阶段成果报告》（简本），世界图书出版公司2000年版，第88页。

② 《论语·八佾》。

信史的开端，它是中国封建社会的原始，它创生了中国三千几百年相沿的传统文明”。不宁唯足，“它（按：指商代史）是中国信史的发端，也是史前史考古学研究的关键”①，因而不少人投身到甲骨学商代史的专题研究之中。

商代史的研究是随着甲骨学研究的发展而发展的。这是因为“甲骨文并不就是甲骨学。甲骨文只是商朝后期遗留下来的珍贵文物和史料，它的科学价值，只有随着甲骨学研究的发展，才愈益为人们所认识”。“正是由于甲骨学的不断发展，这些‘断烂朝报’中所蕴藏的古代社会奥秘才被学者们一一窥破。”② 在甲骨学发展的“草创时期”，由于罗振玉《殷虚书契考释》（1914 年）和《增订殷虚书契考释》（1927 年）等书的出版，改变了有关甲骨文著录“书既出，群苦其不可读也”③ 的局面。继王国维的名文《殷卜辞中所见先公先王考》《续考》（1917 年）和《古史新证》利用甲骨文研究商代历史以后，也出现了“程憬首先应用唯物史观，根据甲骨文，说商朝是氏族社会的论著”④ 等论作。

而 1928 年殷墟科学发掘工作展开以后，甲骨学研究进入了以董作宾《甲骨文断代研究例》为代表的发展时期，商代史的探索也有了新的前进。诸如叶玉森《研契枝谭》《殷契钩沉》等著作，“说文考史，虽在今日观之，难免有曲解附会之处，然其独到之处，亦自不少”；丁山之《释疾》《释梦》及《殷商辨》等，“诸文亦皆有价值之作”；而郭沫若“初治中国古代社会史”的“中国古代社会研究”和“继从事于甲骨金文研究”的《甲骨文字研究》《卜辞通纂》《殷契粹编》等书，于商史研究“颇多创获”；而董作宾发掘殷墟并专攻甲骨，具大著《甲骨文断代研究例》，使 273 年甲骨的一团混沌，“乃可以时代之划分”，为商史研究确立了不同时期甲骨文的标准；唐兰《获白兕考》《殷虚文字记》等，“多发前人之所未发”；于省吾《骈枝》正续编对甲骨文字和商史研究，“亦时有创新”。此外，吴其昌之《殷代人祭考》《丛瓴甲骨金文所涵殷历推正》《殷卜辞

① 胡厚宣：《五十年甲骨学论著目·序言》，中华书局 1983 年版，第 21 页。

② 王宇信：《甲骨学通论》（增订本），中国社会科学出版社 1999 年版，第 3、4 页。

③ 罗振玉：《殷虚书契后编·序》，1916 年。

④ 胡厚宣：《五十年甲骨学论著目·序言》，中华书局 1983 年版，第 16 页。

所见先公先王三续考》等，“亦颇详瞻”。所论伐为人祭、雍己等，“其说不可易”；闻一多《释为》《释豖》等，“皆可备一说”；而德国人魏特夫《殷商卜辞中之气象记录》，“开商史研究之一格”；陈梦家之《古文字中之商周祭祀》《商代神话与巫术》《祖庙与神生之起源》《商王名号考》《射与郊》等对商史的探索，“然亦每多有新解”[①]。如此等等。

而胡厚宣先生，北京大学史学系毕业后入中央研究院，参加了殷墟科学发掘工作，并又负责殷墟出土甲骨文的整理。在此期间，他“乃恍然知研治古史，必当始自殷商”，从此就把毕生的精力献给了甲骨文和殷商史的追求方面。他在1937年抗日战争爆发以后，随中央研究院西迁，在“居昆明三年，所成论文，逾百万字。其长篇之作以种种原因，皆未能刊行”。直到1942年夏季以后，他“乃略据旧作，每成新篇”，完成了《甲骨学商史论丛》一书，并打算三四年内成书四集，“然后作《甲骨文字学》及《商史新证》两书，以完成彻底整理之宿愿”。“今《甲骨学商史论丛初集》，实其轫始之作也”。[②] 胡厚宣先生的《论丛》一书涉及商史的范围较广，“不仅谈到了商代社会的经济基础农业，而且谈到了商代上层建筑如封建制度、婚姻家族、宗法生育、天神崇拜等方面。此外，对商代的天文历法、气象和医学等方面也作了深入研究”。学者评价此书“涉及了商代政治、经济和文化的各个方面，是一部百科全书式的著作”[③]。日本立命馆大学文学部白川静教授评价此书是“斯学（笔者按：指甲骨学商史）空前的金字塔式论文集，是继董先生《甲骨文断代研究例》之后又一划时代的著作”[④]。虽然如此，此书尚是论文集而不是专门的商代断代史研究系统著作。但是，此书是胡厚宣先生拟撰写的《商史新证》的“轫始”，胡先生应从1941年就把彻底整理甲骨文以撰述大型商代史提到自己的研究日程上来了。

虽然在甲骨学“草创时期”（1899—1928年）和“发展时期”（1928—1949年）的商史研究取得不少进展，但也存在不少问题。这就是胡厚宣先

① 参见胡厚宣《甲骨学商史论丛·自序》，河北教育出版社2002年版，第12—13页。
② 胡厚宣：《甲骨学商史论丛初集》（上），河北教育出版社2002年版，第14—15页。
③ 王宇信：《甲骨学通论》（增订本），中国社会科学出版社1999年版，第306—307页。
④ 白川静：《胡厚宣氏的商史研究》下篇，《立命馆文学》一〇三号，1953年版，第56页。

生在《甲骨学商史论丛初集》自序中所指出甲骨文研究中存在的不足，诸如“学者苟不悉心耐性，奋力攻求，盖鲜有不流为断章取义，以臆为说，而终陷于穿凿附会之境矣。或拘泥单文，而疏于会通。或强解卜辞，而忽于其字。或不顾史事，妄加曲说；或先怀成见，而勉附甲文”。不仅一些字的考释出现了错释，进而使商史研究也得出了不少错误的认识，诸如“举卜辞‘多父’‘多母’之称，证殷代为群婚。举卜辞释放、卽，嬉，臣，妾，婐，姘，好，嬗，妃，俘诸文，证殷代奴隶社会；举甲骨文妾，品，妇，御等字，及‘妇婐冥’，‘余弗其子妇侄子’，‘乎妇好往賓’，‘贞𡆥妇好于御伐’，‘乎妇姘受黍年’，‘妇姘田于㣇’诸辞，谓‘殷代王室婚制，有选后之礼，有庙见之礼，有𡆥后用乐之礼，其取女嫁女也，必于诸侯之国，其嫁女也，有侄娣为媵，其往也，必用賓，其婚嫁也，或且举行观稼田猎之典’。又谓‘殷代有婚嫁之礼，亲迎之礼，且有妾制’。自此以往，甚或演为种种无稽之说，而不可收拾。斯皆未能通校遍参，悉心考索之过也”。如此等等，也出现了反映这一阶段甲骨学商代史研究水平的专著。

吴泽的**《中国历史大系古代史·殷代奴隶制社会史》**就是这样的著作。此书1949年由棠棣出版社出版，1952年棠棣出版社又出版了第四版修订本，全书共43万字。本书的目录为序（1944年5月）、第一编殷代世系，地理与殷族建国。其第一章殷代帝王名谥·世次·世系及年数，第二章殷代的政治地理与自然环境，第三章殷族的起源与殷族的建国；第二编殷代社会的经济构造，其第一章生产技术经济基础——青铜器，第二章耕地土壤、土地制度与农业经济，第三章畜牧经济与渔猎经济，第四章手工工艺与商业经济，第五章殷代社会的经济关系，第六章殷代社会经济的“亚细亚的”特点，第七章殷代经济的发生发展与没落；第三编殷代社会的政治构造与家族制，其第一章社会构成，第二章殷帝国的构成及其具体形态，第三章家族制与继承制；第四编殷代社会的意识形态，其第一章古代宗教与哲学思想，第二章古代科学、文字、艺术；跋。（附图五十）

吴氏在《中国历史大系古代史·殷代奴隶制社会史》一书的序中强调，其所著“中国历史大系的古代史篇，自纪元前1766年（?）成汤建国起，到纪元前1122年（?）商纣亡国止，殷代一代的社会历史，我认为是中国古代奴隶制社会历史。奴隶制的发生发展与灭亡，殷代一代，自成起迄；所以，我把殷代社会历史，称之曰‘古代史’”。此书涉猎广泛，论及商代社会的经济基础到上层建筑，以及文化、艺术和商代帝王及商朝积年等诸方面。吴氏认为，他写作此书的20世纪40年代的“史学研究，早已不止于理论为满足了，我们对殷代社会历史，当用功整理史料，精详考证史事，具体而微地继续进一步的研究，使中国新史学的建设上，这一古代阶段问题，获得合致的解决”。因此可以说，此书是自1899年甲骨文发现以来，第一部对商代社会历史进行全面、系统研究的专著。

虽然《中国历史大系古代史·殷代奴隶制社会史》在研究撰写时，也注意到“史料引用得不够，史事把握得少，写著立论，不免囿于原则抽象，空泛理论，不踏实际，这是过去新史法之弊”。同时也注意到“专注于史事的零星钻凿，拘泥于字句的烦琐考据，把社会历史的全貌，全形势以及发展体系忽视了，不把历史当作科学研究，这是传统史法的大弊”[①]。但由于此书的写作始于1940年，当时作者在抗战时西迁重庆北碚的复旦大学任教，写作此书的环境相当恶劣，“是在日寇的狂暴轰炸中，颠沛流离的生活中，恶劣到万分的政治气氛中，在北碚的农家草屋里，在草屋的猪栏牛圈旁，1944年草成的”。虽然作者自己也感觉到此书“资料不够充实，写得不够满意，许多问题，还要更多资料来解决”，但抗战胜利后“已三年多了，生活更不安，资料也不易找”[②]。因此，《中国历史大系古代史·殷代奴隶制社会史》一书，在甲骨文资料的使用上，出现了不少上引胡厚宣在《甲骨学商史论丛初集·序》中所批评的种种错误。关于吴氏此书，胡厚宣先生在《读吴泽〈古代史〉》（复旦大学讲义本1949年版）及《古代研究的史料问题》（上海商务印书馆1950年版）等书中有专门的评述。

作者谨志：翻阅吴泽《古代史》一书，见上有我1964.6.25题记。此书乃1964年大学毕业后，已得知研究生录取的消息，尚在学校待“分派”之时，闲暇中与好友胡美洲、辛占山闲逛，从海淀中国

① 吴泽：《中国历史大系古代史·殷代奴隶制社会史·序》，棠棣出版社1952年版第4版修订本。

② 吴泽：《中国历史大系古代史·殷代奴隶制社会史·跋》（1949年2月），棠棣出版社1952年第4版修订本，第640—641页。

书店购得此部旧书，其书后仍保留有划价0.6元的价签。当时我助学金为18.5元，此书价格尚觉不贵，而如今退休金几千元，更是九牛一毛也！但知识是无价的，书到用时就更难得了！2012.1.13记

胡厚宣先生为《商史新证》撰著作准备，虽然《甲骨学商史论丛》已经对商代史上的不少问题作了个案研究和探索，但仍在对大量甲骨文资料广为收集和研究中，并在继续思考着和整理着商代历史上一些争论和尚待拓展的问题。他在1949年12月为《五十年甲骨学论著目》所写的序言中指出："商代的气候，到底比现在暖不暖？商代到底是氏族社会，还是奴隶社会？商朝'前八后五'的十三次迁都，到底是从东向西，或自西向东？迄今都尚在争论之中。而最近二十年辩难最厉害的古代历法问题"，由董作宾开端，直到胡厚宣等人参加论战，但"至今也还不能得到一致的结论"。不仅如此，"关于甲骨文的断代，董作宾已经起其例而发其凡"，但"使多数的甲骨文字，都归派到它应属的每一帝王，还有赖学者们的继续努力"。"至于商代整个的先公先王、都邑地理、祭典礼制、田猎征伐等重大问题，我们迄今不但没有彻底解决，有的连一个轮廓都还不知道。"如此等等，胡厚宣先生为未来商史研究提出的一系列问题，就和董作宾先生1930年在《安阳发掘报告》上所列出的《甲骨文研究之扩大》基上规模并"基本上已涵括了甲骨学的研究内容"①，即规划了甲骨学研究方向一样，《五十年甲骨学论著目》前言，也为新中国商史研究的基本课题的研究指出了主攻方向。(附图四十八)

1950年春天，殷墟恢复了科学发掘工作。从此，甲骨学研究进入了"深入发展时期"(1949—1978年)。殷墟洹北王陵区东区的武官村北地，发现了一座带两条墓道的殷代大墓（编号WKGM1)，并发现祭祀坑26座。武官村大墓规模宏大，虽数经盗挖，还出土遗物数百件之多，其中以一件虎纹石磬最为精美。墓中还发现殉人和人牲79个体，动物骨骼59具。② 此次重大发现的材料，见郭宝钧《1950年春殷墟发掘报告》(《中国考古学报》第

① 王宇信：《中国甲骨学》，上海人民出版社2009年版，第116页。

② 中国社会科学院考古研究所：《殷墟的发现与研究》，科学出版社1994年版，第14页。

5册，1951年）。有关殷墟考古的这次重大发现，郭宝钧在中国科学院的一次座谈会上，曾向著名学者裴文中、王冶秋、徐炳昶、苏秉琦等介绍了“关于殷代殉人的情形”。郭沫若等前辈听了介绍以后，“当时便认为是殷代奴隶社会的绝好证据，怂恿报告者把它写出”①。其后不久，考古学家郭宝钧在1950年3月8日《光明日报》的《学术》副刊上，发表了题为《记殷周殉人之史实》一文。不久，前辈学者郭沫若在1950年3月21日的《光明日报》上，发表了题为《读了〈记殷周殉人之史实〉》的文章，认为“这些毫无人身自由，甚至连保全首领的自由都没有的殉葬者，除掉可能有少数近亲者之外，必然是一大群奴隶”。他据这批墓中殉人的材料，进一步论断“殷代是奴隶社会”。以郭沫若这篇文章为契机，在史学界展开了殷周社会性质的大讨论，并取得不小的成绩，推动了商代史研究的深入发展。其中讨论的热点问题，诸如关于商代社会性质、关于“众”和“众人”的社会身份，等等，本书上篇的第四章第一节对商代社会性质的探讨、第二节“众”和“众人”社会身份的“面面观”已作过介绍，可参看。

应该说，1955年李亚农《殷代社会生活》一书由上海人民出版社出版，就是这场讨论深入进行过程中的成果。此书共13万多字，书前有殷墟出土文物图版30幅，每幅下有现藏出处及说明。《殷代社会生活》1962年又收入李亚农《欣然斋史论集》，由上海人民出版社出版。1964年《殷代社会生活》又收入《李亚农史论集》，由上海人民出版社出版。1978年上海人民出版社又将《李亚农史论集》再版。此书的目录如下：

序（李亚农，1955年），图版，第一章殷族的起源及其活动区域，第二章一夫一妻制的确立，第三章氏族组织及宗法制度的崩溃，第四章殷代的社会经济状况，第五章高级阶段的奴隶制，第六章国家的成立，第七章文化的起源——文字的创造，第八章天文学和历法，第九章艺术的繁荣和奴隶主的奢侈生活，第十章殷代的建筑和殷人的生活习惯，第十章奴隶社会的意识形态，跋。（附图五十一）

从上列目录就可以看出，此书名为《殷代社会生活》史，实际内容涉及商朝的疆域、社会结构、社会经济和国家形态、文化艺术和科学技术等

① 郭沫若：《奴隶制时代》，人民出版社1973年版，第89页。

等方面，堪为研究商王朝的断代史。由于作者是甲骨学家，即《铁云藏龟零拾》《殷契摭佚》《摭续》的编纂者李旦丘（即李亚农的笔号），所以他对60多年来的甲骨学商史研究成果和殷墟考古的诸项重大发现都十分熟悉，因此《殷代社会生活》一书使用甲骨文和考古材料还是较为系统丰富，反映了当年研究的最新水平；李亚农又是一个革命者，在抗日战争爆发以后，他投笔从戎，即“抗战军兴，书斋中坐不安稳了，只好跑到新四军中去跟着同志们打游击；光阴荏苒，一打就是十余年”①，革命和战争的磨炼，使李亚农成了一位信奉马克思主义的文化战线上的领导干部——马克思主义史学家。他信仰和推崇“辩证唯物论是无产阶级的宇宙观，作为社会实践的准绳来说，它又是无产阶级的人生观。因此，不懂得辩证唯物论，就不懂得应该如何正确地对待人类的生活，去正确地了解人类生活的历史，因而也就不可能站在正确的立场上去研究人类生活的历史”。“所以，如何掌握辩证唯物论，是今天中国历史科学工作者的第一课题。”② 在新中国成立初期的一场关于古史分期的大讨论中，李亚农的《殷代社会生活》，“根据收集到的资料，断定殷代为奴隶制社会”③。作者还在深入研究的基础上，认为“把所谓‘古代东方奴隶制’的一般特点搬到中国历史上来硬套，实未见其可”④。

《殷代社会生活》作为商史研究的专著，与1949年吴泽出版的《中国历史大系古代史·殷代奴隶制社会史》相比较，在资料的准确性和理论的把握上，都要前进了一大步。本书涉及面广，立论平实，特别是行云流水般的文字，使读者有痛快淋漓之感并耳目一新，成为一部受史学界和大学生欢迎的较系统介绍商代历史的专著。但是，由于作者以“殷代的社会是高级阶段的奴隶制社会”立论，对商代社会奴隶的数目就未免有所夸大。他认为，“殷代是否奴隶制的关键并不在于殷代是否有奴隶，也不在于臣、众等字是否有奴隶的含义，而在于奴隶的数量”。他误读《粹》1171“癸卯卜……隻鱼其三万，不……”辞中的“鱼”为某种俘虏名，说“这是我们

① 参见李亚农《欣然斋史论集·总序》，上海人民出版社1962年版，第1—2页。

② 李亚农：《欣然斋史论集》，上海人民出版社1962年版，第567页。

③ 同上书，第570页。

④ 同上书，第579页。

在卜辞中所见的最大的一次俘获数字”，并解《左传》昭公二十四年“纣有亿兆夷人”为“这就是说，殷纣王在征伐东夷的时候，俘获了成十万、成百万的夷人作奴隶”。虽然他也认识到“殷人在第二次劳动分工之后，他们是熟知人的劳动力价值的”，“然而殷人把奴隶作为牺牲的情况，实在惊人”。殷墟“每一大陵墓的殉葬人数，皆在三四百或四五百左右，这是何等惊人的数字!”而《后下》43·5“允戈伐二千六百五十六人”表明，“他们的奴隶已经多到一次就糟蹋两三千人而不足惜的程度”。“只有这个数字对于他是一个微不足道的数字的时候，他才肯这样干。”“他在一次战争中的俘获就达到了三万人，他是不在乎这区区四五百人，或两三千人的。”“我们有理由论断，要殷王亲自下令来进行的‘劦田’，大概总有两三万奴隶参加。”[①] 这显然有不少过高估计方面的论断，但都是前人成说的综合、归纳，缺乏深入的论述和本人的创见。应该说，商代600多年灿烂丰富的历史，本书仅用13万余字是难以涵盖的。虽然如此，《殷代社会生活》作为第二部商代史研究的专著，还是反映了当时研究的最新水平的。

随着科学春天的到来和《甲骨文合集》13册于1982年的全部面世，甲骨学商史研究进入了“全面深入发展”的新时期。与此同时，学者们也提出了撰著《商代史》的议题。胡厚宣先生1979年12月给王宇信《建国以来甲骨文研究》一书所写的“序”中说，“由于甲骨文八十年来研究的不断深入和资料的积累，写出一部以马克思主义为指导的科学性强的《商代史》专著，已是为期不远的事情了”。胡先生这一愿望，是他自20世纪40年代以来立志撰著《商史新证》和在新中国成立初期所一再呼吁的“商代是中国信史的开端”，“我们要想了解新时代的伟大，必须先对它加以了解”。由于“甲骨的材料，是这样的丰富，甲骨的内容，是那样的复杂，我们实在可以配合起大时代的需要，缮兵秣马，大展其才”[②]，即写出一部商史。这是他几十年来一直魂牵梦绕的撰写商史工作的继续，既是胡厚宣先生的自励，又寄托了对新一代学者的无限期望。

不仅只此，胡先生在此后，又多次提及撰著商代史。1983年，胡厚宣

---

① 参见李亚农《欣然斋史论集》，上海人民出版社1962年版，第498—502页。

② 胡厚宣：《五十年甲骨学论著目·序言》，中华书局1983年版，第21页。

在谈到《甲骨文合集》编辑组青年学者们的学习和研究“努力的目标”时强调:“其努力的目标是,作好准备,编写一部新的《甲骨学》和一部新的《甲骨文字典》”,“再就是对于商代历史的研究,包括着经济基础和上层建筑的各个方面”,“尤其是对一些关键性的问题,像国家形态、社会性质、阶级关系、土地制度等问题,都在进行深入的钻研。这些专题的研究,目的是为编写一部大型的商代历史作准备”①。

1987年,胡厚宣先生在写给王宇信《〈甲骨学通论〉序》中再次提起,他“主编《甲骨文与殷商史》不定期学刊,在发刊词里我就勉励大家先作专题研究,然后再在专题研究的基础上向编写《甲骨学》与《殷商史》的方向迈进”。

新一代学者也注意到商代史撰述的问题。1989年适逢甲骨文发现90周年,王宇信也在《甲骨学研究九十年》一文中呼吁说,“一部大型的、科学性强的商朝断代史,至今还没有完成”②;十年以后的1999年,王宇信在《甲骨学通论》中又大力呼吁:“从多方位、多角度对商史进行研究,在新的一百年撰写出一部大型的科学性强的殷商史专著,是我们甲骨学商史界的重要课题。老一辈学者声声唤的一部大型《殷商史》,新的一百年里是应面世的时候了!”③

与此同时,对甲骨学研究发展有指导意义的《甲骨学一百年》也指出:“迄今为止,对甲骨文商史研究,多只是从某个方面的专题入手,尚没有全方位整体研究商史的专著面世”,并向学术界宣布:

> 中国社会科学院历史研究所先秦史研究室的甲骨学者,群策群力,把大型的《殷商史》研究提上了议事日程。在新的甲骨学一百年,希望在全面继承前人成果的基础上,通过个人钻研和群体的智慧,把一部反映学科最新水平的大型《殷商史》专著奉献给学术界。④

① 胡厚宣:《甲骨文与殷商史》(第一辑)序言,上海古籍出版社1983年版。
② 载《史学月刊》1989年第4期。
③ 王宇信:《甲骨学通论》(增订本),中国社会科学出版社1999年版,第484—485页。
④ 王宇信等:《甲骨学一百年》,社会科学文献出版社1999年版,第606—607页。

就在学术界对商代史的期盼和不断呼吁声中，2003 年上海人民出版社出版了胡厚宣、胡振宇著《殷商史》。全书 40 余万字，目录由序言，篇前，一、国事概要篇，二、政治制度篇，三、社会生活篇，四、学术文化篇，五、工艺美术篇等共五篇十六章。此外，还有篇后，附录，大事年表，等等。（附图五十二）

胡厚宣先生一生追求甲骨，追求商史，此书是他 1995 年 4 月逝世七年之后出版的遗作。书中行文应多是其公子胡振宇据先生学说所作，因而此书作为商代研究专史，较李亚农《殷代社会生活》从内容和规模上要前进了一大步。此书不仅反映了胡厚宣先生一生对甲骨学商史研究的系统化和全面认识，而且有很多论点都是来自先生的原创，因而具有权威性。不仅如此，本书也充分反映和吸收了考古学和商史研究的最新成果，是一部重要的商史专著。但遗憾的是，胡厚宣、胡振宇这部《殷商史》，由于胡先生的逝去，很多问题没有充分展开并进行深入的论证，因而从这个意义上说，此书是胡厚宣先生多年以来酝酿所撰写的《殷商史》的论纲。

还是在 1979 年，胡厚宣先生曾说过，“我虽年近古稀，但在这科学的春天，我一定抓紧时间完成郭老让我具体负责主持编纂的《甲骨文合集》及释文等尚未完成的工作，并要日夜兼程，整理好我的《甲骨学商史论丛》等上百万字的旧作，还要努力争取写出一些科学论文并带好研究生，为祖国的四个现代化更多的贡献力量”①。由于胡先生一直忙于集大成著录《合集》的编纂和《合集释文》等国家项目的研究，因而他整理《甲骨学商史论丛》等上百万字旧作的计划一直没有时间提上日程。虽然如此，胡厚宣先生甲骨学商史研究的上百万字作品，历年常新，为大型的甲骨学商史研究著作奠定了坚实的基础。但他培养的研究生，诸如 1978 年以前培养的裘锡圭、齐文心、王宇信等和 1978 年以后培养的宋镇豪、范毓周、宋新潮等，已经成长起来并成为甲骨学商史研究的学科带头人，而他的学生们培养的学生，诸如韩江苏、徐义华、孙亚冰、林欢等，也已成长为甲骨学商史研究领域的后起新秀。胡厚宣先生的学生和学生们的学生，赓续先生“编写一部大型的商代历史”的遗愿和海内外学者们期盼的“一部大

① 胡厚宣：《序〈建国以来甲骨文研究〉》，中国社会科学出版社 1981 年版。

型的、科学性强的商朝断代史”“全方位整体研究商史的专著”，果然不负胡厚宣先生“后来居上”① 的期望，终于完成了十一卷本的《商代史》，并于2011年7月由中国社会科学出版社出版。

《商代史》十一卷本的完成，不仅有关各卷使商代史各领域的专题研究有所拓展和向深层次前进，而且从总体上来说，也彻底改变了商代史重建工作的滞后局面。因此我们可以当之无愧地说，宋镇豪主编，由多位学者参加撰写的十一卷本《商代史》，是一部填补大型商代史研究空白的力作。

第四节　在继承与创新中撰著多卷本《商代史》

十一卷本《商代史》，是一部填补百年来大型商代史研究空白的重要著作，其所以能够在21世纪之初面世，是在继承了自1999年殷墟甲骨文发现以来甲骨学商史研究所取得成果的基础上，并加以创新而完成的。

甲骨文资料的公布和甲骨学的发展是商史研究的基础。由于在甲骨学的“草创时期”（1899—1928年）和甲骨学的“发展时期”（1928—1937年），甲骨学商史研究受在探索中发展，在发展中探索的水平所限，重建商代史颇为困难。诚如前辈学者郭沫若所说，“卜辞研究是新兴的一种学问，它是时常在变迁着的。以前不认识的事物后来认识了，以前认错了的后来改正了。我们根据它们为社会史料，就应该采取‘迎头赶上’的办法，把它最前进的一线作为基点而再出发”②。而第一部商代断代史——吴泽的《中国历史大系古代史·殷代奴隶制社会史》（1949年）之所以在史料上和认识上出现种种误释和错解，就是因为在甲骨学研究的早期，不少方面的认识，特别是文字释读方面还不够成熟的反映。

1949年新中国成立以后，甲骨学研究进入了它的深入发展时期（1949—1978年）。我们在本书的上篇曾对其所取得的成就进行了介绍。

① 胡厚宣：《甲骨学通论·序》（1987年4月），中国社会科学出版社1989年版。

② 郭沫若：《古代研究的自我批判》，《十批判书》，科学出版社1956年版，第5页。

但也应当承认，这一时期从事甲骨学商史研究的人员和研究成果，与1978年以后的“全面深入发展时期”是不可相比的。[①]之所以如此，是因为“种种不便限制了研究的更大发展”。这就是“其一，尽管八十年来出版了上百种著录，但早年出版者不仅印数少，且经世事沧桑，存世稀如凤毛麟角，加之不少是海外出版，流入国内不多，这些著录本身就成了各大图书馆的‘珍本’、‘善本’而特藏，一般研究者已很难‘谋面’”，只有为数不多的老一代甲骨学家，像胡厚宣、于省吾等尚能在自己书斋中见到。其“二是早年著录材料不全或不精”，因而一些关键性文字因拓印不清而颇令人费尽斟酌。其“三是一些公私藏家的甲骨并未著录，仍有一些宝贵资料有待‘再发掘’”。其“四是海外新公布的甲骨材料，不能进入紧锁的国门”[②]，使学者们掌握不了最新的资料。如此等等，研究资料的缺乏，自然限制了甲骨学商史研究的全面深入发展。而第二部商代史专著——李亚农1956年出版的《殷代社会生活》史，就代表了这一时期甲骨学家和历史学家对商代史的探索、研究和理解的水平，显然不能全面反映商代历史的深刻性和复杂性。

自1978年科学的春天到来以后，《甲骨文合集》《小屯南地甲骨》等甲骨著录的出版，使“甲骨学研究资料匮乏的局面根本改观”，从而使“甲骨学研究课题向广度和深度拓展”。特别是“甲骨学研究方法和研究手段愈益与当代科技同步发展”，因而“1978年以后涌现出的大量论作，显示出甲骨学研究进入‘全面深入发展’的阶段”[③]。此外，自王国维《殷卜辞中所见先公先王考》及《续考》把甲骨文商史研究提高到历史研究的新阶段以后，甲骨学商史研究与1928年以来殷墟考古发掘研究相结合，形成了具有中国特色的商史研究新途径。殷墟发掘70多年来的甲骨学商史研究，无论是在研究课题的深入和开拓方面，还是在研究资料的积累和研究课题的拓展方面，都取得了辉煌成绩。特别是，“学者们通过《甲骨文合集》《合集补编》和《甲骨学一百年》的积累和训练，为从全方位、

① 参见王宇信《中国甲骨学》，上海人民出版社2009年版，第108页。

② 同上书，第278页。

③ 同上书，第93—109页。

多角度的全面系统研究殷商史提供了可能”。

就是这样，几代学者期待并声声唤的大型《商代史》专著，被中国社会科学院历史研究所先秦史研究室的专家们提上了议事日程，并力图“在全面继承前人成果的基础上，通过个人的钻研和群众的智慧，把一部反映学科最新水平的大型《殷商史》专著奉献给学术界”①。

在主编郭沫若“要大力培养接班人”的关怀和总编辑胡厚宣先生的身体力行和言传身教下，“在《甲骨文合集》编辑、出版过程中，也训练和培养了一支整理、研究甲骨文的队伍”。“他们在工作中认真学习，全面地检视了甲骨文字资料，从而取得了比较系统的认识。由于接触到了大量资料，也发现了其中某些问题。在编纂《合集》的同时，不少同志还选了专题，进行了必要的探索，写出了论文。如今，这些当时的青年人，都已临近或过了古稀之年。他们不仅成了训练有素的整理甲骨文资料的行家里手，而且已经成为著述颇丰的甲骨学家。”② 可以说，胡厚宣先生为大型商代史的撰写准备好了一支高水平的学术中坚队伍。

十一卷本《商代史》的参加者，其中就有不少人当年曾参加了《合集》编纂和《合集释文》的撰写，诸如杨升南、王宇信、罗琨、常玉芝等教授；也有胡厚宣先生“文化大革命”后招收的第一届研究生宋镇豪教授，他不仅担纲《商代史》的主编，还正在主持《甲骨文合集三编》这一胡先生的未竟工作。而师从田昌五、伊藤道治教授的王震中，也从原始社会史的研究下延至商代的都邑文明；韩江苏、徐义华、孙亚冰、林欢等年青一代，则是杨升南、王宇信、宋镇豪培养的研究生。马季凡参加了《合集补编》的工作。而宫长为和江林昌，是著名甲骨学家李学勤的博士后研究生，并在先秦史研究室成长。可以说，胡厚宣先生的学生和学生们的学生们成为十一卷本《商代史》研究的基干队伍。

在《甲骨文合集》《合集释文》工作结束以后，“为继承国内外学者所取得的成就并使之发扬光大，并使今后的甲骨学研究从理论上、方法上、规律上的探索更为自觉而避免盲目性，从而通过创造性的探索和艰苦

① 王宇信等：《甲骨学一百年》，社会科学文献出版社1999年版，第636—637页。

② 王宇信：《中国甲骨学》，上海人民出版社2009年版，第277页。

的劳动，取得新世纪甲骨学研究的再辉煌，有必要在新世纪来临之际，对百年来的甲骨学研究进行科学总结。因此，我们于 1996 年 5 月提出了‘甲骨学一百年’研究课题”①。《商代史》的撰著者杨升南、王宇信、常玉芝、宋镇豪等教授就曾参加过《甲骨学一百年》的撰写。此外，宋镇豪还主编了《百年甲骨学论著目》。不仅如此，为了推动甲骨学商史研究的发展，宋镇豪还与段志宏合作，在《百年甲骨学论著目》的基础上，把散见于国内外报刊上早年出版，现已较难见到的甲骨学商史研究著作汇为一编，以《甲骨文献集成》为书名，由四川大学出版社在 2001 年出版。此书前有李学勤序、饶宗颐序、宋镇豪前言、段志宏前言。全书共 40 卷，其中甲骨文考释为第 1 卷至第 14 卷，甲骨文研究为第 15 卷至第 19 卷，专题分论为第 20 卷至第 33 卷，综合为第 34 卷至第 40 卷。全书共收入甲骨学商史论作 2700 种。《甲骨文献集成》的出版，极大地方便了甲骨学商史研究的学者查考前人研究成果的需要，从而有可能在前人研究成果的基础上而有新的前进。《商代史》的撰著者马季凡、宫长为、徐义华等，曾参加这一利于学科发展的集大成式著作的编纂工作。他们在编纂此书收集资料的过程中，也全面继承了前人的研究成果，从而以最前进的一线为基点而再出发，这就站在了甲骨学商史研究的最前沿。

可以看到，参加《商代史》的学者们通过《甲骨文合集》《合集补编》《合集释文》等工作的训练，熟悉和掌握了甲骨文中的第一手商代史资料，而在《甲骨学一百年》《百年甲骨学论著目》和集大成式著录《甲骨文献集成》等大型著作的撰写和编纂过程中，熟悉和继承了前辈学者的研究精华，掌握了在甲骨学商史研究的百年历程中的发展方向，即哪些问题是怎样提出的，哪些问题提出后已经解决和正在解决中，哪些问题刚刚提出、现正在探索，哪些问题的探索已经深入和哪些方面的研究较为薄弱，等等。为商代史研究的创新和前进提供了线索和启示。

胡厚宣先生《甲骨文与殷商史·前言》（1982 年）② 中曾说过，当时参加《合集》编纂工作的“年轻”同志，“二十年来，他们从大量资料的

① 王宇信、杨升南：《“甲骨学一百年成果”总序》，中国社会科学出版社 1999 年版。

② 胡厚宣主编：《甲骨文与殷商史》，上海古籍出版社 1983 年版。

搜集和探访，接触到已经出版著录甲骨的一百多种书刊和全国几十个单位收藏的近十万片甲骨实物”。在编纂《合集》的过程中，“进步很快，差不多都已经成了甲骨文的熟手。对这些第一手的原始资料，可以说基本上已经掌握，多数都能在这方面作一些独立的研究工作”。在他们对甲骨学研究方面取得一批成果的同时，也在商代历史不少方面的研究取得了丰硕成果。“尤其是对于一些关键性的问题，像国家形态、社会性质、阶级关系、土地制度等问题，都在进行深入的钻研。这些专题的研究，目的是为编写一部大型商代历史作准备。”参加《合集》编纂工作的学者，通过刻苦钻研，写出了不少富有创见的著作。常玉芝出版了《商代周祭制度》(1987年)、《殷商历法研究》(1998年)等，王宇信、杨升南出版了《中国政治制度通史·先秦卷》，杨升南出版了《商代经济史》(1992年)、《甲骨文法律文献译注》(1994年)等，彭邦炯出版了《商史探微》《甲骨文农业资料考辨与研究》(1997年)、《甲骨文医学资料释文考辨与研究》(2008年)等，王贵民出版了《商周制度考信》(1989年)等，宋镇豪出版了《夏商社会生活史》(1994年)等。此外，王宇信、罗琨也在有关商代战争和军事方面作有研究；而一些博士研究生，宫长为研究古代典籍《周礼》，韩江苏研究甲骨文中的重要人物沚戓和花东H3卜辞主人“子”，林欢、孙亚冰研究商代的方国、地理。江林昌参加了“夏商周断代工程”，对多学科联合攻关颇有心得。而王震中利用考古学材料研究商族起源及商代都邑，等等。

可以说，参加大型《商代史》各卷撰写的有关学者，对其所撰写的有关各卷内容都有所积累和独到的研究心得。他们在撰写承担的有关各卷时，在充分继承并利用前人成果的基础上，进一步爬梳甲骨文的新资料和考古新发现提出的诸多新问题，并作出科学的解释和合理的回答，这就使自己的研究有所拓展、深化和前进，并在前进中有所创新，在创新中向多角度、全方位、深层次的商代史研究的方向前进。我们可以毫不夸大地说，只要你认真读罢这部填补大型《商代史》研究空白的著作，就会体会到它既是百多年来甲骨学商史研究的总结，也是今后甲骨学商史研究继续深入和不断创新的起点和基石。这部凝聚了新中国成立以后成长起来的老、中、青三代学者的追求与创新、智慧与心力的具有里程碑意义的多卷本《商代史》，必将在相当长的一段时间影响并推动海内外甲骨学商史研究的全面发展。

第五节　多卷本《商代史》撰著成功的思考与启示

作为填补大型殷商史研究著作空白的十一卷本《商代史》，终于在2011年成功出版，并与海内外广大读者见面。《商代史》的出版，标志着甲骨学商代史研究一个新阶段的开始，也为我们提供了不少成功撰著此类大型研究著作的思考与启示。这就是：

其一，继承百多年来甲骨学研究成果并有所创新的大型《商代史》，是商代史研究深入发展的需要，并寄托了几代学者的追求和期望。此书不仅涉及的研究材料浩繁，诸如甲骨文、殷墟考古学、民族学、古代天文学、古代文献学等，而且涉及的商代历史研究领域也较为宽广，并需要对诸专题的研究皆有所深入并具有前瞻性。因此之故，这一课题的完成是相当困难的，使不少人望而却步，但心向往之。

“巧妇难为无米之炊。”这一大型科研项目的完成，必须要有学术单位的有远见卓识领导的大力支持和从研究经费上予以充足的保障。诚如十一卷本《商代史》主编宋镇豪教授所说，“这部多卷本商断代史著，从一开始立项（按：即1999年）就得到了中国社会科学院暨历史研究所的积极支持与经费落实，得到国家社会科学基金办的资助，后又获得了中国社会科学院文库出版基金的补贴”。而且在《商代史》课题的进行当中，中国社会科学院科研组织局和历史研究所科研处的领导，每年都要检查课题的进度并加以悉心指导。当《商代史》研究课题在2007年完成以后，中国社会科学院科研组织局又特聘院外著名同行专家进行了科学而严肃的评审，以“优秀”的科研成果而获得了结项，因此我们是“非常幸运的”![1]

---

① 宋镇豪：《商代史·总序》，中国社会科学出版社2011年版，第19页。

应该说，大型的《商代史》专著课题的最早提出，应是时任台湾彰化师范大学甲骨文研究室负责人的黄竞新教授。“早在1996年，我国台湾彰化师范大学的黄竞新教授就开始策划并多次向大陆学者广泛征求意见，拟提出多卷本《殷商史》的研究课题，由她任总编协调台湾几位学者，由我（按：即王宇信）负责大陆的几位学者，由海峡两岸学者共同完成这一课题。各卷的承担者选定并拟好了提纲，但黄教授向台湾地区当局的有关部门申请课题的立项被否定”，因而合作撰写的计划也就胎死腹中。按黄教授的预算，经费是相当可观的，而且商定了大陆学者的待遇按台湾教授因公出差标准。虽然一些学者对此计划抱有很大希望，但我和杨升南、宋镇豪教授却姑妄听之，姑妄信之，并没有抱太大的希望。因为笔者和杨升南等人曾议论，甲骨学商史研究重镇的中研究史语所和台湾师范大学、台湾大学都没申请，而彰化师范大学又何以堪负此任?!此外，师从香港中文大学饶宗颐教授的黄竞新，虽然为《殷商史》大型项目在海峡两岸奔走呼号，但她以她影响力组织的项目承担人，没有台湾甲骨学商史研究的权威学者，而多是圈外人（诸如董作宾之子医学专家董玉京等）。很显然，项目的通过存有相当大的困难性。而随着大力支持她的彰化师范大学校长的离职，此项目也就失去了依托学校的立身之地。

就在《殷商史》课题的酝酿过程中，我“曾向中国社会科学院原科研局长单天伦先生汇报过。单局长的意思是院内这么多人参加此项目，最好要纳入院的科研规划，可以由宋镇豪先生总领申报院课题，以便纳入管理，而由我负责对院外即台湾地区学者的合作研究。我同意了他的这一建议。1999年宋镇豪先生挂帅，正式提出《商代史》研究课题，商聘组织人力并拟定提纲，向中国社会科学院申报立项并被批准”①。自此以后，大型科研项目《商代史》经过学者们八年的努力，终于在2011年得以出版。事实证明，大型的科研项目如没有领导的支持和从经费方面的全力资助，任何好的大型研究课题也是难以完成的。而“中国台湾地区学者提出的多

① 王宇信、徐义华：《商代国家与社会·后记》，中国社会科学出版社2011年版，第619页。

卷本《殷商史》的研究课题虽然立项未成，但重建商代史的著述工作却没有半途而废，而是由大陆学者们完成了！”①

其二，作为大型研究项目的主持人，不仅应具有对课题某一方面的精深研究，还要有对研究课题的各方面专题研究内容的总体把握，从而才能从宏观上和微观上总揽并把握研究课题的全局。《商代史》课题组负责人宋镇豪不仅具有这种能力，而且从总课题的设计出发，知人善任，使对商代史各专题有研究和积累的学者各负其责，从而使各分卷研究者游刃有余，在自己的领域认真耕耘并充分发挥其智慧和创造力，这就使研究质量得到了保障。

作为大型项目的核心和灵魂——课题组负责人的信心和恒心、韧性和坚持，是大型项目得以顺利推进和最终完成的保障。《商代史》大型项目启动后，主编“宋镇豪教授就驾驶起这架沉重的马车，真是一步一回头，步履艰难地向前运行了”。他事必躬亲，以身作则，督促检查，带头完成了研究课题。时下常见的挂名“主”而不“编”的大型课题，往往旷日持久，最终还是“无疾而终”的教训值得我们深思！既然要当主编，就要全力以赴，既作“主”，又要亲自“编”！时下不少挂名的主编们自己应感到汗颜！

其三，一支高素质的研究团队，是大型科研项目成功的保障。十一卷本《商代史》项目的研究团队，基本由中国社会科学院历史研究所先秦史研究室的老、中、青三代学者组成。已如前述，这一支研究队伍的形成，早已在胡厚宣教授总编辑《甲骨文合集》这一工作进行时，就已有计划、有步骤地进行了。胡厚宣教授不仅给我们留下了《甲骨文全集》这部不朽的传世之作，还为学术界打造了一支高水平的甲骨学商史研究队伍；而胡厚宣教授和历史、文字学家们在1978年以后培养的研究生，也已成长为甲骨学商史研究的领军人物。而新老学者培养的博士研究生们，他们在甲骨学商史研究方面也有了一定的积累并掌握了入门的途径。因而在一定意义上说，承担历史研究所先秦史研究室《商代史》大型科研项目的团队，本身就是老一辈科学家追求甲骨，追求商史的道德文章的继承与创新。多

① 王宇信、徐义华：《商代国家与社会·后记》，中国社会科学出版社2011年版，第619页。

年来，这支研究团队蓄势待发，期待着大型的《商代史》课题提上议事日程。一旦项目得到批准，就如鱼得水，在他（她）们承担的有关卷段徜徉，因而厚积薄发，高质量地完成了多卷本《商代史》这部世纪工程。

因此，一支高素质的甲骨学商史研究团队是保证《商代史》多卷本完成的基础。这支团队是多年的积累和创新，即不断补充新一代研究人才而能传承和延缓下来，并永远保持其活力。研究团队既不是短期间就能建设成功，也不能是光凭外部专家组成团队，就能把大型的科研项目完成。没有自己的基本研究团队，就不要想当然地提出大型科研项目。光杆司令是不能进行大型科研项目的！台湾黄竞新教授原在东海大学，曾作过甲骨文资讯研究，后又被彰化师范大学聘用而换了学校，新成立了甲骨学研究室。她和先生梁文伟教授、几个助教和她的几个学生“秘书”，就是她《殷商史》的基本团队了。很显然，研究力量是相当薄弱的。而各卷的撰写者，商聘的多为校外（居住在台北并已退休）的非甲骨学商史研究圈内的“专家”，或不见经传者（大陆除外。笔者倒是认真、严肃地商聘了几位知名专家），且不说展开课题的研究，就是台北与彰化之间的往来对他们也很是困难。在21世纪初，黄教授又离开了彰化师大去台中的另一间大学任教。她在彰化师范大学花了几年时间经营的“研究室”连同积累的甲骨文资料，也就不复存在了。前几年在北京与她见面时，笔者曾劝她要有个“窝”（即研究基地），以便定下来专心研究，并说过，像这样东奔西跑，连个准窝都没有，又何谈在甲骨学商史研究方面作出“大成绩”！她表示接受笔者的建议。但在2012年元旦前（2011年12月12日）给笔者的贺卡中告诉了笔者“一个‘可喜’也‘可忧’的信息”，即她又离开了台中的一所大学，回到了“阔别了二十五年的地方——香港”。她说，“我们的‘殷代疾病研究’，进入了第三年，虽然仍没有把握‘确定成果’”，“但下一个计划——‘殷代生态环境研究’也必须拓展，希望以香港为桥梁，联结海内外学者，共同背负另一个‘不可能’的任务”。虽然黄先生“相信自己的‘学术魅力’”，但在梁文伟教授驾鹤西归后，恐怕她一个人在香港高发大厦“包括工作，起居，研究团队的整合等”方面“应该也可以想象面临的困境”，但她决心要“在这种环境之下创出另一高峰”（以上均是信中语）。笔者在这里衷心地遥祝她成功！但是笔者还要不客气地说，连个登山“基地”都没有，孤身在大厦里“创出另一个高峰”是相当困难的！

其四，大型科研项目的提出，是学科发展到一定阶段，为了总结和继承，创新和发展的需要。不仅材料和研究的成果和积累是大型科研项目完成的坚实基础，而且学科发展中涌现的高素质人才，则是大型科研项目顺利实施和完成的保障。实践告诉我们，切不可“为大”而大，不顾条件而盲目追求项目的“大型”和“超大型”。君不见，曾有资深学者在20世纪50年代提出《中国上古史》的编撰，所拟定的一百个题目，诸如史前部分、殷商篇、西周篇等，虽“敦请海内外硕学之士，专门名家，议题分撰”，但1972年出版第一本（共13篇）后，“数位参与工作之前辈先后谢世，其次出版之计划遂致停顿”。直到1985年后又推出了第二本殷商篇和第三本两周篇之一和第四本两周篇之二，但各本均是收入论文（共66篇）的论文集，“称为《中国上古史》，有点名不副其实”①。研究队伍的老化，也是大型项目能否顺利完成之大忌。时不我待，要在“硕学”们老当益壮时组织他们留下累累熟果，而不要组织他们垂垂老矣之时给课题留下“蒂落”的遗憾！十一卷本《商代史》的提出，既有殷商史学科发展的需要和坚实的基础，又有结构合理的研究团队的实施保障。多卷本《商代史》的研究团队人员的构成，老当益壮者老而弥坚，知天命者愈益谙熟人世规律，而立者逐步走向不惑——愈益深刻理解商代史和人生。虽然“在课题进行过程中，参加的人员也处在不断变化的情况之中”，诸如笔者本人曾“怀疑是不是我的大脑出现了问题”，思考不出头绪，“成天懵懵懂懂”。而罗琨由于过度劳累，她的“健康也欠佳”。年轻人江林昌“过度的疲劳竟使他昏倒在校长办公室，半个小时后才被秘书发现”。而笔者的一位十分优秀的学生，承担《商代史》地理卷的林欢博士，“留下部分尚未完成的书稿，在2003年英年早逝”。而最年轻的孙亚冰博士，也做出了自己最大的牺牲……如此等等，此中甘苦寸心知。大型《商代史》立项后，“尽管在进行过程遇到了这样那样的困难和曲折，但我们毕竟完成了这项填补商断代史研究空白的多卷本商代史大型著作”。因而我体会到研究的“课

① 参见宋镇豪《商代史论纲·总序》，中国社会科学出版社2011年版，第3页。

题不宜过于庞大，太大了往往顾此失彼，难于通盘驾驭”。此外，研究“课题的参加者不宜过多。因为情况在不断变化，人越多情况越复杂，变量越大”。往往不可抗拒的因素使一环断裂，就会影响课题完成的全盘以致前功尽弃。

其五，《商代史》大型课题的完成，为甲骨学商代史队伍的建设“磨炼和培养了新人”①。历史研究所历任的老领导，都主张出成果、出人才。而当年的先秦史研究室主任胡厚宣教授，在坚决实践老所长尹达教授要他总编辑出《甲骨文合集》的过程中，带出一支研究队伍来的要求。在编纂《合集》的训练和积累中，“使这些当时的青年人”，“成了训练有素的整理甲骨文资料的行家里手，而且已经成为著述颇丰的甲骨学专家”②。他的学生王宇信、宋镇豪教授和杨升南教授，也都如此办理，诸如要求学生们关注讨论已较深入的问题，引导徐义华继续深入研究商代诸妇和国家机器，力求有新的前进。又如也让学生们关注研究较为薄弱的课题，安排林欢、孙亚冰研究商代政治地理和方国地理，力图使此领域的研究有所突破并使研究力量有所加强。而对一些新领域，诸如韩江苏注意商代甲骨文的历史人物，特别是花东 H3 卜辞主人“子”的系统研究，力图有新的突破。如此等等。在大型《商代史》项目启动以后，大胆起用年轻学者宫长为、马季凡、徐义华、韩江苏、林欢、孙亚冰、江林昌等参与其中，信任他（她）们，鼓励他（她）们，让他（她）们在课题中得到磨炼，在磨炼中得到提高，在提高中有所创新。随着大型《商代史》项目的完成，他（她）们也被推向了甲骨学商史研究的最前沿，成为新一代学有所成的甲骨学商史研究专家。

因此，在继承和创新过程中完成的十一卷本《商代史》成果，也为商代史研究的继续发展，培养出一批新的研究人才。（附图五十三）

① 以上参见王宇信、徐义华《商代国家与社会·后记》，中国社会科学出版社 2011 年版。

② 王宇信：《中国甲骨学》，上海人民出版社 2009 年版，第 277 页。

第十五章

殷墟“申遗”的成功，开启了保护、弘扬与研究的新阶段

2006年7月13日，中国河南安阳殷墟被第30届世界文化遗产大会列入“世界文化遗产名录”。这是世界人民对我国保护殷墟作为晚商都城遗址完整性的肯定，也是世界人民对殷代都城文化——殷商文化的典型概括，在推动和影响世界文明进程所起巨大作用和贡献的承认。殷墟“申遗”的成功，标志着殷墟遗址极其深厚的文化底蕴进入了全面弘扬的新阶段。

殷墟文化的全面弘扬，是几代甲骨学家、考古学家、历史学家和当地原住民保护殷墟，寻觅殷墟，重构殷墟和再现殷墟辉煌的80多年探索、发现与研究的总结，也是殷墟保护和研究新一阶段的开始。而殷墟2006年7月“申遗”成功以后，考古发掘和研究又取得不少新成果，从而使殷墟文化的弘扬和对殷墟都城文化的认识，又有了新的前进和深入。

第一节　80年来殷墟(晚商都城)遗址经历了重构、再现辉煌和全面弘扬的几个阶段

殷墟（古人居丘为“虚”）是我国商代（BC16—BC11）晚期都城，是商王朝的政治、经济、文化中心。商代都城集中体现了商代社会生产和经济发展的最高水平，是整个商王朝社会生产力和科学技术水平的典型体现和概括。因此，世界文化遗址殷墟，展示的是商王朝晚期都城遗址的文化。在考古学家的学术术语中，殷墟文化与殷都文化是同义语。殷墟的重

构、再现辉煌和殷墟文化的全面弘扬，经历了80多年的考古发掘与研究工作，如果再加上以1899年甲骨文发现为契机对殷墟的寻觅，那就经历了一百多年，才迎来了今天殷墟文化的全面弘扬时期。

一　殷墟的寻觅时期（1899—1910年）

公元前1046年，周武王率庸、蜀、羌、髳、微、纑、彭、濮八个部族的联军在“二月甲子昧爽”，与“亦发兵七十万人距武王”的商纣王在商郊牧野决战，“纣兵皆叛纣”。“纣走，反入登于鹿台之上，蒙衣其殊玉，自燔于火而死。”（《史记·周本纪》）昔日“车行酒，马行炙”的“宫中九市”和倾宫、瑶台成为一片废墟。[①] 就在商王朝灭亡后的第二年，被封在朝鲜的商贵族箕子“朝周”路过此地时，“感宫室毁坏，生禾黍”。十分感伤的箕子作《麦秀之歌》，“殷民闻之，皆为流涕”[②]。商都这座废墟，到战国和秦汉之际还有人依稀记起，但隋唐时这片空旷的土地已沦为墓地。自明朝小屯开始立村，但昔日这里曾是“酒池肉林”的商朝都城所在地，已不复有人知晓。小屯村民世代日出而作，日落而息。小屯村成为华北平原上普普通通的“蕞尔一邑”，再也无人提起。

随着1899年甲骨文在小屯村发现和学者们对其出土地的追寻，被历史泥土尘封的殷墟逐渐显露出来。甲骨文发现10年以后的1908年，罗振玉才“访知贞卜文字出土之地为洹滨之小屯”[③]，这座普通的华北村落小屯村才开始走上学术界的前台而声名大噪。随着罗振玉所见甲骨文材料的增多和研究的深入，1910年他在《殷商贞卜文字考》序中，考订出出土商代甲骨的小屯村应为“武乙之虚”。4年以后，罗振玉又于1914年进一步考证出“洹水故虚，旧称亶甲。今证之卜辞，则是徙于武乙去于帝乙”[④]，则小屯村一带更明确为晚商武乙、文丁、帝乙3王时期的都城了。此后，又经过王国维、郭沫若、陈梦家、胡厚宣等学者的研究，安阳殷墟确定为

① 《御览》卷83引《帝王世纪》。

② 《史记·宋微子世家》。

③ 罗振玉：《殷虚古器物图录·序》，1916年版。

④ 罗振玉：《殷虚书契考释·自序》，1914年版。

“盘庚迁殷至纣之灭，二百七十三年不复徙都”[①] 的晚商都城。从此，安阳小屯村与殷墟互为表里，并融为一体。小屯村一带的地下，埋藏着深厚底蕴的殷墟文化和一座3000年前的晚商王都。

如此等等。历史上消失了的晚商都城的寻觅，前后历时11年之久，从而为考古学家在这里对殷墟及殷墟文化的重构、再现辉煌和全面弘扬打下了坚实的基础。

殷都发现的10多万片甲骨文，是殷商史研究的第一手珍贵资料。为了搜集更多的甲骨文，特别是科学发掘所得甲骨文的一切信息，“就殷商文化全体说，有些问题都是文字中所不能解决，而就土中情形可以察得出的”[②]。与此同时，中国考古学尚处起步阶段，殷墟这一时代已考明的商代都城遗址的发掘工作就有着特殊的意义。“就殷墟论，吾等已确知其年代，同时并知其他铜器石器出土。年来国内发掘古代地方，每不能确定年代……如将此年代确定之墟中所出器物，为之审定，则其他陶器杂器，可以比较而得其先后。是殷墟知识不啻为其他古墟知识做量度也。”[③] 因此，自1928年10月13日开始，中央研究院开始在河南安阳小屯村进行了大规模的考古发掘工作，至1937年因抗战爆发而暂告结束。殷墟的发掘工作历时10年之久，先后进行了15次大规模的科学发掘工作，取得了丰硕的成果；而1949年以后，中国社会科学院的考古学家又进行了持续不断的考古工作。可以毫不夸张地说，80多年来，殷墟的保护和发掘、研究工作取得了辉煌的成就。大批的研究论文和总结性著作，诸如《殷墟的发掘与研究》[④]、刘一曼《殷墟考古78年》[⑤]，等等，所列殷墟历年发掘和研究的重大成果尤详，为我们展示了这80多年来殷墟文化发掘和研究的连续性和阶段性成果。所以我们说，甲骨文的发现，为殷墟都城遗址考古发掘和研究的发展提供了契机。

---

① 《史记·殷本纪》正义引《帝王世纪》。

② 李济：《现代考古学与殷墟发掘》，《安阳发掘报告》1930年第二期。

③ 傅斯年：《本所发掘安阳殷墟之经过》，《安阳发掘报告》1930年第二期。

④ 《殷墟的发掘与研究》，科学出版社1994年版。

⑤ 刘一曼：《殷墟考古78年》，《中国文化遗产》2006年第3期。

二 殷商都城文化的重构（1928—1937年）

1928年10月，殷墟大规模的科学发掘工作在小屯村以北与洹河以南一带开始。考古发掘过程中，考古学家认识到“出字骨的小屯只是殷都的一个特别的区域，要定商都的范围，只可用陶片定。再以陶片为标准，我们至少可以说商都的面积远超过现在小屯的领土之外”①。再现3000多年商代都城的遗迹，成了殷墟考古发掘的主要目的。

1928年至1937年的考古发掘工作，在小屯村一带不仅发现了大批甲骨文，特别是1936年10月YH127甲骨窖藏坑17000多版甲骨的发现，而且更重要的是许多遗迹遗物的发现。在洹水以南，发现了建筑基址53座。其中甲组基址15座，乙组基址21座，丙组基址17座。在建筑基址周围，还发现了与基址有关的遗迹和遗物。据学者研究，甲组建筑基址为商王的生活、居住区，乙组建筑基址为商王处理政务和宗庙区，而丙组建筑基址为商王朝社坛。小屯村北的建筑基础群，应是商王朝都城的核心；而在洹水以北的侯家庄西北岗，1934年至1935年的殷墟第10次、第11次、第12次发掘工作，再加上1949年以后的继续发掘，在这里共发现大墓14座，其中西区4条墓道者7座、单墓道1座、假墓1座，共9座。而在东区，4条墓道者1座，2条墓道者3座、单墓道者1座，共5座。这里应是商王的墓地，4条墓道者应为商王墓，而2条墓道、1条墓道者应为商王的亲近者或近侍。由此可以断言，这里应是商朝王陵区。

特别应提到的是，在此期间对后岗的发掘。1931年第4次发掘殷墟时，考古学家在安阳后岗发现了“三叠层”，即殷商文化层、龙山文化层、仰韶文化层叠压的重要现象，从而确定三种古代文化的考古发展序列。学者们再把这种现象结合1930年对山东城子崖遗址龙山文化夯土城址的经验进行分析、研究，纠正了殷墟发掘以来的大水“漂没说”，这“标志着殷墟遗址历史考古学‘地层学’的形成”②。1934年第9次殷墟发掘时，学者们再次发掘了后岗并发掘出一座带南、北两条墓道的大墓。这次发

① 李济:《后岗十八年秋季发掘之经过及其重要发现》,《安阳发掘报告》1930年第二期。

② 张岂之主编:《中国近代史学学术史》,中国社会科学出版社1996年版,第499页。

掘，给考古学家以重大启示。前辈学者石璋如曾说：“给我们以巨大的启示和肯定的信念，认识安阳这个地方不仅是殷都所在，而且也有为殷陵所在的可能。从此便精心调查，到处寻找，洹北侯家庄西北岗殷代墓地的发现与发掘，便是这个种子的萌芽。”①

小屯村一带商代宗庙、宫殿基址的发现和侯家庄西北岗商代王陵区的面世，使昔日商代都城的核心被考古学家重构了起来，并为下一阶段丰富其文化内涵，发现并充实殷代都城的配套设施，再现殷墟的辉煌打下了坚实的基础。

三　殷商都城文化的再现辉煌（1949—2006 年）

1949 年以后的殷墟发掘工作，既与 1928 年的殷墟发掘工作有继承性，又有新时期工作重点的不同，因而又显出其阶段性。所谓工作重点不同，是殷墟的核心区宫殿宗庙区和王陵区的大规模考古工作基本结束，而是在商代都城的核心区周边，去发掘和发现都城的各种相应配套设施。可以说殷墟中心区的宗庙、宫殿和侯家庄的王陵区，是昔日殷都的骨骼，而 1949 年以后的考古新发现和深入研究，则是为昔日的殷都充实了血肉和灵魂，从而使一座消失了三千多年的都城的功能配套齐备，再现了昔日殷都文化的辉煌。

（一）中小贵族和平民遗迹的发现。殷墟作为王都，不仅在宫殿宗庙有居住的商王，在核心区以外还应生活着贵族和平民。1949 年以后，贵族和平民居址屡有发现，诸如小屯西北、四盘磨、白家坟、大司空等地都发现了平民居住的小型房基和墓葬。1997 年白家坟东南发现 51 座建筑基址，当为族邑遗存。2001—2002 年，在小屯南的北徐家桥发掘出一座“四合院”式建筑群，中心建筑群分 6 排南北纵向排列，每排 4—5 组，当为王室贵族的官邸。2003 年孝民屯商代村落遗址发现半地穴式房基 27 组（套），每组（套）内有单、二、三、四间不同形式，房基内还有土台和灶。2004 年又在大司空村发现由 15 座基址组成的一组建筑群，以“四合院”为中心，前后有三进院落，东、西有两个以上配院。其中心建筑北侧

① 石璋如：《河南安阳后岗的商墓》，《历史语言研究所集刊》第十三本，1934 年。

护坡地面还摆有夔龙、凤鸟图案，当为族群宗庙。

（二）殷墟不仅在侯家庄一带埋有殷王，而且生活在殷都的贵族平民也应埋葬于殷墟。1971 年、1991 年在后岗两次发掘墓葬 68 座，其中 2 条墓道大墓 4 座，1 条墓道大墓 1 座，应为西北岗以外的又一处王室墓地。此外，1976 年在小屯又发现一座王室贵族墓——妇好墓。不仅如此，还发现多处的“族墓地”。1969—1977 年在殷墟西区发现上千座墓葬，经整理研究，可分 8 区，每区内又可分组。不同墓区内葬俗及铜器铭文、陶器组合又有所不同，应为不同族的族墓地。平民墓也有多处，在后岗、郭家庄、梅园庄、刘家庄、大司空村、新安庄、戚家庄等遗址都发现了平民墓葬。

（三）作为商王朝都城，不仅有统治阶级政治活动的遗迹，而且也应有经济生活的遗存。在殷墟，发现了铸铜遗址 4 处，诸如苗圃北地、孝民屯、薛家庄、小屯东北地等。其中的苗圃北地遗址，出土陶范万件以上。而孝民屯铸铜作坊发现取土坑、范泥澄滤池、土范晾晒坑等和青铜铸造间、浇注台等，总面积达 1.5 万平方米；制骨作坊也有发现，大司空村遗址出土大量骨笄，北辛庄遗址发现骨料坑和制骨工具；制玉作坊在小屯北地发现，房址 F10、F11 内出土一批石料和磨石残块、玉石雕刻，等等。而多年寻找不得的制陶作坊和商代窑址，也终于在前不久被发现。殷墟遗址各种作坊的发现，丰富了对商朝都城经济生活的认识。

（四）完整贵族墓的发现，加深了对商代奴隶主丧葬制度的认识。1949 年以前发掘的殷王大墓多数被盗，遗物所剩无几。而 1949 年以后，在殷墟发现了几座完整的贵族墓葬，是殷墟发掘史上的大事。1976 年发掘的妇好墓，仅青铜器就殉有 460 多件，其中有铭者 190 件，而有“妇好”“好”字铭文者达 109 件。这就为学者将铭文与甲骨文和文献相结合，研究武丁之妻妇好的活动和墓葬断代提供了依据，并为商代青铜器断代研究提供了一批标准器；1990 年郭家庄 160 号墓也保存的十分完整，共出土随葬品 353 件，其中青铜礼器 41 件，并有“亚址”铭文；2000 年至 2001 年之交，又在花园庄东地发掘了一座保存完整的 54 号墓，出土青铜器有 391 件之多。其中青铜礼器有 39 件，有的铜器上还有“亚长”铭文。此外，墓 54 还出土精美玉器 210 件。

（五）1949 年以后的考古发现，使学者对宫殿、宗庙区和殷王陵区的认识、研究更加深入和全面。特别是 1988—1996 年发掘小屯村东的呈“凹”字形分布的 3 座大型基址，被称为“丁组基址”或统编为 54 号基址，是新中国考古学家在殷墟首次发掘宫殿基址的重大收获[①]；70 年代在小屯西地钻探出一条长 800 米、宽7—21 米的北端通向洹水的大沟，2004 年又对大沟西段进行了发掘。经学者研究，此大沟在殷墟文化二、三期之际，曾作为环壕使用，对保卫宫室、宗庙有重要意义；2005 年对小屯东北地大面积钻探发现，在乙组基址西侧和丙组基址的西北侧，应为宫殿、宗庙区的池苑，面积达 4. 5 万平方米。其北部接通洹水，最深处距今地表 12 米以上。池苑遗迹的发现，为宫殿、宫庙区布局的深入研究增加了新内容；此外，1976 年、1978 年在王陵区发现了祭祀场，并发掘传出司母戊大鼎的大墓，从而使对王陵区布局、范围有了新的认识，并使对人殉、人牲的认识有了细化和前进。[②]

如此等等。几十年来的殷墟发掘工作，重构了昔日王都并使其再现辉煌。在此期间，出土青铜器万件以上，著名的司母戊大鼎代表了青铜时代的高峰。而历年出土的玉器，达 2600 件以上，对商代社会意识形态和艺术、工艺水平等研究很有意义。大量的精美骨器、白陶等，巧夺天工。特别是殷墟出土的大量陶器，成为殷墟文化考古编年的指示器，并成为殷墟以外商代遗址的断代标尺。自殷墟科学发掘以来所得近 3 万片甲骨文，为 1899 年甲骨文发现以来，所得 10 多万片传世甲骨的研究注入了新活力。特别是 1936 年发现的 YH127 甲骨窖藏 1. 7 万片甲骨和 1973 年小屯南地甲骨、1991 年花园庄东地 H3 甲骨，极大地推动了甲骨学和殷商史研究的前进。

经过几代学者的发现和探索，总结和前进，在小屯一带的殷墟范围内，再现了昔日殷都的诸多遗迹。而大批遗物的出土，展现了殷墟的丰厚文化底蕴。因此，殷墟遗迹和遗物的发现与研究，再现了昔日晚商都城的辉煌。

---

① 《安阳殷墟小屯建筑遗存》，文物出版社 2010 年版。

② 以上参见刘一曼《殷墟考古 78 年》，《中国文化遗产》2006 年第 3 期及同期有关文章。

四　殷墟文化的全面弘扬阶段（2006 年至今）

殷墟发掘 80 多年来，学者们的发掘和研究、探索和发现，终于从当今小屯村一带的地下，再现了当年殷都文化的辉煌。

人民群众创造了历史文化，人民群众也需要历史文化建设自己的精神家园。灿烂的殷墟文化从学者的书斋中走向人民大众，把学者的考古发掘和研究成果变为人民群众喜闻乐见的消闲享受，并通过忠于历史和富有创意的“文化景观”，把殷墟的都城文化展现给更多的人去认识、去品味、去感悟、去传播，人民大众能参与其中并与历史考古学家互动，从而达到殷墟文化最好的保护和弘扬。

1987 年殷墟博物苑的兴建，就遗址的保护、考古重大成果的展示和文化景观的设置，等等，进行了有益的探索并取得了成功。1999 年在安阳召开的纪念甲骨文发现一百周年国际学术研讨会上，上百名国际知名专家发出了殷墟申报世界文化遗产的动议。在安阳市领导、人民群众和考古学家的共同努力下，以殷墟博物苑为基础，在殷墟打造出宫殿与宗庙区、王陵区与殷墟博物馆等一批苑林式的文化景观，吸引了更多的海内外游人去领略并再现三千年前辉煌的殷都文化。(附图五十七)

安阳殷墟以其保护的完整性和学术地位的重要性及其研究的可持续发展性，在 2006 年 7 月 13 日被联合国第 30 届大会列入“世界文化遗产名录”，这标志着殷墟保护和研究新阶段——全面弘扬时期的开始。而此后殷墟的继续发掘和研究，又有不少新的发现和重要突破，从而使人们对殷墟文化的认识，较前一阶段又有所深化和前进。

第二节　进一步全面弘扬殷墟文化的几点思考

殷墟顺利地被列入“世界文化遗产名录”，是世界人民对我国 80 多年来保护殷墟、发掘和研究殷墟，并在小屯村一带寻觅三千多年前消失了的殷都，重新构建殷墟并再现当年殷都辉煌和深厚文化底蕴的考古实践的充分肯定。殷墟“申遗”的成功，标志着殷墟文化全面弘扬新阶段的开始，并向考古学者和殷墟的管理者提出了新的课题，是值得认真思考并切实加以解决的。

一　殷墟的继续发掘和研究，就是最好的弘扬

应该说，殷墟申遗的成功，与80年来的考古发掘和研究工作是分不开的。几代考古学者的辛勤劳动，使殷墟科学资料的积累、课题的提出与深化、认识的修正与创新，终于在“麦秀渐渐”的商都废墟上，再现了昔日王都的辉煌。殷墟这座世界文明宝库，还有许多宝物和遗迹需要我们去发现、去研究。就是80年来考古发掘出来的不少遗迹、遗物，也还需要我们再认识和全方位地阐释。殷墟地下的遗宝和学问是无限的！2008年夏天，殷墟又有新的重大发现，即在殷墟的南部地区——苗圃一带发现了陶窑作坊，从而使80年来殷墟的制陶研究有了突破并第一次得以观察现场①。此外，2002年小屯南地出土有字甲骨228片。2010年殷墟又发现一座墓葬，出土铜器及弓形器上有铭文“𠀠”字。另出一方铜印，此印为科学发掘第一枚出土品，上亦有“𠀠”字，为第一期武丁贞人名。不宁唯是，刘忠伏教授于2005年发掘出一枚骨柶，虽镶嵌绿松石已多脱落，但文字清晰，文为：“壬午王迖于召𡎺，征田于麦彔，隻兕。亞易……”［参见《中国书法全集》（1甲骨文），荣宝斋出版社2009年版，及第364—369页之《甲骨学年表》及《原色作品选页》6］不仅如此，殷墟各种人文景观展示的科学性，也是当年的发掘资料提供了科学依据。殷墟宫殿、宗庙区和王陵区的各种人文景观，就是严格按照考古报告提供的信息复原的，不仅保证了殷墟“申遗”要求的真实性，也为世界各国保护考古遗址提供了借鉴。因此，殷墟的继续考古发掘和研究，就是对世界文化遗产的最好保护和弘扬。

二　殷墟文化的全面弘扬，才能充分发挥世界文化遗产的社会效益

殷墟文化作为一个整体，应全面加以弘扬。作为世界文化遗产的申报工作，殷墟遗址目前只是展现其文化的核心区域——宫殿、宗庙区与王陵

① 岳占伟等：《殷墟首次发现重要的商代制陶作坊区》，《中国文物报》2008年10月5日。

区，以及与此配套的辅助景观，诸如妇好墓、甲骨碑廊、车马坑展室及殷墟博物馆的出土精品陈列等，但还有不少工作需要继续去做，这就是：

在宗殿、宗庙区和王陵区，今后还有加强文物景观的展示和增加小品点缀的必要。特别是王陵区，显得空旷而内容单薄，实有进一步充实和精心打造的必要。申遗成功不是殷墟弘扬的固定化，而是要在此基础上，不断加以充实、提高，并不断把最新考古成果展现给殷墟的造访者，此其一也。

其二，就是现在“世遗”的核心区，宗庙、宫殿区与王陵区作为殷墟文化的整体展示也不尽如人意。宗庙、宫殿区游人如织，而王陵区门庭冷落，适成鲜明对比。一般来殷墟的访问者，只知有洹水以南宗庙、宫殿区的雄伟壮丽，而不知洹水以北还有王陵区的古朴苍凉。之所以如此，是因为洹水横亘两区的中间，使来访者望河兴叹。虽然近年配备了交通车，但还是不经绕路之种种不便，就不能领略殷墟文化的另一半。

不仅自然的原因，即一条洹河把殷墟文化分成了两半，限制了人们从总体上认识殷墟文化。而且还设置两个管理机构，又人为地把殷墟分成了两半。宗庙、宫殿区管理处与王陵区管理处各自为政，其机构本身就不能作出从总体上全面保护、管理和弘扬殷墟文化的规划，并采取切实的措施，努力使两区紧密地联系在一起。而是团体和利益的驱动，使整体的殷墟文化进一步遭受割裂而不能全面弘扬。早日克服从整体上弘扬殷墟文化的自然和人为的障碍，是值得管理殷墟的上级主管部门切实加以解决的。

其三，殷墟文化的全面弘扬，还应涵盖遗址中心区及其周边世代守护殷墟，并立于殷墟土地上的村落，诸如小屯村、侯家庄村、武官村，等等，这些村落由于附近的重大考古发现而闻名全世界。以宗庙、宫殿区的发现地小屯村为书名的考古成果结集的名著有：

《小屯·殷虚文字甲编》

《小屯·殷虚文字乙编》（上、中、下、补遗）

《小屯·殷虚文字丙编》（上、中、下）

《小屯南地甲骨》上册（第一、二分册）

《小屯南地甲骨》下册（第一、二、三分册）

《小屯·第一本·丁编　甲骨坑层之一附图》

《小屯·第一本·丁编　甲骨坑层之一·一至九次出土甲骨》

《小屯·第一本·丁编　甲骨坑层之二》（上、下册）

《小屯·第一本·乙编·遗址的发现与发掘·殷虚墓葬之一：殷墟建筑遗存》

《小屯·第一本·丙编·遗址的发现与发掘·殷虚墓葬之一：北组墓葬》

《小屯·第一本·丙编·遗址的发现与发掘·殷虚墓葬之二：中组墓葬》

《小屯·第一本·丙编·遗址的发现与发掘·殷虚墓葬之三：南组墓葬附北组墓葬补遗》

《小屯·第一本·丙编·遗址的发现与发掘·殷虚墓葬之四：乙区基址上下的墓葬》

《小屯·第一本·丙编·遗址的发现与发掘·殷虚墓葬之五：丙区墓葬》（上、下）

《小屯·第二本殷虚文字甲编释文》

以王陵区所在地侯家庄命名的大型考古报告集有：

《侯家庄第二本·1001 号大墓》

《侯家庄第三本·1002 号大墓》

《侯家庄第四本·1003 号大墓》

《侯家庄第五本·1004 号大墓》

《侯家庄第六本·1217 号大墓》

《侯家庄第七本·1500 号大墓》

《侯家庄第八本·1550 号大墓》

《侯家庄第九本·1400、1443、1127 号大墓》

如此等等。商代都城遗址范围内历年兴起的一座座村落，诸如小屯、侯家庄等，以其地下丰富的遗迹在世界学术史上留下了光辉的篇章。殷墟遗址核心区的一些村落，已与殷墟融为一体。因此殷墟文化的弘扬，也应包括明代以来与殷墟共生村落的风情与民俗的弘扬，当代村落与殷墟遗址上的商代文化景观，当代的社情民风与商代的历史氛围交相辉映，相得益彰。人们在不自觉之中跨越了时空隧道，在古今对比中实现了博大精深殷商文化的弘扬。

如何使这些在三千年前商王朝都城的废墟上长出来的现代村落，能与从当代村落周边层叠堆积的历史泥土下挖出来的古代商王朝都城的再辉煌有机地联系在一起，充分发挥其利用价值并产生最大社会效益，也是摆在殷墟管理决策者和学者面前的一个重大研究课题。

第三节　殷墟宫殿宗庙基址考古发掘的新收获——《安阳殷墟小屯建筑遗存》

2010年7月出版的《安阳殷墟小屯建筑遗存》(文物出版社)①，公布了1981年在小屯村东钻探发现的埋藏地下整体布局呈“凹”字形3座大型排房式建筑基址，是自1988年11月至1996年春陆续进行发掘以来，终于把丁组建筑群大小不一的5座建筑基址发掘完毕的重大考古新收获。《安阳殷墟小屯建筑遗存》，就是丁组基址的发掘和研究的成果。这组建筑基址是新中国成立以来，在殷墟的首次发现，并立即引起学术界的极大重视，为殷墟20世纪30年代发掘的53座宫殿宗庙基址的深入研究，提供了一组科学性强的考古学标本。(附图五十四)

丁组建筑基址的各种重要考古现象和提出的问题，不仅可使前此发掘的53座基址的考古现象得到验证和再认识，而且《安阳殷墟小屯建筑遗存》一书的发掘成果，也将使殷墟宫殿宗庙建筑研究受到启示，并将把研究引向深入。

不仅如此，本书与丁组大型建筑基址的发现研究一起，还公布了甲组基址再发掘的新收获、小屯村北地半地下式房址的发掘等考古发现新资料。

“殷墟宫殿、宗庙建筑群是一个整体，20世纪30年代所发掘的资料和研究成果，对后来的发掘工作以及从整体上认识宫殿区、宗庙区的格局都具有重要意义。新发现的建筑基址也必须置于宫殿、宗庙区的布局中才更

① 本人手头所读此书，乃郑振秀教授2011年3月28日所赠。郑先生乃我1962年大学时在安阳殷墟考古工地实习时的老师，当年受教颇多，恍如昨日。本人大学毕业后分配在历史研究所，常在考古所或会议上与郑先生见面。近年同住方庄一楼，受教机会更多，很多安阳考古新发现信息，即郑先生所告之。倾得此书，连夜研读，使我获得新知并受益匪浅。读罢写此，就算读书笔记吧！郑先生已年逾八旬，但仍笔耕不辍，其治学精神，值得我辈学习！——2011年4月12日补记。

有意义。”① 丁组建筑基址发掘的各种重要考古现象和整理研究中提出的问题，使此前发掘的53座宫殿宗庙基址的考古现象得到检验、证明和认识、再认识，从而使宫殿宗庙基址的研究进一步深化。因而《安阳殷墟小屯建筑遗存》一书的研究成果和提出的问题，也将使殷墟宫殿建筑遗存的研究受到启示，并将推动研究的前进。

一　藏在深闺无人识——丁组基址的发现

在20世纪30年代殷墟考古以“卷地毯”式的方法，全面发掘殷墟遗址以找“版筑”——夯土基址，并对已发现的大面积夯土区进行全面研究和继续复原其扩展部分取得了成功。在小屯村北和洹河之间，从北向南逶迤延伸，共发现了甲、乙、丙三组建筑基址53座，为殷墟都城的考古学研究提供了重要资料。

而现在公布的位于20世纪30年代发掘的乙组基址最南端的乙20东南方仅78米的丁组基址，何以在当年学者们找“夯土”的高潮中被漏掉，以至直到新中国成立30多年以后，才在偶然中于1981年被发现呢？

原来，公元前1046年周武王伐纣以后，商纣王牧野兵败，“登鹿台，衣其宝玉衣，赴火而死”②。昔日巍峨的殷都宗庙、宫室也毁于战火，成了深埋地下的历史遗迹。周初封于朝鲜的商王之后箕子朝周路过此地时，这里已是“麦秀渐渐兮，禾黍油油”③ 的农田了。直到1899年甲骨文被伟大的爱国主义学者王懿荣发现以后，这里才再度引起世人的注意。特别是1910年罗振玉考订出土甲骨文的小屯村为昔日“徙于武乙，去于帝乙”④的晚商都城以后，才把隐居历史后院的小屯殷墟推向了学术的前台。而自1928年中央研究院在殷墟开始科学发掘甲骨文以后，至1937年抗日战争爆发而暂停的15次大规模考古发掘工作，使中国现代考古学诞生，并把金石学范畴的甲骨学纳入了历史考古学的领域之内。殷墟考古的15次发掘工作，不仅发现了大批甲骨文，而且在殷墟发现了洹水以南和小屯以北

① 《安阳殷墟小屯建筑遗存》，文物出版社2010年版，第10页。
② 《史记·殷本纪》。
③ 《史记·宋微子世家》。
④ 罗振玉：《殷虚书契·自序》，1913年。

的宫殿、宗庙基址53座和洹北侯家庄一带殷王陵墓区的10余座大墓，为殷商史和甲骨学研究的发展奠定了坚实的基础。

就在当年"确定了以揭露商代夯土建筑基址为目标的新的发掘计划"①的实施热潮中，可能因这里的地貌与其北的乙20的地貌有"显著的变化相关，大概认为向南已无大型建筑"，故从乙20基址未向南再发掘，而是"再转向西南发掘丙组基址"去了。原来，"由乙20基址向北是高出西面和南面农田的岗地，直至20世纪70年代尚保存高1.5—1.7米"，但是由乙20"向南、向西地势平坦"②。就这样，丁组基址与20世纪30年代的甲、乙、丙三组53座基址大规模发掘的历史性机遇失之交臂，继续深埋在饱经沧桑的历史泥土中无人问津。

1949年新中国成立后，殷墟考古工作得以恢复并一直持续进行，殷墟不断有重大考古新发现③。虽然如此，殷墟东南方的丁组基址却一直没有被发现。这是因为"这里原是一片平地，曾作为生产队的果园，其后又栽种树苗，在地面上陶片稀少，长期以来未曾发现重要现象"④，因而多年以来，殷墟考古学者对这一带没有给予足够的注意。这一处重要的建筑基址继续深埋地下，可谓"藏在深闺无人识"了。

直到1981年，由于安阳小屯村拟修建村委会办公室，地点选在村东头，因为这一带东邻河滩地，又一直没有什么考古迹象出现，所以认为这里是最合适的地点。但毕竟是在殷墟保护区内，任何修建工程必须经报批并进行考古钻探，以明确地下是否有文化遗迹才能动工。为此，1981年春考古研究所的专家开始在这一带5000平方米的土地上进行考古钻探，工作自3月19日开始至4月3日结束。意想不到的是，在15天的钻探工作中，竟然在这片被考古学者们看作无重要现象的土地上，"却发现了埋藏在地下的三座大型排房式建筑基址，其布局概况是：北边一排，南边一排，南北两排之间有一定距离，西边一排与南北两排距离很近，据钻探整

① 杜金鹏：《殷墟宫殿区建筑基址研究》，科学出版社2010年版，第6页。

② 《安阳殷墟小屯建筑遗存》，文物出版社2010年版，第109页。

③ 参见刘一曼《殷墟考古78年》，《中国文化遗产》（总第13期）2006年第3期。

④ 《安阳殷墟小屯建筑遗存》，文物出版社2010年版，第10页。

体布局呈‘凹’字形”①。这是20世纪50年代发掘殷墟以来，首次发现的大型建筑基址，对于殷墟宫殿宗庙基址的整体布局和整组基址的格局及单体基址结构的研究具有重要价值。真是踏破铁鞋无觅处，得来全不费工夫！这座被掩埋了近三千多年的建筑基址，与20世纪30年代大规模考古发掘所得53处建筑基址无缘相聚，又在地下深藏了50多年后，终于在一个偶然的机会被发现，成为新一代学者科学发掘殷墟宫殿宗庙基址的最全面、最成功的考古标本。

二　千呼万唤始出来——殷墟丁组基址的发掘与研究

虽然这一组重要的建筑基址已被发现，并基本掌握了基址布局概况，为了加强保护和取得考古发掘的科学资料，本拟1981年秋就要对这群建筑基址进行科学发掘，但就发掘之事与当地进行协商时，因存在种种问题而没有开工。1987年，在所探出的建筑基址范围内出现了乱挖乱建现象，虽经考古学者制止却没有奏效，1988年10月竟然要在探出的北边一排基址上修建12间平房。考古学者发现此情况时，房基槽已全部挖完，并在东部已砌起80厘米墙体。这些工程使基址遭到了严重破坏，经多方努力协调，才使工地停工。考古学者“经过这一事件，我们意识到这一建筑群必须尽快发掘，否则难免继续遭到破坏，于是我们决定立即对这一重要建筑群进行抢救性发掘”②。

丁组基址的发掘工作自1988年11月开始，至1996年春才全部发掘完毕。之所以拖了好几年才将全部遗址揭露完毕，是因为当时遗址范围内堆放着很多建筑材料，可供发掘的面积很小，只能见缝插针地找空出地方陆续进行。“当时南北两排建筑基址都不可能从边缘开始发掘，只能选择小片空地布方发掘。”首先只能在南排基址中部开5×10米的南、北并列探方两个，揭出了清楚的夯土基址和南北两端保存尚好的边线，还发现了排列整齐的柱础等；而钻探明的北排基址，需揭示南北宽约20米才能找到基址南、北两边的基槽边线、擎檐柱等遗迹，就在北排基址上开了南北并列的5×10米探

① 《安阳殷墟小屯建筑遗存》，文物出版社2010年版，第10页。

② 同上书，第11—13页。

方四个，并在北边留1米隔梁。经清理后，发现了北边线、南边线，并发现了个别柱洞。发掘表明，北排基址的宽度，与钻探图纸是相合的，虽然在当地有关部门的配合下，遗址范围内堆放的建筑材料等杂物大部分运走，北边砌起的墙体也部分拆除了，得以使发掘工作顺利进行。但是有关单位要求西边的五间房暂时留下，以解决职工的过冬问题，缓至第二年春天再拆除。但因盖办公房拆除民房赔偿问题久拖不决，直到1995年办公房修起，遗迹上的平房才得以拆除。不仅影响了发掘工作的进程，还因修建平房所挖70厘米深基槽使北排重要基址受到了破坏。“在整体发掘过程中多处遇到临时性建筑的阻碍，三排建筑基址的发掘工作只能穿插进行，能进行发掘的地段先做。”1995年遗址上的五间平房拆除后，1996年春，终于将北边一排大型建筑基址的西北部发掘出来。尽管由于种种原因，发掘工作还有一些“不能尽如人意，但终于将这处重要建筑群揭示出来”[①] 了。

就是这样，三千多年来，丁组建筑基址藏在历史泥土构筑的深闺中无人识知。而1981年被钻探发现以后，自1988年11月开始发掘，其间排除了种种困难，时停时作，终于在1996年才整体发掘完毕，真可谓千呼万唤始出来，回归了甲、乙、丙三组53座建筑基址的行列中。

丁组建筑基址的“真容”是这样的：

丁组基址的主体建筑是由3号基址、2号基址、1号基址组成。1号基址是大型排房式建筑，东西长64—65米，南北宽7.5米，西部被3号基址修建时截去8米一段，并被3号基址所用。基址南有宽约2.5米的南庑。基址之内有南、北两排整齐柱洞相距6.1—6.2米，据此可知此房为进深6米的无隔间建筑。基址西南、南面有出入门道6处之多，东端北缘亦有门道1处。此外，1号基址埋有祭祀坑，当是基址夯筑完成后，修筑门道之前埋入。其中23号、24号墙柱间一坑内出土铭有“武父乙”铜盉，当是商王武丁为其父小乙所作的祭器。总之，“此房基无隔间，也无灶或烧坑等居住生活的痕迹，室内呈空间式，应为厅堂类建筑，联系有关的祭祀现象可证是一座供祭祀的宗庙性建筑”[②]；2号建筑基址在1号基址之南，亦

① 参见《安阳殷墟小屯建筑遗存》，文物出版社2010年版，第13—14页。

② 同上书，第15—28页。

是一座大型排房式建筑。初建时东西长 74—75 米，东西两侧房基 7.3—7.5 米，中部向北扩出 2.3—2.4 米。扩出部分东西长 24 米，南北宽 7.3—7.5 米。中间扩出部分修建考究，并有南、北两排墙柱柱洞，应是此基址建筑的主要构成部分，可能做厅堂之用。而其两侧房基简陋，墙柱基小而浅，当为厢房。在基址之外有较多的擎檐柱柱基①，厅堂外有排列整齐擎檐柱。厅堂北边有回廊，厢房北边修建简单，无回廊②。3 号基址是坐西面东的排房，其南端建在 2 号基址之上。3 号基址虽截断 2 号基址，但夯土是连接的。3 号基址的擎檐柱直达南端，可见西排的 3 号基址与南排的 2 号基址间保持一段距离。3 号基址与北排的 1 号基址之间也有 2 米多的距离。此外，3 号基址的东面有从南端直达北端的廊庑。3 号基址南北长 50 米，在距东南角 15 米处有一向东门道，并发现墙柱基、擎檐柱基等③。丁组建筑基址结构就是如此。

对丁组基址的考古发掘材料研究表明，这处规模较大的建筑群，并不是有计划一次建成的。在不同时期，其建筑格局并不相同，而是有所改建和扩建。开始时，这一带仅建有 3 座单间小型房基（F5、F6、F7），其后修建了面阔两间的 F4，再修建较大的中型房基 F8，这样就形成了一排 5 座的整齐建筑。其后由于时代的发展和适应某种需要，在这排 5 座房基之南部修建了 2 号大型排房基址。2 号建筑基址是按一定规划设计的，与其北 5 座建筑间有一定空间距离，形成规格不同的两排相对建筑。而其后不久，北排的大小不一的 5 座房基被拆除、废弃，在其北部修建起宏伟的 1 号大型排房基址，而被拆除的 5 座房基的夯土基址继续加以利用，在其上建起了廊庑和门道。此外，又根据需要，对南部 2 号建筑基址西部进行了一定改建，随后又在西部建起了 3 号排房基址。西部 3 号基址的南北边线分别与北部的 1 号基址和南部 2 号基址重合，从而使 3 座建筑基址的平面布局整体呈横书“凹”字形。

北部的 1 号基址是这组的主体建筑，坐北面南，南面有廊庑和排列整

---

① 参见《安阳殷墟小屯建筑遗存》，文物出版社 2010 年版，第 21—39 页。

② 同上。

③ 同上书，第 42—46 页。

齐的门道，其北部靠东有向北的角门；南部的一排 2 号基址中部偏东建有厅堂，其基址北部向外突出，宽约 7.5 米。厅堂东、西两侧是进深 5 米的厢房，东边有出入的门道，西边无出口。1、2、3 号基址中部形成的空间当为庭院。

从丁组基址经过改建，并最后形成一体，与殷人建筑理念是有一定关系的。诸如两排建筑往往平行、方向一致即是。此外，被拆除的原中间建成的大小不一的基址，虽非同时所建，但保持方向一致。而南部的 2 号基址与北部的 1 号基址方向基本一致，3 号房基与南、北两排基址相接之后，就构成了一个外观比较规范的长方形。学者据二号门西侧出土青铜盉（F1∶1）上铭文“武父乙”字样结合甲骨文进行考证研究，推定 1 号建筑基址可能是“武丁继位之后，为其父小乙，或为其‘三父’（即盘庚、小辛、小乙）所建”[①] 的宗庙建筑。

三 安阳小屯南地建筑遗存发掘的思考

《安阳殷墟小屯建筑遗存》，为我们提供了 20 世纪后半叶以来，中国社会科学院考古研究所的殷墟考古专家，在河南安阳殷墟小屯村西北和东北地进行多次钻探和发掘的考古发掘资料，主要有丁组建筑基址、甲组基址的再发掘、小屯北地地下式房址等处的发掘和研究成果，并为学术界研究殷墟宫殿宗庙区的整体布局和每组建筑的整体组合及单体建筑的研究提供了科学资料和有益的启示。

特别是由 1 号基址、2 号基址、3 号基址组成的丁组建筑基址，由于是自 20 世纪 30 年代发现的甲、乙、丙三组共 53 座建筑基址以来，在新中国成立以后第一次发现的大规模建筑基址，因而就更凸显其意义重大。这是因为新中国考古学家在考古地层学、考古类型学的修养和考古技术有了全面发展的基础上，在中国考古学的“黄金时代”发掘出来的一座大型宫殿宗庙基址，因而较 20 世纪初中国考古学起步阶段发掘的 53 座基址的考古资料要更全面、更科学，而各种现象的判断和层位关系的辨析也更加准确和可信。因此，丁组基址的发现和发掘，为早年发掘的 53 座基址提供

① 参见《安阳殷墟小屯建筑遗存》，文物出版社 2010 年版，第 107—109 页。

了可资比对的坐标，因而从这个意义上说，丁组基址是当代考古学科学发掘殷墟宫殿基址的典型标本，也就更显出其无比重要的价值。因此，考古学家为完整地保存基址，再也舍不得因发掘而造成破坏，所以“未作解剖，仅对关键部位利用晚期扰沟的剖面分析遗址间的早晚关系”[①]。现在，“殷墟博物苑将这处建筑基址群，作为新中国建立以来殷墟宫殿宗庙区的一处重要基址，近年按原大做了地面标志，成为苑内的一处新的景点”[②]而被永久保护了起来。

安阳殷墟小屯建筑基址的发掘和研究，还为我们提出了殷墟宫殿基址研究的不少新的课题和有益的启示。

第一，殷墟小屯丁组建筑基址，发掘者认为是属于排房式建筑基址。不仅如此，就以前发掘的53座建筑基址“从建筑布局观察，东西向的基址有两座对称的，也有东西成排的。对称排列的见于甲组基址。南北向的房基以坐北朝南的较普遍，基本南北成排分布，小型房基往往在一条中轴线上，但并不十分严格，有的不照中轴线，各基址长短不一的现象比较普遍”。因此总结出“殷人的建筑理念大致是成排分布，前后排平行，方向一致。建筑物之间留有活动空间，东西向的与南北向的排列的准确一致。成排开放式布局是商代建筑的基本理念”[③]。

这就和杜金鹏教授在2005年《殷墟宫殿区建筑布局和性质简论》一文中推断的丁组基址“应是一个坐北朝南的四合院式建筑”，以及进一步主张他归并的乙组第二单元即乙5、3、4、2基址的“乙五基址本是一个坐北朝南的四合院式建筑”。乙组的第五单元乙11为主殿、乙13为南庑、乙12为西厢组成的“四合院”。而乙组的第六单元的乙20、18、19基址等，“它们是一个四合院建筑的一部分”[④]等论断不同。由于报纸篇幅有限，故杜氏没有展开论述。但在近著《殷墟宫殿区建筑基址研究》（科学出版社2010年版）一书中，详细论证了殷墟“宫殿区乙组基址主要是由三个四合院组成的”。“由偃师商城到殷墟，商代宫殿（朝）为复数四合院

---

① 参见《安阳殷墟小屯建筑遗存》，文物出版社2010年版，第15页。

② 同上书，第14页。

③ 同上书，第112页。

④ 杜金鹏：《殷墟宫殿区建筑布局和性质简论》，《中国文物报》2005年3月4日。

的格局”，“正是中国古代王宫的基本制度”[①]。杜金鹏教授进一步总结的殷墟宫殿“每个完整的宫殿建筑单元，都是一个四合院式建筑群。主殿居中正中坐北朝南，两侧是耳庑，其余三面环绕廊庑，形成一个四围闭合的建筑群体”。杜氏与《安阳殷墟小屯建筑遗存》殷墟宫殿基址“开放式”的看法不同，杜教授认为这样的四合院式宫殿建筑“首先具有内敛性，即三面廊庑都要朝向中庭（宫殿庭院），主殿与廊庑的朝向都有向心性”[②]。如此等等。我们认为杜教授对殷墟建筑基址的论述，不仅有大量古典文献和历代都城宫殿建筑的依据，还有二里头、偃师商城、洹北商城等多处考古发现的宫殿基址的佐证，因而更合理、更具有可信性和说服力。

第二，杜金鹏在2005年《殷墟宫殿区建筑布局和性质简论》一文中称，丁组建筑的“东厢建筑已不存在”。2010年在《殷墟宫殿区建筑基址研究》中进一步指出：“丁一基址的F1、F2、F3三座建筑基址组合成一体，平面呈凹字形，朝东开放。”“其实，所谓‘凹’字形并不是该建筑的原本形态。原来，殷墟宫殿区的建筑物是沿着洹河西岸而建的，随着洹河河水的西浸，河岸不断崩塌，原先的一些建筑基址受到毁坏。该建筑基址可能已毁于洹河泛滥。”[③] 也有的学者对20世纪30年代发掘的乙组共21座基址中，由于有的东部未发掘完毕，故推测说这组基址大部分已被洹水冲蚀，即以李济教授为代表的一些学者的看法，很容易被学界所接受。但《安阳殷墟小屯建筑遗存》认为，“关于小屯东北地的殷墟宫殿基址是否会受到洹水的冲击，还应进行实地考察”。根据20世纪60年代所保存的地貌观察，建筑基址东部受洹水冲毁说法是缺乏可靠根据的。当年甲组基址东侧，靠近洹河西岸原有很高的沙丘并曾在殷墟地图上有所反映。沙丘高于台基，有阻隔洪水保护基址的作用，直到20世纪60年代沙丘还存在，只是自70年代以后才逐渐被挖掉、消失，现已不是原来的地貌了；而乙组基址的乙5东侧南至乙20基址台地向西拐进，呈内凹形，为一高台，形成年代应很久远。乙组基址就建在洹水西岸的高台上。而高台之下2米

① 杜金鹏：《殷墟宫殿区建筑基址研究》，科学出版社2010年版，第38—39页。

② 同上书，第425页。

③ 同上书，第179页。

处还有一层土台，此台地东西宽达 15—20 米，高层台地及下层台地都曾种植作物。由于有下层台地，“对洪水冲击可起到缓冲作用，保护了上层的建筑基址”。总之，学者们通过“20 世纪 80 年代以来在小屯东北地所进行的勘察、钻探和发掘，使我们对过去所发掘的建筑基址有了进一步的认识。可以确信，20 世纪 30 年代，在小屯东北地沿洹水西岸的所发掘的甲组基址和乙组基址，绝大部分保存完好，只是由于某种原因对乙组基址中的数座基址向东未发掘到头，未能揭出基址全貌”[①]。这一经实地调查所得出的意见，是值得我们进行殷墟宫殿宗庙建筑的布局及组合结构的研究时认真思考的，并希望继续深入调查，以解决争论。

第三，甲 12 基址的再发掘，为 20 世纪 30 年代甲 12 基址的发掘增加了一批新资料。而这次发现的甲 4 东边的 1 号灰坑，出土了不少陶器、玉石器、骨角器、蚌器等。特别是残坩埚口沿内发现的朱书文字，其语法与卜辞相似。该坑的发现，“补充了殷墟早期的资料，提出了做进一步分期研究的问题”[②]，值得重视。

但遗憾的是，《安阳殷墟小屯建筑遗存》对发掘出的重要基址，没有进一步在古建筑学研究的基础上，像杜金鹏《殷墟宫殿区建筑基址研究》那样，进一步恢复地上结构，进行模拟复原，从而立体地展现丁组宫殿宗庙雄伟的风貌。

虽然如此，《安阳殷墟小屯建筑遗存》是一部展现 20 世纪 50 年代以来，首次发现大型建筑基址的重要发掘成果，对研究殷墟宫殿宗庙区的总体布局和晚商成组建筑的格局有重要价值。此外，书中重申并提出一些值得思考的问题，对宫殿宗庙建筑研究的深入颇有启示和推动意义。

第四节　殷墟宫殿宗庙基址研究的新突破——《殷墟宫殿区建筑基址研究》

自 1928 年开始的河南安阳殷墟的科学发掘工作，至今 80 多年来取得

① 《安阳殷墟小屯建筑遗存》，文物出版社 2010 年版，第 111 页。

② 参见《安阳殷墟小屯建筑遗存》，文物出版社 2010 年版，第 134 页。

了辉煌的成就①。殷墟科学发掘工作不仅为我们再现了以小屯村北、洹河以南的54座宫殿宗庙基址和洹河北岸侯家庄的14座殷王室陵墓为核心的晚商都城标志性遗迹，而且在以洹水和大壕沟为保护性措施的宫殿宗庙区以外，又发现了不少贵族、平民居住遗址和墓葬，特别是殷人聚族而葬的族墓地，在后岗和殷墟西区等地不断发现。而手工业作坊遗址，诸如铸铜、制骨、制玉、制陶等作坊，也多有发现。而在殷墟王陵区又有成片的祭祀场，在乙7基址前和丙组基址上及附近、54号基址附近也有祭祀祖先和社坛的遗迹。如此等等，80多年来的殷墟发掘，已初步查明殷墟遗址的范围是“东西6公里，南北5公里，总面积近30平方公里”②。

昔日的殷墟，乃商代晚期都城，是商王朝政治、经济和文化的中心。而殷墟文化，代表了殷商文化的最高水平。80多年来殷墟的考古发现和研究，取得了丰硕的成果，在1994年科学出版社出版的《殷墟的发现与研究》和2003年中国社会科学出版社出版的《中国考古学》（夏商卷）第六章商代晚期的商文化和第七章商代的经济、技术、文字和艺术，以及2006年刘一曼的《殷墟考古78年》［《中国文化遗产》（总第13期）］等专著和总结性文章作了全面总结。

由于学者们“对都邑考古的主要任务重视不够”，特别是“对宫殿考古在都邑考古中的作用认识不足”，因而在殷墟都城文化的研究中，存在“重文物轻遗迹，重墓葬轻建筑，反映了人们在学术理念上的偏差”，因而出现了长期以来，对殷墟都邑的核心——宫殿宗庙遗址“缺乏系统而深入的研究”③ 的局面。

而2010年科学出版社出版的杜金鹏《殷墟宫殿区建筑基址研究》，就是80年来内地第一部系统研究殷墟宫殿建筑基址开创性著作，从而把考古学者、历史学者引出殷墟的“迷宫”，科学地再现了昔日殷都宫室宗庙的巍峨与辉煌。这部著作不仅把殷墟宫殿区建筑基址的研究提升到一个全新的阶段，而且抢救和复原了一批重要考古资料。因此，《殷墟宫殿区建

① 参见刘一曼《殷墟考古78年》，《中国文化遗产》（总第13期）2006年第3期。

② 《中国考古学》（夏商卷），中国社会科学出版社2003年版，第295页。

③ 杜金鹏：《殷墟宫殿区建筑基址研究》，科学出版社2010年版，第30页。

筑基址研究》，是殷墟宫殿建筑研究的突破性成果，是值得史学界、考古学界认真学习和加以称道的。（附图五十五）

一　一座长期困扰学术界的"迷宫"

商朝晚期的都城，"宫中九市，车行酒，马行炙"，是相当繁华的。商朝最高统治者，为"游于九层之台，居于广室之中"，过着骄奢淫逸的生活，在都城大兴土木，"造倾宫，作琼室瑶台"，"其大宫百，其小宫七十三处"①。商王都建有鳞次栉比的宫殿建筑是为史学界和考古学界所熟知的。

1928—1937 年中央研究院 15 次科学发掘殷墟所得 53 处宫殿建筑基址和 1989—1991 年发掘的一处凹形建筑基址（或统编为 54 号基址，或与甲组、乙组、丙组基址并列，称丁组基址）② 的发现，为学术界、建筑史家提供了商代宫殿宗庙建筑的标本和复原殷墟宗庙、宫殿建筑提供了基础，并为史学界研究商代政治制度和社会经济的发展水平提供了重要资料。

但是，由于 1928 年我国的殷墟考古工作尚处在田野考古学的起步阶段，在 1928 年和 1929 年进行的第 1 次至第 3 次发掘时，由于不认识建筑基址的窝状夯土，曾得出过殷墟为大水"漂没说"的判断。在 1934 年第 4 次发掘殷墟时，梁思永、吴金鼎、刘燿（即尹达）等发掘后岗时，"在遗迹方面，最重要的是发现了小屯龙山及仰韶文化的成层堆积，所谓'三层文化'"。此外，"又发现了同小屯一类的长方坑和夯土，时代也相同"③。1931 年秋第 5 次发掘殷墟时，不仅彻底推翻了原来假定的"殷墟甲骨漂流淹没说"，而且能识别"版筑为比较晚期的建筑，夯土下面，另有一种居住的遗址大圆坑"，"黄土台基亦为本次的新发现"。④ 其后的 1932 年春至 1934 年春的殷墟第 6 次、第 7 次、第 8 次、第 9 次发掘和 1936 年春至 1937 年春的第 13 次、第 14 次、第 15 次殷墟发掘过程中，版筑基址多有发现。"总之，在遗迹方面，这一阶段最重要的发现，是丰富的殷代宫室、

---

① 御览卷八十三引《帝王世纪》。

② 《河南安阳殷墟大型建筑基址的发掘》，《考古》2001 年第 5 期。

③ 胡厚宣：《殷墟发掘》，学习生活出版社 1955 年版，第 59 页。

④ 同上书，第 61 页。

宗庙、居住遗址的遗存。”[1]

20 世纪 50 年代，大陆学术界要想全面、系统了解殷墟宫殿区的考古发掘成果，只有依据当年参加殷墟发掘工作的胡厚宣教授《殷墟发掘》（1955 年）的较全面介绍。但“关于这些发掘工作的全部记录、图表、拓本、图像等等和所发现的全部珍贵的器物……都被运到台湾去了”[2]，因而大陆的学者要想深入研究殷墟宫殿宗庙遗址则无从着手。虽然在殷墟发掘过程中，一些重要遗迹的发现和研究论文在《安阳发掘报告》《田野考古报告》《中国考古学报》时有发表，但多零散而缺乏系统，很长一段时间学者对殷墟发掘的较系统、全面认识，多来自《殷墟发掘》的综合介绍。而考古学权威李济对 1928 年秋至 1932 年春 6 次殷墟发掘的总估计为我们所熟悉，是通过《殷墟发掘》（第 66 页），即“发现的遗迹，大都是关于建筑方面的，也非常重要。由版筑的存在可以推想那时建筑的性质，由长圆坑及黄土台的研究可以推想那时建筑的形态。以这些建筑遗迹为准，各种遗物在地下原来的位置及其相互关系就都是有意义的了”。而 1932 年秋至 1934 年春的第 7 次、第 8 次、第 9 次发掘，“这次较重要的发现，在遗迹方面，为更多的版筑基址，有矩形、有凹形、有条形，普通皆长 20 余公尺，最长有达 60 公尺者”（第 68 页）。“有版筑基址东西两座，东长 36 公尺，宽 9 公尺，除石础之外，还有铜础 10 个；西长 20 公尺，宽 8 公尺”（第 69 页）；“有基址两处，周围排列有柱础”（第 31 页）。1936 年春至 1937 年春的殷墟第 13、14、15 次发掘，“因为实行‘平翻’，结果发现了很多极重要的遗迹”。特别这 3 次发掘，“发现了殷代建筑基址五十处”，“基址系由夯土即版筑土作成”，并明白了“建筑程序有二个”。而在“基址的上下周围，又发现了与基址密切相连的墓葬 116 座”，并就其位置来说，介绍了分布的 3 种形式和车马坑 5 处及人马合葬 1 处等，推知“北为车兵，南为骑士和步卒，大墓主人或为领兵的头目。在巨大宫室建筑工程完成的时候，他们就都成了落成典礼的牺牲”。而基址下面“蔓延全区”的水沟，也“总是与基址有关的”（第 98—108 页）。因而《殷墟发掘》

① 胡厚宣：《殷墟发掘》，第 109 页。

② 同上书，第 111 页。

一书，在相当长时间成为历史、考古学者研究殷墟的重要参考书。

殷墟15次发掘“任务最为庞杂、艰巨的小屯发掘资料的整理研究工作，则由石璋如负责”，这就是《殷墟建筑遗存》1959年的出版，经过了考古学界常青树石璋如教授10年不懈的努力追求。中国现代考古学奠基人李济高度评价此书是“澄清了在9年田野工作中积累的关于夯土、建筑物的夯筑方法资料的混乱”。杜金鹏教授更是推崇这部著作是“倘无石璋如先生编辑的《殷墟建筑遗存》，研究殷墟的学者们永远无法正确认识和复原殷代都城及其社会”。其后，小屯殷墟发掘的考古报告陆续出版，诸如《北组墓葬》（1970年）、《中组墓葬》（1972年）、《南组墓葬》（1974年）、《乙区基础上、下的墓葬》（1976年）、《丙组墓葬》（1980年）、《甲骨坑层》（1985年）等著作的面世，“进一步丰富了殷墟宫殿区考古发掘资料，为全面认识宫殿区建筑基址提供了必要的科学资料”[①]。

但是，由于众所周知的原因，海峡两岸处于长期阻隔的状态中。上述有关殷墟宫殿区的重要研究成果流入大陆很少，当时只有较重要的研究单位才能偶尔见到，而且也很难配置齐备。基于历史原因，且不说在地方上工作的考古学者，就是在中央研究单位的学者们，也很难了解台湾学者殷墟考古学研究所取得的进展。

随着1978年科学春天的到来和我国改革开放的不断深化，海峡两岸经济、文化的交流愈益加强，大陆的历史、考古学者开始有机会，也有可能接触到台湾学者出版的诸如《殷墟建筑遗存》等考古报告和研究著作。尽管石璋如《殷墟建筑遗存》报道了小屯共发现了53座建筑基址，但考古学家发现，“发掘者的统计并不确切——包括多计和少计两种错误；有的可能是同一基址被分划为两个基址，如乙二与乙五便可能是同一基址。乙十五可能是乙十三的门塾建筑基址和门前道路；有的可能是早晚有别，甚至性质不同的基址被合并成一个基址，如乙十一基址不仅混淆了早、晚期主殿基址，还混淆了主殿和耳房庭院。又乙十八基址本应是先后建造的两座基址，但有的则是把道路误作房屋基址，如甲十四，等等”[②]。此外，

① 杜金鹏：《殷墟宫殿区建筑基址研究》，科学出版社2010年版，第18页。

② 同上书，第43页注㉕。

还有不少基址并未发掘完毕，诸如甲组基址的甲 2、甲 8、甲 10、甲 14、甲 15 等，乙组基址的乙 2、乙 5、乙 7、乙 8、乙 9、乙 11、乙 13、乙 15、乙 18、乙 20 等，丙组基址的丙 1、丙 5、丙 9，等等。[①] 之所以如此，是由于当时的殷墟考古尚处于我国田野考古学的起步阶段，因而不可避免地存有种种不足，这就是：其一，“当时尚无全面钻探，整体把握的概念”，“因此对建筑基址的揭露带有一定盲目性。乙组基址发掘之不够完善，发掘报告未能对有关基址尚未发掘部分做出合理推定，便是例证”。正因为对遗址的整体把握不够，所以“认识不到各建筑基址之间的内在联系，以致把完整的建筑群体，拆散为一个个的建筑单体”。其二，“对于地层关系的关注不够仔细、全面”。尽管对打破基址或被基址所打破、叠压的遗迹都有所注意，但“许多地层关系信息被忽略。以致凡是没有直接打破、叠压关系的地层单位，一律无法判定其相互间的时间关系”[②]。其三，由于 1931 年殷墟第 4 次发掘时，在后岗通过所谓“三层文化”的发掘，才掌握了田野考古学的基本方法——地层学。而在 1931 年秋第 5 次发掘殷墟时，才认识了“版筑为比较晚期的建筑，夯土下面，另有一种居住的遗址大圆坑”[③]。所以当时“虽然认识了夯土，但还不善于区别不同的夯土，也就不能正确分辨早、晚有别的夯土建筑基址，由此造成了地层关系上的不少混乱——譬如乙十一、乙十八、乙二十和乙廿一基址，给研究者平添障碍”。其四，由于尚处在中国考古学的起步阶段，所以在发掘殷墟小屯夯土建筑基址时，其方法也尚不成熟，当“遇到夯土建筑基址的时候，也要平行下挖，其结果是彻底破坏了建筑基址”，造成了科学信息的不可挽回损失。其五，众所周知，考古遗址出土的陶器，是判断遗址的地层和遗迹时代的指示器。但当年殷墟发掘时，“对于陶器（陶片）在年代研究方面的作用和价值，认识不足，利用不够。对出土陶片既未全部采集，又未长期保留，致使当今学者利用陶片研究建筑基址年代，困难重重”[④]。如此等等。

① 杜金鹏：《殷墟宫殿区建筑基址研究》，科学出版社 2010 年版，第 8—10 页。
② 同上书，第 15 页。
③ 胡厚宣：《殷墟发掘》，学习生活出版社 1955 年版，第 61 页。
④ 杜金鹏：《殷墟宫殿区建筑基址研究》，科学出版社 2010 年版，第 15—16 页。

由于存有以上种种不足，所以今天的考古学者根据已发表的殷墟宫殿宗庙区的考古资料，进行系统、全面、深入的认识殷墟宫殿建筑并据以进行研究是相当困难的。

1964 年我国著名考古学者邹衡教授，在新中国学者对殷墟考古所取得成就的基础上，结合殷墟 15 次发掘材料中较为典型的遗迹，并根据典型地层和陶器的形制进行综合、系统的创造性研究，从而第一次把殷墟文化分为四期，并根据伴出的甲骨，推定了各期文化的绝对年代，这就是为殷墟考古学研究奠定基础的《试论殷墟文化分期》① 名文。邹氏在此文中，对乙组基址中的乙 5 等 13 座基址、丙组中的丙 5 等 3 座基址的年代进行了推定。他当时还指出甲组基址的材料不足为据，不能据此进行分期研究等。他这篇名文得出的"殷人在殷墟大兴土木，大概是从第二期开始的，而更广泛地建造，似乎是在第三、四期"的论断，在海峡两岸的考古学界产生了巨大影响。

此后，相当长时间就再也没有大陆学者对殷墟宫殿宗庙基址进行较为系统、深入的研究了。直到"文化大革命"以后，由于台湾学者研究著作传入大陆较多和殷墟以外遗址，诸如偃师二里头、偃师商城、郑州商城，以及陕西周原的岐山、扶风等地宫殿、宗庙基址的不断发现和研究的需要，才有历史、考古学者把研究的注意力放到殷墟宫殿、宗庙基址的研究上来。1990 年，朱凤瀚在《历史研究》第 6 期上发表了《殷墟卜辞所见商王室宗庙制度》一文，继续论证殷墟甲组基址为宫室，乙组基址是宗庙，丙组基址是社坛。而 1989 年新发现的基址为乙组的延续，并判定了殷墟各组建筑基址之年代；而 1994 年，宋镇豪在中国社会科学出版社出版的《夏商社会生活史》中，也认为甲组基址为宫室，乙组基址为宗庙，丙组基址为社坛。但认为乙 1 基址为宫殿宗庙建筑过程中起"定位正方向"作用的建筑物。虽然这些学者的研究，对学术界认识宫殿宗庙建筑基址的性质和探讨商代王都建筑制度很有意义，但学术界对殷墟宫殿宗殿建筑的整体布局及具体建筑的结构及性质的认识，还多处在泛泛的矩形、凹形、方形的表象程度上。

---

① 邹衡：《试论殷墟文化分期》，《北京大学学报》（人文科学版）1964 年第 4 期。

为纪念殷墟发掘65周年，考古研究所的殷墟文化专家出版了《殷墟的发现与研究》（科学出版社1994年版），书中基本赞成台湾学者石璋如将建筑基址归并为甲、乙、丙三组及推定的甲组可能是住人的，乙组有的是宗庙建筑，而丙组中有些颇似坛的形式的意见。但不同意石璋如关于基址年代甲组最早，乙组次之，丙组最晚的意见。殷墟考古专家“从三组基址的分布、形制及有关出土遗物分析”，虽然也认为“甲组基址的开始修建较早是正确的”，但进一步指出“这三组基址大概是互有关联的三个建筑群，各组基址内部也有相对的时间早晚关系。从总体上说，三个建筑群当是大体共存的”①。这表明，殷墟考古专家开始有意识地加强了殷墟宗庙宫殿基址的研究了，但也仅此而已。

10年之后，中国社会科学出版社于2003年出版了全面反映中国当代考古学研究成就的《中国考古学》（夏商卷），在论述殷墟甲组（15座）、乙组（21座）、丙组（17座）建筑基址时，在介绍石璋如的研究成果的基础上，还进一步指出：“由于当时田野工作水平和经验的限制，只有少数遗迹可据伴出遗物或遗迹推知期属。”书中反映了考古专家唐际根《殷墟一期文化及其相关问题》（《考古》1993年第10期）有关部分基址期属的研究成果，并已认识到“小屯宗庙宫殿区内夯土基址的性质不是单一的。乙组基址是宗庙宫殿所在地，但并不全是宫殿或宗庙。丙组也不全是‘坛’。比较有可能是宫殿的，或有20世纪80年代末发现的‘凹’字形基址及30年代发掘的乙二十基址。比较有可能是宗庙的，有乙七、乙八两组基址。而丙三、丙四、丙五、丙六基址，或为祭坛一类的建筑”②。这表明，21世纪初，殷墟考古专家对殷墟宫殿宗庙基址的研究，较前一时期有了新的深入和前进。

为配合安阳殷墟“申遗”的进行，2006年《中国文化遗产》（总第13期）发表的殷墟考古专家刘一曼的总结性论文《殷墟考古78年》中说，殷墟新中国成立前发掘的53座宫殿基址，“甲组基址分布在遗址的北部，计15座，以长方形房基为主，个别的呈凹形。乙组基址位于甲组基址之

① 中国社会科学院考古研究所：《殷墟的发现与研究》，科学出版社1994年版，第43页。

② 参见《中国考古学》（夏商卷），中国社会科学出版社2003年版，第296—298页。

南，计21座，以东西较长的长方形房基为主，门多向南，面积大多数较甲组为大”。“在乙组基址之南，还有密集的人兽小葬坑即祭祀坑。丙组基址在乙组基址南，计17座”，在丙组的“一些基址之上及其附近有较多的祭祀坑”。文中赞成石璋如关于甲组为住人之用，乙组为宗庙性建筑，丙组当为祭坛的意见。刘氏的总结性论文，反映了学术界对殷墟建筑基址认识水平之一般。

从以上几部总结性著作所反映的关于殷墟宫殿宗庙建筑的研究进展可以看出，大陆考古学家继1964年邹衡教授的研究之后，开始有个别学者继续注意殷墟宫殿宗庙基址的研究。虽然在遗址的年代和建筑性质方面的研究取得了一定的成绩，但多为零碎研究而缺乏系统，多是平面的认识而缺乏对建筑的立体复原，多单体基址的研究而缺乏彼此之间的联系。因此可以说，不少考古学者和殷商史研究专家们“已有的关于殷墟考古的著作，往往习惯于引述石璋如等人的研究论述，或者止步于泛泛而论，不够细致入微”[①]。之所以如此，确如杜金鹏教授所说的，中国史学界和考古学界“对于殷墟宫殿区的认识，其实十分有限，甚至存在若干错误，以至于在遗址的展示方面，因缺乏学术深度和理念支柱而显得凌乱和肤浅”[②]。因此殷墟53座建筑基址，在不少史学家和考古学家的眼中，确实成了一片支离破碎的“废墟”，并成为读不明白、走不出去的长期困扰学术界的一座座“迷宫”。

二　独上高楼——殷墟宫殿宗庙基址的复原

随着20世纪七八十年代我国考古工作的开展，在早于安阳殷墟的商代早期都城遗址郑州商城和偃师商城都发现了宫殿宗庙基址。而在更早的夏文化遗址偃师二里头和晚些的周人发祥地周原岐山、扶风等地，也都发现了多座大型宫殿宗庙建筑基址。各地的考古学者在发掘和研究大型宫殿宗庙建筑基址时，作为“殷墟宫殿建筑遗存研究第一人”的前辈学者石璋如的研究成果，自然成为考古工作中的必读参考和借鉴。首先是他“对于

① 杜金鹏：《殷墟宫殿区建筑基址研究》，中国社会科学出版社2010年版，第30页。

② 同上书，第2页。

原始发掘资料的全面、系统整理”的《殷墟建筑遗存》，即53座基址发掘资料的总报告，使当代考古学者对各都城遗址出现的新考古现象——基址的发掘有例可寻，并在此基础上发掘水平有所前进和提高。与此同时，石璋如先生在整理殷墟宫殿宗庙基址材料的过程中，“对于殷墟宫殿区建筑基址之布局、结构、年代、性质等系统研究”，发表的一批有关建筑基址模拟复原的研究论著，为学者们研究新发现的宫殿宗庙建筑基址树立了方法上和方向上的典范①，从而使新一代的考古学者对宫殿宗庙建筑基址的发掘和研究有了新的前进。不仅如此，在发掘实践中对中国考古学初创阶段发掘殷墟宫殿宗庙基址的缺陷和不足，也有所认识并在自己的发掘中吸取教训，积累经验，进行再认识和新思考。

对新一代的考古学者而言，考古地层学已是他们从事考古发掘工作的基础。他们从多年的大规模宫殿建筑基址的发掘实践中积累的经验，能发现石璋如《殷墟建筑遗存》有关基址发掘和复原存在的不科学之处。诸如其一，《遗存》说乙1基址“未建之前”，因其北面有出土大龟四版的大连坑及残抱膝石人像出土处，西面是大量铜范出土处，东南是大量骨镞出土处等，据此就可推知乙1基址时代云云，是“不足为据”的。这是因为“在当时，尚未在建立统一的地层关系的基础上，构筑大范围内各遗迹之间的时间关系”② 是不科学的。其二，虽然一些基址，诸如乙1基址下面的窖穴中有丰富的出土遗物，可用于遗址建造年代上限的推定。“但现在已发表的资料中，尚未捡得有关陶器的图像资料。因此这些地层单位暂时不能用作基址年代的判定”（第105页）。其三，由于当年殷墟版筑基址的发掘时，学者们才认识夯土不久（1930年才识别夯土），诸如乙21基址，“发掘现场未能确定其夯土基址的轮廓”。又当年“如土质土色较为接近，就不能分辨两个连为一体的基址分界线。甚至不能辨识柱洞遗迹”。而“夯土连线必定在柱础石连线之外”③，等等，在今天已是考古学者熟练掌握的常识。此外，在今天考古发掘中属于常见现象的“活夯土”，即“经

① 杜金鹏：《殷墟宫殿区建筑基址研究》，科学出版社2010年版，第19—23页。

② 同上书，第105页。

③ 同上书，第233—235页。

人力扰动或自然力破坏过的夯土，原生夯土表层复盖一层次生夯土的现象”，当时也未认识。现在学者据此可以判断出乙 11 基址的“夯土 A 是附属建筑的夯土基址，夯土 C 为‘乱夯土’可能并非建筑基址而只是院落中的垫土”[①]。不仅如此，还用洹北商城、偃师商城、偃师二里头宫殿基址考古发掘的成果来检验、印证、判断殷墟宫殿基址的考古现象。众所周知，“夯土上的柱础石，是我们复原建筑结构的主要依据”。殷墟乙 3 基址第二、三排柱础石排距只有 0.50 米左右，两排柱础石又是“两两相对成组”的现象，以在偃师二里头、偃师商城、洹北商城等多处夏商宫殿建筑基址的同类考古现象为依据，学者可判定乙 3 基址上的第二、三排柱础石，“应是一道东西向夯土墙的木骨之柱础，据此可复原一堵横贯夯土基址的东西向木骨夯土墙。这也是乙三建筑屋顶架构的主要支撑”，并可进一步复原乙 3 基址在夯土建筑台基之上，“只有一堵木骨隔墙而无四面围墙、两面坡式四面坡屋顶、面阔 5 间的非居住性礼制建筑”[②]。而“并无明确的夯土台基边线”，其“轮廓主要是依据柱迹划定的”乙 8 基址，其上“分布着一些础石，分别是殿堂本体和附属台阶的柱础。殿堂柱础南北成排，东西成列”，根据商代考古发掘宫殿建筑柱迹布列的一般程式，可以推定乙 8 基址的柱础“分别属于檐墙柱、廊柱、隔墙柱”[③]。而对《殷墟建筑遗存》插图四十一 A—A 之夯土 B、C 之间的“红烧土”现象，根据洹北商城一号宫殿发现的主殿以西的门道内堆积有大量红烧土和该宫殿的 1、2、4 号门道内也都充满红烧土的现象判断，乙 11 基址的红烧土现象应与此性质相同，但“可惜当初发掘者不识其性，未能按门道现象予以清理”。不仅如此，当代考古学家还可据此现象前进一步，“更能判定夯土 B 为耳庑建筑基址，夯土 C 是主殿建筑基址”[④]。虽然乙 8 基址的台基现“从柱础石的深度推知台基上部已经毁失”，但可据“殿前台阶长度并结合洹北商城等商代宫殿建筑的考古资料”，将乙 8 基址台基的高度推断

---

① 杜金鹏：《殷墟宫殿区建筑基址研究》，科学出版社 2010 年版，第 219 页。

② 同上书，第 119—120 页。

③ 同上书，第 189 页。

④ 同上书，第 197 页。

出来。[①]

“当时的考古学家尚不注重追寻建筑遗迹的整体布局和每个建筑单体的完整性”[②]，加之殷墟建筑基址的考古发掘“资料经过连年战乱，整理发表时已时隔有年，整理者对于商代宫殿建筑的基本格局和结构知之甚少，写下的东西不免掺杂若干主观想法”[③]。而当代的考古学家，通过考古实践，认识到偃师商城、黄陂盘龙城和洹北商城等商代宫殿建筑“严格讲求中轴对称原则”，“考古实际和传统文献也都告诉我们，商代以后中国古代宫殿建筑一直坚持中轴对称原则”[④]，并把这一考古实践的例证和原则用于殷墟宫殿基址的再认识和重新研究中去，从而发现了殷墟这些看来是杂乱无序、互不关联的一些单体建筑，原来是应有着内在联系的一座座“四合院”式建筑。诸如乙 3、乙 4、乙 5、乙 6 基址就是“同一个建筑组合单元中的四个建筑体，其中乙五基址是主体建筑，乙 3、乙 4、乙 6 是附属建筑”。具体的复原图像是：主体建筑乙 5 基址为坐北朝南的“四合院”，其南配属有三座呈“品”字形配属建筑——门屏和门阙，即乙 3、乙 4。而它的西南方，则为乙 6 警卫用建筑。[⑤]

尽管如此，诚如李伯谦教授在本书的序二所言：“殷墟宫殿建筑基址范围广大、数量众多、形制多样、结构复杂，延续时间又长，是迄今所知最重要的一处研究古代宫室制度的宝库。”但由于历史的局限，存在着某些基址层位关系不清，年代不明。有些基址没有完整揭露，因而形制不清。此外，因没有全面勘探，宫殿区的范围也没有总体概念，等等。学者们在此基础上进行的研究和得出的一些推论，就难免使人信服并得出较为正确的结论。尽管如此，石璋如先生的《殷墟建筑遗存》和一系列有关宫殿宗庙区墓葬遗迹的考古报告及一系列研究论文[⑥]，开启了我国古代都城宫殿宗庙建筑研究的先河并为研究奠定了基础。

---

① 杜金鹏：《殷墟宫殿区建筑基址研究》，科学出版社 2010 年版，第 197 页。
② 同上书，第 189 页。
③ 同上书，第 271 页。
④ 同上书，第 149 页。
⑤ 同上。
⑥ 参见杜金鹏《殷墟宫殿区建筑基址研究》，科学出版社 2010 年版，第 17—25 页。

我国新一代的考古学家，在安阳殷墟和洹北商城，在郑州商城和偃师商城以及湖北盘龙城，在偃师二里头夏文化遗址以及在周原的岐山、扶风的周代遗址等先秦都城宫殿宗庙遗址的发掘和研究，应就是20世纪30年代殷墟宫殿宗庙建筑的发掘与研究的继承与发展。考古学家们在考古发掘中学习，在考古发掘中逐步积累经验并切身“感受”着前辈学者的宫殿考古成果，探索着、前进着。在考古发掘的实践中，“对于各种各样都城遗址的现象能够‘读懂’，可以‘看清’”。他们再回过头来理解他们前进的出发点——《殷墟建筑遗存》这部殷墟53座建筑基址总报告的各种遗迹现象上，已不是再停留在表象认识，而是深入的理解。已不是盲目信从，而且能发现其合理和不合理之处。已不是能“读懂”，而是还能“看清”。他们积累的丰富经验和“直接的都城遗址田野考古‘感受’”，使他们“对于当年的殷墟小屯宫殿区的考古发掘资料，不但能够‘知其言’，也能够‘知其所以言’，更能‘知其所未言’”[①]，从而达到一个全新的研究境界。

杜金鹏教授的《殷墟宫殿区建筑基址研究》一书，就是以他在长期发掘偃师二里头、偃师商城宫殿建筑基址的考古实践，结合洹北商城宫殿基址和殷墟丁组大型建筑遗存发掘的最新成果，对20世纪30年代发掘的53座建筑基址全面系统地进行了再研究，不仅能够“知其言”，又进一步“知其所以言”，并“知其所未言”，从而取得了创造性的研究成果。杜教授可谓“独上高楼”，从而使研究者“走出迷宫”，再现了昔日殷都宫殿宗庙群的巍峨和辉煌。这就是：

甲组基址：甲4、甲6、甲11、甲12等五座基址是本组的主体建筑，其他基址为附属建筑。各个建筑之间不相连属，较为分散。其主体建筑可分为北区的甲4、甲6，而南区有甲11、甲12、甲13。两组建筑可能为同时存在。

乙组基址：乙组基址是殷墟宫殿宗庙区的主体部分，位于甲组基址之南。其一，平面近方形的乙1基址，用纯黄土筑成，旁有虎、猪等祭祀坑发现；其二，乙5、乙3、乙4、乙2基址，其中乙5当为坐北朝南的四合

① 参见刘庆柱《序三》，中国社会科学出版社2010年版。

院式建筑，但当年发掘时未将其全部揭露，故判断不明。乙 2 是乙 5 的部分建筑，乙 3、乙 4 是乙 5 南门外之附属建筑物；其三，乙 8 及乙 9、乙 10 组成的南北向长条状建筑。据现有发掘宫殿基址的经验判断，其东部亦应有与之对称的建筑；其四，乙 7 基址虽呈方形，但并未全部发掘完毕。乙 7 基址其上和其前有祭祀遗存，即所谓北组墓葬、中组墓葬、南组墓葬及基址上下的墓葬等；其五，即以乙 11（发掘时与院落混为一体）为建筑主殿，乙 13 为南庑，乙 12 为西厢，（应有东厢未揭露）组成四合院式建筑。此外，乙 15 可能为门前的门屏建筑，乙 21 属于乙 13 南门外的阙类建筑，乙 14、乙 17 是宫殿右前方的卫戍用房；其六，乙 11、乙 12、乙 13、乙 21 为同组四合院式建筑；而另一组以乙 20 为北殿，乙 19 为耳庑，乙 18 为西厢建筑，组成四合院式宫殿建筑的部分遗址。而乙 16 则是乙 11 组宫殿与乙 20 组宫殿之间的连接建筑和横向通道。

丙组基址：丙 1 及其上的丙 2、丙 3、丙 4 为核心建筑。丙 1 为大型高台建筑，丙 3、丙 4 为坐北朝南的方坛，分布在丙 1 之上的东北、西北部。丙 2 为东西向长方形台基，分布于丙 1 台基上的南部，丙 2 基址周围有人、兽祭祀坑。丙 7、丙 8 横列于丙 1 之前方。丙 16、丙 17 分列丙 7、丙 8 之南，并有丙 11 横于其间。丙 1 前之五座基址上有柱础，属房屋建筑。丙 16、17 两侧的丙 9、丙 10、丙 12、丙 13 为方形土台建筑，而位于丙组四角的丙 5、丙 6、丙 14、丙 15 都是方形土台建筑。

丁组基址：位于乙组基址东南方之新发掘的凹形建筑，应由北殿、西厢和南庑基址组成，其东厢当已被洹水冲毁。据该建筑南庑门道推断，这组建筑应是　座坐北朝南的四合院式建筑。①

就是这样，《殷墟建筑遗存》（1959 年）和新发现的建筑遗存共 54 座，被杜金鹏教授《殷墟宫殿区建筑基址研究》（2010 年）所读懂并加以如此这般的释读。与此同时，还根据这些性质各异的版筑基址及其上存在柱础石情况不同的判断，用他积累的深厚的建筑学素养对这些基址上的地面建筑进行模拟复原，从而《殷墟宫殿区建筑基址研究》使昔日一片杂乱无序、残破不全的建筑“废墟”，成为以一座座四合院式建筑为核心的殷

① 参见杜金鹏《殷墟宫殿区建筑布局和性质简论》，《中国文物报》2005 年 3 月 4 日。

商王都森严有序的壮丽殿堂。[①] 历史、考古学者自此走出“迷宫”，认识并进一步弘扬这座在三千多年前世界上所见不多的东方奴隶制大国——殷商王都对人类文明进程产生的重大影响！

三 画龙点睛——殷墟宫殿宗庙的用途一览

古代都城遗址，是该朝代政治、经济和文化的中心，其出土遗物和遗迹，最具有该时代文化品格的典型性并代表了工艺文化发展的最高水平。但作为时代物化的出土文物和遗迹是无言的，根据历史地层所划分的时间顺序，也只是相对的早晚关系。而其绝对年代和文化内涵，最终还须历史文献的考订。诸如殷墟文化的分期，地层学只能透露其相对时间的早晚，而其绝对年代则是依据甲骨学的研究成果所确定的。殷墟宫殿宗庙基址也是如此，当年出入其间的商朝国王和贵族早已化为一抔黄土，54 处建筑基址除了当年历史泥土的躯壳之外，并没有留下什么标签以说明当年的风光。我们当代人只有根据当年遗留下来的甲骨文字和文献中有关都城宫殿宗庙建筑在都城中的布局和有关礼仪建筑的记载，并参证现存历代都城中宗庙宫殿建筑的实际，对其性质和功能加以研究、考订。

《周礼·冬官考工记·匠人》“匠人营国……左祖右社，面朝后市”。《周礼·小宗伯》“右社稷，左宗庙”。杜金鹏教授指出：古代文献中记载的有关都城之内宗庙、社稷、朝廷、市场等重要设施的布局制度，“至迟在周代就已实施，并一直延袭到明清时候，是中国古代都城制度中最重要的链条”。并进一步指出：“这个制度并非周代的始创，现知在商代早期的偃师商城即已出现宫殿分置、前朝后寝的雏形。在商代晚期都城殷墟，这个最具中国传统文化特色的宫室制度也相当清晰”，这就是他论定甲组基址为“寝”（包括寝室和燕朝），乙组基址是“朝”（包括内朝、外朝。另有个别建筑是特殊宗庙），丁组基址为“祖”，丙组基址是“社”。

杜金鹏还进一步推断，对于祭祀商王先王的“常庙”——祖“宗”，即在丁组基址之外，“还有祭祀高祖先公的‘特庙’——甲骨卜辞所谓

① 参见《安阳殷墟小屯建筑遗存》，文物出版社 2010 年版；杜金鹏：《殷墟宫殿区建筑基址研究》，科学出版社 2010 年版。

右宗、西宗、北宗”等，“特庙”的所谓“右、西、北，都是相对于乙组建筑东南方的常庙而言的，这就是乙七、乙十基址”①。考古遗迹表明，在多个土坛上建成的乙7基址并无堂室迹象，而基址上和基址前都有不少祭祀坑，这与乙组其他建筑基址判然有别，但对乙组东南方向的丁组基址而言，显然处在右位。当为殷人专祭高祖、先公及神话传说中的人物和自然神的甲骨文中的“右宗”；新揭露出的丁组基址，主殿前有人牲祭祭祀坑，而基址上还埋有铜器、陶器等祭品。其位置在乙组基址东南，即“左祖”的方位，故学者推测其为放置祖先神主的宗庙。（附图五十八）

古代典籍记载的帝王治事之所有内朝、治朝、外朝等制度，这“大约是周代的制度，这种制度后来被历代帝王所继承”②。而考古发掘表明，这种制度“至迟滥觞于商代早期的偃师商城，至商代晚期的殷墟则进一步复杂化”。殷墟乙组基址的发掘和研究表明，“殷墟时期的外朝便有三进院落”。而“居中的乙十一组建筑基址实际上是早晚两期的建筑，即在早期建筑原址上扩建成晚期建筑”。学者推测商王朝统治者“在初期，殷墟的外朝可能只有乙五建筑一处宫殿，它很快就不能适应现实需要，从而出现了乙十一组宫殿，再后又增建了乙二十组宫殿”，即所谓的内、中、外“三朝”。不仅如此，杜金鹏教授还根据古文献的记载和对乙组“三朝”宫殿基址的附属基址“乙五组宫殿基址的南庑，有朝向内外两面的建筑空间，而南庑的主要建筑空间是朝外的”，其“外向性说明它的用途不是通常的南庑建筑，而很可能是有别于商王朝理政殿堂（乙五主殿）的建筑，即中央官吏协助商王处理国务的地方——中央衙署”。而其后在乙5组宫殿南面建成的乙8基址，从其建筑规模、结构、方位及组合观察，既不会是居室，也不会是朝廷，推测应“为附属于乙五组宫殿的衙署建筑”。而丁组基址西侧发现的夯土基址，“很可能，这是与乙八类似的建筑，属于乙二十组宫殿前面的衙署建筑”③。

① 杜金鹏：《殷墟宫殿区建筑基址研究》，科学出版社2010年版，第421页。

② 同上书，第422—423页。

③ 同上书，第421—423页。

都城宫殿区的右边为社坛建筑，这在古文献中有明确记载，并成为历代统治者所遵奉的制度，甲骨文也有大量殷人祭社的记载，可知在殷墟也应存有商王所祭之社。杜金鹏教授根据丙组基址所处位置、布局、建筑形制及发现的祭祀遗迹等，推定丙组基址应为商朝都城所祭社坛之遗存。据考订，丙1高台基址应为古文献中所谓的“墠”，而其上之丙3、丙4为供放神主的神坛，丙2则是祭祀者行礼之处的祭台。此外，丙1之上有多处人兽坑，当为祭祀时的牺牲品。丙1前的丙7、丙8位于祭坛南门两侧，或为门塾。丙16、丙17东西相望呈廊道状，当为祭祀事务管理者治事之处。丙9、丙10、丙12、丙13为不设屋顶和围墙的土台，当为储存祭物的“廪台”。如此等等。在宫殿区的西南方（即右），形成了以丙1及其上的丙2、丙3、丙4基址为核心的社坛建筑群。①（附图五十六）

在殷墟宫殿建筑（乙组）之北的甲组建筑基址，应即为文献中所说的“前朝后寝”之寝宫和殷墟甲骨文中所言王之所“乍寝”。这组基址以甲4、甲6、甲11、甲12、甲13等为核心，分作南、北两群。它们与其南的乙组基址相比，普遍规模较小且无有廊，而且基址附近还有水井、灰坑等生活遗迹。甲组基址中规模较大的甲6、甲11，有的使用铜柱础，当为规格较高的内廷议事待客之所。而甲组基址中另一类房间有大小明暗之别，如甲4、甲12、甲13等为寝殿建筑。此外，另有附属建筑多座，如用于炊事的庖厨甲2、甲3等，其旁有水井（E16），用于仓储的廪台甲1、甲5基址，而甲1基址建于大型窖穴之上，其内曾出土鹿角、龟甲、大量陶片等。而甲7基址为两个建筑遗存，其南面两个柱迹是王宫向西的正门，其北的两个柱迹是朝西的旁门。因两门宽度有别，当为不同人等的通道。②

就是这样，杜金鹏教授以我国古籍中有关宫殿宗庙建筑在都城中的布局和礼制建筑功能的记载，并结合商代第一手文献资料甲骨文进行考证，赋予了他在《殷墟宫殿区建筑基址研究》中复原了的殷墟甲、乙、丙、丁

---

① 杜金鹏：《殷墟宫殿区建筑基址研究》，科学出版社2010年版，第366—367页。

② 同上书，第87—88页。

四组建筑不言躯壳以活的灵魂和血肉。从而画龙点睛，再现了当年生活于寝宫、出入于前朝处理政务的商王活动和在附属于朝殿衙署中的百僚庶尹的活动……从而使一座座四合院式宫殿充满了人气。杜金鹏教授的研究，还再现了一座座建筑洋溢着的“鬼气”，即常祭先王示主的宗庙和另一处特祭远祖、自然神的“右宗”举行的肃穆、威严的以人、兽、车为祭品的祭祀，并在宫殿前右方举行社祭杀戮人牲和畜牲的血腥场面……

总而言之，杜金鹏教授的《殷墟宫殿区建筑基址研究》，从石璋如《殷墟建筑遗存》（1959年）等早年殷墟宫殿宗庙基址的发掘报告出发，在多年都城遗址的考古发掘“经验”和“经历”中读懂了当年殷墟宫殿基址的发掘报告，而且还能“看清”早年发掘殷墟建筑基址存在的种种不足。杜教授以自己发掘宫殿基址的切身感受，能够知道殷墟发掘建筑基址的“所以言”，并创造性地加以发展，更能“知其所未言”。这就是他在甲、乙、丙（包括丁）组建筑基址的基础上，进一步把54座基址整理为一组组四合院式建筑群。还进一步在古代建筑学研究的基础上，对相关基址地面上的建筑物进行了模拟复原，从而使人们走出迷宫。不仅如此，根据古文献和甲骨文的记载，杜教授还赋予一座座建筑的寝、朝、祖、社的功能，等等，从而使殷墟宫殿宗庙区的研究有重大突破并推向了一个新阶段。

应该说在杜金鹏《殷墟宫殿区建筑基址研究》出版以前，不仅史学界，就是考古学界，如果没有宫殿基址田野考古发掘的“经历”“经验”和“感受”，对殷墟早年发掘的宫殿宗庙基址的考古资料也是读不懂和读不通的，面对这些建筑残迹的支离破碎材料，研究时无从下手。因此，长期以来学术界很少有人对这批材料进行全面、系统、深入的研究。正是杜金鹏这部《殷墟宫殿区建筑基址研究》，使殷墟建筑基址当年未发掘和未完全发掘的部分得到了认识，从“倒栽柱”判断出夯土基址已被毁挖殆尽，当年未判断清的现象得到了重新解释。从夯土中辨认出了再生夯土，混在一起的夯土基址得以分解。从一座座零散、孤立的建筑基址间，找出其内在的成组、成单元的关系，并科学地推断出与之对应的部分。再从柱础的排列复原了各种功能的墙体及其上梁架结构，模拟复原出四阿重屋或一面坡的殿堂。如此等等，可以说《殷墟宫殿区建筑基址研究》[①]，对20世纪30年代发掘的殷墟宫殿建筑基址的材料进行一番由表及里，由此及彼的纠错补阙，认识和再认识的一番彻底整理，从而使这批珍贵的材料得到了抢救并被激活，使之成为广大考古学者和历史学者能读得懂、看得清，研究商代都城文化能用得上的一批殷墟建筑考古资料，不啻是对殷墟的建筑基址进行了一番"再发掘"，这对学术界来说，是功德无量的善举！

① 我拜读之杜教授此书，乃2011年2月12日馈寄。在为老朋友取得突破性成就而高兴的同时，也写下了以上的读后感。可以说，此书解决了我（包括与我同代的不少学者）多年困扰的问题：对殷墟宫殿基址考古报告读不懂也读不进，除了停留在泛泛的53座甲、乙、丙三组基址的认识外，再也深入不下去。而杜教授此书，可谓引导我走出迷宫，而种种画龙点睛之笔，使我对殷墟甲、乙、丙、丁四组建筑基址当年的功用和辉煌，有了较为全面的认识和理解——2011年4月8日记。

第十六章

古文字学研究生培养

汉字是中华民族的精神符号和华夏悠久文明的载体。汉字文化是中华民族智慧的结晶，也是世界各国人民实现与中国人民的心灵沟通，实现文化对话，并进一步认识博大精深的中华传统文化的桥梁和工具。弘扬汉字文化，发掘汉字文化的深厚底蕴，即与汉字文化的源头——现已不复使用的古文字的深入研究有着密切的关系。古文字研究专门人才的培养，即古文字学研究生制度的不断完善和发展，将使汉字文化的弘扬更具有持久的活力，并增强汉字文化研究的国际性。

新中国成立以来的古文字学研究生的培养有了很大的发展，值得我们认真思考，并从中获得有益的启示。

第一节　汉字文化的弘扬与中国古文字学研究

汉字是中国13亿人口使用的书面语言和文化积累、传承的工具，对中华民族的思维和社会生活有着深远影响。几千年来汉字传承有序，具有无比旺盛的生命力和强大的民族凝聚力。随着中国国力增强和在世界影响力的日益扩大，汉字日益受到各国人民的重视并成为他们认识中国国情，了解中国实际，理解中国的价值观，研究中国文化的钥匙。

为了向海外推广和普及汉语，加强各国人民与中国人民的政治、经济、文化联系，弘扬汉字文化的精髓，以汉语和中国文化教学、宣传为宗旨的第一家孔子学院，2004 年在韩国首尔落成，其后有较快发展，至

2009 年世界各地已建成 282 座孔子学院和近 241 个孔子课堂。据统计，世界各地开设的不同层次的汉语课程达 8000 多班次，注册学生有 20 余万人次。与此同时，还举办了各种文化活动 6000 多场次，参加人数达 25 万人次之多。如此等等。汉语、汉字、汉字文化之所以受到各国人民的欢迎，主要是因为：

其一，中国现代汉字的历史厚重性。我国现代通用的方块字，有着几千年的发展史。在联合国使用的 6 种工作文字中，诸如俄语、英语、法语、阿拉伯语、汉语、西班牙语等，汉字不仅使用的人口最多，而且历史是最为悠久的。

其二，汉字信息量的丰富性。汉字的单个方块字，诸如夏、商、周等字，本身就表示为历史上的一个王朝，既代表了 400 多年、600 多年、800 多年的一个历史时段，也容纳了这一时段的王朝从建立到灭亡的波澜壮阔的历史。可以毫不夸张地说，世界上任何一个国家的单个文字（或词），也没有中国汉字本身能容纳如此之多的信息量。

其三，汉字结构的严密性。汉字是由表形、表意、表音的符号科学地组合在一起，因而从感性上，就会引起使用不同语言和文字的外国人的兴趣并浮想联翩，诸如日像太阳，月像月亮，日月合照，会意为光明之明，等等。

其四，汉字应用的便利性。汉字是中华民族通用的书面文字，虽然有的字写起来笔画较繁，但一个单字就可以表示一个特定的意义，两个或两个以上单字，组成的单词内容就更为丰富，字和词又组成表达完整思想的不同句型的句子。汉字的字、词、句子有丰富的表达能力，为我们遗留下了不少脍炙人口的千古名篇，既有历史典籍，也有诗、词、曲、文、论等不同形式的优秀作品，睿智的哲理和横溢的文采，使世界不同民族和文化的人产生了共鸣。此外，在信息化高度发达的当代，同等时间输入文字的信息量，比英、法等文字要快得多。

其五，汉字艺术的隽永性，也深深地吸引了各国人民。由线条组成的方块汉字，靠着点、线的变化，历代书法名家为我们留下了篆、隶、草、行、楷等不同书体的优秀作品，成为人类艺术宝库中的珍品。前不久，一幅北宋黄庭坚的行楷书法手卷《砥柱铭》，就在拍卖会上拍出了近 4 亿元的天价。汉字书法艺术，也深受外国朋友的喜爱并进行书法艺术的研究与创作，在韩国、日本、新加坡、马来西亚等国家和地区，都有一批人乐于此道，并取得了成就。

今天的汉语和汉字，是在对中国古文字的继承和发展中形成的。中国的古文字——甲骨文早在3000多年前就与世界其他最古文字——古埃及的纸草、古巴比伦的泥版文书相媲美，推动了世界文明的进步。但其他古文字早已失传，唯有中国的甲骨文，经周代的金文和战国的竹简、帛书到秦代篆书的发展，终于形成了方正的唐楷书，并最终形成了今天的现代汉字。几千年来的发展过程中，形体虽有某些变异，但嬗递之迹可寻。为了汉字的规范化和纯洁化，对其源头——古文字的研究和阐释就是十分必要的了。

古文字的深入研究，可以使现代汉字的历史厚重性在世界文明史上得到历史的定位。从古文字形、音、义的深入研究中，一部商史刻在甲骨之上，中国传统的礼制铸入青铜，简帛保存了幸免于秦火的典籍……古文字的研究，使我们获得了文字形成过程中的更多原生态材料，也会使现代汉字信息量的丰富性得到进一步的补充和深化。不仅如此，对古文字的考释和古文字象形、象意、象声的研究和探索，将会使现代汉字结构的严密性得到进一步的诠释和拓展。而甲骨文字的峻峭、金文的凝重、简帛的洒脱、篆书的秀丽，等等，是汉字变化多端的书法艺术和使人心旷神怡的多种书体隽永艺术性的滥觞。古文字书法的弘扬，是汉字书法艺术领域的新葩和正在开拓的新苑地。

因此，古文字的研究，使现代汉字和汉语的深厚文化底蕴得到了全方位、深层次、多角度的弘扬与拓展。古文字研究人才的培养，是提高现代汉语和汉字教学水平和活力的重要保障。特别是古文字距离今天的汉字已经颇为遥远，因此必须通过一套行之有效的办法，在学有素养的古文字专家主导下，对有志献身古文字学研究事业并有一定基础的年轻人，进行系统的硕士研究生、博士研究生学习和科学研究的训练。

第二节 古文字学研究生的培养

古文字研究生的培养与国家社会经济形势的发展密切相关。1976年以后，我们的国家进入了新的历史发展时期，特别是1978年以后，我们国家在政治上和经济上都出现了很好的形势。古文字学研究生的培养，基本上可以1978年为界限，划分为前、后两个阶段。第一阶段（1949—1978年）是以老一辈学者为核心，在困难中薪火相传，坚持了古文字学研究人才的培养。第二阶段（1978年至今）老一辈学者和资深学者在新时期继续培养古文字学研究人才，新一代学者已成长为培养研究生的主力。

第一阶段（1949—1978年）

《关于建国以来党的若干历史问题的决议》深刻指出，“那种轻视教育科学文化和歧视知识分子的完全错误的观念”，已是“长时间存在而在‘文化大革命’期间登峰造极”，因此“要坚决扫除”。老一辈学者出于对古文字学的追求和学者的良知，就是在这种不正常的困难情况下，忍辱负重，无怨无悔地招收古文字学研究生，在调整中、运动中为使古文字学研究薪火相传，为国家和民族默默奉献着。

自1952年高等院校进行大规模的院系调整后，基本上确立了这一时期古文字学研究和教学的格局。不少著名古文字学家被调离大学，如唐兰先生奉调故宫博物院，陈梦家先生由清华大学调至考古研究所。或从此“定”终身，在有关大学任教终身。诸如于省吾先生去了吉林省长春的吉林大学任教，商承祚先生、容庚先生仍在广州中山大学任教，徐中舒先生继续在四川大学任教，胡厚宣先生在上海复旦大学任教（1956年奉调历史研究所），唐长孺先生在湖北武汉大学任教，等等。老一辈学者在科研和教学工作中，他们的助教（或助手）深受影响，或走上了古文字学研究的道路。

以甲骨、金文为核心的古文字学研究，本来就在大学里被视为高不可攀的“冷门”，在批判电影《武训传》的封建思想和胡适的资产阶级唯心主义的浩大声势下，谁又会甘作“遗老”“遗少”去研究古文字呢?！直到1956年，知识分子问题会议举行和其后提出了“百花齐放，百家争鸣”的方针，调整并规定了对知识分子和教育科学文化工作的正确政策，才促进了古文字学研究和教学的发展。在1956年“向科学进军”的大好形势下，一些学有专长的老一代古文字学家开始招收研究生，为国家培养古文字学高级研究人才。四川大学历史系徐中舒教授招收研究生常正光、缪文远、郭厚安3名；吉林大学历史系于省吾教授招收研究生姚孝遂、陈世辉2名；中山大学中文系容庚、商承祚教授招收研究生马国权、李瑾、夏渌、缪景安4名；复旦大学历史系胡厚宣教授招收研究生裘锡圭、吴浩坤2名；故宫博物院唐兰先生为北京大学考古专业讲授古文字学，高明即为代培学生；考古研究所郭宝钧研究员1953年委托培养研究生郑振香，1954年招收研究生邹衡。如此等等，大学里开始了古文字学研究生的培养，说明古文字研究高级人才的稀缺，也表达了老一辈学者对古文字学的追求、传承和发展的学者的良知。

就在大学古文字学研究生培养起步不久，1957年被严重扩大化了的反右派斗争，造成了不幸后果。不少教授被错划为“右派”，如考古研究所陈梦家、北京师范大学历史系教授赵光贤等。而为数不多的古文字学研究生，也有人在运动中成了“右派”，如复旦大学吴浩坤（直到30多年后才被彻底改正）。也有的人仅因为运动中兼顾读书，在大跃进的“狂热”中，被作为“白旗”典型。想写些研究文章，则是个人“名利思想”的“大暴露”。诸如李学勤、裘锡圭等，曾受到“走白专道路”的批判。

在1960年以后，国家进入了国民经济调整时期，陈毅副总理在广州会议上表示为知识分子“摘帽、加冕”，知识分子政策一度得到贯彻，大学又开始培养选送研究生。1962年，中山大学商承祚、容庚招收了研究生张振林、孙稚雏；吉林大学于省吾招收了研究生林沄、张亚初；四川大学徐中舒1959年招收先秦史研究生冉光荣、1962年又招收先秦史研究生谭继合2名，当年还专门招收古文字研究生袁庭栋、谌恰祝2人；南开大学王玉哲招收先秦史研究生李民；北京大学考古专业苏秉琦招收研究生郭大顺1人并委托故宫博物院唐兰培养研究生郝本性1人；历史研究所胡厚宣招收研究生齐文心1人；考古研究所徐旭生招收先秦考古研究生刘一曼1人；1963年又继续招收研究生，中山大学商承祚招收了研究生陈炜湛，考古研究所郭宝钧招收了商周考古研究生郑光；到了1964年，全国各大学招收研究生的规模空前扩大，古文字学研究生招收人数也有所增加。中山大学容庚、商承祚招收研究生刘雨1人，历史研究所胡厚宣招收研究生王宇信1人，张政烺招收研究生栾成显、陈绍棣2人。北京大学考古专业招收研究生胡人瑞 1 人，等等。

1962—1964 年期间，研究生培养逐步正常，特别是 1964 年以考试取代了推荐，导师有了一定的选择考生权。但也就在这一期间，国家政治气候又发生了变化，即把一定范围内存在的阶级斗争扩大化和绝对化，在对待知识分子问题、教育科学文化问题上发生了越来越严重的“左”的偏差。在意识形态领域，对一些文艺作品、学术观点和文艺学术界的一些代表人物进行了错误的、过火的批判，诸如史学界的周谷城、尚钺，等等。康生等极“左”高官，再一次把高级知识分子打入“资产阶级”行列。为了从他们手中“夺取接班人”，大批青年学生和知识分子参加了城市和农村的“社会主义教育运动”，或去“滚泥巴”和“与工农结合”，到农村“踩一脚牛屎”才“最干净”。因此，在“千万不要忘记阶级斗争”和“反修防修”的政治氛围中，大学正常的教学活动基本停顿了。如果说，1962 年、1963 年入学的研究生还进行过一两年的学科基础训练的话，那么 1964 年入学的一大批研究生，一入学就被送往工厂、农村，向“卑贱者”——工农学习“感情”去了，而没有来得及向“最愚蠢”的“高贵者”——教授和专家们学过一天专业知识。

1966 年 5 月爆发至 1976 年 10 月结束的十年“文化大革命”期间，对所谓“反动学术权威”的批判，使许多有才能、有成就的知识分子遭到打击和迫害，也严重地混淆了敌我，不少老一代著名古文字学家受到了无情的批斗，有的学者因不堪凌辱，含冤而死，如陈梦家先生等。也有的老专家以学术的追求和传承为第一生命，白天忍受批判或惩罚性的劳动，晚上回到家中就沉浸在学问的海洋中，偷偷地坚持研究和写作。于省吾先生的《甲骨文字释林》，就是在这样非正常的情况下完成的。

在“文化大革命”开始以前，已有一些研究生陆续修业期满，或留大学任教，或分配科研机构。于省吾的研究生姚孝遂、陈世辉留吉林大学；商承祚、容庚的研究生张振林、孙稚雏留中山大学，夏渌去了武汉大学，李瑾去了河南大学；徐中舒的研究生常正光、伍仕谦、冉光荣、袁庭栋留四川大学，谭继合分配至中国科学院近代史研究所；胡厚宣 1956 年调中国科学院历史研究所，研究生裘锡圭毕业后分配至北京大学中文系。“文化大革命”结束后，结业和肄业（1964 年入学者）的研究生分配情况就颇不相同。商承祚的学生陈炜湛留中山大学；胡厚宣的研究生齐文心、王宇信和张政烺的研究生栾成显、陈绍棣经“五·七”干校的“学习”后留历史研究所；郭宝钧的研究生郑光和徐旭生的研究生刘一曼经“五·七”干校的“学习”后留考古研究所；北京大学考古专业委托唐兰代培研究生郝本性分配河南省文物工作队，委托郭宝钧代培的研究生徐自强分配北京图书馆金石部；苏秉琦的研究生郭大顺分配至辽宁省文物工作队、研究生胡人瑞分配至中国大百科全书出版社任编辑。而因当时大学片面的“唯成分论”，于省吾的研究生林沄、张亚初被迫离开大学，派到颇为偏僻的山村中学任教，一干就是十几年。直到 1973 年以后，在于省吾先生多方奔走、呼吁和夏鼐的支持下，林沄才重回吉林大学，张亚初调入中国社会科学院考古研究所，并成长为著名甲骨文、金文专家。

1971 年 7 月 1 日，“无产阶级文化大革命期间出土文物展览”在北京故宫开幕。在展览期间，有一次周恩来陪同外宾参观，在参观《永盂》等青铜器时，总理指着铜器铭文拓片，问时任故宫博物院副院长的唐兰先生说，“现在全国还有几个人能认这些字?”唐兰回答说：“不到 10 人了!”周恩来听了以后虽没再说什么，但神色凝重。其后不久，在 1971 年 7 月 17 日以国务院名义发出的《关于选送出土文物到国外展览的通知》中强调，“对原有的专业人员应予使用”，并“要注意培养青年考古专业人员”。1972 年，胡厚宣就恢复《甲骨文合集》的编纂工作写信给郭沫若求得支持时，郭沫若特别要求他在编辑《合集》工作过程中，“要大力培养接班人”！表达了他对古文字学科的传承、发展的关心。

老一辈学者于省吾、徐中舒、商承祚、容庚、唐兰、胡厚宣、张政烺，等等，就是以坚韧的精神，守护住了内心古文字学的净土，使他们所在的吉林大学、四川大学、中山大学、北京大学、中国社会科学院历史所、考古所等单位，保存了我国古文字研究和人才培养的星星之火。

第二阶段（1978 年至今）

1978 年以后，中国进入了改革开放的新时期，教育科学文化工作步入了正轨并有了迅速发展。为了适应加快四个现代化的形势，需要大力培养各学科高级研究人才，研究生培养制度很快就恢复了。青黄不接的古文字学研究也是如此。不少老一辈古文字学家焕发了青春，在承担繁重的科研、教学任务的同时，都积极培养研究生。新中国培养起来的资深学者，协助前辈学者工作的同时，也陆续招收研究生。改革开放时期培养的新一代学者已经成长起来，成为当前活跃在古文字学研究前沿的学科领军人和培养研究生的主力。在 1978 年以前古文字学研究艰难发展中保存下的不灭星火，随着科学春天的到来，逐渐形成燎原之势。即原招收研究生的单位继续招生，并形成不少新的研究生培养基地。特别是 1985 年恢复学位制度以后，古文字学研究高级人才的培养有了很大的发展。

一　“文化大革命”前招收研究生的单位恢复并扩大了招生

基本情况如下：

（一）吉林大学

以于省吾教授为核心，资深学者姚孝遂、陈世辉、林沄（从中学归队于吉林大学）为助手，组成了古文字学研究生培养团队。

1978 年于省吾招收研究生吴振武、黄锡全、曹锦炎、何琳仪、汤余惠 5 名。

为了解决高等学校古文字学教学和研究人才的急需，于省吾受教育部委托，于 1980 年、1983 年利用暑期办了两届“高校古文字学师资进修班”，先后有 30 多位大学青年教师从此走上了古文字学研究和教学的道路。

1981 年，于省吾教授又招收博士研究生吴振武、黄锡全、汤余惠等 3 名。

于省吾教授以极大热情投入了古文字研究人才的培养工作中，他不顾年事已高和酷暑劳累，1984 年倒在了讲台上。于省吾的道德文章长存！他的学生曹锦炎去了浙江省考古研究所，任所长并已成为著名古文字学家。何琳仪留校后又去安徽大学任教授、博士生导师，因劳累过度而英年早逝。汤余惠博士毕业留吉林大学，成为著名教授、博士生导师，惜苍天不永，给我们留下了《战国铭文选》等著作而撒手人寰。黄锡全博士现任中国钱币博物馆馆长，兼任北京大学考古文博学院博士生导师，已成为享誉海内外的古文字学家、古钱币学家。吴振武博士留吉林大学，现任该大学副校长、研究生院院长。

资深学者姚孝遂、林沄、陈世辉等和新一代学者吴振武继承了于省吾的未竟事业。林沄招收了博士研究生白于兰等，姚孝遂招收了博士研究生刘钊、黄德宽、王蕴智等等，现都已学有所成。

现吉林大学已形成以吴振武、冯胜君等新一代学者为核心的研究生培养团队。吉林大学研究生院现有古文字学博士生导师6名，现在校就读硕士、博士研究生20余名，历届毕业硕士、博士研究生已近百名。北京大学董珊就是刘钊的硕士、李零的博士，毕业后留校，使北京大学考古文博学院的古文字学研究和教学的力量有所加强。吴振武的学生崎川隆（日）以《宾组甲骨文字分类研究》博士论文毕业并留吉林大学任教。

（二）中山大学

以容庚、商承祚等老一代学者为核心，资深学者张振林、孙稚雏、陈炜湛、曾宪通等为其助手，组成了中山大学研究生培养团队。

1978年，容庚、商承祚招收古文字研究生陈抗、张桂光、陈初生3名。

1980年，受教育部委托，商承祚主持“高等学校古文字教师进修班”，陈炜湛、张振林、曾宪通等协助授课。陈炜湛受命为该班及在校研究生讲授“甲骨文简论”，华东师范大学李圃教授曾在该班师从商承祚教授进修。

20世纪80年代中期以后，资深学者张振林、曾宪通开始招收博士研究生唐钰明、陈伟武、刘昭端等。陈炜湛1985年招收硕士研究生谭步云1名，1988年又招收硕士研究生林欢1名。

商承祚、容庚的研究生陈抗到中华书局任编审，陈初生到暨南大学任教授，张桂光到华南师范大学任教授并培养研究生，现其集大成著作《金文通释》即将完成。

中山大学现已形成以新一代学者唐钰明、陈伟武、黄文杰、刘昭瑞、谭步云等为主力的研究生培养团队。

（三）四川大学

以老一辈专家徐中舒为核心，组成了以资深学者伍仕谦、常正光、缪文远等教授为主力的古文字学、先秦史研究生培养团队。

1978年，徐中舒教授招收古文字学研究生彭裕商、方述鑫、王辉、陈复澄、黄奇逸5名。与此同时，还为中国社会科学院代培研究生（与张政烺合带）林小安、王丕真2名。

当年，教育部还委托徐中舒为各大学培养青年教师，举办“高校先秦史青年教师进修班”，刘宝才、詹子庆、张广智、赵世超、姚政、李仲立、王光荣等11名入学。

1979年，徐中舒招收先秦史研究生李西兴、甘重远、江玉祥等4名。

1982年，徐中舒招收硕士研究生陈力、程大为、李士平3名。

1985年，徐中舒招收先秦史硕士研究生赵世超、李玉洁2名，并招收古文字学研究生李曦1名。同年，徐中舒招收博士研究生彭裕商、方述鑫2名。方述鑫以《殷墟卜辞断代研究》（1992年）、彭裕商以《殷墟甲骨断代》（1994年）博士论文同获博士学位并留校任教。

徐中舒培养的毕业生中，王辉任陕西考古研究院研究员，陈复澄、黄奇逸留四川大学，陈力现任国家图书馆研究馆员，李玉洁任河南大学教授，程大为任河南社会科学院研究员。先秦史青年教师进修班的学生，都已是享誉海内外的先秦史专家，其中赵世超曾为陕西师范大学校长，张广智曾为青海师范大学副校长，研究生林小安任职于故宫博物院研究员，王丕真任职于历史研究所副研究员并成为著名文物收藏鉴定家。也有人从政，诸如李曦任职山西省旅游局局长，等等。

自1996年起，新一代学者彭裕商、方述鑫、何崝等教授开始培养古文字学硕士、博士研究生。现彭裕商教授已培养了甲骨学、金文、简帛方向硕士研究生40多名，博士研究生30多名。四川大学的新一代学者，正在继续加强我国西南重要的古文字研究人才培养基地的建设。

（四）北京大学

北京大学培养古文字学研究生，主要有考古文博学院、历史系和中文系三个团队。

1979年，考古文博学院高明教授招收古文字学研究生葛英会、连劭名2名。

新一代学者葛英会、刘绪、赵朝洪、高崇文、赵辉、李水城、孙华、徐天进、张弛等教授组成了北京大学考古文博学院研究生培养团队，现有博士生导师近20名，每年招收博士研究生8人左右，现已毕业硕士研究生百人以上、博士研究生百人以上，现有在读博士研究生20余人。葛英会教授自1995年专门招收古文字学博士研究生，已毕业5名。其中于成龙研究简帛文字，闫志研究甲骨文，现均任职于国家博物馆。韩国留学生李钟淑与其师完成了《北京大学珍藏甲骨文字》，现供职于韩国文化财。中文系培养的董珊博士被引进文博学院，与刘绪、徐天进教授组成团队，使考古文博学院培养古文字研究生力量得到了加强。

此外，考古文博学院还举办多期文物、博物馆、考古人员培训班、进修班，每期均达30人左右，为我国文物考古部门科研水平的提高做出了贡献。

历史系资深学者吴荣曾教授1989年招收先秦史硕士研究生李雪山1名。新一代学者朱凤瀚培养先秦史硕士、博士研究生，现已毕业博士生3人，目前在读博士生7人，博士后流动站研究者3人。

中文系资深教授裘锡圭、新一代学者李家浩、李零等教授组成古文字学研究生培养团队。

裘锡圭培养的研究生有李家浩、胡平生、盛冬铃等。结业后，李家浩留北京大学，已成著名战国文字专家。胡平生分到国家文物局，盛冬铃分配至中华书局任编审（已英年早逝）。

1985年以后，裘锡圭招收古文字学博士研究生黄天树、沈培、张玉金、李宗焜、陈剑等都已获博士学位，并都已离开北京大学，被其他高校引进，成为所在单位培养古文字学研究生的主力。

（五）北京师范大学

1979年，赵光贤招收研究生晁福林、沈长云2人。1981年招收研究生段志宏（女）1人。1983年赵光贤招收研究生王冠英1人。毕业后，晁福林留北京师范大学，沈长云去河北师范大学，现为博士生导师。王冠英曾任国家博物馆《中国历史文物》执行主编。段志宏任四川巴蜀书社副总编辑。

现北京师范大学历史文化学院已建成由资深学者刘家和、晁福林、新一代学者杨共乐和罗新慧等及一批“985”工程特聘教授组成的博士研究生培养团队。晁福林教授等自1995年开始招收先秦史及古文字学研究生，现已有10名硕士研究生、20名博士研究生获得学位，著名学者王晖、罗新慧、韩江苏等即出自晁氏门下。

（六）山东大学

历史系因老一代学者王仲荦逝世，为保住博士研究生培养点和2名在读博士研究生的培养，1986 年从中国社会科学院历史研究所引进了博士生导师田昌五。自此，山东大学历史系形成了田昌五、资深学者孟祥才等组成的研究生培养团队。田昌五教授共培养了硕士研究生近 30 人、博士研究生 20 人。有的留校任教，诸如方辉现任山东大学博物馆馆长。有的分配全国各地，诸如黄朴民博士现为中国人民大学国学研究所副所长。有的从政，有官居省教育厅厅长者，或为出版社社长者。

山东大学新一代学者栾丰实、方辉、任相宏等教授组成了硕士、博士研究生培养团队，现已毕业硕士研究生多名，并有博士研究生在读。

（七）南开大学

历史系老一辈学者王玉哲，1978 年设立博士点后，从招收第一届研究生朱凤瀚，至招收最后一届研究生朱彦民，几届共培养博士 10 人。此外，王玉哲还培养了硕士研究生 9 人。

南开大学现已形成以新一代学者朱凤瀚、赵伯雄、朱彦民、陈絜等教授为核心的古文字学、先秦史研究生培养团队。朱凤瀚在调入北京大学历史系前，已在南开大学培养硕士研究生 16 人，博士研究生 12 人。博士生刘源入历史研究所，印群入考古研究所，陈絜留校任教，袁林去陕西师范大学任教。

赵伯雄已培养先秦史、历史文献学硕士研究生 18 人，博士研究生 10 人。

朱彦民自 1998 年培养硕士研究生，已毕业 10 人。2008 年朱彦民招收博士研究生 2 人，并招收博士后流动站研究简牍博士 1 人。

陈絜教授正培养硕士研究生 3 人。

（八）中国社会科学院研究生院

中国社会科学院研究生院以各研究所为依托，各系的硕士、博士生导师，实际是各研究所学有专长的研究人员兼任。

历史学系的研究生培养导师，实际上是历史研究所的专家、学者。培养古文字学研究生的导师，主要有老一辈学者胡厚宣、张政烺和资深学者李学勤、林甘泉、谢桂华、王宇信等。

历史系老一辈学者胡厚宣，1978 年以后招收了研究生宋镇豪、范毓周 2 人，另一名郑慧生推荐给河南大学。老一辈学者张政烺招收研究生王丕珍、林小安 2 人。老一辈学者尹达招收研究生曲英杰 1 人。此外，李学勤等还培养进修青年教师，如福建师范大学徐心希、平顶山师院常耀华等及意大利学者安东尼奥等。李学勤不仅招收研究生刘翔等，并为多所大学兼职招收研究生。

1985 年恢复学士、硕士、博士学位制度以后，胡厚宣招收博士研究生宋新潮、郭小武 2 人。资深学者林甘泉、谢桂华也招收简帛研究博士研究生，现历史研究所所长卜宪群即是。资深学者田昌五去山东大学前，招收了博士研究生王震中，现为历史研究所副所长。宋镇豪现为先秦史研究室主任，宋新潮现任国家文物局副局长，郭小武去《中国语文》任编审。

资深学者李学勤先后招收博士研究生刘乐贤、杨朝明等共 6 名。刘乐贤现任教于首都师范大学历史文化学院，杨朝明现任曲阜师范大学孔子研究所所长。

李学勤招录博士宫长为、赵平安、江林昌、徐凤先、李勇、李天虹等 6 人先后入博士后流动站进行研究。结业后，宫长为留历史研究所，江林昌现任烟台大学副校长，徐凤仙进中国科学院自然科学史研究所，赵平安现为清华大学历史文化学院博士生导师。

资深学者杨升南、王宇信和新一代学者宋镇豪组成了甲骨学商史研究生培养小组。王宇信自 1996 年招收硕士研究生，第一届徐义华、金富贤（韩）2 人。杨升南 1998 年招收硕士研究生孙亚冰、韩江苏 2 人。王宇信 2000 年招收博士研究生，第一届林欢 1 人，第二届李立新 1 人，第三届具隆会（韩）1 人。徐义华硕士研究生毕业后留历史所，金富贤回国。博士生林欢毕业后留历史所（英年早逝），李立新回河南省社会科学院任副所长，现任研究员。韩江苏回河南安阳师范学院任教，后师从北京师范大学晁福林教授获博士学学位回原校，现任教授。孙亚冰留历史研究所。具隆会先后被安阳师范学院历史系、河南大学历史文化学院引进。

新一代学者宋镇豪、王震中、宫长为、刘源、徐义华已成为历史系培养古文字学硕士、博士研究生的主力军。自 2000 年，宋镇豪已招收二届硕士研究生。自 2003 年，宋镇豪招收的第一届博士研究生徐义华已留所，现任研究员，第二届博士研究生孙亚冰也留所，现任研究员。2010 年宋镇豪设博士后流动站 1 名博士在读。宋镇豪第一届硕士研究生常耀华毕业后去北京第二外国语学院，现任教授。第二届 2 人于 2010 年毕业。

王震中已培养两届博士研究生。第一届博士研究生魏建震回河北省社会科学院，现为哲学所所长、研究员。第二届博士研究生 2009 年毕业后，任教广东省旅游学院。

宫长为、刘源、徐义华招收的硕士研究生在读中。

考古学系的研究生培养导师，就是考古研究所的知名考古学家，诸如夏鼐、王仲殊、安志敏、张长寿、杨泓等都曾任博士生导师，但培养与古文字有关的商周考古学研究生不多，资深学者张长寿和王世民招收了陈平、李零共 2 人。两人毕业后一度留考古所，后李零任教北京大学中文系，陈平入北京市文物研究所。

郑振香招收研究生唐际根 1 人。毕业后去伦敦大学读博士学位，曾任考古所安阳工作站站长、研究员，现任职南方科技大学教授。

刘一曼自 1998 年开始招收博士研究生，几届共毕业 5 人。严志斌、岳洪彬毕业后留考古研究所，胡进驻去北京师范大学历史文化学院任教，郭妍利回陕西省考古研究院，谢肃去北京大学博士后流动站深造，后去中山大学任教。

二　古文字学研究人才培养新基地的形成

由于不少大学引进古文字研究人才和新一代学者的成长，逐渐使一些大学形成培养古文字研究人才的新基地。主要有：

（一）华东师范大学中国语言文字应用研究所（上海）

李圃教授 1980 年到中山大学参加商承祚教授主持的“高等学校古文字教师进修班”以后，出版了《甲骨文选读》（1981 年）、《异体字字典》（1997 年）等，并主持中国语言文字应用研究所，现有博士生导师臧克和、刘志基等 8 人，以文字学、历史汉字、比较文字学、汉字应用为研究方向，已培养硕士研究生 180 余人。1998 年博士生培养点设立后，已培养博士研究生 60 余人，华东师范大学已成为古文字学研究和培养研究人才的新基地。

（二）郑州大学（河南）

资深学者李民自 1978 年开始招收研究生，至今已培养硕士研究生 20

人，郭旭东、何洪波等为其硕士研究生。自1999年开始培养博士研究生，张国硕、李雪山、王星光等历届毕业生有20多人。现在校就读博士学位者4人。其毕业博士，有的留校任教，如张国硕、王星光等。不少人从政，如何洪波任郑州市旅游局局长等。有的人入中国社会科学院历史所博士后流动站深造。

现新一代学者已成长起来，张国硕、王星光、韩国河、王蕴智（吉林大学姚孝遂博士研究生引进）等培养硕士、博士研究生，自1998年开始招收硕士研究生，现已毕业30余人。自2004年开始招收博士研究生，现已毕业3人，在校就读的博士研究生9人。值得注意的是，他们的培养方向除了商周考古学、甲骨文、金文、简帛研究外，新设的古代科技史研究方向在国内是不多的。

（三）首都师范大学文学院（北京）

北京大学著名古文字学家裘锡圭的博士研究生黄天树1988年毕业后，1995年被首都师范大学由陕西师范大学引进，现任副院长、博士生导师。首都师范大学文学院已形成以黄天树教授为核心，由周建设教授、冯蒸等教授等组成的博士研究生培养团队。自2001年黄天树开始招收古文字博士研究生，2005年博士研究生姚萱以优秀论文《殷墟花园庄东地甲骨卜辞的初步研究》（2006年出版）获博士学位，去复旦大学任教。2006年赵鹏以优秀论文《殷墟甲骨文人名与断代的初步研究》（2008年出版）获博士学位，入中国社会科学院，现任副研究员；冯华获博士学位后，任教天津师范大学。2007年毕业博士研究生陈英杰专攻金文学，而方稚松以《殷墟甲骨文五种记事刻辞研究》（2009年出版）获博士学位，现任职中国外国语大学。2009年冠占民专修金文毕业，2010年齐航福获博士学位……

2010年，黄天树又录取博士研究生2名在读。此外，尚有4名博士在黄天树博士后流动站研究，另有4名博士研究生在读。

首都师范大学文学院已成为古文字学、语言学硕士、博士研究生培养的重要基地。

（四）安徽大学汉语言文字研究所（合肥）

1996年获吉林大学博士学位的黄德宽和1997年获吉林大学博士学位的徐在国及获复旦大学博士学位的曹德和、从吉林大学引进的博士生导师何琳仪等，组成了汉语言文字研究所的研究生培养团队。安徽大学自1983年开始招收硕士研究生，自2002年开始培养博士研究生。研究所现有博士生导师5人，主要培养方向为文字学与古文字研究、汉语史研究、现代汉语及语言文字应用研究等。汉语言文字研究所不仅以《古文字谱系疏证》大型学术著作在学术界享有盛誉，黄德宽的《汉语文字学史》（与陈秉新合著）、徐在国的《传抄古文字编》也即将在北京线装书局出版。汉语言文字研究所已培养硕士研究生100余人，培养博士研究生近50人。在读硕士研究生50余人，在读博士研究生20人。安徽大学已形成国家培养古文字研究人才的新基地。

（五）清华大学出土文献研究与保护中心（北京）

2003年，资深学者李学勤被引入清华大学任教，李学勤与新一代学者彭林、赵平安等组成了出土文献研究与保护中心的博士研究生培养团队。

历史文化学院恢复后，现有钱逊等博士生导师十余人，已培养硕士研究生近百人，博士研究生50余人。一个新古文字学培养基地正在清华崛起。

（六）武汉大学简帛研究中心

罗运环教授1980年曾就读于吉林大学于省吾主持的“高校古文字学师资进修班”，现为重大课题《出土文献与楚史研究》《楚简与东周国别史研究》负责人。简帛中心现有罗运环及引进林沄教授的博士生李天虹、陈伟等博士生导师5人。自2004年开始招收博士研究生，现历届博士研究生已毕业十余人，在读博士研究生8人。此外，博士后流动站有1名博士与罗运环教授共同研究。武汉大学简帛研究中心已成为国家简帛文字高级研究人才的培养基地。

（七）中国人民大学国学研究所（北京）

资深学者田昌五教授博士研究生黄朴民教授和孟宪实教授、王子今教授等12名博士生导师，组成了国学研究所研究生培养团队。中国人民大学国学研究所自2005年开始设立本科生、硕士生连读班，现已毕业硕士研究生20多人，现有在读硕士班100多人。自2006年国学研究所开始招收博士研究生，2009年博士毕业生4人。现在校就读博士生20人，博士后流动站进修博士2人。国学研究所现已成为国家古文字学、考古学、古籍研究人才培养的新基地。

（八）复旦大学出土文献与古文字研究中心（上海）

2005 年 1 月，复旦大学成立了“出土文献与古文字研究中心”。资深古文字专家裘锡圭教授及新一代学者、裘锡圭的博士研究生沈培教授、陈剑教授从北京大学中文系来复旦大学任教。吉林大学姚孝遂教授的博士研究生、新一代古文字专家、博士生导师刘钊亦引进复旦大学，并任“出土文献与古文字研究中心”负责人。高层次人才的引进，加强了复旦大学古文字学研究与教学的力量。他们与汪少华教授、施谢捷教授等组成了硕士、博士研究生培养团队。“研究中心”现有博士生导师 4 名，硕士研究生导师 2 名。现已毕业博士研究生 3 名，硕士研究生 2 名，在校学习博士研究生 14 名（其中外国博士生 4 名），在读硕士研究生 11 名。此外，“研究中心”还设有博士后流动站，招聘博士与裘锡圭等教授共同研究。现已出站博士后 1 名，另有 2 名博士在流动站研究。“研究中心”还不拘一格培养人才，锦州市一学有专长的青年“三轮车夫”颇有培养前途，为此裘锡圭等三位著名教授特写信向教育部恳切陈情，被破格录取为博士研究生深造，成为 2009 年学术教育界广为流传的佳话。

复旦大学出土文献与古文字研究中心的教学和研究人员，站在我国古文字学研究的前沿，组成了国内高水平的古文字研究生培养团队，已成为重要的古文字学研究生培养基地并有广阔发展前景。

（九）西南大学汉语言文字研究所（重庆）

喻遂生教授 1982 年从北京大学中文系毕业后，任教于重庆西南师范大学中文系。喻教授多年致力于古文字学的语法研究和甲骨、金文的考释，近著有《殷墟花园庄东地甲骨语言文字研究》（合著）等，并组建了汉语言文字研究所从事古文字的研究和教学工作。喻遂生自 1993 年开始招收硕士研究生，历届研究生多以甲骨、金文的词性、句法、文例等方面进行深入探索，并拓展到甲骨文与东巴语、乌鲁克语楔形文字的比较研究领域，42 名历届硕士毕业生的论文，颇有新意和探索精神。喻遂生的第一届硕士研究生陈年福毕业后，2001 年师从郑州大学专家王蕴智读博士，并以《甲骨文词义论稿》（2007 年出版）博士论文引起学界的注意，现任教于浙江师范大学并开始培养研究生。2007 年，喻遂生开始培养博士研究生，现历届博士研究生已毕业 5 名，并有 4 名博士研究生在校就读。

远在祖国大西南重庆的西南大学（2005 年由西南师范大学和农业大学合并新名），现已成为古文字学、汉语研究和教学人才培养的新兴基地。

（十）华南师范大学（广州）

北京大学裘锡圭博士研究生张玉金“孔雀东南飞”，从辽宁师范大学引入华南师范大学文学院。中山大学博士研究生张桂光毕业后，任教于华南师范大学。他们与周国尧等新一代学者组成了甲骨、金文、战国文字等古文字学研究生培养团队。现已培养硕士研究生 22 人，博士研究生 3 人。现在读硕士研究生 2 人，博士研究生 4 人。

（十一）陕西师范大学历史文化学院（西安）

陕西师范大学历史文化学院古文字研究生培养团队，现有博士生导师十余人。其中资深学者赵世超教授，20 世纪 80 年代初曾就读于四川大学徐中舒教授“高校先秦史青年教师进修班”。新一代学者张懋镕为西北大学兼职教授李学勤的研究生，王晖为北京师范大学晁福林教授博士研究生，袁林为南开大学朱凤瀚教授博士研究生。自 2000 年招收硕士研究生，现有历届已毕业近 500 人。自 2001 年招收博士研究生，现已毕业 100 余人。现在校就读硕士研究生 100 余人，博士研究生 40 余人。王晖自 2001 年招收博士研究生，现已毕业 8 人，另有在校就读 2 人。王晖培养的博士研究生郭旭东，毕业后任《殷都学刊》主编。张懋镕博士研究生张翀入中国社会科学院历史研究所。陕西师范大学这一古文字学研究生培养基地已在西北地区崛起。

此外，还有一些大学也培养了一批古文字学研究生。诸如胡厚宣的研究生范毓周，任教于南京大学历史系先秦史室，培养了硕士、博士若干名。北京师范大学晁福林的博士研究生杜勇在天津师范大学任教，他与周延良教授等，已培养出硕士研究生 10 名，博士研究生 2 名。值得注意的是，安阳师范学院正全力准备、创造条件，聚集古文字学研究和教学人才。郑州大学李民教授的博士生李雪山以《商代分封制度研究》（2004 年出版）博士论文、北京师范大学晁福林教授的博士研究生韩江苏以《殷墟花东 H3 卜辞主人“子”之研究》（2007 年出版）、陕西师范大学王晖的博士研究生郭旭东以《卜辞与殷礼研究》、中国社会科学院研究生院王宇信的博士研究生具隆会以《甲骨文所见商代神灵崇拜》，被安阳师范学院甲骨文商史研究中心引进，并承担国家社科基金项目。地处甲骨文发祥地殷墟的安阳师范学院正蓄势待发，一旦这所新建学院“专”升“本”期满，世界文化遗产地殷墟将会有条件崛起一个古文字学研究生培养新基地。

第三节 培养古文字学研究生的思考与启示

综上所述，新中国成立以来汉语教学与研究高级人才的培养，即研究生制度的坚持、恢复和规范——硕士、博士、博士后流动站的设置，培养出一批高层次的研究人才，为汉语深厚文化底蕴的弘扬做出了贡献。但这几十年来古文字研究生培养所走过的不平坦道路，值得我们认真思考。

一 作为中华民族文化标志和灵魂的汉字，在形成和发展过程中就经受了历史的考验

几千年来，朝代的更迭，战火的焚炼，异族的入主，使汉字文化的内涵愈益丰富。即使近代“汉字必亡”的诅咒和“拉丁化”冲击来势汹汹，也没有动摇汉字对中华民族的凝聚力和向心力，反而却更使汉字与时俱进，更加适应现代生活的节奏。

汉字的巨大生命力，根植于它传承有序的甲骨、金文、篆、隶、行、楷的悠久历史和博大精深的文化内涵。老一辈古文字学家，可以承受“遗老”和不被主流接受的孤独，他们痴心不改，守护住了心中对古文字追求和传承的神圣殿堂，支持着、支撑着他们研究和传承古文字学研究事业的实践，或有机会就招收培养研究生，或身体力行使助手感受垂范……老一辈学者保存下来的古文字学不灭的星火，在 1978 年科学的春天到来以后，终于形成燎原之势。他们和培养起来的资深学者，为培养新一代的古文字学家做出了贡献。如今，一批新的古文字研究人才培养基地已经崛起，这正是中国汉字的源头——古文字具有无限生命力的表现。

二　古文字学研究领域的拓展和研究生培养范围的扩大

史学大师王国维1925年在《学衡》（第四十五期）杂志发表的《最近二三十年中国新发现之学问》中深刻指出："古来新学问之起，大都由于新发现。"1978年以前，老一辈学者于省吾、容庚、商承祚、唐兰、徐中舒、胡厚宣等古文字学家，自己的研究和研究生的培养，多限于传统的甲骨学、金文铜器学方面。随着新中国成立初信阳楚简的发现，特别是1978年以后全国各地战国、秦汉竹简帛书的不断发现和从海外回流的竹简新材料的增多，向古文字学家提出了新的课题，从而使各学校专家学者古文字研究领域有了新的拓展，也使研究生培养的范围拓宽了很多。不少学者把更多研究生的学术追求引入简帛等新出土材料上。新一代的学者，不少人致力于简帛研究并颇有创见。冯胜君出版了《郭店简与上博简对比研究》等，涌现出一批简帛专家。

三　古文字学研究人才培养基地的增多

在1978年前的30年间，由于老一代专家对古文字学研究的坚持和追求，我国形成了为数不多的几个古文字研究人才的培养基地，这就是以于省吾为核心的培养古文字学研究生的吉林大学历史系，以容庚、商承祚为核心的培养古文字学研究生的中山大学中文系，以徐中舒为核心的四川大学历史系，以胡厚宣、张政烺为核心的培养古文字研究生的中国科学院历史研究所等单位，以及培养人数不多的几届研究生。而1978年以后，老一辈学者倾注了对研究生培养的热情，而他们之前的研究生、助手，也成为古文字学研究的资深学者，为新一代学者的培养贡献了力量。新一代学者在全国各大学成长，并成为古文字学研究生培养的中坚力量，一批新的古文字学研究生培养基地已经形成。诸如南开大学王玉哲的研究生李民和吉林大学姚孝遂的研究生王蕴智所在的郑州大学，于省吾、姚孝遂的学生黄德宽、何琳仪所在的安徽大学，资深学者裘锡圭、姚孝遂的博士生刘钊所在的复旦大学，资深学者裘锡圭的博士研究生黄天树所在的首都师范大学，裘锡圭的学生喻遂生所在的西南大学，裘锡圭的博士生张玉金和中山大学博士生张桂光所在的华南师范大学，于省吾的学生罗运环所在的武汉大学，北京师范大学资深学者晁福林的博士生王晖所在的陕西师范大学，老一代学者田昌五教授的博士研究生黄朴民所在的中国人民大学国学研究所，资深学者李学勤及其博士研究生赵平安所在的清华大学，等等。这批古文字学研究生培养的新基地，为古文字学研究队伍的壮大和发展做出了和正在做着贡献。

四　多学科、多层次的古文字研究人才培养

古文字学与考古学、历史学、汉语史和古代科学技术的研究有着密切的关系。因此大学历史系（主要是先秦史、战国秦汉史）培养的研究生，还要有甲骨、金文、简帛学的基本训练，以便利用新出土材料，进行“二重证据”的历史研究；而大学考古系研究生，在考古学基本训练的同时，还要对考古新出土文字资料进行解读、分析，并用于考古现象的历史考古学考察；大学中文系的研究生，在发挥传统的音韵、训诂、文字考释之学优势的同时，还要对出土文物及伴出文字资料进行历史考古学的阐释。因此，虽然大学历史系、考古系、中文系培养的古文字学研究生学科侧重有所不同，但对古文字新材料的利用和多角度的研究却是共同的。这就是大学历史系，诸如南开大学先秦史专家王玉哲培养出新一代甲骨、金文、简帛文字专家朱凤瀚、朱彦民、陈絜，等等；北京大学中文系的裘锡圭等人及培养的古文字学研究生，诸如李家浩、张玉金、黄天树、陈剑等，也进行商周史及战国史的研究；资深学者李学勤培养的古文字学研究生，有专攻古代天文历法者。大学考古系，诸如考古所王世民的学生陈平、李零，在商周史和战国史研究方面颇有建树。而山东大学考古系资深学者田昌五的博士生方辉，亦培养甲骨学研究生。如此等等，多学科培养古文字研究人才，是当代科学技术发展和重大课题联合攻关的需要。

五　中国特色的古文字学研究在发展中传承，在团结中发展

我们从60多年来古文字学研究的发展和一批新的古文字学研究和研究生培养基地的崛起，仍可依稀看到老一代学者的影响和学派传承的痕迹。这就是：甲骨学开山大师罗振玉、王国维的嫡传弟子商承祚、容庚以中山大学为中心，继续发扬光大了“罗王之学”，培养的几届学生及学生

的学生，在华东师范大学、华南师范大学及中山大学培养古文字学研究生；继承并发展“乾嘉学派”的成果，并把“罗王之学”的甲文释读、商史发微推向新高峰的于省吾，以吉林大学为研究和教学基地，培养的几届研究生和已成长起来的学生的学生，把安徽大学、武汉大学、复旦大学等经营成与母校吉林大学齐名的古文字学研究生培养基地；中央研究院史语所的徐中舒、胡厚宣、张政烺等，继承了李济、董作宾等中国考古学奠基人的历史考古学的古文字学研究，在中国社会科学院研究生院历史系、考古系也培养了几届人才。虽然社会科学院不属教育部，因招生名额限制过少而难以形成规模，但前辈学者徐中舒在四川大学培养的几届研究生及学生的学生，将四川大学培育成历史考古学研究古文字的基地；资深学者裘锡圭，发扬了历史考古学的研究方法，并融会贯通了前辈学者于省吾、张政烺、朱德熙的文字考据之学的精华而有所前进，把北京大学中文系及其培养的新一代学者所在的首都师范大学、西南大学、华南师范大学打造成国内重要的古文字学研究人才培养基地；学无专师的资深学者李学勤，融乾嘉考据、罗王之学、郭沫若的唯物主义史学、历史考古学的优秀传统为一炉，走出自己的古文字学研究道路，取得了超越前人的成就。李学勤以历史研究所、清华大学和兼职的一些大学为基地，培养和造就的一批高级研究人才已在各大学崭露头角。如此等等，在各大学研究生培养基地，或专门的研究机构，来自各不同学校的不同师承的新一代学者们，团结合作，取长补短，互相学习，中国特色的古文字学研究正蓬勃发展。

六　在古文字学研究生培养过程中，逐渐形成和积累了行之有效，有利于人才成长的经验

古文字学研究生必须打下坚实的基本理论、方法、材料的基础，并全面掌握前人研究成果，注意新材料的发现和新兴课题的提出等，从而通过刻苦努力，进行前沿课题的研究。从前辈学者开始，就使学生在参加研究课题中得到培养和提高。董作宾大师令胡厚宣参加殷墟出土甲骨的整理，特别是 YHl27 的“室内发掘”工作；而胡厚宣让学生参加《甲骨文合集》的编纂和《释文》的撰写，从而夯实基础，并得到训练；于省吾命学生参加《殷墟甲骨刻辞类纂》和《摹释总集》《甲骨文字诂林》等集大成式的

工程，使他们得到了全面训练；徐中舒让学生参加《甲骨文字典》《金文集录》的工作，使他们打下了坚实的甲骨金文学基础；商承祚让学生参加新中国首次发现的信阳楚简整理工作，从而使传统的古文字学研究范围有所扩大；而1978年后成长起来的新一代学者，也鼓励研究生参加集体科研项目，在实践中培养创新型人才。宋镇豪主持的大型国家重点课题多卷本《商代史》，学生韩江苏、江林昌撰写《〈殷本纪〉订补与商史人物征》，学生徐义华参与撰写《商代国家与社会》，孙亚冰、林欢撰写《商代地理与方国》等，研究水平大有提高。宋镇豪主持的国家重大课题《甲骨文合集三编》，学生徐义华、孙亚冰等亦参加工作。为工作需要，还对参加者进行了墨拓甲骨、对重和断片缀合的基本技能训练，博士研究生孙亚冰在民间收藏品中多有缀合，登录在历史所先秦史室网页上；北京大学葛英会和研究生一起整理甲骨，出版了《北京大学珍藏甲骨文字》，使学生受到甲骨学严格训练；吉林大学吴振武派学生整理美国普林斯顿大学甲骨，使这批材料得以科学、完整地与学术界见面。不仅如此，有不少单位还坚持定期的读书报告会，让学生交流研究心得并互相启示，如历史所先秦史室和复旦大学古文字与古文献研究中心，等等。或鼓励学生出席学术研讨会并提交论文，把他们推向学术前沿并掌握最新研究信息。如此等等，在继承中学习，在科研实践中提高，在探索中创新，这一套行之有效的研究生培养经验，使一批古文字学研究新人茁壮成长起来。

七　古文字学研究人才的培养与研究生源

60多年来，随着古文字学研究生培养制度的不断完善和规范化，培养出的高层次研究人才日益崭露头角。而有献身古文字学研究事业精神的学子们，是待雕琢的璞玉，有待研究生教育的琢磨成器。

1978年以前招收的古文字学研究生，虽然招收的人数很少，且多是“保送”，但其中不少人还是热爱古文字学并有追求古文字种种奥秘的精神。虽然他们有“只专不红”，或与“资产阶级知识分子”划不清界限的种种压力，但在不断的“运动”中稍有时间，就会全身心地投入所热爱的古文字天地。资深学者裘锡圭在手抄的《两周金文辞大系图录考释》中，留下了难忘的岁月。不少学者，在大量资料卡片中，记下了“运动”之余的时间。古文字学论著资料卡片和读书笔记，是一代学者们的基本功。而每有心得，只得为克服“名利思想”而深埋心底。因此，1978 年以后，他们厚积薄发，成为著作等身的资深学者，并开始协助老一辈学者培养研究生，其后也陆续招收古文字学研究生，诸如姚孝遂、林沄、李学勤、裘锡圭、王宇信、刘一曼、李民、杨升南，等等。

1978 年以后，社会和谐稳定，学术环境比较宽松，古文字研究生培养有了较大的发展。其永恒魅力仍吸引着一批年轻人的真挚热爱与追求。一旦恢复了研究生招生制度，他们中自学成才者理所当然地被老一辈学者破格录取。诸如胡厚宣录取了海员宋镇豪、中学教师范毓周、另一中学教师郑慧生被力荐到河南大学就读；王玉哲破格录取了下过乡、当过工人的老知青朱凤瀚；赵光贤录取了中学教师晁福林；裘锡圭录取了湖北荆州地区考古临时工李家浩；考古所录取了中学教师陈平和老高中生李零，等等。这些新时期的幸运者，实现了在名师指导下，攀登古文字学高峰的愿望。

也有一些自学成才者未报考研究生，但被研究单位破格录用，在研究中学习，在学习中提高。诸如炼钢工人濮茅左被上海博物馆聘用，年轻工人陈建敏为上海社会科学院聘用。卖过菜、当过建筑临时工的王慎行，被陕西省社会科学院聘用……机遇总是为有准备的人提供的。他们在研究单位的知识海洋中，如鱼得水，不少人很快成长起来。

在向古文字学高峰攀登的征途中，不少学者昼夜兼程地研究、工作着。有的年轻学者过早地离开了所热爱的古文字事业，诸如陈建敏、王慎行、汤余惠、何琳仪、林欢等。而资深学者姚孝遂、张亚初，为划时代的巨著《甲骨文字诂林》《金文集成索引》的完成，耗尽了心力和目力而过早地离开了我们。出师未捷身先死，长使英雄泪满襟。他们的精神和著作在古文字学事业中永存！

当年参加徐中舒主持的“高校先秦史教师进修班”和于省吾主持的两届“高校古文字教师进修班”、商承祚主持的“高校古文字教师进修班”的青年教师与新时期培养的硕士、博士研究生以及他们培养的研究生，已成长为新一代的学者和当前培养研究生的主力。

当前各高校古文字学硕士、博士研究生的生源还是较为充足的。特别是 21 世纪初以来，由于教育产业化和大学毕业生的增多，不少大学生面临就业困难的问题，把考研究生作为暂时的过渡。但也不容否认，其中不乏热爱古文字学研究并立志献身古文字学研究事业者。与生源充分相适应，教育主管部门增加了大学招收研究生的名额，一些大学也就有了学士、硕士连读班，或硕士、博士连读的设置。

大学培养如此之多的硕士、博士研究生，有的人毕业后分配到大学或研究机构，继续从事古文字学的研究、追求和创新。也有不少人毕业后从政，虽然学非所用，但总可以在其岗位上关心、支持古文字学研究事业的发展。也有相当数量的研究生去外国语大学教传统文化或任中学语文、历史课教师，对汉语和传统文化教学质量的提高还是很有意义的。此外，他们中仍有人会锲而不舍地在业余继续进行古文字学研究。作为人才储备，乘风破浪当有时！

八　古文字学研究人才培养规模的扩大与研究生导师

随着一批新古文字研究生培养基地的崛起和古文字学研究人才培养规模的扩大，各大学也逐渐呈现出教学人才不足的矛盾。有的研究生导师一人带几届硕士、博士，而每届又往往不止一人。因此，研究生的授课或研究指导，时间安排颇为紧张。特别是每年硕士、博士研究生毕业，论文的指导和评审、毕业答辩等更是需要很多时间。而每年四、五月份研究生“毕业季”之时，各学校需同行评议的博士、硕士论文多部，更是需要逐页阅读后并认真思考，才能写出负责的评审意见。如此等等，不少研究生导师颇有分身乏术，疲于奔命之感。

之所以如此，是因为大学的硕士、博士研究生培养点的设置和招生人数，都是国家教育主管部门决定的。各省社会科学院和文物考古、博物馆等单位，都有一批享誉海内外的古文字专家，如资深学者郝本性、杨育彬、黄锡全、曹锦炎，等等，因不属教育部门，故此没有博士研究生导师的头衔而不能招生。而中国社会科学院研究生院知名专家云集，硕士、博士研究生导师资源居全国之最，但教育主管部门分配下来的招生名额甚少，有的博士生导师多年只招一名博士生，幸运者则学生毕业后可再招一届，但限定一名。虽然中国社会科学院向主管部门多次争取，但名额限制仍很严，多数有资格招收硕士、博士研究生的导师分配不到名额，造成了教学资源的浪费并制约了社会科学院研究生院的发展。而许多师出同门的新一代专家，分配在大学的成了博士生导师，成“班”、成“排”的毕业生，或有名字叫不出者。而分配在省社会科学院和文物考古、博物馆研究单位的新一代专家，因不属教育系统，故与评定“博士生导师”无缘而不能正式招生。可喜的是，不少大学为了解决研究生师资不足的矛盾，往往从省社会科学院或文物考古、博物馆机构聘请专家、学者“兼职”授课，或评审博士论文、参加学生的毕业答辩。从这个意义上说，不少非“挂牌”的研究生导师，是古文字学研究人才培养的不可忽视力量。因此，充分利用省社会科学院和文物考古、博物馆专家、学者这部分重要的教学资源，是教育主管部门应认真对待，并从体制上加以解决的！

作者谨志：本章的写作，是在中国钱币博物馆馆长黄锡全教授建议和支持下进行的。作为好朋友，他建议我在写作本书时，把新中国60多年来古文字学研究生的培养成就梳理一下，并为我提供不少现在一线负责研究生培养工作的教授们的电话。我一面认真尽我所能地收集书面资料，一面分别给各位年轻朋友打电话，请教并核实情况（因我不会上网，只能电话、通信联系）。感谢各位朋友（有的多年没有联系了），接到我的“不速”电话后，热情回复，使我受益颇多并感受到友情……此章写成后，曾在2010年10月22日于台湾中国文化大学召开的“涵咏文学——发皇汉语学术研讨会”上报告，并承蒙《南方文物》（2010年第3期）发表，以征求意见并核实不确之处。活跃在古文字学界有影响的“复旦大学出土文献与古文字研究中心网站”的一批年轻朋友，为本文纠错、补漏意见达30多条。网站负责人俞葛亮先生整理后，转到我手中。今天，2013年2月26日校本书二稿小样至此，一一加以改定。我在这里，再一次由衷感谢朋友们对我的支持和关爱！谢谢！谢谢了！

第 十 七 章

国际学术交流的加强

山川异域，同研甲骨。操着不同语言的各国学者，有了甲骨文这一中国古老文明的共同文字，从不同角度和用不同方法，展开了自己的创造性探索和研究，并在研讨会上交流学术，为弘扬和发展甲骨学做出了自己的努力和贡献。

第一节　国际学术会议的成功召开

为了加强海内外甲骨学家的学术交流和增进学者间的交往与友谊，近年召开了多次不同规格的国际学术研讨会。我们在这里，只集中介绍召开国际会议最早，且专题以甲骨文、殷墟商史和殷商考古为研究议题的中国殷商文化学会，历年在安阳、郑州、洛阳、南昌、邢台、三星堆、刘家河、琉璃河、烟台、桓台、高青等地召开多次大规模、高规格的殷商文明国际学术研讨会。海内外学者共聚一堂，共谋甲骨文殷商文化的发展。会后陆续出版的十一部“三代文明”研究系列论文集，展示了殷商文明研究的最新成果和推动了研究的发展。

一　中国殷商文化学会历次召开的国际学术会议

1987 年 9 月 10—16 日，中国殷商文化国际学术研讨会在河南安阳召开，120 多位海内外权威学者出席，提交论文 107 篇，选编为《殷墟博物苑苑刊》（中国社会科学出版社 1989 年）出版。16 日上午，中国殷商文化学会（China Society of Yin-Shang Civilization）宣告成立。大会推举周谷城为名誉会长，徐中舒、商承祚、吴泽、张政烺、杨希枚、谢辰生、安金槐为顾问，王玉哲、刘起釪、刘启益、李民、邹衡、杨鸿勋、陈全方、沈之瑜、郑振香、胡厚宣、姚孝遂、徐锡台、常正光、裘锡圭等任理事会理事，胡厚宣为会长，田昌五、李学勤、李民、邹衡、郑振香为副会长，田昌五任秘书长，王宇信、杨升南、李绍连、聂玉海任副秘书长。

1989年9月10—14日，中国殷商文化学会等发起，在河南安阳召开“纪念殷墟甲骨文发现九十周年国际学术研讨会”，海内外120多名学者与会。会议论文编为《殷墟甲骨文发现九十周年国际学术研讨会专辑》（分别刊于《史学月刊》1990年第3期、《中原文物》1990年第3期、《殷都学刊》1990年第4期）。

1991年8月，在河南洛阳召开“夏商文明国际学术研讨会”，海内外120名学者与会，会议论文编为《夏商文明研究》。会议增选高明、商志䜣、王宇信为理事，张文彬、朱启新为特聘理事。

1993年8月，在河南郑州召开“郑州商城与殷商文明国际学术研讨会”，并为郑州申请历史文化名城发出呼吁书。同月又在江西南昌召开“中国南方青铜器暨殷商文明国际学术研讨会”，后一次会议论文编为《中国南方青铜器暨殷商文明国际学术研讨会专辑》（《南方文物》1994年第1、2期）。

1994年9月，在河南安阳召开“纪念甲骨文发现九十五周年国际学术研讨会”，并举行“胡厚宣教授发掘殷墟六十周年座谈会”。

1995年8月，在北京房山韩村河召开“纪念北京建城3040年暨燕文明国际学术研讨会”，海内外110位学者出席。会议论文编为《北京建城3040年暨燕文明国际学术研讨会议专辑》。会议期间，推选田昌五为会长，增选雷从云、单天伦、杨升南、李伯谦、李绍连、杨育彬、齐心、辛占山为理事。

1997年8月，在山东淄博市桓台召开“97山东桓台中国殷商文明国际学术研讨会”，百余名学者参加，会议论文由张光明等主编为《夏商周文明研究·97山东桓台中国殷商文明国际学术研讨会论文集》，收入论文38篇。会议期间，增选高英民、高大伦、李天增、薛安胜为理事，郭旭东、方辉、张光明为副秘书长。

1998 年 8 月，在河北邢台召开“河北邢台中国殷商文明国际学术研讨会”，海内外近百名学者出席，会议论文由李恩玮、杜金鹏等主编为《三代文明研究之二·1998 年河北邢台中国殷商文明国际学术研讨会论文集》，收入精选论文 50 篇。会议期间，增选宋镇豪、王巍、尹升平、秦文生、栾丰实、孙敬明为理事，推举王宇信为副会长、杨升南为秘书长、宋镇豪为副秘书长，遴选杜金鹏、张国硕、许宏为秘书处成员。

1999 年 5 月，在山东烟台召开“纪念王懿荣发现甲骨文一百周年学术研讨会”，会议论文由吕伟达等编为《三代文明研究之三》，共收入论文 46 篇。会议期间，增选刘一曼、杜金鹏、王震中、蔡运章、葛英会、朱凤瀚、陈炜湛为理事，郭新和为特聘理事。

1999 年 8 月 20—23 日，在河南安阳召开“纪念甲骨文发现一百周年国际学术研讨会”，海内外学者 120 余人参加，中国社会科学院院长李铁映致开幕词。会议论文由王宇信、宋镇豪主编为《夏商周文明研究·四·纪念殷墟甲骨文发现一百周年国际学术研讨会论文集》，收入论文 77 篇。会议期间，增选吴振武为理事，推举王宇信为会长，田昌五为名誉会长，张坚为副秘书长。

2000 年 7 月 26—28 日，在四川广汉召开“殷商文明暨纪念三星堆遗址发现七十周年国际学术研讨会”，海内外学者 120 余人出席会议，提交论文 60 多篇，会议论文由肖先进等主编为《夏商周文明研究·五·殷商文明暨纪念三星堆遗址发现七十周年国际学术研讨会论文集》，收入论文 49 篇。会议期间，增选常玉芝、刘绪、晁福林、方辉、王晖、戴志强、黄锡全、李朝远、彭适凡、王毅为理事，增补杨升南、商志𩡝、王巍、李伯谦为副会长，宋镇豪为秘书长，杜金鹏、张坚为常务副秘书长，增补孙华、宋国定、肖先进为副秘书长。

2004 年 7 月 28—31 日在河南安阳召开“2004 年安阳中国殷商文明国际学术研讨会”，来自中国、日本、韩国、美国、法国、意大利、印度尼西亚，中国台湾、香港等 10 个国家和地区的专家学者 130 余人参加了会议。不少学者在大会上作了发言，介绍了自己的最新研究成果和最新考古发现，会后出版了由王宇信、宋镇豪、孟宪武等主编的《夏商周文明研究·六·2004 年安阳殷商文明国际学术研讨会论文集》，共收入论文 99

篇。与会代表还参观考察了安阳殷墟和其他一些古文化遗址。在考察殷墟遗址并听取了安阳市领导关于殷墟申报世界文化遗产工作报告后，均认为安阳殷墟遗址完全具备列入“世界遗产”的条件，一致呼吁将安阳殷墟遗址列入世界文化遗产名录。

2005年8月25—28日，中国殷商文化学会在北京市平谷区金海宾馆召开了“北京平谷与华夏文明国际学术研讨会”，出席会议的有邹衡、张文彬、王宇信等著名专家，以及来自中国台湾地区和日本的学者60余名。会议期间，全体代表踏访了平谷轩辕庙遗址、上宅文化遗址、刘家河商代遗址等。会后王宇信等主编了《夏商周文明研究·七·北京平谷与华夏文明国际学术研讨会论文集》，收入论文60余篇。

2006年8月11—14日在河南安阳召开“中国安阳庆祝殷墟‘申遗’成功暨纪念YH127甲骨坑发现70周年国际学术研讨会”，来自中国大陆、台湾地区，以及美国、法国、俄罗斯、日本、韩国的众多大专院校和科研机构的学者120余人参加了大会。在大会闭幕式上，江苏学者徐自学提出了殷墟甲骨文申遗的动议，引起了与会学者热烈响应。

2009年8月12—16日在山东省烟台市福山区召开“纪念王懿荣发现甲骨文110周年国际学术研讨会”。海内外研究专家、学者200多人参加了研讨会，纪念王懿荣对中国文字、古代史和甲骨学研究做出的重大学术贡献，总结110年甲骨学研究的发展和成果，展望未来甲骨学研究，进一步推进甲骨学研究发展。结集出版了代表海内外最高水平、最新研究成果的《夏商周文明研究·八·纪念王懿荣发现甲骨文110周年国际学术研讨会论文集》，由王宇信、宋镇豪等主编。在大会上，江苏学者徐自学提交了《甲骨申遗，刻不容缓》的论文。会长王宇信宣读了《关于甲骨文申报世界文化遗产倡议信》，受到热烈响应，200多位海内外专家学者签名。

8月17日，《光明日报》发表了记者贾宇报道学者呼吁甲骨文“申遗”的消息。

2010年10月13—16日，学会与中国文字博物馆、中国文字学会联合举办“第二届中国文字发展论坛”，来自国内以及英国、日本、韩国等古文字学、考古学、历史学、语言学、甲骨书法领域的50余位著名专家学者与会，以学术主题演讲和研讨的方式就古文字与先秦考古、现代汉字研究、民族文字研究、文字与民族文化、汉字与中国书法等学术前沿论题展开讨论。

2011年12月9—11日在河南安阳召开“殷商文明暨傅说文化研究高端论坛”，来自国内外的60余位著名专家学者及数十名傅氏宗族后人参加了大会，共收到论文41篇，学者大量利用史料典籍、甲骨文献及新的考古发掘成果，从甲骨文书体到书法艺术、从祭祀到政治制度、从版筑到纪日法、从官职到用人的政治背景等各种角度，对殷商时期，特别是武丁时期的政治文化进行了广泛深入的讨论。会议期间，学会进行了换届选举，大会推选王宇信为名誉会长，选举王震中担任会长，唐际根、方辉、张国硕、郭旭东、张坚、朱彦民、周广明担任副会长，徐义华担任秘书长。增选张玉金、岳洪彬、印群、魏建震、常耀华、李恩玮、钱冶、李昆为理事。

2012年5月18日在北京举办“妇好墓发掘与殷商研究座谈会”，王宇信、唐际根等国内外学者三十余人出席了座谈会。座谈会上，学者高度评价了殷墟妇好墓发掘的重大意义，妇好墓的发掘者郑振香和台湾艺术家陈美娥作了主题发言，分别介绍了当年妇好墓发现发掘情况和在舞台上复原妇好形象的创作过程。当晚在国家大剧院由台湾汉唐乐府古典乐舞团演出《殷商王·后武丁与妇好》。

2012年8月7—10日，在山东高青联合举办“甲骨学暨高青陈庄西周早期城址重大考古发现国际学术研讨会”。来自中国大陆、台湾地区及日本、韩国、法国、美国的上百名专家学者参加了大会，提交论文70余篇，并对高青陈庄西周城址进行了实地踏访，参观了高青博物馆等。经过对发掘出土的大量实物和资料进行深入研究探讨、充分论证的基础上，结合商末周初的历史变革和齐国早期的历史，与会专家学者达成了共识：陈庄西周城址遗存以及其中14座大中型墓葬、墓中出土有铭齐国早期铜器、祭坛等是重大发现，当与齐国早期都城营丘关系密切，对确定齐国初都营丘具有坐标意义。会议期间，学会增选杜金鹏、张光明任副会长，增选刘正为理事。会后出版了《夏商周文明研究·十·甲骨学暨高青陈庄西周城址重大发现国际学术研讨会论文集》。

2013 年 10 月 28—29 日在河南偃师学会与中国社会科学院考古研究所、河南省文物局、河南省偃师市人民政府联合举办“夏商都邑考古暨纪念偃师商城发现 30 周年国际学术研讨会”，来自日本、美国，中国大陆、中国台湾和香港地区的百余位专家学者参加了会议。与会专家学者共提交论文 60 余篇。

2014 年 3 月 27—29 日，由中国殷商文化学会、四川省文物考古研究院、三星堆博物馆联合主办的“夏商周方国文明国际学术研讨会”在四川广汉三星堆博物馆隆重开幕。来自北京、天津、山东、河南、吉林、广东、陕西、四川以及香港、台湾等地学者 50 余人出席了大会，就夏商周时期各地古文明的新研究成果进行交流探讨。大会共收到论文 30 余篇，涉及成都平原及各地考古新发现、古代方国文明、古代遗迹遗物、商周青铜文化等方面的研究。

2014 年 8 月 11—14 日，在山东省烟台市福山区召开“王懿荣甲骨学国际学术研讨会”。海内外研究专家、学者 100 多人参加了研讨会，纪念王懿荣对中国文字、古代史和甲骨学研究做出的重大学术贡献，总结 115 年甲骨学研究的发展和成就，发布最新研究成果，展望未来甲骨学研究，进行学术交流并进一步推进甲骨学研究发展。会议期间，学者参观了新落成的王懿荣纪念馆。

二　海外召开的殷商文明国际研讨会

甲骨文这一中华古老文明自 1899 年被发现以后，很快就引起了海外学者的兴趣和追求。他们的不少研究成果，对中国学者颇具参考价值。随着 1978 年中国改革开放以来，学者们也走出国门，与海外同行交流学术。海外率先召开的国际学术会，对中国内地召开国际会议，敞开学术之门，是很好的推动和促进。

（一）商文明国际学术讨论会（美国·夏威夷·1982 年）

由哈佛大学人类学系教授张光直发起的“商文明国际学术讨论会”，1982 年 9 月于美国夏威夷召开，来自中国大陆、台湾地区，以及日本、美国、英国、法国的 50 多名专家学者出席了会议，其中有中国著名甲骨学商史专家和考古专家夏鼐、胡厚宣、张政烺、李学勤、杨锡璋、王贵民等和台湾地区“中研院”史语所的资深专家高去寻教授、张秉权教授等，美国有戴·维·凯特利（吉德炜）、周鸿翔、夏含夷等，英国有艾兰，法国有张聪东等学者。

这次会议共收到学术论文32篇，就殷商文明专题，各国学者进行了热烈的讨论并展开了学术交流。此次会议，是1978年以来召开的第一次专就商文明展开国际交流的盛会，也是中国学者第一次参加的国际商文明研讨会。而中国大陆，作为甲骨文的故乡却从未召开过专门的国内和国际商史和甲骨文化研讨会。就是在这次会议上，不少外国学者呼吁在殷商文明的策源地、甲骨文的故乡——殷墟所在地河南安阳召开一次国际会议，以遂踏访殷墟故地，与更多的中国甲骨文专家、商史专家和考古专家交流学术，推动殷商文明研究前进的愿望。以此次会议的召开为契机，中国殷商文化学会成立，并在安阳、洛阳、郑州、福山等地组织召开了多次国际殷商文明国际学术会议。

（二）国际甲骨文学术研讨会（韩国·首尔·1996年）

1996年5月6日为韩国首尔淑明女子大学成立90周年，为配合校庆的纪念活动，由中国文学系梁东淑教授发起和组织了“国际甲骨文学术研讨会”，以庆祝校庆和扩大淑明女大在学术界的影响。应邀出席会议的学者，有来自中国大陆的裘锡圭教授、王宇信教授，中国台湾的蔡哲茂教授，以及加拿大的许进雄教授。韩国各大学的知名甲骨、汉语学家都积极出席会议，诸如尹乃炫、许成道、李弘镇、李圭甲、孙叡彻、河永三、梁东淑、金光照、丁一等。与此同时，交流了甲骨学研究成果，总结和展望了韩国甲骨学的进展。会议期间，淑明女大向各国学者展示了新入藏的7版甲骨（据说是许进雄教授从美国为该校购得，价值3000美元），是为《殷契遗珠》所著录者。会后，出版了《国际甲骨文学术讨论会论文集》（首尔东文选1996年版）。关于此会的报道，韩国学者丁一写有《国际甲骨文学术研讨会在首尔召开》，发表于《中国史研究动态》（1996年第9期）。这次会议是继1982年9月美国夏威夷商文明国际会议后，国际上沉寂了十多年后，召开的又一次专题甲骨文商史会议，在国际上产生了重大影响。也显示了在西方和日本甲骨学商史研究后继乏人的情况下，韩国年青一代甲骨学家正在崛起，成为世界上一个后起的甲骨学商史研究重镇。

（三）甲骨文发现100周年纪念国际会议（法国·巴黎·1999年）

1999年是殷墟甲骨文发现100周年，不仅备受国内甲骨学界的注意，在国际上，也引起甲骨学殷商文化研究学者的重视。1999年12月1日至3日，由法国国家科学研究中心、法国社会科学院东亚语言研究所游顺钊教授发起和举办的“甲骨文发现100周年纪念国际会议”在法国巴黎“人学之家”召开。出席会议的有来自美国的学者鲍则岳、凯特利，来自英国的学者艾兰、汪涛，来自加拿大的学者高岛谦一，来自日本的学者阿辻哲次、森贺一惠，来自中国内地的学者有李学勤、裘锡圭、赵诚等，来自台湾地区的学者有朱歧祥等。特邀孟宪武、朱爱芹、段振美等甲骨文故乡的学者出席。法国学者有游顺钊、罗瑞、汪德迈、蒲芳莎、麦里筱、风仪诚等。大会期间，收到学术论文20多篇，就甲骨学商史问题和100多年来世界甲骨学的发展进行了认真的总结和展望。

（四）甲骨文发现100周年学术讨论会（中国台北·1998年）

1899年甲骨文的发现，是近代学术史上的一件大事。虽然对甲骨文是1898年天津人王襄发现，还是1899年时任国子监祭酒的爱国主义学者王懿荣发现，一度在20世纪七八十年代展开争论，并渐趋王懿荣是第一个发现者，而王襄是基本与其同时的早年甲骨收藏者。[①]

由台湾师范大学和台湾“中研院”史语所联合发起的“甲骨文发现100周年纪念学术研讨会”，虽然于1998年5月召开，并不意味着台湾学者承认甲骨文1898年发现说。而是知道大陆将于1999年举行盛大纪念活动，为避免“赶会”和做好学术准备（一年两会，赶论文也来不及），因此于1998年5月在台北南港“中研院”和台湾师范大学校举行。出席会议的专家大陆有刘一曼、杨升南、彭邦炯、胡振宇、裘锡圭等，海外有加拿大高岛谦一等，美国夏含夷等，英国艾兰、汪涛等，法国游顺钊等共80多人出席。5月10日开幕式由台湾师范大学文学院院长赖明德和史语所所长杜正胜主持，台师大副校长简花发教授、“中研院”副院长杨国杞教授和史语所著名学者、当年安阳殷墟发掘尚

① 王宇信：《关于殷墟甲骨文的发现》，《殷都学刊》1984年第4期。

健在的石璋如教授等发表了热情洋溢的演讲。开幕式后，国内外学者展开了热烈的学术讨论和交流最新研究成果，会议共收到学术论文22篇，涉及甲骨学、殷墟考古、殷商史研究各方面的一些问题。中国社会科学院刘一曼宣读了《殷墟花园庄东地甲骨坑的发现及主要收获》，回答了海内外学界对殷墟花东重大发现的关注。杨升南宣读了《释卤小臣》，彭邦炯发表了《书契缺刻笔划再探索》等，引起与会学者的兴趣。此外，甲骨文非王卜辞和商代祭祀制度等问题，在这次会议上也进行了深入的讨论。会议论文由台师大国文系编成《甲骨文发现一百周年学术讨论会论文集》（1998年，台北）。

会议分别由著名学者朱凤瀚、林沄、赵平安、张光直、陈伟武等主持，24位中外专家在会上宣读了论文，诸如林宏明《论董作宾先生在甲骨缀合上的贡献》，林沄《〈甲骨文断代研究例〉在断代中仍可发挥作用》，刘一曼《论殷墟甲骨整治与占卜的几个问题》，松丸道雄《甲骨文断代研究与“〈珠〉491”》，蔡哲茂《说殷卜辞“多马”与“多射”》，朱凤瀚《殷墟卜辞中“侯”的身份补正——兼论“侯”“伯”之异同》，黄天树《甲骨卜辞中关于商代城邑的史料》，如此等等，会上发表的一批研究论文，代表了当时甲骨学商史研究的最新水平。

（五）第四届古文字与古代史国际学术研讨会：纪念董作宾逝世50周年纪念会（中国台北·南港·2013年）

1963年10月23日，甲骨学一代宗师、“中研院”院士、原史语所所长董作宾先生逝世于台北。为纪念董作宾大师为历史考古甲骨学研究所做出的重大贡献和表达传人学生们对前辈大师董作宾的怀念，由台湾“中研院”史语所主办的“第四届古文字与古代史国际学术研讨会：纪念董作宾逝世50周年纪念会”于2013年11月22日至24日在台北南港召开。台湾史语所学者黄进兴、蔡哲茂、李宗焜等，台湾政法大学中国文学系林宏明，中国社会科学院刘一曼、刘源、孙亚冰等，吉林大学林沄等，北京大学朱凤瀚等。日本东京大学松丸道雄教授，以及董作宾先生的哲嗣董敏等及先生生前友好等共60余人出席了会议。

台湾“中研院”史语所所长黄进兴主持会议并致欢迎词，“中研院”民族研究所研究员石磊（董作宾生前好友石璋如之子）在会上介绍了董作宾先生的生平事迹，回顾了董先生所走过的艰难“搬迁”道路和对学术事业的重大贡献。全体出席会议的学者，还到“中研院”学人山的董作宾墓园祭扫行礼，表达了对前辈学者的崇敬和怀念之情。此外，还参观了“凿破鸿蒙——董作宾逝世50周年纪念特展”，并由李宗焜编辑出版《凿破鸿蒙》专集。

会议充满浓厚的学术氛围，先后共进行了八场学术报告会。

第二节　甲骨文书刻艺术的弘扬

随着甲骨学研究的发展，甲骨文书刻艺术也得到了弘扬。不少甲骨书法艺术家和篆刻艺术家，投身弘扬甲骨文书刻艺术创作中，从而使甲骨文书法篆刻艺术有了很大发展，成为我国百花盛开书坛中的一朵新葩，受到了广大人民群众的喜爱。不仅如此，甲骨文书法还登上了大雅之堂——联合国大厦举办展览，与世界政治精英见面；不宁唯是，深藏在“象牙之塔”中的国宝甲骨文实物，也走出层层设防的库房，在国内和国外举办的展览上一露芳容，使刻在甲骨上的古文字“活”起来，为传承中华基因和增强文化自信以及加强国际学术交流做出了贡献。

一　甲骨书法组织：各地甲骨文书法学会的成立

随着1978—1982年集大成著录《甲骨文合集》的出版，在全国掀起了一股“甲骨热”。甲骨文书法爱好者，先后组织成立了不同层级的群众性组织——甲骨文书法协会（学会）。各地甲骨书法组织的成立，使书法篆刻家有了交流创作心得和切磋书艺的平台。与此同时，各地甲骨学会举办各种甲骨书法讲座和训练班，推动了甲骨书法水平的提高。而不断举办的甲骨书法展，不仅使广大书法家观摩切磋书艺，交流创作心得，而且对提高自己的甲骨书法创作水平也大有裨益。与此同时，也使甲骨文字考释成果走向人民大众，对普及甲骨学基本知识和推介扩大甲骨文的受众面具有重大促进作用。

表 17 – 1　**全国各地书法协会概览**

北京市	中国书法协会、中国书法艺术家协会、京师大学堂甲骨文书法研究院等多个协会单位
上海市	殷商甲骨文研究院、上海书法家协会等多个协会单位
天津市	天津市青年美术书法协会、天津国学院甲骨文书法研究会等多个协会单位
山东省	山东省书法家协会、山东省甲骨书法研究会、烟台王懿荣甲骨学研究会等多个协会单位
广州市	广州市书法家协会等多个协会单位
广东省	多个书法协会单位
江苏省	江苏省甲骨文书法协会、南京甲骨文学会等多个书法协会单位
河南省	中国甲骨文书法学术研究会、安阳甲骨文学会等多个书法协会单位
辽宁省	大连甲骨文书法研究会、丹东市甲骨文协会等多个书法协会单位
四川省	多个书法协会单位
河北省	多个书法协会单位
陕西省	多个书法协会单位
浙江省	浙江瑞安孙诒让甲骨文学会、中国美术学院甲骨文书法研究会、杭州师大甲骨文书法研究中心等多个书法协会单位
广西壮族自治区	多个书法协会单位
山西省	多个书法协会单位
湖北省	多个书法协会单位
湖南省	湖南省甲骨书法学会、长沙市甲骨文学会等多个书法协会单位
吉林省	吉林省甲骨文书法学会、通化市甲骨文书法学会等多个书法协会单位
江西省	多个书法协会单位
福建省	多个书法协会单位
甘肃省	多个书法协会单位
安徽省	多个书法协会单位
云南省	多个书法协会单位
重庆市	多个书法协会单位
黑龙江省	牡丹江市甲骨文书法学会等多个书法协会单位
内蒙古自治区	多个书法协会单位
贵州省	多个书法协会单位
海南省	多个书法协会单位
新疆维吾尔自治区	多个书法协会单位
宁夏回族自治区	多个书法协会单位
青海省	多个书法协会单位

二　甲骨书法研讨会的召开和甲骨书法

1984年安阳“殷墟笔会”，是甲骨书法界第一次专门的会议及第一次以甲骨文书法为主的大展，在甲骨书法界引起巨大反响，并具有里程碑意义。随着各地甲骨学会的先后成立，各省市召开的甲骨文书法会议和展览不胜枚举。本书仅列举对甲骨书法创作发展起推动作用的标志性会议，诸如甲骨书法篆刻家第一次大规模聚会、甲骨书法家与甲骨学家互动的大会及甲骨书法家与甲骨学家逐渐形成共识的重要会议等。此外，有关甲骨书法研究的著作不胜枚举，良莠不齐，居然有臆造出5200个“甲骨字”的《后世甲骨文简明字典》在坊间招摇，对此类“著作”，我们不予置评，仅在这里推荐影响较大并有导向意义的几部著作。

（一）安阳殷墟笔会（河南·安阳·1984年）

“安阳殷墟笔会”由安阳市人民政府主办，安阳市文化局、教育局、市文联承办，1984年10月16日至18日在安阳宾馆召开。著名甲骨学和殷商考古专家、甲骨书法家胡厚宣、张政烺、刘起釪、郭若愚、裘锡圭、凯特利、夏含夷、王宇信、杨升南、李民、李绍连、杨育彬、杨锡璋、欧阳可亮、柳曾符、魏峰、周凤池、刘顺等和来自我国24个省市及日本、美国、新加坡、马来西亚等国家和我国台湾地区的特邀殷商学者、甲骨书法家300余人出席了这次盛会。在甲骨文故乡举办的甲骨书法大展是甲骨文书刻界第一次大规模聚会，引起海内外甲骨文书法界的震动。时任国务委员兼国防部部长的张爱萍将军为“殷墟笔会”题词：“远古文化、华夏精神。”著名书法家舒同、启功、刘海粟、叶圣陶、周而复、刘艺等也分别为“笔会”题词。

“安阳殷墟笔会”有两个方面的内容，一是国际性的甲骨文学术讨论会。在会议上，郭若愚、裘锡圭、欧阳可亮、郭胜珍等学者，宣读了自己的新作；二是全国性的“甲骨文还乡”书法展，从550多件甲骨书法篆刻应征稿件中，选精150余件参展，反映了当时的甲骨文书艺水平。由于1982年《甲骨文合集》（13册）出版，在海内外兴起一股“甲骨热”，因而甲骨书艺水平也参差不齐。著名甲骨学家胡厚宣等在赏析参展作品时，连呼“看不懂”，这在书法用字方面对甲骨书法界提出了忠告。

会后由周凤池主编了《殷墟笔会书法选集》一书。总之，安阳殷墟笔会的成功举办，为以后的甲骨文书法会议和书法展览开了个好头。此后，甲骨书法界有了专门展示书艺创作平台和交流书艺心得的窗口，从而在不断交流中推动了甲骨文书法艺术的发展。

（二）王懿荣发现甲骨文 110 周年纪念大会暨国际学术研讨会（山东·福山·2009 年）

2009 年 8 月 13 日，由中国殷商文化学会、山东省大舜文化研究会和山东省烟台市政府主办的“王懿荣发现甲骨文 110 周年纪念大会暨国际学术研讨会”在山东省烟台市福山区青龙山文化广场盛大开幕。著名甲骨文殷商文化研究专家王宇信、李民、杨升南、宋镇豪、郑慧生、高安译、高岛谦一、吴玓、刘克甫、宫长为、徐义华、刘源、李雪山、郭旭东、韩江苏、贾书晟、李来付、刘继贤、张坚、陈爱民、中帑等，来自海峡两岸和香港特别行政区及韩国、日本、英国、法国、美国、俄罗斯、新加坡、马来西亚等 10 多个国家的学者和甲骨书法家 250 余人出席了会议。在会上徐自学提交了《甲骨申遗，刻不容缓》的论文，引起学者们热烈响应。

中国殷商文化学会名誉会长王宇信在开幕词中指出，甲骨文作为世界最早文字之一，推动了人类的文明进程。1899 年，王懿荣发现甲骨文，为商史研究提供了第一手资料，并为殷墟考古学的形成奠定了基础。会议收到论文 80 多篇并于 2009 年出版了研讨会论文集。会议分甲骨学与殷商史研究、考古学、甲骨文书法研究 3 个专题组进行了研讨。在大会闭幕式上，王宇信宣读了《关于甲骨文申报世界文化遗产的倡议信》，与会 250 余名学者签名支持。不久，8 月 17 日的《光明日报》上，刊登了记者贾宇关于甲骨学者呼吁甲骨文申遗的消息。

与会代表还出席了福山王懿荣甲骨学研究中心奠基仪式和参观了“华夏情：国际甲骨书法大展”。在开幕式上，中国社会科学院荣誉学部委员王宇信盛赞这次甲骨学专家与甲骨书法家展开互动的大会，并称赞书法家提供的理论探索文章，将会对书法艺术创作的前进有所推动，并希望有更多的书法家对甲骨书法理论进行探讨，从而在理论的指导下不断提高创作水平。这次会上，对优秀论文和优秀书法作品颁发了“王懿荣甲骨学奖”。会后，甲骨书法作品和书法理论论文收入《华夏情：甲骨文国际书法大展集粹》一书，王宇信为此书作序，收入海内外甲骨书法作品300余幅。

（三）中国甲骨文书法高峰论坛（浙江·杭州·2013年）

为传承和弘扬甲骨文书法篆刻艺术，展示当代甲骨书法艺术水平，引领甲骨书法篆刻艺术发展正确方向，2013年4月12日由杭州师范大学、中国美术学院、西泠印社和浙江书法家协会联合主办的“中国甲骨文书法高峰论坛”在杭州师范大学美术学院召开。中国社会科学院荣誉学部委员、著名甲骨学家王宇信教授、杭州师范大学美术学院院长张道森教授、中国美术学院博士生导师韩天雍教授、著名艺术书法家魏峰等和来自日本的书法篆刻家张大用、中国甲骨文艺术研究会副会长刘继贤等，以及来自江苏瑞安甲骨学会、山东福山王懿荣甲骨学会、威海甲骨文学会、江苏省甲骨文学会、京师大学堂甲骨文书法研究院等单位代表和来自全国各地的甲骨学家和甲骨书法家50多人出席了会议。会议期间，在杭州师范大学美术学院展览厅举办了“中国甲骨文高峰论坛书法展”，反映了当代甲骨文书法篆刻发展水平。

在甲骨书法艺术理论研讨会上，甲骨书法家们结合展览及书法创作中出现的问题，进行了深入的探索。学者们致力于构建在理论指导下的书法创作规律，研究甲骨学的发展，探索甲骨书法的艺术美学及正确用字等问题。王宇信教授发表了《回归甲骨，走出甲骨，创作出无愧于时代的甲骨书法作品来》的主题报告，重申了自2011年11月以来，在京师大学堂甲骨书法研究院成立大会上提出的主张，并再一次告诫说，不识甲骨拓片的甲骨书法家，写出的绝不是真正的甲骨文书法。会议收到甲骨文书法研究论文61篇，从不同角度对甲骨书法遇到的问题，从理论上进行了深入探讨。

与会代表在会议上求同存异，畅所欲言，就甲骨书法当前存在的问题和未来的发展，展开了热烈的讨论，并在不少方面取得共识。参加会议的甲骨书法家一致认为，甲骨书法家要充分利用甲骨学研究的最新成果，掌握甲骨学基本知识。为提高书法创作水平，首先要立足于甲骨拓片的赏析、临摹，要基本掌握甲骨拓片的内容和文字格局，深入研究甲骨文字演变的不同风格和内涵，即“回归甲骨”。然后在此基础上，结合自己其他书体的书法功力及自己的学识修养和艺术灵感、悟性，形成自己的甲骨书法创作风格，即“走出甲骨”，创作出无愧于伟大时代的甲骨书法作品来。

三 甲骨书法大展的成功举办

各地甲骨学会不断举办的书法展览，反映了甲骨书法不断前进的新水平。甲骨书法家不仅在展览中充分表现了自己，还切磋了书艺，提高了艺术水平。不宁唯是，还为广大人民群众提供了一个典雅的文化生活乐园。在这一乐园中，为甲骨书法朴拙、苍凉的点画线条美所震撼，为劲挺或圆润线条所刻画的深邃哲理所感染，从而认识了甲骨文，喜爱上甲骨文书法，在怡情养志中，体会到甲骨文书法这一古老传统焕发出的时代价值。

（一）中国文字起源：中日甲骨文书法展（北京·2005 年）

2005 年 7 月 16 日至 19 日，由安阳师范学院与中国人民对外友好协会、日本北枝篆会联合举办的“中国文字起源：中日甲骨文书法展”，在北京中国国家博物馆展出。全国政协常委、中国人民对外友好协会会长陈昊苏、副会长陈永男、中国殷商文化学会会长王宇信、日本国驻华使馆井出敬二、日本国北枝篆会会长北室南苑、安阳师范学院院长郭新和、科研处处长李雪山等各方代表及中日两国从事甲骨文书法研究的专家学者出席了开幕式。陈昊苏、郭新和、北室南苑分别代表这次展览的组织、承办方在开幕式上致辞。

甲骨文书法从一个方面反映了甲骨文字的研究水平，并以艺术形式为广大人民群众所喜闻乐见，对古奥的甲骨文字走向人民大众很有意义。因而，甲骨文书法受到学界和书法艺术界的重视。这次展览，展出了中日两国古文字学者、书法艺术家创作的甲骨文书法和甲骨篆刻作品及甲骨文考古发掘图片等共 910 多件。这次展览备受社会各界以及中央、省、市多家新闻媒体关注，新华社、中央电视台、中新社、《河南日报》《大公报》及日本北国新闻社等先后进行过报道。在北京展览结束后，又去河南博物院继续展出。生活在文化底蕴深厚中原大地上的河南人民，对此次展览也表现了空前的热情。

（二）首届“四堂杯”全国书法精品大展（河南·安阳·2010 年）

2010 年 11 月 16 日，中国文字博物馆开馆一周年庆典系列活动及首届

"'四堂杯'全国书法精品大展"在河南安阳开幕。河南省和安阳市有关领导和中国书协、中国美术馆有关领导及全国各地殷商文化专家、甲骨书法家数十人和"四堂杯"全国书法精品大展的部分获奖者出席。

首届"四堂杯"全国书法精品大展，是由中国文字博物馆与河南省书法家协会共同主办，面向全国各地征集篆、隶、楷、行、草等书体的书法作品1716件，经初评、再评、终评，共评出387件书法作品入展。大赛以甲骨学一代宗师罗振玉（雪堂）、王国维（观堂）、董作宾（彦堂）、郭沫若（鼎堂）即"甲骨四堂"冠名，意在号召当代学者和书家能够弘扬"四堂"开创的甲骨学研究事业，继承和发扬他们的探索和创新精神。会上，对获奖者颁发了奖项。由于中国文字博物馆在全国文字语言学界的重要地位，因而这一展览和奖项对书法界产生了重大而深远影响。

四　甲骨书法研究著作

（一）《甲骨文书法大字典》，马如森编纂，上海大学出版社2012年2月出版

本书书前为目录，胡厚宣"序"，孙常叙"序"，李学勤"序"，王宇信论甲骨书法，宋镇豪论甲骨文书法，"凡例"，"叙说"（商代的社会概况、甲骨文的命名、甲骨文的断代分期、新的"六书"说与甲骨文字、甲骨文形体结构的特点、甲骨文书法、甲骨文的著录、甲骨文论著及主要参考文献），笔画检字表，正文，汉语拼音索引，后记。

全书主体部分为"正文"（第1—1263页），共收入甲骨文字1203个，每个甲骨文字为一版（一页），包括汉字字头及编号、文字拼音、所属韵部、字形说明。甲骨文书法字为作者按原篆摹写放大，双色套印，注明原篆甲骨字形、出处及期别。其上一格为此甲骨字原篆的异体字或繁简字（原大），并注明每个异体甲骨字的出处、期别。再下一格为甲骨书法字"上下结构"，即甲骨书法字的下笔先后范例。在一列五个米字格中，马如森按自己理解的甲骨书法字下笔先后，分五次在米格中依次写就，可供初学者摹写甲骨文字下笔先后的参考。

此书收入的1203个甲骨文字，多为前人已考释并取得共识者。虽然还有一些尚未得到确认，但也皆有考释出处，可聊备一说，这就比那些充斥甲

骨书法界的同类“字”典，连甲骨出处都没有的编者个人臆造、乱借、乱假的“甲骨文”字典要前进了一大步。特别是甲骨文总计才4300多字，居然有人编出了释读5200多个“甲骨”字的《后世甲骨文简明字典》在甲骨书法界流传，岂不滑天下之大稽！我们希望，甲骨书法家可使用《甲骨文书法大字典》和甲骨学家编的《甲骨文编》《新甲骨文编》《甲骨文字编》《甲骨文字新编》《殷墟甲骨文编》等较为权威性的甲骨文字典。

（二）《王宇信甲骨文书法论序集》，朱月萍编，文物出版社2014年11月出版

本《论序集》扉页为王宇信行书“弘扬甲骨书法艺术，复兴华夏传统文明”，正文首篇为《〈甲骨文书法论序集〉出版感言》。其下即为甲骨文“论”和多年为朋友书法集写的“序”，故此书冠其名为“论序集”。正文有《谈甲骨文与甲骨书法》《甲骨文基础知识——为甲骨文书法爱好者而写》《甲骨文：镌刻文明的国宝》《〈甲骨文精粹释译〉前言》《刘佳〈话说甲骨文〉序》《甲骨文书法漫谈》《雷声〈甲骨文书论语〉序》《金开〈耕耘集〉序》《张坚〈甲骨文释读300字〉序》《姬克喜〈甲骨文源流简释〉序》《〈华夏情：甲骨文书法国际大展集粹〉（2009·烟台）序》《〈傅雨海甲骨文书唐诗200首〉序》《谢兆岗〈圆梦奥运书法展作品集〉序》《〈华夏情：甲骨文书法国际大展集粹（2009·烟台）〉序》《魏峰〈甲骨文春联〉序》《〈陆建书法作品集〉序》《走甲骨文自己的路：序〈张大顺（日）甲骨书法·入门篇〉》《李来付〈甲骨文精粹释译书法选集〉序》《中国文字博物馆〈甲骨文论丛〉序》《李俊国〈醒月文论〉序》《〈中国成语——魏峰甲骨文书法篆刻集〉序》等文章。书后附有王宇信甲骨文书法作品13幅。

王宇信认为，甲骨书法的弘扬，对甲骨学的发展和甲骨学家考释文字成果的普及很有意义。因而主张甲骨学家应与甲骨书法家展开交流、互动、参与到甲骨书法的创作之中，为甲骨书法这一墨苑新葩的绽放异彩贡献力量，为甲骨书法在中国墨坛占有应有地位而共同努力（见《耕耘集》序）。几十年来王宇信一直关注甲骨书法艺术的健康发展，这部论序集，就是随1978年《甲骨文合集》的编成，社会上掀起一股“甲骨热”后，不少热爱甲骨文书法的人，却苦于入门之难而缺少必要的普及著作，王宇

信及时为他们写出了《甲骨学基础知识》《甲骨文与甲骨书法》等入门读物，引领广大甲骨书法爱好者步入甲骨学之门；其后，随甲骨书法爱好者的成长，他们开始把作品结集，以供更多的人欣赏（包括自己）。王宇信为他们的著作写“序”，祝贺他们的成长。在甲骨书法发展的不同阶段，在书法界出现一些倾向性问题时，王宇信就在为甲骨书法家结集而写的“序”中，适时指出存在的问题及应努力的方向。因此可以说，这部《论序集》，是王宇信用心血浇灌甲骨书法这朵墨苑新葩的结晶。也可以说，这部《论序集》，记录了1978年以后中国甲骨书法界不断前进和发展的历史。此书中提出的不少观点，对指导甲骨书法的健康发展，引领甲骨书法的发展的正确方向很有意义，受到了甲骨书法界普遍的重视和认同。

（三）《二十世纪甲骨文书法研究》，陈爱民著，人民出版社2016年5月出版，本书的目录为：

这是迄至目前出版的唯一一部较大型的全面研究中国甲骨书史的研究著作。从上列全书目录就可以看出，此书全方位、多角度、深层次地总结了20世纪甲骨文书法随1899年甲骨文的发现而诞生、形成、延续和转化的全过程，填补了甲骨学史研究专著的空白，材料全面，论述平实、科学，极富参考价值。该书不仅全方位展示了甲骨文书法发展的连续性、继承性，而且清晰地展示和突出了甲骨文书法发展的阶段性。诸如甲骨文学术研究与甲骨文艺术创作，由20世纪前期的互相融合，到后期的逐渐分离，“具体表现为由通人向专才，由文化精英向大众，由个体向社团等多方面，多层次地转化”等，极其深刻。不仅如此，作者还爬梳整理大量早期史料，颇为珍贵。诸如新文化运动的先驱陈独秀、鲁迅等，他们早年曾注意到才发现不久的传统文化甲骨文。又如在“文化大革命”期间，老一辈革命家周恩来总理曾忧切地关心着当今通识甲骨金文者还有几人，并指示要保护好这些人才等。书中还通过全面展示甲骨书法家的创作实践，展开了百多年甲骨书法史发展的历史画卷。特别是该书之“附录”并不“附”，而是展示1899—1999年百年来书法史的重要组成部分。百年甲骨书法史的材料（特别早年）和所“附”参考书目，材料较零散，收集颇为困难。而不少甲骨书法集及图录等，由于印数极少，且多未上市发行而只在书法界或朋友间流传，因而较为难见。现“附录”将其集中刊出，对甲骨文书法史研究参考价值较大。

（四）《殷墟甲骨文书法探赜》，贾书晟主编，文物出版社2017年10月出版

《探赜》全书共三卷。卷一，绪论（共十章）。第一章，甲骨文方法概述；第二章至第八章，为参照目前按字体分类分组，并与原五期分法相参照，选出书法特点较显著及时代较明确的五类卜辞，即宾组、出组、何组、历组、黄组，以及“圆宾”“花东”共七类，还对各组书法本体进行了全面细致的分析；该书第九章，集中讨论了“临帖”和“创作”的相关问题。该书作者主张，“临摹”拓片要“原原本本”，并要“察精拟似”，这样才能筑牢基础。而进行书法“创作”，则要“有本有自”，即在学习、体会和实践过程中，逐渐形成个人的风格；第十章，该书作者对甲骨文书法用字问题，引导和提倡正确的方向，指出书法创作中“借”字和“造”字并非良策，而是要提高甲骨文字识读数量并不断引导和提高文学修养，以便能随心应手地使用有限的可识甲骨文字，写出高雅的诗词联语来。因甲骨卜辞本身就没有长篇大论，有限的文字也不适于表达今天纷纭复杂的生活，因而该书作者不主张写充满“借”字、“造”字或“臆造”字的“长篇”。因为时过境迁，写字的人也将会不知自己是写的什么字了。与此

同时，该书作者也介绍了一些认甲骨字和记甲骨字的方法、体会；卷二，甲骨文常用字体分类字编。首先，该编集字是据近年出版的《新甲骨文编》《甲骨文字编》《甲骨文实用字典》《甲骨文字词表》等新出甲骨文字书，选录常用已识字辑成。其次，该书字编字形分类，皆从原拓本中截录，尽量不使其失真。虽然如此，该书所收 1341 个字当中，仍有一些尚未得到公认，还有进一步规范化的必要；卷三，甲骨文字体分类拓片萃编。该卷共收录甲骨拓片 201 版，其中宾组 36 版、出组 37 版、何组 34 版、历组 23 版、黄组 38 版。此外，又收入所谓“圆宾”14 版、花东 19 版等。学术界按书体分类，各研究者之间仍见仁见智，所分组类不尽一致。因而该书所谓“组”，乃各家共识者（至少两家认同）。实际上各“组”与董先生“五期”说相对应，并基本相当的，不过是书法特征较比明显而已。此外，该书所选拓片，字口皆较为清楚。为了学习者更好理解卜辞内容，每版甲骨还附有释文。尽管如此，《花东》字体并非典型，不值得别立“一种”。就是大谈《花东》字体种种特征的作者本人，也不会写出《花东》字体风格的甲骨书法来！

当前，甲骨文书法对传播甲骨文知识，普及学者文字考释成果，使更多的人认识和了解甲骨文是大有裨益的，因而甲骨文书法成为传承和弘扬甲骨文化的一个重要方面。但随着甲骨书法热的出现，也出现了种种乱象。该书作者一针见血地指出，“现在人们所创作的‘甲骨文书法作品’，很少或者根本没有商代甲骨刻辞的风貌和韵致”。特别是“近十余年来在以肢解汉字为能事的流行书风影响下，使得本来就比较难认的甲骨文字，在书法家的笔下就更加令人难以辨认了”。因此，该书大力呼吁返璞归真，引领甲骨爱好者“回归甲骨，走出甲骨”，即有甲骨文古朴的风韵，又具个人时代风格的甲骨文书法作品，推动甲骨书法走上健康发展的康庄大道，创作出更多更好无愧于伟大时代，为广大人民群众喜闻乐见的优秀作品来！

五　甲骨文走出“象牙之塔”

（一）甲骨文走向人民大众

由于甲骨片上刻写着的商史破损后的不可复制性，因而自其发现起，就被它的收购者“秘不示人”，视为珍宝收藏；而近世的公家收藏，也都将其置于防范严密的文物库房中，长期封存起来。因此，连许多甲骨学家也只能看甲骨的拓本、照片，而无缘得见甲骨实物的“真容”，更不用说广大人民群众了！中国汉字是中国文化传承的标志，而甲骨文事关中华文化传承的问题，这种传承是真正的中华基因。因此，让刻在甲骨上的文字“活”起来，为建设社会主义精神家园和中华文化的伟大复兴服务，是甲骨学家的重要使命。只有如此，甲骨文才能摆脱与世隔绝的状态，走出“象牙之塔”，走向社会，走到人民大众之中，并得到了社会大众的喜爱和更加珍重。

1. 殷契重光——国家图书馆藏甲骨精品展

国家图书馆主办的“殷契重光——国家图书馆藏甲骨精品展”于2012年4月20日上午在国家图书馆“稽古厅”隆重开幕。出席开幕式的甲骨文专家有王宇信、黄天树、李宗焜、宋镇豪、胡振宇等和来自中国社会科学院、首都师范大学、国家图书馆、北京师范大学图书馆和安阳殷墟管理处的学者共40多人出席了开幕式。这是多年来第一次举办的大型甲骨文专题展。将较多密封在库房中的神秘甲骨文，在国家典藏“第一库”与广大人民群众见面，引起学术界和社会各界的广泛关注。

国家图书馆收藏殷墟甲骨35651片，为海内外收藏之冠，主要为原各名家旧藏，诸如罗振玉、孟定生、郭若愚、刘体智、胡厚宣等，其中不乏精品。为使紧锁仓库深处的甲骨能与世人见面，让甲骨上的文字“活”起来，这次展览精选国家图书馆藏甲骨实物60版和甲骨文书法作品30多种。展览分四个单元，即第一单元为百年来的甲骨发现、发掘与研究史；第二单元介绍甲骨文的基本知识；第三单元精选甲骨36版并作出释文，按祭祀、军事、田猎、农业气象、吉凶、疾病生育六大专题陈列，反映了晚商的社会生活；第四单元为近代罗振玉、董作宾、欧阳可亮等人的甲骨书法作品。甲骨学大师的书法作品，字体优美，风格多样，反映了他们对甲骨书法艺术的理解和追求，对后人具有示范和启迪意义。

国家图书馆举办这次“馆藏甲骨精品展”，目的在于让甲骨文走出学术的神秘殿堂，使广大人民群众更好地了解甲骨文和灿烂的古代文化，树立建设文化强国的文化自信。与此同时，缅怀前辈学者对甲骨学的追求、守护和开创之功。国家图书馆馆长周和平表示，该馆甲骨经过多年整理，现已有 8000 多版在网上公布，并将陆续以文字形象的形式，通过网络及时发布。

这次展览自 4 月 20 日开始，一直持续到 5 月 10 日结束。在此期间，许多想了解和认知甲骨文的广大群众纷纷到此参观，收到良好的社会效益。作为第一次以甲骨文为内容的专题展览，取得了意想之外的成功，从而使甲骨学界深深认识到：人民大众需要普及甲骨文知识，甲骨文也可以走出“象牙之塔”到人民大众之中。与此同时，也为以后举办同类展览积累了经验。

2. 甲骨文记忆展

2015 年 10 月 15 日，国家典籍博物馆举办的“甲骨文记忆展”，在该馆第五、六展厅举行。展览的内容是展横（柜）展出甲骨实物，并附有释文，在与之配合的展厅展板上，依次是“序言”，第一部分“重现的文明”，其第一单元“廉价‘龙骨’”、第二单元“惊天发现”、第三单元“殷人刀笔”、第四单元“考释甲骨”、第五单元“寻找出处”、第六单元“震惊世界”、第七单元“证明商王”、第八单元“考古探秘”；第二部分“神秘的文字”，第一单元“何以载文”、第二单元“千年不腐”、第三单元“刻写之道”、第四单元“有形可象”；第三部分“传奇王国”，第一单元“灵占天下”、第二单元“干支表谱”、第三单元“生生不息”；第四部分“探索的历程”，第一单元“更上一层楼”、第二单元“世界瑰宝”；结语等。每部分文字说明，浓缩了甲骨文发现和研究的历史事实和趣闻逸佚，并配以珍贵的历史照片和放大的甲骨文拓片，图文并茂，把一百多年甲骨学发展史和创造历史的甲骨学家们，具体生动地展现在了观众的面前。不少参观的群众，或在珍贵的甲骨实物面前驻足欣赏，或被展板上珍贵的历史瞬间照片所吸引。而展厅中陈列的大部头研究著作和学者所取得的成就，更是使他们崇敬不已和连连赞叹。而“有形可象”的甲骨文字传承的中华基因，需要我们世世代代在汉字文化的传承和发展中发扬光大……

国家典籍博物馆，力图通过“甲骨文记忆展”，使深藏在“象牙之塔”的国宝甲骨文，走向社会，直面人民大众，从而引导人民大众从一片片甲骨上感知汉字的源头，从一幕幕真切的历史场景中领略先人的生活百态。观众还可以在展览的互动区，效法殷人卜问天气、年成，从灼炙龟甲的裂纹中预知吉凶。又可以进入“姓属林”，寻找自己的姓氏、属相在甲骨中的对应文字。还可以在电子屏幕前，一笔一画地摹写甲骨文字，或看甲骨字组成的动漫画……在展厅布置的声光电设置中，一次次互动的游戏里，穿越时空隧道，观众可以从中体验文化的传承与变迁。因此，“甲骨文记忆展”对深奥的甲骨文进行了深入浅出的解读，并灵动地展示，推动了甲骨文化的普及和传承，从而使优秀的甲骨文明，走向寻常百姓中，因而在怡情养志，培养文化自信和建设社会主义核心价值观的实践中，焕发出时代价值。

“甲骨文记忆展”自开幕以来，引起社会各界极大关注。那些想知道甲骨文究竟是什么的怀有求知欲的社会各界观众，纷至沓来，仅在开幕后的一个多月，就接待了40多万观众。这个展览得到了社会各界的肯定，被国家文物局评为2016年全国文博界十大优秀展览之一，直至前不久才拉上帷幕，这在国家典籍博物馆历届举办的展览中，也是所见不多的。

3. 甲骨文字识读进展与研究展望研讨会暨甲骨学发展史馆开馆仪式

为贯彻2016年5月17日习近平同志在“全国哲学社会科学座谈会讲话”中提出的对“事关文化传承问题”的“甲骨文等古文字研究”，“要重视这些学科，确保有人做，有传承”的重要讲话精神，中国殷商文化学会、中国先秦史学会、山东省大舜文化研究会等在山东烟台福山召开了“甲骨文字识读进展与研究展望研讨会”，出席会议的50多位专家就近年甲骨文字研究的进展进行了总结，并对未来的发展和贯彻中央讲话精神，传承和弘扬甲骨文化进行了展望，决定设立“王懿荣甲骨学奖”和由专家组成的评奖委员会，向海内外征集优秀作品，鼓励和发展甲骨学研究，迎接2019年甲骨文发现120周年。关于此会的详情和其后又于2016年11月19日在山东济南召开的学术委员会专家“甲骨文字研究座谈会”，就评奖具体事宜进行了设计和研究的详细情形，本书第十八章·五·“鼓励·互动·再辉煌”部分介绍较详，可参看，此处从略。

经过多年的筹备，位于王懿荣纪念馆左边的“甲骨学发展史馆”终于布置完成，并在会议期间开馆。全国唯一、世界一流的“甲骨学发展史馆”，以通俗易懂的语言，简明扼要的文字，定格历史瞬间的珍贵照片和艰苦卓绝的守护历程及苦难中的诙谐趣闻等，展现了甲骨学发展120年来的历程和取得的辉煌成就。全部展览内容，分为既有阶段性又有内在联系的五大单元，图文并茂并辅以声光电现代科技手段，把甲骨学发展120年的历史全方位地展现出来。

展览一开始就是“序言”部分，主要介绍了甲骨文的发现者王懿荣及甲骨文在世界文明史和中华文明史上的重要地位；第一单元为“甲骨学的草创时期（1899—1928）”，主要介绍这一时期甲骨文的发现及罗振玉等学者的收集、著录。罗振玉《殷虚书契考释》的完成，使甲骨文得以“识文字、断句读”，从而使王国维以《两论》《一考》把研究推向“考商史”的高峰；第二单元为“甲骨学的发展时期”（1928—1937年），中央研究院科学发掘殷墟，不仅获得大批甲骨文，而且把殷王陵、宫殿基址发掘出来。考古学方法使董作宾大师解决了甲骨文分期断代，而《甲》《乙》编在抗战胜利后完成，为研究提供了大批新资料。董作宾在颠沛流离中完成了《殷历谱》，胡厚宣以《论丛》为这一时期商史甲骨学研究作了总结；第三单元为“甲骨学的深入发展时期”（1949—1978年）《合集》的编纂完成，为80年来出土甲骨文作了总结，并为即将开始的新时期研究全面发展奠定了基础。于省吾自己的成果的总结《释林》和集80年文字考释成就《诂林》，推动了甲骨文字研究的发展。这一时期，用历史唯物主义研究甲骨文商史已成为学术界主流；第四单元为“甲骨学的全面深入发展时期”（1978年至今），在海内外甲骨基本得到整理、著录的基础上，又向单位所藏甲骨精细化全面整理与著录方向前进。即把全部甲骨（而不是精选）著录，并用彩照、拓本、摹本、片形部位释文“四位一体”的“更臻完善”地加以著录，出版了一批新著录（见前介绍）。此外，缀合方法的“甲骨形态学”把“定位法”向前推进了一步，从而甲骨缀合出现一批集成性的著录，其成果见本书前面的叙述。而大型11卷本《商代史》，是百多年来对“刻在甲骨上商史”的发掘、总结与弘扬；第五单元为“甲骨学发展与甲骨学家”。甲骨学发展史上不同阶段的甲骨学家，都为甲骨学的开拓、发展、传承与弘扬做出了贡献。他们的道德文章，也和甲骨文一样，成为值得继承的宝贵文化财富。该单元列举了甲骨学发展史上著名的甲骨学家，诸如甲骨学史上的“四个第一人”“甲骨四堂”、甲骨学“八老权威大师”、甲骨学“六外国权威学者”、新中国甲骨学“五资深学者”、新时期甲骨学“七领军学者”和他们培养的学生“九新秀学者”和学生培养的学生也成长起来，甲骨学界呈现出一片“群星灿烂”的大好局面。以上四个第一、四堂、八老、六外、五资深、七领军、九新秀等具体所指，请参阅拙著《甲骨学发展120年》（中国社会科学出版社2019年版）前“第四章　120年来甲骨学发展史上有贡献的甲骨学家”的详细介绍，此处从略。新老学者为甲骨学研究的更新发展，撸起袖子加油干，以创造性的新成果，迎接新阶段开启的甲骨学研究再辉煌的到来。

（二）甲骨文走出国门

甲骨文自1899年出土以后，由于当时中国正处于半殖民地半封建社会的悲惨地位，不少甲骨文被掠至海外，蒙尘在异国他乡，不受重视。萧瑟秋风今又是，换了人间。而当今的甲骨文走出国门，是在中国人民越来越接近实现伟大复兴的中国梦的时候，是带着中华民族的文化自信和负有文化使者的重任走向天涯海角的，正底气十足地向世界人民诉说着它所见证由衰到盛，由弱变强的近百年中国故事和辉煌的三千年前商代文明……

甲骨文不仅走向了人民大众，受到了广大人民群众的欢迎，而且走出了国门，让世界人民一睹中国这一古老而又优秀文明的风采，引起了强烈的反响。

1. 走向墨西哥的“甲骨文记忆展”（2016年）

2016年10月，北京的国家典籍博物馆复制的“甲骨文记忆展”走出了国门，远渡重洋，来到了南美洲墨西哥阿卡普尔科市的圣迭戈历史博物馆展出。甲骨文这一中国三千多年前的古老文明，与墨西哥前不久出土的一组公元前1000多年的文物上面，所刻划的一些符号有某些异曲同工之妙。它们是远隔重洋的“兄弟”？抑或天涯的“陌路”相逢？虽然学界对此有种种不同的猜测和解读，但不同载体上的刻划，却同是人工所为，这就拉近了甲骨文化与墨西哥文明的距离，将在两国学术界，引起浓厚的兴趣和无限的遐思……

2. “甲骨文记忆展”在悉尼开幕（2017年）

就在“甲骨文记忆展”于墨西哥落下帷幕不久，新华社又报道“传承与创新——中国非遗文化周”系列活动之“甲骨文记忆展”，于2017年7

月 27 日晚，在澳大利亚悉尼“中国文化中心”开幕。这次展览是由悉尼中国文化中心、中外文化交流中心和中国国家典籍博物馆联合举办的。

展览以展示中国最早有系统文字，汉字之源——以甲骨文为主题，通过图文并茂的展板、甲骨文复制品和甲骨文拓片及与甲骨文记载有关的历史文物仿真模型等多种形式，形象生动，且通俗易懂地让澳大利亚民众认识中国的优秀文明甲骨文，了解中国文字的源头和中国汉字的演变和传承、发展。展览特设“汉字密码——Nice choice”文化创意品单元，展出了 30 多件具有代表性的汉字文化创意作品，通过中国古代智慧与当代生活元素相融合的设计，激发了当地广大观众对汉字文化的喜爱和加深了认识。

中国驻悉尼总领事顾小杰及当地著名文化人士和中国书法爱好者百多人出席了开幕式并兴趣盎然地参观了展览。开幕式上，顾小杰说，举办这次展览“促进了中澳两国的文化和人际间交流”。新南威尔士大学首席教授寇志明说，“这是非常有分量的展览，它所介绍的文字是中国文化的核心”。开幕式后，中国学者做了题为“纵横有象——中国书法的视觉内涵”主题演讲，引起了听众的浓厚兴趣。

第三节　甲骨文成功入选“世界记忆名录”

一　“甲骨文成功入选‘世界记忆名录’发布会”在北京故宫博物院召开

2017 年 10 月，我国的殷墟甲骨文成功入选“世界记忆名录”。由教育部、国家语委、国家文物局、国家档案局、故宫博物院和中国联合国教科文组织全委会等单位联合举办的“甲骨文成功入选‘世界记忆名录’发布会”，2017 年 12 月 26 日在北京故宫博物院建福宫敬胜斋召开。出席会议的有主体申报“世界记忆名录”的 11 家甲骨收藏单位（国家图书馆、故宫博物院、中国社会科学院考古研究所、历史研究所、上海博物馆、北京大学、清华大学、南京博物院、山东博物馆、天津历史博物馆、旅顺博物馆等）的领导和学者代表，以及来自甲骨文研究、整理和教学第一线的领导和专家，诸如联合国教科文组织驻华代表欧敏行、中国联合国教科文组织全委会副主任杜越和有关单位的杜占元、单霁翔、王绍忠、关强、田立新、王宏敏、刘宏、申玉彪、支小勇、王丹卉、熊双林、郑欣淼、陈力、王素、钱玲、柳春鸣、郭思克、王振芬、田名利、葛亮、王双庆、宋镇豪、王宇信、宫长为、何毓灵、郅晓娜、黄德宽、沈建华、陈楠、吴振武、林沄、曹锦炎、陈伟武、黄天树、王蕴智、黑建敏、郭旭东、刘永革等，可谓当今中国甲骨学研究界一时之选的50多人出席了这次发布会。

这是继2006年7月，安阳殷墟遗址成功列入“世界文化遗产名录”以后，我国甲骨文也被联合国教科文组织世界记忆工程国际咨询委员会评审通过，入选为“世界记忆名录”的又一件举国瞩目的大事。当2017年12月26日在发布会上正式公布这一振奋人心的好消息，并展示了甲骨文入选“世界记忆名录”证书时，会场上响起了经久不息的掌声。来自全国各地的甲骨学家们，为他们多年守护、传承和弘扬的珍稀文化上升到国家和世界层面的保护而自豪和激动。

“世界记忆名录”“世界文化遗产名录”“世界非物质文化遗产名录”，是联合国教科文组织关注的世界性三类文化遗产。“世界文化遗产名录”，是具有普遍价值的建筑物和自然遗址等具有世界性保护和传承意义的文化遗产；“世界非物质文化遗产名录”，登录的是口述传统和文化传承的具有世界保护意义的名录；“世界记忆名录”，在于保护文献遗产，是对世界范围内面临老化、损毁、消失的文献记录进行抢救性保护与利用，并改变各国政府和人民持续关注、重视和保护有关文化遗产。我国殷墟甲骨文申报“世界记忆名录”的成功，是3000多年前甲骨文对世界文明进程所起的巨大推动作用，得到世界各国人民承认与肯定的结果，是我国甲骨学家多年守护、传承和弘扬的结果，也是我国政府有关部门对甲骨文这一珍稀文献列入“世遗”系统工程的重视和大力组织推动的结果。因此，甲骨文“申遗”成功，应是创造这一古老文明的中国人民的集体荣誉，也是进一步弘扬、传承、利用甲骨文创造新文化复兴的新起点。

在2006年申报殷墟列为“世遗”的文本上，甲骨文就与殷墟青铜器、宫殿基址和王陵区大墓等，成为殷墟遗址文化的世界重要性和保护的完整性、研究的可持续性的重要展示内容，成为打动国际古迹遗址评估专家学术良知的金声玉振。在2006年7月13日于立陶宛首都维尔纽斯召开的第

30 届世界遗产大会上，来自世界 180 多个缔约成员国代表，一致通过了中国安阳殷墟列入“世遗”名录。

就在当年 8 月 11—14 日中国殷商文化学会在安阳召开的“庆祝殷墟‘申遗’成功暨纪念 YH127 甲骨坑发现 70 周年国际学术研讨会”上，有来自中国海峡两岸的学者和海外美、法、俄、日、韩等国家学者共 120 多人出席了会议。在大会闭幕式上，江苏省甲骨文学会会长徐自学在发言中提出，殷墟“申遗”成功后，应进行“甲骨文申报世界记忆文化遗产”的动议，得到了与会学者的热烈反响。2009 年 8 月 12 日，中国殷商文化学会在甲骨文之父王懿荣的故乡——烟台福山召开了“纪念王懿荣发现甲骨文 110 周年国际学术研讨会”。就是在这次会议上，徐自学教授提交的《甲骨文申报世界文化遗产刻不容缓》的论文，又一次引起了与会学者的热议。学会会长王宇信教授广泛听取并集中了与会专家学者的意见，拟出《甲骨文申报世界文化遗产倡议信》，受到与会学者的热烈响应和全力支持，来自海内外的 200 多位学者在“倡议信”上庄严地签上了自己的名字。

会后不久，2009 年 8 月 17 日的《光明日报》记者贾宇报道了在烟台会议上，甲骨学家呼吁把甲骨文列入“世遗”，引起了国内各界的广泛关注。与此同时，不少新闻媒体（诸如《环球网》2010 年 3 月 28 日）转发了我国台湾学界也拟向联合国教科文组织申报甲骨文列入“世遗”的消息，进一步激起世人对甲骨文“申遗”的关切和期盼。

国家有关部门也开始启动、运作甲骨文“申遗”工程。2010 年 5 月 21 日，国家古籍保护中心召开了甲骨文“申遗”有关协调和专家座谈会，确定了国家档案局为归口管理单位。其后不久，国家图书馆先后两次组织在北京的甲骨学家刘一曼、曹定云、葛英会、黄天树、赵平安、王宇信、宋镇豪、胡震宇、贾双喜等聚首国家图书馆，其负责同志陈力和周和平分别参加了召开的两次座谈会，研究落实甲骨文“申遗”的前期准备工作和首先申请甲骨文列入“国家珍贵古籍名录”，从而使甲骨文得到国家层面的重视和保护。2013 年 3 月 8 日，经国务院批准，甲骨文被列入“国家珍贵古籍名录”。

在此基础上，国家档案局和国家文物局委托甲骨学家宋镇豪教授起草“世界记忆亚太地区名录”和“世界记忆国际名录”申请文本（中、英文)。宋教授以国家图书馆、故宫博物院等11家收藏单位的9.3万多版殷墟甲骨文为申报主体。在有关部门的大力支持和起草申请文本专家的努力下，2013年11月26日申报“世界记忆名录”文本完成，并于2016年正式提交。2017年10月30日，我国的甲骨文终于通过联合国教科文组织世界记忆工程国际咨询委员会评审，成功入选“世界记忆名录”。

时任教育部副部长、国家语委主任杜占元在会上发表讲话，强调新时期要关注甲骨文所蕴含的深刻历史文化内涵的研究与挖掘。教育部将牵头组织开展甲骨文研究与应用专项工作，努力使甲骨文研究融入中华传统文化创造性转化、创新发展之中，为增强中华民族文化自信注入力量（全文见拙著《甲骨学发展120年》书前“代序”）；故宫博物院院长单霁翔介绍说，对本院收藏的2.3万版甲骨，已展开了专门的保护与整理研究工作。甲骨文成功入选“世遗”名录，将进一步加强各研究和收藏单位的协同合作，为面向国内及国际的甲骨文宣教和推广打下坚实的基础；国家档案局局长王绍忠介绍说，甲骨文“申遗”项目从2013年准备到2017年10月通过评审，是经过了不懈努力实现的；国家文物局副局长关强在发言中提出，“让甲骨文从书斋走向大众，从‘绝学’变为‘显学’，还要在普及上下工夫”；联合国教科文组织驻华代表欧敏行女士表示祝贺，并介绍了联合国教科文组织世界记忆项目的整体情况，强调了该项目对促进文献遗产的保护及合理利用，促进国际合作与交流中的重要作用。

甲骨文申报“世界记忆名录”的成功，标志着传承中华基因的甲骨文，实现了由“中国记忆”向“世界记忆”的飞跃。因而这次“甲骨文成功入选‘世界记忆名录’发布会”，将在甲骨学史上留下浓墨重彩的一笔![①]

二 甲骨文出土地安阳召开“庆祝甲骨文成功入选‘世界记忆名录’座谈会”

2017年12月26日下午，在河南省安阳市中国文字博物馆，隆重召开

① 任昉等:《甲骨文收藏与绝学振兴高峰论坛综述》,《中国文物报》2018年1月6日；又，宋镇豪:《甲骨文申报“世界记忆名录”往事》,《中国文物报》2018年1月9日；又参考《故宫博物院藏殷墟甲骨文整理与研究工作简报》(第8期)，2017年12月31日。

了“庆祝甲骨文成功入选‘世界记忆名录’座谈会”。出席会议的有来自北京、河南的有关负责同志和甲骨文研究专家、学者。

“世界记忆名录”，作为“世界记忆计划”的一部分，旨在对世界范围内正在逐渐老化、损毁、消失的珍贵文献进行抢救。我国的甲骨文成功入选“世界记忆名录”，是对甲骨文这一我国珍稀文献遗产世界价值的承认与肯定。在甲骨文出土地安阳举行座谈会，以与北京召开的“申遗”成功发布会相呼应。

中国文字博物馆常务副馆长冯克坚在致辞中说，甲骨文成功入选“世界记忆名录”，证明了甲骨文不仅是中国的珍贵“记忆”，也是世界的珍贵“记忆”；安阳市副市长袁勇说，甲骨文“申遗”成功，对国际社会了解和认识甲骨文以及中华优秀传统文化具有重要推动作用；中国殷商文化学会会长王震中学部委员，论述了甲骨文在世界文明史上的重要地位和传承的中华文化基因。与此同时，也介绍了中国殷商文化学会的学者为守护、传承和弘扬甲骨文化及在甲骨文“申遗”工作中所做的巨大努力；此外，故宫博物院熊长云等也作了发言。与会学者还从不同方面阐述了甲骨文传承和研究的意义，并就弘扬和加强冷门学科的研究提出了很好的建议。河南省文物局局长田凯作了总结发言。

三 “甲骨文收藏与绝学振兴高峰论坛”在故宫举行

2017 年 12 月 26 日上午，在北京故宫博物院建福宫举办的“甲骨文成功入选‘世界记忆名录’发布会”圆满结束后，出席会议的来自全国各地的专家学者就开始了“甲骨文收藏与绝学振兴高峰论坛”。

会议的主持人故宫博物院副院长宋纪蓉首先介绍了出席这次“论坛”的嘉宾，有来自参与甲骨文“申遗”的 11 家主体收藏单位的领导和专家，以及来自甲骨文科研和教学第一线的专家学者共 50 多人。

故宫研究院院长郑欣淼代表会议的主办方致辞，他谈到故宫博物院邀集来自四面八方的专家坐在一起讨论问题，就是希望能在收藏单位与研究单位之间架起桥梁，将甲骨的保护与研究连接起来，让甲骨冷门绝学为更多的人所熟悉；继其后，有五位学者作了会议的主旨发言。国家图书馆副馆长陈力在主旨报告中围绕“国家图书馆的甲骨收藏与利用”这一主题展开，介绍了正在分批整理出版的《国图藏甲骨全集》。此外，向公众展示甲骨实物和普及甲骨文字，举办的“甲骨文记忆展”取得了成功；吉林大学教授林沄建议：考古部门要加强发掘，研究机构要加强资料的研究和整合利用。此外，要扩大关注甲骨文的人群；中国社会科学院荣誉学部委员王宇信围绕“在甲骨文守护、传承和弘扬中，将历史所打造成甲骨学研究重镇”这一论题展开，介绍了历史所几代学人守护、传承和弘扬甲骨文这一古老文明的担当，并培养和造就了一支代有传人的高素质研究队伍；中国社会科学院学部委员宋镇豪，报告他参与甲骨文“申遗”文本起草和申报的过程。他还介绍了即将出版的《合集三编》的内容和现正整理的山东省博物馆藏甲骨和天津历史博物馆藏甲骨的进展情况；河南安阳师范学院院长黑建敏教授以“编书的力量”为主题，报告了该校几代专家在甲骨学方面的探索和研究成果。该校《殷都学刊》33 年来发表了甲骨文、殷商考古学和商史研究论文近 700 篇，为甲骨学商史研究搭建了一个在海内外学术界有影响的平台。

下午的会议分两阶段进行，即前一阶段会议由清华大学黄德宽教授主持，后一阶段的会议由故宫研究院古文献研究所所长王素主持。学者们结合自己多年从事的甲骨文整理与研究工作相关的具体工作和研究出发，围绕“甲骨的整理研究与信息化建设”“馆藏甲骨的保护与整理”“甲骨文的传承与研究”“甲骨文研究的总结与展望”“甲骨文研究成果的数字化”“甲骨文与汉字文明发展史”“传统文字艺术的推广设计”等议题，提出了很多富有创造性和建设性的意见。学者们对近年甲骨的收藏单位与研究单位越来越重视合作的方式，给予了充分的肯定。学者还建议：从国家层面制定甲骨文的数据采集标准，并搭建国家平台进行运作，从而避免重复投资。①

四　甲骨文书法走进联合国大厦、走向德国民众

甲骨文于 2017 年 10 月成功入选“世界记忆名录”，标志着传承中华

① 任昉等：《甲骨文收藏与绝学振兴高峰论坛》，《中国文物报》2018 年 1 月 6 日；又参考《故宫博物院藏殷墟甲骨文整理与研究工作简报》（第 8 期），2017 年 12 月 31 日。

文化基因的甲骨文，其推动世界文明进程的巨大正能量与价值，得到了世界人民的承认与肯定，从而实现了甲骨文由“中国记忆遗产”向“世界记忆遗产”的飞跃，这就为进一步向国内及国际的甲骨宣教和推介打下了坚实的基础。

2011 年，江苏省甲骨文学会会长徐自学等人，曾在联合国大厦举办甲骨文书法展览，并向联合国赠送了《甲骨文合集》。十多天的展览中，观众参观踊跃，并受到了时任中国驻联合国大使沙祖康先生的接见与肯定，并希望他们能在世界上办起十多个甲骨文书法普及基地，向世界普及甲骨文。

继此次展览成功举办之后，2019 年 5 月，苏仕澍、魏峰等人，又成功在联合国大厦举办了甲骨文书法展览，并就甲骨文书法艺术做了专题讲座。来自世界各国的参观者，在古朴苍劲的甲骨文书法面前流连忘返。在书法讲座上，为中国神奇的点线艺术所倾倒……

不仅如此，还有更多的海外朋友需要认识甲骨文、了解甲骨文中的美妙故事，认识甲骨文传承的中华基因。据我的好朋友江苏省甲骨文学会会长王道云教授告诉我，他的普及读物《爷爷讲甲骨文故事》2019 年 1 月出版以后，引起海内外广泛的注意。2019 年 5 月 22 日，德国的德中文化交流学会派人专程来南京，与他洽谈此书在德国翻译出版之事，并诚邀他适当时候，去德国各孔子学院讲甲骨文的故事和教授甲骨文书法。甲骨文走向了德国人民大众之中，并将走得更远、更远……

润物细无声。甲骨文书法不仅是普及甲骨文字考释成果的重要途径，而且是与各国人民实现文明共享、民心互通、互鉴的最好途径。经过甲骨学家和甲骨书法家多年的追求和努力，甲骨文和甲骨书法已迈步走向联合国大厦，走向各国人民大众中，从而使古老的甲骨文，通过各美其美，美美与共，在人类命运共同体的打造中，将发挥越来越重要的作用。

第十八章

迎接甲骨学研究新世纪的再辉煌

——开始了政府推动下的甲骨学全面深入发展与弘扬新阶段

要重视发展具有重要文化价值和传承意义的绝学、冷门学科。这些学科看上去同现实距离较远，但养兵千日，用兵一时，需要时也要拿得出来、用得上。还有一些学科事关文化传承的问题，如甲骨文等古文字研究等。要重视这些学科，确保有人做，有传承。

——习近平《在哲学社会科学工作座谈会上的讲话》(2016.5.17)

文字是一个民族文明的标志，传承着一个民族最深厚的文化基因。甲骨文是目前所知的中国最早有系统、成熟的文字。加强甲骨文的研究和保护，对弘扬中华民族文化和文明，具有重大现实意义和深远的历史意义。

习近平总书记在全国哲学社会科学工作座谈会上指出，要重视发展具有重要文化价值和传承意义的“绝学”、冷门学科之后，学术界认真落实习近平总书记重要讲话精神，高度重视甲骨文的研究和传承，撸起袖子加油干，为人民做学问，打造甲骨学研究新阶段开启的新世纪再辉煌。

第一节　冷门甲骨，代有传承

三千多年前的商代甲骨文，“看上去同现实距离较远”，但该学科“事关文化传承的问题”。党和国家一直都在“重视这些学科，确保有人做，有传承”，新中国70年的甲骨学商史研究，取得了辉煌成就。

甲骨文是我国商朝晚期（公元前13—公元前11世纪）使用的占卜记事文字，由于典籍失载，所以商纣王被周武王在“甲子朝”一个早上打败以后，失国埋卜，甲骨文被深埋在殷都废墟下再也不复为人所知。虽然自隋代直至明朝，也屡有甲骨在动土时被翻出，但因无人识其真面目而再次被弃置。清末同治、光绪年间，安阳当地农民始发现田里狼藉的古兽骨、龟壳可充“龙骨”入药，便成批以“每斤数钱”价格卖给药材商。在三四十年间，不知有多少珍贵的甲骨文被煎服吃掉，或磨作散丹齑粉涂抹创伤……

直到1899年，爱国主义学者王懿荣在北京锡拉胡同住宅里才第一个鉴定和重金购藏了古董商带来的那些骨版上有刻划“确在篆籀之间”的甲骨文。从此，学者们竞相收购，使甲骨文身价倍增，成为每字“价银二两五钱”的天价珍玩。随着1903年第一部甲骨著录《铁云藏龟》的出版及其后甲骨的不断著录，得以使甲骨文走出了学者的书斋，从“秘不示人”的个人摩挲雅玩之物，变为大众可及的“公器”，成为全社会的文化财富而为更多的学者所利用，并投身其研究与弘扬之中。

一　甲骨文与“中国历史之开幕时期”的商代

在20世纪20年代，疑古辨伪之风大炽，顾颉刚、钱玄同等“古史辩派”学者疑古过头，国人普遍都知道的有五千多年的中国历史，经过他们“把伪史和依据伪书成立的伪史除去”的一番考据工夫，剩下的“实在只有千年了”。但这还没有“除”尽，他们曾尽兴地宣称：“照我们现在的观察，东周以上只好说无史”，甚至连战国末期著名的楚国三闾大夫屈原的存在都在疑辨之列！就是这样，在“古史辨派”否定了伪古史体系的三皇、五帝传统“信史”的同时，把进入阶级社会的“三代”夏商周王朝的历史也全部否定了，从而使我国历史上出现了一大段空白期，悠久的中华文明史一下子就缩水了许多。

就在努力重建中国的“科学上古史”的史学家，被“中国古代史上科学考古资料上的极端贫乏”所困扰的时候，殷墟甲骨文所传承的商代历史文化信息，使他们的研究摆脱了疑古过头所造成的困境，并走上了“辩古”“考古”的史学研究康庄大道。史学大师王国维利用《戬》1·10与《后上》8·14的甲骨缀合，1917年在《殷卜辞中所见先公先王考》和《续考》中，不仅纠正了《殷本纪》所列个别世次的错误，而且还互证《史记》的科学性，指出其所列“有商一代先公先王之名，不见于卜辞者殆鲜”。“《世本》《史记》之为实录，且得于今日证之。”对饱受疑古辩伪冲击的一些古籍，重新予以肯定。不宁唯是，王国维还大力抉发甲骨文中传承的古代史踪与古籍中的“不雅训之言”相勘校，进一步肯定了《山海经》《竹书纪年》等古籍的价值，指出“古代传说存于周秦之间者，非绝无根据也”。

到了20世纪30年代，甲骨学一代宗师郭沫若把“新兴科学的观点”引入甲骨文研究领域，从而在继承前人甲骨文研究成果的基础上，开辟了中国历史唯物主义史学研究的新天地。1930年，郭沫若的《中国古代社会研究》，依据“商代已有文字”，破天荒地把殷代作为“中国历史之开幕时期”。自此以后，有甲骨文记载的商王朝在中国历史上真实存在不容置疑。而商朝作为中国历史的“真正起头”，也很快为国内外史学界所接受。郭沫若的《甲骨文字研究》《卜辞通纂》《殷契粹编》等书的文字考释，使“一部阶级统治史，于一、二字即已透露其端倪”。因此，他在1942年《论古代社会》中，提出商代是奴隶社会的看法，就不是偶然的了。1945年在《十批判书》中，郭沫若以甲骨文研究的“最前进的一线为基点而再出发”，进一步全面论证了商代为奴隶制社会。中华人民共和国成立以来的考古和甲骨文新材料的不断公布，进一步证实了他“殷代是奴隶社会是不成问题的”论断。郭沫若以甲骨文、金文等第一手资料研究历史，从中总结和宣传中国历史发展也遵循人类社会发展共同规律的历史唯物主义观点，应早酝酿自20世纪30年代始。他曾深刻地指出：“中国人不是神，也不是猴子，中国人所组成的社会不应该有什么不同”，就是为了通过自己的《中国古代社会研究》，回答大革命失败后，甚嚣尘上的“中国国情不同”等形形色色否定革命的奇谈怪论，从而使处于彷徨和迷惘中的年轻人，在低潮时坚定了信念并看到了方向。

商史刻在甲骨上。随着甲骨文新材料的不断发现和著录，甲骨学商史研究也不断深入和拓展，几代学者声声唤和期盼着“写出一部以马克思主义为指导的科学性强的《商代史》专著"，终于在2011年由中国社会科学出版社出版。这部十一卷本的巨著，填补了百多年来大型商代史研究的空白。这部前无古人的巨著之所以能在21世纪初完成，应是参加《商代史》研究课题的中国社会科学院老、中、青三代学者，躬逢盛世，得到国家重视和大力支持的结果。多年来，学者们对其参与撰写相关各卷专题的内容和资料，都有所积累和独到的研究心得。他们在充分继承并利用前人成果的基础上，进一步爬梳甲骨文新资料和考古新发现提出的诸多新问题，并努力作出科学的解释和回答，这就使自己的研究领域有所拓展和前进，并在前进中有所创新，从而有可能向深层次的研究方向前进。学者的烛幽发微，使甲骨文中传承的丰富的商代文化基因，在多卷本《商代史》中得到了全方位、多角度、深层次的展现。因而可以说，这部卷帙浩繁的著作，既是商王朝的断代专史，展现了商民族在六百年间演出的威武雄壮的史剧；又是十多部分门别类的专门史，细化和量化了商朝社会各领域所达到的时代高峰，及对后世的影响和启迪。

2500多年前的博学孔子，虽然去"三代"王朝的"古"未远，但已深感研究商代历史的困难，曾发出"殷礼吾能言之，宋不足征也，文献不足故也"的慨叹。而生活在今天的我们，则比当年的孔子要幸运多了！这就是大批具有深厚文化底蕴甲骨文的面世，为我们研究商代历史文化提供了丰富的第一手资料。而历史唯物主义科学方法论，又为我们发掘和弘扬甲骨文中传承的历史文化信息提供了显微镜和望远镜，从而使我们的研究见微知著和高屋建瓴。因此，多卷本《商代史》，既是百多年来甲骨学商史研究的继承和总结，也是今后研究的继续深入和不断创新的起点和基石。

二 众里寻他千百度

甲骨片上所刻（写）占卜记事文字中商代历史信息的传承与弘扬，是以识读一个个构成篇章的文字为前提的。自甲骨文发现至1913年《前编》出版，虽已有十多年了，但还是处在"书既出，群苦其不可读也"，即其字不识，篇章不可通读的混沌状态中。甲骨学大师罗振玉"发愤为之考释"，集中解读了一批文字，"遂成考释六万余言"，于1914年完成了《殷虚书契考释》。又经过王国维、叶玉森等学者的共同努力，可识之字日渐增多，甲骨文走完了“识文字，断句读”阶段，也就是甲骨文由单个文字的追索，开始了通篇史料的利用，从而使阐发弘扬其中传承的商史成为可能。百余年来，文字学家在传统的音韵、训诂的文字学的基础上，利用辩证法分析甲骨文字的点画和偏旁结构的同时，努力拓展文字考释的途径，诸如利用世界古代史和少数民族志材料等，从而使甲骨文字的考释工作取得了很大成就。这就是目前已知的全部4300多个甲骨文字中，有1100多个文字的考释已得到了公认。还有500多字已经进行过考释，但尚在进一步研究和讨论中。剩下所不识的字，多为人名、地名、族名或物名，其义可知，但不可得其音读。这是因为甲骨文字在其后的传承发展过程中，一些元素已经变异、失传，因离今天较远而难寻其蛛丝马迹了，再想释读已非常困难，因此可以说，甲骨文字的破译面临着瓶颈。但不少文字学家，仍锲而不舍，努力进行着文字的识读工作。他们充分利用和期待着新发现甲骨上的新材料、新线索，充分利用传统文字学行之有效的方法，并拓展研究视野与途径，诸如利用数码技术和电脑等，以便清晰地再现骨片上和拓片上文字点画的痕迹，从而使已有释读得到验证和期待新的发现。开展多学科的联合攻关，首先就是与金文学科、简帛学科等古文字研究学科合作。近年来，简帛中传承的商代文字信息时有抉发，促使甲骨文字释读有了新的进展。因此，引入现代科学技术和开展多学科合作，将会使甲骨文字的破译工作有所发现、发明和前进。

让文物“活”起来，使甲骨文中传承的商代文化基因为广大人民群众所感知，并成为精神生活的盛宴，这也是甲骨学者的使命和责任。国家图书馆（国家典籍博物馆）举办的“甲骨文记忆”展览，把馆藏珍贵甲骨文与甲骨学百多年发展成就相结合，通过通俗易懂的解说和声光电的效果，使不少青年人在“六十甲子柱”下盘垣忘返，使许多少年学生在“甲骨姓属林”中寻觅流连。此外，在不同规模和不同规格的书法展览上，时有墨苑新葩——甲骨文书法的出现，这就使甲骨文走出学者的书斋，贴近寻常百姓，甲骨文书法成为人民群众喜闻乐见的艺术形式，从而美化和丰富了人民群众的精神生活。与此同时，甲骨文书法也普及了学者的文字考释成果。润物细无声。甲骨文书法以它的朴茁、隽永的艺术魅力，将会吸引更多的人喜欢它，也将会吸引更多的人投身书法的创作和研究之中，他们之中也定会涌现出甲骨文化的传承和弘扬者！

百余年来，甲骨文的重要文化价值在传承中弘扬，在弘扬中发展，在发展中创新。因此，甲骨学冷门不冷，代有传承，将会不断地前进和取得更新的成就！

第二节　一个甲骨学研究重镇在中国社会科学院成长

1977 年，中国社会科学院成立，是党中央支持和发展我国哲学社会科学事业的重大举措。中国社会科学院历任领导不忘党中央殷切的期望和赋予的历史使命，带领社科人改革创新，拼搏奋进，为把中国社会科学院打造成国家哲学社会科学的最高殿堂、党中央的智囊团和理论库而努力前进着。

四十年弹指一挥间。现中国社会科学院已发展成学科门类设置齐全，研究人才资源雄厚，在哲学社会科学各研究领域都取得丰硕成果和产生了重大影响。而“看上去同现实距离较远”的历史所甲骨学冷门学科，也与中国社会科学院同成长，不仅推出了一批引领甲骨学发展方向的标志性著作，而且成长了一批传承和弘扬甲骨学的领军式研究人才。一个令海内外甲骨学界瞩目的甲骨学研究重镇，已在中国社会科学院崛起。

一　涌现出一批引领甲骨学发展方向的标志性著作

自 1899 年殷墟甲骨文发现至今，已走过了她发展道路上的前 50 年（“草创时期”的 1899—1928 年；“发展时期”的 1928—1949 年）和中华人民共和国成立以后的后 50 年（“深入发展时期”的 1949—1978 年；“全面深入发展时期”的 1978—1999 年）。而自 2000 年以后，进入了 21 世纪开始的再创辉煌甲骨学研究新百年。中国社会科学院的甲骨学研究团队，以自己的一批优成果为甲骨学前 80 多年的发展做了总结，并奠定了 1978 年以后“全面深入发展时期”的基础，推动了甲骨学新百年走向再辉煌。

（一）集甲骨文之大成的《甲骨文合集》及《合集释文》

《甲骨文合集》（以下简称《合集》）于 1978 年完稿，并分册付印，在1982年13分册全部出齐的这部巨著，自20世纪60年代中期立项，虽工作时作时辍，但坚持不已。直至1973年学者从“五七”干校“毕业”，《合集》再度启动，但要随时为“大批判”让路而停作……

1977年中国社会科学院成立以后，随着科研秩序的恢复，《合集》的编纂工作才走上了正轨。历史所的青年学子在主编郭沫若的呵护和总编辑胡厚宣的指导下，无怨无悔地追求甲骨文这一“断烂朝报”，克服了种种困难，以更多的积累和梳理，终于以收入41956版甲骨的《合集》编辑完成并分册出版，迎来了科学的春天。这部为80多年来甲骨文发现和著录作了总结的集大成著录，奠定了1978年以后甲骨学“全面深入发展时期”研究的基础，成为甲骨学发展史上里程碑式的著作。《合集》以其巨大贡献，1983年获古籍整理奖、1987年获吴玉章奖、1993年获院优秀成果奖和国家图书荣誉奖等多种奖项。

作为《合集》的配套工程，以胡厚宣主编，王宇信、杨升南总审校的《合集》编辑组成员的集体成果《合集释文》（以下简称《释文》），经过十多年的打磨，终于在1999年出版。《释文》不仅全方位地展现了90多年来甲骨文字考释的最新成果，还反映了《合集》编辑者们知识的积累和研究水平。《释文》文字的准确性和释读的权威性，得到了海内外同行的承认。香港中文大学“甲、金文资料库”的学者盛赞这部著作为“研究院水平”，放弃此前拟采用的同类著作，而与历史所合作，利用尚未付印的《释文》影印稿，完成了资料库的电脑录入，为甲骨文与现代科技相结合，做出了成功的实践。2002年，《释文》获中国社会科学院优秀成果一等奖。

（二）《甲骨学一百年》发展的总结与开创

由王宇信、杨升南主编，王宇信、孟世凯、杨升南、宋镇豪、常玉芝等集体撰著的《甲骨学一百年》，1999年在甲骨文出土地安阳举办的“纪念甲骨文发现一百周年国际学术研讨会”上首发，产生了巨大的影响，被甲骨学权威专家推崇为与经典名著《殷虚卜辞综述》相得益彰，“两书合读可综览甲骨学这条学术大河的全貌”。台湾著名甲骨学家朱歧祥也高度评价此书，“不但有总结之功，而在若干课题上更有开创价值”，特别强调“它的影响当在下一个世纪逐渐开花结果”。此书把甲骨学的研究推向一个更新的高度，于2001年获第八届“五个一工程”一等奖和2001年国家图书提名奖、院优秀成果一等奖、郭沫若优秀著作奖等奖项。2012 年，韩国庆星大学河泳三教授将《甲骨学一百年》译为韩文版 5 卷本，由韩国昭明出版社出版（此书译者获得 2012 年大韩民国学术院奖）。这表明，韩国学者也需要认识和了解中国甲骨学百年来的发展。

（三）甲骨学研究新百年再辉煌的开局巨献《商代史》（11 卷本）

就在中国社会科学院历史所甲骨学团队以"甲骨学一百年成果"系列的《甲骨学一百年》等和《合集》的配套系列《合集释文》等著作作为甲骨文发现一百周年献礼，并迎来了 21 世纪到来的甲骨学新百年。几代甲骨学家期待并千呼万唤的大型《商代史》著作，终于被历史所的甲骨学团队提上了议事日程。1999 年，新一代学者宋镇豪提出的填补大型商代史专著空白的《商代史》（11 卷）课题，得到中国社会科学院批准立项，并由历史所老、中、青三代学者参加撰著。学者们在充分继承并利用前人研究成果的基础上，进一步爬梳整理甲骨文新资料和考古新发现带来的诸多新问题，并对此做出科学的解释和创造性的回答，这就使研究有所突破和前进。2011 年奉献给社会的大型专著《商代史》巨著，卷帙浩繁的 11 卷是一个整体，全方位、多角度、深层次地再现商代社会的政治、经济和文化发展所达到的高度，是一部百科全书式的商代断代史。而《商代史》的每个分卷，又具体而细微地展示商代社会不同领域的方方面面，因而每个分卷又是商代有关领域的专门史。因此，该书即是百年来甲骨学商史研究的总结和创新，也是今后研究继续深入和不断前进的起点和基石，可以毫不夸张地说，将在今后一个相当长的时段，影响并推动海内外甲骨学商史研究的全面发展。作为甲骨学新百年再辉煌的开局巨献，《商代史》（11 卷）获 2013 年第三届政府出版一等奖等奖项。

与此同时，中国古文字大系《甲骨文献集成》（40 卷），第一次将海内外百年主要甲骨论著，从一条条目录（有的著述已很难找到）的集列，具象化为可资阅读的论著文本汇编，既为学者研究时的参考提供极大方便，也是对研究论作的一次抢救和再激活。不宁唯是，随着电脑网络数据库的普及，中国社会科学院历史研究所先秦史研究室把《合集》《补编》等制作为数字资料，并把《合集来源表》《百年甲骨论著目》等工具书输入电脑，制作成便于检索的数据库。2005 年，甲骨学商史研究中心网站建成，成为海内外学者交流研究成果的重要平台，因而历史所甲骨学团队为研究手段的现代化，也做出了重要贡献。

二 一支高素质研究队伍代有传人

在甲骨学发展史上，一部部标志性著作打造成功的过程中，历史所甲骨学团队也和全国有关团队一样，在研究中不断成长和不断提高，并代有传人，成为拥有一批享誉海内外专家组成的高素质研究团队。

（一）与《合集》同成长

《合集》总编辑胡厚宣，遵循主编郭沫若“要大力培养接班人”的要求，带领几个从未接触过甲骨文的20世纪50年代大学历史系毕业的学生，自1959年正式启动《合集》的编纂工作。虽然有种种无法预料的困难，但年轻人在艰难的进展中边干边学，研究能力和整理水平有了相当的提高。1973年再度恢复中断了十年之久的工作以后，为加快《合集》的编纂进度和培养更多的研究人才，又吸收几名“文化大革命”前大学历史系毕业生参加工作，诸如杨升南、张永山等，而研究生王宇信也是那时加入工作的。按照郭沫若给《合集》编辑组拨正的“边整理、边研究”的正确方向前进，使得这些青年学子得以在整理甲骨资料中学习和积累知识，在全面检视和研究甲骨资料中发现和探索问题。随着《合集》（共十三册）在1982年全部出齐和《合集释文》在1999年出版，这些都已过了“耳顺”之年的当年年轻人，不仅成为整理甲骨文资料的行家里手，而且成为学有专攻，著述颇丰的新中国培养起来的“老”专家，诸如王贵民出版了《商周制度考信》等，齐文心出版了《英国所藏甲骨录》等，王宇信出版了《甲骨学通论》，还出版了开拓甲骨学新分支学科的《西周甲骨探论》等，杨升南出版了《商代经济史》等，彭邦炯出版了《商史探微》《甲骨文医学资料考辨与研究》等，常玉芝出版《商代周祭制度》《殷商历法研究》等，罗琨、张永山出版了《中国军事通史·夏商西周卷》等，孟世凯出版了《甲骨学辞典》等，肖良琼出版了《合集来源表》，谢济出版了《合集补编》等。

如此等等。《合集》编辑组的年轻人，在甲骨学一代宗师郭沫若的关怀和胡厚宣师的言传身教下，与《合集》同成长。他们以其著作中的真知灼见和巨大影响，站在了甲骨学研究的最前沿。

就在郭沫若见到开始分册出版的《合集》样书不久，1978 年 6 月他就放下多年牵挂的《合集》编纂工作，驾鹤西去。而《合集释文》手写影印稿共 2095 页于 1994 年 11 月才缮写完毕，主编胡厚宣还没有来得及再过目核校，就于 1995 年 4 月停止了他追求甲骨的漫漫人生路，离我们而去了。两位甲骨学大师以自己的道德文章，推动了甲骨学研究“发展时期”和“深入发展时期”前进的历程，并为“全面深入发展时期”（1978—1999 年）奠定了基础。他们半个多世纪对甲骨学的坚守、追求和弘扬，永远地留在了传世之作《甲骨文合集》之中。

（二）《甲骨学一百年》把新中国培养的一批专家推向了学术的前台

甲骨文发现一百周年，把王宇信、杨升南等甲骨学专家推向了学术的前台。由王宇信、杨升南提出的“甲骨学一百年成果”系列研究课题，被列为中国社会科学院和国家社科基金“九五”重点课题。这一项目包括王宇信、杨升南主编，由宋镇豪、孟世凯、常玉芝等人集体撰写的《甲骨学一百年》和彭邦炯、谢济、马季凡编纂的《合集补编》，以及新一代学者宋镇豪主编的《百年甲骨学论著目》等。此外，由王宇信任《释文》组长，各位《合集》编辑者分别完成的各册释文又进行了互校，主编胡厚宣再授命王宇信、杨升南总审校毕，与肖良琼、谢济、顾潮整理的《合集来源表》同时刊出。可以说，原《合集》编辑的学者都投入了有关课题的研究工作。基于他们多年的学术积淀和学有专精，因而承担的各个研究项目进展都十分顺利。不仅如此，作为“甲骨学一百年成果”负责人的王宇信、杨升南，之所以能毅然担当起这一课题的策划、协调、运作，特别是主编《甲骨学一百年》这一国家和社科院重点项目，当与王宇信当年作为协助总编胡厚宣处理具体事务的《释文》组组长的历练，并和杨升南受胡厚宣总编之托，代其总审校《释文》的磨炼密不可分。正是当年协助胡厚宣总编工作时的观察与体会，感悟与学习，才使他们成为新一代的学科带头人，勇于担当“甲骨学一百年成果”课题的组织、领导工作并取得了成功。

1999 年 9 月以前，中国社会科学院历史所甲骨学团队集中推出了一批高质量的著作，诸如《甲骨学一百年》《甲骨文合集补编》《百年甲骨学论著目》《合集释文》《合集来源表》《甲骨学通论》（增订本）等，从而为已经过去的甲骨学一百年画上了辉煌的句号。不宁唯是，这批著作的集中推出，也标志着历史所甲骨学团队已完成了新老交接，即20世纪60年代以前成长起来的学者，已从甲骨学一代宗师郭沫若、胡厚宣手中接过守护和传承甲骨文化的未竟之业，并走在引领海内外甲骨学研究传承和弘扬队伍的最前列。

（三）《商代史》（11卷）与甲骨学新百年团队的炼成

江山代有才人出。20世纪60年代以前历史所成长起来的学者，经过《合集》编纂工作的长时期磨炼，在21世纪到来以后的甲骨学新百年，攀上了自己学术年华的高峰。王宇信教授于2003年7月正式退休，标志着随《合集》编纂走向成功的老专家都已经退出研究岗位，完成了自己的学术使命，从此有机会开始了享受休闲和从容的退休时光。但也仍有人割舍不下一生追求甲骨的情怀，退而不休，如王宇信、杨升南、罗琨、常玉芝等教授，仍在尽力尽兴地享受着甲骨学商史研究中的快乐。

1978年以后成长起来的新一代学者，从《甲骨学一百年》课题的撰著和主编《百年甲骨学论著目》脱颖而出，并走上了学术的前台。不仅如此，宋镇豪在主编《甲骨文献集成》（40卷，2001年）时，使参加编纂的青年学者宫长为、马季凡、徐义华等熟悉和掌握了百年来甲骨学家的研究成果。与此同时，王宇信、杨升南、宋镇豪在研究生的培养过程中，有意识地把他们研究的着眼点引向甲骨学研究较为薄弱的领域，诸如林欢研究商代地理，孙亚冰研究商代方国，徐义华研究商代政治制度，韩江苏研究商代政治人物等，这些研究生博、硕士论文的完成，则使这些领域的研究有所加强，也为大型《商代史》的撰著准备了研究人才。

2001年立项，2011年出版面世的国家重点项目《商代史》（11卷），以宋镇豪为主编组成的研究团队，标志着历史所甲骨学新百年团队的形成。主编宋镇豪知人善任，除了充分发挥尚有研究潜能的老一代专家王宇信、杨升南、罗琨等的余热以外，主要研究力量是大胆启用有研究专长的新人。诸如韩江苏、江林昌负责卷二《〈殷本纪〉订补与商史人物徵》，王震中负责卷三《商代起源与先商社会变迁》和卷五《商代都邑》，徐义华负责卷四《商代国家与社会》，马季凡负责卷六《商代经济与科技》，孙亚冰、林欢负责卷十《商代地理与方国》，宫长为负责卷十一《殷遗与殷鉴》等。学者们在总结中继承，在探索中创新，出色地完成了著述，成为该研究领域有发言权的专家。大型《商代史》（11 卷）的完成，标志着历史所形成了以新一代学者宋镇豪、王震中为核心，以 21 世纪成长起来学者徐义华、林欢、孙亚冰、马季凡、宫长为、韩江苏、江林昌等为基干队伍的甲骨新百年团队已经形成。

（四）《合集三编》与更上一层楼的新百年甲骨团队

2008 年，成长中的新一代甲骨学者宋镇豪，又向中国社会科学院提出了《合集三编》的重大项目，拟将《合集》未收的旧著录中的材料，以及《合集》收集拓本、摹本编纂时未选材料加以整理，凡有意义者均予以公布。经过《商代史》（11 卷本）锤炼的这支甲骨学团队，虽然韩江苏、江林昌已离开了历史所，但又引进了高水平的研究人才而使研究队伍有了加强。诸如《商周祭祖礼研究》（2004 年）的作者刘源，《殷墟甲骨文中人名及其对于断代的意义》（2007 年）的作者赵鹏，《无名组卜辞的整理与研究》（2014 年）的作者刘义峰，以及郅晓娜博士等。在此期间，原参加《商代史》（11 卷）撰著的青年学者孙亚冰出版了《殷墟花园庄东地甲骨文例研究》（2014 年），徐义华出版了《商周甲骨文》（2006 年），刘源出版了《甲骨学与殷商史研究》（2006 年）。

历史研究所这支由博士和博士后研究生组成的新百年甲骨学团队，又先后编辑出版了《中国社会科学院历史研究所藏甲骨集》（2011 年）、《旅顺博物馆藏甲骨》（2014 年）、《俄罗斯国立爱米塔什博物馆藏殷墟甲骨》（2013 年）等。此外，山东省博物馆藏 1 万余片甲骨正在整理中。如此等等。历史所新百年甲骨团队推出的一批甲骨新著录，推动了甲骨学研究新百年的发展，也使研究团队得到了加强和锤炼。

可喜的是，历史所新百年甲骨团队的学者，在追索甲骨的漫漫路途上成长起来，诸如刘源、徐义华、孙亚冰、赵鹏已晋升为研究员，成为甲骨学界新崛起的领军人才。新一代学者宋镇豪，以对甲骨学发展做出的贡献，2011 年被授予“中国社科院学部委员”的称号。另一位新一代学者王震中，也在 2014 年被授予学部委员称号。而作为 20 世纪 60 年代以前的老一代学者代表王宇信，又先后出版了《中国甲骨学》（2009 年），并获中国社会科学院 2013 年离退休人员优秀成果一等奖。2013 年出版了《新中国甲骨学六十年（1949—2009)》，又获2017年院离退休人员优秀成果一等奖。2016年又出版了《中国古文字导读：殷墟甲骨文》。他的《甲骨学通论》，2004年韩国东文选出版翻译本。在他退休之后第七年的2011年，被授予“中国社科院荣誉学部委员”称号。在学科林立的中国社会科学院，历史所甲骨学团队竟被授予三个学部委员，这在我院其他学科是所见不多的，充分说明了我院领导对传承冷门学科甲骨学的重视和对学者们作出重大贡献的肯定。

上述种种，表明我院历史所的甲骨学研究团队，在追求和守护甲骨文的道路上传承、创新、发展，已成为举世瞩目的甲骨学研究重镇，并在习近平同志要重视甲骨文等古文字研究学科“确保有人做，有传承”的讲话精神的鼓舞和激励下，不改初心，勇于担当，为推动甲骨学研究新阶段开启的新百年再辉煌而努力奉献着！

第三节　甲骨文中传承的中华基因——以国家图书馆藏甲骨文为例

国家图书馆是当代中国的总书库，馆藏宏富，品类齐全，以其馆藏文献数量之多和每年入藏书籍数目增长之快，居世界各国国家图书馆的第五位。特别是馆内的珍品特藏，诸如善本古籍、金石拓片、敦煌遗书、名人手稿、革命文献及少数民族图籍等，更是不可多得的文化珍品。而特藏中的大批殷墟甲骨文实物和拓片，不仅其收藏数量居世界之冠，而且其中博大精深文化底蕴的不断发掘和发现，推动了甲骨学研究前进。

一　商代历史档案第一库

商史刻在甲骨上。1899年爱国主义学者王懿荣发现了甲骨文，这就为文献史料较少的商代社会历史的研究提供了大批真实而可靠的资料，从而把被“疑古派”否定了的历史上的商王朝，重新建立在有文字可考的坚实基础之上，并成为举世公认的“中国历史之开幕时期”。

甲骨文距今三千多年，是目前已知中国最早有系统的文字，与当时世界上先后出现的古埃及的纸草文字、古巴比伦王国的楔形文字和古印度的印章纹，并称世界四大最早文字，推动了人类文明发展的进程。但只有甲骨文一枝独秀，传承发展为今天的汉字。而其他古代文字，早已退出历史舞台，成为后继无祧的“死文字”。三千多年来汉字结构没有变，这种传承是甲骨文蕴含的真正中华基因。

由于甲骨文无与伦比的文物价值和其文字蕴含的商代社会丰富信息，因而自甲骨文被学者发现起，就成了中外收藏家竞相争购的价值连城的抢手货。从 1899 年到 1928 年的安阳小屯村民私挖乱掘，到 1928 年以后由国家机构，即中央研究院史语所科学发掘甲骨文和殷墟考古至今，近 120 年来安阳殷墟共出土甲骨文 15 万片左右。如果除去公家科学发掘所得甲骨共约 32501 版（现藏台湾史语所 25836 版和北京考古所的 6665 版），剩下的近 11 万版甲骨文，应都是 1928 年以前私人盗掘的出土品了。这些陆续出土的甲骨文，多被国内的大收藏家以“厚值”买走，或被外国人巧取豪夺，倒手转卖于世界各地。因此可以说，甲骨出土之日，即为其离散海内外之时。

据甲骨学家胡厚宣教授统计，目前国内收藏甲骨文的遍及 25 个省、自治区、直辖市，40 多个城市，98 个机关单位和 47 个收藏家，国内公私共收藏有甲骨 80901 版；而流散海外的甲骨，诸如日本、加拿大、英国、美国、德国、俄罗斯、瑞典、瑞士、法国、新加坡、荷兰、新西兰、比利时、韩国 14 个国家的公私藏家共收甲骨 21758 版。此外，中国台湾地区公私收藏甲骨 4500 多版，香港地区公私收藏甲骨 90 版，如此等等。近 120 年来，虽然私人盗挖所得甲骨文星散海内外，但 11 万片甲骨的立身之地，一直处在守护甲骨文化的学者追踪和掌控之中。

时间的推移和世事的沧桑，使不少私家所藏甲骨早已数易其主，物是人非。但从甲骨流传的总趋势来看，私家的大宗收藏越来越向社会公家机构集中。时代的更迭，使动辄有数万甲骨的私人藏家早已风光不再。而经史无前例洪流洗礼的私人小宗收藏，经查抄、退赔、认领、赠捐或转让，原个别仅供把玩或聊资纪念的私人收藏，基本也已不复存在；而海外甲骨大宗收藏，原来也以私家为多，如日本富冈谦藏 800 版和三井源右卫门 3000 版等。但因一些不可抗拒的因素，诸如第二次世界大战的炮火，使不少私人收藏甲骨变动很大。虽然还有一些甲骨尚在私人手中，但已数量不大。更有的大宗收藏，现已不知所终，如三井及富冈的大宗收藏等。也有不少私人藏品，逐渐转由公家单位收藏。因此，流散海内外的甲骨，现均以公家收藏为大宗。珍藏在中国各地和世界上 14 个国家和地区各大博物馆和研究机构的 11 万片非科学发掘所得甲骨文，以收藏万版以上的单位为数量最多，现全世界只有两家，即中国国家图书馆和故宫博物院。而国家图书馆收藏的 34512 版，比故宫博物院收藏的 22463 版要多出 12000 多版，因而居于世界收藏甲骨数量之冠。

1936 年，第 13 次殷墟发掘发现的 YH127 坑 17000 多版甲骨的窖藏，以其出土甲骨的空前数量和文化内涵的丰厚，被国内外学者称为世界上最早的“档案库”和商王朝的“国家图书馆”。但 YH127 坑甲骨窖藏的甲骨贮存数量与国家图书馆的 34512 版相比，就略逊一筹了！因此，国家图书馆的世界第一甲骨收藏，堪称商代历史档案第一库！

二　片片甲骨震天下

国家图书馆的世界第一甲骨收藏，是几代学者为传承和弘扬甲骨文这一优秀的民族文化遗产，竭尽财力和心力，殚精竭虑众里寻他千百度的追求、积累和守护的结果。这批馆藏甲骨，来源有两部分：第一部分为原北京图书馆多年搜藏所得；第二部分为原中央文化部划拨入藏。其第一部分甲骨，有“接收”者，如罗振玉藏品 460 多版和张仁蠡藏品 292 版等；有一部分为捐赠入藏者，如收藏家何遂 130 版等；另有一部分为先后收购入藏者，如甲骨学家胡厚宣 1900 余版及通古斋黄濬 420 版等。以上各项，前北京图书馆共入藏 3300 多版；第二部分国家图书馆的大宗入藏 30000 多版甲骨，乃原中央文化部文物管理委员会（现国家文物局）划拨而来。这批甲骨，有收购而来者，其中有大收藏家刘体智善斋旧藏 28000 版。刘体智，字晦之，号善斋老人，晚清重臣四川总督刘秉璋之第四子，自幼聪慧好学，其文物收藏堪称海内外第一。郭沫若曾盛赞善斋“所藏甲骨之多且精，殆为海内外之冠”。又有购自甲骨学家郭若愚 440 版，购自孟定生 360 版等。孟定生，字广慧，是与王襄齐名的早年甲骨收藏家，其前后共收得甲骨 430 版。其中的 360 版售与中央文化部。2004 年 7 月 4 日，上海崇源国际拍卖公司落槌，20 版甲骨拍出4800万元天价的消息震动了甲骨学界。这20版甲骨，就是原孟定生收藏所余部分甲骨。收藏家邵伯炯的22版甲骨，也是收购而来；又有一批甲骨为捐赠所得者，计有收藏家罗伯昭388版、书画鉴定家张珩32版、考古学家徐旭生13版等。以上文化部各项所得甲骨共3万版左右。此外，中央文化部还收得未刊甲骨拓本若干种，计有刘体智善斋甲骨28000版拓本、孟定生旧藏甲骨拓本360版，罗伯昭沐园藏甲388版拓片、邵章倬庵旧藏甲骨拓片22版、张珩旧藏甲骨22片、徐炳昶旧藏甲骨15版拓本等。中央文化部所得全部甲骨及拓片，划拨当年的北京图书馆（1998年始更现名中国国家图书馆）收藏，从而使国家图书馆甲骨收藏达34000多版之富，跃居世界收藏甲骨总数第一位。

国家图书馆的甲骨收藏，有不少是在学界起到一锤定音，震动学坛的名片的作用。诸如郭沫若的《粹》（1937年），即从善斋28000片甲骨拓本集《书契丛编》中选出1595片编辑而成。虽“略当十之一，然其精华大率已萃于是”书。善斋《书契丛编》的原骨，现入藏于国家图书馆。郭沫若在《粹》序中说，王国维虽然第一个考证出甲骨文先公名夒者当为帝喾，但其甲骨拓本“至今尚未问世”，因而颇有人疑夒非帝喾。现《粹》书第1片、2片、3片皆有“夒”，因而善斋藏骨“可为王氏之证，而间执怀疑者之口”。此外，虽然王国维于1917年据《戬》1·10+《后上》8·14的拼合，证明了《史记·殷本纪》所记商王世系可信，也据此版的缀合，纠正了《殷本纪》所列殷代王世的个别错误，从而把甲骨学研究推向了“草创时期”（1899—1928）商史研究的最高峰。但此“例仅一焉，笃古者将疑其为不足据”。郭沫若《粹》113号，就是将善斋所藏之二甲骨断片（即《粹》113号之乙、丙）“与燕京大学藏片（即《契》20，为《粹》113之甲）之复合”，此版“所见先公名号，其次亦为上甲、报乙、报丙、报丁、示壬、示癸”，“亦为王说得一佳证”，再一次证明了“《史记》之误，为绝对无疑”。不仅如此，郭沫若还从此“得上甲以来周祭顺序，为研究殷代祀谱奠定了基础”。此外，甲骨学家董作宾于1933年曾对王国维所缀各片再补缀，即《粹》112片是《后上》8·14+《戬》1·10再补缀之断片，即为善斋甲骨277号。从而使王氏的缀合更为完整，即使王氏缀合示癸、先王又增加了大乙，大甲之下先王又增加了大庚、小甲和三祖乙等。总之，国家图书馆所藏善斋甲骨，内容十分丰富，有不少“制启后来，或各属仅见等异语”。这批甲骨有不少是“足以矜耀于契林”的重要材料。

不仅如此，国家图书馆收藏的“四方风”大骨，也是享誉学术界的珍品。此版即馆藏善斋7388号肩胛骨，全版无钻、凿、灼，也没有“贞”或“卜”的字样。甲骨上刻的走向自上下行的文字四行，共25字。1937年，郭沫若编纂《粹》时，因疑其为伪刻，故未收入书中。从而此版一直被束之高阁，几十年来默默无闻。后经甲骨学家胡厚宣先生鉴定此片不伪，实为记东西南北四方之名和四方风名的记事刻辞。胡先生在20世纪40年代写有《甲骨文四方风名考证》，并于1954年将此版甲骨收入《京津》一书为520号。1956年，胡先生又写了《释殷代求年于四方和四方风的祭祀》，对此版进行了再研究。从此“四方风”大骨从被人冷落多年的“假”货中恢复了“真”相，并声名大噪，成为镇馆名片，现已收入《合集》，编为14294号。

在国家图书馆收藏的大量甲骨中，虽然有不少片以其内容的重要震动了学术界，但大多皆为残碎小片。虽然如此，亦有一些鹤立鸡群的大片，使学者见所未见并见之瞠目。馆藏善斋21号，胡厚宣将其正、反面编为《宁沪》1·110及1·111。对海内外甲骨如数家珍的胡厚宣，称道善斋此版在15万片甲骨中，“为牛胛骨中最大（作者按：长达1.6尺左右）、最全（作者按：虽颈部断裂，但可缀合。全版甲骨正反面完整，丝毫未损缺）、文字最多（作者按：正面30辞，共193字。反面亦有6辞共25字）之一版”。国家图书馆收藏之此版最大牛胛骨与台湾收藏YH127坑出土之最大马来海龟甲版交相辉映，为15万片甲骨中无可与之争衡的龟骨和胛骨的“巨无霸”。

三　让刻（或写）在甲骨上的文字“活”起来

国家图书馆珍藏的大批甲骨文，虽然其中一些名片在百多年的辗转流传过程中，已先后收录在《前》（1913年）、《通》（1933年）、《佚》（1933年）、《粹》（1937年）、《邺》（1935年）、《邺二》（1937）、《邺三》（1942年）、《缀》（1953年）、《宁沪》（1951年）、《京津》（1954

年）及《合集》（1978 年）、《补编》（1999 年）等书中，有多少不等的著录并引起学术界的震动，但毕竟数量有限（先后公布的国图藏甲近 1.5 万片），还有大量的甲骨未经整理和公布，其上的文字，当有更丰富、更深刻的文化信息，有待于我们去发掘和发现。因此，把国家图书馆藏甲骨进行全面整理和早日提供给学术界研究，是践行习近平同志“让书写古籍里的文字活起来”要求的刻不容缓的实际行动。

让刻（或写）在国家图书馆收藏大批甲骨上的文字活起来，应做好两个方面的工作。其一，是全面整理馆藏全部甲骨资料，这包括厘清已著录过和从未著录的资料，并去除伪片和对残碎甲骨的再缀合。在此基础上，将每片甲骨加以墨拓、用数码相机制作精细照片、制作准确的摹本和片形部位释文。最终用现代出版技术，印制纂辑全部 3 万多片甲骨的“四位一体”（及拓本、摹本、照相、片形部位释文互相参校）的“更臻完善”的甲骨著录，提供甲骨学者研究和阐发甲骨文中的中华文化精髓，促进传统文明的传承和弘扬，为增强文化自信和社会主义核心价值观的培育和践行做出贡献。我们希望国家图书馆的全部甲骨能早日整理完毕并面世。其二，是要通过展览等形式，增强馆藏甲骨的影响力和文化创造力。国家图书馆自 2015 年 10 月开幕，至前不久才撤展的“甲骨文记忆展”，把深奥的甲骨文知识进行了深入浅出的形象解读，推动了甲骨文化的普及和传播，从而使优秀的甲骨文明在怡情养志，培养文化自信中焕发出时代价值。因此“甲骨文记忆展”使阳春白雪的甲骨文“活”起来了，“寻常百姓”在“甲骨姓属林”中寻根和在“甲骨动物苑”中辨水、陆、空禽鸟的寓教于乐的参与和互动中，享受了一场典雅清新的文化盛宴。因此，这个深接地气的“甲骨文记忆展”是成功的！

让我们共同努力，使更多刻（或写）在甲骨上的文字活起来！

第四节　殷墟的保护与弘扬无竟时——向殷墟博物苑·世界文化遗产·国家考古遗址公园砥砺前行

殷墟从三千多年来的商王朝都城废墟，到 1928 年以后成为中国和世界著名的考古胜地，一直都是“享誉”在学术著作中和小众学者的象牙之塔里。直到1987年9月，在殷墟遗址上一座园林式的遗址公园——殷墟博物苑的建成，才使底蕴深厚的殷墟文化回到芸芸众生之中。这个鲜有人间烟火之地，成为一处考古学家与广大人民群众互动的热土。这里寓教于乐，广大游人在浓厚的殷商文化氛围熏陶下，潜移默化地就受到了历史唯物主义教育和爱国主义情怀的激励。因此，殷墟博物苑使殷墟文化走向人民大众，是安阳人民保护与弘扬殷墟和殷墟文化的一大创举，并取得了巨大的成功。

安阳人民并未就此止步，而是在殷墟博物苑对殷墟保护与弘扬取得成功的基础上，更上一层楼，又向更新的宏伟目标——申请列入联合国教科文组织的“世界文化遗产”名录前进了。为安阳殷墟能列入世界文化遗产，安阳市人民与考古学家一起，在各级政府的全力支持下，科学展示和模拟复原了殷墟的重要考古遗迹和文化景观，并按世界文化遗产所在地的标准，对殷墟遗址周围环境进行了整治。考古学家日以继夜，贡献了大量的心血和智慧。而世代居住在殷墟遗址上的当地民众，为世界文化遗产的申报成功，舍小家、为国家，又做出了巨大奉献与牺牲。在殷墟宗庙宫殿区，对建筑基址采用地下封存、地表植物标识的办法。只有乙二十基址，依据科学成果复原展示为茅茨土阶大殿；王陵区的十几座大墓，则采用地下封存、地表植物标识的办法。只有据传出司（后）母戊鼎之墓，重新揭露展示，并盖保护房，使之成为一个展览单元。而殷墟王陵区祭祀坑的骨架，则用石膏或树脂复原展示。一些车马坑，从原址整体迁移之后，建保护房集中保护展示。此外，著名的YH127坑17096片甲骨窖藏，则在发掘原址上建纪念室，既模拟再现YH127发掘原状，又在周围展壁上介绍此坑发掘经过、重要价值及发掘逸事等。在宫殿宗庙遗址区东边的洹水岸边，为保护遗址内景观的和谐，特建成一座地沉式殷墟博物馆，以展览殷墟历年出土珍贵文物。西边的妇好墓复原厅和东边的殷墟博物馆遥相呼应，使参观者在感受模拟景观营造出的殷商文化氛围的同时，看到了殷墟出土的厚重的青铜器、神秘的甲骨文、精美的玉器等一件件人类文明宝库中的珍品，从而享受到一场文化盛宴和被博大精深的殷商文明所感染……

2006年7月16日，联合国教科文组织在立陶宛首都维尔纽斯召开了第30届世界遗产大会。就是在这次会议上，中国殷墟以其历史的真实性和保存的完整性，遗址的重大科学价值和研究的可持续性，展示的科学性和景观的可视性等无与伦比的特色，被与会代表投票，一致赞成把殷墟遗址列入《世界文化遗产名录》。这标志着殷墟的保护与弘扬，由中华民族的、中国的，走上了世界的保护与弘扬的全新阶段。

殷墟申报世界文化遗产的成功，应是考古学家和安阳人民长期保护和弘扬殷墟文化的结果。而1986年殷墟博物苑的启动和兴建，应就是殷墟申报世界文化遗产的基础和序幕。殷墟博物苑使考古学家保护和弘扬的殷墟文化成果，从考古报告和书本里走向活生生的现实世界，并走向人民大众的精神生活和休闲怡性之中。而世界文化遗产的申报成功，则是殷墟博物苑保护和弘扬殷墟文化向世界范围的展示和升华，从而更广泛、更深层次地影响着世界人民的精神生活和休闲世界！

2010年10月，安阳殷墟宫殿宗庙区和王陵区遗址公园，又被国家文化局首批命名为“考古遗址公园”，这标志着世界文化殷墟文化的保护和弘扬又上了一个新台阶。

为把殷墟这块令中国和世界人民牵挂的文化圣土，千秋万代地保护好、弘扬好，安阳当地人民又行动起来了……花园庄村整体搬迁，从而使殷墟又扩大了保护和弘扬的土地范围，更多的地下珍贵文物宝藏得以在地下博物馆里完整地保存，将完整地留给后世子孙去打开、去研究、去解读……

配合基本建设，考古学家在殷墟的土地下又不断有新的惊世发现。诸如村落遗址窖穴中出土的成坑成吨计铅锭饼，这是自殷墟科学发掘以来所未见的……

以《王后·母亲·女将——纪念殷墟妇好墓考古发掘40周年特展》为题的考古文物展览，在北京首都博物馆隆重举行。

商王武丁之妻——王后妇好墓出土的有“妇好”铭青铜器、三联甗、方鼎、圆尊等雄浑庄严的器型，玉龙、玉凤和玉龟等栩栩如生的动物雕件，以及象牙杯的华美、瑰丽等，这400多件精美文物离开三千多年前的商代都城殷墟，到当代中国的政治中心——北京一展风采。让文物“活”起来，让殷墟的国宝走向全国，走向更多关心华夏文明的人民大众之中。

观众在展品前驻足流连，时空的穿越，实现了今人与古人的对话。妇好墓出土的一件件中华文明瑰宝，使更多的观众心灵受到震撼!

人事有代谢，往来成古今。从1986年冬殷墟博物苑的启动和1987年落成，到2019年纪念殷墟申报世界文化遗产成功十周年，正好是三十年已经过去，真是弹指一挥间!

这三十年，考古学家保护和弘扬殷墟文化，在殷墟博物苑走出了一条与人民群众共同保护和弘扬的康庄大道……

这三十年，是在人民群众也能参与保护弘扬殷墟文化的殷墟博物苑的基础上，又走上了世界人民和全国人民共同保护和弘扬世界文化遗产和国家考古遗址殷墟的全新阶段。因此，从这个意义上说，殷墟博物苑的兴建，是申报世界文化遗产的序幕。

如此等等。殷墟遗址从殷墟博物苑向世界文化遗产冲击，再向国家考古遗址公园砥砺前行。殷墟文化在保护与弘扬中前进，殷墟文化在保护与弘扬中发展。路漫漫其修远兮，殷墟文化保护弘扬的前进道路无竟时!

那些为保护与弘扬殷墟及殷墟文化做出贡献的人们，将与世界文化遗产殷墟和殷墟文化同在！我们永远怀念做出特殊贡献的张光银同志!

靡不有初。三十年前殷墟博物苑的兴建和巨大贡献，历史是永远不会忘记的!

第五节　鼓励·互动·再辉煌

2016年10月28日，中国文字博物馆在《光明日报》上公布的《关于征集评选甲骨文释读优秀成果的奖励公告》(奖项简称“优秀成果奖”)，是贯彻和落实习近平同志在全国哲学社会科学工作座谈会上“要支持发展事关文化传承”的甲骨文等冷门学科讲话精神的重大举措，也体现了党和人民对几代坚守在清冷的甲骨学苑里的学者们，为弘扬和传承甲骨文化锲而不舍的追求精神的承认与肯定。

因此，重奖甲骨文释读优秀成果的《公告》一经发表，犹如一石激起千层浪，在海内外学术界引起了巨大的反响。与此同时，《公告》的发表，标志着甲骨学新世纪的“政府推动下的甲骨文研究全面深入发展与弘扬新阶段”开启了。

一　鼓励与肯定

习近平同志重视发展具有重要文化价值和传承意义的“绝学”、冷门学科，是老一辈无产阶级革命家一贯重视优秀中华文化传统的继承和弘扬，并在新形势下又有所创新和发展。

即使在非常特殊的时期，敬爱的周恩来总理仍关心着“通读甲骨金文的人才”还有几位，并大义凛然地坚持“甲骨学事业不能在我们这一代就断送了”，并想方设法减少损失，“要一代一代传下去”。就在历史研究所全部研究人员去“五七”干校“学习”农业前夕，文化极不受尊重的时刻，周总理还指示要保护好历史所珍藏的甲骨片及资料，并将其全部“战备”转移到陕西太白山深处，得以在学者们“五七”干校“毕业”后，完好无损地运回北京；甲骨学大师郭沫若在自己处境已相当困难的情况下，还念念不忘“要大力培养接班人”，以使甲骨文这门濒危的学问能传承下去；老一辈马克思主义史学家尹达教授，也要求《甲骨文合集》总编辑胡厚宣教授要“出成果，出人才”，“要带出一支队伍来”，以适应国家未来文化事业大发展的需要。不仅如此，老一代马克思主义史学家为人才的成长和学科的发展，还从研究资料的基础建设方面，做出了利在当代，泽及后世的贡献。诸如郭沫若在年老体弱和国务活动相当繁忙的情况下，毅然承担了主编《甲骨文合集》这一集传世甲骨之大成的著作。郭沫若的威望和影响，得以使这部巨著克服了编纂过程中的种种困难，并在1978年终于完成，为其后的甲骨学研究全面深入发展时期（1978—1999年）的成就奠定了基础。

十年多的“运动”结束以后，凸显了甲骨学研究青黄不接的危机。自1978年科学的春天到来以后，不少老一辈甲骨学家昼夜兼程地努力著书立说的同时，还大力培养硕士、博士研究生，从而一批批年轻学者成长起来。研究队伍不断注入的新活力，使古文字学界人才断层的局面得到了改变。

不仅如此，国家还大力设置哲学社会科学各种奖项，以引领学术发展的正确方向和对人才培养的激励。甲骨学家的卓越贡献和其著作的重大价值，时有在重大奖项中名列榜首并被多种奖项奖励者，诸如老一代学者胡厚宣总编辑的《甲骨文合集》，获1993年国家图书奖等。由新中国培养的学者王宇信、杨升南主编的《甲骨学一百年》获2001年第八届“五个一工程”一等奖等。而1978年以后成长起来的学者宋镇豪主编的《商代史》(11卷本)，获2013年第三届政府出版奖等国家级大奖。这表明，冷门甲骨学不绝如缕，在甲骨学研究的“深入发展阶段”(1949—1978年)、“全面深入发展阶段”(1978—1999年)和“新世纪”(2000年以后)再辉煌的开始等不同阶段，代有传人。他们的锲而不舍追求和卓越贡献，得到国家和社会的承认。

甲骨学家们传道、授业、解惑培养研究生，还采取多种鼓励人才成长的措施，而设立甲骨学优秀成果奖，就是支持和鼓励人才茁壮成长的行之有效的措施。作为民间学术团体的中国殷商文化学会，曾设置“商承祚甲骨学研究奖”，1999年在河南安阳召开的“纪念甲骨文发现一百周年国际学术研讨会”上，向取得优秀成果的5位青年学者颁奖(中国内地韩江苏、刘源2名、中国台湾林宏明1名、日本铃木敦1名、法国麦里筱1名)。这次授奖活动，引领了年轻学者成长的正确方向，在海内外甲骨学界产生了巨大影响。当年获奖的年轻学者，确定了以甲骨学研究为终生方向，又经过近20年的拼搏，如今均已成为享誉甲骨学坛的著名教授。

甲骨文字的释读，是进一步读懂和发掘甲骨文中蕴含的古代社会奥秘和中华文化基因的基础。因此，对一些尚未认识或尚未取得共识的甲骨文字进行释读研究，是推动甲骨学商史全面深入发展和再前进的前提。学者认为，甲骨文字的释读，是创造性的科学研究，是在多年知识积累的基础上取得的。科学研究有其灵感瞬间性、方式的随意性和路径的不确定等特点，因而甲骨文字的释读，并不是像一些人理解的集中一批学者，花上一段时间，搞“群众运动式”的“研究”所能奏效的。因此，中国殷商文化学会为了鼓励人才创新，引领学术发展方向，设置了“王懿荣甲骨学奖”(以下简称“王懿荣奖”)，并于2009年8月在王懿荣故乡烟台福山召开的“纪念王懿荣发现甲骨文110周年国际学术研讨会”上，颁发了一等奖(陈剑)、二等奖(赵平安)、三等奖(刘一曼、曹定云)。这些获奖的优秀文字学研究成果，其特点在于特别注意从新出土简帛等文献中，爬梳、发现其传承甲骨文字基因的蛛丝马迹，因而在研究中有所突破和前进。

虽然“王懿荣奖”重奖文字释读的新成果，力图吸引更多的学者投身这一充满挑战的研究工作中来，但甲骨文字的研究工作与甲骨学其他领域的研究进展相比，还是显得有些薄弱。鉴于此，中国殷商文化学会、大舜文化研究会、王懿荣甲骨学研究会等学术团体一道，2016 年 8 月 20 日在山东烟台福山“王懿荣纪念馆”召开了“甲骨文字识读进展与研究展望研讨会”，来自全国各地几十名有代表性的甲骨学家，专就甲骨文字研究的成绩进行了回顾与总结，并以高度责任感，担当起习近平同志赋予甲骨学界的确保有人做、有传承的历史使命，成立了“王懿荣甲骨学研究学术委员会”。

著名甲骨学家、商史学家、商周考古学家王宇信、谢玉堂、宋镇豪、王震中、朱凤瀚、吴振武、黄天树、蔡运章、李民、王蕴智等教授被选入学术委员会，将以公开、公正的原则，科学、严肃地评出优秀的甲骨文释读成果，引领甲骨学发展方向，并授予重奖以资鼓励。

为了把这一有重大意义的评奖工作做好，2016 年 11 月 19 日，学术委员会的专家又齐聚济南，专在“甲骨文字研究座谈会”上，积极出谋献策，就“王懿荣奖”的设置、目标、评选范围和方法、奖金额等进行了周密的设计和遵循的规则，并决定在近期向海内外甲骨学界发布评奖作品的征稿“启示”。

中国文字博物馆的“优秀成果奖”是在民间学术团体“王懿荣奖”的“启示”之后面世，并有国家基金支持的为发展冷门学科而专设的唯一国家级大奖，花落甲骨学研究领域，也表明国家重视甲骨文中华文化基因的传承，为实现中华文化复兴梦的不可替代的作用。应该说，“优秀成果奖”的设置是对民间学术团体的“王懿荣奖”等奖项推动了学科发展的肯定，并受其启示。而学术团体设置的“王懿荣奖”，在运作过程中又受到了官方“优秀成果奖”的促进与规制化的影响。虽然两种奖项规格不一，有文野之分和体制内外的区别，但目的却是相同的，既充分体现了党和人民对传统文化和冷门学科的重视和支持，为甲骨文化的深入发展，评出正确方向，又充分调动了海内外学者的积极性和创新精神，推动甲骨文字研究取得了新的实质性进展。

习近平同志关于“要重视发展具有重要文化价值和传承意义的绝学、冷门学科”的论述，高屋建瓴，说出几代甲骨学者的心声，也是对甲骨学者弘扬和传承甲骨学的不改初心和奉献的最大鼓励与肯定。

二　互动与互补

“优秀成果奖”与“王懿荣奖”的设置，目标一致，相得益彰，将对甲骨学的发展和传承起到巨大的推动作用。但二者也有所不同，这就是：

1. 在评奖范围方面的不同。“优秀成果奖”圈定了设奖范围，即为了“解决甲骨文释读目前面临的瓶颈问题”，“自即日起组织实施甲骨文释读成果专项奖励计划”，主要是奖励甲骨文字研究取得的公认的突破成果。而“王懿荣奖”的设奖面则较为宽泛。之所以如此，是因为甲骨文字的释读研究是甲骨学研究的一个方面而不是全部，还应包括甲骨文新资料的继续搜索整理与著录、甲骨断片的尽可能地更多缀合和在诸项基础之上的甲骨新字的更多发现及研究。此外，还涉及甲骨文的分期与分类、卜法文例研究、甲骨文与商史研究、甲骨学史研究及甲骨目录学等专题范围的研究等。这些范围涌现出的优秀成果，推动了甲骨学的全面发展与传承，因而都在“王懿荣奖”所设奖项的范围之列。因此，就从奖励范围来看，“王懿荣奖”较“优秀成果奖”要宽泛得多。

其实，甲骨文字的释读研究，并不只是从文字到文字孤立地进行的，而是在尽可能全部公布甲骨文拓片和缀合残片，以期发现更多的甲骨新字和更为完整的辞例和点画证据。与此同时，对已公布的材料进行再整理，并利用数码照相等现代科技手段，再显模糊之字之原貌和再现点画之隐痕，从而再发现新字和校正一批“新”字。这一甲骨文字的全面搜索著录和原有著录的再整理，是国家重大交办的科研项目，即“大数据云平台支持的甲骨文字考释研究”建设大型数据库和分类综合研究的基础，也是甲骨文字释读研究取得突破性成果的前提。而这些成果的优异者，都在“王懿荣奖”的授奖之列。因此，授奖面较为宽泛的“王懿荣奖”，正是对“优秀成果奖”的扩大和补充，二者互补并相辅相成，从而推动了学科的全面发展。

2. “王懿荣奖”和“优秀成果奖”评奖征文设定的时间也不尽相同。“王懿荣奖”学术委员会专家认为，文字释读的突破性成果，除了评委会的专家从文字学的规律和传统研究方法的检验得到确信以后，还要应用到全部有关文例的应用与研究，并做到文从字顺，毫无扞格的验证。因此，这些成果不仅要甲骨学商史专家在研究中得心应手的使用，还需要有一段时间实践的考验。有鉴于此，“王懿荣奖”的参评作品，与“优秀成果奖”的“自本公告发布”（按即2016年10月28日）之日起不同，而是从1999年以后至今，即21世纪开始的甲骨学研究新百年，即已经过去20多年来所取得的优秀成果。应该说，从这些经过时间锤炼的作品中评选出的优秀成果，更具有权威性和社会认同性。因此，“王懿荣奖”关注了“优秀成果奖”忽略的这时间段甲骨学家的创造性成果，从而体现了甲骨学发展120年学术史的完整性和传承的阶段性。因而从两个奖项设定的征稿时间看，也是互相补充，相互呼应的。

3. 120年来的甲骨学研究发展和传承，是几代甲骨学家皓首穷经，以延续甲骨学文脉为己任，终生追求和守护的结果。他们的道德文章，已成为和甲骨文一样的宝贵精神财富。而不断成长着的甲骨学新秀，以他们的研究成果，为甲骨学的发展注入了青春活力。因此，“王懿荣奖”不仅充分肯定老一代学者的优秀成果和贡献，而且还特别注意把评奖活动与研究人才的培养结合起来，专设“王懿荣甲骨学青年奖”，以发现和鼓励青年甲骨学家成长，把他们推向学术研究的前沿，从而确保甲骨学生生不息地发扬光大。有意识地向青年学者倾斜，这也是“王懿荣奖”对“优秀成果奖”的补充和丰富。

三　开始了新世纪政府推动下的甲骨学全面深入发展与弘扬新阶段

前不久立项并已启动的重大交办项目，即“在大数据云平台支持下的甲骨文字研究”，是一项系统工程。以甲骨文字释读为抓手的甲骨学研究，将推动甲骨学各研究领域的全面深入发展与弘扬。以权威专家为支撑的民间学术团体设置的“王懿荣奖”和国家社科基金支持的“优秀成果奖”，虽然二者规格不同，但并行不悖，且取长补短，相得益彰，从而使评奖活动更有代表性和社会性。学术团体设置的“王懿荣奖”，在多年运作过程中的影响和示范作用，启示和推动了国家级“优秀成果奖”的设置，也为其评奖活动提供更广泛的社会基础和认同感。归根结底，“优秀成果奖”是国家社科基金支持的最高级别的奖项，也是多年来学术团体设置的各种奖项的归宿和升华，因而对甲骨学的发展和传承更具有导向性、权威性和示范性。

总之，国家级“优秀成果奖”的设置，和学术团体竭力设置的“王懿荣奖”交相辉映，极大地提升和鼓舞了那些衣带渐宽终不悔地追求甲骨学发展学者的信心。一个冷门学科，居然能在国家级媒体上发布《评奖公告》，确实引起了学术界的震动。《评奖公告》犹如在甲骨学界吹响了“集结号”，将动员和吸引更多的海内外老、中、青年甲骨学家，利用传统方法与现代科学技术相结合，进行多学科联合攻关，将会有一批突破性成果问世。因此可以说，中国文字博物馆在2016年10月28日《光明日报》上公布的《奖励公告》，是新世纪政府推动下的甲骨学全面深入发展与弘扬新阶段开启的里程碑。

让我们撸起袖子加油干，为新阶段开启的新世纪甲骨学研究大发展和取得更大辉煌而努力奋斗吧！

第十九章

甲骨文研究“新阶段”到来的前事与“新阶段”研究的大发展

——谈政府推动下的甲骨文研究全面深入发展与弘扬

为了贯彻落实习近平同志“要重视发展具有重要文化价值和传承意义的‘绝学’、冷门学科”，“如甲骨文等古文字研究等。要重视这些学科，确保有人做，有传承”的重要讲话精神。国家社科基金规划办，委托中国文字博物馆在2016年10月28日的《光明日报》上，发布的《关于征集评选甲骨文释读优秀成果的奖励公告》（以下简称优秀成果“奖励公告”），标志着甲骨学研究从新世纪开端的最初十多年（2000—2016年）的蓄势聚力，开启了“政府推动下的甲骨文研究全面深入发展与弘扬新阶段”。国家社科基金规划办启动的重大交办课题“大数据云平台支持下的甲骨文字考释研究”和教育部语信司启动的“甲骨文等古文字研究与应用专项”，把甲骨文“新阶段”的研究推向了新高潮。一系列甲骨文研究课题的完成，将铸就甲骨学研究新阶段开启的新百年更大辉煌。

第一节　“新阶段”良好开局的未雨绸缪

1999年，是殷墟甲骨文发现100周年。中国殷商文化学会和中国社会科学院历史研究所、考古研究所，联合安阳市人民政府，在甲骨文的出土地安阳举行了盛大而隆重的“纪念甲骨文发现100周年国际学术研讨会”。

来自中国大陆和海外的120余名甲骨学权威专家出席了会议。海内外专家学者提交大会的100多篇研究论文，反映了当时甲骨学研究的最新水平。就是在这次甲骨学研究新旧世纪交替的重要会议上，中国社会科学院历史研究所甲骨文研究团队，以“甲骨学一百年成果”的系列著作，诸如《甲骨学一百年》《甲骨文合集补编》《百年甲骨学论著目》等和同时推向学界的《甲骨文合集释文·来源表》《甲骨学通论》（增订本）等一批研究著作，作为甲骨文发现100周年纪念的献礼。这些著作，向世界学术界展示了中国甲骨学发展的最新水平和中国甲骨学家对前辈学者百年来研究成就的全面总结和继承。诚如台湾著名甲骨学家朱歧祥所深刻指出的，这些重要著作“不但有总结之功，而在若干课题上更有开创价值”，“它的影响当在下一个世纪逐渐开花结果”。

如此等等，学者们以辉煌的研究成果，为1899年以来百年的甲骨学研究作了总结，并继往开来，迎来了21世纪即将到来的甲骨学新100年的再辉煌。在新100年开局后的前十多年，一批甲骨学商史专家们继续心无旁骛地砥砺前行，在前一个百年甲骨学研究登上的高峰上继续攀登，从而使甲骨学商史研究的各领域又都取得了一批新的成果。这就是：

一　甲骨文继续有新的发现

继1991年甲骨发掘史上第三次大发现——花东H3整坑出土甲骨689版以后，进入了新的100年，仍不断有零星发现。诸如2002年小屯南地出土有字甲骨228版、2004年大司空村窖穴出土1版干支表等；西周甲骨也不断有新发现，在周原遗址，2002—2003年，齐家发现有字甲骨1件、周公庙发现有字卜骨2版。周公庙核心区5处遗址又发现甲骨5161版，其中“王季”“叔郑”等字样首见，而“周公”“毕公”几见。此外，周原以外的河南洛阳出土有多字的大版胛骨，山东高青发现有字筮骨1件。2016年，宁夏彭阳西周墓（M5）墓道填土中出土有字卜骨3件……

二　甲骨文的继续细化整理和“更臻完善”出版的加快，是这一时段的特色

首先是科学发掘甲骨的著录不断出版，诸如《花东》（2003）著录甲

骨 689 版，皆为非王卜辞。本书《序言》对花东卜辞“子”的身份、地位进行的抛砖引玉式的研究，颇有意义。《村中南》（2012 年）著录甲骨 531 版。本书《前言》以出土甲骨地层为依据，论述了𠂤、午组卜辞应较早，而历组卜辞出土于 3、4 期武乙、文丁时地层内，为“历组”卜辞不能前提至武丁、祖庚时期提供了地层证据；对甲骨藏品进行精细化整理和“更臻完善”的著录也时有新出版。主要有：《旅博》（2014 年）著录甲骨 2211 版；《笏之》（2016 年）著录甲骨 1807 号。其中《笏二》大部分甲骨未著录过，其 60 版原骨为日人河井荃庐旧藏，现原骨已毁于东京大轰炸，因而拓本颇为珍贵；《三峡博》（2016 年）收入甲骨 108 版；《卡内基》（2015 年）收入甲骨 406 版，此书重要参考价值在于“研究”，诸如钻凿形态、异代使用卜骨、早期作伪等方面的探索；《俄爱》（2013 年）著录甲骨 197 片，乃俄罗斯爱米塔什博物馆所藏甲骨，第一次以拓本形式悉数著录；《国博藏甲》（2007 年）著录甲骨 268 版。此书重要之处在于所收几篇论文颇有参考价值（朱凤瀚、宋镇豪、沈建华、刘源撰）；《北珍》（上、下，2008 年），著录甲骨 2929 号；《上博》（上、下，2008 年），著录甲骨 5002 版；《史购》（2009 年），著录甲骨 380 版；《历史所藏》（2011 年），著录甲骨 1920 版，如此等等；民间私人收藏甲骨也时有著录，诸如《洹宝》（2006 年），著录甲骨 302 版；《张藏》（2009 年），著录甲骨 384 版；《云间朱氏〈戬〉旧拓》，著录《戬》拓本 639 号。此书附录《集锦》上收 135 号，下收 158 版，其下有 65 版未见著录，原骨也不知所终，因而拓本颇为珍贵难得；《辑佚》（2008 年），著录甲骨 1008 版。如此等等。

以上各书，即著录科学发掘所得甲骨 2 种，传世甲骨再整理 14 种。虽各书所收甲骨数量不一，但总数在 2016 年前已著录甲骨 19014 版。而甲骨缀合著录书，是对甲骨著录书和甲骨实物的再整理，其意义犹如甲骨价值的再发掘，因而当也和公布甲骨的著录书有同等的价值。缀合著录出版有黄天树主编《甲骨拼合集》1、2、3、4（2011—2016 年，共缀 1015 例）；蔡哲茂《甲骨缀合集》《续集》《缀汇》等，自 1999—2011 年出版，共缀 1036 号（组）；林宏明《醉古集》（2011 年）共缀 382 例，《契合集》（2013 年）缀合 431 例。

此外，西周甲骨的权威标准著录《西周甲骨文》（2002 年）也已出版。本书总结西周甲骨研究时，把研究者视点引向“王与周方伯”“宗的位置”“曶周方伯之‘曶’的诠释”等焦点，很有意义。

三　在甲骨著录增多的基础上，甲骨学商史研究和总结性著作时有出版

有从文字校读、甲骨排谱及花东卜辞“子”的身份等方面进行专题研究的著作，诸如朱歧祥《殷墟花东甲骨校释》（2006 年）、姚萱《花东甲骨卜辞的初步研究》（2006 年）、韩江苏《花东 H3 卜辞主人子研究》（2007 年）、常耀华《殷墟甲骨非王卜辞研究》中篇（2006 年）、章秀霞《花东甲骨卜辞与殷礼研究》（2017 年）等。有专对花东刻辞文例进行探索的，如孙亚冰《花东卜辞甲骨文例研究》（2014 年）。还有对花东卜辞进行条分缕析整理的，如齐航福等《花东甲骨刻辞类纂》（2011 年）。集中对一坑甲骨进行研究的著作已如上述所列，而对其他出土甲骨进行研究的著作也时有面世，诸如刘风华《殷墟村南系列甲骨卜辞整理与研究》、刘义峰《无名组卜辞整理与研究》（2014 年）、刘影《殷墟胛骨文例》（2011 年）等。

对广受追捧的“两系说”，仍有不少学者持不同意见。在沉默了相当一段时间以后，又继续展开讨论。刘一曼等的《三论武乙、文丁卜辞》（《考古学报》2011 年第 4 期）进行了深入辩难。此文以大量证据表明，“无论从卜辞的内容进行分析，还是从田野发掘地层关系进行检验，‘两系说’是难以成立的”。此外，著名甲骨学家常玉芝撰著的专与“两系说”进行讨论的大著正在印制中。

不仅如此，一些对甲骨文字及甲骨文研究进行系统整理总结的字典类工具书和综论性著作也时有出版。开始用新著录《合集》等新版书编纂字典，诸如刘钊《新甲骨文编》（2009 年），第一次涉及殷文外的西周甲骨。李宗焜《甲骨文字编》（2012 年），收字扩至 2010 年以前著录。韩江苏《殷墟甲骨文字编》（2016 年）等大型文字编也先后编成，反映了甲骨文字考释和新著录的进展及其中所见新字的增多。以上各书的“附录”，为文字学家的文字释读指出了主攻方向；综论性著作也时有出版，诸如王宇信《中国甲骨学》（2009 年）、《甲骨学导论》（2010 年）、《新中国六十

年（1999—2009）》（2013 年）等书，则提供了甲骨学发展各阶段所取得成就的讯息。宋镇豪等主编的《甲骨文献集成》40 卷（2001 年），则将百年来所能搜集到的海内外出版著作上千种汇为一编，为新阶段的甲骨学商史研究提供最全面的信息和难得的研究参考资料。

更有意义的是，一部大型的为几代学者所追求、期望的《商代史》，被中国社会科学院立项，并在以宋镇豪为带头人的老、中、青研究团队的努力下，经 8 年多时间的打磨，终于在 2011 年出版。这部巨著由历史研究所团队完成，是实至名归的。这是因为经过郭沫若、胡厚宣、周自强、杨升南、王宇信等几代学者的经营，历史研究所在编纂《合集》的过程中，不仅积累了大批研究资料，还培养出了一支高素质研究队伍。而在其后完成《甲骨学一百年》系列成果和《甲骨文献集成》的过程中，使学者们熟知甲骨学商史研究所达到的高度及有待解决的问题、研究的热点和突破甲骨学商史难点的症结之所在。这支学有专攻的老、中、青学者研究队伍，终于攻下了大型多卷本《商代史》的难关，使这部多卷的宏观上的《商代史》，与微观上各分卷有关专题的拓展有机地融为一体，改变了商代大型断代史研究的滞后状态，从而大大丰富了中华五千年文明史的进程。

如此等等。历史研究所老、中、青三代学者，和全国各高校和科研机构的甲骨学专家一起，以自己的《商代史》和甲骨文字编等一批精品力作，为甲骨学新 100 年研究的再辉煌开了个好局，并坚守在自己的研究领域里，继续探索着、追求着、积累着，蓄势待发，未雨绸缪，随时准备向新阶段的研究高峰攀登。

第二节　打造“新阶段”甲骨学研究的更新辉煌

《光明日报》刊出的征集甲骨文释读优秀作品的《奖励公告》，标志着甲骨学研究新 100 年开局不久，就进入了“政府推动下的甲骨文研究全面深入发展与弘扬新阶段”。《奖励公告》在海内外学术界产生了重大影响，犹如甲骨学界响起的嘹亮“集结号”，动员了广大的甲骨学者和殷商文化专家，集中在国家哲学社会科学规划办公室的“重大交办课题”《大数据云平台支持下的甲骨文字考释研究》和教育部语信司的《甲骨文等古文字研究与应用专项》攻关队伍中。学者们在向甲骨学高峰的攀登中不畏险阻，群策群力。在研究中坚持驱动性转化，并创新性发展。一批原创性并代表国家水平的经典之作的推出，将把甲骨学研究的新阶段推向更新的辉煌。

一　重大委托项目“大数据云平台支持下的甲骨文字考释研究”

虽然在21世纪初，多卷本《商代史》的完成，对百多年来甲骨商代史研究成果进行了全面展现，但随着甲骨著录的增多和追踪文字释读成果的几部甲骨文字典的出版，学者也越来越意识到，在甲骨学继续顺利发展的道路上，遇到了文字释读滞后的难题，并成为障碍甲骨学研究再深入发展的短板。为了解决目前甲骨文字释读面临的“瓶颈”问题，使释读工作取得新的实质性进展，国家哲学社科基金规划办公室，在专家多次深入论证的基础上，决定把现代科技手段引入甲骨文字考释研究，于2016年12月批准了“重大委托项目”《大数据云平台支持下的甲骨文字考释研究》专项课题，并正式启动。本课题包括两个方面的内容，即“重大委托项目”和“释读成果奖励”。

（一）重大委托项目

此项目明确委托单位为中国文字博物馆，承担单位为清华大学、中国社会科学院、复旦大学、河南大学、首都师范大学、安阳师范学院等单位和这些单位的知名甲骨文殷商文化专家、计算机专家等。项目还聘请李学勤为首席专家，李伯谦、王宇信为项目顾问。项目设有10个子课题：

（1）《〈合集〉再整理与修订研究》，项目负责人：王宇信

（2）《天津博物馆藏甲骨文的整理与研究》，项目负责人：宋镇豪

（3）《甲骨文图像数据库》，项目负责人：黄天树

（4）《甲骨文已识字有争议字和未识字综理表》，项目负责人：刘钊

（5）《清华大学藏甲骨的综合整理与研究》，项目负责人：赵平安

（6）《甲骨文全文数据库及商代语言文字释读》，项目负责人：王蕴智

（7）《田野考古资料与甲骨文字释读》，项目负责人：唐际根

（8）《殷商社会文化形态与甲骨文研究》，项目负责人：郭旭东

(9)《甲骨文大数据云平台技术研究》，项目负责人：刘永革

(10)《甲骨文已释字与未释字整理、分析与研究》，项目负责人：韩江苏

以上 10 个课题，从其性质接近程度看，基本可分为四组。第一组，即编号为 1、2、3、5 者，基本都是对甲骨材料进行整理和再整理的研究。项目中，有的是对已著录甲骨拓本或摹本、照片进行再整理和研究的，也有的是对甲骨实物进行再整理和研究者。无论是对已著录的甲骨材料，如拓片（或摹本、照相等）或甲骨实物，在再整理（包括缀合）过程中，都将会有新的文字发现，或文字笔画有误著，或文字摹错者，将要予以科学纠正。或对甲骨片拾遗补阙，也将有意想不到的文字和新内容发现。如此等等，都将会给文字释读研究提供新启示或新动能；第二组有 4、6、10 三个子课题，是集中力量对甲骨文已释定的字、已释但未取得共识的字、尚未释的字等进行系统的统计，即全面识认、掌握当前文字考释的水平和进展，以便确定今后文字释读研究的主攻方向，从而避免重复劳动并收到事半功倍的效果。众所周知，人们对甲骨文字释读当前的进展，即究竟有多少个甲骨字和已破译并取得共识的文字有几何，尚有几何未释者，都是人云亦云，不甚了了的。学者们对甲骨文字考释的进展，一般还是从人云亦云出发，重复郭沫若 45 年前在《古代文字之辩证的发展》中所讲的一番话，即甲骨文“程式既简单，千篇一律，故所使用的文字有限。根据不完全统计，只有 3500 字光景。其中有一半以上是可以认识的，不认识的字大多是专名，如地名、人名、族名之类，其义可知，其音不可得其通读”。现在只不过是据李宗焜《甲骨文字编》（2012 年）的最新统计，把 3500 个单字改为 4300 个字而已。因此上述这一组课题，是为了找准大数据云平台支持下破译甲骨文字应突破的瓶颈。本组课题的最终结果，就是要把有关甲骨文字的信息全部录入电脑信息库，以供释读文字再研究时的查询。但各项目也各有特点，即 4（刘钊）课题的字头和例字，是以他的《新甲骨文编》为据，其甲骨字头和所收的文字，都是从甲骨拓片上截图再黑白释转而成。而课题 6（王蕴智）的“可识字形总表”，则是以原拓本截图形式呈现的可释文字编。10 号（韩江苏）的项目，其甲骨文字的处理，则是据她《殷墟甲骨文字编》的较准确摹写本。因此，这 3 个项目

不仅文字设计尚需整合规范，而且，一些录入标准也需程式一致化。因此，这3个项目还有一个各字库程序和标准数据规范化问题，融3个数据库的优点为一炉，并支持“大数据云平台”总数据库的建设，即用共同的标准数据和程序可在总库中查出各分库的信息，又可方便地在各分库中及时显现有关信息及此文字在总库中的位置，供文字学家据此进行破译文字时，对有关文字进行横向的点画分析比较和纵向的文字构件基因的衍化和传承字痕的发展，以期取得文字研究的突破。

第三组为8、7子课题。8项目（郭旭东）是按照文化形态学的要求，详细观察殷商发展的历史，全面汇集当时整个社会创造的物质文化和精神文化成就，再根据甲骨文字记录，分析其存在与表现形态建立其研究框架。而7项目（唐际根），把甲骨文字被创造出来和使用的文化背景，归结为自然环境、生活方式、事物思想、人工制品四大类，并系统整理出兼具文字和图像的数据库，为新释文字提供有关的背景启示。

而第四组为9项目（刘永革），其核心是甲骨文字“考释”，其基础工作是“大数据”。建设一个资料更全，检索效率更高的甲骨文数据大平台，为甲骨文释读提供全面信息支持，因此，本课题成了上述各子课题的归宿和取得文字考释突破的出发点。

如此等等。重大委托项目的10个子课题，自2018年12月立项后，在各课题组成员的努力下，正在向前顺利推进着。

（11）阶段性成果:《〈甲骨文合集〉第十三册拓本搜聚》，此书即将在2019年10月出版，全书共收入甲骨拓片1622号。众所周知，原《合集》第十三册，是与前1至12册所收为拓本不同的摹本，这是当时历史条件所决定的。所收多为早年摹本，因而摹错笔画、文字和缺漏者（不全或缺反、白等）所在多有，极大地影响了研究的发展。这次把原书2449片摹本中，可换的1622号拓本收集到并结集出版。《搜聚》是《合集》出版40多年来，第一次以拓本形式，对《合集》第十三册摹本加以科学再整理的著作，也是“重大委托项目”的阶段性成果（11）和献给甲骨文发现120周年纪念活动的厚礼。

《〈甲骨文合集〉第十三册拓本搜聚》，文物出版社2019年10月出版，编辑者《拓本搜聚》策事组

组长：王宇信

策事组成员：马季凡、韩江苏、具隆会、常玉芝、杨升南、王宇信

全书目录

《〈甲骨文合集〉第十三册拓本搜聚》策事组的话（代前言）

执笔者：王宇信

甲骨拓本：

第一期 1—880

第一期附 881—945

第二期 946—1188

第三期 1189—1271

第四期 1272—1443

第五期 1444—1622

释文 1—1622

附录：

1. 著录来源表

2. 缀合来源表

3. 著录书简称

（二）释读成果奖励

经国家哲学社会科学规划办公室批准，由中国文字博物馆组织实施的“甲骨文释读成果奖励计划”，自 2016 年 10 月 28 日《光明日报》发表的《奖励公告》起，正式启动。此计划奖励的对象，包括海内外作出文字释读有公认的突破性贡献的学者，即那些从未有人释读并经专家检验的突破性成果，一等奖，奖金每字 10 万元。而曾有人识读，但在进一步研究后，经专家鉴定有新的前进和突破者，即二等奖，奖金每字 5 万元。

《奖励公告》发表后，社会各界反应热烈并积极支持，应征稿件踊跃。至 2017 年 9 月中旬止，中国文字博物馆收到应征文稿已达 65 篇，因而进行“第一批征稿”评审工作的条件已经具备，以回答社会上对重奖破译甲骨文字工作的关切。中国文字博物馆将全部收稿统编为 65 号，略去文稿作者姓名，装订成三册（［1］册为 1—20 号，［2］册 21—30 号，［3］册 31—65 号），于 2017 年 10 月陆续寄送有关专家匿名评审。初评专家要对“可”和

“不可”参加下一阶段再评审的文章，在“推荐书”上写出自己的评审意见，并将“评审意见表”在2017年11月上旬寄回中国文字博物馆。

在学术委员会专家“评审意见”的基础上，中国文字博物馆把从65篇文章中推荐出的15篇初选稿汇集成册，又于2018年2月中旬（旧历年前）寄给“再评”专家审读（其中有若干参加过初评的专家），并要求“再评”专家对15份编号（匿名）文章一一匿名评审后，在“评审表”上写出“推荐意见”及“评奖等级”（10万元或5万元）。如再评审专家参加过初评者，此次可不再写“推荐意见”，但要写出“评奖等级”。评审文稿时，评委会领导规定的每位评审专家要对所评文稿内容保密，彼此间不得对所评文章的看法和评奖等级交换意见等，得到了认真贯彻。再评后，15篇文稿连同“评审意见”，于2018年3月寄至国家哲学社会科学规划办公室。

2018年4月17日，由国家哲学社会科学规划办公室召开的“第一批征集甲骨文字释读成果评审会”在北京举行。出席第一次专家委员会会议的人员有有关领导和专家委员会的有关评审专家：黄德宽（组长）、吴振武、林沄、王宇信、刘一曼、喻遂生、朱凤瀚、黄天树、宋镇豪、董莲池、刘钊、赵平安、王蕴智、唐际根及王永民（王码发明人）等15人（郭旭东因公请假）。

规划办的有关领导总结了自2016年10月《光明日报》发表《奖励公告》以后，评奖工作得到社会的广泛支持和评奖工作顺利进展的情况。即第一批65篇应征文稿，经7位专家委员的“初审”，有15篇文章入围；再在此基础上，入围文稿经22位专家委员的“再评”，对其评选推荐的情况是：超过10票的有5份（其中得票最多者为17）。此外，还有1份得9票，1份得7票，3份得5票，1份得5票，1份得3票，2份得2票。从投票推荐情况看，反映了专家委员会的共识还是较为集中的。

就在这次“甲骨文释读成果评审会议”上，15位评审委员会专家以推动甲骨绝学发展的高度责任感和使命感，认真严肃地投下自己要评出方向、评出水平、评出影响的“终审”推荐票。经过计票组的认真统计，蒋玉斌的《释甲骨金文的“蠢”——兼论相关问题》全票通过，获得一等奖10万元。王子杨的《释甲骨文中“阱”字》全票通过，获二等奖5万元，这两篇优秀论文，经在网上公示期间无异议后，2018 年 6 月已对获奖者颁发证书及奖金。

这次甲骨文优秀“释读成果奖励”的完成，应是“大数据云平台支持下的甲骨文字考释研究”课题的“阶段性研究成果”，即“第一批征集”的优秀释读“成果奖励”工作的胜利完成。虽然如此，甲骨文字释读的任务仍然是很艰巨的，但也是没有止境的。第二批征集“甲骨文释读成果”又于 2019 年 5 月 28 日开始了……

一唱雄鸡天下白。获奖作品的胜利评出，证明古文字学家有着无限创造力和突破文字破解困难“瓶颈”的无限潜能，也说明甲骨文字尚有破译的余地和破译的可能性。不仅如此，获奖作品的评出，还是政府推动下的甲骨文研究全面深入发展与弘扬新阶段将取得全面丰收的报喜鸟！

二　教育部、国家语委等部委推出的“甲骨文等古文字研究与应用专项”课题

为了贯彻落实习近平 2016 年 5 月 17 日在“哲学社会科学座谈会”上关于“要重视发展具有重要文化价值和传承意义的绝学、冷门学科”，“如甲骨文等古文字研究等”的重要讲话精神，国家教育部、语委闻风而动，牵头组织、协调有关单位，展开并推动有关甲骨文等古文字的专项研究工作。2017 年 2 月，由教育部、文化部、国家语委、国家文物局联合制定了《关于甲骨文研究与应用专项方案》，顶层设计统筹规划，组织有关高校、文物博物馆和研究单位以及科研机构的甲骨文等古文字学研究和教学人员参加到“甲骨文研究与应用”这项堪称世纪第一课题中来，这是推动“新阶段”甲骨文等古文字研究取得重大发展的重要举措。

（一）“甲骨文研究与应用专项”第一批研究课题的设置

为把“深入挖掘甲骨文对中国思想文化形成发展和历史演进产生的重要影响和作用”的“研究与应用专项工作”落到实处，国家教育部语信司于 2017 年 10 月还向有关单位发出了商请推荐甲骨文研究与应用专项研究项目的函件，收到函件的有关单位结合本单位研究的实际，积极落实研究项目及参加人员，并将《项目申请表》报送教育部语信司。自 2017 年 10 月开始征集项目，至 2018 年，项目经专家评审结束，本批共有 10 个课题

被批准立项。

（1）《甲骨刻辞类纂新编》项目负责人：黄天树

（2）《甲骨文字考释集成》项目负责人：高景成

（3）《吉林大学所藏甲骨集》项目负责人：吴振武

（4）《甲骨文国际编码方案设计及甲骨文字库研发》项目负责人：王立军

（5）《甲骨文字新编》项目负责人：黄天树

（6）《殷商占卜思想文化再检讨》项目负责人：王素

（7）《甲骨文的历史作用和学术意义》项目负责人：徐义华

（8）《甲骨文契刻工艺三维微痕观察及文化内涵研究》项目负责人：宋镇豪

（9）《甲骨文设计字库及文化衍生推广设计》项目负责人：陈楠

（10）《基本文本和图形语义融合的甲骨文辅助考释研究》项目负责人：刘永革

此外，王宇信研究课题《甲骨学发展120年（1899—2019）》的出版，也得到了特别资助（已于2019年5月由中国社会科学出版社出版）。

以上被批准立项的10个研究课题。在教育部语信司精心组织和大力支持下，多学科专家在联合攻关中注重基础研究，并在创新中使学科得到传承发展。拟用3年时间，在甲骨文基础研究，甲骨文数字化建设和推广应用方面取得一批代表国家水平的精品力作，献给甲骨文发现120周年。

（二）“甲骨文等古文字研究与应用专项工作专家委员会”的召开和第二批专项课题评审立项会

（1）专家委员会的任务和组成

教育部语信司决定成立专家委员会的专家委员，有责任加强对“甲骨文等古文字研究与应用专项工作”研究项目的学术指导，并对其研究价值及其实现的可能性进行评估，以做好课题立项的前期工作。不仅如此，专家委员会还应关心课题的进展，并负责对完成的科研成果进行质量鉴定与推荐，作为各专项课题的结项工作。如此等等。专家委员会的专家承担着“应用与研究”各专项课题的学术支撑，并有指导进一步发掘研究与古文字应用方面潜能的责任。与此同时，专家委员会还要重视金文、战汉简帛文字、少数民族古文字等古文字研究，并统筹协调其他古文字的研究与应用。专家委员会要在“研究与应用”诸项目的实施和推进过程中，发现人才，培养和促进人才的成长，为甲骨文等冷门绝学学科的发展提供保障。

2018 年 10 月 16 日上午，教育部语信司召开了“甲骨文等古文字研究与应用专项工作专家委员会”会议，教育部语信司负责同志在会上宣布了经教育部语信司官网上公布并得到领导批准的“专家委员会”，17 位委员组成名单。出席会议的专家委员有：

顾问：林沄、王宇信（许嘉璐、李学勤、裘锡圭、单霁翔四位因事未出席）

主任：黄德宽

委员（按音序排列）：曹锦炎、黄天树、彭裕商、宋镇豪、吴振武、赵平安、朱凤瀚（刘一曼、刘钊、王素三位因事未出席）

（2）第二批“甲骨文等古文字研究与应用专项”课题评审会议及立项

为了进一步推进甲骨文等古文字研究，全面深入地发掘其传承的古代优秀文化基因，以丰富和不断增强社会主义核心价值观的文化底蕴和推进中华民族优秀文化的自信和民族认同，2018 年 7—9 月，教育部语信司的官网上又进行了第二次“甲骨文等古字研究与应用专项”课题的招标工作，并得到了甲骨文等古文字研究学者的热烈反应。在课题招标工作截止后，通过教育部语信司的官网，共有 42 个课题，提交了研究课题的“项目申请书”。

教育部语信司把这 42 项申请课题在官网上请 8 位古文字专家进行网评。网评专家匿名评审，对每份申请的课题严肃认真、负责地进行“综合评价”。网评专家还对每项申请课题的等级，即重大、重点、一般等，予以科学和恰如其分的评估。与此同时，还对有关课题准予立项与否，投下了自己行使的一票。

2018 年 10 月 16 日上午召开的专家委员会评审会上，出席会议的专家，对网上“初审”通过的 26 份课题申请（网评得 1 票者共 16 项，已淘汰出局）进行认真审议和热烈讨论。经过专家委员会进行立项课题终审投票，共有 15 项研究课题被通过立项，这就是：

①《河南所藏甲骨集成》郑州大学张新俊；②《战国文字谱系疏证》

安徽大学徐在国；③《辽宁省博物馆藏甲骨文字整理与研究（图集)》吉林大学单育辰；④《甲骨文字词合编（未识字部分)》复旦大学蒋玉斌；⑤《基于红外影像集的银雀山汉简文字全编与数据库建设》山西大学王辉；⑥《甲骨文与北京大学藏秦、汉简牍文字文本综合研究》社科院杨博；⑦《湖北省博物馆藏甲骨整理与研究》湖南大学许道胜；⑧《人工智能识别古文字形体、软件系统研发与建设》吉林大学李春桃；⑨《商周甲骨占卜礼制与中国早期政治信仰研究》河南师范大学李雪山；⑩《甲骨文献数字化及智能知识服务平台建设》安阳师范学院熊晶；⑪《八思巴字蒙古语词典》内蒙古大学正月；⑫《出土文献典型资料分类整理与解读研究》吉林大学吴良宝；⑬《甲骨文与自源民族文字比较研究》西南民族大学邓章应；⑭《楚系金文与简帛用字对比研究》郑州大学刘秋瑞；⑮《战国文字数据中心与平台建设》中山大学范常喜等。

（三）教育部语信司“专项研究”课题的几个特点

（1）从课题设置看，研究范围较为广泛。教育部语信司的第一批研究的 10 个课题比较专一，基本上都集中于甲骨文的研究与应用方面。而第二批立项的 15 个研究课题中，与甲骨文研究有关的 8 项（其中还包括甲骨文与秦汉简帛研究有联系的 1 项、甲骨文与自源民族关系研究的 1 项)、专与金文有关的 1 项、专与战汉简帛有关的研究 3 项、专与古文字全面整理有关的研究 2 项、专与蒙古古文字有关的研究 1 项。如此等等。包括了甲骨文研究及甲骨文以外的金文、战汉简帛文字等中华汉字前身的古文字，还涉及巴思巴蒙古和自源民族的文字的比较研究，因符合立项的初衷——“甲骨文等古文字研究与应用”的立项宗旨，因而不少甲骨文以外的古文字研究得到了立项支持，这就较国家社科规划办设置的“重大交办课题”——“大数据云平台支持下的甲骨文字考释研究”专就甲骨文研究立 10 个子课题，从涉及的古文字研究范围上看，要广阔多了。

（2）研究课题设置较多，支持力度也较大。教育部语信司的“甲骨文研究与应用专项”的立项课题，第一次（2017 年）设立专项研究课题 10 个，紧接着第二次（2018 年），又设立专项研究课题 15 个。因而从研究课题设置的数量上看，也超过了“大数据云平台支持下的甲骨文字考释研究”的重大交办项目下设 10 个子课题数量。此外，我们从支持项目研究的科研经费筹措力度看，教育部语信司 2017 年度（360 万元）和 2018 年度（1000 万元）两次筹集到的经费还是可观的，其支持力度与哲学社会科学规划办的力度相比可谓不分伯仲。

（3）教育部语信司设置的研究项目涵盖的范围广、调动的人员多

从参加“甲骨文等古文字研究与应用专项”课题研究的单位和人员的所在地域看，除了有北京、上海和中原的河南地区外，还有吉林、内蒙古、辽宁、广东、重庆、山东、天津、河北、江西、浙江、安徽等中国东、西、南、北、中的四面八方学者齐聚于项目和攻关队伍中，这就比“大数据云平台支持下的甲骨文字考释研究”课题的参加者，仅限于京沪两地和河南省要广泛得多，因而也进一步地扩大了甲骨文化的影响和关心甲骨文研究群体的范围。

（4）教育部语信司“研究与应用专项”课题抓得比较紧，动作也比较快。自 2017 年 2 月教育部、国家语委等单位的“甲骨文研究与应用专项”工作启动以后，2017 年夏，就开始了第一批“专项研究”课题的征集、论证。在 2017 年年底，设置的 10 个“甲骨文研究与应用”专项课题就正式立项公布；继第一批专项研究课题立项的成功运作之后不久，第二批专项研究项目的招标工作，又在 2018 年夏开始进行，并于当年秋就在 2018 年 10 月完成了专项研究项目的评审、立项，并在网上公布。在如此之短的时间内，高质量地完成了项目的征集和评审立项等复杂的工作，其工作效率之高，是值得点赞的。而“大数据云平台支持下的甲骨文字考释研究”重大交办课题，自 2016 年年底子课题立项至今（2018 年年底），两年多来只完成了第一批征集甲骨文字释读报告优秀“释读成果奖励”，而第二批征集甲骨文字释读报告的活动，直到 2019 年 5 月末才提上日程。因而从研究项目的推进效率看，教育部语信司的“研究与应用专项”，还是拔得了头筹的。

虽然如此，“大数据云平台支持下的甲骨文字考释研究”的系列课题，以解决甲骨文研究进一步向前发展的最大障碍，即以释读文字为核心展开的创新性探索，必将带动甲骨文研究取得全方位的发展。因而这一课题研究的重大价值及其在甲骨文研究中的重要地位，是其他研究课题所不可能取代的，而破译文字所带来的甲骨文研究新成就，将给“研究与应用”专项课题注入新动能，推动其研究与应用研究向深层次、全方位方向前进。

因此之故，“重大委托项目”的多个子课题和“研究与应用”专项设置的研究课题，互为表里，相得益彰，将形成一股巨大的合力，共同助力甲骨文研究从政府推动下的研究全面深入发展与弘扬“新阶段”，走向新世纪的更新辉煌。

第三节　政府推动下的甲骨文研究全面深入发展与弘扬“新阶段”的时代特色

2016 年 10 月开启的“政府推动下的甲骨文研究全面深入发展与弘扬新阶段”，与自 1899 年甲骨文发现以来，即过去的一百多年研究所经历的“草创阶段”（1899—1928 年）、“发展阶段”（1928—1949 年）、“深入发展阶段”（1949—1978 年）、“全面深入发展阶段”（1978—1999 年）不可同日而语，有着自己新世纪鲜明的“新阶段”时代特色。

甲骨文研究经历前 100 多年的探索、开拓和积累，并承续了新一百年开局（2001—2016 年）的总结、借鉴和前进，甲骨学研究蓄势待发，未雨绸缪，学者们期待着权威单位的引领与企划，统筹兼顾、齐心协力，向着顶层设计的攀登目标前进。以优秀征文《奖励公告》的面世为标志，甲骨文研究进入了新一百年的全面发展与弘扬“新阶段”。而这“新阶段”，是在“政府推动下”启动的，即国家社科规划办和教育部语信司的介入、顶层设计的“大数据云平台支持下的甲骨文字考释研究”和“甲骨文等古文字研究专项”的系列研究课题，将把“新阶段”的甲骨学研究推向新世纪的更大辉煌。甲骨文化蕴含的丰厚历史文化底蕴，将得到全方位、深层次的弘扬与继承。因而在更新水平和更高层次上开始的甲骨学研究“新阶段”，有着与以往所经历各发展阶段不同的新时代特色，这就是：

一　甲骨文和甲骨文研究的定位更加明确

在甲骨文研究的“草创阶段”，学者们是把甲骨文作为一种和金文、石鼓文一样的金石文字看待的。除了作为文物收藏，甲骨文的价值，充其量是起到“其文字有裨六书，且可考证经史”的作用而已。把甲骨文研究推向“草创阶段”的高峰，即“继以考史”的观堂王国维，其发明研究古史的不二法门“二重证据法”，也不过是把“《史记》所述商一代世系，以卜辞证之，虽不免小有舛驳，而大致不误，可知《史记》所据之《世本》全是实录”。并扩而大之，还证明了一些“谬悠缘饰之书”“成于后世之书”“晚出之书”等，“其所言古事亦有一部分之确实性”而已。王国维开始把甲骨文作为地下出土的“史料”和古籍史料一样看待了。

20世纪初，史学大师郭沫若的甲骨文研究，从罗王的证经考史的基础上出发并再前进。他用历史唯物主义观点和方法研究甲骨文，“想通过一些已识未识的甲骨文文字的释述，来了解殷代的生产方式、生产关系和意识形态”，从而开辟了中国的马克思主义史学研究新天地。他在《中国古代社会研究》导论中，专论“殷代——中国历史之开幕时期”，在海内外学术界引起了巨大的震动。随着1928年殷墟开始的大规模十五次发掘的开展和出土甲骨材料的增多，郭沫若的论断被越来越多的史学家所接受。诚如甲骨学家胡厚宣在《五十年甲骨学论著目》（1952年）序言中所指出的，在20世纪50年代前后，已是不少有识的史学家，愈益认识到“商代是中国信史的开端，它是中国封建社会的原始。它创生了中国三千多年的相沿的传统文明”。

新中国成立以后，经过70年的殷墟持续发掘和甲骨文的不断发现和研究的深入，可以说，“学者们通过《甲骨文合集》《合集补编》和《甲骨学一百年》的积累和训练，为全方位，多角度的全面系统研究殷商史提供了可能”。历史研究所的老、中、青三代学者，“在全面继承前人成果的基础上，通过个人的钻研和群众的智慧。把一部反映学科最新水平的大型《商代史》专著奉献给学术界”。也就是说，学者们所撰著的这部具有古史研究里程碑意义的多卷本《商代史》，是“在充分继承并利用前人成果的基础上，进一步爬梳甲骨文新资料和考古新发现提出的诸多新问题，并做出科学的解释和合理的回答”，在继承中创新，在创新中发展的拼搏中完成的。因而可以说，甲骨文作为古史研究的第一手资料，《商代史》撰写时，已把其中蕴含的商代历史文化信息发掘到了极致，因而就海内外学术界而言，学者们目前多是把甲骨文视为研究古代历史文化不可多得的珍稀文献和宝贵史料的。

甲骨文是中国汉字的源头，“中国字是中国文化传承的标志。殷墟甲骨文距离现在三千多年，三千多年来汉字结构没有变，这种传承是真正的中华基因”。习近平同志高屋建瓴，把甲骨文放到社会主义文化发展的大格局中加以认识，甲骨文在中华优秀传统文化中重要地位更加凸显。进一步发掘和弘扬甲骨文传承的中华基因，将为丰富和夯实社会主义核心价值观的文化根底做出贡献。

事关我国优秀文化传承的甲骨文，是我国目前最早有系统的文字，4300 多个甲骨单字和承载这些文字的 15 万片甲骨，是我国古代先民认识论和世界观的反映，透露出古代先民改造世界和处理人际关系的民族心理和内心世界的思维方式，对中国传统思想文化形成和传统文化的传承和发展起到了奠基石的作用。而与甲骨文传承和记载的有关商代历史和传承的丰厚文化基因，是构成中华传统文化的起点和推动传统文化在社会主义文化建设中，实现创造性转化，成为不断丰富和发展中华文化自信的巨大正能量。因此，我们在“政府推动下的甲骨文全面深入发展与弘扬的新阶段”，从甲骨文在中华传统文化几千年传承中的重要地位，和在发展中传承着中华基因的高度加以认识，就可以极大地拓展甲骨文在中华优秀文化研究的范围，而且也会使甲骨文研究的学者，为实现伟大中华文化复兴的中国梦，推动中国传统文化的创造转化做出更大贡献。

二　“新阶段”空前的研究规模和空前的支持力度

顾名思义，这一个“新阶段”是在“政府推动下”进行的，即职能部门对相关研究单位或大学的研究资源、研究人力，有协调能力或行使管理的职权，通过对研究项目的顶层设计，再组织人力财力，推动和协调研究项目的开展。推出“大数据云平台支持下的甲骨文字考释研究”一系列重大委托项目的社科基金办公室和推出“甲骨文等古文字研究与应用专项”的教育部语信司，二者本身就是国家的管理机关，因而设计研究项目和规模之大，动员研究的人员之多，投入支持项目运作的资金力度之大，这在甲骨文百多年发展史上是空前的。如所周知，早年从事甲骨文研究的学者，多是出于爱好的个人行为，或出于对珍贵国宝守护和担当的使命感。如著名学者罗振玉，“适当我之生”，庆幸遇上甲骨文的出土，面对这些

"三千年而一泄其秘"的宝物，自认应加以保护、传承，即"谋流传而攸远之者，其我之责也"，以甲骨文的搜集、传承为己任；而甲骨文的第一个研究者孙诒让，1904年在出版的《铁云藏龟》书中第一次见到著录的甲骨文，十分激动、兴奋。"倾始得此册，不意衰季，睹兹奇迹，爱玩不已，辄穷两月力校读之"，完成了甲骨文第一部考释研究的著作《契文举例》；甲骨学大师郭沫若1927年以后旅居日本，"频年以来有志于中国古代社会之探讨，乃潜心于殷代卜辞与周代彝铭之释读"时，也是和甲骨学一代宗师罗振玉、孙诒让的"冥行长夜"的冷清和孤寂一样，完全是个人的行为。虽然当时中央研究院已开始科学发掘殷墟甲骨文，从而把董作宾等学者的研究，置于研究单位（公家）的计划中，即中央研究院顶层设计了殷墟发掘研究的计划，而研究也是在公家（中央研究院）拨付的经费支持下进行的。这一个时期以后，一些在大学任教或在研究单位工作的学者，他们的甲骨文研究和著录出版，当也应得到有关"公家"——所在研究单位或学校经费上的部分支持下开展的。当然，也有不少收藏家和学者，仍是以个人之力从事研究和收藏，其困难可想而知。甲骨学发展史上空前工程《甲骨文合集》的编纂，虽然1956年立项纳入了国家科学发展十二年远景规划，项目的级别和国家对其重视程度，是与此前各研究项目所不可同日而语的。在主编郭沫若巨大声望和所处地位的影响下，全国各甲骨公私藏家，无偿地把秘藏贡献出来，供编选《合集》之用。诚如著名史学家尹达在《合集》序中所说，各收藏单位"发挥了共产主义大协作精神"。尽管如此，《合集》编纂所动用的人力也还是有限的，即历史研究所一个单位的人员，但也不是全部，仅动用了先秦史研究室的部分人员。《合集》编纂历经时代的风风雨雨，时作时辍，历20多个春华秋实，出版时扉页上只列上了15位编辑组成员的名字。

而"新阶段"推出的国家社科基金办的"大数据云平台支持下的甲骨文字考释研究"的一系列重大交办课题和教育部语信司推出的"甲骨文等古文字研究与应用专项"的一批专项课题，是由国家部委直接出面，组织和协调运作全国有关研究机构和多所大学进行联合攻关的。国家哲学社会科学规划办公室每年批准的研究项目很多，但其直接管理并及时出席会议进行指导的大课题，只有关于抗战工程、高句丽渤海国研究、大数据云平台支持下的甲骨文字考释研究三项，由此可见，甲骨文研究在国家哲学社会科学管理领导者议事日程上的重要地位。因此，这个由国家有关科研领导机关顶层设计和规划研究项目，并组织、协调参加项目的人员，定期检查、推进研究项目的进展，还从科研经费方面给予大力支持和资助，保证项目的顺利运行等一系列运作，是实至名归的“政府推动下”的甲骨文研究全面深入发展与弘扬的大动作。因而在甲骨学 120 年来的发展史上，其课题设置之多和支持力度之大，课题研究范围之广，研究手段之现代化，动员研究的人力之多等，都是空前的。我们可以满怀信心地说，在政府的大力推动和谐调指导下，“新阶段”的甲骨文全面深入发展与弘扬，一定会取得前所未有的大丰收、大发展!

三　“新阶段”极大地推动了传统优秀甲骨文化研究的大发展，并使其研究与现代科学技术发展同步

甲骨文虽然很古老，但甲骨学却很年轻。甲骨文发现的年代，正值我国处在半殖民地半封建社会之时，与帝国主义列强进入中国一起，西方自然科学和社会科学学说也传入了中国，从而使“中华学术周遭冲击，文化基脉遇空前挑战”。但中国一批博学鸿儒处变不惊，作出了创造性反应而开时代之先，完成了中国传统学术向近现代学术的转型。1899 年甲骨文的发现和罗振玉、王国维等学者的创造性研究，使“中国之旧学自甲骨之出而另辟一新纪元”。罗振玉、王国维研究甲骨文字，在乾嘉以来学者所取得的文字学研究成就的基础上，又随 19 世纪末 20 世纪初中西学术的融合大潮，把研究向前推进了一步。罗振玉、王国维研究甲骨文的方法与传统古文字学的研究方法“相异之处也很多”，这是因为“他们所碰到的问题，所见到的材料（罗氏所谓‘文字之福’）远比乾嘉诸儒要多得多。又由于他们不同程度上吸收了近代的科学方法，所以他们的治学方法具有与乾嘉朴学迥然不同的特征”。因而把 1904 年《契文举例》开始的甲骨文字研究，推向了以《殷虚书契考释》《增订考释》为代表的甲骨文“识文字，断句读”高峰阶段。因此，学者把传统研究方法与近代科学方法相互为用的甲骨文研究，推动了中国传统学术向现代学术的转型。

甲骨学的不断发展，也表明当代科学技术对研究前进的巨大推动作

用。1928年殷墟科学发掘甲骨文工作开始以后，甲骨学一代宗师董作宾把近代田野考古学方法引入甲骨学研究领域，从而“从安阳县小屯村殷墟的地面下发掘出来”的“甲骨文字的断代方法”，把273年“混沌”一团的殷墟甲骨文，犁然划在早晚不同的五个时期之中，从而把甲骨文从传统金石学研究的附庸，纳入了历史考古学研究领域。董作宾的《甲骨文断代研究例》经典名作，把甲骨学研究推向了1928年开始的“发展阶段”的高峰。

现代科技手段和方法对甲骨文研究发展与前进的巨大推动作用日益显现出来，不少学者对此有深刻认识并多次呼吁或躬身践行。在甲骨发现90周年到来之际，有学者曾呼吁甲骨学者们为取得新的成绩献给甲骨文发现一百周年纪念，要认真思考“在甲骨研究的哪些领域可以引进现代化技术，又如何引入？是值得我们放在甲骨学发展的战略地位，群策群力，加以认真探索的”。不少学者身体力行，在甲骨文研究的不同领域，进行了引进现代科技手段的探讨。

首先，电脑技术应用的探索与实践。早在1973年美国学者周鸿翔和中国学者童恩正等曾进行过电脑缀合甲骨断片的探讨。但因人工录制标本信息工作量大，且辍合准确率不高，因而无果而终。迄至目前，尚未知有学者继续进行这方面探索的。但电脑储存信息量大的功能，得到了学者研究甲骨文时的开发、利用。南京大学有学者把甲骨文字输入电脑，但使用不广。中国社会科学院历史研究所把《甲骨文合集来源表》输入电脑，并可供1999年出版纸本《来源表》时使用。香港中文大学与历史研究所合作，把《合集释文》输入电脑古文字资料库，在进行殷墟甲骨释文总校研究时，发挥了重要作用。台湾学者也建立了古文字资料库，有的还可供大陆学者查询使用。中国社会科学院历史研究所先秦史网站，成了甲骨学界访问信息的中心。

其次，其他高科技手段也被引进甲骨学研究领域。1996年启动的“夏商周断代工程”，对甲骨文年代研究进行了碳14的常规测定和加速器质谱仪的测定，并收到预期的效果。现代天文学手段也被用于甲骨文年代测定研究，即用现代天文学手段对甲骨文或武丁时的5次月食记录进行了测定，“得出了较为可信的年代范围”，“再与碳14加速器质谱仪测算出的年代数据相勘较，就会得出较为可信的年代范围”了。如此等等。

在甲骨学发展“全面深入发展阶段”的1978年至2000年，甲骨学者曾对其发展与现代科技同步进行了有益的探索。但这种探索，多是浅尝辄止的个人行为，鲜有坚持不懈一做到底的，因而对整个甲骨学界的影响也是微弱的。而在当前新阶段，“大数据云平台支持下的甲骨文字考释研究”课题的设置，顾名思义，课题的设计者要求参加课题的研究人员，充分利用云计算大数据等现代科技手段，并与传统研究手段相结合，形成原创性研究成果，破解甲骨文字释读瓶颈，从而全面深入地推动甲骨学研究的发展。因此，国家哲学社会科学规划办公室批准的“重大交办项目”的10个子课题，以《甲骨文大数据平台技术研究》为核心，正在围绕释读进行设计，以建设一个资料更全、设计更专业、检索效果更高的甲骨大数据平台。这个大平台搜聚的就是甲骨文释读必须依靠的海量信息，即计算机处理过的大量甲骨文著录资料和甲骨文学术资料。为了把这个研究平台打造成“重大交办课题”的核心数据库，总课题的领导和组织者还要协调各子课题，特别是把《甲骨文已识字有争议字和未识字综理表》《甲骨文全文数据库及商代语言释读》《甲骨文已释字与未释字整理、分析与研究》等的数据资源输入核心数据库，即将自享资源共享到“甲骨文大数据平台”上，再共同服务于希望得到大数据云平台支持下破译甲骨文难字的学者使用。

不仅如此，教育部语信司的“甲骨文等古文字研究与应用专项工作专家委员会”评审通过的15项研究课题，其中也有甲骨文等古文字电脑数据库的建设项目，诸如《人工智能识别古文字形体软件系统研发与建设》（吉林大学）、《甲骨文文献数字化及智能平台建设》（安阳师范学院）、《甲骨文字词合编（未识字部分）》（复旦大学）、《基于红外线影像的银雀山汉简文字全编与数据库建设》（山东大学）、《甲骨文与北京大学藏秦汉简牍文字、文本综合研究》（北京大学）、《战国文字数据中心与研究平台建设》（中山大学），等等。

因而可以看到，国家社科基金办“重大交办课题”的核心，是大力提倡把“大数据云平台”的现代科技用于甲骨文字破译工作，并以此为抓手，推动甲骨文研究的现代化进程。障碍甲骨文全面发展的文字“瓶颈”突破后，将会把未来的研究提高到一个全新的水平。而教育部语信司的各专项研究课题，将会在国家社科规划办“大数据云平台支持下的甲骨文字考释研究”破译甲骨难字的基础上，推动对各研究领域的再深化，并将取得一批新成果。利用教育部一批电脑数据库的建设和录入的甲骨、金文、战汉文字等古文字数字化成果，深入挖掘甲骨文等古文字传承的中华基因，推动中华优秀传统文化实现创造性转化和创新式发展，为丰富、升华、彰显当代理论自信和文化自信作出贡献。

四　“新阶段”的一个突出表现，就是其宣传和推介的力度和规模是空前的

作为绝学的甲骨文研究，“看上去同现实距离较远”，是一门不被世人关注的冷门小众学科。一百多年来，几代甘于寂寞和清贫的甲骨学研究者，“衣带渐宽终不悔”，坚持守护、追求和传承着民族瑰宝甲骨文，终于迎来了政府推动下的甲骨文研究全面深入发展与弘扬新阶段。这一新阶段的突出表现，就是对甲骨文研究的宣传和推介的力度是空前的。

为了推动重奖甲骨文字优秀成果的宣传工作和进一步向广大人民群众普及甲骨文知识，及时回应社会上对《光明日报》（2016 年 10 月 28 日）征文《奖励公告》的关切，在全国哲学社会科学规划办公室和有关宣传领导部门的推动和组织下，2017 年 7 月 4 日和 7 日，《人民日报》《光明日报》《河南日报》和新浪网、搜狐网等 30 多家网站，再次发表了征集评选甲骨文优秀释读成果的《奖励公告》，从而使政府这一推动甲骨文字研究的重大举措，更进一步为更多的人民群众所周知。其后，不少中央和地方报刊及各大网站等新闻媒体，又以空前的热情和密度，报道了有关甲骨文《优秀成果奖》论文的征集情况和“重大交办课题”的设置的情况。此外还就甲骨文研究在传承中华优秀文明中的地位和作用、课题研究的进展等，对各课题负责人进行了专访。2017 年 2 月 21 日，《光明日报》头版头条以《甲骨绝学有传承》为题，对“大数据云平台支持下的甲骨文字考释研究”的立项经过和进展情况又作了综述性报道，从而把这落实“甲骨文等古文字研究”要“确保有人做，有传承”重大决策的这批研究课题，全面地展现给社会各界群众。2018 年 11 月 28 日，《中国社会科学报》又对国家社科基金“重大委托项目”的子课题负责人黄天树、唐际根、王宇

信、王蕴智、赵平安等进行了子课题的专访并进行了报道。与此同时，《光明日报》也发表了同类的报道文章。

如此等等，各有关新闻单位对社科基金办设立的“大数据云平台支持下的甲骨文字考释研究”，进行了大力宣传和推介工作，并收到了扩大其影响力和使社会增强了对甲骨文的认知度和参与度的效果。社会各界进一步对甲骨文等优秀传统文化的了解和热爱，成为夯实社会主义核心价值观文化根基的巨大正能量。一时间，街头巷尾谈论甲骨文，茶余饭后热议重奖破译甲骨文，青少年涌进博物馆看龟甲兽骨上刻的神秘甲骨文……甲骨文一度成了各阶层民众关注的中心，连中国典籍博物馆的《甲骨文记忆展》的观众，也比此前增加了许多，并把展览办到墨西哥和澳大利亚，使外国友人也迷上了中华国宝甲骨文……

五　“新阶段”真正实现了多学科的联合攻关，并发扬了协作精神，做到优势互补，资源共享

“大数据云平台支持下的甲骨文字考释研究”的各子课题，需要对大量的甲骨文资料进行整理并一一录入数据库，因而各子课题都组成了由若干学者参加的研究团队，以便高效率地完成大量甲骨文资料和有关数据信息的整合与录入。

不仅如此，“大数据云平台”甲骨资料库的建设者，虽是精通电子计算机技术的专家，但要弄清所有已识、未识甲骨字的语义，就需要熟悉甲骨学、商史的专家和古文字学家的参与了。而在对甲骨文语法进行处理时，也必须在甲骨文语法专家的全程参与下，计算机专家才能构筑成语法数据库，如此等等。现安阳师范学院有一个甲骨文信息处理河南省重点实验室（也是教育部重点实验室），参与工作的29位研究者，其中有计算机专家、甲骨文专家，还包括外聘甲骨学研究、计算机研究的顶级科学家，研究队伍本身就是多学科联合攻关的团队，又何况将来还要根据研究的需要，继续聘请不同学科的专家参加攻关！而子课题“田野考古资料与甲骨文释读”的参加者，虽然都是考古学专家，但这一为甲骨文考释研究提供科学背景资料的子课题，本身就是考古学家与古文字学家相互促进、相互启示的项目。而这一考古学家从事的专题研究，还特别需要甲骨学商史专

家的参与，以便将甲骨文部分涉及“器物”和“事物”的偏旁整理出来，再直接与考古资料进行对应研究，以检验已释文字的正确度和发现未识文字破解的新线索，或从中获得启示。

六　在这一“新阶段”，“重大交办课题”和“甲骨文等古文字研究与应用专项”课题，极大地调动了甲骨学界的积极性，并吸引更多的学者回归甲骨文研究

政府推动下的甲骨学研究全面深入发展与弘扬“新阶段”，顶层设计的一系列研究课题，不仅极大地调动了甲骨商史和考古学者的积极性，而且还进一步把古文字学界、汉语文字学界对甲骨文研究的热情、怀恋充分调动起来。不少专家放下手头的工作，纷纷投身到这一有巨大吸引力的研究中来，这是百多年来甲骨文研究从未有过的盛况。

我们可以看到，“重大交办课题”的10项子课题和教育部的“研究与应用专项”，还把不少一度因甲骨文研究冷清而转入热度不断升高的战国、秦汉简帛研究的青年学者，又吸引回来并重操旧业——一度放弃的甲骨文研究。也可以发现，有的汉语文字学家，从多年从事的宏观的汉语和文字学发展史研究中转型，集中于微观的甲骨文的考释研究。不仅如此，教育部语信司的“研究与应用专项”课题的“甲骨文等古文字”的定位，扩大了“大数据云平台支持下的甲骨文字考释研究”专以甲骨文字研究为主的研究范围，“甲骨文等”古文字扩而大之，一下子就把古文字的研究范围扩大到金文、战国文字、秦汉简帛文字、楚系金文等，并进而扩大到自源民族文字和巴思巴蒙古文字等。这表明教育部语信司的“研究与应用专项”课题，还重视金文，少数民族等古文字研究，并统筹协调其他古文字研究，促进研究人才培养等，为冷门学科的发展提供保障。

七　“新阶段”将培养和造就一批富有创新精神的古文字优秀人才

我们可以看到，无论是国家社科基金办的“重大委托项目”的十多个子课题，还是教育部语信司的“研究与应用”专项研究的一批课题，其参加者既有老一辈的资深专家，也有站在甲骨文等古文字研究前沿的领军教授、专家等，而不少热爱祖国优秀传统文化的年轻人，也义无反顾地参加

了各有关课题的研究工作，并在老一辈学者的言传身教下和自己在整理大量甲骨文等古文字资料的历练和沉淀中成长起来。社科基金办实施的“释读成果奖励”的重大举措，使年轻的博士蒋玉斌、王子扬脱颖而出，并获得重奖，为从事甲骨文等古文字研究的青年学者树立了治学的榜样。我们相信，在一批有开拓性和原创性的代表国家水平的精品力作推出之时，也将有一批古文字研究新秀成长起来。甲骨文等古文字研究，“绝学”不绝，代有传人，学术的薪火将永远传承下去！

附　录

甲骨文著录目及简称

刘鹗：《铁云藏龟》，抱残守缺斋石印本六册 1903 年 10 月版；1931 年蟫隐庐石印本合《铁云藏龟之余》共六册。　《铁》

罗振玉：《殷虚书契》，《国学丛刊》石印本三期三卷 1911 年版；1913 年影印本四册；1932 年重印本四册。　《前》

罗振玉：《殷虚书契菁华》，1914 年 10 月版；重印本一册。　《菁》

罗振玉：《铁云藏龟之余》，《雪古丛编》影印本一册 1915 年 1 月版；1927 年重印本；1931 年蟫隐庐石印本附《铁云藏龟》书后共六册。　《铁余》

罗振玉：《殷虚书契后编》，影印本一册 1916 年 3 月版；《艺术丛编》第一集本；重印本。　《后》

罗振玉：《殷虚古器物图录》，影印本一册 1916 年 4 月版。又，《艺术丛编》第一集本；翻印本。　《殷图》

明义士：《殷虚卜辞》，上海别发洋行石印本一册 1917 年 3 月版。　《明》

姬佛佗：《戬寿堂所藏殷虚文字》，《艺术丛编》第三集石印本 1917 年 5 月版；单行本与王国维《戬寿堂所藏殷虚文字考释》合二册。　《戬》

林泰辅：《龟甲兽骨文字》，日本商周遗文会影印本二册 1921 年 12 月版；北京富晋书社翻印本二册。　《龟》

叶玉森：《铁云藏龟拾遗》，影印本一册 1925 年 5 月版；翻印本一册。　《铁遗》

王襄：《簠室殷契征文》，天津博物院石印本四册 1925 年 5 月版。　《簠》

董作宾：《新获卜辞写本》，石印本与《新获卜辞写本后记》合一册 1928 年 11 月版；载《安阳发掘报告》第一期。　《新》

罗福颐：《传古别录》第二集，影印本一册，1928年版。　《传古》
董作宾：《大龟四版考释》，《安阳发掘报告》第三期，1931年6月。　《四版》
中村不折：《书道》第一卷，日本书道院1931年版。　《书》
关百益：《殷虚文字存真》，河南省博物馆拓本一至八集各一册，1931年6月版。　《真》
原田淑人：《周汉遗宝》，日本帝室博物馆1932年版。　《周汉》
商承祚：《福氏所藏甲骨文字》，金陵大学中国文化研究所1933年4月版。　《福》
容庚、瞿润缗：《殷契卜辞》，哈佛燕京学社石印本1933年5月版。　《契》
郭沫若：《卜辞通纂》，日本东京文求堂石印本1933年5月版；日本朋友书店1977年重印；科学出版社1983年6月版。　《通》
董作宾：《释后岗出土的一片卜辞》，《安阳发掘报告》第四期，1933年6月。　《后岗》
王子玉：《甲骨文》，载《续安阳县志》，1933年8月。
罗振玉：《殷虚书契续编》，影印本六册1933年9月版。　《续》
商承祚：《殷契佚存》，金陵大学中国文化研究所影印本1933年10月版。　《佚》
吉卜生：《上海亚洲文会博物馆藏甲骨卜辞》，1934年《中国杂志》二十一卷六号，《商代之象形文字》一文所附。　《沪亚》
黄濬：《邺中片羽初集》，北京尊古斋影印本二册1935年2月版。　《邺初》
金祖同：《郼斋藏甲骨拓本》，上海中国书店石印本（与《殷虚卜辞讲话》合一册）1935年2月版。　《郼》
方法敛、白瑞华：《库方二氏藏甲骨卜辞》，商务印书馆1935年12月版。　《库》
黄濬：《衡斋金石识小录》，北京尊古斋影印本二册1935年版。　《衡斋》
白瑞华：《殷虚甲骨相片》，美国纽约影印单行本1935年版。　《相》
明义士：《柏根氏旧藏甲骨文字》，《齐大季刊》六十七期，1935年；齐鲁

大学国学研究所单行本一册 1935 年版。　《柏》

顾立雅：《中国的诞生》，1936 年版。　《诞》

董作宾：《安阳侯家庄出土之甲骨文字》，《田野考古报告》第一册附摹本拓本，1936 年 8 月。　《侯》

郭沫若：《殷契粹编》，日本东京文求堂石印本 1937 年 5 月版；科学出版社 1965 年 5 月版。　《粹》

白瑞华：《殷虚甲骨拓片》，美国纽约影印单行本一册 1937 年版。　《拓》

黄濬：《邺中片羽二集》，北京尊古斋影印本二册 1937 年 8 月版。　《邺二》

孙海波：《甲骨文录》，河南通志馆，1938 年 1 月；艺文印书馆 1958 年重印版。　《录》

方法敛、白瑞华：《甲骨卜辞七集》，美国纽约影印单行本 1938 年版。　《七》

唐兰：《天壤阁甲骨文存》，北京辅仁大学 1939 年 4 月版。　《天》

李旦丘：《铁云藏龟零拾》，上海中法出版委员会 1939 年 5 月版。　《铁零》

金祖同：《殷契遗珠》，上海中法出版委员会 1939 年 5 月版。　《珠》

曾毅公：《殷契叕存》，齐鲁大学国学研究所 1939 年 11 月版。　《叕存》

方法敛、白瑞华：《金璋所藏甲骨卜辞》，美国纽约影印单行本一册 1939 年版。　《金》

孙海波：《诚斋殷虚文字》，北京修文堂书店影印本 1940 年 2 月版。　《诚》

李孝定：《中央大学藏甲骨文字》，石印摹写本 1940 年 8 月版。　《中》

于省吾：《双剑誃古器物图录》，影印本二册 1940 年 11 月版。　《双图》

梅园末治：《河南安阳遗宝》，日本影印本一册 1940 年版。　《宝》

李旦丘：《殷契摭佚》，来薰阁书店影印本 1941 年 1 月版。　《摭》

何遂：《叙圃甲骨释要》，影印本一册 1941 年版。　《叙圃》

黄濬：《邺中片羽三集》，北京通古斋影印本 1942 年 1 月版。　《邺三》

胡厚宣：《厦门大学所藏甲骨文字》，载《甲骨学商史论丛》初集四册，1944 年 3 月版。　《厦》

于省吾：《双剑誃殷契骈枝三编》附图，1944 年 5 月版。　《骈三》

胡厚宣:《甲骨六录》(成都齐鲁大学国学研究所专刊之一),1945 年 7 月。又收入《甲骨学商史论丛》第三集。 《六》
怀履光:《骨的文化》,石印本 1945 年版。 《骨》
胡厚宣:《战后平津新获甲骨集》(成都齐鲁大学国学研究所专刊之一、二册),1946 年 5 月、7 月版。 《平》
胡厚宣:《战后殷虚出土的新大龟七版》,上海《中央日报》《文物》周刊二十二至三十一期,1947 年 2 月。 《七版》
金祖同:《龟卜》,上海温知书店影印本一册 1948 年 1 月版。 《龟卜》
董作宾:《殷虚文字甲编》,商务印书馆 1948 年 4 月版。 《甲》
董作宾:《殷虚文字乙编》上、中辑,商务印书馆。上辑,1948 年 10 月版,中辑 1949 年 3 月版。(下辑,台湾"中研院"史语所出版 1953 年 12 月版。又科学出版社 1956 年 3 月版) 《乙》
李旦丘:《殷契摭佚续编》,中国科学院 1950 年 9 月版。 《摭续》
曾毅公:《甲骨缀合编》,修文堂书店 1950 年版。 《缀》
胡厚宣:《战后宁沪新获甲骨集》,北京来薰阁书店 1951 年 4 月版。 《宁》
郭若愚:《殷契拾掇》,上海出版公司 1951 年 8 月版。 《掇一》
胡厚宣:《战后南北所见甲骨录》,北京来薰阁书店 1951 年 11 月版。 《南》
郭宝钧:《一九五〇年春殷墟发掘报告》,《中国考古学报》第五册,1951 年。
郭若愚:《殷契拾掇二编》,上海出版公司 1953 年 3 月版。 《掇二》
《河南郑州二里冈又发掘出"俯身葬"人骨二具和有凿痕龟甲一片》,《文物参考资料》1953 年第 10 期。
胡厚宣:《战后京津新获甲骨集》,群联出版社 1954 年 3 月版。 《京》
郭若愚、曾毅公、李学勤:《殷虚文字缀合》,科学出版社 1955 年 4 月版。《缀合》
胡厚宣:《甲骨续存》,群联出版社 1955 年 12 月版。 《续存》
董作宾、严一萍:《殷虚文字外编》,艺文印书馆 1956 年 6 月版。 《外》
饶宗颐:《日本所见甲骨录》,《东方文化》三卷一期,1956 年 6 月。

《日见》
陈梦家：《殷虚卜辞综述》附图，科学出版社1956年7月版。　《综述》
饶宗颐：《巴黎所见甲骨录》，香港大宏雕刻印刷公司1956年12月版。　《巴》
董作宾：《汉城大学所藏大胛骨刻辞考释》，《史语所集刊》二十八本下册，1957年5月。　《汉城》
张秉权：《殷虚文字丙编》上辑一，台湾"中研院"史语所1957年8月版。（上辑二，1959年10月；中辑一，1962年；中辑二，1965年；下辑一，1967年；下辑二，1972年）　《丙》
河南省文化局文物工作队第一队：《1955年秋安阳小屯殷墟的发掘》，《考古学报》1958年第3期。
饶宗颐：《海外甲骨录遗》，香港大学《东方文化》四卷一至二期，1957—1958年。　《海》
严一萍：《中国画谱殷商编》，艺文印书馆1958年9月版。
青木木菟哉：《书道博物馆所藏甲骨文字》，载日本《甲骨学》六、七、八、九、十，1958—1964年。　《书博》
贝塚茂树：《京都大学人文科学研究所藏甲骨文字》图版篇，京都大学人文科学研究所1959年3月版。　《京人》
陈邦怀：《甲骨文零拾》，天津人民出版社1959年9月版。　《甲零》
松丸道雄：《日本散见甲骨文字搜汇》一、二、三、四、五、六，载日本《甲骨学》七、八、九、十、十一、十二，1959—1980年。（中译本第一至五部分发表在《古文字研究》第三辑，中华书局1980年11月版。第六部分发表在《古文字研究》第八辑，中华书局1983年2月版。刘明辉译）　《日汇》
中国科学院考古研究所安阳发掘队：《1958至1959年殷墟发掘简报》，《考古》1961年第2期。
屈万里：《殷虚文字甲编考释》附图，"中研院"历史语言研究所1961年6月版。　《甲释》
姚孝遂：《吉林大学所藏甲骨选释》，《吉林大学社会科学学报》1963年第4期。　《吉大》

金祥恒:《国立中央图书馆所藏甲骨文字》,《中国文字》第十九、二十册,1966 年。　《中图》
伊藤道治:《故小川睦之辅氏藏甲骨文字》,日本京都《东方学报》第三十七册,1966 年 3 月。　《小川》
白瑞华校:《方法敛摹甲骨卜辞三种》(《库》、《金》、《七》),艺文印书馆 1966 年版。
李棪:《棪斋甲骨展览》,《香港中文大学联合书院十周年校庆》,1966 年。
伊藤道治:《大原美术馆所藏甲骨文字》,日本仓敷考古馆《研究集报》(第四号)1968 年 1 月。　《大原》
李棪:《卜辞贞人何在同版中之异体》,香港中文大学《联合书院学报》1969 年第 5 期。　《何异》
李棪:《联合书院图书馆所获东莞邓氏旧藏甲骨》,香港中文大学《联合书院学报》1969 年第 7 期。　《邓联》
李棪:《北美所见甲骨选粹》,香港中文大学《中国文化研究所学报》第三卷第二期,1970 年。　《北美》
刘体智辑:《善斋藏契萃编》,艺文印书馆 1970 年 10 月版。　《善斋》
饶宗颐:《欧美亚所见甲骨录存》,《南洋大学学报》1970 年第四期。　《欧美亚》
伊藤道治:《藤井有邻馆所藏甲骨文字》,日本京都《东方学报》第四十二册,1971 年 3 月。　《藤井》
伊藤道治:《桧垣元吉氏藏甲骨文字》,《神户大学文学部纪要》I,1972 年 1 月。　《桧垣》
中国社会科学院考古研究所:《1971 年安阳后岗发掘简报》,《考古》1972 年第 3 期。
郭沫若:《安阳新出土的牛胛骨及其刻辞》,《考古》1972 年第 2 期。　《安新》
许进雄:《明义士收藏甲骨文集》,加拿大皇家安大略博物馆 1972 年版。　《安明》
许进雄:《殷虚卜辞后编》,艺文印书馆 1972 年版。　《明后》
严一萍:《美国纳尔森美术馆藏甲骨刻辞考释》,艺文印书馆 1973 年 1 月

版。　《纳尔森》

胡厚宣：《临淄孙氏旧藏甲骨文字考辨》，《文物》1973 年第 9 期。　《临孙》

沈之瑜：《介绍一片伐人方的卜辞》，《考古》1974 年第 4 期。

中国社会科学院考古研究所安阳工作队：《1973 年安阳小屯南地发掘简报》，《考古》1975 年第 1 期。　《七三安》

严一萍：《甲骨缀合新编》，艺文印书馆 1975 年 6 月版。　《缀新》

严一萍：《铁云藏龟新编》，艺文印书馆 1975 年 7 月版。　《铁新》

周鸿翔：《美国所藏甲骨录》，美国加利福尼亚大学 1976 年版。　《美藏》

李孝定：《李光前文物馆所藏甲骨文字简释》，南洋大学李光前文物馆《文物汇刊》第二号，1976 年。　《李》

严一萍：《甲骨缀合新编补》，艺文印书馆 1976 年版。　《缀补》

伊藤道治：《关西大学考古学资料室藏甲骨文字》，《史泉》五十一号，1977 年。　《关西》

郭沫若主编：《甲骨文合集》第二册，中华书局 1978 年 10 月版。（第三册，1978 年 12 月。第四册，1979 年 8 月。第五册，1979 年 10 月。第六册，1979 年 12 月。第七册，1980 年 8 月。第八册，1981 年 1 月。第九册，1981 年 6 月。第十册，1981 年 12 月。第十一册，1982 年 1 月。第十二册，1982 年 6 月。第十三册，1982 年 12 月。第一册，1982 年 10 月）　《合集》

渡道兼庸：《东洋文库所藏甲骨文字》，东洋文库中国史研究委员会 1979 年 3 月版。　《东文》

许进雄：《怀特氏等收藏甲骨文集》，加拿大皇家安大略博物馆 1979 年版。　《怀特》

胡厚宣：《释流散到德国的一片卜辞》，《郑州大学学报》1980 年第 2 期。

徐锡台：《西德瑞士藏我国殷墟出土的甲骨文》，《人文杂志》1980 年第 5 期。　《西瑞》

中国社会科学院考古研究所：《小屯南地甲骨》上册一、二，中华书局 1980 年版。（下册一、二、三，中华书局 1983 年版）　《屯南》

安阳市博物馆:《安阳博物馆馆藏卜辞选》,《中原文物》1981 年第 1 期。《安博》

李先登:《孟广慧旧藏甲骨选介》,《古文字研究》第八辑,中华书局 1983 年 2 月版。　《孟》

胡振祺等:《山西省文物工作委员会收藏的甲骨》,《古文字研究》第八辑,中华书局 1983 年 2 月版。　《山西》

松丸道雄:《东京大学东洋文化研究所藏甲骨文字》图版篇,东京大学东洋文化研究所 1983 年 3 月版。　《东化》

伊藤道治:《国立京都博物馆藏甲骨文字》,神户大学《文化学年报》第三号,1984 年。　《京都博》

伊藤道治:《黑川古文化研究所藏甲骨文字》,神户大学《文化学年报》第三号,1984 年。　《黑川》

严一萍:《商周甲骨文总集》,艺文印书馆 1985 年版。　《总集》

雷焕章:《法国所藏甲骨录》,台北光启出版社 1985 年版。　《法藏》

李学勤等:《英国所藏甲骨集》,中华书局 1986 年版。　《英藏》

肖楠:《小屯南地甲骨缀合篇》,《考古学报》1986 年第 3 期。　《屯缀》

沈之瑜:《甲骨卜辞新获》,《上海博物馆刊》第三辑,上海古籍出版社 1986 年 4 月版。　《上新》

伊藤道治:《天理大学附属天理参考馆甲骨文字》,天理时报社 1987 年 2 月版。　《天理》

胡厚宣:《苏德美日所见甲骨集》,四川辞书出版社 1988 年版。　《苏德美日》

胡厚宣:《苏联国立爱米塔什博物馆藏甲骨文字》(《甲骨文与殷商史》第三辑),上海古籍出版社 1991 年版。　《爱米塔什》

钟柏生:《殷虚文字乙编补遗》,历史语言研究所 1995 年版。　《乙补》

胡厚宣:《甲骨续存补编》,天津古籍出版社 1996 年版。　《续补》

荒木日吕子:《中岛玉振旧藏甲骨》,创荣出版(株)1996 年版。　《中岛》

雷焕章:《德瑞荷比所藏一些甲骨录》,利氏学社 1997 年版。　《德瑞荷比》

刘敬亭：《山东省博物馆精拓甲骨文》，齐鲁书社 1998 年版。　《山博》
彭邦炯等：《甲骨文合集补编》，语文出版社 1999 年版。　《合集补》
齐文心等：《瑞典斯德哥尔摩古物陈列馆藏甲骨》，中华书局 1999 年版。　《瑞斯》
朱歧祥：《甲骨文读本》，台北里仁书局 1999 年版。　《读本》
刘一曼等：《殷墟花园庄东地甲骨》，云南人民出版社 2004 年 5 月版。　《花东》
王宇信等：《甲骨文精粹释译》，云南人民出版社 2004 年 5 月版。　《精粹》
唐石父等：《王襄著作选集》（上、中、下），天津古籍出版社 2005 年 1 月版。
郭若愚：《殷契拾掇》，上海古籍出版社 2005 年 6 月版。　《掇》
梁东淑：《甲骨文解读》，（韩）书艺文人画月刊社 2005 年版。　《甲文解》
郭青萍：《洹宝斋所藏甲骨》，内蒙古人民出版社 2006 年 7 月版。　《洹宝》
中国国家博物馆：《馆藏文物研究·甲骨卷》，上海古籍出版社 2007 年 1 月版。　《国博藏甲》
焦智勤、党相魁：《殷墟甲骨辑佚》，文物出版社 2008 年 9 月版。　《辑佚》
刘一曼等：《商周甲骨文》（中国书法全集·第 1 卷），荣宝斋出版社 2009 年版。　《商周甲文》
濮茅左：《上海博物馆藏甲骨文字》，上海辞书出版社 2009 年版。　《上博》
宋镇豪等：《云间朱孔阳藏〈戬寿堂殷墟文字〉旧拓》，线装书局 2009 年版。　《戬旧拓》
宋镇豪等：《张世放所藏殷墟甲骨集》，线装书局 2009 年版。　《张藏》
李宗焜：《史语所购藏甲骨集》，中研院历史语言研究所 2009 年版。　《史购》
中国社会科学院考古研究所：《殷墟小屯村中村南甲骨》（上、下），云南人民出版社 2012 年版。　《村中南》
马季凡等：《中国社会科学院历史研究所藏甲骨》，上海古籍出版社 2012 年版。　《所藏》

附　　图

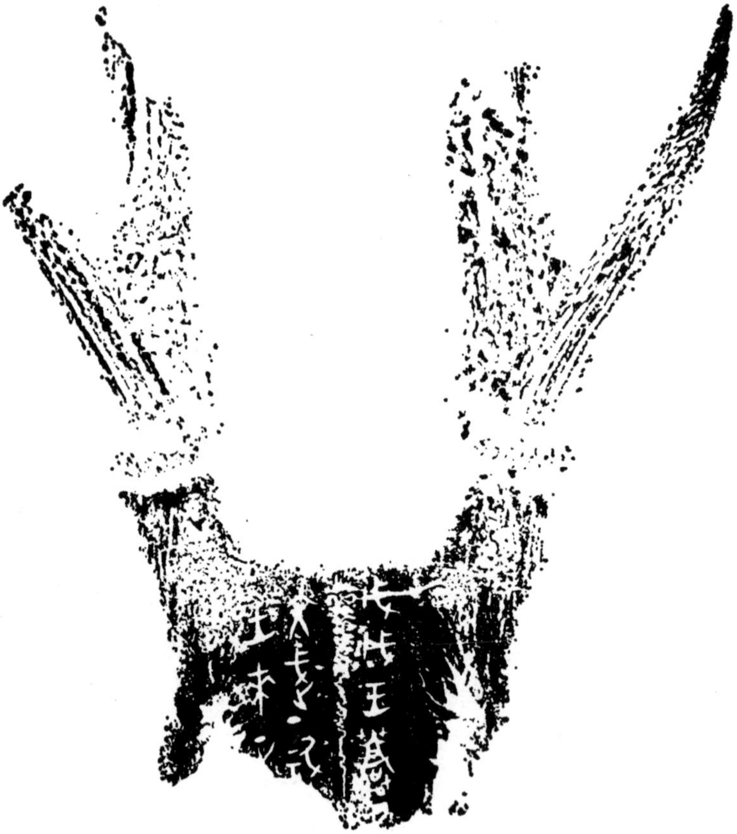

附图一　鹿头刻辞

附图二　甲骨之王

附图三　“大龟四版”之一

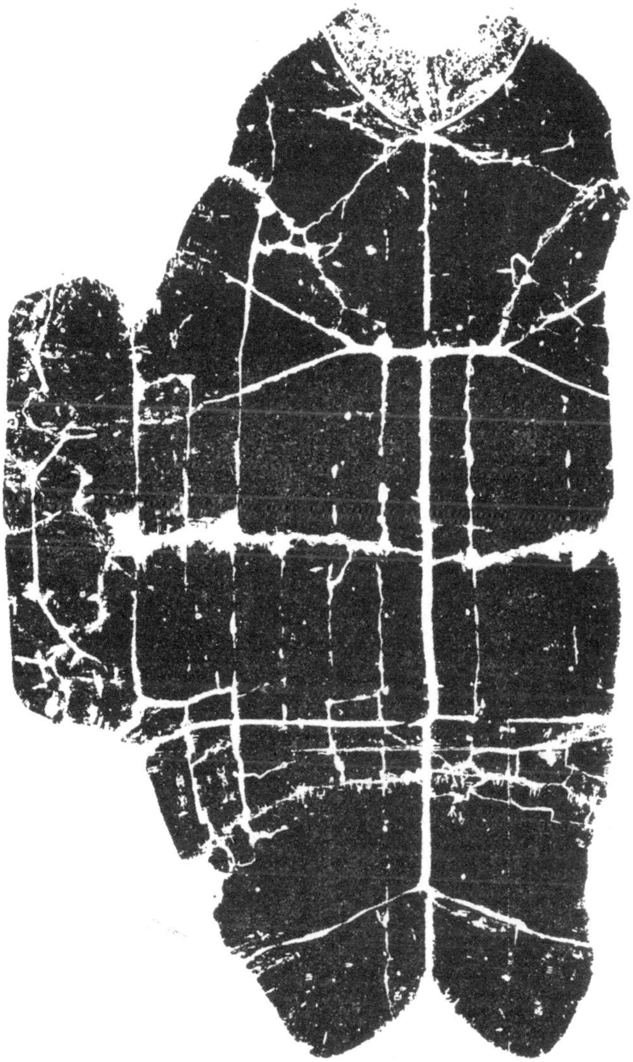

附图四　YH127 坑出土大龟

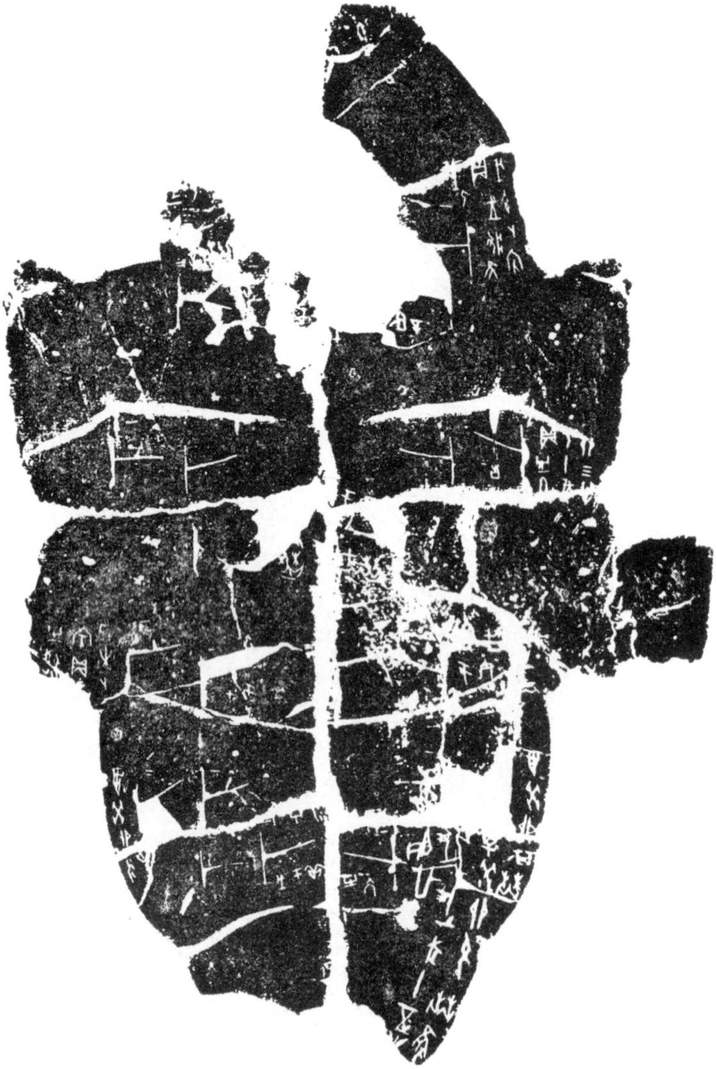

附图五　YH127坑出土"焚田"卜辞

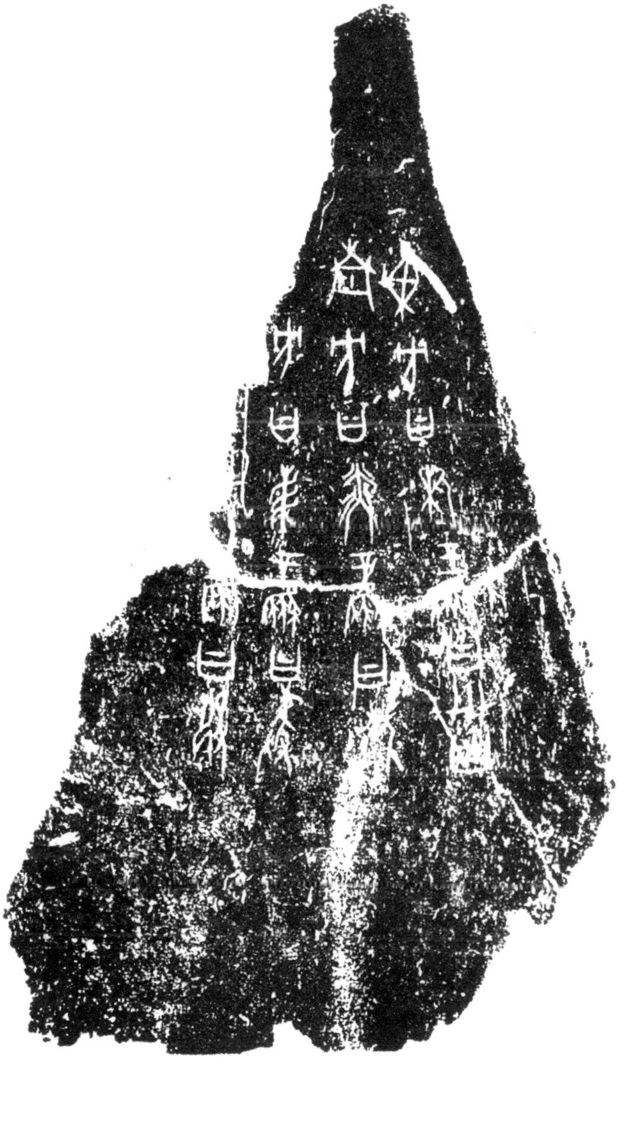

附图六　甲骨文四方风名大骨

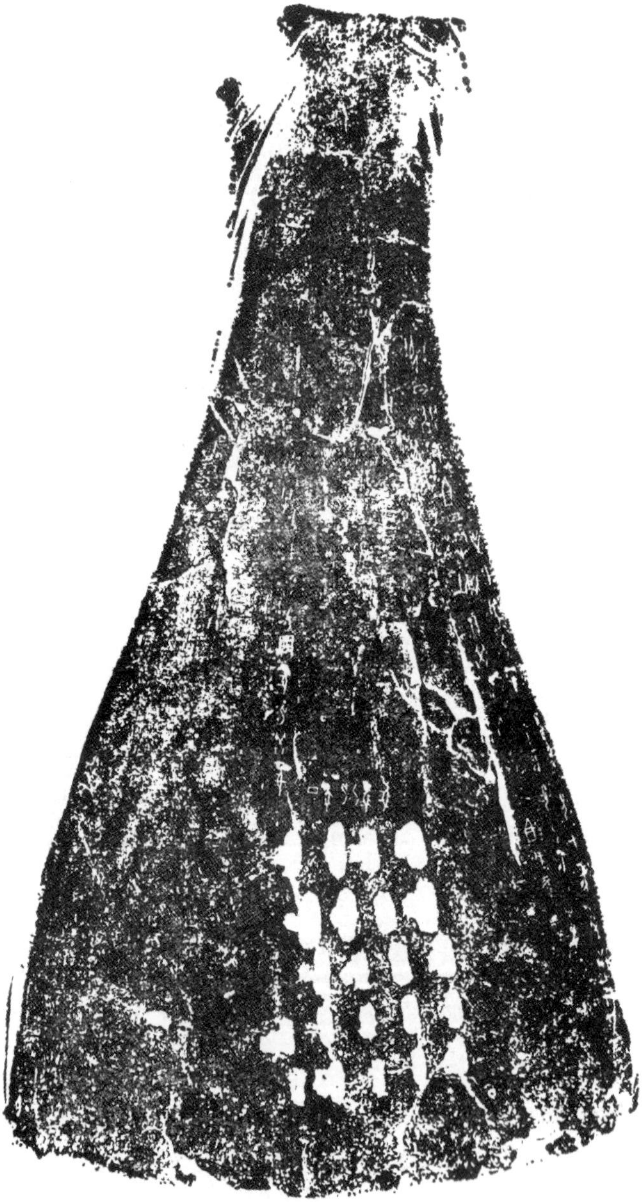

附图七　1971 年安阳小屯西地出土卜骨之一

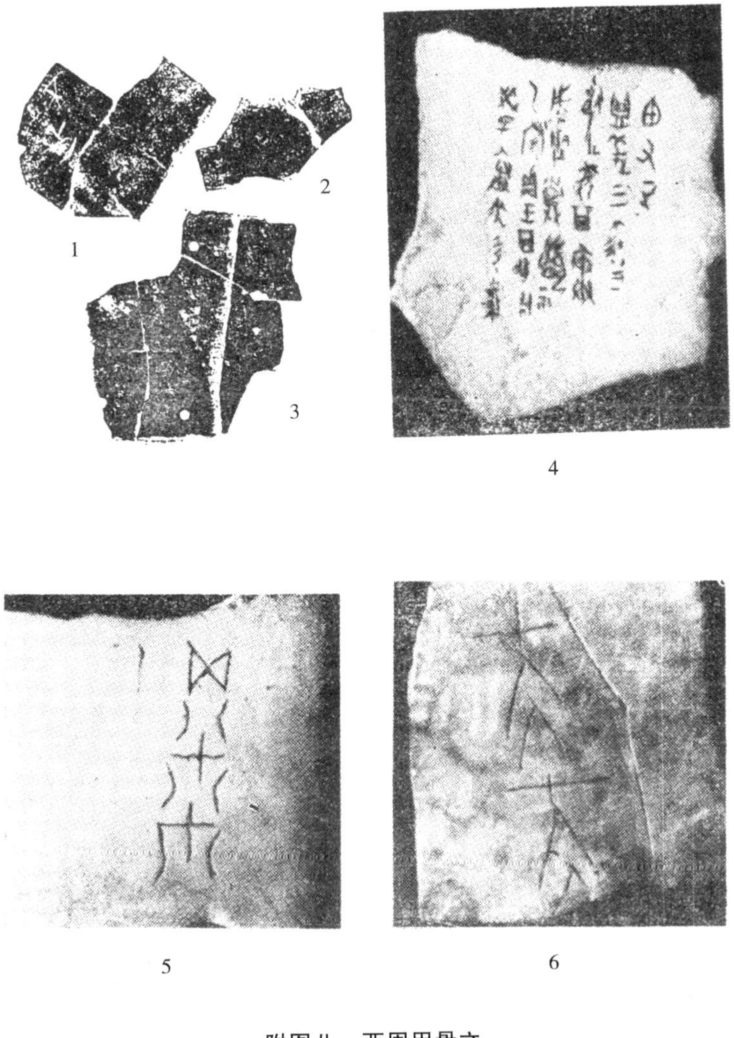

附图八　西周甲骨文

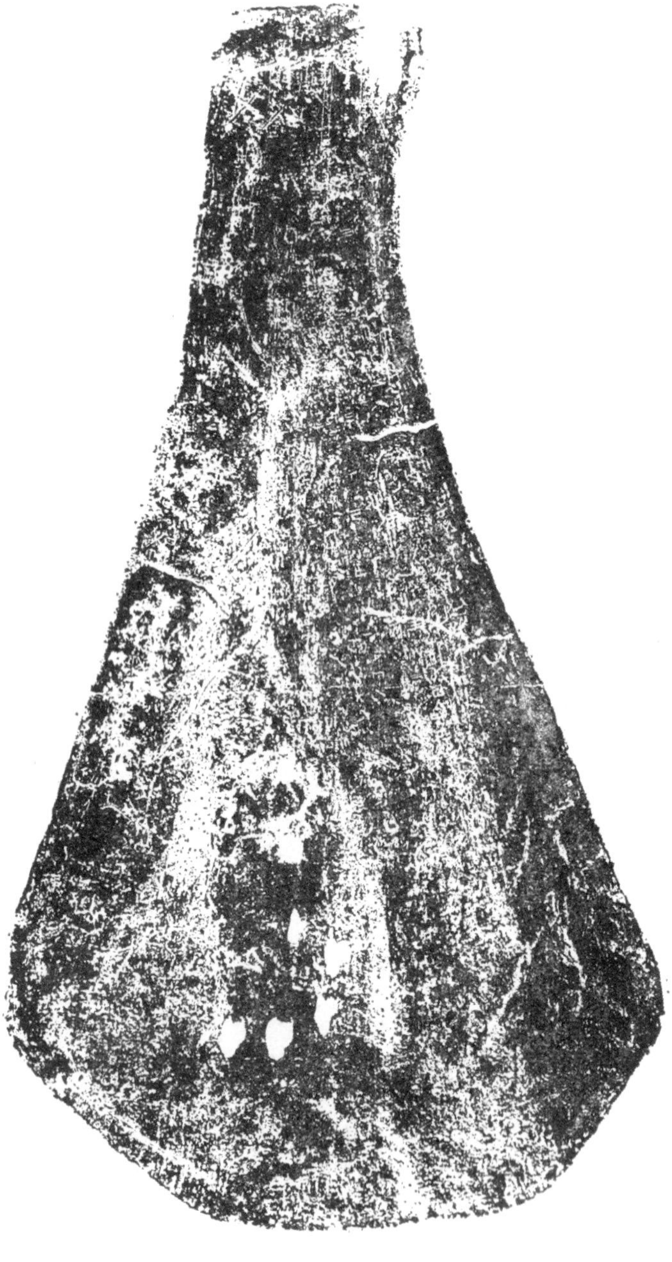

附图九　国图藏最大牛骨刻辞（正面）

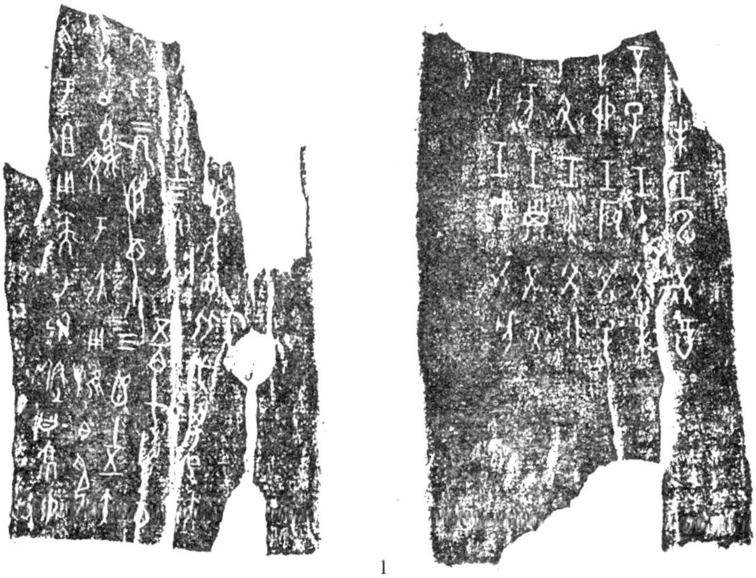

1

(反)　　　　(正)

2

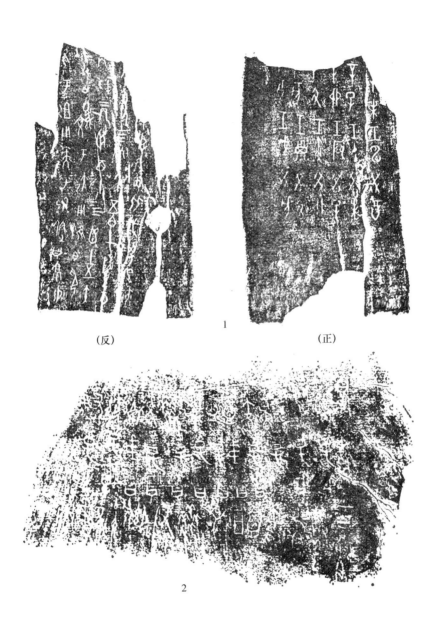

附图十　1. 殷代文字最多的战争卜辞

2. 殷代“家谱刻辞”

1

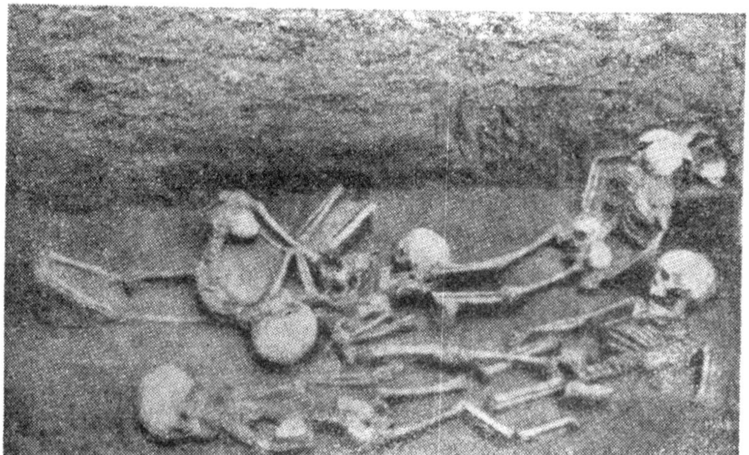

2

附图十一 1. 江苏铜山丘湾商代石社遗址

2. 殷墟祭祀坑五个被活埋的奴隶(M222)

1

2

3

4

附图十二　殷墟妇好墓（M5）出土铜器铭文

(正)　　(反)

附图十三　焚廪卜辞

1

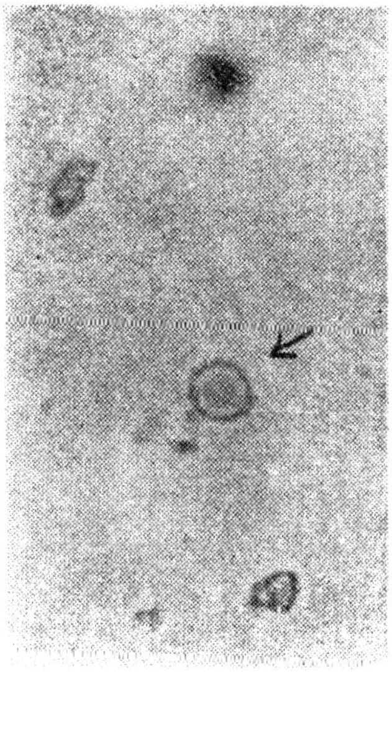

2

附图十四 河北藁城台西村商代遗址发现的酿酒遗迹

(正)

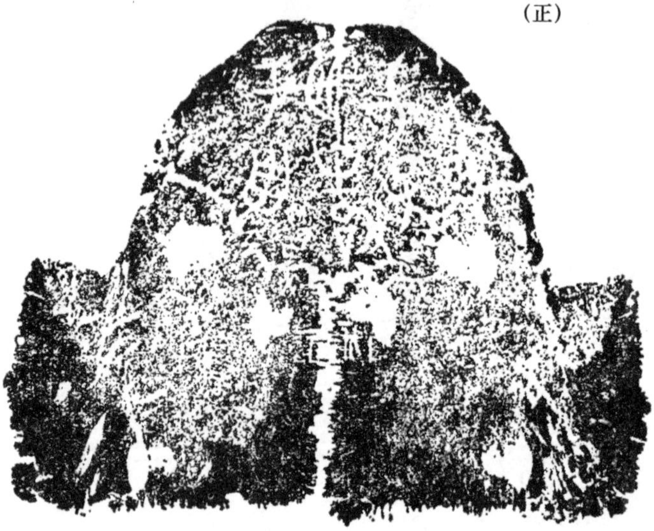

(反)

附图十五　商代鸟星记录

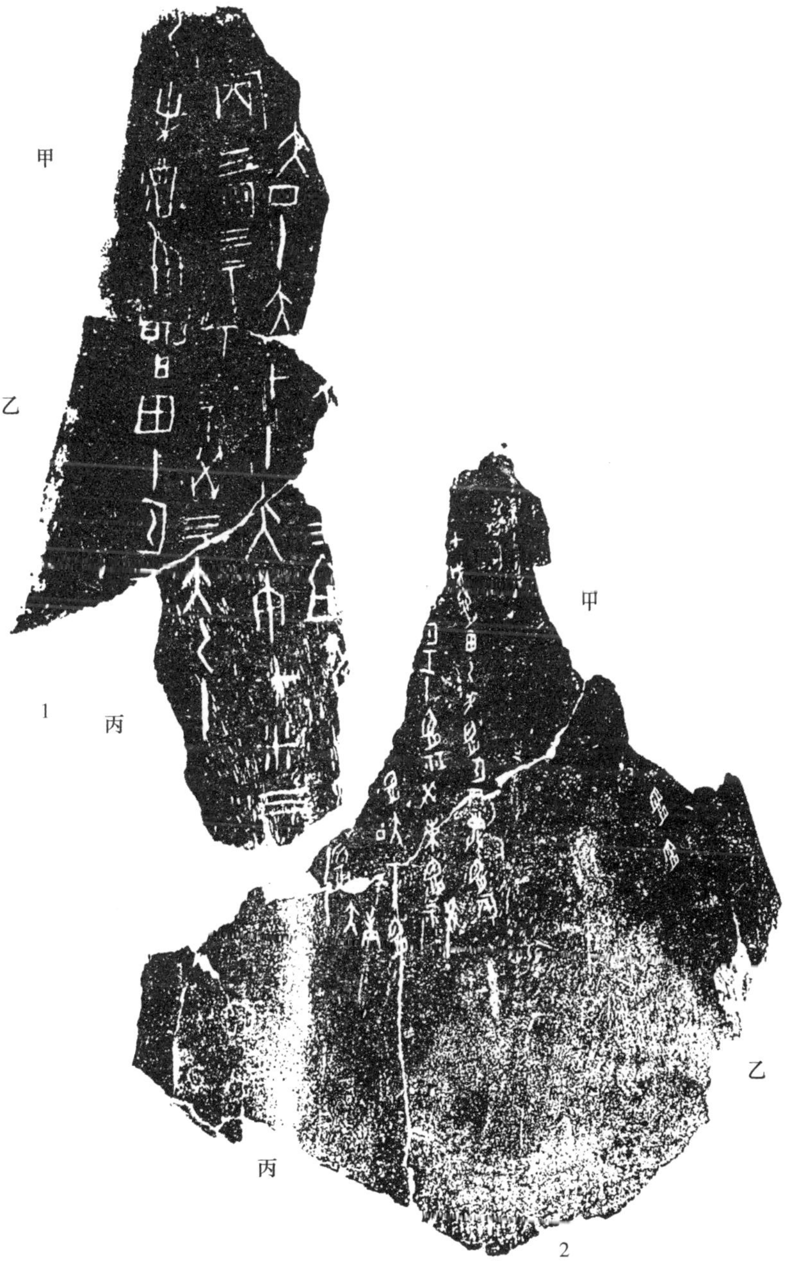

附图十六　郭沫若为王国维原缀甲骨增缀及郭沫若新缀甲骨

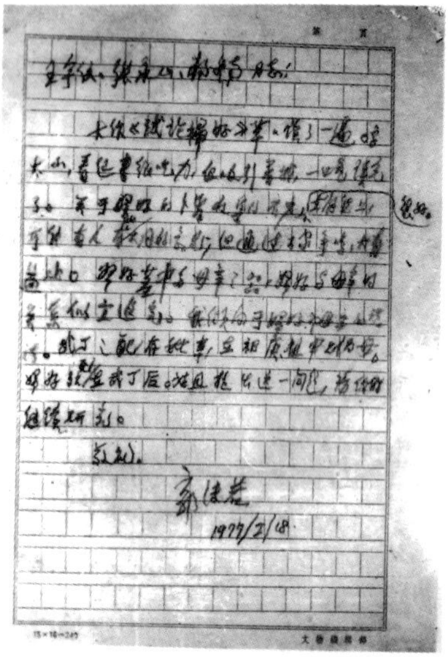

郭老给青年学者的回信

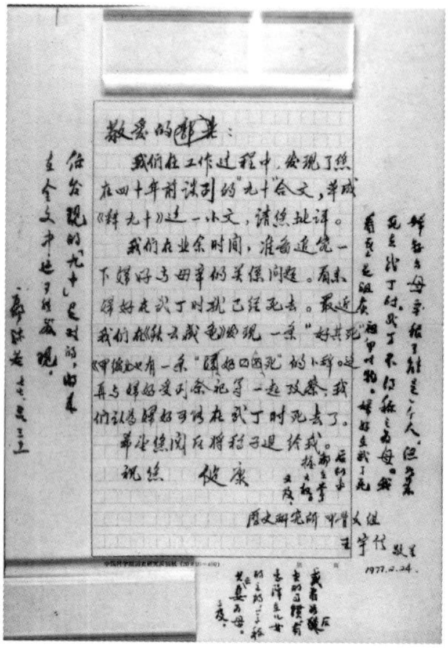

郭老关于妇好墓意见的批示

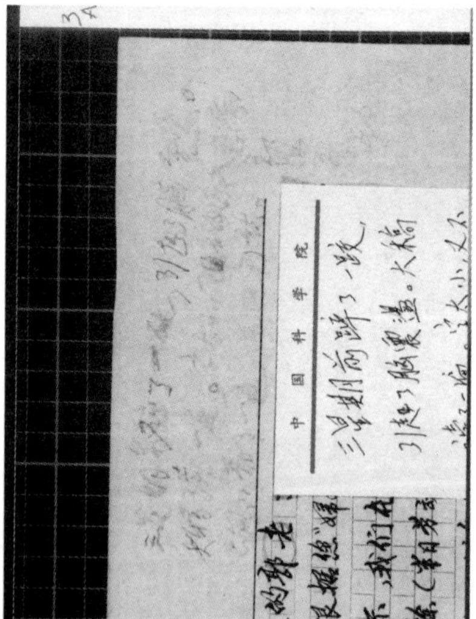

郭老铅笔字的批示

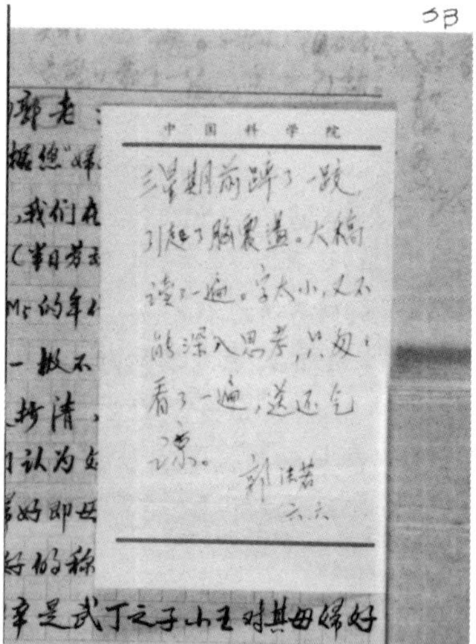

郭老秘书抄清的批示

附图十七　郭老给青年学者的信及关于妇好墓意见的批示手迹

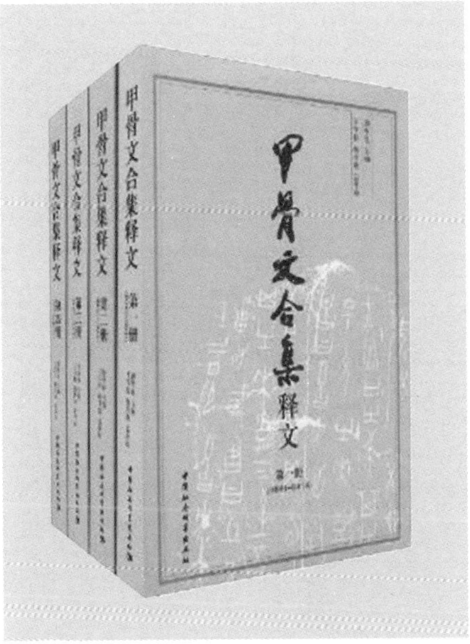

附图十八　《甲骨文合集·释文》

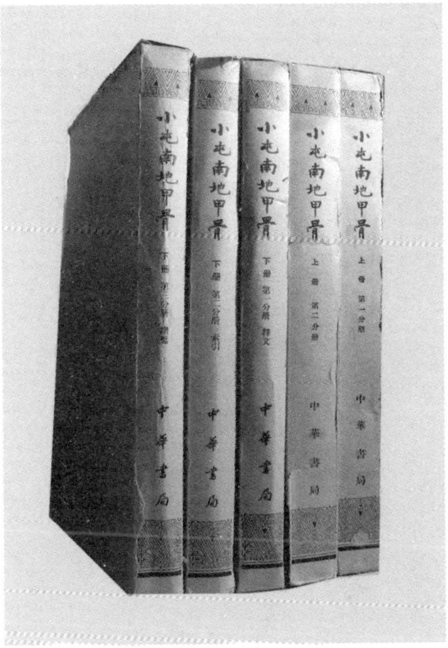

附图十九　《小屯南地甲骨》

附图二十　《甲骨文精粹释译》

附图二十一　《甲骨文解读》

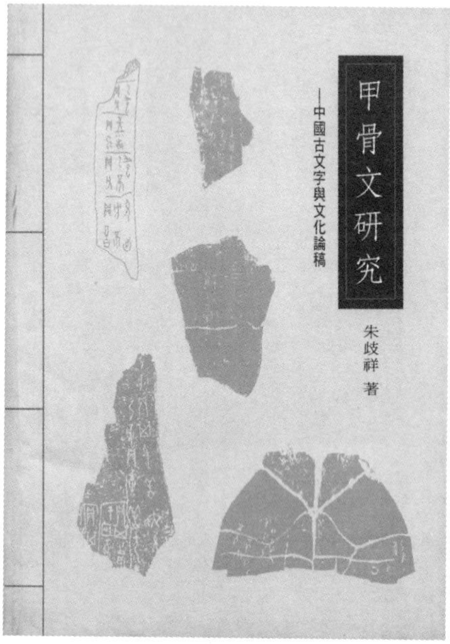

附图二十二　《甲骨文研究》

附图二十三　《国博藏甲》

附图二十四　《北珍》

附图二十五　《所藏》

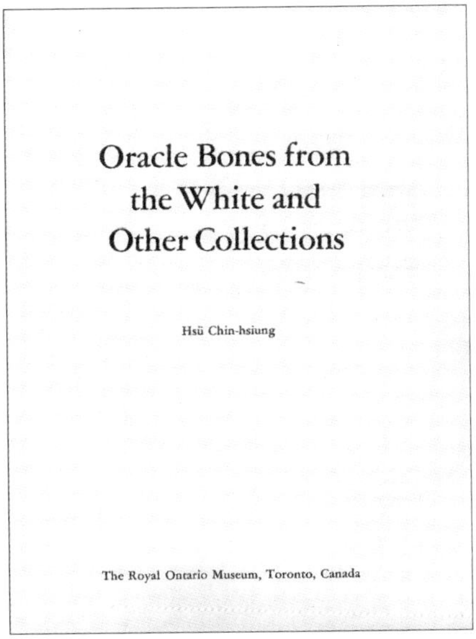
Oracle Bones from
the White and
Other Collections
Hsü Chin-hsiung
The Royal Ontario Museum, Toronto, Canada

附图二十六　《怀特》（封面）

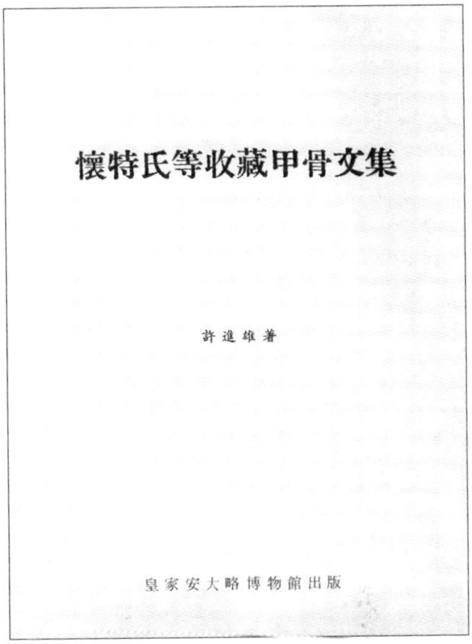
懷特氏等收藏甲骨文集
許進雄著
皇家安大略博物館出版

附图二十七　《怀特》（中文封里）

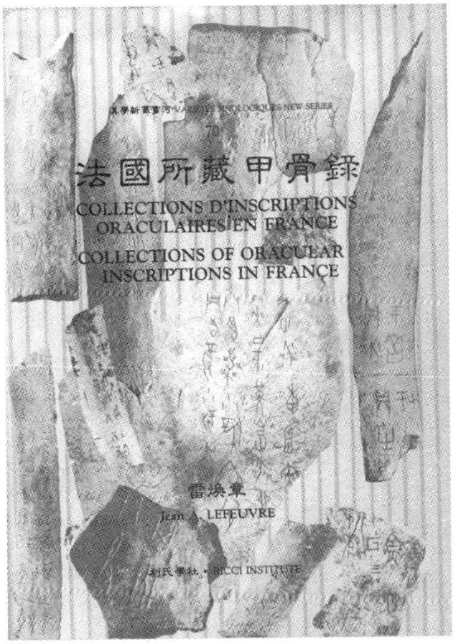

附图二十八　《法藏》

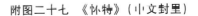

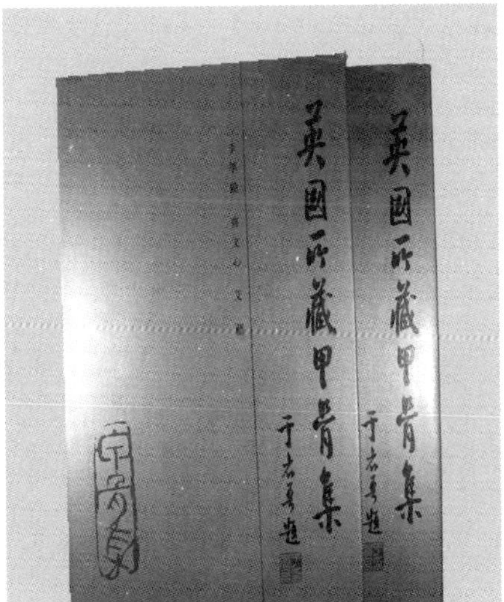

附图二十九　《英藏》

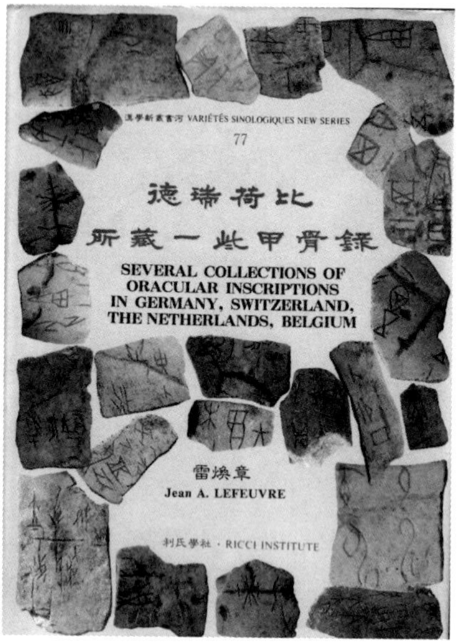

附图三十　《德瑞荷比》

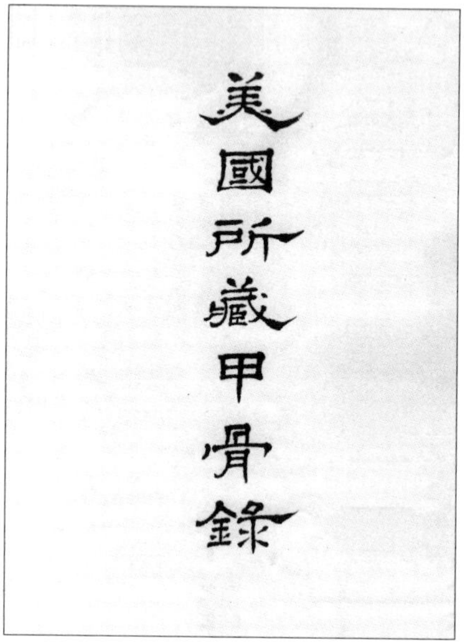

附图三十一　《美藏》(中文封面)

附图三十二　《美藏》(英文封里)

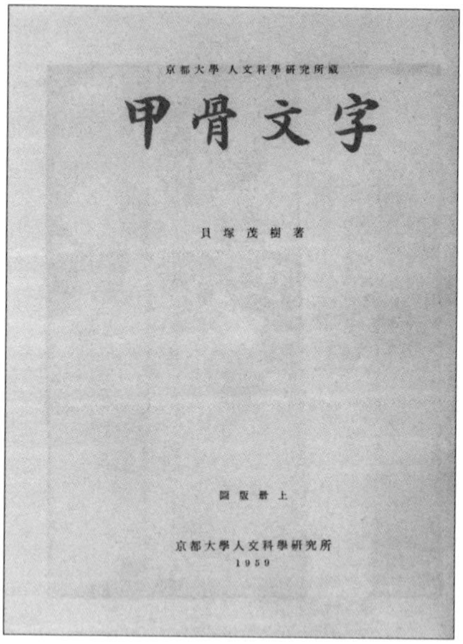

附图三十三　《京人》

附图三十四　《东文》

附图二十五　《东化》

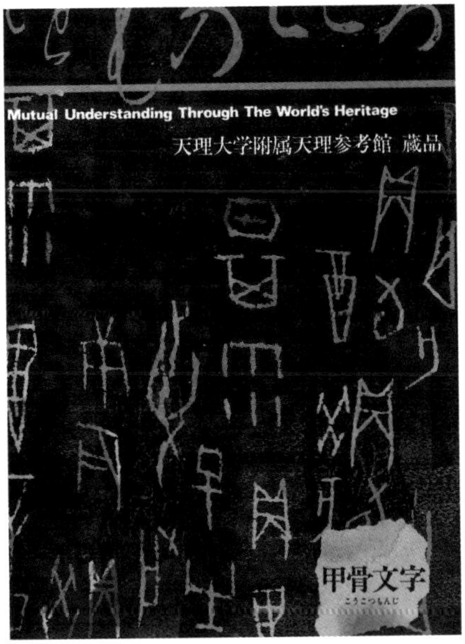

附图三十六　《天理》

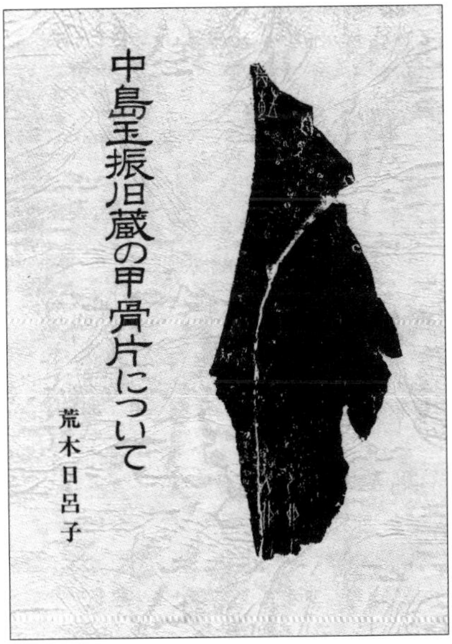

附图三十七　《中岛》

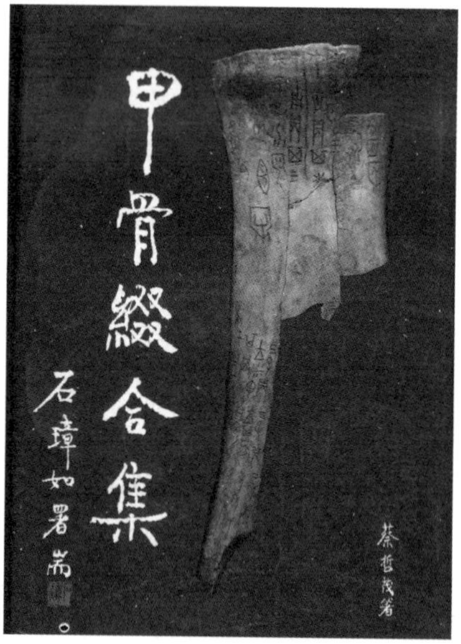

附图三十八　《甲骨缀合集》

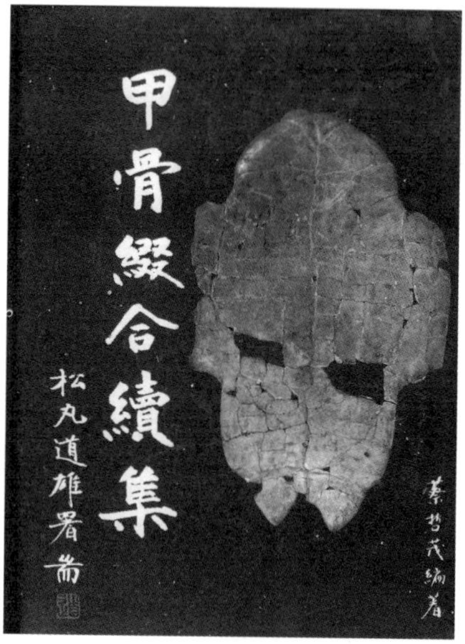

附图三十九　《甲骨缀合续集》

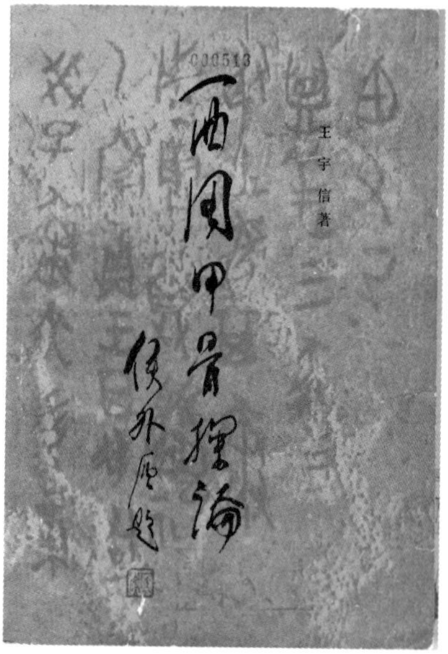

附图四十　《西周甲骨探论》

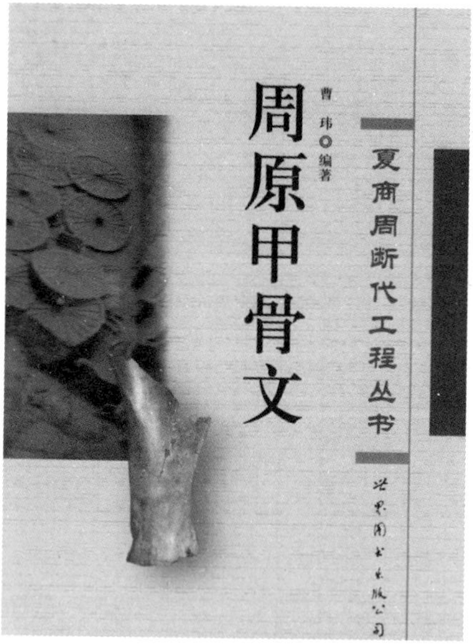

附图四十一　《周原甲骨文》

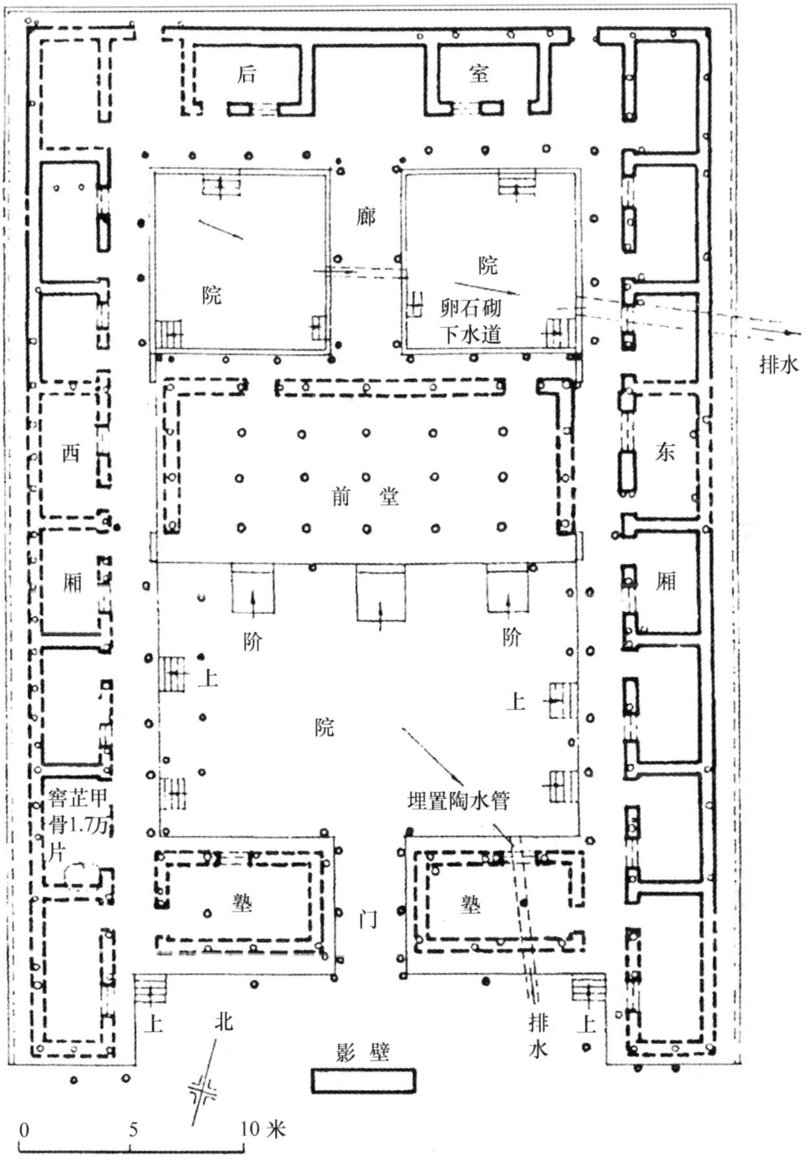

附图四十二　陕西岐山凤雏甲组基址平面图

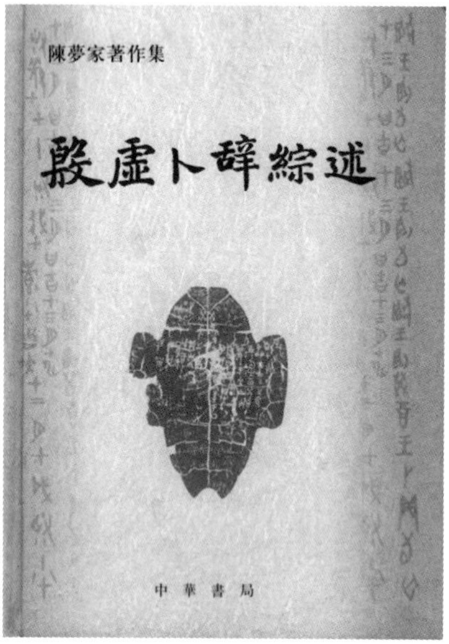

附图四十三　《综述》(新版)

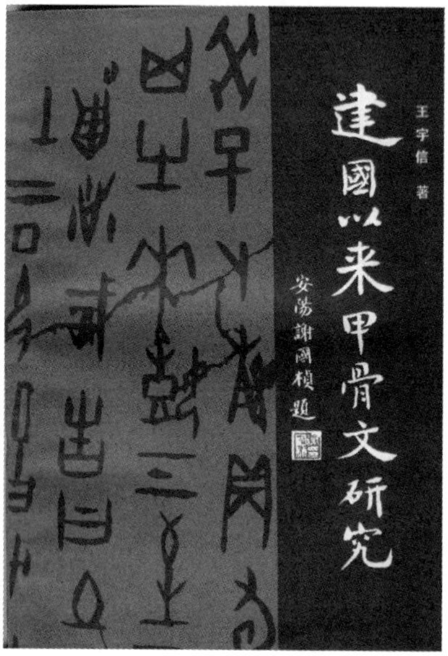

附图四十四　《建国以来甲骨文研究》

附图四十五　《甲骨文与甲骨学》

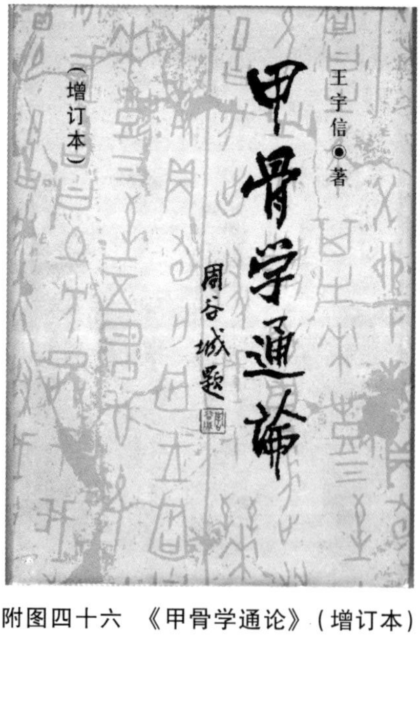

附图四十六　《甲骨学通论》(增订本)

附图四十七　《甲骨学一百年》

附图四十八　《五十年甲骨学论著目》

附图四十九　《百年甲骨学论著目》

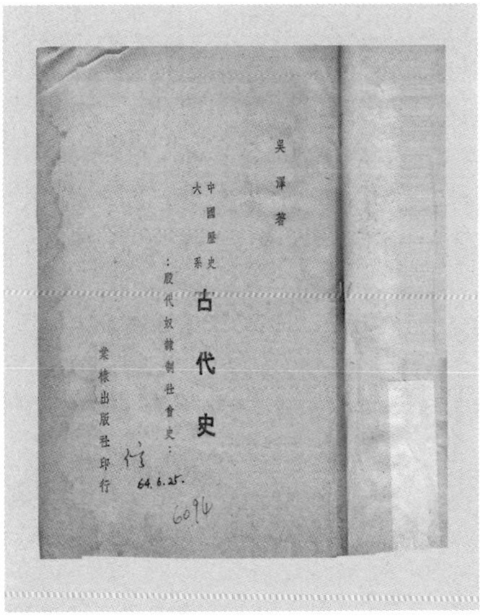

附图五十　《中国历史大系古代史·殷代奴隶制社会史》

附图五十一 《殷代社会生活》

附图五十二 《殷商史》

附图五十三 《商代史》(11 卷本)

附图五十四　《安阳殷墟小屯建筑遗存》

附图五十五　《殷墟宫殿区建筑基址研究》

附图五十六　殷墟宫殿宗庙区丙组基址一角（模拟复原保护展示）

附图五十七　殷墟王陵区祭祀场（模拟复原保护展示）

附图五十八　殷墟宫殿宗庙区乙七基址前祭祀坑遗址（模拟复原保护展示）

后　　记

2019年4月30日“五一”劳动节前夕，当我校完《新中国甲骨学七十年（1949—2019）》一书的小样，并为此书写完“自序”和动笔写这篇“后记”时，觉得倍感轻松，不禁长舒了一口气。

多年来，往往是越到假期我越忙，不是忙着聚精会神校书的小样，就是一鼓作气做书稿的收尾工作，或是在抓紧时间赶写书稿的关键章节。但有时也会总思考不出一个头绪来，那就往往呆坐好长时间也下不了笔。这时，我不禁想起前辈学者罗振玉在《殷虚书契考释序（1914年）》中说，他考释文字并快乐着的情境：“或一日而辨数文，或数夕而通半义。譬如冥行长夜，乍睹晨曦。既得微行，又蹈荆棘。积思若痗，雷霆不闻。操觚在手，寝馈或废。”真是此中甘苦寸心知！甲骨文研究就是这样在前辈学者的发现、发明，守护和创新中，弘扬与发展的。

今年春节前后（2019年1月），我完成新著《甲骨学发展120年》的三校以后，马上就按中国社会科学出版社的安排，对旧著《新中国甲骨学六十年（1949—2009）》进行增订、补写，即补写、增订了学者们在21世纪初聚精汇力，以甲骨文研究国际学术交流的加强和一批研究新成果的推出，未雨绸缪，迎来了“政府推动下的甲骨文研究全面深入发展与弘扬的新阶段”的更大辉煌。经过统一全书的章节和几次校对，这就是现在呈现给读者的这部《新中国甲骨学七十年（1949—2019）》。这次本书的完成，恰在2019年4月30日“五一”前夕，因而我盘算着如何认真享受一回假期，并与家人和孩子一起享受天伦之乐了。

就在本书的整理、写作过程中，我不禁感慨万千，并思绪良多。作为一名新中国培养的甲骨文研究者，我经历了中国人民站起来的伟大时刻，也见证、参与了中国人民为探索向富起来前进的中国特色社会主义康庄大道所经历的艰辛和巨大的付出。我也参与和感受到了中国人民由富到强，比任何时候都更接近了实现中华伟大复兴的中国梦。我是同龄青年中的幸运儿，有机会1959年考入北京大学历史系考古专业（这也是甲骨文1899年发现以后的第60个年头）。我还有幸在高明教授的古文字学课上，与甲骨文结缘。1964年大学毕业，并考上胡厚宣教授“甲骨学商史”专业研究生（那也是甲骨文发现65年）。虽然我名为甲骨学商史专业研究生，但1964年秋就去“四清”和其后“滚泥巴”锻炼了。1965年年底回研究所，就开始参加“二月提纲”指导下的“假”文化革命。而1966年“5·16通知”领导下的触及每个人灵魂的“革命”，彻底停止了一切业务，在1970年又去“五·七”干校“学习”，1972年从干校“毕业”回京，直到1973年我才参加了《甲骨文全集》的编辑工作，“边干、边学”，真正开始了甲骨文的学习、研究（这已是甲骨文发现以后的第74个年头了）。因而自1959年至1973年，我只接触了一些甲骨文皮毛，不应算是我研究甲骨文的开始，不像一些甲骨天才那样，或从初中的少年时代就入门甲骨文，或豪迈得“拄着双拐”攀登古文字高峰了。我今年（2019年）已经79岁了，甲骨学120年的发展长河中，有我46年所做的工作与微薄的奉献。46年来，在我为人生不同阶段出版的多部著作所写的“序”或“后记”中，时有我写入心境的“感言”或诗句。将其串联起来，应就是我成长道路上，不断总结感悟的人生驿站和向新目标再出发的起步点。

1978年，为甲骨文80年来的发现做了总结，并奠定了其后“全面深入发展时期”基础的《甲骨文合集》出版。《合集》编辑组青年学者意气风发，在编辑过程中，大家全身心投入工作，并抓紧一切时间，力图夺回失去的“十年”宝贵时光。1981年，我的《建国以来甲骨文研究》出版。激动过后，我在此书的扉页上，写下了《四十抒怀》（请注意：是四十岁了啊！）：

菲薄小册十年力，昼夜兼程赶白驹。
“不惑”方做“而立”事，契林无垠莫云憩。

当年我和我的青年朋友们，自1973年起，沉入甲骨文世界才十多个年头。初生牛犊不怕虎，踌躇满志和向甲骨学高峰攀登的决心跃然纸上。这一年，已是甲骨文发现第83个年头了……

十多年后的1999年，为庆祝甲骨文发现一百周年，我们的专著《甲骨学一百年》出版，这是献给这一重大节日的“系列研究成果”之一。我在为这套“系列成果”（《甲骨学一百年》《甲骨文合集补编》《百年甲骨学论著目》等）写的“总序”中说道：

甲骨学百年华章逾万篇，几代大师凝心力。
新世纪十万殷契溯文明，辈出名家再辉煌。

这表明，甲骨学大师胡厚宣教授1995年逝世以后，经过《合集》编纂过程的磨炼和协助胡厚宣总编处理日常工作《释文》组长的历练，走上“甲骨学一百年”研究系列课题主持人和《合集》释文总审校前台的我，在经过了甲骨文研究26个年头的追求和探索后，有可能也有能力从总体上总结百年来甲骨学研究的辉煌成就并对21世纪到来的甲骨学研究再辉煌充满了期待。这也说明，自1973年《合集》恢复工作后，经26年的磨炼，一代新人成长起来了。但学者们并未就《甲骨学一百年》止步，而是以更新的成就，打造甲骨学研究新百年的再辉煌。

一晃又是十年过去了。我的《甲骨学通论》一书，1989年出版以后，经1999年增订再版和2004年韩国首尔东文选出版了韩语本以后，有幸在2011年又被中国社会科学出版社收入“当代中国学者代表作文库”，并于2015年仍以《甲骨学通论》（修订本）为书名出版。2011年1月，我在《甲骨学通论新版感言》中写道：

金牛连银虎，弄璋乃天意。
勤奋伴笃善，创业在人为。

这就是说，在我从事甲骨学研究第38个年头的2011年，我把列入“代表作文库”并特别珍爱的《甲骨学通论》（修订本）的完成，视同继牛年之后赓续的虎年，爱孙王宬章呱呱坠地一样，夫子自道地写出了我庆幸在学术上的丰收和家庭生活中也增加了新内容的喜悦。我取得的些许成功，即创业的真谛在“我按自己的方式生活，既不跟别人攀比，也不嫉妒别人又比我前进了。如遇不顺心之事，我总用‘人有悲欢离合，月有阴晴圆缺，此事古难全’来安慰自己”。“还是想开一些，去享受生活，享受健康，享受做些力所能及事情的快乐吧”！我坚持一切从现实出发，即“尽人事，听天命”。这一年，正好也是我步入七十岁。“七十不逾矩，从心所欲”，不正是我良好心态的写照么?!

就在此后不久的2013年，即我时年74岁的时候，我的又一部新著《新中国甲骨学六十年（1949—2009)》的三校样，在己巳年正月初三（2013年2月12日）校毕并在写此书的“后记”时，忽然想到在才度过的戊辰年腊月二十八日，有幸出席在人民大会堂举行的“春节团拜会”，并近距离地感受到主持会议的习近平同志的风采，聆听了时任国务院总理温家宝同志所作的新年贺辞。在一杯清茶的温馨中，欣赏了著名歌唱家张也等献演的精彩文艺节目……我把对当时情景的有感而发写成以下四句话：

奖项创新聚会堂，辞辰迎巳品茶香。
人生顺烦难两全，悟得此道乐心康。

所谓“奖项”者，即2012年《中国甲骨学》获社科院离退休干部优秀成果一等奖；而“创新”者，即我提出的《图说甲骨学发展120年》（即今名《甲骨学发展120年》）幸获社科院学部委员创新工程批准立项；而后面二句，是我对退休后生活所持的态度，即“多想好事、顺事、快乐事，自然心平、气和、身体好，身体好才能做些力所能及的工作”。

人生苦短，一晃七年时光又过去了。在2019年的农历春节前后，我又完成了前文提及的创新工程立项的《甲骨学发展120年（1899—2019)》三校样的校对、定稿工作，准备交中国社会科学出版社印制（可望2019年6月出版面世）。此书稍告一段落后，我又按中国社会科学出版社“当代中国学术思想史大型丛书”的要求，对拙著《新中国甲骨学六十年

（1949—2009）》进行增订、补充，并凸显新百年的甲骨学研究，在政府推动下的全面深入发展与弘扬“新阶段”的更大辉煌，从而以《新中国甲骨学七十年（1949—2019）》为题名再版。就在写此书“后记”的过程中，我不禁盘点了一下我46年来所从事的甲骨学研究工作，还是倍感充实，自我感觉良好的。5月1日晨忽然得句，以表示作为耄耋老人的我，在研究计划之外，出版社又给我机会，以《新中国甲骨学七十年（1949—2019）》为伟大祖国母亲七十华诞祝寿的激动心情，喜吟此“耄耋乐”，以抒发享受幸福感、获得感、安全感的我和我同龄的幸运者们的心声：

> 七十东山攀泰巅，八十激扬“百廿年”。
> 耄耋乐享金石寿，甲遗世保万斯年。

“登东山而小鲁，登泰山而小天下”。所谓“七十东山”者，即本人1989年晋升研究员，当在同辈学人中属于破格者，至2010年已是退休多年的资深“无级教授”了（2010年中国社科院始给研究人员定级，退休者一律不再定级，我虽缓退3年至2003年，但仍与定级无缘）。而2011年，中国社会科学院授予我荣誉学部委员，从而使我由资深“无级教授”，攀上了社科院最高学术称号的巅峰。而现在正是我近80岁的时候，作为一个退而不休的老甲骨学者，仍以激扬的文字，数说着《甲骨学发展120年（1899—2019）》的成就。我们这些时代的幸运者，老有所养，老有所用，在寿比金石的大好岁月里，中国的“世遗”甲骨文，得到了世界层面的保护，从而千秋万代，亿万斯年地永远传承与弘扬而不衰！

如此等等。在我历年出版的著作的“前言”或“后记”中，留下了一个感恩时代，感恩国家的甲骨文工作者的肺腑之言。是国家和时代把我从一个“开门见山”的平谷山乡少年，培养和造就成冷门学科甲骨文研究的领军人物和推向研究的前台。因而这些写于不同时间段的“前言”或“后记”，记下了我的成长和拼搏的足迹。不用扬鞭自奋蹄，我今后仍将鞠躬尽瘁，撸起袖子加油干，为实现中华民族伟大复兴的中国梦继续做出自己所能做出的贡献！

在我46年来追求的漫漫甲骨治学之路上，所以能不断取得一些成功，还应感谢在我人生道路上，对我寄予厚望和无言支持的家人们。现在我座右放置的人民出版社1950年据“华北新华书店1949年9月版校订重排”的中国历史研究会1941年在延安出版的《中国通史简编》，书前有中国历史研究会1941年5月25日的“序”、北方大学历史研究室1948年4月3日的“再版说明”、历史学家范文澜写于1946年的《研究中国三千年历史的钥匙》和发表于《人民日报》1946年12月30日的《论正统》等（上述文章今天已很难见到了）。当时，这部书的定价（精装本）是人民币旧币53400元（合现人民币53元4角），应该说当年是价格不菲了！这部现已成珍本的书，和早年出版的吕振羽《简明中国政治思想史》《简明中国史》等这三部书，是我1962年大学三年级寒假时，去远离北京的河北霸县杨芬港乡策城村，看望在那里一所小学教书的父亲王志宽老师。我在杨柳青下火车后，在天寒地冻中，边走边打听路，时而走在望不到头的大堤上，时而走在南大港广阔且嘎嘎作响的冰面上……终于在策城村的小学校里，与父亲一起生活了七天，这也是我与父亲一起度过的最长的日子……听母亲说，父亲在弥留之际，还念叨着“铃响了，我该上课去了……”现在放在我案头的《中国通史简编》等三部书，就是当年在离别时，父亲送给我的最珍贵礼物，是留给我的无限期望和无言鼓励，以及对事业的忠诚和无限热爱……我还应感谢我的母亲韩淑茹老太夫人，她一辈子亲仁善邻，忍辱负重，勤劳节俭，把全部希望都寄托在子女身上。这位能识文断字的母亲历来主张：家里的生活再苦，也要供我们兄弟上学。并许诺：考到哪儿（指小学、初中、高中、大学几个“台阶”），就供到哪儿！母亲曾为我当年全县唯一考上北京大学而自豪，也为我1964年大学毕业后，考上“副博士”研究生而惶惑。她和乡亲们当年还不知道研究生是个啥情况，都说我平时学习一直很好，怎么大学毕不了业，又考上个能挣钱的“补习班”呢?!她老人家为我成天读书和“写字”的劳累而担心，也为我出版一本又一本的书而高兴……我陪伴在母亲身边，服侍汤药一个多月后，在2006年5月26日，老人家安详地驾鹤西归。我在这位生我养我的93岁老人墓碑上，用甲骨书法，概括了老人的一生：“四十年河东历风雨，一百年河西品小康。”可以说，这位历经时代沧桑的中国典型女性，一位伟大的母亲，有幸品尝到和看到了邓小平新时代的小康生活！

我感谢我的妹妹王明信和弟弟王友信。他们柔弱的肩膀，过早地为我撑起了本应由我支撑的家。妹妹含辛茹苦，与妹夫一起“宁肯成天喝菜粥，也要培养孩子上大学”！就凭这样的志气，这对农民夫妻，硬是把女儿、儿子、孙女、孙子培养成大学生，圆了她自己上大学的梦想；而党改革开放的好政策，使我弟弟成了一间小作坊主，靠拼搏和奋斗，淘得了第一桶金，买了几套楼房和汽车，过上了小康生活。一谈起邓小平，从心底里感谢他制定了扭转乾坤的好政策……

在我成长的道路上，永远也不会忘记那些五年同窗的大学学友们。我为健在并事业有成的老同学庆幸、祝福，也为过早离我们而去的老同学惋惜、伤痛……老同学时有规模不同的聚会。2004 年北京大学历史系 59 级同学毕业 40 年聚会，我曾写“感怀”一首：

五载燕园奠业基，卅载离别老大回。
同学相见不相识，笑问君从何处归?!
依稀往事联翩至，同窗深情鬓毛衰。
相揖珍重期再聚，淡泊天年尚无为。

在照片背面，记有“04 年 6 月 24 日，收万仓兄寄合影一帧，不少当年同窗，已不知何许人也。感慨写此”。就在写本书“后记”的前两天，接到张万仓教授电话：2019 年 5 月 4 日校庆，59 级在京老同学到北大校史馆集合并小聚纪念毕业六十年。真是我们在 2014 年自编出版的 59 级纪念毕业 50 周年小册子封面所云《永远的同学，永远的北大》呵！幸逢四十年、五十年、六十年，真是时光如梭，弹指一挥间！

我还应感谢北京大学考古专业授课并对我影响深刻的业师们。高明教授的“古文字学导论”，引导我步入甲骨学之门。而邹衡教授的“商周考古学”，使我认识了“无字地书”在古史研究中的重要价值。我现在还记得，1962 年在殷墟生产实习，住在大司空村，发掘豫北纱厂西墙内的菜地。在一个女同学负责看坑的 M54 内，出土了一件石俎和一件有“小集母”字样的铜觯。我们还去安阳县的大寒村一带进行过考古调查……在安阳半年的考古实习，使我获得不少书本上得不到的知识，并受到了终生难忘的深刻教育及终生难忘的教训。直到现在，还激励我从中吸取教训并砥砺前进……

我也感谢历史研究所师友们对我的关怀、支持与栽培。现在我手头常用的《观堂集林》，乃1964年去山东“四清”前夕胡厚宣师所赠。《文物》《考古》《考古学报》复刊后，胡先生在其上经常发表的重要论文抽印本，都赠给我们学习参考。“文化大革命”后期，上海复旦大学编纂的《全国史学论著目》(上、中、下三集)，就是胡先生送我的，以其提示我关注史学研究动态。自此，我养成了关注甲骨文和殷商考古学研究动态的习惯，为我其后撰著《建国以来甲骨文研究》《甲骨学一百年》《新中国甲骨学六十年(1949—2009)》等综论性著作打下了基础；历史研究所藏书丰富，名家如林，环境和氛围也逼着我们这些年青学子奋发向上。诚如著名历史学家山东大学教授孟祥才兄所说，我们这些人(指著名甲骨学家杨升南、徽州文书专家周绍泉、政治制度史学家白钢和我本人)，是尹老左(著名马克思主义史学家尹达)、林甘泉、田克思(著名史学家田昌五)和李十万(学贯中西的李学勤教授。早在“五·七”干校时，大家就叫他李十万——“十万个为什么‘式’”的样样能回答式的人物了!)“训”和“修理”出来的！而我们《合集》编纂组的同人，多年来免不了在文人相轻中竞争，在工作中因方法和理解的不同而争论，在磕磕绊绊中前进。但随着《合集》的出版和《释文》的完成，先后走上了学术和治学年龄的高峰——成了退休老人。大家在相逢一笑中，再也与世无争并互道珍重了……

我还应深切感谢在我治学道路上遇到的“福”人们。我的不少海外朋友，他们中有老一辈的权威专家；也有不少学术中坚和后起之秀。多年来，或在海内外召开的学术会议上交流学术，或在访问、讲学期间，或陪我翻译，并促膝交谈。或安排行程，提供种种方便……而朋友们时有新著见寄，使我获得新知并大开眼界。我多年来对海外学术动态的追踪，朋友们的著作给力不小，看到这些著作，就如同见到朋友们的身影。虽然有的教授朋友现已驾鹤西行，但他们的著作和友情，永远与健在者共存并永远与大家所追求的学术同在！

我还要感谢我的学生和年青的朋友们，感谢他们对中国殷商文化学会工作方面的大力支持。他们协助学会工作，特别是在会期，既是积极探讨学术的会议代表，又是忙前忙后的会议工作人员。历次会议的发起者、组织者，诸如周谷城先生、胡厚宣先生、田昌五先生、张文彬先生、安金槐先生、邹衡先生以及梁晴、聂玉海、郑慧生、辛占山、商志䃅、杨升南、高英民等先生，已先后离开了我们。他们的名字，永远留在了学会出版的“三代文明研究”论文集（1—11）上。而当年参与学会创建的“骨干”，诸如李民、杨育彬、李绍连、王宇信等，随着时间的推移，现已届耄耋之年，鲜有出席学术会议的活动了。而学会的一批新人，在会长王震中学部委员的带领下，各项工作都有了创新式的发展。全国不少重要殷商文化遗址的学术活动和深入研究，都深深嵌入了每位殷商文化研究学者的心中和写在了研究论著之上，又谁能从甲骨学殷商文化研究学术史上抹去中国殷商文化学会的鼎鼎大名?!

得道多助。我在这里要特别感谢热爱甲骨文研究的谢玉堂先生对中国殷商文化学会的大力支持。谢先生在弘扬大舜文化的同时，不忘乡贤王懿荣的贡献和弘扬他发现的甲骨文。他不仅撰写了《甲骨文的由来与发展》专著，还与王宇信一起，为王懿荣纪念馆的建立奔走呼号，并利用其威望和影响，首先在山东省设立了王懿荣甲骨学基金。为推动研究的发展，还设立了王懿荣甲骨学研究奖，第一届奖项已于 2014 年颁发。而 2019 年王懿荣甲骨学研究奖正在评选中，可望 6 月在烟台、威海召开的“纪念王懿荣发现甲骨文 120 年国际研讨会”上发放。多年来，谢玉堂先生与王宇信先生互相支持，为弘扬和传承大舜文化和甲骨文化同声相应，同气相求，取得了有目共睹的成绩。因此，山东省王懿荣甲骨学研究的大发展，应首推谢玉堂先生的推动之功。我代表中国殷商文化学会向他致敬!

在这里，我还应感谢我的老伴儿朱月萍多年来对我事业的理解和支持。就像朋友们所说的，我的成功，应有老伴儿的一半。想当年，她不嫌我研究生 42 元“助学金”和其后研究生“肄业工资”51.75 元低（而同年毕业的大学生，第一年 46 元，第二年就转正 56 元了），就毅然嫁给了我，并把全部家务承担起来。特别是她退休之后，更是毫无怨言地把生活和孩子的照顾等杂事“一人独揽”，从而使我安下心来，静下心来，省下心来去思考些问题，看些书或写些文章等，这就为我在 1978 年恢复职称评定工作以后，能比同辈人先走一步创造了条件。而现在，她的手机视频、短信等功能开发利用得很好，因而我与外面的联系、发送邮件等全靠她代我办理（我现在只能用手机接打电话），学生和朋友笑称她成了我的老“秘书”、联络员。当然，几十年的风风雨雨虽然度过来了，但因当年经济的窘迫，也免不了入不敷出而磕磕绊绊。我曾对此发出“感怀”：

卌年风雨碰锅盘，踏遍书山觅清泉。
笔耕暇时赏古器，金屋易得养娇难！

“泉”者钱也，恢复稿费制度后，千字 5 元，也能贴补些生活。而住房由公家分配租住，得之并不难。新评副研月工资 140 元，研究员 160 元。虽然比助研一下子提高了一大截，但供养上有老下有小的一家，还是颇显紧张和困难的，因而有“金屋易得养娇难”的感叹。虽然现在经济条件有了极大改善，但我总为当年对她的亏欠而感到内疚。这么多年来，她除了陪我去各地开会，或为了照顾我生活，陪我去了几次韩国和日本福冈以外，时下流行的“夕阳红”旅游，我们一次也没参加过。待 2019 年这部《新中国甲骨学七十年（1949—2019）》出版以后，我打算用较多的时间陪陪她，也不妨像一些老年朋友们那样，只要身体条件允许，咱也来个潇洒走遍全世界！

在这里，我还应感谢我的学生徐义华和具隆会、魏建震等。近年来，我交出版社的不少文稿，诸如《商代社会与国家》的商代社会的阶级部分、《甲骨学导论》《甲骨学发展 120 年》等我写的部分，就是由他们全部录入的。中国社会科学出版社的领导知道我不用电脑，因而对我格外开恩，只交手写稿即可，由他们的录入员代我录入，这下我就轻松了许多。虽然如此，把一堆边写边修改成“大花脸”样的“原稿”交出版社，是对编辑先生们的大不敬。因此，我多年来坚持交出版社的书稿，必须是请人抄清并再审校过的“定稿”。因而我送交出版社的一沓沓文稿，虽然缮写者朱月新字写得不算上乘，但字还写得横平竖直，端正整齐，易识易读，标点也规范不苟，页页清清爽爽。而我的“原稿”，则东删西改，或补充增加内容，或上下段对调，或移往隔山迈岭的几页处。有时或贴纸条，以增稿纸上容纳不下的内容……朱月新以最大的耐心和细心，把文稿中删去的、增改的、调整先后顺序的，按她熟悉了的出版社编辑处理文稿的符号，将其一一归位。虽然她文化水平不高，连繁体字读起来都很困难，但却能对一些甲骨字、隶定字、疑难字"照猫画虎"地画个八九不离十。这也是多亏了她当年从内蒙古五原兵团"病退"回京，为我们抄写《甲骨文字诂林》（原名《类编》）搜集资料的"训练"了。虽然当年中华书局每页付酬（400字/页）人民币2角，现在看来是低得可怜，但当时可比街道上组织装订《毛选》或糊火柴盒的报酬要优厚得多了，也颇为家庭生活解决了一点困难。因此之故，为了加快进度，不少书稿或较长的文稿（如二万多字的"学术自传"等），我都是请朱月新先整理抄清一遍，然后再自己认真校订一遍交出版社的。应该说，我交出版社的文稿，已经是修改过三遍之多了。因此，正是徐义华、具隆会、魏建震、朱月新等和出版社默默工作的录入员的辛勤劳动，特别是其后几遍校改稿的再录入，得以使我们的著作早日问世。我在这里，也再一次地对他们的辛劳表示慰问和感谢！各位辛苦了！

此外，在这部《新中国甲骨学七十年（1949—2019）》即将面世的时候，我还应特别感谢中国社会科学出版社的领导赵剑英、王浩、郭沂纹等，承蒙他们多年对我的信任、支持，拙著《新中国甲骨学七十年（1949—2019）》才有幸列入"当代中国学术思想史大型丛书"，也使我有幸实现了向伟大祖国母亲七十华诞的"献礼梦"。而责任编辑安芳女士的精心编校，也为本书增色不少，我在这里向她（他）们致以衷心的感谢！此外，《殷都学刊》的郭旭东教授，为本书有关章节的录入和修改，付出了很多劳动。现中国殷商文化学会会长王震中学部委员，多年来也一直关心支持我的研究和工作。而院学部工作局项目处的刘洋先生，多年来也对我十分关心支持。我在此也一并致谢！

总之，我是一名时代的幸运者，我所取得的些许成绩，是我躬逢盛世使然，也是各位师友和家人的支持和理解的结果。因此，我从来都以平常心态自居，谦逊待人，并激励自己要不断努力前进。1989年9月晋升研究以后，在1990年3月5日写下的"自励"，就是我一贯心态的写照：

人上有人人不息，天外有天天无垠。
兼收并蓄向五车，岂可牧马恋桃林?!

我们这些历经几十年风雨洗礼的幸运者，生活在安定谐和，政通人和的新时代，要永远保持平常的心态，要多做好事、善事，才能保持身体健康！要多想好事儿，快乐的事儿，才能无忧无虑无烦恼，健康而快乐地享受幸福感和获得感！

奋斗本身就是一种幸福，让我们这些不知老之将至的朋友们，继续享受奋斗的幸福吧！

2019 年 5 月 20 日抄定
于北京方庄芳古园一区“入帘青小庐”寓所